Aus den Briefen
der Herzogin Philippine Charlotte
von Braunschweig 1732–1801

QUELLEN UND FORSCHUNGEN ZUR BRAUNSCHWEIGISCHEN LANDESGESCHICHTE

Herausgegeben vom Braunschweigischen Geschichtsverein

Band 59

2024

APPELHANS VERLAG BRAUNSCHWEIG

AUS DEN BRIEFEN DER HERZOGIN PHILIPPINE CHARLOTTE VON BRAUNSCHWEIG 1732–1801

Band 1: 1732–1768

Mitgeteilt von Hans Droysen
und übersetzt von Gretel Walberg

Gefördert durch die

Auf dem Umschlag:
Herzogin Charlotte von Braunschweig (Ausschnitt), um 1740,
Werkstatt von Antoine Pesne (Schloß Rheinsberg)

Bibliografische Information der Deutschen Nationalbibliothek
Die Deutsche Nationalbibliothek verzeichnet diese Publikation in der
Deutschen Nationalbibliografie; detaillierte bibliografische Daten
sind im Internet über http://dnb.d-nb.de abrufbar.

ISBN 978–3-944939–49–0
© Appelhans Verlag, Braunschweig, 2024

Inhalt

1 Einleitung 7
2 Faksimile der Edition von Hans Droysen 10
3 Deutsche Übersetzung 235
4 Genealogische Übersicht 443
5 Register (Ortsnamen, Personennamen) 453

Porträt Charlotte von Braunschweig (in grünem Kleid) im Schloss Wolfenbüttel um 1735

1 Einleitung

Der Historiker Hans Droysen (1851–1918) plante zu Beginn des 20. Jahrhunderts eine Auswahl der Briefe der Herzogin Philippine Charlotte von Braunschweig (1716–1801), der um vier Jahre jüngeren Schwester Friedrichs des Großen, in der französischen Originalfassung zu edieren. Nach der Veröffentlichung des ersten der drei geplanten Bände im Jahr 1916 mit den Briefen aus den Jahren 1732–1768, erschienen in der Reihe „Quellen und Forschungen zur Braunschweigischen Geschichte", gelangten die zwei Folgebände nicht mehr zur Drucklegung.

Mit dem vorliegenden Buch greift der Braunschweigische Geschichtsverein das Editionsvorhaben Hans Droysens wieder auf. Es enthält im ersten Teil das Faksimile des 1916 erschienenen und vergriffenen ersten Bandes, im zweiten Teil eine deutsche Übersetzung der Briefe, um sie einer größeren Leserschaft zugänglich zu machen. Zudem sollen genealogische Übersichten und Register für Orts- und Personennamen die Lektüre erleichtern.

Die Vorbereitungen zu den zwei Folgebänden liegen seit dem Tod Hans Droysens in Form seines maschinengeschriebenen Manuskripts mit handschriftlichen Korrekturen und Ergänzungen in der Abteilung Wolfenbüttel des Niedersächsischen Landesarchivs[1].

Der Braunschweigische Geschichtsverein möchte Hans Droysens Vorhaben zum Abschluss bringen und auch die unveröffentlichten Briefe der Herzogin aus den Jahren 1769–1801 in zwei Folgebänden herausgeben, ebenfalls ergänzt durch eine deutsche Übersetzung.

Die Briefe, die zur Zeit ihrer Bearbeitung im Königlichen Hausarchiv zu Charlottenburg lagen, befinden sich heute im Geheimen Staatsarchiv Preußischer Kulturbesitz in Dahlem[2]. Sie wurden von Hans Droysen – wie aus zwei Nutzungsvermerken von 1910 und 1911 hervorgeht – seinerzeit abschließend gesichtet und ausgewählt.

Die Herzogin Charlotte hat seit ihrer Vermählung mit Herzog Karl I. (1713–780) von Braunschweig im Jahr 1733 regelmäßig mit den Mitgliedern ihrer Familie korrespondiert, in den Anfangsjahren häufig mit ihrem Vater, dem preußischen König Friedrich Wilhelm I., nach 1740 vor allem mit dem um vier Jahre älteren Bruder Friedrich. Zahlreiche Briefe schrieb sie an ihre anderen Geschwister und ihre Schwägerin Elisabeth Christine, auch Briefe an Friedrich Wilhelm II. sind erhalten. Sie schrieb fast ausschließlich in französischer Sprache.

Von den Briefen des Königs an seine Schwester sind nur sehr wenige erhalten. Sie fielen vielleicht seit 1830 mehreren Schlossbränden in Braunschweig zum Opfer. Demgegenüber wurden die Briefe der Herzogin Charlotte an Mitglieder ihrer Familie großenteils bis heute überliefert.

---

1 Niedersächsisches Landesarchiv, Abteilung Wolfenbüttel, Signatur 299 N Nr.58-61.
2 GStA Rep.46 W (König Friedrich Wilhelm I.).

Charlottes Briefe sind lebendig und anschaulich geschrieben und spiegeln ihre Lebhaftigkeit und ihren wachen Geist. Man nimmt teil an den kleinen und großen Ereignissen ihres Lebens. Ihre Briefe zeugen von großer Verbundenheit mit ihrer Herkunftsfamilie. Beeindruckend ist ihre immer wieder durchbrechende Fröhlichkeit, die sie trotz schwerer Schicksalsschläge bewahrt. Von den dreizehn Kindern, die sie zur Welt bringt, überlebt sie sieben. Vier ihrer Kinder verliert sie im Kleinkind- und Kindesalter. Besonders schmerzhaft ist für sie der Verlust von drei erwachsenen Söhnen. Stütze findet sie in ihrem Glauben und in der Lektüre philosophischer Texte. Neben ihrem Sohn Karl Wilhelm Ferdinand, dem späteren Herzog von Braunschweig, zählt sicherlich die Herzogin Anna Amalia von Sachsen-Weimar und Eisenach zu den bedeutendsten unter ihren Kindern.

Charlottes unbedingte Loyalität ihrem königlichen Bruder gegenüber wird in zahlreichen Briefen deutlich. Der Ton ihrer Briefe ist vertrauensvoll und zeugt von großer Anhänglichkeit an den von ihr verehrten und bewunderten Bruder. Sie berichtet ihm über alle familiären und politischen Ereignisse am Braunschweiger Hof. Die Familienbande sind eng. Die Söhne der Herzogin stehen in preußischen Diensten, sie begleiten ihren königlichen Onkel auf Heeresrevuen und auch bei Kuraufenthalten.

Im Laufe ihres langen Lebens wird die Herzogin immer wieder vor Herausforderungen gestellt. Während des Siebenjährigen Krieges flieht sie mit ihrer Familie vor der französischen Armee und lebt eine Zeitlang im Exil in Blankenburg. 1766 erkrankt sie selbst an den Pocken. Sie berichtet über die ersten Impfungen. In späteren Briefen findet die finanzielle Notlage des Herzogtums, die zu einschneidenden Sparmaßnahmen zwingt, immer wieder Erwähnung.

Charlotte nimmt regen Anteil an allem, was um sie herum geschieht. Ein besonderes Ereignis sind die alljährlich stattfindenden Messen in Braunschweig. Dort sieht sie zum ersten Mal in ihrem Leben einen Elefanten, Affen und sogar ein Rhinozeros. Im ungewöhnlich schneereichen März des Jahres 1770 bedankt sie sich für die Kirschen, die ihr der Bruder aus seinen Treibhäusern in Sanssouci hat schicken lassen. In einem Brief vom August 1765 erfahren wir, dass Friedrich in fortgeschrittenem Alter während einer Badekur in Landseck, die ihm nur wenig behagte, noch das Schwimmen erlernen soll.

Während sie in jungen Jahren manches Mal vom Übermut übermannt wird und sich zu kecken Äußerungen hinreißen lässt, äußert sie sich in späteren Jahren zunehmend ausgewogen. Innerhalb ihrer Familie beweist sie diplomatisches Geschick. Ihrem Gemahl Karl gegenüber ist sie stets loyal; bei Differenzen zwischen Friedrich und Karl wegen der im Krieg von Braunschweig zu stellenden Soldaten ist sie um Ausgleich bemüht.

Charlotte begeistert sich für Musik und Theater und ist eine eifrige Leserin. Die Tusculanen von Cicero gehören zu ihrer bevorzugten Lektüre. In jungen Jahren tritt sie mehrfach an Friedrich mit der Bitte heran, sie mit Lektüre zu versorgen. Gotthold Ephraim Lessing ist Hofbibliothekar in der Herzog August Bibliothek in Wolfenbüttel; am Geburtstag der Herzogin, am 13. März 1772, wird „Emilia Galotti" in Braunschweig uraufgeführt. So wie Friedrich seinen Flötenlehrer Quantz in Dresden abgeworben hat, so zieht er auch die Brüder Graun von Braunschweig an seinen Hof. Als er sich jedoch um den Abt Johann Friedrich Wilhelm Jerusalem, den Erzieher der Braunschweigischen Herzogskinder, bemüht, lehnt dieser das königliche Angebot ab. Wie sehr Charlotte diesen hochgebildeten Mann schätzt, zeigt die Inschrift auf dem Gedenkstein, den sie ihm nach seinem Tod in der Kirche in Riddagshausen errichten lässt.

Regelmäßig liest sie Zeitungen und ist über das politische Geschehen in ganz Europa stets gut informiert. Die Heiratsverflechtungen des Hauses Braunschweig mit den regierenden Fürstenhäusern veranlassen sie zu vielen sehr persönlichen Kommentaren.

Die Schrift der Herzogin ist im Allgemeinen recht gut lesbar. Im Laufe der Jahre ist das Schriftbild nicht mehr so gleichmäßig wie in ihren frühen Briefen. Ihre Orthographie entspricht nicht immer der im heutigen Französisch üblichen Schreibweise. Hans Droysen hat die Orthographie der Originalbriefe behutsam dem neueren Französisch angeglichen.[3]

Zur besseren Lesbarkeit wurde bei der Übersetzung die Zeichensetzung der französischen Briefe geringfügig verändert. Die Schreibweise von Ortsnamen und einiger Eigennamen wurde der heutigen angeglichen.

Hans Droysen verdanken wir zahlreiche Veröffentlichungen zur preußischen Geschichte, u. a. die Herausgabe des Briefwechsels Friedrichs des Großen mit der Gräfin Camas und dem Baron Fouqué, dem ein kurzer Lebenslauf Droysens beigefügt wurde, verfasst von seiner mittleren Tochter Zoe. Darin beschreibt sie, welches Anliegen ihr Vater mit der Veröffentlichung des Briefwechsels verfolgte: „Damit wollte er den Lesern das liebevolle Verständnis und Eingehen des Königs auf die Eigenart und die Angelegenheiten der Briefempfänger aufzeigen, ebenso Friedrichs Fähigkeit zur Freundschaft und seine bedachte Fürsorge für andere bis ins hohe Alter hinein. Diese Wesenszüge sind oft durch die Alterhärte des Königs überdeckt worden und darum wohl nicht allgemein bekannt. Und doch ist das Wissen um sie unbedingt erforderlich, wenn das Bild des großen Königs und Menschen ein vollständiges sein soll."[4]

Durch die vorliegende Briefauswahl wollte Hans Droysen dem Leser eine Vorstellung von der Herzogin von Braunschweig geben, dieser Schwester Friedrichs des Großen, die bislang nicht die ihr gebührende Aufmerksamkeit gefunden hat. Dies ist ihm unzweifelhaft gelungen. Die Briefe, die Charlotte in 54 Jahren an ihren Bruder geschrieben hat, bieten ein anschauliches Bild von dieser Lieblingsschwester des Königs.

---

3 Eine komplette Neuedition der Briefe aus dem Jahr 1735 hat Isabelle Guerreau vorgelegt. Diese erlaubt eine Überprüfung von Droysens Auswahl und Editionsprinzipien. S. Hof und Regierungspraxis im Fürstentum Braunschweig-Wolfenbüttel. Quellenedition, hrsg. von Brage Bei der Wieden, Martin Fimpel und Silke Wagener-Fimpel, Braunschweig 2020, S. 335–372.

4 Der Briefwechsel Friedrichs des Großen mit der Gräfin Camas und dem Baron Fouqué, ausgewählt und übersetzt von Hans Droysen, aus seinem Nachlass im Geheimen Staatsarchiv, Veröffentlichungen aus den Archiven Preußischer Kulturbesitz, Bd. 1, Berlin 1967. Der Anhang enthält eine Bibliographie seiner Schriften und seine Tochter Zoe Droysen gibt einen kurzen Lebenslauf ihres Vaters: „Wie sein Vater Johann Gustav Droysen studierte Hans Droysen in Berlin, promovierte 1873 und widmete sich in seinen ersten wissenschaftlichen Arbeiten zunächst der Antike. In Berlin unterrichtete er am Königstädtischen Gymnasium und war gleichzeitig Dozent an der Friedrich-Wilhelm-Universität. In späteren Jahren widmete er sich ausschließlich dem Studium Friedrichs des Großen und seiner Zeit."

QUELLEN UND FORSCHUNGEN
zur Braunschweigischen
Geschichte.

Herausgegeben

VON DEM GESCHICHTSVEREINE FÜR DAS
HERZOGTUM BRAUNSCHWEIG.

BAND VIII:

HANS DROYSEN, AUS DEN BRIEFEN DER HERZOGIN
PHILIPPINE CHARLOTTE VON BRAUNSCHWEIG Bd. I.

WOLFENBUETTEL, 1916.
In Kommission bei JULIUS ZWISSLERS Verlag.
Gedruckt in der Offizin von ROBERT ANGERMANN in Wolfenbüttel.

AUS DEN BRIEFEN DER HERZOGIN PHILIPPINE CHARLOTTE VON BRAUNSCHWEIG 1732—1801.

MITGETEILT

VON

HANS DROYSEN.

I. BAND: 1732—1768.
ZUR ZWEIHUNDERTJÄHRIGEN WIEDERKEHR
DES GEBURTSTAGES DER HERZOGIN
13. MÄRZ 1716.

WOLFENBUETTEL, 1916.
In Kommission bei JULIUS ZWISSLERS Verlag.
Gedruckt in der Offizin von ROBERT ANGERMANN in Wolfenbüttel.

Dieses Heft umfaßt von den Mitteilungen aus den Briefen der Herzogin Philippine Charlotte, die der Geschichtsverein für das Herzogtum Braunschweig herauszugeben beschlossen hat, etwa ein Drittel. Der Bearbeiter, Professor Dr Hans Droysen in Berlin-Friedenau, hat die ganze Arbeit bereits fertig gestellt. Es ist daher wesentlich nur eine Finanzfrage, wann der Verein die Fortsetzung wird folgen lassen können. Sie wird noch zwei Hefte umfassen, deren letztem auch ein Namenregister beigegeben werden soll.

Wolfenbüttel im Dezember 1915.

Dr P. Zimmermann.

AUS DEN BRIEFEN DER HERZOGIN CHARLOTTE VON BRAUNSCHWEIG 1732—1801.

Im Königlichen Hausarchiv zu Charlottenburg liegt, was von dem Briefwechsel der Herzogin Charlotte von Braunschweig an ihre Angehörigen erhalten ist, vor allem Briefe an ihren Vater Friedrich Wilhelm I, ihren Bruder König Friedrich und ihre Schwägerin Königin Elisabeth und einzelne Jahrgänge ihrer Briefe an ihren Bruder Prinz Ferdinand.

Sie beginnen mit dem Jahre 1732, kurz bevor die siebzehnjährige Prinzessin aus dem Elternhause ging; der letzte vorliegende Brief vom 8. Januar 1801 ist wenige Wochen vor ihrem Tode geschrieben. Sie finden ihr Gegenstück in den Bildnissen der Herzogin, die P. J. Meier im Hohenzollernjahrbuch 1909 zusammengestellt hat, in denen ihre äussere Erscheinung von ihren jungen Jahren bis in ihr Greisenalter uns entgegentritt.

Der grösste Teil des achtzehnten Jahrhunderts in seinen grossen und kleinen Ereignissen und Persönlichkeiten, vom Polnischen Erbfolgekriege bis zum Frieden von Campo Formio und den Rastadter Congress, vom Prinzen Eugen von Savoien bis zum General Bonaparte zieht an dem Leser vorüber.

Über vier Generationen des Herzoglichen Hauses finden sich Mitteilungen und Charakteristiken, wie sie in dieser Fülle und Anschaulichkeit sonst nicht wieder vorkommen.

Friedrich Wilhelm I erscheint in dem Verkehr mit dieser Tochter, die besonders gut bei ihm angeschrieben war, doch anders als in dem Briefwechsel mit dem Kronprinzen Friedrich und den Schilderungen seiner ältesten Tochter, der Markgräfin von Bayreuth, denn diese Tochter konnte mit ihrem Vater offen und ungezwungen verkehren, da sie an den Heimlichkeiten, die Mutter, Schwester und Bruder 1730 gegen den König betrieben, völlig unbeteiligt gewesen war.

Der Briefwechsel mit ihrem Bruder Friedrich umfasst 54 Jahre ohne eine Unterbrechung durch jahrelange Entfremdung oder Spannung. Wenn auch die Briefe des Königs bis auf sehr wenige verloren sind, Ton und Inhalt seiner Briefe ergeben sich aus den Antworten der Herzogin: viel ernsthaftes und trauriges, aber auch viel Fröhlichkeit bis in die letzten Jahre. Man sieht, wie nach dem Siebenjährigen Kriege, nach dem Tode der Markgräfin von Schwedt, der jüngsten von den ältern Geschwistern, die beiden «Alten» sich immer enger zusammenschliessen.

Die im folgenden mitgeteilten Auszüge müssen sich darauf beschränken, aus der reichen Fülle des Inhaltes der Briefe eine kleine Auswahl zu geben; wenn der Leser aus ihnen eine Vorstellung von der Herzogin, die ihrem königlichen Bruder dem Wesen und der äusseren Erscheinung nach von allen Geschwistern am ähnlichsten war, gewonnen hat, haben sie ihren Zweck erfüllt.

Am 12. Juli 1729 teilte die Königin Sophie Dorothea ihrer Tochter, der Markgräfin von Ansbach, als Geheimnis mit, ihre Schwester Charlotte sei mit dem Prinzen Karl von Bevern verlobt, die Vermählung werde in zwei Jahren stattfinden. Diese Verbindung war dem Könige um so angenehmer, als er seit langem mit dem Herzog Ferdinand Albrecht eng befreundet war. «J'ai parlé de cette affaire, schrieb er ihm 11. Juli, à mon épouse, qui m'a temoigné d'en être très satisfaite, mais ma fille n'en sait encore rien et je me garderai de lui en dire quelque chose, avant que les deux personnes ne se soient vues». Mitte Mai 1730 kam der Herzog mit seinem Sohne nach Potsdam, an seinem Geburtstage, dem 19., erfolgte das Verlöbnis des siebenzehnjährigen Prinzen Karl mit der vierzehnjährigen Prinzessin. Anfang 1732 kam der Herzog mit seiner Gemahlin und seinen drei ältesten Kindern nach Berlin, wo am 10. März die Verlobung ihrer Tochter Elisabeth mit dem Kronprinzen Friedrich erfolgte. Nach der Abreise der Gäste schrieb die Prinzessin Charlotte am 1. April ihrem Bruder nach seiner Garnison: «La Princesse est partie ce matin fort triste de se séparer d'ici, elle m'a encore recommandé de vous faire ses compliments. Elle a beaucoup pleuré, je ne sais pas si c'est pour moi; je crains que cela vous rendra trop glorieux, si vous étiez persuadé qu'elle a pleuré pour vous. Le Duc et la Duchesse m'ont ordonné de vous assurer de leur amitié et de toute leur estime. Le Prince Charles m'a aussi prié de vous faire ses compliments. Pour le Prince Antoine[1]) il n'y a pas pensé et il a tant pleuré pour mon frère Wilhelm et Henri, qu'il ne s'est pas soucié des autres... On a bu la santé ordinaire des deux pairs, la Princesse et vous et le prince Charles et moi; je me suis remercié pour tous les trois et la Princesse a remercié pour vous».

[1]) Prinz Anton Ulrich, der 1714 geborene Bruder des Prinzen Karl; ihre Brüder Wilhelm und Heinrich waren 1721 und 1726 geboren.

Wenige Wochen nach der Vermählung des Kronprinzen fand in Berlin am 2. Juli 1733 die der Prinzessin statt. Dem Bruder, der am 15. mit seinem Regimente aus Berlin wieder ausgerückt war, schrieben die Neuvermählten an demselben Tage ihren Abschiedsgruss[1]); vom 16. ist der Abschiedsbrief der Prinzessin an ihren Vater, in welchem sie sich für alle Liebe und Güte bedankt: sie nehme den Trost mit, er werde seine «dulle Lotte» weiter lieb behalten. Am 17. trat das junge Paar mit den Eltern die Rückreise an, in Schöningen wurde es von Kavalieren des Braunschweigischen Hofes begrüsst, in Salzthal empfing es der regierende Herzog Ludwig Rudolf mit seiner Gemahlin; am 22. hielt es seinen «prächtigen» Einzug in Wolfenbüttel. Nach einer Reihe von glänzenden Festlichkeiten[2]), die mit einer Opernaufführung in Braunschweig endeten, zog das junge Paar am 3. August Abends in das festlich erleuchtete Wolfenbüttel ein und bezog sein Haus am Kornmarkt, an der Ecke der Reichs- und Brauergildenstrasse[3]), das die Prinzessin «reizend, sehr klein aber sehr bequem und sauber» fand.

Bronsvic 14 août 1733.

†[4]) Je ne doute point que ma soeur de Bareit pleure de ce que son Margrave doit marcher[5]); je n'en peux pas trouver mauvais et me moque d'elle, puisque peutêtre je serai bientôt dans le même cas. J'ai ma conscience à

[1]) Aus Magdeburg schrieb sie dem Kronprinzen am 20. Juli: «J'espère que ma soeur de Bareit vous aura donné le petit perroquet et comme j'aime tant à parler avec vous et que quelquefois je coquette trop, je ne vous ai pu donner, à ce qui me semble, point de portrait qui me ressemble plus que cet emblème». Ihre ältere Schwester Wilhelmine, Erbprinzessin von Bayreuth, war November 1732 nach Berlin gekommen.   [2]) Am 28. Juli schrieb sie dem Vater aus Wolfenbüttel: «On sera demain en domino. J'ai craint que cela ne plaît pas à mon cher Papa que j'en sois; ...si mon cher Papa ne le trouve pas à propos, je tâcherai de m'en dispenser pour ne lui pas déplaire.. Je ne m'oublierai jamais dans le plaisir, j'ai trop de bons conseils de mon cher Papa pour les négliger. Si je dois me divertir, je le ferai avec plaisir, car j'aime à danser et à voir des spectacles. Je suis jeune et quand je serai vieille, je ne pourrai peutêtre plus trouver plaisir à cela, ainsi j'en veux profiter honnêtement, sans oublier le bon Dieu.. Si mon cher Papa n'approuve pas ceci, qu'il m'écrive, alors je me changerai.»   [3]) Sie blieben hier bis Ende 1735 wohnen. Im Jahre 1733 wurde für sie ein Garten «am Wall nächst der Windmühle» von Geh. Kammerrat von Rhetz angekauft.   [4]) Die im folgenden mit † bezeichneten Auszüge sind den Briefen an den Vater, die unbezeichneten denen an den Bruder entnommen. Das Französische ist bis auf die Orthographie unverändert gelassen.   [5]) Wegen der nach dem Tode Augusts II in Polen ausbrechenden Thronstreitigkeiten war im Juli ein Lager zwischen Eger und Pilsen gebildet worden, der Oberbefehl über die hier zusammengezogenen Truppen war dem Herzog Ferdinand Albrecht von Bevern übertragen worden. Dem Wunsche des Erbprinzen von Bayreuth, am Feldzuge teilzunehmen, widersetzte sich der Markgraf auf das entschiedenste.

Dieu qui, à ce que j'espère, me le conservera... Puisque mon cher Papa n'approuve pas que je mette un masque au visage, je m'excuserai, mais pour les habits différents, j'espère qu'il me permette ce petit plaisir, parcequ'assurément je n'en abuserai point. Je suis ma gouvernante moi-même et je prends garde à ma conduite, afinque personne ne trouve rien à redire... J'ai diné aujourd'hui dans la Dompropstei, où on dîne fort bien.

Bronsvic 17 août.

† Le Duc de Bevern a reçu l'ordre du Prince Eugène de se tenir prêt pour marcher Mon cher Papa peut bien croire que cela m'inquiète puisque le Prince ira avec, qui s'en réjouit beaucoup, s'imaginant de remporter une grande victoire.

Bronsvic 20 août.

La Sainte Monsa est arrivée[1]). Elle chante fort bien. Comme vous la recommandez, j'ai fait tout ce que j'ai pu pour la contenter ici. Elle chantera lundi à l'opéra. On a joué de très belles pièces, l'une est «Polidor» et l'autre «Jules César»; celle de «Polidor» a été par la composition de Graun[2]) qui était très belle[3]).. Je me divertis fort bien et fais tout ce que je veux.

Bronsvic 27 août.

† Le Duc de Bevern attend heure et moment l'ordre de partir pour aller en campagne. En attendant j'apprendrai le ménage. Mon cher Papa me donne un fort bon conseil que je dois remplir ma bourse, mais mon cher Papa aurait la grâce de me dire, comment je m'y dois prendre pour mettre quelque chose dedans, car de rien on ne peut pas faire quelque chose et j'ai toujours besoin d'argent et quand je suis comme à présent, que je n'en ai pas, cela m'incommode[4]).

Wolfenbüttel 2 septembre

† Ce matin l'équipage du Duc de Bevern et celui du Prince sont partis pour la campagne; ils attendent l'ordre de marcher. Je serai très seule et mon inquiétude ne serait pas moins grande pour mon cher Papa, puisque j'ai appris qu'il marcherait aussi.

[1]) Mitteilungen über Sänger und Sängerinnen, die neu engagiert oder auf der Durchreise aufgetreten sind, finden sich sehr häufig in diesen Briefen. [2]) K. H. Graun war seit 1725 Opernsänger, dann Vicecapellmeister in Braunschweig. [3]) Dem Vater schreibt sie an demselben Tage: «J'ai été hier à l'opéra d'ici. J'ai cru que j'étais dans le paradis, tant je l'ai trouvé beau et magnifique». [4]) So hatte sie gleich nach ihrer Ankunft in Wolfenbüttel, als der Hof Trauer anlegte und sie kein schwarzes Kleid hatte, den Vater um Geld dazu gebeten. Ein Geschenk von 600 Talern, das ihr der regierende Herzog machte, war ihr sehr erwünscht, sie versprach ihrem Vater, sie werde sehr gut haushalten und keine Schulden machen.

Wolfenbüttel 4 septembre.

† Je lui rends très humbles grâces de la charge, qu'il veut me donner, d'être son Astralicus¹). Dieu merci, jusqu'à présent je suis fort bien dans mes affaires et je n'espère jamais d'être réduite à l'hôpital et pour être Astralicus encore moins. Je fais peutêtre meilleur ménage que mon cher Papa s'imagine et pourtant je ne me laisse manquer de rien. Je suis fort assurée que mon cher Papa serait fort réjoui, si je reverrais (reviendrais?) dans la famille, parcequ'il n'a point de fille qui l'aime plus que moi et qui ait tâché de le divertir; pourtant à présent je suis aussi fort aise de lui donner matière par mes lettres, qu'il me raille, car c'est une marque qu'il a toujours un peu de grâces pour moi et qu'il se porte bien. Je supplie mon cher Papa qu'il me les conserve et qu'il m'ôte du rang d'Astralicus, car c'est une triste compagnie... Les lettres de mon cher Papa me divertissent beaucoup, car elles sont toujours si drôles, que je ne puis m'empêcher de rire; ce qu'il y a de plus triste, c'est qu'il faut que je me remette à l'alphabet, parceque mon cher Papa critzel si terriblement, que je ne puis pas lire les belles choses qu'il m'écrit, mais je supplie mon cher Papa qu'il continue de m'écrire, car cela me rend de bonne humeur et je m'en divertis moi-même.

Wolfenbüttel 10 septembre.

† Le Duc et le Prince partiront, je crois, la semaine prochaine pour la campagne. Tout le monde s'étonne ici que je suis si héroïque et que je ne pleure pas, que le Prince s'en va. Alors je dis: C'est que je suis la fille du Roi de Prusse, il n'y a point dans sa famille de poltronne, et je soutiens fort bien en cela ma famille, afin de faire honneur à mon cher Papa.

Wolfenbüttel 25 septembre.

† Je me divertis à l'ouvrage et suis bien sage, afin que le Heilige Christ m'apporte quelque chose de beau et qu'il ne me jette pas dans la rivière. J'apprends à peindre²) et je fais de tout aussi beaux portraits que mon cher Papa sait faire³).

Wolfenbüttel 10 octobre.

† Mon cher papa a, je crois, raison qu'il y aura guerre, mais je m'en

¹) Der Hofnarr und Vicepraesident der Akademie, Graben von Stein, mit dem Beinamen Astralicus. In einem Briefe vom 13. Nov. kam sie noch einmal darauf zurück: Pour à la façon de Gundling, je suis la très humble servante. Mon cher Papa a toujours la bonté de me mettre au rang de ces foux, c'est une compagnie, où je ne me suis jamais trouvée et où je ne suis pas accoutumée d'être. ²) Pastell, wie sich aus einem späteren Briefe ergibt. ³) Auf die Malerei ihres Vaters kommt sie öfter zu sprechen; 1737 schickte sie ihm einen alten Kopf des Philosophen Demokrit: j'espère qu'elle sera bonne pour mon cher Papa pour peindre après.

console pourvu que le Prince et mon cher Papa n'y vont pas; ils ont alors à se battre en Pologne¹) comme les diables, cela m'est indifférent, mais j'avoue que je pense fort souvent à mon cher Papa, quand il dit: Die Schelmfranzosen! car c'est à cette heure qui seront le boute-feu²) ... J'ai appris la tocadille et j'invite par avance mon cher Papa, quand il viendra une fois ici, de faire une partie avec moi, car je suis sûre que je gagnerai tous les beaux ducats qu'il a dans ses bourses.. Madame Schack³) est morte; c'est une nouvelle bien indifférente à mon cher Papa, car pour lui c'est la même chose une femme de plus ou de moins au monde, il ne s'en soucie tant qu'il y prenne part.

An Frau von Kameke, Oberhofmeisterin der Königin. Meine liebe Frau Hoffmeisterin ich habe mit grosser Freude vernommen dass sie so gütig gewesen und haben sich meiner erinnert Glauben Sie mir meine liebste Freundin das ich ihnen nicht vergesse und halte ihnen immer in grossen Wert und Hochachtung und verseume an unser letzten discours zu gedenken und mich in zeit und stunden nützlich zu machen den ein treuer Raht ist Ein rechter Schatz. ich weis sie werden über diesen brieff lachen aber sie wissen wol das ich in das deutsche Schreiben nicht geübt bin also hoffe ich werden sie wohl die fehler die hier stehen entschuldigen legen sie mir oft zu Füssen von der lieben Königin Gott Erhalte sie bis in tausend glied und behüte sie vor aller verdriesslichkeit und traurigkeit ich hoffe sie werden die küxe bekommen haben die ich ihnen durch ihrer freülen tochter geschicket habe wenn sie mehr verlangen so sollen ümmer zu diensten stehen Der Vousterhausische Wald wird sich freuen das sie wieder angelanget sind machen sie doch mein compliment an Vilhelm und Henrich und bleiben sie versichert meine liebe frau Hoffmeisterin von meiner bestendigen Freundschaft und gewogenheit mit welchem ich immer seyn werde beste freundin Charlotte
Von Wolfenbüttel den 1 October 1733
Je demande pardon pour les pâtes qu'il y a dans cette lettre; c'est par mégarde et qu'il est minuit.

Wolfenbüttel 31 octobre.

Je souhaite que vous soyez content de M. Graun et qu'il ait votre approbation. J'ai vu Duhan⁴) qui est toujours le même; il se flatte que vous avez encore quelque bonté pour lui; je l'en ai assuré.

¹) Anlässlich der Wahl von Stanislaus Lesczinski zum Könige von Polen waren die Russen in Polen eingerückt. ²) Die Franzosen hatten den Krieg gegen das Reich mit dem Angriff auf Kehl begonnen. ³) Die Gemahlin des Oberhofmarschalls. ⁴) Duhan de Jandun, des Kronprinzen Lehrer, war in Folge der Vorgänge des Jahres 1730 nach

Wolfenbüttel 1 novembre.

† Je me conduirai le mieux qu'il me sera possible à Blankenburg¹) et prendrai encore plus de garde à moi, surtout puisque mon cher Papa me le recommande. Je ne parle que quand on commence avec moi; sans cela je ne me mêle des affaires de personne, car cela ne me regarde pas. J'ai assez à penser à mes propres petites affaires qui sont réglées comme un papier de musique. Le Prince sera à cette heure à Bareit²) mais ne restera que deux ou trois jours, ils se divertissent fort bien en attendant la guerre et moi je me divertis aussi à mon tour. Je sais à présent jouer du calcédon et je chante auprès avec Madame Hünicken, qui accompagne de sa voix glupissante; c'est comme des chats qu'on tire par la queue³). Cette femme ressemble à Nossig⁴) comme deux gouttes d'eau; si elle n'était pas de qualité et Nossig n'était pas déjà marié, ils s'accommoderaient fort bien ensemble, car elle s'imagine aussi un peu de sa noblesse. Tous les jours je joue chez la Duchesse de Bevern⁵) avec mes beaux-frères et soeurs⁶) collin-maillard, où nous cachons une bague, ou nous jouons les loups et les chiens, quantité de ces petits jeux, où il y a à courir. La Duchesse joue avec, pour me faire plaisir et quelque fois elle regarde le spectacle des enfants qui font de tracas dans la chambre que c'est comme s'il y avait six régiments dans une chambre; ensuite ils viennent chez moi, où ils mettent tout sens dessus dessous. Il faut avoir patience, car ce sont encore des enfants; on me fait donc gouvernante de toute la famille et comme ils savaient bien que je ne gronde pas, ils font tout ce que je veux, et se divertissent fort bien.

Blankenburg 23 novembre.

† La raison pourquoi je ne me suis pas poudrée, est que je ne me

Memel verbannt worden; auf Bitten des Kronprinzen bei Grumbkow und Seckendorf hatte sich der Kaiser für seine Freilassung verwandt, die im Dezember 1732 erfolgte. Er ging April 1733 als Bibliothekar zum Herzog Ludwig Rudolf von Braunschweig, des Kaisers Schwiegervater, und blieb auch nach dessen Tode auf den Wunsch der Herzogin-Wittwe bei ihr in Blankenburg, bis er 1740 nach dem Thronwechsel nach Preussen zurückkehrte. Die Prinzessin vermittelte den brieflichen Verkehr zwischen ihrem Bruder und Duhan, und richtete in ihren Briefen mehrfach Grüsse von diesem aus.

¹) Sie blieb dort bis Ende Januar und kehrte dann nach Wolfenbüttel zurück. ²) Die Armee marschierte von Pilsen über Bayreuth und Ansbach nach Schwaben. Zu den Besuchen bei den Schwägern und Schwägerinnen kam es nicht, da der Prinz Befehl erhielt, schleunigst nach dem Oberrhein zu gehen. ³) Auf des Königs Antwort schrieb sie am 13. Nov.: Je regrette infiniment que mon cher Papa ne me peut accompagner en pipant, quand je chante; car je crois que cela rendrait la musique encore plus belle. ⁴) Der als Lustigmacher gebrauchte Jagdrat Nossig, Freiherr von Rabenpreis, Don Diego de Nossig, wie der König ihn einmal nennt. ⁵) Die Herzogin Antoinette Amalie, geboren 1696. ⁶) Ihre Schwäger und Schwägerinnen waren, mit Ausnahme des Prinzen Anton Ulrich, alle jünger wie sie.

soucie pas de plaire à personne, quand le Prince n'est pas ici, et alors je ne prends garde à mon ajustement; le plus négligée que je puis aller, m'est le plus agréable. Mais comme Maman m'a écrit qu'elle ne voulait pas que j'aille sans poudre, je me suis poudrée à présent pour lui obéir. J'ai de musique assez pour me divertir. — Nous avons en quelque temps une petite foire ici qu'on appelle St. Nicolas; c'est alors que le Duc et la Duchesse-régnante distribuent le Heilige Christ.

Blankenburg 26 novembre.

† Les deux régiments de Wolfenbüttel ont passé par ici[1]) pour joindre les troupes impériales au Rhin et toutes les vieilles femmes ont bravement crié et pleuré de quitter leurs parents; cependant elles n'ont pas voulu aller avec les maris qui les auraient voulu prendre avec.

Blankenburg 26 janvier 1734.

J'aurai au premier jour la satisfaction de voir Madame la Princesse Royale[2]) à Wolfenbüttel; tout le monde l'a trouvée très changée à son avantage et fort embellie.

Wolfenbüttel 25 février.

† La Duchesse-Douairière[3]) m'a menée par toute la maison (in Braunschweig), qui est fort magnifique; elle fait faire à cette heure un jardin derrière qui sera très beau. Tout le monde prie Dieu à cette heure pour pères, mères et maris et tous les parents qui sont en campagne, que le Bon Dieu les protège pour tous les malheurs.

Wolfenbüttel 26 mars.

Le Prince est parti dans la nuit du mercredi au jeudi[4]), j'irai à Blankenburg avec les Vieux[5]). Le Duc[6]) est fort réjoui des tableaux que mon cher Papa lui a envoyés, et surtout il les trouvait si bien faits, qu'il ne pouvait croire que mon cher Papa les avait peints lui même; je l'en ai pourtant assuré parceque je l'avais vu moi-même. Ils auront place à Salzdahl dans la galérie des peintures.

Wolfenbüttel 28 mars.

Selon vos ordres Graun ira au premier jour à Berlin, pourvu que vous ayez la bonté de le renvoyer vers le temps de la foire. J'espère que vous

---

[1]) Am 9. April 1734 schreibt sie dem Vater: «Les deux régiments de Bronsvic partent aussi cette semaine; c'est une grande criaillerie entre les femmes.   [2]) Sie war Mitte Januar zu ihren Eltern gereist.   [3]) Elisabeth Sophie Marie, die Wittwe des 1731 verstorbenen Herzogs August Wilhelm.   [4]) 24 zum 25 März.   [5]) Herzog Ludwig Rudolf und die Herzogin Christine Luise, beide geboren 1671.   [6]) Ferdinand Albrecht, der Schwiegervater der Prinzessin.

zen serez content¹) Je vous envoyerai bientôt les chansons que vous ave souhaités²).

Bronsvic 9 avril.

† Rebek³) est parti d'ici³) sans aucune espérance de réussir dans mes affaires, mais le bon Dieu et mon cher Papa auront pourtant bien soin que j'aurai à vivre; ainsi je ne m'en soucie pas.

Wolfenbüttel 29 avril.

† Le Prince m'écrit que les troupes impériales augmentent de jour en jour et que le Prince Eugène, étant attendu le 25, y est déjà à présent, et on dit que les Français ont grande peur de lui.

6 mai.

† Je souhaiterais avec plaisir (dass ihr Vater Grossvater würde) mais pour sans cela je suis encore trop jeune pour élever des enfants, ayant encore besoin de me gouverner moi-même⁴).

Wolfenbüttel 11 mai.

Il y a beaucoup d'officiers qui partent pour l'armée comme volontaires. .... Tout le monde veut être à cette heure soldat. En attendant les dames commenceront à régner ici, car il n'y a ni duc ni personne qui prend soin de la ville; encore quelques vieux paysans, tout cassés, à qui on a mis un vieux quittel bleu qui font figure de soldats mais qui s'en acquittent fort mal.

Wolfenbüttel 8 décembre.

Je vous dirai que la fable de la montagne qui accouche, je l'ai déjà sue, comme j'étais à la nourrice; lorsque je serai la montagne, je ferai grand fracas, pour vous prier parrain, afin que cette petite souris ressemble à son

---

[1]) Am 7. Mai schrieb sie dem Bruder: M. Graun est sur son départ pour Ruppin.
[2]) Auch dem Vater schickt sie Musikalien, so im Mai 1735 die Oper Didone von Porpora «qui est toute italienne et n'est point de la composition de Händel» (dem Lieblingscomponisten des Königs), im März 1737 die Oper Adriano und später eine Fagott-arie aus Didone «car mon cher Papa aime les adagio.» [3]) Der Kammerpräsident von Halberstadt, von Ribbeck, war nach Braunschweig gekommen, um bei dem regierenden Herzog einen Zuschuss von 400 bis 500 Talern für die Prinzessin auszuwirken. [4]) Der ältesten Schwester in Bayreuth hatte sie ihre Schwangerschaft mitgeteilt; als diese in ihrer Antwort dies als unmöglich bezeichnet hatte, schrieb ihr die Prinzessin einen spitzigen Brief, der schloss: «Comme je me suis imaginé que vous vous intéressiez un peu à ma santé, j'ai voulu être la première à vous dire cette nouvelle; une autre fois je tâcherai de ne vous plus donner sujet que vousr vous formalizes, et vous écrire d'autres babioles plus agréables.» Das Verhältniss der beiden Schwestern war schon in Berlin nicht das beste und der Abschied 1733 war ziemlich kühl gewesen. Erst im Sommer 1747 haben sie sich wiedergesehen.

cher oncle. Je suis au désespour du mal du Roi[1]) et comme j'en entends parler, il souffre cruellement. La pauvre Reine sera fort inquiète. Pour moi je suis très triste et rien ne me pourrait consoler d'une telle perte que l'espérance que j'ai de retrouver en vous un second père. Vous saurez sans doute la mort du petit prince Eugène[2]), qui est décédé à Mannheim et a crevé de la fièvre chaude; il n'est fort regretté de l'armée impériale, car il a été un peu Bruder Liederlich. Nous allons à Bevern à la chasse des sangliers; je tire à présent aussi bien qu'un chasseur.

Bevern 16 décembre.

Grâce à Dieu que le Roi se porte mieux, la Reine me l'a écrit aussi pour à présent. J'ai fait un petit voyage jusqu'à ici; j'ai été à la chasse des sangliers et en ai tué cinq raidemort, sans compter le nombre que j'ai blessé; Nous aurons encore quelques chasses de lièvres et de sangliers. Il y a quelques courses de traîneaux, on ne veut pas que j'en sois...... Je viens de l'église, car c'est aujourd'hui Busstag et j'ai un visage très converti. La Ansbach[3]) m'a écrit une lettre très dolente de tous les chagrins qu'elle a eus de la Rohwedel; on dit qu'elle est cause du mauvais ménage qui a été entre ma soeur et le Margrave. Pour la Bareitsche, on dit qu'elle se porte en perfection et qu'elle est grasse comme un petit ortolan, elle en avait grand besoin.. On dit ici un mariage, dont il est permis de douter, car c'est très problématique: c'est l'Electeur de Taxis à qui la cour de France veut donner la Reine-Douairière d'Espagne[4]) en mariage; c'est tout de même comme si Ulrique[5]) devait épouser le Grandmogol.

Wolfenbüttel 15 janvier 1735.

Voilà le carneval, qui a commencé! Comme je suis ici sous la tutelle d'une demidouzaine de beaux-pères et belles-mères, ils n'ont pas trouvé à propos que j'y aille encore... On mène ici la vie très ennuyante: boire, manger et dormir fait l'occupation principale d'un chacun[6]).

---

[1]) Der König war im September 1734 schwerkrank vom Rhein nach Potsdam zurückgekehrt; im Oktober hatten ihn die Ärzte aufgegeben. Er erholte sich sehr langsam. [2]) Eugen Franz Jean Graf von Soissons starb 24. November; er war Grossneffe des Prinzen Eugen und kaiserlicher Generalfeldmarschalllieutenant (geb. 1714). [3]) Die Ehe ihrer älteren Schwester Friederike mit dem Markgrafen von Ansbach war sehr unglücklich. Frau von Rohwedel war als deren Oberhofmeisterin 1729 mit aus Berlin gekommen. [4]) Maria Anna von Pfalz-Neuburg, Wittwe des 1700 gestorbenen Karls II; ob der «Kurfürst» der 1705 geborene kaiserliche Oberst, Lothar Franz, ist, muss dahingestellt bleiben. [5]) Ihre jüngere Schwester, geb. 1720. [6]) Wenige Tage später aber schrieb sie ihm: Nous sommes ici dans les mascarades et redoutes depuis les pieds jusqu'à la tête. Nous avons été dernièrement en vieux Allemands et Allemandes, ce qui était très

1735

Potsdam¹) 31 mars.

J'ai parlé à la Reine [bei einem Besuche in Monbijou] touchant ce que vous m'aviez ordonné de lui dire, si un malheur vous devrait arriver²)... Elle me l'a promis quoiqu'elle a été inquiétée et attendrie, d'où des pensées vous venaient comme cela dans l'esprit; pour moi je vous supplie de ne point encore penser à la mort.

[Wolfenbüttel Anfang April]

Enfin ... je suis de retour dans mon néant et je suis montée présentement prèsque aussi haut que le ciel³); je ressemble Maître Corbeau sur une muraille perché ... Je suis tombée du ciel dans les enfers, car tout est noir ici comme le diable. C'est un deuil infâme et diabolique⁴) qu'on porte; on ne voit point de visage, rien qu'un bout de nez, dont les plus grands sont fort en relief, tout maillotté et en coiffes et voiles. Je ressemble à Koukoumena⁵). Tout ce noir rend mélancholique la personne la plus gaie du monde. Les hommes sont sans poudre et avec de grands manteaux; ils les quittent à Pâques; pour nous, nous restons avec notre attirail jusqu'a la foire. Toute cette semaine on n'a fait encore que d'aller d'une église à l'autre. C'est la vie la plus ennuyante du monde. La seule musique dont je profite c'est les cloches qui sonnent encore toute la journée la mort du Défunt. La Régnante se donne des airs qu'il faut voir. Vos lettres leur ont fait beaucoup de plaisir. Le Prince joue aux volants et se promène incognito parcequ'on ne l'ose pas faire encore ouvertement.

Wolfenbüttel 11 avril.

† J'ai parlé au docteur Keck touchant la santé de mon cher Papa et je lui ai tout dit, comme je l'avais trouvé; il m'a répondu que ce n'était point à étonner que mon cher Papa a essuyé une si grande maladie. Tout ce qu'il

drôle, car un chacun avait une perruque d'excellence pour le moins deux pouces de haut et les visages qui étaient enveloppés dedans, avaient à quelques-uns une fort f....e mine. Aujourd'hui nous sommes en Tiroliens ce qui est plus gai». Am 28. Jan. schrieb sie ihm, sie freue sich ihn bald wiederzusehn surtout «sans beau-père et belle-mère car c'est un meuble très embarrassant et fort incommode; surtout quand on est jeunes gens, on aime bien à faire un peu les foux, mais quand ces vieux et vieilles carcasses n'y sont pas toujours, ils croient tout perdu sans leur présence et il me semble que l'on s'en peut très bien passer.

¹) Die Prinzessin war Ende Februar nach Berlin gekommen.   ²) Eine bestimmte Beziehung scheint nicht zu ermitteln.   ³) Dem Vater schreibt sie am 9. April: «Je suis logée fort près du ciel [in Wolfenbüttel], j'ai trois chambres assez grandes mais basses.   ⁴) Während ihres Aufenthaltes in Berlin war Herzog Ludwig Rudolf am 1. März gestorben. Ihr Schwiegervater war regierender Herzog geworden.   ⁵) Niedlich aufgeputzte Figuren, die bei Pantominen verwandt wurden.

avait à ordonner, fut, que mon cher Papa se ménage comme il faut, et ne se promène pas, quand il fait froid ni mauvais temps, qu'il se couche de bonne heure, ne fume pas trop de tabac NB et qu'il se tienne toujours chaud, que le printemps le ramènerait tout bien. Il conseille les eaux pour mon cher Papa mais qu'il mène un bon régime; alors il m'a assuré que mon cher Papa deviendrait fort vieux. Quand mon cher Papa ne dort pas la nuit, il ne faut pas qu'il s'éveille; d'abord il faut tâcher à se rendormir parce qu'il dit que cela prend après la coutume que mon cher Papa ne dormira plus de tout. Il lui recommande aussi à prendre le thé d'herbes dans le lit pour suer et tâcher d'entrer toujours un peu en transpiration[1]).

Wolfenbüttel 14 avril.

Le Koukoumène-régnant ne fait qu'écrire et se fourrer dans le Geheimerat et sa Koukoumène est en attendant à diriger le ménage, à ordonner et à tracasser... Je suis devenue très grande dame, j'ai présentement un gentilhomme de chambre... Ils arrivent tous les jours de nouvelles condoléances de toutes ces cours d'Eisenach et de Gotha et d'alentour[2]).

Wolfenbüttel 24 avril.

† M. l'Empereur a déclaré le Prince Généralmajor, ainsi que par conséquent je suis avenue au généralat sans façon ni cérémonie; j'espère qu'au premier jour vous me féliciterez que je suis Madame la Feldmaréchale de l'Empereur[3]). Pour vous dire la vérité, je me joue de tous ces titres, car ils ne rapportent pas un sou.

Wolfenbüttel 30 avril.

Je passe mon temps ici à la promenade et vais bientôt devenir hermite, le Prince partant au premier jour pour l'armée, ainsi que me voilà fine seule... Je joue toute la journée sur le clavecin et j'ai reçu des opéras d'Angleterre de la composition de Vinci[4]), qui est très belle; c'est Artaxerxes. On nous a introduit aujourd'hui à Hedwigsburg; on a y dîné comme de coutume, un peu promené sur ses pieds et puis en s'en retournant, les paysans ont fait

---

[1]) Im Mai 1734 schrieb sie ihrem Vater: «Pour les médecins que mon cher Papa veut m'envoyer, je n'en ai pas besoin et j'en ai déjà deux ici, dont je voudrais bien être quitte et me porter si bien que je n'eusse plus besoin de leur parler. Il y a le docteur Keck, qui est un très habile homme et qui vaut bien le Stahl défunt [des Königs Leibarzt] mais comme il suit toujours la cour régnante partout, en attendant je prends le médecin de la Duchesse de Bevern qui s'appelle Burchardi, qui est assez bon docteur.   [2]) Den Weimarschen Gesandten beschreibt sie ihrem Bruder als «un homme qui a l'air s'il avait pendu un an à la potence».   [3]) Dem Vater schrieb sie über diese Beförderung: je serais bien aise de cet avancement, s'il n'allait pas en campagne.   [4]) Leonardo da Vinci, italienischer Komponist, gest. 1733.

une petite criaillerie qui voulait signifier leur marque de joie. A présent je pourrais vous faire bientôt de détail si vous voulez, combien coûtent le grain et les herbes et les bestiaux, car j'ai une terre ou soi-disant telle.

Mon autre Moi-même se met à vos pieds.

Wolfenbüttel 30 avril.

† La Duchesse-Douairière-mére[1]) est partie pour Blankenbourg; elle a terriblement pleuré aussi bien que sa fille qui a hurlé. Elle prendra avec elle les deux princesses aînées[2]) qui viendront à Blankenbourg après la Pentécôte pour lui tenir compagnie[3]).

Salzdahl 27 mai.

† Le Prince est parti ce matin pour l'armée ... son départ m'a été extrêmement sensible[4]), quoiqu'il faut se soumettre à la volonté de Dieu et prendre son parti raisonnablement; de plus comme il est généralmajor, il n'aurait pas eu beaucoup d'honneur de rester à la maison et comme je suis la fille du général de toute l'Europe et qui a un père tout martial, par contrecoup j'ai aussi un peu gardé du courage.

Salzdahl 17 juin.

† Revue der Braunschweigischen Truppen. Le Roi d'Angleterre[5]) commencera les services aussi. Il y a quelques régiments qui ont passé ici dans notre voisinage pour se rendre à Hannovre. Jusqu'à présent il y a toujours eu comédie française à Herrenhausen et promenades.

Salzdahl 8 juillet.

A présent que vous avez passé tout le tracas des revues, permettez-moi une petite quart d'heure d'audience pour avoir la satisfaction de vous féliciter sur votre avancement au généralat[6]). Présentement nous voilà à deux de

---

[1]) Die Herzogin Christine Luise und ihre Tochter, die Herzogin Antoinette Amalie.
[2]) Prinzessin Luise Amalie (geb. 1722) und Sophie Antoinette (geb. 1724), ihre Enkelinnen.   [3]) Am 2. Mai schrieb sie dem Vater: La Duchesse-Douairière est arrivée fort heureusement à Blankenburg où elle dépaquète toutes les richesses, qu'elle a amassées; elle se console à présent fort bien, car elle est maîtresse chez elle et fait tout ce qu'elle veut.. Pour le Duc on ne le voit pas que pour le dîner et pour les soupers; hors de cela il écrit continuellement et fait fort l'affairé comme s'il avait à gouverner tout l'Empire Romain.»
[4]) Dem Bruder schrieb sie am 29. Mai: «Son départ m'a fait beaucoup de peine mais comme c'est le devoir, l'honneur et l'ambition qui l'y appellent et qu'il est en service, il ne pouvait se dispenser de faire la campagne avec, d'autant plus que les maris s'ennuient à la maison, quand ils sont toujours chez les femmes.» Vor des Prinzen Abreise hatte sie ihm geschrieben: «Je me réfugie à Salzdahl où j'aurai la compagnie d'un chien et d'un perroquet.»   [5]) Georg II, ihr Onkel.   [6]) Am Tage der Revue seines Regimentes (28. Juni) wurde der Kronprinz zum Generalmajor befördert.

jeu et nous sommes avancés par nos mérites et grandes qualités, car votre régiment a fait un bruit et tracas dans tout le monde, que partout où l'on se tourne, ce n'est que des acclamations de louange sur les grands hommes, et moi j'ai fait parler de moi par le héros que je mettrai bientôt au monde[1]). Je vous félicite encore que vous allez en campagne; le Prince se fait une grande joie de vous faire sa cour.

Salzdahl 2 septembre.

† Le Duc[2]) a été très mal, je n'en ai voulu rien écrire à la Princesse-Royale de peur de l'inquiéter, mais il nous a donné une grande alarme et lui a pris une colique d'estomac si terrible qu'en plus de 24 heures il n'a rien fait que rendre par haut et par bas; avec cela il a pris des évanouissements à tout instant et des faiblesses continuelles, n'ayant pu ni boire ni manger la moindre chose; il l'a pris d'avoir mangé trop de fruits et surtout à la glâce qu'il ne saurait supporter; il mange beaucoup de melons et boit l'un parmi l'autre. Voilà trois jours qu'il n'a pas quitté le lit et ne voit âme qui vive que la Duchesse qui ne le quitte pas ni jour ni nuit, et son médecin. Il est encore très faible et abattu, mais comme les vomissements ont cessé, les médecins espèrent qu'il est hors de danger. Nous avons ici toutes les Princesses de Plön et de Weickersheim[3]). Je suis obligée de faire les honneurs de la maison, la Duchesse n'y étant pas; elles sont toute la journée chez moi, il faut jouer avec eux aux cartes, ce qui est une grande pénitence pour moi. Nous serons obligés de rester encore toute la semaine ici à cause de la maladie du Duc; sans cela nous aurions été à Wolfenbüttel.

Salzthal 2 septembre.

J'ai été fort mortifiée pour l'amour de vous que vous n'avez pas été en campagne, car je crois que vous vous y seriez fort bien diverti, et ce n'est pas trop poli du bon Père qu'il ne vous a pas tenu sa parole[4]). On n'est pas toujours recompensé dans ce monde, quand on s'acquitte de ses plus f... devoirs; j'en fais présentement l'épreuve... Vous êtes si raisonnable et avez tant d'esprit, que je ne doute pas que vous surmonterez ce petit chagrin qui est assez sensible, lorsqu'on a envie de faire un peu le méchant garçon de

---

[1]) Prinz Karl Wilhelm Ferdinand wurde den 9. Oktober geboren.   [2]) Ferdinand Albrecht.   [3]) Die Herzogin Elisabeth Sophie Marie von Holstein-Norburg, Wittwe des 1731 verstorbenen Herzogs August Wilhelm, war in erster Ehe mit Adolf August von Plön verheiratet gewesen. Die Herzogin Christine Luise, Witwe des März 1735 verstorbenen Herzogs Ludwig Rudolf war eine Schwester des Fürsten Albert Ernst von Öttingen, dessen Tochter Friederike Sophie 1713 den Fürsten Karl Ludwig von Hohenlohe-Weickersheim geheiratet hatte.   [4]) Die dem Kronprinzen schon gegebene Erlaubnis, am Feldzuge 1735 teilzunehmen, hatte der König dann wieder zurückgezogen.

côté et d'autre. Le Prince est en cela plus heureux, car il se divertit à Ludwigsburg et à l'armée, que c'est une charme. Ils iront bientôt à Heidelberg pour y attendre les Russes[1])... Je retournerai bientôt à la grande ville de Wolfenbüttel[2]).

Salzdahl 3 Septembre.

† Je suis très mortifiée d'être obligée d'écrire à mon cher Papa que le Duc[3]) est mort. Mon cher Papa peut croire quel temps je passe ici n'y entendant que cris et hurlements de tous les côtés. ... J'ai sujet de le regretter car il m'a témoigné beaucoup d'amitiés. ... Nous attendons le Prince à tout instant et c'est ici un vacarme terrible. Je tâche de me tranquilliser à cause de l'état, où je suis. Que mon cher Papa ne le dise pas tout d'un coup à la Princesse Royale[4])!

Salzdahl 4 septembre.

† Nous sommes ici dans un cas si triste depuis la mort du Duc défunt que ce n'est pas croyable. Tout pleure et tout crie et gémit, ce n'est que larmes dans tout le pays. La Duchesse est cependant tout résignée malgré sa grande douleur à la volonté de Dieu et parle en très bonne chrétienne, que cela édifie tous ceux qui sont autour d'elle. Nous attendons le Prince à tout instant. Dieu le euille emmener en bonne santé et le conserver, car je crains que la frayeur qu'il aura, ne lui fasse du mal. Hohnstedt[5]) est envoyé à l'armée pour le ramener et pour lui dire avec bonne manière la nouvelle. Le Duc est extrêmement plaint et il a été fort aimé. Je me porte, grâce à Dieu, fort bien. La sage femme est arrivée de Wolfenbüttel, je rends grâce à mon cher Papa de l'avoir envoyée; je la verrai aujourd'hui, car la Duchesse et tous partiront ce soir pour Wolfenbüttel. Le Duc défunt est à Salzdahl jusqu'au retour du Prince. Je crois qu'il sera enterré sans cérémonie, car il l'a souhaité.

Wolfenbüttel 6 septembre.

† J'ai reçu tout le magnifique trousseau que ma chère Mama a eu la grâce de m'envoyer par la sage femme, qui est trop beau et trop magnifique pour moi... Le Duc sera, j'espère, demain ici. Tout est dans une brouaille et charivari terrible, car personne n'est attendu à une mort si inopinée. Le Défunt m'a donné sa bénédiction que j'ai souhaitée d'avoir; il me serra la

---

[1]) Am 23. August sollte die Vereinigung der kaiserlichen Armee und des russischen Hilfskorps, das am Rhein mit gegen die Franzosen operiren sollte, bei Heidelberg erfolgen.
[2]) Früher hatte sie von Wolfenbüttel geschrieben: «Wolfenbüttel me plaît beaucoup et il a un air gai.» [3]) Ferdinand Albrecht. [4]) Der Brief ist ganz schnell hingeschrieben.
[5]) Oberst Johann Georg von Hohnstedt.

main et me dit: Gott segne Ihnen, meine liebe Printzess. J'aurais tort de ne le pas regretter, car il m'a témoigné beaucoup d'amitié et de bonté surtout les derniers temps. Il a gardé la connaissance jusqu'au dernier soupir et prit la communion avec beaucoup de résignation. Il a pensé à toute sa famille et à ses affaires et n'a rien oublié pour l'intérêt du Duc d'à présent ... La Veuve de Blankenbourg[1]) est aussi ici. Je ne quitte pas la Duchesse d'un seul instant, mais j'avoue de la voir avec tous ces enfants[2]), cela imprime de la pitié... Je supplie mon cher Papa au nom de Dieu qu'il se ménage, car voilà ce que le Duc n'a pas fait et mon cher Papa ne donne pas un tel chagrin à sa famille comme il y a ici.

Wolfenbüttel 9 septembre.

† Malgré toute la sensibilité que je ne puis nier d'avoir encore pour la mort du Duc défunt, le bon Dieu m'a réjoui d'une autre manière en me ramenant mon Epoux, grâce au Seigneur, en bonne santé mais tout a fait inconsolable. L'entrevue de Madame sa mère a été des plus terribles et des plus tristes pour les appartenants et spectateurs.

Wolfenbüttel 12 septembre.

† J'ai bien cru que la mort du Duc ferait beaucoup de peine à mon cher Papa puisqu'il a eu l'honneur d'être si connu de mon cher Papa. Ce sera une grande grâce pour le Duc et pour moi que mon cher Papa s'incommode de venir ici. Nous sommes présentement dans le plus terrible deuil du monde, on n'entend que sonner toujours les cloches et tout est si noir et si lugubre que cela rend doublement triste et mélancholique. Le Duc défunt sera enterré à la fin de cette semaine à Bronsvic tout en tranquillité. Ist est encore à Salzdahl et il sera mis dans l'église en parade trois jours. Mon cher Papa peut croire que l'affliction en augmente toujours d'ici. Mon Epoux en est inconsolable et cela avec beaucoup de raison, car il est si jeune[3]) et reçoit tout d'un coup une grande charge, dont il ne sait pas la moindre chose. Je suis persuadée qu'il se donnera toutes les peines du monde pour suivre les traces[4]) de son Père qui avait très bien commencé ici à régner. Je me flatte que mon cher Papa aura même grâce pour lui qu'il a eue pour le défunt Duc son père.... Nous soupons et dînons encore en particulier chez la Du-

---

[1]) Christine Luise. [2]) Ausser den beiden abwesenden Söhnen, dem jetzigen Herzog und dem Prinzen Anton Ulrich, der in Russland war, und der Kronprinzessin von Preussen waren es noch acht Kinder, deren jüngstes Juni 1732 geboren war. [3]) Er war 1. August 1713 geboren. [4]) Am 16. Sept. schrieb sie dem Vater: Le Duc est occupé depuis le matin jusqu'au soir et il s'applique beaucoup à l'ouvrage und am 23: Le Duc a toujours beaucoup à faire, cependant j'espère que tout ira bien et que le bon Dieu nous aidera.

chesse-Douairière-troisième et avec celle de Blankenbourg¹) et ne voyons encore personne.. Je délogerai demain pour prendre les appartements où le Duc et le Duchesse a logé. Je ne sais bientôt plus où j'appartiens, car à tout moment c'est nouveau ménage.

Wolfenbüttel 19 septembre.

✝ Le Duc a été enterré samedi passé (17) à Bronsvic. Cela a causé à Madame la Duchesse-Douairière un renouvellement d'affliction comme aussi à toute la famille. En le transportant on a fait ici un triple décharge de canons.... Le dimanche on a fait toute l'oraison funèbre, il y a eu une très-belle musique et fort touchante qu'on ne pouvait pas s'empêcher de pleurer. L'église a commencé à dix heures et n'a fini qu'à deux heures l'après-dîner. Je me porte très bien et j'ai tout sujet au monde d'être contente du Duc, qui me témoigne beaucoup d'amitié.

Wolfenbüttel 30 septembre.

✝ Le Duc est toujours fort occupé aux affaires et il profite de tous les conseils que mon cher Papa lui a fait dire par Truchs²). Il sera très économe, il a donné congé à Polentz³) et à l'échanson Miltiz et encore à plusieurs cavaliers, pour se mettre bien dans ses affaires. Le Krosigk, qui a été autrefois auprès de moi, est devenu grandmaréchal; c'est un honnête homme et qui entend très bien le ménage. Toute la cour deviendra plus petite et sera en ordre selon le goût de mon cher Papa, sans cérémonie. Le vieux Berner⁴) a le titre de conseiller privé et Spörcke aussi, mais on a leur retranché aussi quelquechose. Je suis persuadée que mon cher Papa sera content de la manière, dont le Duc s'y prend, puisqu'il ne donne point dans le goût de bagatelles et dans de vaine pompe, qui ne veut rien dire. Les députés du pays m'ont fait présent de 1000 ducats et au Duc de 2000 écus. Je serai présentement fort bien dans mes affaires, je tirerai les revenus que les duchesses-régnantes ont eus, ce qui fait, je crois, 121 000⁵) écus par an, sans compter encore toutes sortes de petits revenus qui m'appartiendront. Mon très cher Papa verra que je serai aussi très bonne ménagère et que je ne dépenserai que ce qui sera fort nécéssaire⁶).

¹) Antoinette-Amalie und Christine Luise. ²) Oberst und Adjutant des Königs, der zur Condolenz nach Braunschweig geschickt worden war. ³) Hofmarschall. ⁴) Geheimerat und Hofmarschall. ⁵) Die Zahl ist undeutlich, darunter war eine andre geschrieben. ⁶) Am 3. Oct. schrieb sie dem Vater: Le Duc se promène à cheval, le reste du temps il est toujours en affaires avec Münchhausen (Hieronymus von M. seit 1731 erster Minister) ou il écrit et parle encore acec d'autres. La moitié de la cour a eu son congé; les gens en ont été fort tristes mais on n'a pas pu faire autrement, car le Duc n'aime pas tant un charivari des gens inutiles.

Quellen und Forschungen. Band VIII.

31 octobre.

† J'ai reçu des nouvelles d'Ansbach, qui disent que ma soeur était tout triste et mélancholique et que cela venait parceque le Margrave lui faisait beaucoup de chagrin et qu'il était très débauché, qu'il croyait, parceque mon cher Papa et Maman n'avaient plus tant de grâce pour ma soeur, qu'à cause de cela il en pouvait faire tout ce qu'il voulait. Elle ne me l'a écrit, mais je le sais pourtant sûrement. Je crains parce qu'elle est grosse, que le chagrin ne lui fasse du mal, ainsi je supplie mon cher Papa de soutenir un peu ma pauvre soeur et de lui marquer un peu d'amitié. Cela la rend timide envers mon cher Papa parcequ'elle croit qu'il ne l'aime plus et elle est pourtant très bonne et aime mon cher Papa de tout son coeur[1]).

Wolfenbüttel 7 novembre.

† J'ai soupée levée pour faire gala le jour de Charles et nous avons célébré avec la Duchesse (Antoinette Amalie) et la princesse Louise et avons eu une petite table à quatre couverts en forme d'un C qui a diverti le Duc, qui n'en a rien su…. Le petit Charles[2]) est venu chez moi pour féliciter le Duc au jour de son nom, il avait [été] ajusté avec l'ordre de mon cher Papa[3]) et il a été de fort bonne humeur[4]).

Wolfenbüttel 9 novembre.

C'est avec un plaisir singulier que je m'acquitte de vos ordres et que je suis accouchée à votre santé le plus joliment du monde, quoique ce n'a pas été sans mille angoisses et douleurs, ayant été tout prête à voyager dans l'autre monde, mais comme il a plu à Dieu de m'y laisser encore, grâce à Dieu je m'en porte très bien et me remets de jour en jour. Tout le monde a été étonné de ma petite progéniture, ne croyant pas pour ma petite figure avoir pu mettre un si terrible enfant au jour, et qui est le plus robuste du monde.. Nous avons eu le Roi ici, beau, joli et charmant

---

[1]) Am 10. Nov. schrieb sie dem Vater: Je suis charmée que mon cher Papa a fait prier Dieu pour ma soeur d'Anspach et qu'il lui veut rendre ses bonnes grâces; j'espère que cela fera un bon effet auprès du Margrave et qu'il traitera ma pauvre soeur avec plus d'égard qu'il n'a fait jusqu'à présent. [2]) Am 28. Oct. schrieb sie dem Vater von dem am 9. Oct. geborenen Erbprinzen aus Wolfenbüttel: Le petit Wilhelm a tenu cour chez lui, tout le monde lui a rendu visite. Il profite beaucoup, à ce qu'on dit, car je ne l'ai pas vu, depuis qu'il est dans sa chambre (oben im Wolfenbütteler Schlosse). [3]) Während seines Besuches in Wolfenbüttel (13.—17. October) zur Taufe des Enkels hatte der König diesem den Schwarzen Adlerorden verliehen. [4]) Am 9. Dec. schrieb sie dem Vater: Le petit Charles aura un corps au Heilige Christ, alors je lui donnerai un habit, car il ne veut plus être maillôt. Tout le monde trouve qu'il ressemble à mon cher Papa; ce ne serait pas étonnant, car j'ai toujours pensé a lui.

et de la meilleure humeur du monde; on l'a amusé le mieux qu'il a été possible à promener à pied et à cheval; sa tabagie l'a suivi partout avec et on lui a laissé faire tout ce qu'il a voulu, sans le gêner; ainsi qu'il a paru être très content. Il m'a fait beaucoup vos éloges et a dit qu'il était très satisfait de votre conduite et que vous le soulagiez beaucoup dans sa vieillesse[1])... Il a été aussi très complimenteur avec les trois duchesses qui en sont tout fort éprises. Il a donné l'ordre à mon Petit et moi il m'a gratifiée avec une pair de boucles d'oreilles de brillants. Wilhelm[2]) était avec lui, que j'ai trouvé fort changé à son avantage. Voilà Seckendorf, qui fait bien parler de lui dans les gazettes; on dit qu'il a chassé Messieurs les Français[3]) et qu'il a pourtant gagné le champ de bataille; il faut espérer que cela ira bien et qu'une fois on entendra parler de victoire.

Wolfenbüttel 18 novembre.

† S'il plaît à Dieu, je ferai dimanche qui vient (20) ma première sortie[4]); j'ai été voir le Petit dans sa chambre, qui se porte à merveille.

Wolfenbüttel (Herbst).

On a de la Mumme ici que l'on donne aux soldats quand ils sont attaqués de la poitrine, qui les guérit, mais il y faut mettre des oeufs et du sucre. Si vous avez quelque grand diable, qui en ait besoin, je vous en enverrai tout un tonneau[5]).

Wolfenbüttel 26 décembre.

† En revenant de l'église je trouvai ma chambre toute remplie de poupées un peu gaillardes et avec des verges et des chandelles illuminées. Je crus au commencement que le Duc m'avait joué ce tour-là, mais Madame Zanthier me dit que c'était ce que le Heilige Christ m'avait apporté de mon cher Papa. J'examinai toutes les poupées, où je comptais qu'il y avait à tout douze enfants. Je souhaite que mon cher Papa vécusse si longtemps jusqu'à ce que chacune de mes soeurs eût fait douze fois mon cher papa grandpère.. Lorsque j'eus bien regardé toutes les belles poupées et m'en ai bien divertie,

---

[1]) Der Kronprinz war im Auftrag des Königs nach Preussen zur Inspection gereist; der König war mit seinen Berichten sehr zufrieden. [2]) Der jüngere Bruder der Herzogin (geb. 1722). [3]) Nach dem Gefecht bei Kloster Klausen (31. Oct.) war Seckendorf über die Mosel vorgerückt; am 3. Nov. wurde der Waffenstillstand zwischen Frankreich und dem Kaiser abgeschlossen. [4]) Am 20. hielt sie ihren ersten Kirchgang mit ihrem Sohne, «qui a éte béni publiquement». [5]) Die Versorgung der königlichen und kronprinzlichen Küche mit Braunschweiger Landeserzeugnissen spielt eine grosse Rolle in den Briefen: Harzer Käse, Mumme (dem Vater schickt sie einmal zwei Fass), vor allem Würste; mehr wie einmal bittet sie um Entschuldigung, keine Würste schicken zu können; sie wären noch nicht gut und Rinderwürste zu bestellen, dauere zu lange.

on me dit qu'il y avait encore un coffre qui était là. Je le fis ouvrir et jamais surprise ne fut plus grande ni plus agréable que celle que j'eus, lorsque j'aperçus les deux magnifiques bassins d'or de mon cher Papa. J'en sautais de joie et les montrais dabord au Duc et à toute l'assemblée.

16 janvier 1736.

† Le Duc fait revenir a présent ses trois bataillons de l'armée; ils seront ici en un couple de semaines[1]), qui lui fait beaucoup de plaisir, puisqu'il aura quelquechose à faire.

Bronsvic 30 janvier.

† Le Duc et moi logeons dans la petite maison où le dernier défunt a toujours été, et la Duchesse de Blankenbourg (Christine Luise) nous prête la grande salle, pour y manger, et deux chambres pour jouer, avec cela encore sa cuisine et ses écuries[2]). Cependant j'aimerais mieux encore que cela nous appartînt en propre, on n'aurait pas besoin de se remercier de cette triste prêterie[3]).

Bronsvic 1 juin.

† On dit que le Roi d'Angleterre sera le 7ème à Hannovre.. Les dames s'en réjouissent beaucoup à Hannovre et elles font des dépenses terribles pour paraître bien ajustées, quand il viendra. C'est où les dames de Berlin perdraient leur latin avec mon cher Papa, mais les goûts sont fort différents dans ce monde.

Wolfenbüttel 8 juin.

† Je puis assurer très humblement mon cher Papa que je suis toujours

[1]) Am 25. Febr. waren sie wieder zurück.   [2]) Am 16. April schrieb sie dem Vater: «La Duchesse-Douairière du Grauhof (Elisabeth Marie Sophie) a fait présent au Duc et à moi de toute l'aile gauche qui est vis-à-vis d'elle; elle l'a meublée depuis le haut jusqu'en bas magnifiquement. Nous serons parfaitement bien logés et fort spacieusement. J'irai demain pour tout voir... Il y a beaucoup d'agréments, car il y a le jardin et le rempart, qui est tout proche. Les autres Duchesses en sont bien enragées... A présent nous avons de quoi loger parfaitement les étrangers» und am 20: «J'ai une petite chambre de lit meublée d'une très belle haute-lisse et un cabinet tout de porcelaine depuis le haut jusqu'en bas, trois belles galéries, dont deux sont remplies de portraits et une de miroirs entredeux de la porcelaine, une fort belle chambre d'audience et puis encore une chambre pour la musique. Le Duc est à peu près de même. La Duchesse.. fait exprès un voyage à Holstein pour nous donner encore tous ses meubles et tout ce qu'elle a. On peut dire véritablement qu'elle se dépouille pour nous faire plaisir.» So schickte sie ihnen aus Holstein ein «Kabinetsstück»: ce sont les espions qui apportent les raisins de Canaan; c'est tout d'ôr avec des pierres très précieuses. Cela a coûté un argent terrible au feu duc Auguste Guillaume.   [3]) Schon im September 1733 hatte sie dem Vater geschrieben, es würde sehr nett von ihm sein, wenn er ihr das Haus in Braunschweig, das der Geheimerat von Schleinitz alles in allem für 24 000 T. verkaufen wolle, kaufte; c'est une bagatelle pour mon cher Papa et cela me paraît d'une grande commodité, car alors je pourrais dire que j'ai deux maisons, une à Bronsvic et l'autre ici.

d'aussi bonne humeur que j'ai été toute ma vie, n'ayant aucun sujet de tristesse et au contraire ayant tout sujet d'être contente en toute manière. Mon cher Papa peut être persuadé que si j'avais quelque sujet de chagrin, que ce serait à lui premièrement, à qui j'aurais tout mon recours, le connaissant pour le meilleur et plus grâcieux père du monde et qui n'abandonne pas ses enfants, quoiqu'elles ne soient plus auprès de lui. Mais comme à présent je suis mère et mère de tout le pays, je contrefais un peu plus la sérieuse, que je n'y ai fait autrefois, et les gens qui m'ont connue autrefois, croient alors qu'il me manque quelquechose.

Bronsvic 7 septembre.

Pour moi il faut me donner au soin de l'éducation des enfants; il faut prendre un air vénérable, qui me sied aussi mal que quelquechose au monde. Avec cela j'ai pris un visage fort allongé, qui ne m'a pas embellie; enfin toute ma carcasse est fort dégringolante.

Wolfenbüttel 5 octobre.

Je suis au désespoir que vos finances sont si petites que Duval[1]) en a pâti. Je crains que votre table se ressentira de son absence, puisqu'elle était excéllente. Duval n'a pas été lui même ici, il m'a seulement envoyé votre lettre, ne sachant pas pour sûr, si nous le prendrions. Je l'ai dit au Duc, mais il n'a pas encore tout à fait déterminé cette petite affaire… Permettez que je vous recommande le petit marmot nouveau-né[2]); étendez vos bontés jusques sur lui.

28 octobre.

† Je suis ravie que mon cher Papa veut prendre la résolution de suivre mes conseils et ne plus tant fumer; cela peut faire du mal à sa précieuse santé. J'espère que lorsque j'aurai le bonheur de faire ma cour à mon cher Papa, alors il s'en désaccoutumera davantage[3]).

Wolfenbüttel 5 novembre.

J'ai entendu chanter ces jours passés une nouvelle chanteuse de Hambourg; son mari est un Italien, il s'appelle Kaiser et elle Kaiserin; peutêtre que vous en aurez entendu parler. Tant que j'en comprends, sa voix me plaît assez et elle l'a très forte et sait bien diriger; elle restera ici pour chanter

---

[1]) Des Kronprinzen Leibkoch, der soeben entlassen war; er hielt sich zunächst in Berlin auf, wo er dem Grafen Manteuffel allerlei Anecdoten aus Rheinsberg erzählte. Er ging dann nach Wien.   [2]) Ihr zweiter Sohn Georg Franz (geb. 26. Sept.)   [3]) Der König hatte am 17. Oct. geschrieben: «Il ne me coûtera pas beaucoup de peine de vous sacrifier par jour quelques pipes de tabac.» Zu Weihnachten 1733 schickte sie ihm «une petite pipe pour fumer à proportion de sa santé, car comme il est malade il faut qu'il prenne garde à lui.

à la foire qui vient. Faites-moi la grâce de dire à Graun qu'il ait la bonté de faire pour la foire un opéra allemand puisque nous en aurons un tout nouveau déjà italien; qu'il prenne quel sujet lui plait le plus; je lui en laisse le champ libre, c'est a dire pourvu qu'il n'en ait pas seulement commencé déjà un italien, car sans cela cela lui ferait double peine.

21 janvier 1737.

Toutes les gazettes sont remplies des jolies, spirituelles lettres que vous avez écrites à Voltaire[1]), en l'invitant de venir à Berlin. On dit que le pauvre diable est mort à Aix-la-Chapelle malgré toutes les sciences de Messieurs les médecins de Paris. C'est une perte et on y a perdu un poème qui dans le siècle où nous sommes, se trouve bien rare, car il se nommait la Pucelle NB.

Bronsvic 11 février.

† Il y a ici ce peintre fameux, dont mon cher Papa a entendu parler, le chevalier Ruska[2]). Il peint parfaitement bien, c'est un Italien. Il peint à cette heure la Duchesse du Grauhof. Il est fort cher et demande seulement pour une tête sans attitude cent écus. Il a un bon colorit. Il va en Angleterre pour peindre toute la famille. Il voudrait bien faire sa cour à mon cher Papa parcequ'il a entendu qu'il aimait aussi fort à peindre[3]). Il peint très vite et très ressemblant[4]).

Bronsvic 13 février.

† Des Königs letzter Brief] m'a fait beaucoup de peine puisqu'il paraît que mon cher Papa doute du respect et de la tendrese que j'ai pour lui. Si j'ose le dire, il me fait la plus grande injustice du monde de croire premièrement, que je n'ai pas envie de lui faire ma cour; ensuite je puis assurer mon cher Papa très humblement, que le Duc me témoigne mille amitiés et bontés et que nous vivons dans la meilleure harmonie du monde ensemble. Je serais ingrate et ne dirais pas la vérité, s'il fallait dire le contraire, car je souhaite que mon cher Papa marie toutes mes soeurs aussi heureusement que je le suis, alors elles auront toutes sujet d'être fort contentes et satisfaites. Mon cher

---

[1]) Der Kronprinz hatte im August 1736 seinen Briefwechsel mit Voltaire begonnen. Die Nachricht von Voltaires Reise nach Berlin, die dieser selbst im Dezember in die Zeitungen gebracht hatte, war ebenso falsch wie die von seinem Tode.   [2]) Dem Bruder schrieb sie im April: Il peint mieux que Pesne à ce qu'on dit.   [3]) Mitte April kam er nach Berlin. Ein Bild des Fürsten Leopold von Dessau, das er hier malte, bezeichnete der König als «ein Wunderwerk und ist lebend, wenn es nur spräche, das fehlet». Auch den König malte er.   [4]) Schon im Mai 1734 hatte sie dem Vater geschrieben: Je me suis fait peindre ici (in Wolfenbüttel) d'un peintre qui est venu de Hannovre pour la Duchesse-régnante; il fait fort bien et ne tourmente pas pour être longtemps assise.

Papa peut bien croire que je ne montrerai sa lettre à personne et encore moins au Duc, que cela chagrinerait sûrement de savoir qu'on rapporte de si faux bruits à mon cher Papa sur des choses où il n'y a aucun fondement. Je puis encore assurer très humblement mon cher Papa que ni Münchhausen ni les Duchesses ni la cour de Vienne[1]) n'ont aucun part de ce que nous n'avons fait plus tôt notre cour à mon cher Papa, par le Duc ne se serait sûrement pas laissé dissuader pour des raisons si peu légitimes que mon cher Papa veut alléguer. Je supplie très humblement mon cher Papa de croire ce que j'avance, car je ne l'assurerais pas, si je ne savais pas que tout cela est faux; car j'ai trop d'honnêteté pour tromper mon cher Papa dans la moindre bagatelle et comme j'ai le bonheur d'être fille de mon cher Papa, il peut sentir par mon propre sang que je ne suis pas capable autrement que des sentiments d'honneur et point de fourberies. Mais quoique mon cher Papa ne veuille pas croire que le Duc a des affaires, je puis pourtant l'assurer qu'il est toujours fort occupé et puisque mon cher Papa veut savoir absolument la véritable raison du retardement à lui faire notre cour, c'est, comme le Duc a une passion infinie pour les soldats, il n'a souhaité de faire sa cour à mon cher Papa que dans le temps des revues, pour profiter du bon ordre qu'il y a dans les troupes de mon cher Papa[2]).

Wolfenbüttel 1 avril.

Pour[3]) ici on a un peu affaire avec des gens constipés et qui, a dire une parole d'un ton grave, sont de dure digestion. Que faire, il faut s'accommoder avec eux; quoique je me donne toutes les peines du monde pour les dégourdir, mais à laver la tête des ânes et ânesses, on y perd sa léssive. Les Veuves se tiennent toutes les deux à Blankenbourg... La Mère sera bientôt de retour ici.

18 avril.

Je suis toujours de bonne humeur. Alors que vous me verrez, vous ne me trouverez pas changée dans ce point, mais lorsque je suis incommodée quelquefois, je prends de petites impatiences, qui me font venir de rats que je chasse aussitôt qu'il m'est possible, mais sans cela, Dieu merci, je n'ai point de sujet de mauvaise humeur. Je vais mon petit train tout tranquillement sans me mêler de rien, et je m'en trouve fort bien.

[1]) Die Kaiserin Elisabeth Christine war die Schwester der Herzogin-Wittwe Antoinette Amalie. [2]) Am 2. Juni kam der Herzog und die Herzogin nach Berlin; am 3. war die Generalrevue. [3]) Sie hatte vorher geschrieben, die Feier des Geburtstages der Königin-Mutter in Rheinsberg müsse nach seiner Schilderung sehr animirt gewesen sein, er werde gewiss das meiste beigetragen haben.

25 avril.

Je ne vous incommoderais pas avec ce griffonage, si ce n'était que le prince Ferdinand[1]) m'a prié de lui donner une lettre de recommendation. J'espère que vous le développerez un peu; il a assez d'esprit et de manières et votre aimable compagnie fera merveille.

Hochverehrtester und Meinem Hertzliebster Herr Bruder.

Die über alle Massen hohe freude die ich von seiner glückseligen Ankunft[2]) empfunden habe, hat mir ganz und gar eingenommen und bringet mir soweit das ich mit aller demuht meine Schlechte Feder Raum geben muss Meiner hohe freude an Ihre herzliebeste Person zu beweisen ich hoffe mit gantzer recht das mir mein Gnädiger Herr Bruder wirds mir nicht ungnädig nehmen das sich Meine Unterthänigkeit in schreiben ihre Demuht beweiset. Unterdessen verlange ich mit schmertzen ihre hertzliebste Person heute Abend zu sehen und das Abendbrot mit ihrer zu speisen. Ich bleibe aber Mit Allerwertester Liebe und Hochachtung für meinem gütiger Hern Bruder und bin vergnüget und genüget und begnüget, wann ich die hohe und erhabene Ehre habe ihm zu sehen und verbleibe bis die Stunde meines Todes

     die allerunterthänigster und gehorsamste
     Dienerin und schuputzerin Charlotte ihre
      herzliebeste Schwester[3])

Von Berlin den 23. Juni 1737[4]).

Salzdahl 26 juillet.

On m'a dit qu'il viendrait à la foire un juif fort riche et qui a beaucoup d'argent et est dans le goût d'acheter des brillants. Dieu veuille que ce coquin conserve cette bonne idée. Si alors l'occasion est à bonne et que je me défasse avec profit de l'affaire... mais si en tout cas ceci ne me réussit pas, alors je m'engage sans aucune incommodité d'abord que j'aurai mis pasquet bas[5]), de vous payer premièrement à la Ste. Michel mille écus et puis tous les quartiers mille pour le moins, enfin ce qui ferait la somme de sixmille écus. Si vous êtes content de recevoir tous les quartiers mille écus, je puis le faire avec le plus grand plaisir du monde... Je vous envoie ci-joint la couleur

---

[1]) Ihr Schwager (geb. 1721). Er kam Ende April nach Rheinsberg. «Il est encore fort jeune, mais il se fera», schrieb der Kronprinz von ihm. [2]) Der Kronprinz war zu den Revuen nach Berlin gekommen. [3]) Unter einem Briefe aus dem Jahre 1734 unterschreibt sie sich: «Votre très humble spizerle bichberle colombe, petite âme, goldener Engel et servante et soeur Charlotte». [4]) Am 25. reiste sie aus Berlin fort. [5]) Prinzessin Sophie Karoline wurde den 7. Okt. geboren.

de tous les marbres que nous avons; vous pouvez choisir desquels vous voulez pour faire un cabinet, mais comme vous ne pourrez pas avoir assez d'une même couleur, je vous conseille de choisir de trois sortes[1]).

Salzdhal 5 août.

Pour ce qui regarde l'affaire en question, il n'y a que ma mort qui vous fera revoir la bague, car à présent que je la tiens, je vous promets de ne la pas laisser échapper. Vous connaissez ce que c'est l'esprit de la femme; dabord qu'elle se met quelque chose dans la cervelle, il n'y a point de moyen de lui l'ôter de l'esprit. Comme je porte encore une tête, mon caprice est donc double et il n'y a rien au monde qui me fasse changer, ni vos prières ni vos inquiétudes, autant en apporte le vent. Car je vais vous dire, Monsieur, que j'ai déjà fait une intrigue que dabord que je serai accouchée, je pourrais vous envoyer les six mille écus tout d'une fois. Cela est résolu et fait et il ne dépend plus de vous ni de moi de changer ce dessein, car il est tout accordé. Ainsi si vous souhaitez de revoir ce précieux, il faut que ce soit par mar mort, car sans ceci il n'y a point d'autre remède.... Vous me ferez un grand chagrin de refuser une chose qui ne m'incommode point... Pour changer je ne le ferai sûrement pas et qui plus est, vous courez risque de perdre mes bonnes grâces, si vous faites encore plus de difficultés, qui seraient pourtant toutes fort inutiles... J'ai donné une fête pour le jour de naissance du Duc [1 Aug.] qui a consisté dans une comédie, que les pages ont jouée fort joliment, qui s'appelle. «Les trois frères rivaux»; ensuite il y a eu musique et le soir tout le jardin illuminé et à la fin un Nachtschiessen. Tout le Parnasse était avec des lampions, on y a dansé, sauté et joué jusqu'à trois heures du matin... J'ai été en duchesse ce jour-là depuis les pieds jusqu'à la tête, car les deux Mères y étaient, que je compte pour le moins pour quatre, car autant font-elles de bruit.

Wolfenbüttel 6 septembre.

† Mon cher Papa fait très bien de ne pas sacrifier tant d'honnêtes gens contre les Turcs comme les autres seigneurs[2]) font et qui n'acquièrent pourtant jusqu'à présent que très peu de gloire et doivent se faire de conscience de laisser tant tuer de leurs gens.

27 septembre.

Je m'étais bien préparée à vous recevoir pontificalement, si j'avais eu le

---

[1]) Am 5. Aug. schickte sie «une épreuve de tous les marbres (aus dem Harz); on peut fort bien avoir une chambre de marbre mais l'affaire est de la faire transporter.»
[2]) Der Herzog hatte ein Regiment zum Türkenkriege geschickt. Sein Bruder Ludwig (geb. 1718) war als Volontair mitgegangen.

bonheur de vous faire ici ma petite révérence, et tous les violons, flûtes et hautbois avaient ordre de paraitre bien accordés, sans faux tons, les chanteurs et chanteuses auraient mangé du sucre d'orge et des sirops, pour se rendre la voix plus belle et plus claire ... et enfin j'aurais fait employer ici le vert et le sec pour vous faire passer le temps agréable. Voilà donc toutes mes belles idées en fumée ce qui me fait enrager; c'est pourtant qu'il faut que je me console cependant bien malgré moi.... La Belle-mère est toujours inquiète et tracassière à son ordinaire mais à moi ni au Duc elle ne nous parle pas de voir sa fille¹). Vous avez très bien fait de parer ce coup cette fois, le bon Dieu vous le rende. Je crois que si elle pouvait et cela dépendait d'elle, elle viendrait volontiers chez vous à Rheinsberg, car enfin c'est le mouvement perpétuel qui ne saurait être tranquille.

18 octobre.

† J'ai reçu avec bien de la joie la grâcieuse lettre de mon cher Papa, qui a beaucoup contribué au rétablissement de ma santé, voyant qu'il est toujours de bonne humeur, puispu'il me raille du Unkraut que j'ai mis au monde²). J'espère pourtant qu'il aura aussi quelque peu de grâce pour cet enfant, quoique ce n'est qu'une fille qui lui sera tout aussi dévouée que les garçons, et tâchera avec le temps de ne point mériter le titre de Unkraut. Si mon cher Papa consent de noyer mes soeurs Ulrique et Amélie, je suis contente alors que ma fille périsse avec dans leur compagnie mais pour sans cela je suis contente de la garder et je l'aime beaucoup parce qu'elle m'a donné moins de peine que les garçons.

8 novembre.

La personne en question³) vous assure de son respect; il n'aspire que d'avoir un jour le bonheur de se voir à vos pieds. Ce rétardement qui lui paraît trop long, le rend tout à fait taciturne et sombre, ce qui ne se peut autrement dans une telle situation. Je suis bien aise, entre nous soit dit, de n'être pas à portée des humeurs bizarres et mauvaises qui règnent dans certains pays. La meilleure humeur du monde succombe à la fin, lorsque l'on se trouve toujours contredit d'un chacun et avec des esprits mélancoliques. Il n'est pas à étonner que vous n'ayez pas été de bonne humeur à Berlin, aussi je puis vous dire que cela m'a fait une véritable peine de voir votre humeur si changé et de vous avoir vu toujours malade. Le bon Dieu vous préserve de toutes choses et personnes mauvaises qui vous causent des soucis et vous rendent par là malade. Dieu sait que cela m'afflige véritablement et pour cette raison j'ai été ravie de sortir de Berlin et ne reviendrai que

---

¹) Die Kronprinzessin. ²) Ihre am 7. Oct. geborene Tochter Karoline. ³) Duhan.

jusqu'à ce que le Maitre vous traite comme cela se doit. En Angleterre c'est aussi un tracas terrible, le père et le fils¹) étant brouillé sérieusement; ils ont la sottise de faire imprimer dans les gazettes leurs plaidoyers, quoique tout le monde prenne le parti du Prince de Galles. Grâce à Dieu, chez vous cela ne va pourtant pas si loin et j'aurai des oraisons exprès pour prier Dieu pour votre prochain contentement.

13 décembre.

Je ne m'étais pas douté que vous prendrez un peu de part à l'affliction que j'ai eue de perdre le second de mes fils²), qu'il a plu à Dieu de prendre à lui.... On dit que la Reine d'Angleterre³) est morte; le bon Dieu veuille avoir son âme. Cette dernière mort ne me touche pas beaucoup, quoiqu'elle est beaucoup plus intéressante au public.

13 décembre.

† J'en suis extrêmement mortifiée, puisque je puis dire à présent que c'était un joli enfant et où le bon Dieu n'avait rien oublié en lui. Enfin tout ce qui me peut consoler, c'est que cela a été la volonté de Dieu, à laquelle il se faut résigner absolument ... L'enfant est mort des dents auxquelles s'est joint un rhume de poitrine et terrible dévoiement. Il a extrêmement souffert et a été d'une patience à s'étonner. Je ne l'ai pas quitté qu'après le dernier soupir; à la fin voyant qu'il n'y avait plus d'espérance, j'ai souhaité que le bon Dieu le délivrait, pour lui abréger ses souffrances. On n'a rien négligé auprès de lui, ainsi que c'est encore une consolation que je n'ai rien à m'en reprocher. Le Duc a été fort triste et a aussi été tout le temps de sa maladie auprès de lui. Grâce à Dieu les deux enfants qui me restent se portent fort bien. Charles est un peu grimand aux dents mais il est d'une très bonne constitution et toujours de bonne humeur et la fille ne lui cède en rien. Le dernier mort a été toujours fort maladif et point gai; je n'ai jamais cru qu'il le pousserait bien loin⁴).

¹) Georg II und Friedrich Ludwig, Prinz von Wales   ²) «Görge» Franz geb. 26. Sept. 1736 war am 10. December gestorben.   ³) Königin Karoline starb den 1. December.   ⁴) Am 22. Dec. dankte sie dem Vater für seine Teilnahme «qui veut bien s'intéresser pour la santé de mes enfants en me recommandant de ne pas leur donner trop de manger. Je puis assurer très humblement mon cher Papa que ce n'est pas de trop d'appétit que cet enfant est mort.. Charles se porte à merveille et est d'un tempérament fort robuste. Il présente les armes et fait déjà tout l'exercice; il est fort drôle qu'il faut mourir de rire, quand on le voit faire ses petites contorsions et il est comme un arlequin. J'ai assez du monde auprès d'eux qui prennent garde sur leur personne et je n'épargne ni ne néglige rien que, je crois, peut être pour leurs avantages.» Von dem Sohn Karl hatte sie schon am 10. Sept. geschrieben: «Mon fils s'écrie quand on lui montre le portrait de mon cher Papa et lui jette mille baisers et dit: Lieb Grosspapa! Il commence à tout parler comme un perroquet et devient fort drôle.»

10 Janvier 1738.

† Des quinze cent hommes, que le Duc a envoyés en Hongrie, il n'en reste plus que deux cents, qui sont encore un peu en état de servir … c'est une grande misère à Bronsvic, car toutes les vieilles femmes pleurent et se déchirent les cheveux et les autres deviennent folles, ce qui fait beaucoup de peine lorsque l'on l'entend.

13 février.

† Le Duc envoie en Hongrie tout ce qu'il y a d'étrangers, qui viennent ici et principalement beaucoup de déserteurs Danois et ensuite des malheureux qui sont depuis longtemps ici à la brouette et qui ne sont bons qu'à être envoyés aux Turcs, pour qu'ils les déchirent en cent pièces. Pour tout ce qui ira présentement, je n'en ai pas grande commisération, parceque ce sont tous des vauriens rassemblés des quatre coins du monde[1]).

Wolfenbüttel 8 mai.

Ayant fait un tour à Blankenbourg pour rendre visite à la Duchesse de ce nom, l'infortuné D. m'a prié de vous envoyer cette lettre. Je n'ai pu lu refuser cette unique consolation. Enfin il reste le même pour vous, toujours attaché. Nous avons presque pleuré ensemble sur votre sujet, cela ne vous aide de rien et ne peut vous faire grand bien, mais enfin vous savez que c'est le seul remède des femmes lorsqu'elles ont du chagrin et qu'elles sont affligées. Enfin votre état s'il est toujours le même, ne me fait pas plaisir; s'il se pourrait, je le changerais et il n'y aurait point de bonheur que vous ne posséderiez.

Bronsvic 17 août.

La Douairière-mère m'a dit que le Roi lui avait dit en prenant congé d'elle[2]) que s'il ne venait point de meilleur parti pour Wilhelm, alors qu'il voulait avoir la petite Charlotte[3]), aussi que c'était encore douteux. Je ferai mon possible pour éveiller la Petite, afinqu'elle plaise à mon frère Wilhelm…. J'ai dit à la Mère que je lui conseillerai d'écrire quelque chose à la Reine de ce que le Roi lui avait dit, parceque sans cela Maman pourrait s'imaginer qu'on voudrait intriguer sans son consentement, et il me semble qu'il ne la faut pas passer sous silence. J'attends votre livre[4]) avec beaucoup d'impatience … car à présent j'ai grand besoin de le lire.

Bronsvic 22 août.

† Le prince Ferdinand est parti et commence ses voyages par la Hollande et

---

[1]) Auch der Ersatz, den der Herzog im nächsten Jahre schickte, war nach ihrer Schilderung nicht anders und besser. [2]) Auf der Rückreise von Cleve war der König und der Kronprinz vom 12. bis 15. August in Braunschweig gewesen. [3]) Ihre Schwägerin. (geb. 1724). [4]) Cicero's Tusculanen.

le Brabant et les Pays-Bas¹); s'il continue à s'appliquer, comme il l'a fait jusqu'à présent, ce sera avec le temps un prince fort accompli. La princesse Charlotte est aussi fort jolie et je la fais venir souvent chez moi; c'est un très bon enfant.

Bronsvic 28 août.

Vous me faites honte en me remerciant du petit déjeûner que vous avez eu en chemin. Ceux d'Hannovre n'ont pas été contents que vous n'ayez pas dîné à Herrenhausen, car ils avaient la rage de vous voir et de vous bien examiner. Enfin vous ne les auriez pu attraper mieux; ils se flattent là-bas que parceque le Roi a tant loué la Princesse d'Orange²), que peutêtre on donnerait une de ces princesses d'Angleterre à mon frère Guillaume et que par cette alliance le racommodement se ferait. La Reine m'a répondu qu'elle s'était bien doutée que le Roi ferait ce mariage avec une princesse d'ici sans la consulter; il paraît qu'elle en est assez contente pourtant … J'ai trouvé le gras Guillaume bien changé à son avantage et c'est un très bon garçon; il ne lui manque qu'un peu de manières. Je crois que si vous lui diriez, qu'il se changerait encore davantage. Je me souhaiterais dans votre école et je deviendrais un ange terrestre, car c'est ma folie que je veux vous ressembler, et je m'en donne toutes les peines.

Voici la réponse de la vieille Grandmère que vous avez mise toute en ecstase par votre obligeante lettre…. Elle m'a écrit sur ce sujet une lettre de quatre feuilles. . Quant à la bonne Reine, qu'elle ne peut plus rien changer, alors elle est contente… Duhan est à quatre lieues de Blankenbourg, il fait la carte du pays pour s'occuper et craint de vous importuner avec un grand remerciment.

Bronsvic 29 août.

J'ai bien cru que le Roi sonnerait la trompette quand il serait à Berlin, touchant la Charlotte, car c'est son petit défaut, avec tout le respect qui lui est dû, qu'il ne saurait se taire. La Reine ne m'en a plus rien écrit et elle n'a aussi rien répondu sur ce sujet à la Duchesse; mais on sait bien, comme cela va dans les commencements, que tous les nouveaux mariages ne lui plaisent pas et puis quand ils sont faits, elle est la plus contente du monde. J'ai parlé à la Duchesse sur le sujet de Ferdinand et lui ai dit que le Roi le souhaiterait dans son service. Vous pourrez bien croire que je lui ai fait envisager tous les avantages qu'elle pouvait avoir pour ce prince, mais je vois

---

¹) Dem Bruder schrieb sie 8. Sept.: «La Duchesse-mère fera voyager Ferdinand dans tout le monde; auparavant, elle lui a fait nettoyer le corps et l'âme». ²) Von Cleve aus hatte der König den Erbstatthalter von Holland und dessen Gemahlin, eine Tochter Georgs II., in Loo besucht. Auf dem Rückwege war er an Hannover vorübergereist.

bien qu'il n'y aura rien à faire et qu'elle ne le donnera pas, car elle m'a dit que l'Empereur lui avait promis, comme son Duc était mort, qu'il aurait soin de toute la famille tant qu'il vivrait. Ferdinand a la promesse de devenir colonel à ce que l'Impératrice lui a écrit, il en recevra la patente au premier jour; ainsi elle m'a dit que s'il fallait qu'il changeât de service, qu'il fallait en demander la permission à l'Empereur et que cela n'aurait pas trop bonne grâce. Pour vous dire la vérité, je crois qu'elle s'est fait gagner de l'Impératrice, car celle-là le veut avoir. Enfin comme ce n'est pas mon fils, ils n'ont qu'à se tirer d'affaire comme ils pourront. Je lui ai dit encore qu'elle devait se resouvenir du dernier discours que vous aviez tenu avec elle, et que je craignais qu'un refus vous fâcherait et le Roi aussi, mais il a paru que tous mes discours ont été dits on l'air, car on y a fait guère de réflexions.... Mais revenons s'il vous plaît, aux Tusculanes de Cicéron[1]), dont il me semble, son discours touchant la crainte de la mort vaut mieux que tout ceci. Je suis à demi guérie des craintes de la mort et trouve tous ses arguments fort justes et raisonnables, quoique j'avoue pourtant, que malgré toute la philosophie à part, que je n'aimerais point à mourir, tant que vous serez du monde, et s'il se pouvait que nous quittions ce monde tous les deux dans un même jour, alors je m'imagine qu'il n'y aurait point de plus grand délice sur la terre. Pour ce qui regard son raisonnement sur la douleur, je ne suis pas encore d'accord avec son sentiment, car, quand quelquechose me fait mal, ce n'est point contre la vertu de l'avouer, car c'est Madame la Nature qui en est la cause et qui n'a pas toujours la force de supporter les douleurs. On voit bien que Cicéron n'est jamais accouché; sans cela je crois que toute sa philosophie serait à bas. Il est vrai qu'on peut se vaincre et surmonter un peu le mal et malgré la pointe qu'il donne aux femmes de ce qu'elles ne s'arrêtent qu'aux pleurs et aux cris, donc je ne suis pas satisfaite non plus car je crois qu'il s'en trouve qui ont autant de forces d'esprit que n'avait Ulisse, lorsqu'il était blessé, mais pour parler franchement je crois que si Cicéron avait été bien malade, il ne s'aurait pu empêcher de se plaindre; car je trouve que c'est un mal involontaire et dont dans la plus grande extrémité l'on ne peut quelquefois s'empêcher.. Pensez un peu à vos coliques d'estomac et avouez-moi, si ce n'est pas un mal, et qui assurément ne touche ni votre honneur et votre vertu, mais c'est la nature qui devient involontaire et qu'on tâche d'aider avec des remèdes. Voici tout mon sentiment sur le premier tome de Cicéron, bien ou mal dit. Vous me le pardonnerez. Je vais présentement lire le second volume, où il commence à traiter de l'affliction, et vous en faire, la poste prochaine, un petit appendice.

[1]) Am 25. Aug. hatte sie dem Bruder für deren Zusendung gedankt.

Bronsvic 4 septembre.

Je plains le pauvre Henri des soufflets qu'il a reçus. On a dit qu'il était en disgrâce auprès du Roi, parcequ'il avait une fois dit, peut-être dans son innocence, qu'il le connaissait comme s'il l'avait fait, et que depuis ce temps-là le Roi était encore piqué contre lui. Il me semble que tant que la famille durera, il y en aura toujours l'un ou l'autre le souffre-douleur. Je leur conseille à tous de lire les Tusculanes de Cicéron pour savoir se modérer dans la douleur et l'affliction, car je vous avoue que depuis le temps que j'ai lu ce livre-là, je suis dans tout autre sentiment que vous m'aviez laissée. Comme grâce à Dieu jusqu'à présent je n'ai pas encore eu de grand sujet d'affliction, je ne puis pas beaucoup décider sur cette dernière matière, quoique je m'imagine qu'il me serait fort difficile de prâtiquer cette théorie, qui pour mon petit génie me parait fort haute et peu problématique. Quoique Cicéron nous définit très bien que ce n'est que la première appréhension ou l'opinion des choses, qui nous fait agir selon notre génie de joie ou de tristesse, je croirais pourtant que dans les premiers moments de douleur il y a fort peu de gens, qui savent se modérer ou raisonner d'abord philosophiquement; mais le temps ramène les idées ensemble et alors on peut se connaître et examiner la faiblesse de son esprit. Je ne suis point du sentiment d'Epicure qui ne voulait pas qu'on songeât aux malheurs imprévus, qui nous peuvent arriver; au contraire je trouve, comme Cicéron dit, qu'il vaut mieux se préparer à toutes les fatalités, auxquelles nous sommes sujets...... Cependant je vous prie de ne point exercer la force de mon sujet et ne me donner jamais sujet d'alarme sur votre sujet, car je crains pour le coup que toute ma philosophie tomberait en quenouille et à présent je veux tâcher de me piquer de tous ces grands sentiments et braver les accidents autant qu'il sera dans mon pouvoir, et prendre la vertu pour guide. Voilà ma résolution, dont je vous fais mon confident, et vous suis très obligée du bon chemin que vous m'avez procuré persister dans de pareils systèmes qui sont très louables à suivre..... Vous êtes trop grâcieux de vouloir vous informer de la personne de Hohnstedt[1]). Pour vous dire la vérité, il y a longtemps que je ne l'ai pas vu; la plupart du temps il est à Wolfenbüttel et quand il est ici, il est toujours gris comme un cordelier et comme il a la grossièreté en partage, je n'aime

---

[1]) Es handelte sich um einen grossen Rekruten. Auch die Herzogin wollte ihrem Bruder einen solchen schaffen: im October schrieb sie ihm, ein Franzose, der mit Weib und Kind seiner Religion wegen aus Frankreich gegangen sei, habe sie angebettelt, er wolle nach Berlin; es sei ein ‹joli garçon› 5 Fuss 8 Zoll; sie habe ihm ein Goldstück gegeben, er solle nach Rheinsberg gehen, sich bei Fredersdorf melden; statt dessen habe er es vorgezogen, sich mit dem Gelde nach Hamburg auf und davon zu machen.

pas beaucoup d'avoir affaire avec lui. Hohnstedt me promet monts et merveilles; envoyez à Hohnstedt le nom de celui que vous voulez avoir, mais non pas par moi; sans cela le Duc me soubçonnerait, mais faites lui écrire par un de vos officiers ... alors il est d'obligation de le dire au Duc; mais je vous prie, ménagez-moi dans cette occasion.

PS. Voici la danse que je prends la liberté de vous envoyer et dont vous avez trouvé l'air si joli. Si vous avez encore des livres de philosophie que vous croyez qui sont de ma portée comme les Tusculanes, vous me ferez plaisir de me les indiquer et je vous donnerai avec le temps la charge de bibliothécaire de mon esprit par récompense du moins.

Bronsvic 8 septembre.

Pour ce qui regarde, les principes de Cicéron, je suis bien aise que vous êtes de mon sentiment. Tous ces grands hommes ont prêché beaucoup de belles théories qui seraient fort bonnes et utiles pour le repos de l'homme à suivre, mais la prâtique en est fort difficile autant que nous sommes des hommes. Nous avons toujours des involontés, qui ne dépendent pas toujours de nous mêmes, cependant il faut travailler à s'en corriger autant qu'il est possible et je vais commencer de mon mieux. Je crains que vous me trouverez trop philosophe mais il me semble que c'est un chemin fort raisonnable à suivre.

Bronsvic 19 septembre.

Je vous suis bien obligée du petit récit que vous me faites des nouvelles scènes de Berlin. En vérité, elles ne sont pas très édifiantes surtout celles de la pauvre Brandt[1]) que son présent de l'Electeur met en si mauvaise réputation à Berlin et dont le sujet est le plus innocent du monde, car on avait versé sur elle une verre de vin ce qui gâta son habit; l'Electeur qui est un prince très galant et fort généreux, lui dit: Madame, je réparerai le mal, et lui envoya le lendemain ces bijoux, dont on fait tant de bruit et qui valent à peine mille écus. De plus si même elle en avait fait trop, il me semble que le mal était pour elle et que cela ne regardait en aucune manière la bonne Reine qui par ce mépris serait capable de mettre mauvais ménage entre la femme et le mari et qu'il prît des soubçons et martel en tête. Je trouve que vous avez fait une oeuvre de charité de tâcher de faire remettre cela sur le bon train. Je ris véritablement de la guerre civile entre Henri et son précepteur. Vous me contez cela si drôlement que j'ai ri une heure pour moi comme une folle, surtout qand je m'imagine de voir le vieux Bock trotter à se souffler;

---

[1]) Frau von Brandt (geb. 1710) wurde nachgesagt, viele deutsche Fürsten, darunter der Kurfürst von Köln hätten ihren Namen berühmt gemacht. Ihr Gemahl war Kammerherr der Königin.

il aura sûrement grondé la Reine après, comme elle est accoutumée de recevoir toujours sa sauce après la fantaisie de Bock.. Pour cela, à vous dire la vérité, il n'y a pas grand plaisir a être présent à tous ces spectacles et je ne puis point vous donner tort, lorsque vous êtes charmé d'en être un peu à la large. La Kamecken est ici avec sa fille Albertine. La Vieille n'a pas le visage moins de travers qu'elle l'avait avant que d'aller à Aix; elle paraît cependant fort contente de son voyage et sa fille est très jolie; c'est une bonne compagnie pour moi, parceque je la connais si longtemps; elle se ressouvient de tous les traits d'autrefois et sa mémoire est assez bonne mais c'est à peu près comme si on lisait une vieille légende. Je vous rends mille grâces pour les livres que vous m'avez fait le plaisir de m'envoyer et dont je ne manquerai pas de faire la lecture et vous les rendre après avec mon petit sentiment auprès. J'ai commencé la lecture du Manuel d'Epictète, qui est bien aussi grand philosophe que Cicéron. Il est sûr que tous ces payens nous font honte, puisqu'ils ont des sentiments beaucoup plus grands et plus généreux que nous autres, qui sommes chrétiens et qui à plus forte raison devrions avoir pour le moins d'autant d'assurance ayant après cette vie une meilleure à espérer, et eux n'ayant vécu que pour vivre sans autre consolation.

Bronsvic 26 septembre.

Puisque vous ordonnez absolument que je vous rende compte du remboursement des billets[1]) avec toute la honte imaginable, dont vous êtes cause que je rougis; j'ai à prétendre de chaque billet six écus; je crois qu'à peu près cela fait une trentaine de beaux écus. Voilà en vérité un gain considérable que je fais et votre générosité va fort loin. Enfin je suis la Ste. Ecriture: «Gehorsam ist besser denn Opfer». J'ai commencé à lire Fontenelle[2]). Le premier point qui disserte sur la patience, est beau et mérite d'être suivi d'un chrétien; il n'y a rien à corriger à ces sentiments, car il est sûr que si nous nous connaissons nous-mêmes, nous méritons tous les châtiments et punitions du monde, quoique c'est fort difficile d'en faire condescendre Madame la Nature, qui se débat toujours pour ne point se donner dans le tort, quoique si nous voulons être véritablement chrétiens, il faut absolument se soumettre de pareils sentiments, qui nous passent quelquefois l'ima-

---

[1]) Am 5. Aug. hatte sie ihm geschrieben: «Vous avez souhaité d'avoir trois Kuxen du Hartz; j'en ai pris trois pour vous qui donnent très bonnes espérances; ils coûtent chacune dix écus. J'ai avancé pour vous. Il faut donner tous les quartiers un écu et seize gros. Voici le billet qu'il faut que vous gardiez, s'il vous plaît, afin que si vous gagniez un capital de dix mille écus, que l'on sache qu'il vous appartient. Je ferai bien des voeux pour la réussite.»   [2]) vgl. Oeuvres diverses de Fontenelles par B. Picart à la Haye 1728, 1, 353 und 243.

gination, car tant qu'on vit, l'impatience nous suit. Mais je crois que pour le repos du corps, de l'âme et de l'esprit il faudra s'accorder selon les principes de Fontenelle, car il nous donne l'exemple de notre Seigneur qui était la patience même et qui n'avait pourtant pas les mêmes raisons à alléguer qu'il faut que nous prenions, car il était sans pêché; à plus forte raison sommes-nous d'obligation de souffrir selon notre nature pervertie beaucoup davantage et le bon Dieu fait pourtant toujours la grâce de ne nous pas plus imposer que nous pouvons supporter. Comme on est homme, je crois sans vouloir critiquer Fontenelle, qu'il est permis de prendre quelque fois de petites vivacités d'impatience, que j'appelle des involontés, et dont je n'exclue point le plus grandissime chrétien et philosophe de la terre d'être sujet. Lorsque la patience devient à bout, je veux qu'on y combatte tant qu'il est possible, mais les premiers mouvements ou opinions sont fort difficiles, car à présent ne vous moquez pas de moi, mais je vous avoue que je deviens par exemple fort impatiente avant d'accoucher et je ne fais jamais plus de reproches ni d'imprécations contre Madame Eve que dans ces sortes de conjectures. Je pense au pêché qu'elle a fait, et quelquefois la vivacité s'en mêle que je souhaiterais pour le repos de mon corps de ne point être de ses descendantes. Car au bout du compte, je n'étais point présente, comme elle tâta de la pomme, et n'ayant eu aucune connaissance avec cette indigne femelle, j'ai beaucoup à combattre pour me soumettre à cette loix supposée aux femmes et qui pour sa chienne de gourmandise fait souffrir et gémir tous ceux qui connaissent la raison de cette rigoureuse punition. Mais je crois que ma dissertation sur le premier point de la patience vous ennuyera, mais vous m'avez ordonné de vous en dire mon petit sentiment; ainsi que j'ai suivi vos ordres à présent, que vous me laissez faire main basse sur le traité de Fontenelle, vous n'en serez pas quitte si tôt, car je reviens à l'Histoire des oracles, où il me semble qu'il me reste beaucoup de belles choses à dire. Par exemple pour vous dire la vérité, je ne puis pas croire que le bon Dieu ait voulu que par le génie du diable toutes les choses qu'on ne savait point d'avance devaient être divulguées; [es folgt eine längere Auseinandersetzung]. Voilà pour cette fois tout ce que je puis vous en dire; j'attends votre réponse qui vaudra sûrement mieux que tout ce que je pourrais raisonner là-dessus. Mon génie et capacité ne peuvent pas passer les bornes de tout ceci... Je vous invite à une nouvelle dissertation; je crois que vous vous divertissez intérieurement de mon fichu raisonnement, mais je vous donne mon sentiment comme je le pense très-naïvement; ainsi excusez de grâce, si la folie ou bien l'impatience s'en mêle.

Wolfenbüttel 3 octobre.

† Je doute fort que le prince Ferdinand[1]) deviendra catholique, car il n'en a pas besoin et après il est fort bien informé dans sa religion et jamais sa Mère ni toute la famille le souffrira. L'Empereur lui a envoyé la patente comme lieutenant-colonel et à la première occasion il deviendra colonel[2]) par les soins de l'Impératrice[3]).

13 octobre.

Je suis mortifiée, si vous n'avez pas bien compris ma lettre touchant l'Histoire des oracles de Fontenelle, car j'ai consenti qu'il rejette toutes les supercheries des payens et des prêtres et qu'il combat contre la réalité des démons, mais, si j'ose dire, il est impossible qu'on donne dans l'histoire de Thamus et du roi Julis; je n'y ai ajouté aucune foi. Mais mon génie n'ira pas si loin, pour comprendre toute la doctrine qu'il veut donner de notre religion et de celle de la judaique, ainsi ayez la grâce de vous contenter de mon faible raisonnement, qui, comme vous le comparez à celui de Dreissigmark[4]), ne vous a pas fort édifié. J'aime mieux si j'ose dire, la philosophie de Cicéron et d'Epictète, que je viens de lire depuis un bout jusqu'à l'autre. Je trouve ces lectures fort instructives et je tâche de m'y informer autant qu'il m'est possible. Fontenelle a aussi son mérite pour démontrer l'erreur des payens et de toutes les religions, mais mon esprit n'est pas bien disposé encore pour en comprendre tout le sel. Je m'en rapporte à vos instructions. Je vais rendre visite à Dreissigmark, ainsi ne vous étonnez plus si j'ai tant combattu pour la théologie. Vous devenez donc un petit docteur, puisque vous ne faites qu'étudier.

27 octobre.

† Cette fois-ci je crois que j'aurai une fille[5]) et c'est pour y préparer mon cher Papa, que je l'en avertis, afinqu'il ne la condamne pas dabord à être noyée. Ce n'est pas pourtant pour suivre l'exemple de la Duchesse de Lorraine[6]), car il n'y a ma foi pas de grands exemples à suivre là-bas et je ne conseillerais jamais mon cher Papa de suivre les tràces de S. M. I. et il me semble que mon cher Papa n'y a pas non plus beaucoup d'inclination[7]).

[1]) Prinz Ferdinand kam am Ende seiner grossen Reise im Januar 1740 nach Wien und reiste mit seinem Bruder Ludwig Ende Mai wieder nach Hause. Am 28. Mai schrieb der König seiner Mutter, der Herzogin Antoinette Amalie: «J'espère qu'ils auront trop de bon coeur et de justes principes dans notre religion pour embrasser jamais la catholique romaine». [2]) Prinz Ferdinand wurde 12. September 1738 kaiserlicher Oberst. [3]) Seine Tante mütterlicherseits, die Kaiserin Elisabeth Christine, war katholisch geworden. [4]) Der Hofprediger in Braunschweig. [5]) Am 13. Nov. wurde Prinz Christian Ludwig geboren. [6]) Die bis dahin geborenen Kinder der Erzherzogin Maria Theresia waren Töchter. [7]) Der Türkenkrieg des Kaisers verlief unglücklich.

27 octobre.

Cela va tout de même avec ma mémoire comme avec la vôtre, car quand j'ai lu trois fois un livre, je n'en sais plus encore un mot. J'ai tant d'idées différentes dans ma tête, qu'un clou chasse l'autre; c'est encore ce qui me fait enrager. J'ai fait dans ma lecture un terrible chute, car des Tusculanes et des Epictètes je lis les Amusements de Schwalbach qui sont fort satiriques. On dit que notre Maître n'y est pas oublié ni aucun prince de l'Allemagne. Je crois qu'il faut en avoir une clef pour les distinguer.

12 janvier 1739.

† Si mon cher Papa pouvait tenir la contenance, que tient une personne ici qui est aussi terriblement incommodée de la goutte et ne boit rien autre chose que du lait, il en serait purement quitte, car cette personne depuis qu'elle en boit, ne l'a plus de tout. Mais il faut point manger rien d'aigre, d'âcre et point de fruits et rien de mangers salés; sans cela il est permis de tout manger ce que l'on veut, et je crois que mon cher Papa s'en porterrait très bien. Il dépend présentement de mon cher Papa de me faire son médecin et de suivre mes conseils ou non.

12 janvier.

Je vous remercie du conseil que vous avez la bonté de me donner, d'écrire plus régulièrement à la Reine[1]). J'ai bien remarqué qu'elle a été fâchée contre moi, parceque j'ai manqué de lui écrire une poste et cela parceque j'avais une fluxion sur les yeux, car elle ne m'a pas écrit en quatre ou cinq postes.

Bronsvic 5 mars.

Ne vous moquez pas de moi, mais comme je sais qu'en bon frère vous excusez les petites idées chimériques de Mesdames vos soeurs, je vais vous en conter une de mon invention. La mort de la Hartzen[2]) m'y a donné lieu, car j'ai pensé à son âme et me suis imaginé que selon son service fidèle et ses bonnes oeuvres elle était allée tout droit au paradis. J'en ai parlé à quelqu'un qui y a trouvé de la difficulté et m'a objecté que dabord que l'âme était séparée du corps, elle serait dans une certaine béatitude; ce qui ne m'édifie pas beaucoup, car selon une explication que j'en ai lu d'un certain Anglais qui a écrit le Système des [théologiens] anciens et des modernes [conciliés] sur l'état des âmes séparées du corps, il dit que le bonheur ne sera point parfait avant que Christ ait rassemblé tout en un; secondément ce même auteur dit que celui, à qui le bien qu'il a fait, balançait contre le

---

[1]) Auch undatierte Briefe liebte die Königin nicht. [2]) Eine alte Kammerfrau der Königin, die mit ihr 1733 aus Berlin gekommen war.

mal, aura plus de bonheur que de malheur et celui, dont le mal l'emporte sur le bien, aura moins de satisfaction que l'autre; celui, qui aura été tout méchant, n'aura point de satisfaction et celui, qui aura été tout bon, sera fort tranquille. Par d'autres systèmes il prouve qu'il n'y aura point de damnation. Comme il est théologien cet auteur, il le démontre par les passages de l'Ecriture. Si vous n'avez pas lu ce livre, j'aurai l'honneur de vous l'envoyer et je suis du même sentiment que cet auteur a eu une petite révélation de l'autre monde... J'ai lu la mort de Socrate et son raisonnement sur l'âme après la mort qui m'édifie de l'héroisme de ces grands hommes, qui pourtant étaient payens, et j'ai honte pour eux, que nous autres faisons pouilles mouillées... La Princesse de Waldeck est allée à Vienne, le bruit étant couru que son frère[1]) voulait se marier et changer la religion. Elle est partie comme Proserpine en courroux, pour empêcher le frère de faire une telle sottise. Le Prince l'a reçue comme un chien dans un jeu de quille et lui a dit mille invectives et on dit qu'il n'a point pensé à se marier ni à changer de religion; ainsi qu'il la renverra au premier jour... La Reine est fort inquiète pour le mariage d'Ulrique avec le Prince Charles[2]); elle m'a écrit que si je venais à Berlin, je devrais tâcher de l'empêcher. Mais au nom de Dieu, n'en dites rien. Comme je suis si incommodée, je lui ai répondu que ce serait une grande grâce pour moi de lui faire ma cour à Berlin, mais que cela ne dépendait point de moi, et puisque j'étais si incommodée, que je n'étais bonne à rien et que je croyais l'ennuyer et pour le mariage d'Ulrique que je croyais qu'elle pourrait beaucoup mieux que moi empêcher ce mariage.

Wolfenbüttel 27 mars.

Pour ce qui regarde les sentiments de l'âme, il faut vous avouer que je ne suis pas entrée encore si loin dans la théologie ni dans la philosophie, pour décider sur une matière si sérieuse et il faut que je suspende mon jugement, ne pouvant consentir à l'opinion qu'après la mort nous ne serions rien, ce serait selon moi une très triste consolation. Quoi, dans ce monde, après avoir reçu plus de bien que de mal et chacun ayant fait son possible pour

---

[1]) Vielleicht Karl August Friedrich, Kaiserlicher Feldmarschall, und seine ältere Schwester, Marie Wilhelmine Henriette.   [2]) Am 23. Mai schreibt sie ihm: Je plains la pauvre Reine; ces chagrins ne finissent jamais mais le bon Dieu nous la conserve et lui donne la patience d'endurer toutes ces adversités. On marie la Ulrique à beaucoup de princes; il semble pourtant bien qu'elle mérite quelque chose de bon; ce serait dommage, si elle était mal partagée, mais ainsi est quelquefois le bon plaisir du R.. 1735 hatte es geheissen, sie solle den Prinzen von Wales heiraten, dann 1736 wurde dafür der Erbprinz von Hessen-Darmstadt genannt, seit Mai 1737 war das Project im Gange, sie mit Karl, dem Könige beider Sicilien, zu vermählen.

mériter le salut, on nous mettrait en compromis avec les bêtes et à quoi nous aurait servi la conscience, que nous avons dans ce monde, qui est un juge véritable et qui nous fait fort bien discerner le bien d'avec le mal et qui nous donne aussi l'espérance du salut selon la vie que nous avons menée dans ce monde. Les bêtes ne savent ce que c'est la conscience, et c'est déjà une grande différence de l'homme; ensuite le bon Dieu, ayant créé tant de belles créatures à son image, croyez-vous qu'après leur mort il ne les ferait aboutir à rien? Je ne puis consentir à cela, car à quoi me servirait-il de faire du bien au monde et de servir Dieu et mon prochain, si je n'avais l'espérance que dans l'autre monde par la grâce de Dieu je me trouverais encore mieux qu'à présent. Sans faire tort à M. Locke, il a trompé lorsqu'il dit, que quand les enfants viennent au monde, ils sont comme des bêtes; ils n'ont pas le jugement que peuvent avoir des personnes d'un âge mobile, mais ils marquent toujours certaines connaissances et l'esprit croît, mais point l'âme. Sans cela il faudrait que lorsque l'on est enfant, l'âme devînt aussi toujours plus grande, et c'est dont nous nous n'apercevons point. Ensuite si l'âme croissait, il faudrait qu'elle reçut de la nourriture et c'est ce qui est impossible, car comme ce n'est rien de matériel, il ne peut pas être nourri de mangeaille ordinaire. Je consens, lorsque vous dites, que lorsque l'on devient vieux, que l'esprit dépérit quelquefois; les infirmités de l'âge y contribuent beaucoup mais une personne étant sur le lit de mort et tout à fait à l'agonie, l'âme ne s'en trouve point incommodée des faiblesses du corps, au contraire on trouve des gens, qui meurent avec une certaine fermeté et vous disent tant de choses consolantes que si leur âme était malade avec le corps, ils n'en pourraient pas faire autant. C'est à présent à moi, à vous demander pardon de vous avoir tant ennuyé avec ma petite philosophie biscornue mais je vous dis tout ce que je pense... On dit que le Prince et la Princesse d'Orange viendront ce printemps à Berlin. Comme vous êtes à présent à Potsdam, je ne vous écrirai qu'avant que vous soyez retourné à Rheinsberg.. Vous auriez dû donner la commission à Grumkow avant que de partir[1]), de vous dire, dans quel état son âme s'en trouve. On dit que le Roi en est fort triste.

10 avril.

† Charles commence à apprendre l'abc et sait beaucoup prier Dieu. Il est quelquefois un peu capricieux, comme sont tous les enfants, mais quand il aura un peu le fouet, il sera plus joli; pour la fille c'est dommage que ce n'est pas un garçon, car c'est un véritable dragon, mais elle n'est point du tout belle et si l'on en veut une belle, elle n'aura point de mari... Pour le

---

[1]) Grumbkow war am 19. März gestorben.

petit Louis¹) il devient tous les jours plus éveillé mais comme il est encore si petit, l'on n'en peut pas dire grande chose²).

10 avril.

Je vous félicite de ce que vous êtes de retour chez vous³), car il paraît par votre lettre, que vous n'avez pas trop bien passé votre temps à Potsdam, la santé du Roi étant encore si inconstante et la maladie fait augmenter l'impatience que l'on a déjà sans cela, ce qui ne peut pas être agréable pour les spectateurs… J'ai été bien surprise en apprenant par votre lettre que la Duchesse notre belle-mère avait souhaité la prévôté de Brandenbourg, car elle ne m'en a pas dit le moindre mot et comme je l'ai dit au Duc, il en a été encore bien plus étonné que moi, car il en savait autant que moi, et il vous assure que si sa mère lui en avait demandé conseil, qu'il l'en aurait sûrement empêchée, car il ne s'est mélé ni du refus de son frère ni de tout ceci; il tâche de placer ses frères selon la destinée, où le bon Dieu et la Providence les guident. En tout je suivrai vos ordres et commandements, mais pour dire ce petit compliment à la Duchesse, je ne le puis point faire, car cela vous ôterait toute la bonne opinion qu'elle a de vous, et ferait tort aux sentiments que l'on a de votre grandeur d'âme, grâce, générosité et moi au contraire qui ne fais que vous applaudir et vous louer en toute occasion, si je dirais ceci, vous me feriez un peu mentir; car je veux supposer qu'elle a eu grand tort de vous refuser son fils; faut-il pour une bagatelle se revancher ainsi? Où reste la philosophie? Il me semble que le vent l'emporte. Tout ce que je puis vous dire c'est que je crois qu'elle ne demandera jamais plus rien et dans la suite elle tâchera de suivre vos conseils, car dites tout ce que vous voulez, il n'est pas possible que vous vous fâchiez contre qui que ce soit; vous avez trop d'esprit et un trop bon caractère. Pour ce qui regarde l'Impératrice, elle se porte très bien⁴), l'Empereur a eu la goutte, il a gardé la chambre et elle a été un peu enrhumée; sans cela il n'y a point de signe de mort et si elle meurt, je m'en tiens à la destinée et ne m'en

---

¹) Geb. 13. Nov. 1738. ²) Am 8. Juni schrieb sie: «Charles sera le plus grand soldat du monde; depuis le matin jusqu'au soir il ne fait qu'exercer et tambouriner que les oreilles en font mal. Il va présentement aussi avec moi à l'église et se tient tout tranquille. Comme il est grandi extrêmement, le Duc veut lui donner des chausses. C'est un véritable harlequin.» Schon im December 1738 hatte sie geschrieben: «Charles m'a tenu société pendant que j'ai été en couche, et il a toujours dîné avec moi; il devient tous les jours plus drôle et rien ne lui échappe. C'est un second Ferdinand» [ihr jüngster Bruder]. Als er September 1739 nach einem Fieber im Bett bleiben muss, «il joue avec des petits soldats à qui il commande.» ³) Der Kronprinz war Anfang Februar aus Potsdam nach Rheinsberg zurückgekehrt; nach einem freundlichen Empfang von seiten des Königs war Anfang Januar dessen Stimmung wieder zum schlechten umgeschlagen. ⁴) Es hatte geheissen, sie sei schwer erkrankt.

hausse ni m'en baisse... Je crois que ma philosophie finira tout à fait, si vous attendez un changement de mes sentiments, dans lesquels je persiste aussi fortement que vous dans les vôtres, et pour moi j'ai sûrement la bonne espérance de triompher des vôtres.

17 avril.

Si je pouvais vous aider à vous donner quelque contentement dans le monde, Dieu sait que je le ferais, mais le plus grand malheur, qu'il y a, c'est que je suis une personne inutile à rien et ne puis point faire le bien que je voudrais. Vous voyez que je suis vos conseils et que je deviens politique, mais il me semble que dans ce monde c'est un peu nécessaire, et je vous conseille de l'être toujours; ainsi vous ne vous repentirez pas. Voilà Antoine Ulric[1]) qui se mariera avec la Princesse Russienne. Notre belle-mère en est fort ravie. Je lui ai fait un compliment de félicitation de votre part, sans votre commandement à la vérité, mais j'ai cru bien faire puisque quelque fois de petites attentions comme cela augmentent encore la confiance[2]).

24 avril.

Je suis au désespoir d'avoir été dans ma dernière lettre trop vite en besogne et de vous avoir tant grondé, mais si je vous dois dire la vérité ce n'a été nullement mon intention de le faire n'en ayant aucun sujet, et si même j'en avais, je sais le respect que je vous dois pour ne pas prendre une telle liberté. Enfin il se peut que je me suis mal expliqué dans ma lettre, dont je me corrigerai à l'avenir. Mais il faut que je vous dise que j'ai une telle bonne opinion de vous, que je crois sûrement, vous ne vous pouvez fâcher sur personne et si même vous en vouliez faire le semblant, votre |bon coeur et grâcieux n'y saurait résister, surtout puisque j'ai l'orgueil de croire que je ne suis pas mal dans vos bonnes grâces. Je hazarde de vous dire un mot comme je le pense, et suis ravie d'être corrigée de vous. Pour le Roi, comme il est notre père, cela me met le doigt sur la bouche, mais je n'en pense pas moins et à vous comme un frère que j'aime à l'adoration... J'espère que vous avez tout oublié dès à présent ou je me pends. La Belle-mère a été fâchée de ce que la Princesse lui a écrit du Roi[3]), mais le mariage de son fils lui a fait oublier. Je vous avoue que je suis fort inquiète pour la santé de ma pauvre soeur de Bareit, car elle m'a écrit qu'elle était toujours plus

---

[1]) Ihr Schwager, der seit Februar 1733 in Russland war, heiratete 14. Juli 1739 die Mecklenburgische Prinzessin Elisabeth, die Erbin des russischen Reiches.   [2]) Am Schlusse schreibt sie, eine Einladung nach Berlin habe sie wegen ihres Zustandes ausgeschlagen, damit er länger in Rheinsberg bleiben könnte; «quand vous n'êtes pas dans les bonnes grâces du Maître, je vous avoue, que je n'aime point être à présent à tout ce tracas.»
[3]) In der oben erwähnten Magdeburgischen Angelegenheit.

mal et qu'elle ne valait plus rien. Je ne comprends point quelle maladie ce peut être; je crains que c'est la Zehrung et qu'elle se ruine, car j'ai parlé à quelqu'un de Bareit qui m'a dit qu'elle était comme une alumelle. Je voudrais que le Roi lui envoie un bon médecin, car ils n'en ont point, et on dit qu'elle a de la confiance à Superville[1]).

1 mai.

Vous donnez à la Belle-mère le véritable nom qu'elle mérite, car, entre nous soit dit, s'il vous plaît, elle est plus folle que jamais et on peut l'appeler avec justice la femme à projets, car elle en fait à tout instant, les uns plus ridicules que les autres, et je crois que vous êtes fort aise de vous point trouver dans sa compagnie, car elle est des plus ennuyantes. Le Roi m'a écrit qu'il défendrait à tous ses domestiques qu'ils ne devaient point prendre des présents ni de moi ni du Duc, quand nous viendrions à Berlin. J'ai donc pris la liberté de lui répondre que ce ne seraient point les frais de voyage, qui m'empêcheraient d'avoir le bonheur de lui faire ma cour; pourvuque ma santé le permît, j'obéirais en faisant ma petite révérence à Berlin. J'attends encore sa réponse et la situation de ma petite nature qui fera décider l'affaire[2]).

11 mai.

Pour vous dire la vérité, je suis peu édifiée du mariage de la pauvre Ulrique et je vous avoue franchement que je plains son sort, car il me semble qu'elle en méritait un meilleur; mais il semble que ce n'est pas la fortune qui guide notre famille et que tout ne dépend que de caprices bons ou mauvais du Maître. On en a déjà parlé fort longtemps, mais j'ai toujours espéré que ce ne serait rien. Entre nous soit dit, on se moquera partout terriblement d'une telle alliance qui ne rapporte rien au Maître et qui ne lui fera pas beaucoup d'honneur. Mais pour moi j'ai pris la résolution, lorsque le tout sera déclaré, de faire semblant d'en avoir une grande joie, afin d'attraper par là bien d'autres personnes, qui s'en moquent et s'en divertissent intérieurement. Vous me direz que tout cela ne me fait rien et que ce ne sont point mes affaires, mais je m'intéresse si fortement à tout ce qui arrive à ma famille, qu'il m'est impossible de n'avoir pas des ressentiments de mortification, lorsque cela ne va point comme cela se pourrait et se devrait être, et prends aussi un intérêt infini, lorsque cela va pour la gloire et bonheur de notre maison. Vous pouvez être assuré que je n'en écrirai pas le mot à la Reine mais j'ai bien remarqué dans ses lettres, qu'elle a quelques petites

---

[1]) Der Königl. Leibarzt Superville, der Juli und August 1738 in Bayreuth gewesen war, ging im Mai 1739 wieder hin und blieb bis 1748.   [2]) Die Prinzessin Anna Amalie, «nur eine Tochter» wie sie dem Vater meldete, wurde 24. Oktober geboren.

inquiétudes dans la tête, car elle m'écrivait la poste passée qu'elle voudrait bien me voir pour me confier et me dire bien des choses qu'elle avait sur le coeur. Si je n'étais pas dans ce sot état de grossesse, j'aurais très volontiers voulu lui faire ma cour, mais vous comprenez bien qu'il n'y a pas grande fête à voyager, lorsqu'on est toujours malade et incommodée, ainsi je me suis excusée le mieux qu'il m'a été possible et encore à vous dît en confiance et en sincère amie, je puis vous parler à coeur ouvert, car je crois que vous pouvez vous taire, mais vous savez bien que la discrétion ne règne point chez tout le monde, ainsi que même si je pouvais dire ou écrire un mot, je ne le ferais pas de crainte des conséquences qui me rendent un peu suspecte. Faites-moi la grâce de brûler cette lettre.

Si la plume le permettait, je vous en dirais bien davantage mais cela ne se peut. Je suis ravie que vous êtes un peu racommodé dans vos affaires; c'est une honte qu'on ne vous donne point ce qui se doit; ce qui étonne un chacun.

12 juin.

Je puis vous assurer qu'il n'y a eu ravissement pareil au mien d'entendre prononcer par la bouche du Père vos louanges et vous rendre justice. Dieu veuille que cette heureuse et bonne union continue et s'augmente de jour en jour et de minute en minute, sans que le diable et tous ses infâmes descendants[1]) n'osent y mettre une démélé ni brouillerie. Je vous répons que si vous êtes déjà sur un bon pied avec le Roi, que cela fera beaucoup de crainte à vos alliés ou ennemis, et je vous conseille de le ménager. Si j'avais une fois l'honneur de vous parler, je pourrais vous en dire bien des raisons, mais j'oublie que je suis une bûche en comparaison de vous ... enfin si je parle trop, je vous demande pardon, mais vous savez le proverbe: Wes das Hertze voll ist, geht der Mund über. J'espère que le 10 000 mille écus[2]) se joindront bientôt au 4000 écus que vous avez déjà reçus... Grâce à Dieu que le mariage d'Ulrique ne soit pas fait, car je crains avec raison que la pauvre Reine en aurait eu un mortel chagrin.

Salzdahl 22 juin.

Grâce à Dieu ... que vous avez présentement sujet d'être content. Dieu soit loué qui a fait trépasser et ôté à propos du chemin ceux qui cherchaient à vous faire du tort et à vous nuire auprès de la personne du Roi; on voit que le temps découvre tout et que la balance des justes fait baisser celle

---

[1]) Wie Grumbkow, dessen Tod den Frieden «im allgemeinen und besondren» wiederhergestellt hatte.   [2]) Bei der Revue des Regimentes des Kronprinzen 9. Juni hatte der König sich einige Rekruten daraus für sein Regiment genommen und dem Kronprinzen dafür 10865 Taler geschenkt.

des méchants. J'espère que le voyage de Prusse¹) vous sera plus agréable qu'il n'aurait été, s'il n'y avait eu point d'union avec le Père... Puisque vous avez la grâce de m'offrir si généreusement vos services, je suis si impertinente de les accepter pour le coup et cependant ce n'est pas tant pour ma personne, que c'est pour s'insinuer dans les bonnes grâces des Mamans d'ici, qui sont dans la rage de l'ambre et auxquelles je puis leur faire beaucoup de plaisir en leur en faisant quelques petits présents. Si cela ne vous incommode pas trop, envoyez-moi quelques petites bagatelles pour elles et surtout n'oubliez pas les navettes pour faire des noeuds, car elles aiment beaucoup à remuer les doigts.

29 juillet.

J'ai eu une petite attaque de fièvre chaude et n'ai pas douté de faire le voyage de l'autre monde mais comme vous savez que mauvaise herbe ne périt point, j'ai vérifié ce proverbe et commence présentement à me remettre un peu, quoiqu'avec peine et comme je n'ai plus fort longtemps à penser de faire encore une rude campagne, je suis obligée de ménager mes forces, de tenir un terrible régime, ce qui m'est fort désagréable... J'ai été ici comme dans un lazaret, le Duc ayant eu la rougeole et puis le petit Charles²) et moi j'ai fini la danse... La Reine m'écrit que ma soeur de Bareit irait à Montpellier³); je prens ce voyage pour une bonne marque... Je vous demande pardon du brouillamini de cette lettre mais je suis encore un peu étourdie. Faites, je vous prie, mes compliments au gras Guillaume, j'espère qu'il ne prendra mauvais, que je ne lui ai pas encore donné de réponse à sa lettre.

4 décembre.

Je ne sais point comment faire, si le Roi écrit à la Duchesse de venir, s'il sera dans mon pouvoir de l'empêcher de faire ce voyage et malgré toute l'envie que j'ai de faire plaisir à la Reine, je suis un peu embarrassée de la commission qu'elle me donne là-dessus. Je crois que la Reine pouvait empêcher cela mieux que moi, en parlant au Roi, car sans ceci cela me ferait des brouilleries ici et c'est que j'évite tant que je puis. Mais jusqu'à présent le Roi ne lui en a rien écrit. Le Duc et moi sont fort contents du mariage en question⁴) et pour moi je leur donne à tous deux ma bénédiction et si l'on s'en rapporte à moi, je n'y serai point contraire et je ne ferai aucune

---

¹) Im Juli ging der König mit dem Kronprinzen nach Preussen.   ²) Sie war in der Zeit nicht zum Herzog gegangen; um die Kinder nicht anzustecken, liess sie sie um sie zu sehen, ans Fenster kommen.   ³) Die Reise unterblieb wegen Erkrankung des Markgrafen.   ⁴) Die Verlobung ihrer Schwägerin Luise Amalie (geb. 1722) mit ihrem Bruder August Wilhelm.

difficulté pour la princesse Louise, qui sera très bonne chez vous, ayant un bon caractère et ne se mêlant de rien. Je tiendrai bouche close de tout et vous montrerai là-dedans que je ne suis point femme.

PS. Je vous remercie très humblement de la grâce que vous m'avez faite de me procurer dans l'ordre Bayard[1]), dont je viens de cacheter cette lettre. Je vous proteste de conserver une exactitude inviolable aux sacrées lois de cet auguste ordre et de tenir une obéissance infinie à tout ce qui y est prescrit.

Wolfenbüttel 20 janvier 1740.

† Charles m'a questionnée de tout ce que j'avais vu à Berlin[2]) et comme je lui disais que mon cher Papa avait ordonné de le prendre avec, si j'allais encore une fois avec à Berlin, il a sauté de joie et il disait qu'il souhaitait bien que ce fût à cette heure, et à présent il me tourmente toujours, puisqu'il veut bientôt aller à Berlin. Je lui demandais, s'il connaissait encore mon cher Papa; il disait: Oui et qu'il avait vu mon cher Papa à Salzdahl et à Bronsvic[3]) et qu'il avait eu un habit bleu, et comme je disais qu'il fallait qu'il prie Dieu pour mon cher Papa à cause qu'il était malade, il disait: O armer Grosspapa ist krank, et il était véritablement triste[4]).

Wolfenbüttel 25 janvier.

Je vous prie de me hair, afin que je ne regrette plus tant votre séparation, et faites quelque chose qui me fâche. Vous en auriez le plus des peines, car vous ne réussiriez jamais et ce serait pour vous une des punitions qu'il y a aux Champs Elysées, de faire tout au monde pour me courroucer et de n'en point venir au bout... Vous avez fort bien fait de vous retirer du labyrinthe de Berlin. A présent la Reine a fait le tour, puisqu'elle est fâchée aussi sur vous et sur la Princesse. Je crains que le pauvre Wilhelm emportera la folle enchère de tout, car elle s'était proposée de lui laver bien la tête, quand je serais partie. Pour moi je me suis aperçue que je ne suis pas tant dans ses bonnes grâces, parceque je n'ai pas été contre le mariage de Wilhelm... Je lui ai envoyé la copie de la lettre que le Roi m'a écrite avant de venir à Berlin et la réponse que je lui ai faite. La Mère d'ici est fort

---

[1]) Den der Kronprinz in Rheinsberg gestiftet hatte. [2]) Der Herzog und die Herzogin waren von Mitte December bis Mitte Januar in Berlin gewesen. [3]) 1738.
[4]) An demselben Tage schreibt die Herzogin der Kronprinzessin: «Ecrivez-moi, je vous prie, comme la Mère est envers moi et si depuis mon absence elle n'a rien parlé de moi. Comme dans le monde on est sujet aux changements, je vous avoue que je les crains, surtout sachant que les absents ont toujours tort. Ecrivez-moi aussi si l'on parle encore du mariage de Wilhelm. Je puis vous assurer que Louise est embellie et qu'elle a très bon visage, depuis que je ne l'ai pas vue; il ne lui manque qu'un peu plus de vivacité et de conversation, mais je ne doute pas que cela viendra».

contente du mariage; je lui ai dit la commission que le Roi m'avait donnée pour ses filles, elle a en remercié le Roi... La Louise est embellie depuis que je ne l'ai pas vue et on l'éveille tant qu'on peut. J'ai dit à la Belle-mère que vous étiez content de la Princesse et que c'était un plaisir de vous voir ensemble... Ayez la grâce de m'envoyer la recette des roulades de boeuf¹), que j'ai eu l'honneur de manger chez vous, et qui étaient excéllentes, et lorsque j'y pense encore, je m'en lêche les cinq doigts.

Bronsvic 31 janvier.

† Keck dit que mon cher Papa doit être tranquille; c'est la principale cure qu'il commande. Dieu veuille que mon cher Papa le fasse et profite de tout ce que je lui écris; il verra quel bon effet cela fera. Mon cher Papa qui est sans cela si curieux, devrait une fois éprouver d'être tranquille pour voir le bon effet, que cela fera sur sa santé. Keck corresponde avec Eller²) et il faut qu'il lise les lettres à mon cher Papa, afin qu'il voie que je n'ai rien avancé. Pour moi je m'applique en fait de médecine pour savoir tout l'état de santé de mon cher Papa, qui me tient bien fortement au coeur.

Bronsvic 4 février.

Soyez persuadé que vous me faites la plus grande pitié du monde et qu'il n'y a personne qui ait davantage compassion avec vous que moi et si mes prières vous aident à quelque chose d'avantageux, au lieu de faire lire deux messes, j'aurais la patience d'en entendre quatre et sans m'en plaindre. Je vois bien chez vous que cela tombe de fièvre en chaud mal et qu'il n'y a point d'apparence à une bonne conversion. Il n'est pas besoin de vous prêcher la patience, car je crois que vous l'exercez par force tout votre sou, et vous direz que j'ai beau prêcher, lorsque je suis éloignée. Il est vrai, car à la fin l'on perd tout le beau dire et son latin... Comme vous êtes notre protecteur et notre homme de recouvrance, il faut nécessairement que je vous dise, que ma soeur d'Ansbach m'a écrit que le maréchal de Seckendorf de sa cour viendrait à Berlin, envoyé de la part du Margrave³), pour le justifier auprès du Roi et de la Reine, touchant la mauvaise conduite qu'on disait qu'il avait avec ma Soeur. Elle me prie de vous écrire pour que vous devez faire en sorte que le Roi et la Reine ne grâcieusent pas trop ce Seckendorf, puisqu'elle craint qu'il serait capable d'animer le Roi et la Reine contre elle et qu'alors elle sera perdue. Ma Soeur vous en écrira aussi. Elle est fort à

---

¹) Auch sonst schickt die Herzogin Kochrezepte an den Vater oder den Bruder oder bittet darum. ²) Der Leibarzt des Königs. ³) Die Sendung des der Markgräfin besonders feindlichen Hofmarschalls Seckendorf nach Berlin sollte des Königs Plan zuvorkommen, den Geheimen Kriegsrat von Klinggräfen nach Ansbach zu schicken.

plaindre; elle écrit que Seckendorf était un très malhonnête homme. Je vous envoie toute la lettre de ma Soeur. Je vous demande conseil, si vous croyez que je dois en dire quelquechose au Roi et à la Reine, parceque peutêtre ce Seckendorf gagnera le Roi contre ma Soeur.

5 février.

Le Duc fait partir le médecin [Keck][1] en pardessus la tête et nous l'avons informé de tout ce que vous avez ordonné. C'est un honnête homme et à qui vous pouvez vous fier. Il vous dira la vérité de tout. Pour moi je viendrai tout volontiers à Berlin. Faites-moi la grâce de me tenir votre promesse et de m'envoyer un courier; je viendrai sur le champ. C'est grâce pour moi. Je ne peux pas vous dire dans quelle inquiétude je suis, mais je me fie sur vous. Charlotte[2]).

12 février.

Il m'est impossible de vous savoir tous ensemble en confusion, sans être en inquiétude, car je crains toujours que vous devenez malade aussi à force de vous chagriner et de vous tourmenter, et vous pouvez bien aisément vous imaginer que lorsque l'on aime sa famille, comme moi je la chéris, il m'est impossible d'être dans de telles occasions et sujets tranquille et indifférente.

17 février[3]).

† Je supplie mon cher Papa, s'il a encore un peu de grâce pour moi, de tenir bonne contenance et de suivre les médecins Ellert et Keck, qui sont honnêtes gens et ne feront point de mal à mon cher Papa, pourvu qu'il ait la patience. J'espère s'il plaît à Dieu, que mon cher Papa supportera cette maladie et je prie le bon Dieu pour qu'il lui donne de la patience. Je crains bien que cela ira lentement avant que mon cher Papa se remette tout à fait, mais un bon régime peut aussi beaucoup aider à une prompte guérison.

[1]) Anfang Februar hatte der Kronprinz dem Herzog geschrieben: «Le Roi est à l'extrémité. On vous écrira pour nous envoyer Keck. Dites à ce médecin et ordonnez-lui de ne dire la vérité de l'etat du Roi qu'à la Reine et à moi. Préparez ma Soeur à l'événement que nous devons attendre, et demandez-lui si elle veut voir son père au cas qu'il fût plus mal. Si elle le veut, je commanderai des chevaux en lui dépêchant un exprès. Par l'amour de Dieu, ayez soin d'elle et ne l'effrayez pas.» [2]) Der Brief der Herzogin ist ganz schnell hingeschrieben. Am 7. dankte der Kronprinz für die Sendung Kecks; am 8. schrieb die Herzogin von ihm: «il entend son métier et s'il y a moyen d'aider le Roi, je suis persuadée qu'il le tirera d'affaire car il ne va pas au hasard mais il approfondit la maladie.» [3]) Am 14. schrieb der Kronprinz dem Herzoge, es stünde mit dem Könige schlechter als man gedacht habe; Keck mache keine Hoffnung mehr, er werde noch einige Tage warten, ehe er der Schwester schreibe, und sich freuen, wenn sie würde kommen können; der Herzog möge sie auf das schlimmste vorbereiten.

24 février.

J'ai été bien inquiète sur votre sujet en apprenant que vous avez eu vos vilaines coliques que vous métamorphosez en fièvre de fluxion. Je n'ai pas douté qu'elles seront venues de toute la bile que vous aurez assemblée depuis quelque temps et dont votre pauvre santé en paie toujours la folle enchère. Ménagez-la, je vous prie, afin que d'un mal n'en viennent pas deux pires. Il faut absolument vous conserver, le devoir l'exige et vous même y êtes obligé. Cela me fait enrager d'être ici à l'abri de tout ce tracas, de vous savoir en histoires tragiques depuis les pieds jusqu'à la tête et de ne pouvoir vous aider. Je nôterai sur mes tablettes lorsque je recevrai une fois de bonnes et grâcieuses nouvelles de Berlin, car depuis que je suis ici de retour, ce n'est rien que du lugubre[1]).

Bronsvic 28 février.

Je vous envoie cette stafette, pour vous dire que la Reine m'a fait écrire par Keck, que le Roi avait dit qu'il ne me voulait point voir pour ne pas s'attendrir, mais que cependant je devais écrire au Roi pour venir à Berlin. Comme, pour vous dire la vérité, je me fie plus à vous qu'à tout le reste et connaissant bien les inquiétudes de notre chère Mère, je vous demande en bon ami conseil ce que vous croyez qu'il sera le mieux que je fasse. J'ai répondu à la Reine par cette même stafette que comme j'avais appris que le Roi était mieux, je ne m'étais pas voulu presser de venir, parceque sans cela cela ferait un terrible bruit et l'on croirait partout qu'il est à l'agonie, et je crois que cela ne plaîrait pas au Roi, et je ne puis pas croire que le Roi est si terriblement mal, puisqu'il m'a écrit encore une longue lettre de sa propre main. Comme vous savez mieux le danger que les autres et que je ne voudrais rien faire sans votre approbation, ayez la grâce de tâcher d'en parler à la Reine... Ayez la grâce de me répondre par la stafette.

[März].

Je suis aise pour vous dire la vérité, que vous ne me voyez à présent, car j'ai l'humeur pire que le Roi et je suis hypocondre et rateleuse au possible; ainsi je n'aurais pas votre approbation... Mon remède quand je suis de méchante humeur, alors je lis la philosophie; j'ai lu celle de Reinbeck, ce livre allemand de l'immortalité de l'âme[2]) qui est fort sensé et que je crois volontiers parceque après la mort je suis bien aise de penser. Ce que

---

[1]) Am 9. März schrieb sie ihm: «Je suis mortifiée d'apprendre que vous avez été incommodé. La Reine m'écrit que c'était la Friesel, ce qui est assez dangereux, mais comme vous m'écrivez que c'est une ébullition de sang, j'aime mieux croire le dernier. [2]) Reinbeck, Philosophische Gedanken von der Unsterblichkeit der Seele. Das Buch war eben erschienen.

je vous demande ... c'est d'avoir pitié de moi et de prier Dieu pour qu'au bout de neuf mois je vous fasse bien vite oncle[1]).

7 mars[2]).

Je suis résignée en tout à la volonté de Dieu sachant qu'il a autant de pouvoir sur la vie et sur la mort d'un grand seigneur qu'il a l'autorité sur un paysan et ce que vous me dites du Roi, me fait une peine infinie. J'entre dans toutes vos angoisses et inquiétudes, prenant sincèrement part à tout ce qui regarde à vous et à toute la famille, mais je suis mortifiée de ne pouvoir faire autre chose que de prier Dieu pour vous et pour que le Roi ait la patience de soutenir ce qu'il a encore à souffrir et lui donne la résignation.

Bronsvic 11 mars.

† Je puis bien dire que j'étais inconsolable du congé que mon cher Papa a fait prendre de moi par Maman, et j'ai été tout hors de moi même jusqu'à ce que j'ai reçu la grâcieuse lettre de mon cher Papa qui ne m'a jamais plus réjouie que cette fois-ci, parceque je vois que mon cher Papa vivait encore et que par la grâce de Dieu il m'écrit pour la première fois qu'il se porte un peu mieux.

18 mars.

† Si mon cher Papa se gouverne bien dans la diète, il m'aime et il pense à moi, mais s'il ne suit pas les règles qu'on lui donne, il ne pense pas à sa chère fille, ainsi que le chagrin sera double pour moi, et mon cher Papa rendra tous les médecins des ânes, s'il ne fait point ce qu'ils veulent; il n'y a pas moyen alors de l'aider.

25 mars[3]).

† Je supplie mon cher Papa de me tout pardonner, si je l'ai offensé en quelque chose dans toute ma vie, ce que j'ai sûrement fait fort à contrecoeur... Je ne demande que la bénédiction de mon cher Papa sur moi et ma famille.

26 mars.

Dans la mortification où je suis, de savoir le Roi si mal et sans nulle espérance de pouvoir me flatter d'une guérison, il n'y a rien en même temps de plus consolant pour moi que vous m'assurez de vos bonnes grâces et que vous voulez bien me les conserver, dans quel nouveau état vous vous trou-

---

[1]) Prinz Friedrich wurde 29. Oktober geboren.   [2]) Der Kronprinz wird ihr wie der Schwester in Bayreuth (26. Febr.) geschrieben haben, der Zustand des Königs habe sich so verschlimmert, dass er kaum noch die nächste Woche überleben werde.   [3]) Der Kronprinz wird auch ihr geschrieben haben, Hoffnung auf Heilung sei nicht mehr, jeden Tag müsste sie auf die Nachricht vom Tode gefasst sein.

vez... Permettez qu'à présent je vous parle encore en égal, puisque peutêtre le respect ne permettra pas de s'écrire librement à l'avenir; c'est de vous supplier de continuer vos bonnes grâces au Duc et à mes enfants. Je suis au désespoir d'être grosse et ne l'ai jamais été plus contre coeur que cette fois, puisqu'il faut que cela me prive de venir à Berlin et de faire mes derniers adieux au Roi et de recevoir ses bénédictions. Si vous croyez que c'est nécessaire, assurez-le encore de mes respects.

28 mars.

Je vous envoie le roi de tous les boudins; je souhaite qu'il vous procure de l'appétit, que vous le trouviez bon et de votre goût, qu'il vous ragoûte, qu'il vous fasse du bien et des effets, s'il est possible, merveilleux[1]).

1 avril.

† C'est Dieu, qui bénit les médecins et qui veut aussi qu'on ne doit pas être son propre médecin et qu'on doit faire tout ce qu'on peut pour s'aider, car les médecins n'ont point de remède contre la mort, mais selon ce que j'entends parler de la maladie de mon cher Papa, je crois bien, s'il voulait, qu'il en pourrait échapper encore cette fois-ci, mais le régime et la patience sont les principales cures pour toutes les maladies.

Wolfenbüttel 10 avril.

Je vous félicite de tout mon coeur de ce que vous vous êtes tiré un peu de la galère de Berlin[2]), car on peut bien l'appeler ainsi telle... J'ai été présente ici à l'examen du prince Albert et de la princesse Charlotte[3]), qui a duré quatre heures; c'est qui est assez pour une fois.

15 avril.

A présent que vous êtes de retour à Berlin, je vous condole et prie Dieu qu'il vous farcisse de patience depuis la tête jusqu'aux pieds... Je vous prie de me tirer de l'inquiétude où je suis. Pendant votre absence on a envoyé au Roi sous mon nom une boîte de thé où il y a une poudre blanche dedans. Le Roi m'a fait dire que c'était cacheté avec mon cachet et que l'adresse était de mon écriture. Je ne sache pas d'avoir envoyé la moindre chose au Roi, qui approche seulement d'une poudre, et si j'ose dire, c'est pourtant fort laide à ceux qui l'ont fait, de prendre mon nom en pareille chose. Le Roi m'a envoyé cette boîte pour la voir, j'ai mis tous les apothécaires en

---

[1]) Die Ankunft der Sendung verzögerte sich: «Je soubçonne», schrieb sie dem Bruder, «que quelqu'un s'en aura saisi et aura fait comme le corbeau avec Maître Renard.»
[2]) Da es besser ging, war der Kronprinz auf ein paar Tage nach Rheinsberg gegangen.
[3]) Ihr Schwager und ihre Schwägerin (geb. 1726).

Quellen und Forschungen. Band VIII.

mouvement pour savoir ce que c'était; ce n'est point justement du poison mais pourtant ils ont dit que si on en prenait une prise, cela faisait mal aux entrailles. Je vous dis ceci en confidence, car de cela je n'en ai rien écrit au Roi ni à la Reine, car Dieu me préserve de rendre des gens malheureux, mais j'ai prié le Roi de faire examiner la chose. Je vous supplie, si vous en entendez quelque chose, de me l'écrire, car je puis bien dire que cela m'inquiète véritablement, car des choses comme cela me pourraient faire bien du tort. J'ai envoyé cette poudre encore à des autres apothécaires, mais je n'en sais point encore leurs sentiments. Je ne doute pas qu'il y ait bien des nouveautés chez vous, car cela ne manque pas; c'est toujours de nouvelles farces mais sur le même théâtre, quoique quelque fois les décorations changent aussi... J'écrirai au Roi qu'il nous renvoie Keck. S'il voulait mourir le Vieux, j'aurais mieux aimé que ce eût été en hiver, car en été il fera bien chaud pour porter le deuil. Brûlez ma lettre, je vous supplie.

3 mai.

† J'ai été ravie d'apprendre que mon cher Papa est arrivé heureusement à Potsdam[1]); j'espère que le beau temps et l'air de liberté à Potsdam feront plus de bien à mon cher Papa que toutes les médecines et toute la faculté d'Hippocrate. Keck[2]) m'a dit tout ce que mon cher Papa a souffert et dont j'ai eu une très grande compassion. Cependant il m'a donné fort bonne espérance de mon cher Papa.

Blankenbourg 27 mai.

Vous êtes trop grâcieux en voulant vous revancher [für die Würste] par m'envoyer des oies fumées. Je les accepte avec votre permission, mais non pas pour moi, mais pour en farcir mes grosses Mères d'ici qui ont toujours très bon appétit et à qui je ferai bien ma cour en leur graissant leur golier. Vous savez bien qu'il est toujours très bon de s'insinuer dans les esprits tant qu'on peut pour conserver la paix et tranquillité, dont je suis très grande amatrice. Je suis ravie de vous savoir si résigné dans tous les décrets de la Providence et vous parlez très raisonnablement, car ce ne sont pas toujours les grandeurs qui produisent le contentement de l'esprit, surtout le poste où vous êtes destiné de prendre tous les jours, vous donnera encore bien de la besogne à faire mais le bon Dieu tournera tout avantageusement pour vous. Je suis consolée sachant que j'ai un frère ... pour lequel j'ai plus de confiance que pour père et mère, car sans leur manquer du respect, ils ne sauraient se taire tous les deux... Le Prince Louis[3]) et Ferdinand sont de retour ici,

---

[1]) Der schwerkranke König war am 27. April nach Potsdam übergesiedelt. [2]) Er war Ende April nach Braunschweig zurückgekehrt. [3]) Prinz Ludwig war nach Be-

je les ai trouvés assez changés à leur avantage, ils ont beaucoup reçu de bienfaits de leur tante. La vieille Duchesse m'aime et me continue sa confiance; c'est une femme d'esprit, de jugement et de beaucoup de discernement[1]).

(Anfang Juni 1740).

Sire, connaissant les bontés que V. M. a eues jusqu'à présent toujours pour moi, et me flattant encore qu'elle voudra bien me les continuer pendant son règne, j'ai l'honneur de lui écrire celle-ci comme à un roi, que je respecte infiniment, et un frère, que je chéris tendrement et pour lequel j'ai une confiance infinie. Ainsi, Sire, il faut que je découvre mon coeur à V. M. en lui disant que le Duc et moi avons été extrêmement frappés et consternés de la grande disgrâce, qu'elle nous a fait annoncer par la Reine son épouse, touchant si le Duc ne voulait point consentir à donner à V. M. les treize cents hommes, qu'elle désire[2]), et le prince Ferdinand[3]). J'assure V. M. qu'aucun coup de foudre [ne] m'aurait plus touché que celui-ci dans le temps que je pensais me consoler d'avoir perdu un père, et le Duc et moi nous ayant flatté des bonnes grâces de V. M. et ayant entendu partout prôner et vanter ses éloges, de nous trouver les seuls à qui V. M. veut faire sentir ses disgrâces, m'afflige à un tel point que je ne le saurais exprimer. Je supplie très humblement V. M. de pardonner et d'avoir la grâce d'attendre. Le Duc pensera de quelle manière il pourra obliger V. M. Il a refusé la même chose

endigung des Türkenkrieges, den er seit 1737 als kaiserlicher Oberst mitgemacht hatte, nach Wien gegangen und traf da mit seinem Bruder Ferdinand im Winter zusammen. Sie gingen beide zusammen zurück. Prinz Ludwig ging dann im Mai als kaiserlicher Generalmajor nach den Niederlanden.

[1]) Am 30. schrieb die Herzogin noch ihrem Vater; am Tage vorher hatte ihr der König geschrieben: «Je me trouve plus mal que jamais et je ne vois presqu'aucune raison d'espérer un rétablissement de ma santé tout à fait délabrée» Noch am Todestage (31. Mai) benachrichtigte König Friedrich seine Schwäger und bat jeden, seiner Gemahlin die Nachricht möglichst schonend beizubringen; am 1. Juni zeigte er seinen Schwestern in kurzen eigenhändigen Schreiben den Tod des Vaters an.   [2]) Am 22. März 1740 hatte die Kronprinzessin Elisabeth Christine im Auftrage ihres Gemahls ihrem Bruder, dem Herzog Karl, geschrieben, nach dem Thronwechsel sei eine Vermehrung der Regimenter beabsichtigt, ihr Gemahl bitte den Herzog, ein Regiment ausheben zu lassen, das sein Bruder Ferdinand erhalten sollte. Der Herzog weigerte sich; nach den Verlusten im Türkenkriege habe er dem Kaiser die Überlassung der beiden braunschweigischen Bataillone abgeschlagen, und blieb dabei, trotzdem dass seine Schwester ihn mit Briefen bestürmte, er möchte nachgeben. Am 5. Juni hatte die Königin geschrieben, der König wünsche dringend seine endgültige Entscheidung.   [3]) Am 31. Januar hatte die Kronprinzessin dem Herzog geschrieben, die Kaiserin erwarte ihren Bruder Ferdinand mit Ungeduld, und am 2. Februar, der Kronprinz wünsche ihn in preussischen Diensten zu sehen. Am 29. Juni 1740 wurde er Oberst des aus den braunschweigischen Rekruten gebildeten Füsilierregimentes.

à une autre cour, ainsi que V. M. peut bien croire que cela ne fera pas un bon effet pour lui. Le prince Ferdinand a toujours été au service de V. M. et le Duc ne l'a point refusé. Il dépend d'elle de le prendre, et tout ce qu'il y a ici, se fera un plaisir et une gloire d'être sacrifié à V. M. Je la supplie encore très humblement de nous accorder ses bontés; si ce n'est pas pour l'amour du Duc, qui le mérite pourtant par le zèle et attachement qu'il a toujours eu pour V. M., qu'elle ait du moins la générosité de penser à une soeur, à qui elle a promis et assuré si souvent de sa bonté. Si V. M. ne nous la rend point, nous sommes perdus et abîmés et j'ai trop bonne opinion d'elle et crois qu'elle a l'âme trop grande pour vouloir me rendre malheureuse, puisque tout ce que V. M. fait au Duc, rejaillit infailliblement sur moi, qui porterait de tout le faix. V. M. verra dans la suite le zèle, qu'on a ici pour elle. Je la supplie de ne se point encore précipiter. Je puis bien dire que je n'ai aucun repos jusqu'à ce que j'apprenne une grâcieuse réponse d'elle tant pour le Duc que pour moi, lequel se fera toujours une sensible joie et satisfaction de témoigner son zèle à V. M. Il n'a pas été possible de se déterminer si vite, par le peu de temps que la Reine votre épouse lui a laissé, ayant envoyé une stafette après l'autre. Ainsi je la supplie encore une fois de ne point se précipiter et d'avoir la grâce d'attendre quelque peu de temps.

[*Juni.*]

Mon très cher frère[1]), Duhan est dans la joie de son coeur de se mettre à vos pieds[2]) et pour moi je loue le sort qu'il a de se retrouver auprès d'un si bon et digne maître. Quoique ma recommendation ne lui serve pas de grande chose, il me semble que c'est pourtant une espèce de devoir de s'intéresser pour les honnêtes gens... Je ne puis m'empêcher de louer en cette occasion votre reconnaissance d'avoir pensé à vos anciens serviteurs... Je vous avoue que votre dernière grâcieuse lettre m'a infiniment rejouie, me voyant encore dans vos bonnes grâces; je vous prie en grâce singulière de les rendre au Duc, qui est au désespoir de se savoir dans vos disgrâces[3]). Il fera tout qui est dans son pouvoir, pour vous plaire et vous faire plaisir, et ainsi il souhaiterait bien de pouvoir obtenir la permission de vous parler lui même, pour vous dire un plan, qu'il a fait, et, à ce qu'il espère, cela vous fera plaisir... Il viendra tout à l'incognito, si vous le permettez, et avec personne du monde. Je vous supplie, soyez avec nous comme autrefois

[1]) Am 14. Juni dankte die Herzogin dem König für die Erlaubnis, mit ihm auf dem alten Fusse verkehren zu dürfen. [2]) Am 3. Juni hatte der König Duhan aufgefordert, nach Berlin zurückzukehren; er verliess zu aller Bedauern Blankenburg und war Mitte des Monats in Berlin. [3]) Am 10. Juni hatte die Königin dem Herzog geschrieben, der König sei sehr erzürnt und drohe mit Gewaltmassregeln.

et ce que vous ordonnez de nous, écrivez-le; vous verrez que l'on fera tout ce qu'il est possible de faire. Les Hannovriens se flattent de l'alliance que vous ferez avec eux et le double mariage avec mon frère et ma soeur[1]). Je me flatte encore des bonnes intentions que vous avez pour la maison d'ici; ce qui dépend de faire pour vous et de contribuer en quelque façon à votre satisfaction, je le ferai avec mille joie et je fais caution pour le Duc.

18 juillet.

J'espère que vous serez présentement content du Duc et je puis vous assurer aussi que je n'ai pas manqué de lui lire votre lettre et de lui faire toutes les remonstrations, qui sont dans mon pouvoir... Il m'a dit qu'avec plaisir il vous donnait un bataillon[2]) qu'il croyait d'agir plus honnêtement avec vous, en ne vous promettant que ce qu'il pouvait tenir pour le présent, puisqu'il n'avait point été en état de vous promettre 1300 hommes, que ce qui pourrait faire encore de surplus, il ferait tout son possible pour en avoir d'avantage, mais qu'il fallait un peu de temps pour cela; et je crois bien, que vous aurez la patience d'attendre un peu et de ménager encore votre petite colère qui ne vous ressemblerait pas et qui me mortifie, si vous la jetiez sur nous, et je vous assure que vous seriez un petit ingrat, puisqu'on a toutes les meilleures intentions pour vous, et vous voyez bien que ce n'est pas en parole mais que l'effet du bataillon manque aussi le réel.

30 septembre.

Vous me rendez en vérité toute honteuse et confuse par le remerciment grâcieux que vous avez eu la bonté de me faire dans votre lettre[3]); je ne sais en quoi le Duc et moi le méritons, et nous avons obligation à vos bontés d'avoir voulu vous contenter de toutes les intentions que l'on a eues de vous plaire et de faire ce que vous souhaitez. Je n'aurais pu dire aucune commission plus agréable au Duc que celle que vous nous donnez espérance de vouloir passer par ici lorsque l'occasion se présentera.

14 octobre.

Le général Marwitz[4]) est ici, il pourra vous écrire que le Duc se donne

---

[1]) Der Hannoversche Minister von Münchhausen war am 7. Juni in Berlin eingetroffen, um über die Erneuerung des «Ewigen Bündnisses» von 1693 und die Verlobung des Prinzen August Wilhelm mit einer englischen Prinzessin, der Prinzessin Ulrike mit dem Sohne des Prinzen von Wales zu unterhandeln; er fand die Unterstützung vor allem der Königin Mutter.   [2]) Der Herzog hatte sich zur Stellung von 700 Mann, den vierten Teil seines Heeres, bereit erklärt; er hätte mit besten Willen, der reiche nicht aus, Unmögliches zu erfüllen.   [3]) Der Herzog war mit Prinz Ferdinand Anfang August auf ein paar Tage nach Berlin gegangen.   [4]) Generallieutenant von Marwitz war wegen der Überlassung der Truppen zum Herzog geschickt.

toutes les peines pour pouvoir bientôt vous contenter, et il enrôle tant qu'il peut. Je ne saurais vous dire au juste, combien il y en a, puisqu'il en arrive tous les jours. Mais je ne doute pas que vous apprenez aussi quelle peine cela donne, avant qu'on les puisse avoir ensemble, surtout des pays étrangers, où l'on ne saurait pas toujours fouir ces sortes de gens. Mais vous serez sûrement content, c'est dont je puis vous répondre, et le Duc ne néglige rien et tous les officiers sont par voie et par chemin. Je suis charmée que vous êtes content du prince Ferdinand.

19 octobre.

Je lis les gazettes présentement avec plaisir surtout, puisque je me divertis à lire les écrits, que vous faites imprimer, au Prince de Liège[1]. Je vous félicite, puisque selon les apparences cette affaire ira bien pour vous et qu'on dit que vous en tirerez bien de l'argent, ce qui vaut mieux que Herstal dont à peine vous avez tiré 9000 écus.

28 novembre.

Il me conviendrait très mal et me siérait encore moins d'être fâchée contre vous et de vous priver, puisque vous l'appelez ainsi, de mes bonnes grâces qui ne sauraient pourtant vous être d'aucune utilité. Je vous conjure de ne point prendre sur le pied de gronder ni de fâcher, lorsque je prends la liberté de vous dire mes sentiments et de vous répondre naturellement sur ce que vous souhaitez de savoir, et je croirais de faire mal et de manquer à ce que je vous dois, si je ne vous disais la vérité de mes pensées, sachant et connaissant que vous êtes si raisonnable, que vous jugez vous même, que nous avons tant d'attachement pour vous, que ce que l'on peut faire pour vous obliger et vous faire plaisir; le Duc n'y manquera sûrement point. A présent le Duc est un peu mortifié, ayant appris que vous n'avez pas été content des recrues, qu'il a envoyées. On a été obligé de prendre ce que l'on a pu attraper, et le Duc l'a recommandé et s'est donné toutes les peines avec les officiers, pour qu'il leur devait avoir des bonnes gens. A présent il a reçu encore des nouvelles recrues; il est toujours lui même auprès pour les dépareiller les bons d'avec ceux qui ne sont point propres pour servir......
Vous pouvez bien croire que si nous avons la guerre dans tout l'Empire[2])

[1] Am 14. September waren preussische Truppen in die Grafschaft Hoorn eingerückt, um den Bischof von Lüttich, der die Herstaller an der Huldigung hinderte, zur Nachgiebigkeit zu bringen. Die oben erwähnten Schriftstücke sind: Exposition des raisons qui ont porté S. M. le Roi de Prusse aux justes représailles contre le Prince-Evêque de Liège vom 11. September und das «Factum». [2] Nach dem Tode Kaiser Karls VI. (20. Oktober) hatte der kurbayrische Gesandte in Wien gegen die Nachfolge der Maria Theresia als Erbin ihres Vaters feierlichst protestiert, andere Garanten der pragmatischen Sanction hatten sich diesem Protest angeschlossen.

et qu'elle soit générale, le Duc ne sera pas le dernier de soutenir aussi l'Empire de ses peu de troupes... Si vous marchez¹), je vous souhaite beaucoup de bonheur. Je suis persuadé que Wilhelm en sera aussi bien aise. On dit que vous lui avez donné Trucks²); c'est un joli homme et qui le dégourdira. Je suis persuadé qu'il se changera bien à son avantage, car c'est un très bon garçon, et cela l'encourage de ce que vous lui témoignez de l'amitié.

16 décembre.

Permettez que je vous souhaite un heureux voyage³). Le bon Dieu vous conduise en parfaite santé et vous donne bonheur à tout ce que vous entreprendrez et donne une bonne réussite à vos désirs.

16 janvier 1741.

Otez, je vous prie, de votre esprit les faux soubçons que vous avez de moi et qui m'affligent beaucoup, ne sachant point, comment je les mérite, puisque je suis comme je l'ai été toujours avec vous, fidèle soeur et amie. Soyez à cette heure joli et écrivez-moi une jolie lettre, pour que je puisse ravoir sujet de me consoler des disgrâces de mon cher frère. Sans cela comptez que vous me plongez dans le plus abominable chagrin du monde: c'est une grâce dont je vous prie à l'occasion de l'anniversaire de votre naissance, et j'espère que vous ne me refuserez pas.

24 février.

Je suis véritablement étonnée de ce que vous m'écrivez que la Grandemère⁴) voulait se mêler dans vos affaires. Je vous avoue que si ce n'était pas vous qui me l'écrivait, que j'aurais de la peine à le croire. Sachant pourtant, combien elle vous est attachée et le respect, qu'elle a pour vous, dumoins je puis vous assurer que ce qu'elle a fait, m'est fort inconnu, puisqu'elle demeure toujours sur sa montagne et qu'alors nous n'entendons ici rien d'elle.

21 avril.

C'est avec un joie infinie que j'ai appris la bonne nouvelle de l'heureuse victoire que vous avez remportée sur les Impériaux (bei Mollwitz 10. April).

---

¹) Der Mobilmachungsbefehl vom 8. November an die preussischen Regimenter, sich in drei Wochen zum Ausmarsch fertig zu halten, war im Publikum bekannt geworden; man schwankte, ob sie nach Jülich oder nach Schlesien gehen würden. ²) Prinz August Wilhelm hatte einen eigenen Hofstaat erhalten. Der Generalmajor Graf von Truchsess-Waldburg wurde Oberhofmeister. ³) Der König hatte am Wechselfieber gelitten; am 13. Dezember war er aus Berlin abgefahren; am 16. überschritt er die schlesische Grenze. ⁴) Die verwitwete Herzogin Christine Luise, die in Blankenburg wohnte.

Je ne puis pas vous exprimer dans quelles inquiétudes que je suis toujours pour vous, ayant trop d'attachement et de tendresse pour la famille, pour regarder avec indifférence le danger, où vous vous trouvez et mon frère Guillaume[1]). Au nom de Dieu, ménagez votre personne et pensez à votre famille, que vous laisseriez désolée. Je vous prie aux mains jointes de ne pas vous exposer trop. Ce sera la meilleure nouvelle pour moi que d'apprendre que les ennemis veulent bientôt s'accomoder avec vous et qu'alors je vous sache hors du danger[2]).

Bronsvic 27 septembre.

Puisque vous me mandez si grâcieusement que vous voulez bien vous contenter de ma figure et excuser la difformité de ma petite personne[3]), je ne manquerai pas avec le Duc d'avoir l'honneur de vous faire ma cour au mois de novembre prochain... Le Duc serait ravie en apprenant bientôt la bonne nouvelle que vous êtes en possession de Neisse[4]), espérant que cela pressera votre retour pour Berlin.

Bronsvic 20 octobre.

Selon vos ordres la Mère[5]) ne viendra point avec et je vous emmènerai la Princesse-promise, mais de grâce faites-moi le plaisir de m'écrire de quelle manière vous voulez que je dois l'emmener et si elle doit venir avec freulen, gouvernante et tout ce qui dépend de tout l'attirail des domestiques, ou si elle doit seulement venir sans train de dames.

Wolfenbüttel 19 janvier 1742.

Je me suis étonnée de la belle humeur de la Belle-mère qui m'a paru

---

[1]) Er war am 8. Januar zur Armee abgegangen. [2]) Am 29. April schrieb sie ihm: «Dieu merci, que je vous sais en bonne santé ..... mais vous me confirmez dans l'inquiétude où j'ai été pour vous, craignant que vous vous exposeriez trop dans le danger, et je suis ravie que ce sont vos chevaux qui aient souffert dans cette expédition; marque donc que vous n'avez pas été loin du feu. Je n'ose plus rien vous dire de penser à vous et de vous ménager, car vous direz: a beau prêcher qui n'a coeur de bien faire, mais lorsqu'on l'aime bien, on ne saurait se lasser de prendre des précautions pour garantir ses meilleurs amis du danger. Je regrette cependant tous les braves gens que vous avez perdus, puisqu'ils vous étaient fidèles et qu'ils vous ont bien servi.» Es hiess, der König habe sich stets im grössten Feuer gezeigt, obwohl ihm einige Kugeln vom Kürass abgesprungen, auch ein Pferd unter dem Leibe getötet sei. [3]) Prinz Albrecht Heinrich wurde 26. Februar 1742 geboren. [4]) Neisse kapitulierte erst 31. October, der König kam am 11. November zurück. [5]) Die Herzogin Antoinette Amalie. Die Verlobung ihrer Tochter Luise Amalie mit dem Prinzen August Wilhelm von Preussen hatte am 20. September 1740 in Salzdahlum stattgefunden. Am 22. November kamen der Herzog und die Herzogin mit der Braut nach Berlin. Die Herzogin blieb bis zum 12. Januar 1742. Elle se paraît divertir à merveille, schrieb der König.

marquer aucune affliction à l'histoire de Russie¹), quoiqu'on ne sait pas, où est Antoine, elle paraît être fort tranquille sur ce sujet, le mariage de mon frère²) ayant éssuyé toutes les pleures et lui causant beaucoup de contentement; aussi elle vous a relevé jusqu'aux nues. Le prince Albert³) ira à Francfort pour y voir le couronnement de l'Empereur⁴). Du reste je passe présentement un peu la vie de cochon, je bois, je mange et dors. J'ai entendu la répétition de l'opéra pour la foire prochaine mais lorsqu'on a entendu les voix de Madame Gasparini et de M. Mariotti, il faut que celles d'ici cèdent, car ce sont mes héros de votre musique.

[*Ende Januar.*]

On ne veut point encore laisser partir le Prince Louis de Pétersbourg⁵), on traite les étrangers très mal, surtout un certain Gross à qui on a voulu donner la torture et qui par désespoir s'est tué⁶). Le prince Louis, dit-on, doit être au désespoir de ne point voir de fin à sa délivrance, lui qui n'a rien eu à démêler avec les affaires de son frère Antoine... Le Duc espère que vous aurez la grâce de vous y intéresser pour la prompte délivrance de son frère Louis hors de Pétersbourg.

13 avril.

Le Duc vous est bien obligé des nouvelles que vous me donnez de son frère Antoine et de sa pension qu'il doit recevoir de Pétersbourg, mais je crois cependant que la joie ne sera pas fort grande de le revoir ici. Je vous prie de vouloir faire mes compliments au cher Henri⁷); j'espère que Wilhelm sera

¹) In der Nacht zum 6. Dezember 1741 war der junge Kaiser Iwan, seine Eltern, die Regentin Anna und der Herzog Anton Ulrich, der Schwager der Herzogin, verhaftet, die Grossfürstin Elisabeth als Kaiserin ausgerufen worden. Die entthronte Familie erhielt Erlaubnis, nach Deutschland zurückzukehren: sie begab sich nach Riga, wo sie die nächste Zeit festgehalten wurde.   ²) am 6. Januar 1742.   ³) Ihr jüngerer Schwager (geb. 1725).
⁴) Karls VII Krönung in Frankfurt 12. Februar.   ⁵) Herzog Ludwig war, nachdem ihn die kurländischen Stände Juli 1741 zum Herzog von Kurland vorgeschlagen hatten, von Mitau nach Petersburg gereist, nach dem Staatsstreich vom 6. Dezember wurde er in Petersburg festgehalten. Ende Januar reiste er ab und traf am 26. Februar bei seiner Schwester der Königin in Schönhausen ein. Die Berliner Zeitungen meldeten, er werde solange in Berlin bleiben, bis die Herrschaften aus Riga, die man auch demnächst vermute, angekommen seien. Am 19. März schreibt die Herzogin: Prinz Ludwig sei wieder in Braunschweig, «il est tout rempli de reconnaissance de la grâce que vous avez eue de vouloir s'intéresser en sa faveur, vous ayant l'unique obligation de l'avoir tiré dehors Pétersbourg ... je souhaite seulement qu'il (Anton Ulrich) ne nous vienne pas ici tomber sur le corps, car il nous serait bien à la charge.   ⁶) Der braunschweigische Gesandtschaftssekretär.   ⁷) Prinz Heinrich war mit dem Könige am 14. Januar nach Dresden, von da nach Prag auf den Kriegsschauplatz gereist. Prinz August Wilhelm ging erst Ende März nach Schlesien.

à présent aussi en bonne santé à l'armée¹)... Trois frères en campagne ne me feront pas faire du fort bon sang et je serai contente, lorsque cette campagne sera finie aussi heureusement que la précédente.

Nachschrift: Il n'est que juste que je vous fasse part de l'affliction que j'ai, de la perte que je viens de faire par la mort de mon second fils Louis²), qui vient d'expirer après avoir été malade pendant trois semaines d'une fièvre journalière.

4 juin.

Comme vous m'avez ordonner de savoir la réponse que le Duc m'a donnée touchant les recrues, je vais vous faire un détail exact de ce qui est passé entre nous. J'ai commencé par la proposition que vous souhaitez d'avoir de recrues. Le Duc m'a répondu avec un air gai qu'il le savait déjà par le prince Ferdinand, qui lui avait déjà écrit que vous en vouliez, et qu'il vous en enverrait. Sur cela je lui ai montré votre lettre qui l'a rendu d'abord fort consterné; après quelque temps de silence il me dit que selon le dévouement qu'il avait pour vous, il lui serait impossible de vous désobliger, que cependant votre demande augmentait ses embarras coup sur coup, que 200 hommes étaient pour vous une bagatelle mais que pour lui c'était une affaire d'importance, qu'il avait beaucoup de peine de compléter ce peu de troupes qui ne suffisaient presque pas aux deux garnisons, qui lui étaient pourtant indispensablement nécessaires, surtout à présent l'apparence de quelques troubles dans le voisinage, qu'il ne lui restait donc qu'à recourir aux levées somptueuses dans les pays étrangers. Il m'a prié de vous exposer tout cela comme venant de moi-même, si peutêtre vous entreriez dans ses raisons. Je vous supplie très humblement de lui témoigner quelque grâce dans cette occasion et de ne le pas accabler. Mon frère Guillaume lui a aussi demandé des recrues pour son régiment et pour le régiment du prince Ferdinand. Il lui en a donné de temps en temps outre les 1300 hommes et il lui en donnera encore parcequ'il lui en a promis. Voilà laquelle a été la fin de notre conversation. En attendant je puis vous assurer que je n'ai fait guère de bon sang et le Duc ayant paru fort inquiet et chagriné, ayant tant d'attachement pour vous. C'est véritablement à son corps défendant lorsqu'il ne peut vous faire plaisir; ainsi je vous supplie d'avoir la grâce de n'insister pas trop sur votre proposition...... Le Duc fera tout son possible, quoique je suis fort incertaine qu'il pourra vous fournir le nombre de gens et la mesure que

---

¹) In dem Gratulationsbriefe zu dem Siege von Czaslau 17. Mai schrieb sie am 25. Mai erfreut, que la Providence vous a conservé avec nos mes deux chers frères... Mon très honoré frère, je suis ravie que cette mauvaise herbe ou soi-disant telle n'aie point péri. ²) Christian Ludwig gest. 12. April 1742.

vous désirez, et il lui faudra aussi un peu de temps. Ménagez-moi, je vous supplie, dans cette occasion.

6 juillet.

Il me serait impossible de tenir silence surtout à présent que tout le monde se réjouit et bénit la Providence de la belle conquête que vous avez faite, et qu'à présent la paix en soit conclue... A présent vous allez revenir à Berlin couronné de lauriers[1]). Quelle joie ne sera ce pas pour la famille de revoir ce cher frère!

26 août.

Ma soeur de Bareit a été chez elle (ihrer Schwester, der Markgräfin von Anspach), il me semble qu'elle est comme le Juif errant toujours par voie et par chemin, car elle ne fait que de revenir de Stuccard[2]) pour aller a Aschaffenbourg chez la Princesse d'Ostfrise[3]).

22 mars 1743.

Vous êtes bien le meilleur frère qu'il y ait dans le monde, et le bon Dieu vous rendra sûrement la bonté que vous avez pour nous tous surtout puisque vous êtes si grâcieux de vouloir pour cette fois arranger les affaires de mes soeurs[4])... Je n'ai pas cru que j'osais prier pour elles que vous leur payez leurs dettes; sans cela je vous en aurais supplié; à présent c'est encore plus grâcieux que vous le faites sans que j'en aie prié. J'espère que cela leur encouragera à se gouverner mieux et à savoir user plus raisonnablement de leur économie.

2 avril.

Au présent vous avez fait un si bon établissement à ma soeur Ulrique en la faisant coadjutrice à Quedlinbourg; elle peut être contente de son sort, car c'est un poste très honorable et bien lucratif; j'en ai été doublement bien aise puisque ma soeur sera avec le temps ma voisine; elle m'a écrit que vous lui aviez promis de remettre ses finances.

14 octobre.

Ma soeur d'Ansbach m'a écrit la joie qu'elle avait eue de vous voir[5]) et me loue infiniment toutes les amitiés, que vous lui avez témoignées; elle m'a

---

[1]) Der Friede war 11. Juni in Breslau unterzeichnet, am 12. Juli kam der König nach Berlin zurück. [2]) Ende Juli war die Markgräfin Wilhelmine in Stuttgart gewesen, wohin die Herzogin-Regentin von Württemberg sie eingeladen hatte. [3]) Ihre Schwägerin Sophie Wilhelmine von Bayreuth war an den Fürsten Karl Edzard von Ostfriesland vermählt. [4]) Am 1. März hatten sich die beiden Prinzessinnen Ulrike und Amalie wegen ihrer Schulden an den König gewandt. [5]) Der König war Mitte September auf seiner Reise ins Reich in Ansbach gewesen.

écrit aussi qu'à votre grâcieuse invitation elle ferait son possible pour venir cet hiver à Berlin, et il me paraît que ce voyage lui fait beaucoup plaisir.

1 novembre.

Je m'étonne que Monsieur Voltaire a pu être si enthousiasmé d'ici, puisque étant revenu tout récemment de Berlin[1]) il y en a dû avoir la mémoire encore remplie des bienfaits et grâces que vous lui avez témoignées. Il est impossible qu'ailleurs et surtout ici il soit si émerveillé, puisque je suis persuadée que s'il laisse sa politique à part, il faut qu'il avoue lui-même qu'il ait trouvé contre Berlin et ici une grande différence en toute manière... Notre grand voisin d'Hannovre[2]) fait tous les préparatifs pour marier sa fille, cependant on dit que les plaisirs et fêtes ne seront pas grandes et qu'il veut retourner d'abord en Angleterre après les nôces. Il est arrivé à l'improviste à Hannovre sans que personne ne s'y était attendu, et est d'abord allé descendre chez sa belle comtesse[3]) qui par malheur n'était point chez elle. A présent ils n'ont que leurs comédies françaises, où le Roi va presque tous les jours. Sans cela il s'amuse avec les belles dames de son pays, qui sont selon la description que l'on en a fait, la plus part toutes de grosses laides Dulcinées. Je suis persuadée que les deux nouveaux opéras que vous ferez jouer, seront très beaux et le sujet de Caton est intéressant, dumoins comme je l'ai vu jouer ici[4]).

15 novembre.

Je trouve que le nom que l'on donne aux côteries des femmes du Roi d'Angleterre, est très bien trouvé, car effectivement ces créatures peuvent passer pour de véritables tripières. Les nôces par procuration se sont achevées à Hannovre, on dit, avec la plus grande étiquette du monde et cependant tout fort en désordre; il n'y pas eu la moindre magnificence parmi la noblesse hormis le Roi et son fils[5]) qui ont paru comme des calices[6]). On dit la prin-

---

[1]) Voltaire war auf der Rückreise von Berlin nach Brüssel am 14. Oktober nach Braunschweig gekommen und blieb dort ein paar Tage, der König hatte ihm einen Brief für die Herzogin mitgegeben. Zur Anknüpfung von dauernden Beziehungen mit dem Braunschweiger Hofe oder mit der Herzogin persönlich hat dieser Besuch nicht geführt. [2]) Georg II war nach dem Feldzuge am Rhein am 18. October in Hannover angekommen. Die Vermählung seiner Tochter Luise mit Friedrich V von Dänemark war am 10. November. Am 19. reiste er nach England zurück. [3]) Die Gräfin Yarmouth. [4]) Am 4. Januar 1743 hatte sie geschrieben: Nous aurons ici l'opéra de Caton que Vérocai (der herzogliche Concertmeister) a composé, et le second sera Didon; ce sont des airs composés des toutes sortes de maîtres, je ne l'ai point encore entendu. — Die beiden Opern des Berliner Carneval waren Artaxerxes und Cato in Utica von Graun. [5]) August Wilhelm, Herzog von Cumberland (geb. 1721). [6]) être doré comme un calice: porter des habits chargés de galons d'or (Littré).

cesse petite mais fort grasse et pas trop belle; elle doit être assez grâcieuse. Toute la cérémonie est faite à la hâte et il n'y a eu aucuns étrangers à cause que l'on dit que le Roi ne les aime pas et que lorsqu'ils y viennent, ils y sont mal reçus. Le jour des nôces le Roi a soupé sous un dais comme un roi de la Chine, ayant à son droit la Princesse épouse et de l'autre celle de Cassel[1]) et auprès de la mariée le Duc de Cumberland et un gentilhomme au milieu, qui a servi. On dit que cette Majesté partira la semaine qui vient; le Parlement n'est pas content qu'il n'a fait les nôces en Angleterre, et ils se plaignent déjà de tout l'argent qu'ils ont donné et dont il s'est si mal acquitté... Vous vous acquittez bien mieux de tout ce que vous entreprenez que d'autres qui font beaucoup de bruit peu de fracas et qui pourtant s'imaginent qu'ils ont beaucoup fait comme par exemple le Roi d'Angleterre qui se figure être le plus grand guerrier du monde[2]).

30 décembre.

Je ne doute point que la compagnie du Prince de Hesse[3]) ne vous sera désagréable, puisqu'on dit qu'il a beaucoup d'esprit, et je suis persuadée qu'il se plaira infiniment à Berlin, surtout lorsqu'il verra tous ces beaux opéras. Il faut que je vous dise qu'à présent lorsque je suis seule, je fais venir l'opéra d'Artaxerxe sur mon lit[4]); je remue les doigts comme si je jouais du clavecin, et puis je m'imagine d'entendre chanter la Gasparini et la Benedetta et les récitations de la Sorio[5]). Vous pouvez bien croire que ce n'est pas une musique qui m'étourdit, mais je pense à la bonté que vous avez eue de me fournir cette belle musique qui me charme hormis que le chorus d'«All'armi» dans Cléopatre[6]) me paraît plus beau... Je crois que Sophie[7]) préfèrera d'être à Berlin au séjour de Schwedt qui, à ce que je crois, n'est

---

[1]) Die Tochter des Königs, Maria, (geb. 1723) die am 28. Juni 1740 mit dem Landgrafen Friedrich II von Hessen-Kassel vermählt worden war. [2]) Nach seinem Siege bei Dettingen, 27. Juni 1743. [3]) Landgraf Wilhelm von Hessen-Nassau war zum Carneval nach Berlin gekommen. Gleichzeitig die Fürstin Johanna Elisabeth von Anhalt-Zerbst mit ihrer Tochter Sophie (geb. 1729, (der späteren Kaiserin Katharina) in Berlin. Die Fürstin von Zerbst hielt sich seit 1737 jedes Jahr drei bis vier Monate am Braunschweigischen Hofe auf. Die Kaiserin Katharina erinnert sich noch 1774, wie die Herzogin Charlotte sie einmal vor einer ihr von ihrer Mutter zugedachten Züchtigung bewahrt habe. [4]) Die Prinzessin Luise Friederike war am 18. Dezember geboren. [5]) Von der Berliner Oper. Benedetta Molteni, späterhin die Gemahlin des Komponisten Agricola. [6]) von Graun, aufgeführt am 7. Dezember 1742 zur Einweihung des neuerbauten Opernhauses in Berlin. [9]) Die Schwester der Herzogin (1719 geboren), 1734 an den Markgrafen Friedrich Wilhelm von Schwedt verheiratet, den der König «Le brutal» nannte.

pas préférable. Je crois qu'elle restera toujours la bonne Sophie et lui comme vous l'avez nommé.

14 février 1744.

Le Duc a donné une fête le jour du mardi gras pour finir le carneval. Il y a eu un bal masqué avec des festons ce qui faisait un assez bel effet; avec la bourgeoisie et nous autres et la noblesse, il y a eu entre 5—600 masques.

24 février.

Mon humeur a été un peu alterée, puisque j'ai eu la fatalité de perdre la dernière petite fille, que j'ai mise au monde[1]), ce qui ne laisse point de causer de la peine, car autant il y en a d'en faire, autant était-il mortifiant de les perdre; ainsi que je suis de votre sentiment que j'aime mieux que d'autres gens en aient pour moi.

29 février.

Le prince Louis[2]) est depuis huit jours ici, qui m'a beaucoup conté des toutes les fêtes qu'il a vues à Vienne[3]), la Reine aimant infiniment à se divertir. Je viens de recevoir une de vos lettres qui est écrite de l'année 1736 et qu'un prêtre grec m'a apportée à présent... Je vous remercie pour tout l'obligeant que vous me dites dans cette lettre.

16 mars.

Die Erzherzogin Maria Anna] partit de bon matin de Blankenbourg après y être reposée un jour entier et y avoir le jour du départ un déjeuner; elle n'en arriva ici[4]) le soir que fort tard, car il était 9 heures du soir; ce qui l'empêchait d'arriver plus tôt, fut que sa carosse s'était si fort embourbée à une lieue d'ici, qu'on a eu mille peines de la tirer de cet embarras, parcequ'il faisait fort sombre et que le temps était très mauvais et les chemins inpracticables. Le Duc lui avait envoyé une petite escorte de dragons qui l'avaient reçue à Hessen, et les gardes du corps les reçurent devant la ville. Elle vint donc le soir à la triple décharge du canon. Le Duc la reçut en

---

[1]) Prinzessin Luise Friederike geb. 18. December 1743 war 22. Februar gestorben.
[2]) Herzog Ludwig war 1742 von Maria Theresia wieder in den österreichischen Dienst berufen worden und nahm dann an der Schlacht bei Dettingen und dem Feldzuge des Herzogs Karl in Elsass teil. [3]) Bei Gelegenheit der Vermählung der Erzherzogin Maria Anna (geb. 1718) mit dem Herzog Karl Alexander von Lothringen am 1. Januar 1744. Am 23. Februar reiste das junge Paar nach den Niederlanden ab, zu deren Statthalterin die Erzherzogin ernannt war. «Ils mènent avec eux 114 personnes, c'est véritablement un train de Jean de Paris. On dit que les fêtes à Vienne ont été fort bruyantes, mais les opéras très mauvais», schreibt die Herzogin am 3. Februar. Auf der Reise besuchte die Erzherzogin ihre Grosstante in Blankenburg und war am 12. März in Wolfenbüttel.
[4]) In Wolfenbüttel.

carosse et toutes les dames en firent de même. La Belle-mère et moi et mes quatre belles-soeurs[1]) nous l'attendîmes en haut de l'escalier. Aussitôt que le Duc l'eut amenée, je l'embrassai et la menai dans ses chambres. Elle est un peu plus grande que moi, elle a de très beaux yeux et tout le haut du visage beau, des cheveux châtains; on dit que le bas du visage ressemble à l'Empereur défunt[2]) mais elle n'a point la bouche relevée; elle est pour une brunette assez blanche; avec cela un beau vermilion, de belles dents, de très petites mains et petits pieds. Elle est extrêmement obligeante et civile et point du tout hautaine, comme je me l'étais imaginé. Elle parle fort joliment. Elle m'a rendu d'abord visite et le lendemain encore pour prendre congé de moi, et me fit mille compliments sur l'incommodité, qu'elle causait ici. Elle a été à ce qu'elle m'a témoigné, fort sensible aux compliments que vous lui avez fait faire par l'aide de camp Borck[3]). Elle a un air fort doux et modeste et elle n'aime point les façons. Elle a beaucoup joué avec mes enfants et s'est mise à genoux devant eux pour badiner avec. Pour le prince Charles, il est de la taille du prince Leopold[4]), mais pas si gros; il est fort rouge et halé et n'est nullement beau, mais il a pourtant l'air du duc de Lorraine, mais il se tient plus droit... Il est fort civil et obligeant et sait fort bien vivre. Il porte une perruque mais qui ne le sait pas, le prendrait pour des cheveux... Les dames de l'Archiduchesse sont fort laides, mais deux ont de l'esprit et la gouvernante est une femme vieille maigre et sèche; je crois qu'elle n'a pas inventé le poudre. Son gouverneur est le comte Colloredo et ses deux chambellans sont Lorrains. Entre autres entretiens que j'ai eus avec l'Archiduchesse, le discours des bijoux n'a pas manqué d'être mis sur le tapis et ceux de l'Archiduchesse sont d'une très grande beauté et magnifignement montés. Avant que de partir, elle a déjeuné et puis se mit en carosse et s'en retourna de la même manière comme elle était arrivée... Le Messie que vous attendez, arrivera sûrement aussitôt que vous serez de retour de Breslau[5]).

4 avril.

Votre lettre m'a bien étonné par rapport à ce que vous me mandez de la

---

[1]) Die Prinzessinnen Sophie Antoinette (geb. 1724), Christine Charlotte (geb. 1726), Therese Natalie (geb. 1728) und Julie Marie (geb. 1729).   [2]) Karl VI.   [3]) Der Generaladjutant und Oberst von Borcke hatte sie, als sie durch Quedlinburg kam, namens des Königs begrüsst.   [4]) Vielleicht Leopold Maximilian von Anhalt (1700—1751). [5]) Der König war vom 13.—29. März in Schlesien. Die Herzogin hat, wie es scheint, noch nicht gewusst, dass schon am 12. März der Gesandte Rudenschiold um die Hand der Prinzessin Ulrike für den Erbprinzen von Schweden angehalten hatte. Am 31. Mai kam der ausserordentliche schwedische Gesandte Graf Tessin, um den Heiratskontrakt abzuschliessen und die Prinzessin abzuholen.

lettre que la Belle-mère vous a écrite. Je ne sais à quoi elle pense. Vous n'avez pas tort de croire, qu'elle aurait grande envie de venir à Berlin; car je ne doute pas, qu'elle aurait grandissime envie de voir ses filles[1]) et de faire la fonction de Junon, pour être à l'accouchement[2]). Je vous félicite sur la nouvelle alliance que vous avez faite avec le Prince Royale de Suède et la chère Ulrique.

17 mai.

J'attendrai vos ordres avec bien du plaisir pour savoir par vous même quand je dois me rendre à Berlin et revoir la chère famille[3]); mais pour Charles[4]), si j'ose vous dire la vérité, il est encore trop petit, pour que je le puisse prendre avec; je craindrais qu'il ne se gouverne pas encore si bien pour pouvoir le produire. Dans quelques années d'ici je me flatte qu'alors je pourrais vous le prêsenter. Dans l'histoire de la fabrication de la famille on pourra voir le présent, le temps passé et le temps à venir: la Princesse[5]) est le temps présent qui accouche, le temps passé Sophie, qui a passé toutes ces anecdotes déjà[6]), et Ulrique, qui commence, le futur, — et pour moi, je reste cette fois neutre.

15 juin.

J'ai eu une véritable joie de la belle acquisition que vous venez de faire du pays d'Ostfrise[7]) et vous permettrez quo j'ai l'honneur de vous en féliciter. C'est une belle prise pour le soif et qui contribue à vous agrandir d'avantage. J'ai été bien mortifiée de n'avoir eu le bonheur de vous voir ici à votre retour de Pyrmont[8]) mais les raisons que vous m'alléguez de cet empêchement, sont trop valables pour que je puisse y trouver à redire. Cependant si j'avais été avertie que vous étiez passé si près d'ici, j'aurais été audevant de vous pour vous souhaiter du moins un heureux voyage. J'ai pourtant vu arriver ici votre écurie en parfaite santé et j'ai bien chargé vos palefreniers de vous faire mille compliments de ma part.

[Berlin] 5 juillet[9]).
Je trouve à mon retour de Monbijou[10]) votre chère lettre... Je suis com-

---

[1]) Die Königin und die Prinzessin von Preussen. [2]) Der älteste Sohn des Prinzen von Preussen, Friedrich Wilhelm II wurde am 25. September geboren. [3]) Die Herzogin kam zu der Vermählungsfeier ihrer Schwester Ulrike. [4]) Ihr ältester Sohn. [5]) Die Prinzessin von Preussen. [6]) Der jüngste Sohn der Markgräfin von Schwedt war der am 10. September 1741 geborene Markgraf Georg Philipp Wilhelm. [7]) Am 25. Mai war der letzte Fürst von Ostfriesland gestorben; am 26. war die preussische Besitzergreifung erfolgt. [8]) Am 20. Mai war der König nach Pyrmont zur Kur gegangen; er war am 9. Juni abgereist und am 11. Juni wieder in Potsdam eingetroffen. [9]) Die Herzogin war seit dem 3. Juli in Berlin. [10]) In Monbijou wohnte die Königin-Mutter.

blée ici de grâces de toute la famille. Ce n'est que ma raison qui me fait préférer d'être privée de quelques jours de vous faire ma cour pour vous laisser arranger vos affaires. Je vous supplie de ne faire sur aucun sujet des compliments avec moi, puisque je me flatte que vous ne me regardez que comme votre soeur et point d'étrangère... J'ai été aujourd'hui en extase, la Reine-mère ayant eu la grâce de me faire entendre vos chanteurs et chanteuses. Salimbeni selon moi a bien présentement la préférence sur tous les autres et puis Romano, qui sans être chapon et selon ma petite décision est un excellent basse; pour la Gasparini et la Benedetta et Porporino ils peuvent passer pour admirables. La bonne Tobise[1]) est arrivée avec sa fille, qui est fort jolie et amusante; elle a fort diverti la Reine-mère avec ses repartis et sa vivacité et ma soeur l'a très joliment élevée. Comme vous n'avez rien entendu de ma soeur d'Ansbach[2]), je me flatte peutêtre qu'elle sera déjà en chemin et qu'elle voudra vous surprendre... Nous avons eu aujourd'hui un assez grand orage, la Reine-mère et ma soeur se sont un peu moquées de ma poltronnerie, avec raison et je me flatte que cela me corrigera de cette mauvaise coutume.

Magdebourg 1 août.

Mon départ m'a fait encore doublement penser à ma soeur de Suède[3]). Je ne comprends point de quelle façon ma soeur se pourra consoler d'être si extrêmement éloignée de sa patrie et presque sans espérance de revoir ses parents.

28 septembre.

Vous permettrez que j'ose revenir à la charge en vous bombardant avec mes lettres, mais c'est pour avoir l'honneur de vous féliciter pour notre nouveau neveu[4]). J'ai appris cette nouvelle avec beaucoup de contentement et je puis dire que j'ai une très grande satisfaction de voir la progéniture du cher Guillaume. Cependant ma joie ne saurait être complète que lorsque je vous saurais de retour à Berlin[5]) en bonne santé. Je vous somme au moins de votre parole, que vous m'avez promis, que je vous reverrais avec tous vos membres. Tenez-moi parole, je vous en supplie.

9 novembre.

Je suis charmée de ce que la chère Ulrike est si contente, elle m'a écrit

---

[1]) So hiess die Markgräfin von Schwedt bei den Geschwistern; sie war mit ihrer Tochter Dorothee (1736 geboren) am 4. Juli angekommen.   [2]) Die Ankunft der Markgräfin verzögerte sich bis zum 14., da Krankheit sie an einer früheren Abreise verhindert hatte.   [3]) Am 26. Juli war die Prinzessin Ulrike nach Schweden abgereist.   [4]) Am 24. Januar 1744 hatte sie geschrieben: «C'est comme un songe quand je pense que Guillaume sera papa. Je crois que cela ne lui siéra pas mal.»   [5]) Der König war 15. August nach Böhmen abgegangen.

Quellen und Forschungen. Band VIII.

les plus jolies lettres du monde sur son nouvel état¹). Je suis ravie que vous tenez Messieurs les Autrichiens en si bonne discipline et qu'ils n'ont pas envie de vous livrer bataille; je crois qu'ils ont bien craint d'être battus et de risquer de n'avoir après plus de ressource²).

29 décembre.

J'envie au prince Albert³) le bonheur qu'il va avoir de vous faire sa cour. J'espère que vous aurez sujet d'être content de sa conduite et qu'il se rendra digne de mériter vos bonnes grâces; du moins je puis lui donner le témoignage, qu'il est rempli de bonne volonté. Le Duc est pénétré de cette nouvelle marque de grâce de ce que vous avez souhaité son frère.

14 février 1745.

Vous me mandez une nouvelle qui va me remettre en milles alarmes au sujet de votre personne, puisque vous m'écrivez que vous partirez à la fin de ce mois⁴) pour l'armée, mais au nom de Dieu n'exposez pas trop une personne qui est si chère ... et qui conserve la vie à notre Mère. Je vous conjure par tout ce qu'il y a de plus sacré au monde, de me promettre que vous restiez sain et sauf sans qu'il ne vous arrive aucun accident ni malheur... Nous avons passé cette foire fort tranquillement à cause que la mort de l'Empereur (20. Januar) a mis obstacle au plaisir des opéras et des redoutes et sans ces sortes d'amusement les foires sont très ennuyantes et nous avons la musique des cloches qui n'est pas des plus agréables.

23 avril.

Je me flatte qu'il ne se passera point de bataille, pour laquelle j'ai une horrible aversion, puisque j'ai des personnes⁵) qui me sont trop chères, pour pouvoir regarder avec indifférence les dangers, où elles se trouvent en pareille occasion. Cependant comme vous avez envie de me voir cet hiver,

---

¹) Prinzessin Ulrike war am 8. August in Karlskrona angekommen. Die Vermählung mit Adolph Friedrich von Schweden hatte am 29. August stattgefunden. ²) Die Oesterreicher hatten den König Ende Oktober bis über die Sazawa zurückzugehen gezwungen; sie hielten sich in ihrer beherrschenden Stellung bei Kuttenberg, ohne zur Schlacht herauszukommen. ³) Prinz Albert von Braunschweig (geb. 1725) hatte erst in braunschweigischen, dann seit 1743 in dänischen Diensten gestanden. Den Feldzug in den Niederlanden 1744 hatte er als Voloutär mitgemacht. Am 10. Oktober schrieb die Königin dem Herzog, der König wolle ihrem Bruder Albert ein Regiment geben, wenn er seinen Eintritt in die preussische Armee gestatte. Am 26. Dezember 1744 erhielt er als Oberst das Füsilierregiment, das bisher sein Bruder Ferdinand gehabt hatte. ⁴) Die Abreise erfolgte erst am 15. März. ⁵) Ausser dem Könige und ihren beiden Brüdern, August Wilhelm und Heinrich, standen ihre drei Schwäger, Ferdinand, Ludwig und Albert im Felde.

cela me flatte que vous pensez encore à vivre et que j'espère que vous aurez la bonté de vous en ressouvenir en toute occasion et ne point s'exposer plus qu'il est nécessaire... Je raisonne en femme, direz-vous.

23 juin.

Comme le Duc m'a procuré toutes les nouvelles que le prince Ferdinand lui a écrites, il faut que ce combat (bei Hohenfriedberg 4. Juni) ait été le plus vigoureux et le plus célèbre qui eût été depuis un siècle... Après l'assistance divine vous en avez tout l'honneur par l'arrangement, l'ordre et la bravour des braves troupes prussiennes qui ne se démentent point, surtout étant si bien soutenus par des chefs comme V. M. et mes deux frères. Je suis charmée aussi que mes beaux-frères ont bien fait. Le Duc est extrêmement sensible aux grâcieux compliments que je lui ai faits de votre part. Enfin Dieu soit loué que vous vivez et que j'ai l'espérance de vous revoir avec tous vos membres. Selon la lettre que vous m'avez écrite, je vois que vous ne vous donnez aucun repos et que vous vous tracassez toujours. Au nom de Dieu, conservez-vous!

La Duchesse-mère est charmée de ce que vous êtes content du prince Ferdinand et Albert et de ce qu'ils ont fait leur devoir.

Salzdahl 18 juillet.

J'ai réjoui le Duc et la Duchesse-mère par le grâcieux compliment dont vous m'avez chargé de leur faire, et leur ai dit le bon témoignage que vous rendez aux princes Ferdinand et Albert, de la bonne conduite qu'ils ont tenue en dernier lieu à la victoire de Friedberg. La Duchesse-mère m'a chargé comme aussi le Duc de vous assurer de leur respect et surtout le Duc qui est très charmé que ses frères profitent des conseils qu'il leur a donnés de faire toujours leur devoir en braves et honnêtes gens... Je suis charmée de ce que vous me mandez que vous êtes vis-à-vis de Königgrätz sans pouvoir attaquer les Autrichiens; il me semble que pour cette année vous pourrez être content et que vous méritez de vous reposer. Le Duc et moi nous serons charmés de vous faire notre cour cet hiver et ce ne sera point pour l'amour du satire Poellnitz, ni pour les beaux yeux de Mme la Grande-veneuse ni pour la belle veuve Agatius ni pour la Comtesse Schlieben, encore moins pour l'habile Rossin qui perdrait son temps et sa peine à m'embellir, et Mr. Ephraim[1]) et moi nous sommes sur un pied assez étrange, mais soyez per-

---

[1]) Ausser dem bekannten Kammerherrn von Poellnitz, dem Perrückenmacher der Königin Rossin, dem Bankier und Juwelenhändler Ephraim, dem Oberjägermeister von Schlieben vermag ich die genannten Personen nicht nachzuweisen, ebensowenig wie «l'eau de Melrose».

suadé que lorsque je viens à Berlin ou à Potsdam, c'est purement pour l'amour du vieux frère-roi, pour lequel j'ai toujours un chien de tendre et qu'il sait bien. Cependant je remarque votre bonne humeur qui me réjouit toujours, et la bonne mémoire que vous avez, qui va si loin que de penser à l'eau de Melrose qui est très bon à son temps mais qui ne mérite point de voyage exprès. J'avoue que le nouveau boursouflé me fera plaisir à voir, appartenant au cher Guillaume, quoique je doute encore de l'alfabet qu'il sait par coeur.

Salzdahl 9 août.

Cette déclaration que je vous ai faite dans ma précédente, n'est en vérité rien de nouveau, car comment est-il possible que vous puissiez croire que je me plairais mieu à hanter la compagnie de vieilles et jeunes dames préférablement à la conversation de mon cher frère et que Mr. Ephraim, fût-il même comme un gros brillant, puisse me tenter si fort que de venir pour l'amour de lui et de Mr. Rossin et pour l'amour d'un goût très passager de Melrose. Vous devriez [lire] une fois la correspondance, que la Montbail[1]) et moi avons sur votre sujet; nous vous élevons jusqu'aux nues et peu s'en fait que vous approchiez présentement des anges... Il me semble que vous avez déjà tant fait de coups que vos ennemis en ont perdu tout leur latin et que même des inventions devraient leur manquer encore pour dire des contrevérités et remplir les gazettes de tant de pauvretés qu'en vérité cela fait pitié à les lire[2]).

12 août[3]).

Quoique mes inquiétudes ne pourront cesser avant que je sache que vous êtes tiré heureusement de la situation critique dans laquelle vous vous trouvez, cependant je vous avoue, que le seul espoir qui me reste, est que je fonde toute mon espérance sur les justes mesures que vous prendrez pour prévenir vos ennemis... J'ai d'autant plus de raison de me flatter qu'avec ces mêmes moyens qui vous sont innés, vous ne manquerez pas, s'il plaît au Ciel, de réussir dans toutes vos entreprises, comme vous l'avez fait jusqu'à présent. Quoique l'article de votre prospérité est un point essentiel, auquel

---

[1]) Marthe de Montbail, (geb. 1681) ihre frühere Gouvernante. [2]) Am Schlusse schreibt sie, die alte Herzogin von Bevern, Eleonore Charlotte, habe ihr geschrieben, sie möchte sich beim König um eine Praebende für ihren Sohn, August Wilhelm, verwenden. «Je crois que le prince est un peu mal dans ses affaires et une telle grâce pourrait, je crois, remettre ses finances. August Wilhelm (geb. 1715) war 1731 in preussische Dienste getreten, 1743 Generalmajor geworden. [3]) Dieser Brief gehört zu den wenigen, bei denen die in den Briefen von 1740 an meist fehlende Jahreszahl im Datum sich nicht mit Sicherheit ergänzen lässt; vielleicht gehört er in das Jahr 1756.

je prends tout le part imaginable, cependant ce n'est point cela seul qui peut me tranquilliser, et comment pourrais-je l'être lorsque votre précieuse personne sera toujours exposée à toute sorte de péril et comment mon coeur ne pourra-t-il pas être autrement ému et alarmé en voyant mes parents les plus proches et les plus chers toujours en danger. Il est impossible de pouvoir vous exprimer mon martire que je souffre d'avance et la peine avec laquelle je passerai ces trois tristes années dont vous me menacez. Veuille le Ciel en raccourcir le terme; mes angoisses ne finiront que jusqu'au jour que je vous saurai de retour heureusement conservé sans le moindre accident dans le sein de la paix, couronné de nouveaux lauriers... Quel bonheur serait-ce un jour pour moi, si mes garçons avec le temps puissent vous servir de bouclier afin que vous soyez à l'abri de tous les accidents.

Salzdahl 8 octobre.

C'est avec regret j'ai appris la mort du prince Albert[1])... Je suis persuadé que si le Prince défunt a manqué, ce n'a été que par trop de bonne volonté et envie d'apprendre le métier de la guerre à fond et pour en savoir tous les détails, puisque je sais qu'il vous servait avec zèle tout comme le prince Ferdinand. S'il avait servi plus longtemps, cette vivacité se serait modérée de soi-même. La seule consolation du Duc est qu'il est mort en honnête homme et pour votre service.

Wolfenbüttel 25 octobre.

J'ai sondé le Duc, qui le prend pour une grande grâce de ce que vous voulez donner le régiment vacant à un de sa famille, mais il est fort embarrassé de nommer un sujet, qui vous convienne, parce que le frère[2]) qu'il a encore n'est qu'un enfant de 13 ans et qui de quelques années ne sera pas encore en état de servir et que les petites véroles ont fort réculé, ayant encore la constitution fort faible, ce qui l'a empêché de lui donner l'éducation nécessaire.

7 novembre.

Je serais charmée, si je pourrais être capable en quelque façon de pouvoir vous soulager des soucis que vous me marquez d'avoir dans vos affaires domestiques[3]). Vous pouvez bien croire qu'il est fort naturel que le Duc

[1]) Herzog Albert war in der Schlacht bei Soor (30. September) erschossen. Dem Herzoge schrieb der König darüber am 1. Oktober: Il était trop brave. J'ai écrit souvent à ma soeur que je craignais quelque accident pour lui. Mais je puis vous assurer en même temps qu'il n'a point fait honte à sa famille. Le prince Ferdinand s'est surpassé. In den Briefen an die Königin vom 9. Oktober urteilt der König härter. [2]) Friedrich Franz (geb. 1733). [3]) Die beiden Freunde des Königs noch aus der Rheinsberger Zeit, Jordan und Keiserlingk, waren während dessen Abwesenheit von Berlin gestorben.

souhaite préférablement de voir son frère placé dans votre service et il espère, que la Duchesse-mère y voudra consentir et reconnaîtra vos grâces. Ce qui embarasse le Duc, c'est que le prince Frédéric-François n'est encore jamais sorti de chez là Duchesse-mère: il lui pourrait manquer encore beaucoup par rapport à sa conduite et le Duc croit qu'il lui faudra tout au moins deux ans pour le former un peu avant qu'on le produise.

19 novembre.

(Dank des Herzogs für die Uebertragung des Regiments an Friedrich Franz) surtout de ce que vous êtes content que le Duc l'ose encore garder ici jusqu'à l'âge de 17 ou 18 ans; il espère de le former de telle façon qu'à cet âge il pourra vous rendre ses services et qu'alors il ne cédera pas aux autres... Le Duc m'a dit aussi qu'il en avait parlé avec la Duchesse-mère, laquelle en était très contente... Touchant les nouvelles que vous souhaitez de savoir de Vienne, elles sont à présent si publiques que je ne doute point que vous ne les saurez mieux que moi[1]).

19 décembre.

[Dank für die Nachricht vom Siege bei Kesselsdorf 15. Dezember]. J'attribue un peu à mes souhaits et prières toutes les victoires que vous emportez, puisqu'elles sont si ardentes et que je les réitère avec tant de ferveur que je crois que la divine Providence pour être quitte de mes éternelles tourmentes que je lui fais avec mes prières, m'accorde tout ce que mon coeur désire pour la continuation de votre prospérité.

31 décembre.

Je serai sûrement le cinq à Potsdam vers les 1 heures[2]), comme vous l'ordonnez. Je ne crains nullement le cher Henri, fût-il rempli de tâches comme un tigre[3]); je serai pourtant très charmée de le revoir aussi avec le cher Wilhelm, et pour ma fille elle a déjà eu la petite vérole ainsi que cela ne lui fait plus rien.

Wolfenbüttel[4]) 29 janvier 1746.

La Duchesse Belle-mère a paru très contente de revoir le prince Ferdinand,

«C'était ma famille et je pense à présent être veuf, orphelin;» schreibt er; er fürchtete sich nach Berlin zurückzukehren, wo er sie nicht mehr finden würde.

[1]) Was sie dann über militärische Vorgänge schreibt, war dem König schon bekannt. [2]) Die Herzogin kam am 3. Januar 1746 nach Potsdam, ihre Tochter Karoline (geb. 1737) brachte sie zur Ueberraschung der Königin-Mutter mit. Der Erbprinz war auch eingeladen, aber, wie sie am 23. Dezember schrieb: «il se trouve incommodé et comme il n'a point eu la petite vérole, je crains toujours pour lui». [3]) Prinz Heinrich hatte Ende 1745 die Pocken gehabt. [4]) Die Herzogin war am 25. Januar aus Berlin

lequel a reçu selon vos ordres le lendemain matin que je suis arrivé, un Stolzer Heinrich, qu'il a su très bien digérer. Pour Charles, il a eu la plus grande joie du monde du beau présent et il m'a prié de vous envoyer son griffonage pour s'en remercier lui même... Caroline fait comme les perroquets, elle répète plusieurs fois tout ce qu'elle a vu de beau à Berlin, quoiqu'elle préfère Potsdam. Je partirai cette semaine pour Bronsvic:

3 février.

(Dank für Butter aus Neisse). J'ai commencé de tenir le régime que vous m'avez indiqué, et j'abandonne le thé que personne ne m'aurait pu faire quitter... Vous faites des miracles sur moi et à la fin vous me pourriez persuader de m'engraisser comme un chapon... La foire commencera lundi, on jouera... Antigone qui est de Hasse et Vérocai en a fait une nouvelle, qui se nomme Cyrus, et la troisième est Ixion[1]; c'est un rapsodie de toutes sortes d'airs tirés de maîtres différents... J'ai rendu visite au fameux rhinoceros[2], qui est la bête la plus hideuse et laide du monde. Il m'a fait peur en le voyant et j'ai cru comme Jonas, qu'il m'engloutirait.

Bronsvic 15 février.

J'arrêterai avec plaisir le rhinoceros, pour monter sur lui et vous recevoir de cette façon, du moins je me flatte que cette nouvelle monture vous amuserait, si même ce n'était que pour vous faire rire de ma poltronnerie, qui ne me manquerait pas dans cette occasion. Je vous envoie la taille-douce de cet aimable bestiau; je m'informerai s'il risquera de voyager à Berlin. Cette taille-douce est faite à son avantage, car il est beaucoup plus laide et hideux, mais il est curieux de le voir. Je crois, si je le faisais dire à cet homme qui le garde, qu'il l'emmènerait à Berlin, pour contenter le monde de Berlin.

16 février.

Je ne manquerai pas de condescendre à vos ordres et j'employerai tous mes soins pour nourrir largement Mr. votre Général-Major[3]); je me flatte

wieder abgereist; aus Magdeburg schrieb sie am 26. Januar: Caroline jase dans la carosse comme un perroquet et ne peut se lasser de parler de toutes les grâces qu'elle a reçues à Berlin, quoique dans le commencement elle a beaucoup pleuré et regretté d'avoir été obligé de partir.

[1]) Am 25. Februar schreibt sie, die Antigone sei «fort jolie»; an Stelle des Chores sei ein Sextett. «Ixion est un opéra proprement pour le parquet, la décoration est ce qu'il y a de plus amusant, l'intrigue un peu scabreuse.»   [2]) Das aus der Gellertschen Erzählung bekannte Rhinoceros, das erste, das nach Europa kam.   [3]) Herzog Ferdinand, seit 1743 Generalmajor, hat öfters den Auftrag des Königs an die Herzogin mitbekommen, sie möchte gut für sein leibliches Wohl sorgen. Diesmal tat sie es mit solchem Erfolg, dass, wie sie schreibt, er sich den Magen verdarb, einen Tag zu Hause bleiben musste

même de pouvoir réussir et j'espère lui procurer un embonpoint digne à faire honneur aux boudins de Bronsvic. Je suis charmée que ma soeur de Suède soit heureuse et contente; elle le mérite et pour dire la vérité, je n'en ai pas douté, puisqu'elle a tout l'esprit et toutes les manières pour s'insinuer dans les esprits. Cependant je vous avoue que je n'envie point son sort, trouvant l'unique bonheur solide d'être à portée de voir sa famille, et c'est pourtant dont elle est privée. Je suis persuadée que lorsqu'elle y pense, que cela lui fait une peine infinie, il n'y a rien de plus naturel.

18 février.

Il paraît que ma soeur de Suède a pris goût aux instructions que vous et moi lui avions données, puisqu'elle a si tôt répondu à nos souhaits en accouchant d'un prince[1]) et sûrement elle n'aura point oublié l'oie allégorique que je lui présentais à Charlottenbourg... Je suis persuadée qu'à présent elle aura toute une pépinière, car nous sommes de bonne race, grâce à notre père... La foire vient de se finir hier par un bal masqué sur le théâtre; j'y suis parue en chauve-souris et j'ai eu le plaisir de n'être point connue. C'est, il me semble, le plus grand agrément à la redoute.

Wolfenbüttel 26 février.

Pardon de vous ennuyer en vous entretenant des Lettres du Roi de Prusse[2]); j'en reviens au rhinocéros pour vous divertir; on dit qu'on lui fait faire une nouvelle caisse pour l'emmener à Berlin. C'est une terrible saut, que je viens de faire, et une matière tout à fait abstraite de cette d'auparavant. Je me resouviens encore que vous m'avez dit de cacheter mes lettres avec le cachet de l'ordre de Bayard; je commence par celle-ci à suivre vos ordres.

3 mars.

Je suis charmée de trouver dans votre lettre que vous continuez d'être de la meilleure humeur... Vous vous faites si vieux, on croirait à vous entendre parler que vos années vous pèsent et vous venez premièrement, Dieu merci, à la fleur de votre âge. A présent vous êtes un homme fait et vous n'avez pas encore sujet de vous plaindre et vous pouvez encore longtemps profiter de vos beaux jours.

und dann auf strenge Diät gesetzt wurde; ein andermal schreibt sie dem Könige, er fände in Braunschweig soviel Schutzengel, dass für sie nichts zu tun übrig bleiben werde.

[1]) Der Kronprinz Gustav III war am 24. Januar 1746 geboren.   [2]) Recueil de quelques lettres et autres pièces intéressantes pour servir à l'histoire de la paix de Dresde, der vor kurzem in London erschienen war; er enthielt den Briefwechsel des Königs mit Villiers, dem englischen Gesandten in Dresden.

25 mars.

J'ai reçu la réponse d'Hannovre du rhinocéros[1]) qui partira au premier jour pour Berlin, et il se hâtera d'arriver aussitôt qu'il sera possible. Je vous avoue que je lui envie son sort.

14 avril.

Le prince Louis est arrivé ici en bonne santé; il est entièrement remis de sa blessure[2]) et il ne paraît pas qu'il a été malade. Je crois qu'il ne restera pas longtemps ici, parcequ'il sera obligé de retourner pour faire la campagne en Flandre.

22 avril.

Tout ce que j'ai pu remarquer du prince Louis, c'est que la vieille Impératrice-douairière est fort aise de la paix, mais les autres, je crois, vous craignent et ne se fient point en vous; il ont peur que vous rétablissiez votre armée pour après aller en Bohème; sans cela tant que j'en puis juger, je crois qu'à présent ils sont de bonne foi avec vous et ils ne sont pas, je pense, en état de recommencer quelque chose. Ainsi je crois qu'ils s'en voudront tenir à la paix. Le prince Louis est extrêmement reservé envers moi et évite fort de me parler sur ces matières. Je me suis pourtant informée s'il y avait des troupes sur le voisinage de Bohème, il m'a fort assuré que non; ainsi que je crois qu'ils se tranquilliseront peutêtre faute de combattants. Comme vous m'avez ordonné de vous écrire ce je que saurais, je vous mande naturellement ce que j'ai pu pénétrer. Tant que j'en puis juger encore, c'est que l'argent leur devient fort rare. Tout cela me fait augurer que vous pourrez jouir tranquillement de la paix et qu'ils ne seront pas si tôt en état de pouvoir la troubler. Il est vrai que le prince Ferdinand a eu une grande joie de revoir son frère, car ils s'aiment beaucoup et ne se sont pas vus de deux ans[4]). J'avoue que je juge de ce consentiment par celui que je ressens toujours lorsque je vous fais ma cour, et sûrement c'est pour moi la plus

---

[1]) Da der Mann keinen Pass für Berlin gehabt hatte, war er nach Hannover gegangen «pour satisfaire la curiosité des longues cravattes». Die Reise war mit Schwierigkeiten verbunden; es wäre beinahe an einer Indigestion gestorben; in Hildesheim blieb es so tief im Schmutz stecken, dass es mit seinem schweren Kasten erst nach zwei Tagen wieder weiter konnte. Am 6. April kam es in Berlin an; am 3. April schrieb die Herzogin: «Je ne mérite pas les remerciments que la ville Berlin me fait pour le rhinocéros.» [2]) Er war bei Soor verwundet worden; er kam jetzt aus Wien. Am 22. März war er zum Generalfeldmarschall ernannt worden.   [3]) Elisabeth Christine von Braunschweig, die Witwe Karls VI.   [4]) Die beiden Brüder hatten sich in der Schlacht bei Soor unmittelbar gegenüber gestanden; Herzog Ludwig verteidigte eine Anhöhe, die Herzog Ferdinand angriff und schliesslich nahm. Am 30. Juni 1745 hatten sich die drei Brüder, durch einen Zufall zusammengeführt, gesprochen.

grande satisfaction... Je vous supplie de ne me pas décéler de ce que j'ai pris la liberté de vous écrire.

23 mai.

Pour vous divertir, il faut que je vous dise que vous avez acquis l'approbation générale du public de ce pays-là, ce qui n'est pas une bagatelle, mais tout le monde est charmé de vos manières affables, grâcieuses et prévenantes envers un chacun et l'on ne jure à présent que par vous[1]... La vieille Duchesse de Blankenbourg est arrivée à Bronsvic seulement pour quelques jours; nous nous sommes rendu visite mutuellement l'une à l'autre et je me suis acquittée des compliments, dont vous m'avez chargé pour elle, ce qui a paru lui être agréable. Le prince Louis est parti vendredi passé (20) pour l'armée. Le Duc de Weissenfels est mort d'une attaque d'apoplexie à Leipzig; le Roi de Pologne hérite un joli pays par-là[2]).

Wolfenbüttel 21 juillet.

La Reine-mère est charmée du séjour qu'elle a fait à Charlottenbourg, et elle se loue infiniment dans toutes les lettres des attentions et amitiés que vous leur témoignez[3]). Je suis persuadée que s'il était possible, cela la ferait rajeunir de dix ans, car elle vous chérit comme la prunelle de ses yeux. J'espère que cette fois ma soeur de Bareit réchappera de sa maladie, quoique je crains que si elle ne se ménage à l'avenir, cela n'ira pas loin pour elle. Mandez-moi donc ... si vous trouvez que les eaux de Pyrmont vous ont fait du bien, si depuis ce temps-là vous n'avez plus de coliques... Je crains toujours que les fruits d'à présent, dont vous mangerez sans doute copieusement, ne dérangent votre santé.

25 août.

La Venturini[4]) a chanté pour la première fois ici sur le théâtre habillée

[1]) Der König war auf der Reise nach Pyrmont ein paar Tage (13.—15.) in Salzdahlum gewesen. Am 21. Mai 1746 schreibt die Königin-Mutter an den König: «Je vous rends grâce de m'avoir fait part de votre heureuse arrivée à Salzdahl et que vous avez trouvé ma fille en bonne santé... Sa famille doit être charmante et il paraît que vous avez trouvé Charles fort changé à son avantage; l'éducation qu'il a, doit être des meilleures... La Duchesse-mère doit être bien changée; je crois que le caquet ne lui manque pas encore. Il est triste pour la princesse sa fille (Julie geb. 1729) qu'avec tant de beauté et une physiognomie si spirituelle elle a si peu d'esprit; c'est comme un beau portrait, on le voit avec plaisir et voilà tout.» [2]) Mit dem Tode Johann Adolfs II (16. Mai 1746) starb die Nebenlinie Sachsen-Weissenfels aus; die einzige überlebende Tochter (geb. 1741) starb schon 1751. [3]) Vom 27.—29. Juni waren ihr zu Ehren allerlei Festlichkeiten und Lustbarkeiten in Charlottenburg veranstaltet worden. [4]) Sie war Mitte Juli angekommen.

en homme: sa figure paraît très bien faite, elle est si grande en habillement d'homme que tout le monde l'a prise pour un demi-homme. Le Duc a pris encore une chanteuse de Bareit, qui s'appelle Justina ... elle sait fort bien la musique et a de très bonnes manières mais elle a un peu la voix faible. On dit que la mort de la Sonsfeld[1]) a mis ma soeur au désespoir.

19 septembre.

Vous faites comme les anciens généraux Romains qui, lorsqu'ils avaient conquis des provinces et remporté des victoires, se retiraient sur leur terre et faisaient le jardinier jusqu'à ce qu'une nouvelle occasion vient pour cueillir de nouveaux lauriers[2])... Il est sûr que l'occupation de mes quatre soeurs est bien différente, pour la mienne elle est la plus physique et sans doute que l'on en pourrait faire le conte que le Roi défunt racontait de ce gentilhomme poméranien, à qui l'on demandait ce qu'il faisait et qui répondait, qu'il faisait des enfants; mais, effectivement à le bien examiner, je ne puis me vanter d'autre chose[3])... Il y a plus de 5 mois que je n'ai reçu de lettres de ma soeur de Suède, mais apparemment qu'elle est occupée avec la diète et que cela l'empêche de m'écrire. On dit qu'elle est très heureuse et contente et qu'elle fait tout ce qu'elle veut. Cela me suffit et je ne demande que d'apprendre de pareilles nouvelles de toute la famille.

21 octobre.

Je suis persuadée, connaissant votre coeur humain et compâtissant, que cela vous fait de la peine de vous trouver obligé de faire punir des misérables et de les renvoyer dans l'autre monde. Cependant il faut qu'ils l'aient bien mérité, puisque sans cela vous n'en venez pas aisément à ces sortes d'éxecutions[4]). J'attends aujourd'hui la visite de Madame la Gouvernante des Pays-Bas, que la Reine-mère me fait la grâce de m'envoyer[5]).

[1]) Frau von Sonsfeld, Hofmeisterin bei der Prinzessin Wilhelmine seit 1721, mit der sie als Oberhofmeisterin 1732 nach Bayreuth gegangen war, war 29. Juni gestorben. [2]) Der Grundstein zu dem «Neuen Lusthause auf dem Weinberge» (Sanssouci) war im April 1745 gelegt worden. Sommer 1746 war der Bau und die gärtnerischen Anlagen soweit gefördert, dass der König nach einer Jagd am 19. Juni dort hatte speisen können. [3]) Prinzessin Elisabeth wurde am 9. November 1746 geboren. Die Herzogin hat von ihren Geschwistern mancherlei über ihren Kinderreichtum hören müssen; am 9. Dezember 1746 schrieb sie dem Könige «Mais que voulez-vous que l'on fasse au monde? l'on dit que les femmes n'y sont bonnes à rien qu'à multiplier leurs semblables; ainsi vaut-il pourtant mieux encore éterniser sa mémoire en mettant de nouveaux sujets au monde, qui avec le temps se rendent dignes de servir de plus grands, que d'être oisive à rien faire. Je vous fais à présent le juge de ma conduite: décidez-en selon votre bon plaisir. [4]) Der König hatte ihr am 13. Oktober 1746 geschrieben: On a emprisonné à Berlin quelques

13 novembre.

Je vous supplie de ne pas dire à la Reine-mère que je vous ai écrit, puisque comme il n'y a pas encore huit jours, je ménage un peu mes vieux yeux et n'écris encore à personne, ma tête étant encore un peu faible.

16 janvier 1747.

Ces messieurs qui sont à la suite du Duc de Richelieu[1]) auront de quoi vous amuser, ayant été à toute la cérémonie des nôces de la Dauphine. Si les gazettes disent la vérité de ce qui regarde la Dauphine, il faut sans doute qu'elle soit une princesse accomplie tant pour le corps que pour l'esprit. Je doute fort que la moitié de l'Allemagne vienne à la foire de Bronsvic; les étrangers qui y viennent, sont d'ordinaire de notre voisinage d'Hanovre et d'Hildesheim et quelquefois de Paderborn et quand il y a eu des étrangers à Berlin, ils repassent par ici.

27 janvier.

J'ai été charmé en recevant votre lettre de voir que vous êtes de si bonne humeur, car sûrement l'allégorie que vous faites des Trois Rois qui quitteraient jusqu'à leurs lits pour venir à la foire de Bronsvic, pour me voir, est un petit sujet de divertissement que vous vous donnez sur mon sujet. Charmée cependant d'y pouvoir contribuer en quelque façon, je souhaiterais que vous fussiez l'un de ces Rois.

6 février.

Il me semble que vous n'avez pas encore sujet de vous plaindre des rigueurs de l'âge. C'est vrai que les fatigues et le travail immense que vous avez eu depuis votre avénement à la régence, peuvent avoir contribué à engourdir un peu les jambes, mais comme vous êtes à présent à la fleur de l'âge, tout cela peut revenir. Consolez-vous avec moi, me trouvant dans le même cas avec mes jambes. Je crois que nous ferions figure égale à un bal, car ce n'est pas plus dans cette occasion que je brillerais... La foire a commencé aujourd'hui; jusqu'à présent vous vous êtes trompé, il n'y a point de rois ni d'Egypte ni d'Arabie qui s'y trouvent. Je doute fort qu'ils viennent encore, car les chemins sont trop mauvais... Cato (von Graun) a été obligé

coquins que l'on veut envoyer intriguer et cabaler dans l'autre monde à cause que leurs projets sont trop dangereux pour celui que nous habitons. Der Geh. Rat von Ferber war wegen unerlaubter Korrespondenz mit Russland verhaftet und wurde 22. Oktober hingerichtet.   [5]) Die weise Frau, Frau Melitz.

[1]) Der Herzog von Richelieu war im Dezember 1746 nach Dresden gekommen, um für den verwitweten Dauphin um die Hand der Prinzessin Maria Josepha (geb. 1731) zu werben. Einige der Herren aus seinem Gefolge kamen von Dresden nach Berlin.

d'être écorché à cause qu'il a fallu pour les voix d'ici mettre quelques-uns des airs plus bas et les autres plus haut.

27 février.

Je suis infiniment mortifiée d'apprendre que vous ne vous trouvez encore remis de votre indisposition et que les vilaines crampes d'estomac vous soient revenues à la charge[1])... Comment est-il donc possible que vous ne preniez plus de soin d'une santé qui est précieuse à tant de milliers de personnes et que vous ne pensiez d'avantage à la ménager? Je crois que vous vous serez refroidi ou que vous avez mangé pendant quelque temps des vilainies (je vous demande pardon du terme qui n'est pas séant et qui ne se convient pas de vous l'écrire) mais le but est de vous prier en grâce de choyer votre estomac et vos entrailles, car vous n'êtes pas au monde pour vous seul.

17 mars.

Je regrette infiniment la perte que vous avez faite du Ministre Borcke[2]). C'est bien dommage que cet aimable homme ait si tôt quitté le monde, car il était véritablement fait pour la société et rendait la vie agréable à ceux qui le connaissaient. Je puis dire qu'en mon particulier je le regrette beaucoup. J'ai été ces jours passés un peu inquiète, le petit Charles ayant pris les petites véroles, mais grâce à Dieu fort heureusement et si légèrement que je n'ai à présent la moindre appréhension de danger; il n'en sera pas même marqué à ce que l'on me dit, n'ayant aucune tâche au visage, et il est gai et de si bonne humeur que si l'on lui en laissait la permission, il ne voudrait pas garder le lit.

28 avril.

Il me semble que le Prince d'Anhalt a fort bien fait de partir à l'impromptu[3]); lorsque une chose doit se faire, il vaut mieux de bonne grâce que de longtemps gémir. Effectivement je crois, comme vous le dites, que le Prince trouvera une grande différence du pays qu'il quitte, à celui où il va, car qui sait dans lequel il a été mené, si c'est celui des bons ou mauvais anges, qui l'ont porté dans leur résidence. Je ne me souhaite toujours pas

---

[1]) Tatsächlich waren es die Folgen eines Schlaganfalles, den der König am 13. Februar gehabt hatte, von denen er sich sehr langsam erholte. Am 27. März schrieb ihm die Herzogin: Vous me mandez que votre santé va cahin-caha, ce qui ne me plaît pas. Sans vouloir m'ingérer dans l'art d'Esculape, rate sie ihm Pyrmonter Brunnen und strenge Diät. [2]) Der Staatsminister Caspar Wilhelm von Borcke (geb. 1704) war am 8. März gestorben. Er hatte 1744 eine Uebersetzung von Shakespeares Julius Cäsar erscheinen lassen. [3]) Der alte Fürst Leopold von Anhalt war am 9. April an einem Schlaganfall gestorben.

d'être dans sa place, car je crois qu'il n'est pas loin du purgatoire; je préfèrerais toujours de vivre tant que vous consentirez à me tenir compagnie, mais si vous me faites faux bon un jour, avertissez-m'en auparavant, afin que j'aie le temps de partir la première.

Wolfenbüttel 9 juin.

J'ai été pendant huit jours à Blankenbourg, la Duchesse m'ayant invitée... Elle m'a reçue là en me témoignant mille politesses ... et en vieille arrière-grande-mère étant charmée de voir mes enfants. J'ai passé ce séjour avec agrément, car l'endroit en lui même est charmant et la situation très belle et agréable.

20 juin.

Je crois que la Burghausen est allée à Vienne pour tâcher de faire que son mari reçoive un régiment; toujours sa conduite est bien extraordinaire[1]).

Seesen 30 juin.

La comédie Amphitryon aurait été bonne pour être jouée à Hannovre, puisque dans ce pays-là les maris ont été obligés d'apprendre la patience des cocus: c'est aussi à présent, je crois, le seul endroit encore, où cette chose se prâtique parmi les grands princes. J'abhorre toujours ce vilain ordre des cocus et je souhaiterais pour la gloire de notre sexe qu'il fût entièrement anéanti.

8 septembre.

Aussitôt que je suis arrivée chez moi de retour, je n'ai pas voulu manquer de vous faire part de l'agréable entrevue que j'ai eue avec ma soeur de Bareit que j'ai été trouver à Halle[2]). La joie de nous revoir et de nous embrasser a été inexprimable. Je ne l'ai pas trouvée si changée ni si maigre, comme on me l'avait dépeinte, et selon mon sentiment je la trouve plus embellie... Il n'est que juste que je vous fasse part de tous les divertissements que Mr.

---

[1]) Wilhelmine von Marwitz war 14jährig von ihrer Tante, der Oberhofmeisterin Frau von Sonsfeld, mit nach Bayreuth genommen und hatte sich dem Markgrafen unentbehrlich zu machen gewusst. April 1744 hatte sie den Grafen Burghaus, Hauptmann in Kaiserlichen Diensten geheiratet, war aber in Bayreuth geblieben. Diese Vermählung hatte zum Bruch zwischen dem Könige und der Markgräfin geführt. [2]) Der Herzog und die Herzogin waren nach Halle gereist, um die Markgräfin auf ihrer Rückreise von Berlin zu begrüssen. Die Schwestern, die sich seit dem Sommer 1733 nicht gesehen und sich nicht zum besten miteinander gestanden hatten, waren vom 3.—6. September zusammen. Das Verhältnis zwischen den beiden Schwestern scheint auch nach dieser Zusammenkunft nicht gerade sehr herzlich geworden zu sein; noch im September 1756 schreibt die Markgräfin von Bayreuth an den Prinzen von Preussen: «Lotte est trop étourdie pour qu'on puisse lui confier la moindre chose.»

le baron de Poellnitz nous a procurés pendant le séjour que ma soeur et moi ont fait à Halle. Il a animé les étudiants qui tous les soirs sous nos fenêtres ont fait un bruit de diantre en chantant et criant toujours: Vivat hoch! Le second soir ils nous ont apporté une sérénade de la musique de Graun qu'ils ont estropiée, et un couple de voix de chats d'étudiants qui accompagnaient par leur chant ce bel orchestre; un autre soir ils ont fait une Wirtschaft et l'après-dîner les Hallores ont fait une entrée dans la ville avec leurs ajustements pour sauter dans l'eau. Nous avons été voir cela, ma soeur et moi, dans la maison de régence. Cela nous a fort diverti, ensuite la fête a fini avec une promenade dans toute la ville. Il y a eu aussi une dispute philosophique avec Mr. le grand-chancelier Wolff et la nature en était très vaste, car chacun était curieux de savoir et que c'était que l'âme et où elle s'arrêtait dans nous: mais la matière ne fut pas développée, car cette conversation ne dura à peine qu'un quart d'heure[1]). J'ai fait connaissance avec toute l'université et avec tous les professeurs et je suis restée aussi ignorante que j'ai été auparavant... J'ai été logée tout proche de ma soeur (beim Major v. Bredow). A mon retour et en allant le général Stille[2]) a eu la bonté de me donner un quartier chez lui à Aschersleben où j'ai été parfaitement bien; il m'a fait mille civilités et politesses.

Salzdahl 6 octobre.

Charles est à présent à Bronsvic, où il a sa maison et toute son économie aparte. Il a toutes ses heures réglées pour apprendre; ainsi s'il veut, il a tout le temps de profiter de ses leçons mieux qu'il n'a fait auparavant.

Wolfenbüttel 12 novembre.

Je me trouve ici seule à garder les murs de Wolfenbüttel, le Duc et la

[1]) Wolff erzählte, die Herzogin habe ihn auch nach Wolfenbüttel eingeladen, wo sie ganze Tage mit ihm zu sprechen Zeit hätte, indem sie noch gerne von ihm profitieren wollte. In ihrem handschriftlichen Nachlass findet sich von ihrer Hand: Principes de philosophie de Wolf, 4 Seiten. Die Markgräfin schrieb nach dieser Zusammenkunft dem Prinzen von Preussen: J'ai trouvé ma soeur de Bronsvic ici avec le Duc. Nous avons été charmées de nous revoir. Elle est malade comme un petit chien, ce qui diminue un peu sa bonne humeur. Je la trouve fort changée à son avantage, mais point de figure, ayant beaucoup plus de solidité que par le passé. Die Markgräfin erinnerte sich noch nach Jahren dieser Disputation: sie schrieb am 5. Dezember 1751 dem Könige: J'ai fait un petit apprentissage de son (ihrer Schwester) application pour les sciences à Halle, où elle disputa avec Wolff sur le pêché original et lui fit tant de questions scabreuses que le bonhomme fut plus embarassé à répondre qu'il ne l'aurait été à démêler quelque problème.» [2]) Er war Generaladjutant des Königs, der ihn sehr hochschätzte; sein Regiment lag in Halberstadt. Er stand mit Gleim in Beziehung und war selbst auf dem Gebiete der deutschen Literatur tätig.

Duchesse-mère ayant reçu une estafette de Blankenbourg, pour venir au plus tôt chez la Duchesse de Blankenbourg, qui se trouve très mal, ayant pris une grosse fluxion et toux très violent sur la poitrine, que l'on a craint à tout moment une suffocation. Il a huit jours à présent qu'elle est dans cet état. Le Duc m'a envoyé une stafette et m'écrit qu'elle était devenue plus mal encore et qu'elle était à demi agonissante et à moins du miracle qu'elle n'en pouvait réchapper, mais qu'elle conservait une force d'esprit étonnante et qu'elle mourrait en héroïne. Il est vrai que c'était une femme, qui possédait un génie supérieur et qui pour son grand âge[1]) était très agréable. J'attends à tout instant à apprendre la nouvelle de sa mort, qui va nous jeter ici dans un deuil épouvantable et me faire passer un très triste carnaval.

17 novembre.

Enfin me voilà tombée dans ce terrible deuil, la vieille Duchesse de Blankenbourg étant morte (12. Novembre), comme on l'avait prévu, à une suffocation de poitrine. Le Duc dit qu'elle a conservé son esprit jusqu'à la mort. Elle a fait Madame notre Belle-mère l'héritière universelle de tout son bien ce qui est un héritage pour le moins de 200 mille qu'elle peut avoir en comptant les pierreries, l'argenterie, les médailles, l'argent et les meubles et tout ensemble le cabinet de choses précieuses; cela montera plus que moins à la somme susdite et mettra notre Belle-mère fort à son aise. Outre tout cela elle lui a aussi fait héritière de son jardin à Blankenbourg, où elle pourra demeurer en été, si elle en a envie. Vous voyez par ceci, combien elle l'a bien pourvue.

25 novembre.

Mr. votre colonel Friedrich François est parti pour Stettin[2]), pour aller auprès du prince Auguste Guillaume, afin qu'il le dégourdisse un peu, dont il a grand besoin, et peuve lui apprendre le métier.

1 décembre.

J'ai une joie infinie de l'ésperance que vous me donnez, que ma soeur de Suède viendra cet été à Berlin, et vous me faites une grâce en me permettant d'oser venir ce temps vous faire ma cour[3]).

[1]) Die Herzogin Christine Luise war 1671 geboren.   [2]) Ehe Prinz Friedrich Franz das ihm nach dem Tode seines Bruders Albert übertragene Füsilierregiment übernahm, tat er beim Musketierregiment des Herzog August Wilhelm von Bevern in Stettin als Hauptmann Dienst und «verblieb hier mehrere Jahre durch alle Klassen bis zum Obersten».
[3]) Am 15. Dezember schrieb sie resigniert: Je ne me fais plus de châteaux d'Espagne, car ils me sont si souvent échoués que cela m'en dégoûte et me fait après double peine de me voir privée de vous faire ma cour. Sie ist wieder Ende 1751 nach Berlin gekommen.

Bronsvic 4 février 1748.

Je suis charmée d'apprendre que vous soyez tiré d'inquiétude au sujet de la santé de ma bonne soeur de Bareit. Pour moi je n'ai pas su un mot de ce qu'elle était si mal et je suis bien aise de l'avoir ignoré... Elle a une santé si délicate qu'assurément il faut toujours être en crainte pour elle. Pour ce qui regarde la marche des troupes du Duc pour les Anglais et Hollandais[1]), comme l'on le dit, on fait les préparatifs nécessaires pour cela, car tant ce que j'en sais, je crois que le Duc a traité avec les deux Puissances Maritimes moyennant qu'il en tirerait des subsides considérables, qui contribuassent à l'avenir à l'avantage de la postérité. Tout ce que le Duc m'en a dit, c'est qu'il ne les envoyerait qu'à bonne enseigne. Voilà tout ce que je puis vous en dire, car je n'entre en rien dans ces affaires.

1 mars.

J'ai déjà prié la Reine-mère de m'envoyer la bonne-femme à la moitié de ce mois[2]). Ce n'est pas un grand plaisir, mais que faire? Il faut passer par là ou par la fenêtre... La Reine-mère m'a écrit que ma soeur de Suède est enceinte[3]). Je suis charmée de n'être toujours la seule qui eût cette prédilection du ciel et la cède volontiers à qui s'en veut emparer. Tout ce que je regrette, c'est que je crains bien que ce sera un empêchement qui me privera venir ce printemps à Berlin.

4 mars.

Grâce à Dieu que ma bonne soeur de Bareit se remet; elle a surmonté un grand choc, il ne faut pas que ces sortes d'accidents reviennent souvent[4]). Je crois que vous faites tort à Amelie et qu'elle reconnaît trop bien le bon-

---

[1]) 6000 Mann Braunschweiger Truppen gingen Mitte April nach den Niederlanden. Der König schrieb am 1. Februar darüber an den Prinzen von Preussen: Le Duc reçoit sept écus par mois pour chaque homme; on va chercher des hommes chez lui comme nos bouviers sont chercher des boeufs de Podolie pour les égorger à la boucherie. Je suis indigné de ce procédé. Seinem Bruder Ludwig gegenüber rechtfertigt der Herzog die Annahme dieser Subsidien mit der finanziellen Notlage, in der er durch die Schulden seines Vaters, die standesgemässe Unterhaltung zweier herzoglichen Witwen und seiner vier unverheirateten Schwestern sowie die Sorge für die Zukunft seiner zahlreichen Familie sich befinde.   [2]) Prinz Friedrich Wilhelm wurde den 8. April geboren.   [3]) Prinz Karl wurde den 7. Oktober geboren.   [4]) Die Herzogin meint nicht nur die körperlichen Leiden der Markgräfin, die selbst von einer «mort prochaine» spricht, sondern spielt auf die Scenen an, die sich Ende 1747 in Bayreuth abgespielt hatten: Die Gräfin Burghaus war aus Wien dorthin zurückgekehrt, aber es war dann zu erregten Auftritten gekommen, infolge deren sie im November 1747 aus dem Schloss gewiesen wurde. Um sie aus Bayreuth zu entfernen, hatte die Markgräfin am 21. Februar 1748 die Hülfe des Königs angerufen.

Quellen und Forschungen. Band VIII. 6

heur qu'elle a d'être auprès de sa famille, pour souhaiter de changer le sort[1]). Ce n'est pas toujours les grandeurs et les vains honneurs qui font le sort heureux. Manque quelquefois de connaître le monde, on s'en fait tout autre idée et puis l'on se trompe; les jeunes gens donnent la plupart tous dans ce défaut et ils ne le connaissant pas qu'avec l'âge.

8 mai.

Je souhaite que le nouvel envoyé d'Angeleterre[2]) soit un homme qui puisse vous amuser. J'en ai entendu parler différement, les uns disent que c'est un homme d'esprit, les autres disent qu'il est fort sec et qu'il paye fort peu de sa figure. Enfin je pense que ce n'est pas l'habit qui fait le moine, mais le mérite conserve toujours son prix. Il y a espérance que la Princesse Antoinette, soeur du Duc, épousera le prince de Cobourg[3]) ... cela n'est point encore publique et l'on n'en parle pas que sous mains ... C'est un fort joli parti pour la princesse et je crois qu'elle sera fort bien établie.

Blankenburg 7 juin.

Vous me tirez de l'inquiétude sur la santé de votre chère Mère; car selon qu'elle m'écrivait, j'ai craint à cause qu'elle est si replète, qu'elle ne prît une suffocation; car c'est de celle-là que la vieille Duchesse[4]) est morte, mais je me suis bien gardée de lui en faire souvenir. Le bon Dieu nous la conserve, nous ferions une perte irréparable... Je suis à Blankenbourg depuis quelques jours avec le Duc; il me mène partout voir les environs d'ici, qui sont magnifiques et très agréables... Je crois que cet endroit vous plairait, parceque c'est un pays de collines et rocs et montagnes, ce qui, me semble, vous aimez.

Seesen 29 juillet.

Le Duc prenant les eaux de Sels, il m'a pris avec à une de ces campagnes qui s'appelle Seesen, pour que je lui tienne compagnie. L'endroit est assez joli, il y a un jardin et rempart, où l'on peut se promener à Riddagshausen, ce qui le rend agréable. Le Roi d'Angleterre[5]) part le 29 pour Göttingen, voir son université. Comme il est obligé de passer par le pays du Duc tout

---

[1]) Als Januar 1744 schwedischerseits um die Hand einer der Schwestern des Königs für den Thronfolger angehalten worden war, hatte dieser seine Zustimmung zu einer Vermählung mit der jüngeren, der Prinzessin Amalie, gegeben, dann sich aber für die ältere, Ulrike, entschieden. Prinzessin Amalie war Dezember 1744 Condjutorin in Quedlinburg geworden. [2]) Ritter Legge, der am 1. Mai seine erste Audienz gehabt hatte. [3]) Ernst Friedrich (geb. 1723); die Prinzessin war 1724 geboren. Die Vermählung war am 23. April 1749. [4]) Die Herzogin Christine Luise. [5]) König Georg II war am 4. Juni nach Hannover gekommen.

près d'ici, le Duc lui donnera un déjeûner à un endroit qui s'appelle la Carlshütte. Peutêtre que passant par ici, je le verrai.

Seesen 1 août.

Le Duc a été à la rencontre du Roi d'Angleterre qui lui a fait un accueil très grâcieux. A son retour ici il m'a dit que le Roi s'était beaucoup informé après moi et qu'il l'avait chargé de me faire bien des compliments de sa part et qu'il avait dit qu'il serait charmé de me voir à son retour de Göttingen, étant obligé de reprendre le même chemin par tout près d'ici. Ce sera demain qu'il passera.

P.S. La Duchesse de Bevern[1]) est morte fort subitement d'une attaque d'apoplexie. Cela méritait bien un P. S.

Seesen 5 août.

Le Roi arriva à 10 heures de matin à la Carlshütte, je le reçus au bas du carosse; il m'embrassa d'abord et me dit: Madame, je suis charmé de vous voir. Il me donna la main et me mena l'escalier en haut dans une chambre; après quoi il s'entretint avec le Duc et moi une bonne demi-heure. Il me fit un accueil fort grâcieux et me fit beaucoup de politesses. Sa figure n'est pas grande, il a un peu de ventre mais pas trop; pour le visage il ressemble à notre Mère comme deux gouttes d'eau; ce sont les mêmes yeux, le même air et à peu près aussi la même façon de parler. On n'est point du tout embarrassé avec lui et il tâche toujours de fournir matière à la conversation. La Reine-mère a beaucoup plus d'embonpoint que lui et elle lui ressemblait d'avantage encore du temps du Roi notre père défunt, comme elle n'était pas si grosse. La conversation n'a point langui; pendant la demi-heure qu'il s'était arrêté, il n'a voulu rien prendre. Il voyage toujours à jeûne disant que cela l'incommoderait, lorsqu'il prend quelque chose. Il a un peu l'air cassé, mais sans cela il marche fort vite et il a beaucoup de vivacité encore dans son esprit... Le Duc de Newcastle arriva une heure après le Roi; il dîna avec nous. C'est un très joli homme, tout plein de feu, avec cela bon vivant et sans façons et fort spirituel. C'est un homme qui a passé je crois les 40[2]).

Seesen 8 août.

J'ai bien ri de la préparation que vous me faites de la gentillesse que je trouverais dans le Roi notre oncle. Tout ce que je puis vous en dire, c'est que quoiqu'il ait été très grâcieux envers nous, je ne crois pas que d'un côté ni de l'autre nous ayons fait de conquête, n'étant plus l'homme pour

[1]) Die Herzogin Eleonore Charlotte (geb. 1714) war am 28. Juli gestorben. [2]) Thomas Pelham, Herzog von Newcastle, (geb. 1694) seit 1731 Staatssekretär.

cela. Sa taille est à peu près comme celle du vieux Seckendorf, il porte péruque cendré, pas trop grande. Il arriva en chair roulante comme le vent, car il va d'un vitesse terrible. Il ne m'a pas dit un mot ni de notre chère Mère ni fait la moindre question sur ce qui regarde notre famille; les opéras, les comédies, les acteurs, les actrices, les danseurs et danseuses, le jeu, la promenade, la chasse, les chiens tout cela n'a point été épargné dans le discours. Il fit au Duc les éloges du Prince Louis et l'a fort loué; il dit qu'il était grand ami du Duc de Cumberland et qu'il espérait de les voir bientôt ensemble à Hannovre... Envers le Duc il a aussi été fort grâcieux. Je ne doute nullement que les guinées font plaisir au Duc; c'est un métal, dont on ne peut se passer et duquel on a toujours besoin. Quoique je n'en tire point et que je n'en aie aucun profit, je suis pourtant bien aise toujours que le Duc voie par là ses revenues augmentés, ayant encore bien d'embarras sur le bras. Je ne crois pas, comme vous le dites, que le Roi notre oncle soit allé à Göttingen pour étudier, encore moins pour manger des boudins, surtout lorsqu'il est incommodé de coliques; cela ne manquerait pas de lui causser d'obstruction qui l'incommoderait trop, et pour étudier je ne crois pas qu'il y pense, et je crois même qu'il y a renoncé.

12 septembre.

Je suis infiniment mortifiée de ce que vous ayez pris ombrage des troupes que le Duc a envoyées aux services étrangers moyennant des subsides. Je suis persuadée qu'il ne l'a fait dans aucune mauvaise intention contre vous, mais que les raisons qui l'ont fait agir, sont uniquement pour en tirer son profit, particulièrement pour avoir de l'argent et qu'il n'a pas fait réflexion ni pensé aux raisons que vous m'alléguez, qui vous auraient pu faire du tort et encore qu'il a moins cru de mériter par là vos disgrâces. Comme vous savez fort bien que les femmes ne se mêlent de rien, j'entre en rien du tout dans ce qui regarde les affaires du Duc, et il ne m'en parle aussi jamais. Comme du temps d'autrefois les ducs de la maison d'ici ont déjà donné leurs troupes en services étrangers moyennant des subsides et qu'il y ont trouvé leur profit, je crois que par cette même raison le Duc n'a pas voulu négliger cette occasion, ayant eu besoin d'argent. En attendant je suis bien mortifiée que c'est pour cette raison que nous nous trouvons frustrés du bonheur de vous faire notre cour.

22 septembre.

Je suis bien mortifiée de toutes les raisons que vous m'alléguez et qui vous déplaisent de ce que le Duc a donné ses trouppes en services etrangers, puisque c'est avec un mécontentement infini que je rémarque par votre lettre que la bonne intelligence que vous aviez avec le Duc, se trouve à présent altérée. Comme toutes les choses que vous avez craintes, ne sont point arrivées¹), d'autant plus facilement je me flatte que vous voudrez rétablir la bonne harmonie.

13 octobre.

Il est bien naturel que ma soeur de Bareit s'afflige du départ de sa fille²) puisque c'est l'unique enfant qu'elle a; d'ailleurs après si elle fait réflexion, je crois qu'elle se consolera et qu'elle sera satisfaite de la voir bien établie: car on prétend que la véritable amitié consiste à préférer le bien et le contentement d'autres au sien propre. Cependant j'avoue que jusqu'à présent cette philosophie stoicienne n'a point encore pris racine chez moi, quoique je suis charmée d'apprendre, lorsque mes parents et amis sont heureux et contents, mais je suis encore plus ravie, lorsque j'en puis profiter avec et me réjouir avec eux. Il me semble que c'est beaucoup plus naturel et je préfère toujours le naturel au sublime... On dit que les intermezzo³), que vous avez à Potsdam, doivent être charmants. Je crois toujours qu'ils sont à préférer à toutes ces pantomimes, dont on fait tant de bruit et qui sont à présent à Hannovre. Les premiers amusent agréablement l'esprit et les autres n'occupent que la vue. Aussitôt que l'on a regardé cela un couple de fois, on s'en ennuie au lieu que les intermezzo se peuvent soutenir, puisqu'ils sont plus variés... J'ai le troisième de mes fils⁴) en husard, c'est un joli garçon, assez déterminé et qui est un véritable espiègle.

7 novembre.

Toute la famille depuis le berceau jusqu'au primogenito se met à vos pieds et se recommande avec la mère dans vos bonnes grâces. Le départ de notre oncle le Radoteur est fixé au huit de ce mois, d'autres disent qu'il est remis jusqu'au treizième; les yachts sont déjà partis pour le recevoir et le Duc de Newcastle a pris les devants. Ce voyage prochain du retour dans son île cause tant de tristesse au monarque d'être obligé de quitter son électorat et ses vieilles femmes lui causent des brouillards dans la tête et le

---

¹) Der Abschluss der Friedenspräliminarien am 8. Mai verhinderte, dass die braunschweigischen Truppen noch am Kriege teilnahmen. ²) Elisabeth Friederike Sophie (geb. 1732) hatte sich am 20. September 1748 mit dem Herzog Karl von Württemberg verheiratet. Prinzessin Ulrike schrieb November 1747, sie wünsche, dass diese Heirat nicht zu stande käme und dass die Prinzessin noch wartete, bis sie den Erbprinzen von Braunschweig heiraten könnte. Die Herzogin scheint nach einer Äusserung aus sehr viel späterer Zeit sich als Schwiegertochter ihre Schwedter Nichte Luise (geb. 1738) gewünscht zu haben, die 1755 ihren Onkel, den Prinzen Ferdinand von Preussen heiratete. ³) Kleine komische Opern, ursprünglich mit nur zwei Rollen. ⁴) Albrecht Heinrich (geb. 1742).

mettent de très mauvaise humeur. Vous avez bien raison qu'il n'y aucune comparaison à faire entre lui et notre digne Mère. Ce sont deux contrastes si différents qu'ils ne peuvent pas être mis en parallèle, car toutes les bonnes qualités que notre chère Mère possède, il en est privé, ignorant absolument ce que c'est l'humanité et la bonté. Il est certain que l'on ne vous en a pas trop dit sur ce qui regarde sa vanité et son orgueil, par lesquels il se rend insupportable; c'est entre nous soit dit, un homme d'un caractère dénaturé qui n'aime rien que sa vanité et s'imagine que personne n'est plus puissant que lui. Je n'ambitionne rien de sa râce. Grâce à Dieu, il n'est pas en pouvoir de vous faire du mal et je ne crois pas que vous ayez sujet de le craindre.

[novembre.]

J'ai été bien mortifiée en apprenant que ma soeur de Suède ait été si mal. Comme elle a à présent deux princes[1]), je souhaiterais pour sa santé et pour sa conservation que ce fût le dernier, puisque cette couche lui a été si rude. Je vous félicite sur ce nouveau cher neveu, je souhaite qu'il puisse un jour vous donner aussi de contentement, étant le fils d'Ulrique, je n'en doute point. On dit que notre oncle restera encore à Hannovre jusqu'au 19 de ce mois. J'ai été charmée en apprenant la déclaration de la paix[2]) à cause que vous y gagnez la garantie de la Silésie.

27 novembre.

Je suis infiniment mortifiée d'apprendre que vous êtes mécontent du Duc et que vous êtes prévenu contre lui, ignorant absolument les raisons qui vous obligent de vous déclarer de cette façon. Vous m'obligeriez infiniment et vous me feriez une grâce la plus grande du monde de m'écrire la véritable vérité des sujets qui sont la cause des mésintelligences; car je puis vous protester que je ne les sais pas et que je suis persuadée aussi que si le Duc savait les raisons qui le mettent mal dans votre esprit, il y rémédierait... Ayez la grâce de m'écrire une lettre dans laquelle vous m'expliquez clairement des motifs qui vous préviennent contre le Duc. Si je dois vous parler à coeur ouvert, c'est moi qui souffre le plus de tout cela et qui en ait le plus de chagrin. Ayez la grâce de m'écrire comme si vous me répondiez à ma première lettre et écrivez-moi, si vous voulez bien avoir cette grâce, une lettre que je puisse dire et montrer, et les raisons qui vous fâchent.

29 novembre.

J'espère que vous aurez reçu à présent la réponse que je vous ai faite à

[1]) Ausser dem Kronprinzen Gustav der am 7. Oktober 1748 geborene Prinz Karl [XIII].
[2]) von Aachen 18. Oktober 1748.

votre précédente lettre, dans laquelle j'ai pris la liberté de vous prier très humblement de m'écrire une lettre dans laquelle vous voulez vous expliquer clairement des motifs qui vous préviennent contre le Duc. Je souhaiterais infiniment que cela en vient à une explication, et je suis persuadée que le Duc ne cherchera que de pouvoir se conserver vos grâces de toute façon, ainsi qu'il n'y aurait rien de plus sensible pour lui et pour moi, s'il s'en trouvait privé et en y ignorant encore les raisons qui le mettent mal dans votre esprit. Mes jours, auxquels vous avez la bonté de vous intéresser, ne peuvent être heureux ni tranquilles que jusqu'à ce que je sache que vous rendiez vos grâces au Duc.

16 décembre.

J'avoue que je serais charmée, lorsque toute cette fusée sera débrouillée; je ne serai pas la dernière à m'en réjouir, car je souhaite rien tant de plus que l'ancienne grâce que vous avez eue jusqu'à présent pour le Duc. Reprenez ces mêmes droits; comme je me fie beaucoup sur votre grâce et bonté, j'espère que tout cela se remettra bientôt[1]).

Bronsvic 9 février 1749.

Tout ce que vous pensez sur l'âge est vrai; la jeunesse se passe si vite qu'en peine on s'en aperçoit, et lorsqu'elle est écoulée, c'est tout de même comme si elle n'y avait pas été. L'avantage qu'on a de se voir devenir vieux, c'est d'apercevoir que d'autres le deviennent aussi et que l'on ne reste pas seul à grisonner. Les compagnons de l'âge ne manquent point ce qui est, ce me semble, une consolation et en même temps aussi une ressource pour l'esprit, puisque l'on trouve toujours des gens selon sa portée et que l'expérience met au dessus de se ne plus soucier de la fragilité du passé. Tel jeune que vous me trouvez, je n'ai cependant que quatre ans moins que vous, ce qui est une bagatelle pour une femme et l'on appelle déjà cela être sur son retour, mais c'est de quoi je ne m'embarasse pas; je serai contente de grisonner en compagnie[2]) à condition que vous serez toujours de la compagnie.

[1]) Die Prinzessin Ulrike schreibt am 2. Januar 1749: Je ne puis m'empêcher de plaindre ma soeur de Bronsvic de se voir éloignée (von Berlin) par une disgrâce. Je me flatte cependant qu'elle n'y est point pour sa personne. Je soupçonne que les six mille hommes de troupes que le Duc a données aux alliés, font toute la raison de ce refroidissement... [2]) Am 19. Januar schrieb der König der Markgräfin von Bayreuth: Pour moi je laisse à chaque saison son avantage. La mienne est déjà un peu avancée; mes cheveux gris m'avertissent qu'il faut prendre congé de la folie, des illusions et des plaisirs. Er wird der Herzogin ähnliches geschrieben haben.

25 février.

Nous avons ici le vieux Maréchal Seckendorf qui est toujours le même et qui a la langue encore très pendue; sa vivacité d'esprit n'a point diminué et son babil n'a discontinué[1]). Je suis persuadée que Guillaume passera son temps bien agréablement chez ma soeur[2]), car elle a le don et les talents pour amuser, pour se faire aimer et pour réussir en ce qu'elle se propose et tous les étrangers qui reviennent de Bareit, disent que c'est la cour la plus brillante et que l'on s'y divertit très bien.

7 mars.

Le prince Auguste Guillaume [de Bevern] a été un couple de jours ici, venant de Siegen et du comte de Wittgenstein, où il m'a dit qu'il avait fait assez de recrues de jeunes gens; il est parti pour le Holstein dans l'espérance de voir, si Monsieur son Beau-frère[3]) pourra lui faire avoir quelques belles recrues. Aussitôt qu'il aura son butin, il partira avec pour Potsdam[4]).

23 avril.

C'est aujourd'hui le jour des nôces de la Belle-soeur[5]). La cérémonie s'en fera dans la chapelle qui sera toute illuminée, et le vieux prêtre Dreissigmark y fera son signe de croix avec ses doigts crochés. On soupera en famille à une longue table et après il y aura la danse des flambeaux et puis on les ménera au lit.... Demain il y aura une pastorale, qui a pour titre: Jupiter dans Argos[6]); c'est la même qui été une fois jouée à Berlin pour le jour de naissance de la Reine-mère; la composition en est de Graun. La semaine prochaine les jeunes époux partiront.

Salzdahl 8 juin.

Quoiqu'on dise que les goutteux deviennent riches et qu'ils font de vieux os, cependant j'avoue pourtant que je suis néanmoins bien mortifiée que ce mal incommode vous importune déjà à la fleur de votre âge. C'est, je crois, des maux si douloureux que je crains toujours que vous ne vous ennuyerez bientôt et que vous n'aurez la patience nécessaire de vous soigner comme il le faut en pareille occasion. Je vous supplie d'accepter le conseil d'un

---

[1]) Friedrich Heinrich, Reichsgraf von Seckendorf (geb. 1673) war von 1726—1734 in Berlin gewesen. Seit 1745 lebte er auf seinem Gute Meuselwitz. «Il amène sa nièce qui devient fille d'honneur de l'ainée de mes belles-soeurs [Sophie Antoinette], qui se marie», wie sie am 6. Februar schreibt.   [2]) in Bayreuth.   [3]) Markgraf Friedrich Ernst von Culmbach (geb. 1703), dänischer Generalfeldmarschal und Statthalter in Schleswig.   [4]) Am 25. März war er in Potsdam.   [5]) Prinz Ferdinand war unvermutet zu der Hochzeit gekommen, der König hatte ihn geschickt.   [6]) vielleicht: Europa galante, am 27. März 1748 aufgeführt.

Esculape aussi peu expérimenté en médecine que le sont encore plus ceux que vous taxez d'ignorance; la mienne est de vous prier de souffrir ces incommodités avec patience et de ménager une santé qui m'est si chère... Je crois que le remède sera le plus spécifique que toute la faculté pourra vous donner... Les fièvres régnent partout, c'est terrible; tout le monde les a ici et l'on a une peine infinie de s'en défaire. Depuis quelques jours nous sommes ici à Salzdahl. Il n'a pas encore eu moyen de se promener, car nous n'avons eu que des pluies. Les campagnards et les économes en sont bien aise, parceque l'on commençait à craindre que la grande sécheresse gâtât les fruits de la terre; pour moi qui n'est pas un pouce de terre, je souhaite toujours le beau temps pour me promener...

Salzthal 20 juin.

Votre charmante humeur se soutient également et ne souffre pas avec le corps. Je suis persuadée que l'invitation du compérage ne serait pas si joliment stilisée, sie elle n'avait été dictée de votre prope invention. C'est ce qui me fait recevoir le choix que Biche[1]) fait en me choisissant pour commère. Je serais bien portée à me rendre au jour marqué de son baptême, si je pouvais me flatter que vous fussiez de la partie comme mon très cher compère. Cependant l'excès qu'elle vient de commettre, mériterait bien, si tel est votre bon plaisir, que sa primogéniture portât le nom de Coquette par dérision de sa mère.

Bronsvic 4 août.

Je suis depuis quelque temps à Bronsvic. On y a célébré le jour de naissance du Duc (1 août) et le même jour j'ai vu jouer les pantomîmes. C'est tout au monde ce que l'on peut voir de joli et d'amusant. Le théâtre est construit avec beaucoup de goût et les décorations et toutes machines sont magnifiques; tous les changements se font avec tant de vitesse que les plus habiles y seraient trompés et pouvaient croire qu'il y a du sortilège. Les enfants s'acquittent, on ne peut, mieux de leurs rôles et la musique exprime tous les gestes qu'ils font. Entre chaque acte il y a toujours un intermezzo italien qui est fort burlesque. Il y a des danses entre d'eux et tant de variations différentes qu'il est difficile de s'y ennuyer... Après tout, lorsque l'on a vu une douzaine de fois ces sortes de choses, cela suffit.

21 novembre.

Touchant ce que vous souhaitez de savoir le voyage du prince Louis à Vienne, je puis vous assurer que j'ignore entièrement la raison ... mais ce

---

[1]) Eins von des Königs Windspielen.

que je crois, c'est qu'il a été obligé d'y aller pour se remercier du gouvernement¹) que l'Impératrice-régnante lui a donné, et pour faire sa cour à l'Impératrice comme tous les autres officiers, qui sont dans son service, sont obligés de lui rendre leurs devoirs.

27 décembre.

Je suis bien aise que vous ayez Gotter²) de retour, car il vous amusera, s'il a conservé son humeur enjouée, et pendant cette saison obscure il faut quelque chose qui réveille le comte de la Lippe³). Je le connais aussi, c'est un assez joli garçon. Le père lui a laissé ses affaires assez embrouillées, il trouve à présent de quoi travailler pour se mettre en état.

1 janvier 1750.

Le Duc est mortifié et regrette beaucoup de ne pouvoir pas profiter de cette grâce et de cette honneur (der Einladung nach Potsdam⁴) mais il m'a allégué qu'il avait tant d'affaires sur le bras qui avaient été différées pendant les petites excursions qu'il avait faites avec le prince Louis, et tant de choses qui avaient été remises et qu'il était obligé d'arranger encore avant la foire, ce qui malgré lui l'empêche de pouvoir satisfaire au désir qu'il a de vous marquer son zèle.

12 janvier.

Je suis enchantée que vous avez Gotter chez vous; il a le don d'amuser et il vous divertira. Il faut des sujets pareils dans le temps du carneval. Quoique je sais bien, que vous n'êtes pas gourmand, cependant vous m'écrivez que Gotter s'était commandé des plâts rares et nouveaux; sur cela il m'est venu dans l'esprit de m'informer, si vous avez mangé des cochons de Guinée. C'est que moi, qui je ne suis pas plus gourmande que vous, j'en ai mangé et je puis vous assurer que je n'ai jamais goûté quelque chose de si bon et de si délicat. Ils sont assez rares de les avoir en Allemagne, cepen-

---

¹) von Ath, März 1749. Im Oktober hatte der Erbstatthalter von Holland, Wilhelm IV. in Wien gebeten, den Prinzen Ludwig aus den kaiserlichen Diensten zu entlassen und in holländische Dienste übergehen zu lassen. Prinz Ludwig behielt auf den Wunsch der Kaiserin seinen Rang bei, als er als Feldmarschall in holländische Dienste trat. ²) Graf Gotter (geb. 1672) hatte 1745 seine Stellung als Oberhofmarschall niedergelegt und sich auf sein Gut zurückgezogen. Der König, der ihm sehr wohl wollte, hatte ihn Anfang Dezember 1749 nach Berlin eingeladen.   ³) Albert Wolfgang Graf von Lippe-Bückeburg war 24. September 1748 gestorben; sein Sohn und Nachfolger, Friedrich Wilhelm Ernst (geb. 1724) hatte bis zur Uebernahme der Regierung in österreichischen Diensten gestanden und die Schlacht bei Dettingen 1743 mitgemacht. Seine Regierung hatte er mit durchgreifenden Reformen begonnen.   ⁴) Die Herzogin ging auch nicht nach Potsdam.

dant si je savais que cela pourrait vous faire plaisir, je pourrais vous en procurer un couple pour en perpétuer la race... Je pense que s'il n'y a que vous et Madame de Camas[1]) qui aient soutenu le bal, qu'il n'aura pas été fort amusé, puisqu'il me semble que vous n'êtes plus dans le goût de danse et Madame de Camas est trop paresseuse.

Bronsvic 22 janvier.

Je suis bien mortifiée que vous n'êtes pas dans le goût de vouloir goûter des cochons de Guinée; ceux de Westphalie ont sûrement leur mérite, mais si vous aviez tâté de ceux-ci vous seriez satisfait de leur délicatesse. Je finis sur cette matière et j'ai honte de vous entretenir si mal. Je reviens au comte Gotter. Je me fais une vraie fête de l'espérance que vous me donnez qu'il passera par Bronsvic. Je souhaite seulement que l'on puisse le régaler selon son appétit, quoique je crains, il aura le goût gâté de toutes les délicatesses avec lesquelles vous l'avez traité, qu'il ne reste plus rien de nouveau à lui offrir pour contenter sa gourmandise[2]).

15 février.

A présent nous sommes à la fin de la foire; tous les étrangers sont presque partis, il n'y a encore que le prince de Mecklenburg[3]) qui a eu le bonheur de vous servir, il y a quelques ans. Il est très satisfait des bontés avec lesquelles vous agissez avec son père. Nous avons présentement encore un opéra ce qui fera la clôture de la foire. Le théâtre n'a pas pu être encore dans sa perfection, le temps ayant été trop court. Cependant la loge où je suis, est grandie et elle avance de façon qu'on est à portée de voir plus de monde qu'auparavant, et elle est fort joliment décorée. On a joué une fois les pantomimes sur le grand théâtre; ce qui a fait un meilleur effet que l'on aurait à pu espérer, puisqu'on l'a raccourci par les machines et le décorations[4]).

19 mars.

Mon fils aîné a eu la petite vérole. On me l'a caché jusqu'à ce qu'il a été hors de danger, et l'on m'assure qu'il n'en sera pas marqué[5]).

---

[1]) Die Oberhofmeisterin der Königin (geb. 1686). [2]) Am 16. März schrieb sie: Il n'est point étonnant que le comte Gotter se trouve indisposé après avoir si souvent abusé d'un appétit dépravé. Je crains dans ce cas-là que sa guérison ne soit comme l'ouvrage de Pénélope toujours à recommencer. [3]) Prinz Ludwig von Mecklenburg-Strelitz (geb. 1723), 1743 Oberstleutnant im Regiment Prinz Heinrich. Sein Vater Christian Ludwig (1747—1756) hatte sich im Konflikt mit seiner Ritterschaft an den König gewandt. [4]) Während der Messe war die Oper Adriano von Fiorillo aufgeführt: «Elle a trouvé mon approbation, la musique en étant brillante, gaie et fort cantable». [5]) Am

5 avril.

Ma soeur de Suède a eu l'attention obligeante et grâcieuse de revêtir mon second fils avec l'ordre de Séraphin[1]). Cela m'a infiniment fait de plaisir, puisque cela marque que malgré notre grand éloignement elle n'oublie point ses parents et qu'elle m'aime encore... J'ai entendu parler des décorations de l'opéra Phaéton[2]) que vous avez fait jouer pour l'anniversaire de la Reine-mère: on dit qu'il éblouit, tant il est brillant.

Salzthal 6 juillet.

Quoique le Roi d'Angleterre soit dans notre voisinage[3]) il ne nous a pas fait inviter de venir à Herrenhausen et personne n'a pensé aussi d'y vouloir aller; si même il m'avait fait inviter, j'aurais pensé deux fois avant que de m'y rendre.

22 août.

J'ai eu le plaisir de voir ici le Marquis de Valory qui regrette encore beaucoup d'avoir quitté Berlin[4]); je le trouvais si engraissé que je ne l'aurais pas reconnu, et il était de la meilleure humeur du monde. La foire est fort animée et il y a beaucoup d'étrangers. Le spectacle de l'opéra est entièrement décoré d'une nouvelle façon et l'on n'y reconnaît plus rien du vieux,

29 octobre.

Je plains notre pauvre soeur de Bareit de ce que sa santé se remet si lentement et qu'elle ne peut encore se rétablir[5]). C'est mener une vie bien triste que d'être privée si souvent de santé. Selon ce que j'ai appris de sa maladie, je crois que c'est un miracle qu'elle en soit réchappée, cependant je suis persuadée que c'est pourtant un grand soulagement pour elle de se trouver dans sa famille et de pouvoir s'arrêter encore quelque temps pour

---

16. April schrieb sie, nachdem sie ihren Sohn seit seiner Erkrankung zum ersten Mal wiedergesehen hatte: «Je l'ai trouvé fort grand, ailleurs il n'est nullement marqué, mais la rougeur ne lui est pas encore entièrement passée.

[1]) Es wird sich um die Uebersendung des Ordens gehandelt haben, da die Kronprinzessin Ulrike ihn nicht verleihen konnte. [2]) Die Aufführung dieser Graun'schen Oper war am 29. März 1750 gewesen. Die Ausstattung war ganz besonders prächtig. [3]) Georg II war am 7. Mai nach Hannover gekommen. [4]) Er war seit 1739 in Berlin Gesandter gewesen und war beim König gut angeschrieben. [5]) Die Markgräfin von Bayreuth war am 4. August nach Berlin gekommen. Eine schwere Erkrankung hielt sie hier fest, am 26. November reiste sie zurück; die Herzogin schreibt 30. November: «Je m'étonne que ma soeur de Bareit se soit résolue de partir dans une si rude saison, elle qui est si délicate; il est toujours à craindre que les fatigues du voyage n'altèrent de nouveau sa santé.»

en profiter. Le prince Louis est allé à Hannovre pour prendre congé du Roi; il est depuis ce matin de retour. On croit que le départ du Roi est fixé le dix du mois prochain, mais le vent ayant été contraire, les yachts ne sont pas encore arrivées. Tous ces ministres étrangers ont déjà pris les devants; je les ai presque tous vus ici à la foire, ce sont en parti d'assez jolis gens.

16 novembre.

Daignez être persuadé que je n'abuserai point de la confiance que vous m'avez témoignée et que non seulement j'en tiendrai un très profond silence mais aussi que je tâcherai par toute ma conduite de ne pas donner lieu au moindre soupçon à qui que ce soit, sachant trop bien les conséquences qui en pourraient résulter, et connaissant trop bien les allures, pour me fier sur ce sujet à qui que ce soit. Votre précieux conseil sera suivi sûrement avec toute la prévoyance et l'exactitude possible. Vous pourrez bien juger qu'il est très naturel que si la chose en question réussit, il ne peut être rien de plus agréable qu'un si heureux événement[1]).

26 décembre.

Notre soit disant malade (Prinz Ferdinand) a passé par tous les degrés de la farmacie; ... certainement il a donné depuis son dernier séjour ici de la prâtique à Messieurs les Esculapes qui donnent fort bien nez en terre et qui selon leur bonne grâce et volonté lui auraient fait avaler toute l'apothécairerie entière. Enfin nous avons eu ici tout du long la comédie de Molière et il s'en est acquitté parfaitement bien[2]).

31 décembre.

Le petit Brunet a mal calculé, en taxant ma pesenteur à 150 marcs fines; je doute que s'il me mettait sur la balance, il y trouvât son compte, de même comme mon teint, qui a plus la couleur de cuivre jaune que d'argent épuré. Pour les enfants, il faudra qu'ils se développent encore beaucoup pour être marqués au bon coin et il faudra que j'exerce encore bien du temps ma patience pour attendre ce que la raison et la matûrité de l'esprit produira. Voilà à peu près mes occupations, le reste je l'emploie à la lecture et de temps en temps à la musique. Nous allons passer un carneval

---

[1]) Am 22. November schrieb sie: A présent l'on craint, les temps étant un peu critiques et chacun observant notre conduite, on pourrait soubçonner qu'il y a quelque négotiation sur le tapis, ce qui pourrait donner du préjudice pour la chose en question qui exige du mystère. Es handelte sich um den Abschluss eines Subsidienvertrages zwischen Preussen und Braunschweig, der am 24. Dezember 1750 zu Stande kam. [2]) Am 5. Januar ging Prinz Ferdinand wieder nach Potsdam; «je suis privé de la présence de notre cher petit malade».

terriblement lugubre à cause de la morte de l'Impératrice-douairière[1]). Nous avons un deuil épouvantable et je ressemble à peu près à Madame la comète avec un voile traînant[2]); c'est un pompe très funèbre. La Duchesse-mère est fort affligée.

5 janvier 1751.

[Sie hat Prinz Ferdinand beauftragt] d'exprimer la sensible joie que ja ressens sur l'heureuse réussite de la conclusion de la chose en question. Selon mes désirs je souhaite que ce soit le traité éternel qui subsiste à perpétuité sans que les envieux et les malintentionnés ne puissent y mettre jamais obstacle et que votre protection et vos bienveillances nous restent comme le plus sûr garant de notre bonheur et de la félicité la plus solide et la plus constante.

7 avril.

Je suis quelques jours de retour ici à Wolfenbüttel pour assister à la cérémonie, qui se fera de la confirmation de mon fils aîné qui communiera pour la première fois avec moi. Je tâche donc à présent à me receuillir à mon mieux et pour donner un bon exemple et pour implorer le Ciel qu'il nous fasse grâce et miséricorde.

19 avril.

J'ai formé un petit projet dans ma caboche; s'il réussit comme je le désire, alors mes voeux seront remplis. Je prends la liberté de vous en faire l'ouverture. Le public jasant toujours, divulgue que vouz irez faire des revues à Magdebourg et que de là vous ferez une tout au pays de Clèves. Jugez de ma joie, si alors vous sachant si proche de notre voisinage, je pourrais me flatter que vous voulez accorder la grâce de vous venir reposer à Salzthal, puisque je sais que vous ne vous détournez pas beaucoup du chemin.

26 avril.

Je vous assure que je ne manquerai point du Fischmarkt ni des nouvelles que les plus vieilles sorcières du diable pourraient débiter, n'étant nullement amatrice des contes, ainsi que je vous dispense entièrement de la bonne volonté que vous avez de me procurer de pareilles connaissances... J'ai été cependant charmée de remarquer par votre lettre que vous êtes de si bonne humeur et que votre mémoire continue toujours d'être si excellente; témoin les timbales et les trompettes que vous n'avez pas oubliées. Il faut que Berlin soit bien changé depuis le temps que je n'ai y été; il me semble

---

[1]) Elisabeth Christine, die Witwe Karls VI war am 21. Dezember gestorben; sie war die ältere Schwester der Herzogin-Witwe Antoinette Amalie.   [2]) Vielleicht der Komet von 1744, dessen Doppelschweif sich fächerförmig ausbreitete.

qu'autrefois l'on ne s'amusait pas à faire des cocus et que l'on préférait d'avantage la vertu qui sied si bien au sexe et qui selon moi convient le plus aux femmes surtout aux personnes bien nées[1]).

10 juin.

J'ai commencée à lire hier dans l'Histoire de Brandebourg[2]). Je vénère autant cet ouvrage que l'esprit de l'auteur qui l'a composé; c'est ce qui fera jusqu'à la fin de ce livre une de mes plus agréables occupations. Mes enfants récapitulent avec moi toutes les amitiés que vous nous avez témoignées.

17 juin.

Vous m'avez allégué des raisons qui doivent être suffisantes pour borner mes désirs[3]), cependant elles sont d'un tel point qu'il ne m'est pas possible à les surmonter; c'est pourquoi, pourvu que cela ne vous soit pas contraire, j'ai formé l'agréable projet de venir à votre rencontre à une maison de campagne du Duc qui est d'ici dans le pays et qui s'appelle Sallern. Je vous y présenterai un déjeûner... Vous êtes obligé de passer tout près de cet endroit. Le Duc vous fera préparer ses chevaux, afin que vous puissiez arriver d'autant plus tôt à Halberstadt, et vous ne faites aucun détour.

26 juin.

J'ai été au désespoir d'avoir négligé cette occasion de vous voir[4]). Je vous rends grâce de l'obligeante lettre que vous m'avez écrite par mon Frère de Prusse qui me la rendit à son arrivée... J'ai été charmée de revoir mon frère mais bien mortifiée que la fièvre soit venue si mal à propos au petit Ferdinand. Nous tâchons d'amuser mon frère tant bien que mal, afin qu'il n'ait pas le temps de s'ennuyer.

26 octobre.

Le Duc a jugé à propos à faire voyage mon fils aîné[5]), ainsi il est sur le

---

[1]) Dies bezieht sich wohl darauf, dass die Markgräfin Leopoldine von Schwedt wegen ihres Verhältnisses zu dem Herzog von Holstein-Beck nach Kolberg verwiesen wurde. [2]) Der König war auf der Reise nach Cleve den 7.—9. Juni in Salzdahlum gewesen; er hatte hier der Herzogin ein Exemplar seiner eben fertiggestellten «Memoires pour servir à l'histoire de la maison de Brandebourg» überreicht. [3]) Sie hatte ihn gebeten, auf der Rückreise wieder nach Salzdahlum zu kommen. [4]) Da sie auf die Einladung nach Sallern keine Antwort erhalten hatte, war sie nicht dahingegangen. Mit dem Könige waren seine drei Brüder gereist; Prinz Heinrich war von Cleve aus ins Reich gereist: der Prinz von Preussen und Prinz Ferdinand kamen nach Braunschweig und blieben bis zum 29. Juni. Nach seinem Besuche in Salzdahlum Juni 1751 schrieb Prinz Ferdinand von Preussen an seine Mutter: «A voir ma soeur de Bronsvic au milieu de sa famille, on ne dirait jamais qu'elle en est la mère; les enfants sont l'un plus beaux que l'autre et tous très bien élevés». [5]) Er reiste am 29 ab.

point de partir pour l'Hollande accompagné du colonel Imhof et de deux autres cavaliers Saxons[1]).

[*Ende Dezember*].

Je vous avoue que je serais très sensible en vous voyant affligé, puisque j'entre véritablement et prend part à tout ce qui vous arrive. Le coeur reconnaisant et pâtissant, avec lequel vous regrettez vos amis et ceux qui vous servent fidèlement, mérite d'être admiré[2]).

23 mars 1752.

Mon fils aîné est depuis quelques jours de retour de ses voyages. Il est fort grandi et cette petite course lui a fait du bien; il est changé à son avantage. A présent je me reviens véritablement comme un vieille duegne entourée d'enfants depuis les pieds jusqu'à la tête et à mon visage respectable l'on m'en donnerait pour le moins soixante.

8 juin.

Je vous suis bien obligé des félicitations sur le mariage en question[3]) auquel je prends autant de part qui si c'était à ma fille. Caroline est encore d'âge de pouvoir attendre son sort avec patience et comme je suis persuadée que cette alliance ne pourra avoir que de bonne et heureuse influence pour votre avantage et pour notre intérêt commun et que cela trouve votre approbation, je m'en réjouis doublement.

6 avril.

J'attends avec la plus grande impatience le modèle de votre statue équestre

---

[1]) Der König schreibt 17. November an die Schwester in Bayreuth: J'attends ma soeur, le Duc et leur fille aînée le 4 du mois prochain. Il y a sept ans que la Reine n'a pas vu ma soeur. Ce sera un grand plaisir de la revoir. Elle tient un petit bureau de bel esprit à Bronsvic dont votre médecin (Superville) est le directeur et l'oracle. Il y a de quoi pouffer de rire, quand elle parle de ces matières; sa vivacité naturelle ne lui a pas laissé le temps de rien approfondir; elle passe continuellement d'un sujet à l'autre et dépêche vingt décisions au moins d'un minute.» Superville war aus Bayreuth'schen Diensten 1750 in Braunschweigische übergetreten. Es darf angeführt werden, dass in den vorliegenden Briefen der Herzogin sein Name nicht genannt wird. — Am 24. Dezember 1751 schrieb der König seiner Schwester in Bayreuth: «Ma soeur de Bronsvic est tout comme vous l'avez vue il y a vingt ans: toujours de bonne humeur et sans souci.»
[2]) Aus Magdeburg schrieb sie auf der Rückreise aus Berlin am 28. Januar 1752: Je vous avoue que j'aurais été parfaitement contente à Berlin, si l'inquiétude que j'ai eue de vous voir si triste et affligé, n'y ait mis obstacle; j'espère à présent que vous êtes plus à votre aise à Potsdam que vous pourrez vous tranquilliser.» — Graf Rothenburg, der dem Könige besonders nahe stand, war nach schwerer Erkrankung am 29. Dezember in den Armen des Königs gestorben. [3]) Die Verlobung ihrer jüngsten Schwägerin Julie, (geb. 1729) mit dem Könige Friedrich von Dänemark, der seit 1751 Witwer war.

que vous me faites la grâce de m'envoyer¹). J'espère que l'ouvrage répondra à la dignité de celui qu'il doit représenter et que ce sera un monument éternel pour la postérité... Je l'admirerai beaucoup et je vous aurai de l'obligation de ce que selon ma très humble prière vous avez bien voulu vous laisser fléchir et que pour la satisfaction publique et l'un des plus beaux monuments de Potsdam vous condescendez à une si bonne action... J'ai fait déclarer votre permission au S. Taylor²) pour qu'il ose passer dans votre pays simplement sans se mêler d'aucune opération ni cure à qui que ce soit; ce qu'il m'a fait saintement promettre qu'il n'abuserait pas de vos ordres et qu'il passerait tout tranquillement pour continuer son chemin.

15 avril.

Je vous suis très obligée de la part que vous voulez bien prendre au changement d'état de Caroline³). Je crois qu'elle aura le temps de faire de mûres réflexions sur un oui dit à propos; car personne ne s'empressera pas pour l'avoir. Je viens à la fin de recevoir votre statue, ou moins soit-disante, car je vous ne pardonne pas de l'avoir ainsi profanée. Les attributs que vous avez choisis, ne sont pas dignes de l'honneur que vous leur faites de les mettre en compromis. Si ce n'avait pas été par égard que j'ai pour tout ce qui vient de votre part, j'aurais ruiné cet édifice sur le champ. Mais à présent je l'ai éloigné à une prison perpétuelle, il est placé dans un endroit des plus obscurs où le soleil ne luit jamais. Cependant je tâcherai de faire démolir⁴) votre buste qui est excéllente et qui serait un ouvrage parfait, si le but que vous vous êtes proposé, eût été plus grave. Je le conserverai comme venant du souvenir d'un cher frère qui a été de bonne humeur, lorsqu'il a pensé à cette invention.

22 juin.

J'ai vu la princesse de Hesse⁵) qui était obligée de passer à 5 lieues d'ici à un bailliage qui appartient au Duc. Nous lui avons offert un repas et avons

---

¹) Sie ging von Potsdam bis Magdeburg zu Schiff, von da mit zwei Trägern nach Braunschweig. ²) Jean Taylor, Leibocculist des Königs von England. Am 26. März hatte sie geschrieben: «Le chevalier Taylor qui se trouve actuellement ici, m'a prié instamment d'intercéder en faveur pour que vous lui fassiez la grâce de lui accorder un passeport pour oser passer dans votre pays, puisqu'il compte aller en Russie; il reste ici pour attendre votre résolution.» Er war schon April 1750 in Berlin gewesen, wurde aber nach einigen missglückten Operationen ausgewiesen. ³) Am 2. April hatte sie ihm mitgeteilt, ihre Tochter Karoline (geb. 1737) «est devenue grande fille dans toutes les façons.» ⁴) Gemeint ist: Abtrennen. ⁵) Prinzessin Wilhelmine von Hessen-Cassel (geb. 1726), die Braut des Prinzen Heinrich von Preussen, kam, nachdem die Vermählung durch Procuration am 17. Juni in Cassel stattgefunden hatte, am 22. in Berlin an.

Quellen und Forschungen. Band VIII.

dîné ensemble. Il me semble qu'elle est fort aimable, et elle paraît avoir eu une très bonne éducation.

16 juillet.

Les nôces¹) se sont passées; tout cela a été publié et conclu en trois jours et le départ a suivi la procuration et s'est fait en un même jour. A présent elle sera à Friedrichsborg, où la seconde cérémonie se célébrera. Nous avons ici toute une colonne d'officiers d'Ansbach qui reviennent de Berlin. Mr. Falke²) par excéllence si distingue par sa bêtise et par sa grossièreté: peut-être est-ce le talent qu'il a apporté en devenant bâtard.

Bronsvic 6 août.

La foire commence en huit jours et comme vous dites, nous allons nager en spectacles. Le jour de naissance du Duc en a fourni un tout nouveau: il y a eu un représentation qui a pour titre: Il mondo alla roversa ou Le donne che commandono. Cela été trouvé fort plaisant et fort comique et comme d'ailleurs on n'épargne point le sexe dans toutes les bonnes occasions, elles y ont trouvé aussi leur compte et n'ont point été épargnées... Ces sortes d'amusements sont bonnes quelquefois et principalement pour occuper les gens oisifs ou bien d'attirer des étrangers, mais je n'ai pas trouvé encore qu'elles laissent après eux aucune trâce de solidité.

28 septembre.

Nous avons eu tout le temps ici beaucoup d'étrangers qui ont profité du départ du Roi d'Angleterre pour la Görde (5 September), entre autre le Comte Grimaldi³), qui vous sera connu, puisqu'il m'a dit qu'il y avait trois ans qu'il avait eu l'honneur de vous faire sa cour à Berlin. Il revient tout à présent tout récemment de Suède et il est fort charmé de ma soeur tant de son esprit que de ses manières affables; elle est adorée de la nation qui s'empresse de le lui témoigner. Enfin il dit qu'elle était contente et heureuse.

1 octobre.

Les sentiments pleins de bontés que vous témoignez en prenant part à ce qui me regarde et actuellement à mon état présent⁴), me confonde de la plus

¹) Der Prinzessin Juliane. Als Herzog Ferdinand von Braunschweig im September 1753 nach Kopenhagen reiste, schrieb die Königin-Mutter: Je doute qu'il puisse mettre au jour des productions de l'esprit de la Reine sa soeur, qui me revient comme une belle statue que l'on admire pour sa beauté et qui n'a rien d'animé. ²) Der natürliche Sohn des Markgrafen von Ansbach, des Schwagers der Herzogin [geb. 1734]; durch Kaiserliches Patent 12. März 1747 Reichsfreiherr von Falkenhausen. ³) Marquis Grimaldi, spanischer Gesandter in Stockholm, war am 22. September 1749 in Potsdam gewesen.
⁴) Prinz Leopold wurde 11. Oktober geboren.

vive reconnaissance. Vos voeux ne peuvent que me porter bonheur et faciliter à ce que je dois supporter. Si j'avais à opter, je vous aurais épargné volontiers le nouveau titre d'oncle; je crois, comme vous, d'avoir très pleinement rempli ma tâche mais on ne saurait éviter sa destinée. Selon les apparences la mienne est de travailler à augmenter le monde, quoique je crois qu'il le serait bien sans moi. Cependant comme ce doit être ma peine, je tâcherai de m'en tirer aussi bien que je pourrai... J'entre dans la joie de ma soeur d'Anspach qui aura la satisfaction de vous revoir ce printemps[1]); je suis persuadée que ce sera un sujet de consolation pour elle de revoir sa famille.

8 octobre.

La distinction dont vous venez de lui[2]) donner de nouvelles preuves, lui ayant remis le gouvernement de Peitz, doit le flatter infiniment et lui faire connaître en toute occasion le bonheur qu'il a de vous servir. Je n'aurais pas pu m'imaginer que le S. Crica[3]) serait honoré à Hamburg de façon qu'on eût présenté les armes pour lui. Sans doute que l'on l'aura pris pour une personne de grande conséquence et que la milice aura été bien aise d'avoir quelque chose à faire. ... J'ai communié avec Caroline qui a été reçue pour la première fois.

22 octobre.

C'est en remettant pour la première fois la plume à la main que je vous rends mille grâces de la part obligeante qu'il vous a daigné de prendre à ma délivrance. Il ne faut qu'une telle protection pourque toute chose réussisse à souhait. Quoique vous soyez oncle pour la dixième fois, permettez que je vous recommande le nouveau-venu dans vos bonnes grâces; il mérite une petite prédilection qui lui sera de bonne augure... Le titre de Mère éternelle ne pèse autant que celui d'oncle, cependant je vous prie de faire rejaillir sur ces petits mourvieux quelque peu de vos bonnes grâces; j'espère qu'ils se rendront dignes de les mériter avec la mère.

Wolfenbüttel 21 décembre.

Je souhaite que vous n'ayez jamais d'autres soucis que l'indisposition de la charmante Biche et la maladie de Crica, ce sont des pertes à reparer et dont les douleurs ne nuisent point à la santé... Je passe le pluspart de mon temps avec mes enfants; ils sont mes lecteurs et mes lectrices et quelquefois nous jouons aux échecs et je fais la vieille mère.

[1]) Sie kam im April 1753. [2]) Herzog Ferdinand. [3]) Der Direktor und Primobasso Buffo der Intermezzi des Königs in Potsdam.

28 janvier 1753.

Nous attendrons à la fin du mois prochain le Margrave et la Margrave de Culmbach¹). Ils passeront par ici pour aller à Bareit, ma soeur et le Margrave les ayant invités. Je crois qu'elle trouvera l'approbation de ma soeur, car elle est fort aimable.

18 février.

Avant que d'avoir reçu l'honneur de votre lettre, j'avais déjà sondé le Prince-héréditaire de Hesse²) pour savoir, si la Hesse tirait des subsides anglais. Dans le commencement il me répondit assez vaguement là-dessus et je n'en tirai aucune réponse décisive, mais par des conversations plus réitérées, sans faire semblant de rien, il m'avoua qu'il ne recevait rien du tout ni des Anglais ni d'aucune puissance étrangère. Il m'a dit qu'il n'avait point remplacé les gens qu'il avait perdus pendant la dernière guerre, le Landgrave n'ayant à présent sur pied que neuf mille hommes au lieu que dans le temps de la guerre et des subsides reçus il en avait treize mille hommes, ce qui est bien une marque certaine qu'il n'en tire rien. Je crois que les Anglais s'imaginent qu'ils sont sûrs des Hessois ainsi qu'ils ne s'empressent point à présent pour les mettre de leur parti.

P.S. Après avoir reçu votre lettre je fis l'ouverture au Duc de l'article qui le regardait... Le Duc m'a dit que le prince lui avait dit la même chose qu'à moi.

18 mars.

J'ai été persuadée que vous n'imiteriez pas l'opéra de Dresde qui a fait tant d'admiration par la quantité de chameaux et d'éléphants qui ont orné le théâtre³). Vous êtes de trop bon goût pour vous contenter de faire représenter des masses d'animaux informes; cela ne convient qu'aux esprits matériels qui ne se donnent pas la peine de penser plus loin et qui se plaisent aux objets les plus extraordinaires... Si vous ne croiriez pas de jeter les perles devant les pourceaux, vous me feriez une grande grâce lorsqu'elle (die Oper Sylla) aura été représentée⁴), de m'envoyer la musique, puisque les

---

¹) Friedrich Ernst (geb. 1703) und Christine Sophie von Bevern (geb. 1717). Sie reisten Anfang April nach Bayreuth. Von der Markgräfin hatte die Herzogin früher geschrieben: Elle est d'une bonne société et si elle n'était pas si maigre, on pourrait dire qu'elle est jolie.   ²) Am 8. Februar hatte sie geschrieben: ‹Nous avons ici le Prince-héréditaire de Cassel (Friedrich, geb. 1720) qui est gai et de fort bonne humeur et qui aime à se divertir›. Er war im Januar in Berlin gewesen.   ³) Im Februar war in Dresden die Oper Soliman aufgeführt worden, die wegen ihrer Pracht und der zahlreichen Aufzüge von fremden Nationen und ausländischen Tieren allgemein angestaunt wurde: die Elephanten waren durch Pferde dargestellt, aber die lebendigen Kamele, die auftraten, brachten das Publikum fast dazu, auch wirkliche Elephanten zu sehen.   ⁴) Die Oper

nouvellistes et petits ministres publics ont débité qu'elle était composée de «main de maître».

29 mars.

Vous me faites un plaisir infini en m'accordant la musique de Sylla. Je suis persuadée qu'elle sera divine et la main de maître suffit déjà pour la faire approuver. Nous venons de célébrer l'anniversaire de la naissance de notre chère Mère; il me semble que nous avons sujet de nous en féliciter et d'unir nos voeux pour une si précieuse conservation. La Reine-mère m'a fait la grâce de m'envoyer une petite chienne qui est bien le plus joli animal qu'on puisse voir. Il a mille bonnes qualités, c'est une Vénus aimable et qui par sa douceur et sa bonté est très insinuante. Je l'aime beaucoup et elle ne me quitte point[1]).

Bronsvic 5 avril.

Mon fils ne me ressemble point, ses traits ni sa figure ne pourront vous faire souvenir de la mère[2]).

20 avril.

Je vous promets que cette belle musique ne sera pas profanée par aucune voix énervée ni par des violons discordés; j'en ferai usage pour ma seule récréation, j'exercerai mes doigts pour en bien exprimer tous les tons sur le clavecin, je tâcherai de le jouer avec tout le goût possible... Je n'y ai pas douté que l'arrivée de ma soeur d'Anspach ne vous ferait plaisir[3]). Je suis persuadée que le contentement de son côté sera bien réciproque. Elle trouvera beaucoup de changements depuis les neuf années qu'elle n'a été à Berlin; mais retrouver sa famille, cela suffit.

Helmstedt 29 avril.

J'ai eu la joie de recevoir ma soeur ici[4]); mon impatience et le bonheur de

Sylla von Graun war am 27. März, zum Geburtstag der Königin-Mutter aufgeführt worden. Die Skizze zum Text dazu stammte vom Könige: «De main de maître» war die damals ganz allgemeine Bezeichnung für die Werke des Königs.

[1]) Am 6. April schrieb sie: «Il est certain que ces petits animaux ne laissent pas d'attacher par leur fidélité et que l'on ne saurait se refuser de leur vouloir du bien, parcequ'on les connaît sincères.» [2]) Der Herzog und der Erbprinz waren zu den grossen Manövern bei Spandau eingeladen. Sie reisten am 26. August ab und kamen am 20. September zurück; am 23. September schrieb sie: «C'est bien flatteur tout ce que vous me dites au sujet de Charles; il ne saurait trouver de meilleure recommandation que celle de trouver votre approbation.» [3]) Die Markgräfin war am 13. April gekommen. [4]) Die Markgräfin blieb nur ein paar Tage. — Am 12. August hatte Frau Gottsched, die aus Hamburg kommend sich in Braunschweig aufhielt, eine über eine Stunde während Audienz bei der Herzogin; sie schrieb nachher: «Ihr Gespräch verrät einen trefflichen Verstand und weitläufige Belesenheit.»

revoir cette aimable personne ne m'avait pas pu faire attendre de la voir à Bronsvic, ainsi je suis venue quatre lieues au devant d'elle. Ma pauvre soeur a trouvé des chemins si affreux qu'elle n'arriva que trois heures de matin ici. Comme j'étais restée éveillée jusqu'à une heure, je me suis mise au lit ayant envoyé des couriers pour m'informer de son arrivée, et personne n'étant venu, je crus qu'elle était restée la nuit à Magdebourg; ce qui me fit prendre la résolution de me coucher. Ma soeur me trouva au lit, ce fut notre première entrevue. Elle était si fatiguée qu'après avoir un peu mangé, je lui fis faire un lit pour la reposer. Je vous écris à son réveil, me trouvant auprès d'elle et nous buvons du thé à votre santé et parlons du bon vieux frère. Nous dînerons ici et puis je la mènerai en triomphe à Bronsvic, bien glorieuse d'avoir accompli mes désirs d'être avec une si chère soeur.

2 juin 1754.

Je doute que les opéras comiques vous plairont autant que les autres —. Nous en avons ici, mais ils étaient trop bouffons. Je m'imagine que vous les faites représenter pour avoir un changement de spectacle. Hasse vient de faire un nouvel opéra que l'on loue beaucoup; il s'appelle «Artemise». Je viens tout récemment de le recevoir, mais je n'ai pas encore eu le temps de l'examiner. Si vous l'ordonnez, j'aurai l'honneur de vous l'envoyer. Il me semble que sa composition est charmante et qu'elle enchante ..., mais je m'émancipe de vouloir décider de choses que vous entendez beaucoup mieux que moi et dont vous jugez en maître habile au lieu que j'en raisonne comme une nazette. Le Duc est sur le point de partir après les fêtes avec mon fils aîné pour Schleswig[1]); il y aura entrevue du Roi de Danemark qui l'a fait inviter. Voilà tout ce que je sais.

24 juillet.

Je puis m'imaginer la joie que mes deux soeurs de Franconie auront eu d'avoir le bonheur de vous voir[2]). Je plains de ce que la mauvaise santé de ma soeur de Bareit lui ait empêché de jouir avec plus de satisfaction de votre présence. Cet obstacle est venu trop mal à propos, les trois jours que vous avez passés à Bareit, se seront écoulés trop vite pour mes soeurs. Ma soeur d'Anspach m'a fait part du contentement dont elle a joui de vous rendre ses devoirs, elle s'exprime d'une façon tout à fait tendre sur le sujet de mon cher frère.

---

[1]) Die Reise dauerte vom 7.—18. Juni.   [2]) Der König war 18.—21. Juni in Bayreuth gewesen; er hatte die Markgräfin Wilhelmine gebeten, die Ansbacher Schwester dazu einzuladen.

1754

10 novembre.

Vous pouvez juger aisément de l'alarme que j'ai eu en apprenant que ma soeur d'Anspach a pris la petite vérole. Elle a eu l'obligeante attention de me le faire écrire par une de ses filles d'honneur, laquelle me tranquillise beaucoup en m'assurant que les jours les plus critiques étaient passés et que la faculté soutenait que le venin n'était pas de l'espèce la plus maligne, ainsi qu'il y avait tout espoir de la tirer heureusement d'affaire, quoique l'éruption s'en était le plus manifestée au visage et que ma soeur en était tout couverte, que l'on ne croyait pas même qu'elle en serait marquée. Je vous avoue que sans cette rélation je ne serais point revenue de mes angoisses, et avant que d'en savoir ces circonstances, mon coeur a bien souffert et les sentiments d'amitié, si naturels entre des parents, ne peuvent se feindre surtout lorsqu'on craint de perdre ceux qui nous sont si chers. C'est une mort pour soi-même; comme vous vous apercevez de ces mêmes sentiments, vous savez par l'expérience ce qui en coûte pour se surmonter en des funestes catastrophes... Vous saurez bien que ma soeur de Bareit est partie pour entreprendre le voyage à Montpellier[1]) à cause de sa santé; je crains cependant que la fatigue l'incommodera, étant d'ailleurs d'une constitution si délicate. Je serai bien aise, si elle peut supporter l'air de ce pays-là qui, à ce qu'on prétend, est plus doux pour les personnes malingres.

[*décembre.*]

Je suis persuadée que ma soeur [d'Anspach] serait fort sensible, si elle sait le part que vous prenez à ce qui la regarde[2]). Cette marque d'amitié de votre part pourra contribuer à la remettre par le plaisir qu'elle ressentira de voir que vous pensez à elle avec tant de tendresse... Il me semble que pour des opéras il faut des sujets qui touchent un peu, ce qui les rend plus intéressants, et le compositeur doit entrer dans l'idée du sujet de la pièce pour régler la musique après, ce qui rend l'opéra parfait. J'ai lu la tragédie que Mr. de Voltaire a faite de Semiramis. Je m'imagine que c'en est le sujet de l'opéra que vous ferez représenter. Pour Montezuma[3]) il m'est

---

[1]) Sie war im Oktober abgereist; an den Aufenthalt in Südfrankreich schloss sich ein längerer Aufenthalt in Italien an. August 1755 kam sie wieder nach Bayreuth.   [2]) Der König hatte ihr deren Wiedergenesung geschrieben.   [3]) Semiramide und Montezuma, beide von Graun, waren die für den Karneval bestimmten Opern. Der Stoff der Oper Montezuma, der für die damalige Zeit etwas neues bedeutete, war vom Könige gewählt, der auch das französische Libretto dazu verfasst hatte. — Am 28. März 1755 schrieb der König der Schwester in Bayreuth: «J'ai aussi vu le prince François (von Braunschweig), qui m'a dit que ma soeur de Bronsvic se portait à merveille et que ses enfants devenaient grands comme des perches.»

inconnu; comme sans doute vous aurez choisi ce qu'il y a de mieux, cela ne pourra être que des représentations agréables à l'ouie et à l'imagination des spectateurs.

Vendhausen 20 juin 1755.

Je suis à présent une campagnarde me trouvant depuis quelques jours à une maison de plaisance qui appartient au Duc; je compte de m'y arrêter, pour me servir des eaux de Spaa. Le jardin est fort joli et la situation en est très belle. Je m'amuse à promener et à pêcher et je suis bien glorieuse, lorsque j'ai pris un ou deux poissons.

28 juin.

A mon arrivée à Bronsvic j'appris encore des nouvelles d'Hannovre d'une entrevue que l'on proposait de la part de la Comtesse Yarmouth et que le Roi souhaitait absolument de voir Caroline et cela bientôt. Je vous en avertis afin que si cela arrive, vous n'en soyez pas surpris... Le ministre Münchhausen[1]) a écrit que lorsque le Roi aurait vu Caroline, la chose en question[2]) se déciderait bientôt ce qui a été communiqué au Duc.

4 juillet.

Depuis ma dernière lettre on a continué d'insister de la part du Roi d'Angleterre de voir ma fille Caroline. On a proposé plus d'un moyen, l'un moins acceptable que l'autre. J'ai refusé de donner la main à tous ceux par lesquels on demanderait ma fille sans moi, ne trouvant pas convenable de me laisser prescrire les mêmes lois qu'on a imposé ci-devant à la cour de Gotha[3]). J'ai donc déclaré nettement que ma fille ne comparaîtrait jamais devant le Roi sans moi. On a à la fin cru convenable qu'étant invitée du Roi je pourrais lui rendre visite avec mes deux filles[4]), que pour éviter tout le cérémoniel je pourrais garder l'incognito[5]), que mes filles se pourraient promener à Herrenhausen et que le Roi me rendrait visite. On m'a donné toutes les assurances possibles que le Roi conduirait alors l'affaire en question, et j'étais trop avancée pour reculer. Je partirai d'ici le 5 de ce mois avec mes deux filles. Le Duc n'a pas voulu vous incommoder derechef par une lettre, mais il serait ravi, si avant mon départ il aurait réponse sur la demande faite par le prince Ferdinand... Fritze, Henri et Guillaume ne parlent encore que de vos bontés[6]).

[1]) Hannoverscher Kammerpräsident und Mitglied des Geheimen Rates. [2]) Schon im Juli 1752 war die Rede von einer Doppelheirat: die Prinzessin Karoline sollte mit dem Prinzen Georg von Wales (geb. 1738) und der Erbprinz mit einer von dessen Schwestern vermählt werden. [3]) Bei der Verlobung der Prinzessin Auguste von Gotha mit dem Prinzen von Wales 1736. [4]) Prinzessin Caroline und Amalia. [5]) Sie kam als Gräfin Warberg. [6]) Der König war auf der Reise nach Wesel im Juni in Salzdahl gewesen.

Bronsvic 10 juillet.

Je puis pourtant vous assurer que j'ai été reçue [in Hannover] avec toutes les attentions et politesses infinies, le Roi m'ayant témoigné toutes les distinctions imaginables. J'ai été logée au Fürstenhaus; le soir avant mon arrivée le Roi y est allé lui même pour distribuer les appartements dans lesquels j'ai logé, et a eu une attention particulière pourque Caroline fût après moi préférablement à son aise. J'ai été servie par les offices et la livrée de la cour et le grand-maréchal reçut l'ordre d'avoir soin de tout et m'a servie tout le temps. Le président Münchhausen et sa femme et le conseiller-privé de Steinberg me tinrent compagnie parceque ce jour je ne suis point sortie et que je me reposai. Le dimanche (6. Juli), jour de mon arrivée, mes deux filles allèrent à Herrenhausen avec Madame de Münchhausen. Le Roi qui les rencontra dans le jardin, leur fit un accueil très grâcieux, se promena avec, s'entretint avec elles, surtout avec Caroline et il fit remarquer qu'elle trouvait beaucoup son approbation. Après la promenade le Roi se mit au jeu de commerce avec mes filles. Comme je n'ai pas été présente à la réception, le Roi jugea que s'il retournait pour me tenir compagnie, que cela me ferait plaisir. Le Roi me fit inviter d'aller le lundi matin à la revue. Je m'y rendis à huit heures du matin. Le Roi ayant passé le front et moi aussi, il descendit dans une tente, où il me fit l'accueil le plus poli du monde et me dit mille choses obligeantes devant toute une foule de monde qui était présente. Il me fit asseoir auprès de lui de même que mes filles jusqu'à ce que les troupes passassent tout près de la tente. Alors il se leva pour les voir défiler, mais il m'obligea de rester assise. Après la revue je retournai au Fürstenhaus; un quart d'heure après que le Roi se fit habiller, il vint me rendre visite et dîna avec moi d'une façon la plus cordiale. Il s'assit entre Caroline et moi et s'entretint beaucoup avec Caroline et moi. Après la table, s'étant encore un peu entretenu avec moi et mes filles, il s'en retourna à Herrenhausen, m'invitant d'y venir le soir. Je m'y rendis avec mes deux filles à cinq heures, je descendis chez la princesse de Hesse[1]), où le Roi vint d'abord qui sut que j'y étais. Il s'assit avec la princesse de Hesse, avec mes deux filles et moi et était de la meilleure humeur du monde. Ensuite nous nous rendîmes à la comédie, qui fut jouée sur le théâtre du jardin, et puis après il fit jouer les eaux pour que j'eusse le plaisir de les voir. Ensuite toute la salle de l'orangerie étant illuminée, il m'y mena. Les violons ayant été apointés, il donna un bal impromptu pour divertir mes filles, et prit l'aîné prince de Hesse pour qu'il commençât avec Caroline. Ma santé faible ne

---

[1]) Marie, die Tochter des 1751 verstorbenen Prinzen von Wales, die 1740 mit dem Erbprinzen von Hessen-Kassel vermählt wurde.

m'ayant pas permis de rester longtemps, je me retirai et pris congé; le Roi prit un congé très poli et tendre de moi, mes filles restèrent au bal et au souper, après quoi le bal commença et dura jusqu'à deux heures. Le mardi au matin je partis et arrivai le soir à Bronsvic. Caroline a trouvé beaucoup d'approbation du Roi et il y a tout lieu d'espérer que l'affaire en question sera bientôt décidée. Le Roi n'a rien parlé de la Reine-mère et n'a pas touché la moindre chose sur son sujet; tout l'entretien qu'il a eu avec moi, n'a roulé que sur moi et ma famille et puis de choses indifférentes.

27 juillet.

Je vous rends mille grâces de l'honneur que vous avez fait à Caroline et à mes autres enfants, de leur répondre; s'ils n'avaient craint de vous trop importuner, ils se seraient fait un plaisir de vous en témoigner chacun leur respectueux remerciment: Toujours vous pourrez être persuadé que cette petite société vous est devouée et qu'ils vous vénèrent, comme il ne se peut au monde davantage.

31 juillet.

La Reine-mère m'a fait la grâce de m'écrire que vous l'aviez invité de venir à Sansouci [28.—31. Juli]. Il paraît que ce petit voyage lui est fort agréable. Elle chante vos louanges[1]). C'est entre nous deux un débat à qui en dit le plus; comme c'est ma mère, je suis obligée de lui céder, cependant je renchéris et suis toujours votre admiratrice. Amélie m'a notifié son prétendu établissement[2]). Elle paraît résignée dans cette vocation et croit que lorsqu'elle sera accoutumée premièrement à ce changement de vie, qu'elle sera contente, mais dans les commencements elle trouvera une différence entre Berlin et son abbaye qui en comparaison ressemble à une bicoque. Je vous suis redevable de l'intérêt que vous daignez prendre à ma santé. Je continue les eaux qui me font du bien, mais la saison est des plus horribles; il fait un froid depuis huit jours, des vents violents et des pluies abondantes comme à Noël qui empêchent toute la promenade. Je vous plaindrais infiniment, si à Sansouci vous avez le même temps. Ce sont les canicules les plus ingrats que je connais; quoique la Providence n'en fera ni plus ni moins, je ne puis m'empêcher d'en murmurer.

[1]) Ein andermal schrieb sie: Les lettres que la Reine-mère me fait la grâce de m'écrire ne sont pleines que du plaisir qu'elle a eu de vous voir; elle dit que cela contribue à prolonger ses jours et que vous êtes le soutien de sa vieillesse. Quelle heureuse mère, d'avoir produit un si digne fils et que ses peines sont bien récompensées.   [2]) Sie succedirte am 16. Juli als Äbtissin von Quedlinburg.

19 août.

J'ai appris avec une consternation infinie l'accident qui vous est arrivé, en faisant une chute de cheval. La Reine-mère m'a fait la grâce de m'assurer que cependant, grâce à la Providence, ce malheur n'aurait aucune mauvaise suite, ce qui était seul capable de pouvoir me tranquilliser. Je vous ai des obligations infinies de ce que vous avez la bonté de me confirmer la même chose... La foire qui va commencer ici, m'a obligée d'interrompre les eaux, dont je me servais, je n'y perds rien, car il fait un temps si froid que ... quoique je demeure en ville, je ne puis m'empêcher de faire du feu de cheminée. Il y a ici (zur Messe) une fourmilière d'étrangers. Le vieux Feldmarschall Seckendorf en a été aussi; il est fort baissé depuis la dernière apoplexie qui l'a touché, et il paraît qu'il s'en va prendre bientôt le chemin de l'autre monde.

25 septembre.

Je trouve que vous jugez très bien qu'il aurait été beaucoup mieux et plus avantageux, si avant que d'aller à Hannovre, j'aurais pu tirer une réponse décisive de la part du Roi sur les intentions qu'il avait pour Caroline, mais outre qu'il ne serait pas laissé se forcer d'en donner une et qu'il est très difficile de tirer une explication de S. M., c'est qu'il a désiré premièrement de voir ma fille; comme l'on m'avait fortement assuré, que ce serait par cette entrevue le moyen le plus efficace pour que l'affaire se déclare, je n'ai pu me dispenser dans cette persuasion de l'amener, d'autant plus qu'en le refusant je me serais exposée à tous les reproches d'avoir négligé l'occasion, qui se présentait de contribuer à la fortune de ma fille, qui me tient avec à coeur d'autant plus qu'étant pourvue de tant d'enfants je suis bien aise, si peu à peu je les vois établis. Cependant l'on me donne toujours l'espérance que la chose réussira. Je me flatte que ce ne sera pas en vain, quoique cela traîne. Le Roi a fait remarquer assez que Caroline trouvait son approbation et qu'il était porté pour elle. Il est à présent en Angleterre. Il faudra voir ce qui en résultera; j'espère qu'il soutiendra ses sentiments et qu'il mettra fin à la conclusion. Si non, c'est une des moindres épithètes que celles que vous lui donnez, qu'il mérite, et il ne pourrait jamais effacer le tort, qu'il se ferait, mais j'espère toujours, qu'il pensera sur se sujet en honnête homme.

26 octobre.

Je me prépare avec plaisir de devenir tante et architante[1]), car je vous

---

[1]) Sie hatte ihm am 8. Oktober geschrieben: Je vous félicite de ce que vous avez heureusement terminé les fêtes à l'occasion des nôces de Ferdinand. Il me semhle comme un rêve lorsque je pense qu'il pourra en neuf mois porter le nom de père, me resouve-

avoue que je suis bien aise de ce que le nombre de notre famille croisse et multiplie. Il me semble qu'il n'y a en point trop et notre sang vaut bien d'être produit. Je suis persuadée que l'espèce de Ferdinand sera fort jolie et spirituelle, puisqu'il n'y a rien d'étranger et que l'estime et l'amitié ont formé les noeuds de cet hymen. Nous avons eu depuis quelque temps un petit essaim d'Anglais qui ont passé par ici, entre autre le chevalier Stanhope et son neveu Hotham, fils du célèbre Charles Hotham qui comme un second Jacques Rosbeaf fut envoyé une fois à Berlin[1]). Son fils ne ressemble point au père, c'est un garçon fort éveillé, qui a l'esprit vif et amusant. Le chevalier Stanhope paraît être un homme sérieux et qui a du solide mais il a l'accident d'être si sourd qu'à peine on se peut faire entendre pour ne point tirer de lui une réponse de travers... Je voudrais volontiers vous écrire quelque chose d'agréable et d'amusant mais certainement il serait difficile d'y réussir. Mes occupations sont des plus unies; j'ai mes enfants[2]), c'est une petite société qui demande des soins, et je fais mon possible pour remplir mes devoirs et leur donner une éducation qui convient à des personnes bien nées et petit à petit le proverbe dit que l'oiseau fait son nid, mais l'on avance. On a beaucoup vanté les lettres que le comte Tessin a écrites au Prince Royal de Suède; je vous prie de m'en dire votre sentiment; il me paraît qu'elles sont pour la portée d'un enfant assez joliment écrites mais des allégories trop recherchées[3]).

15 février 1756.

Vous possédez des talents tout particuliers pour réussir dans les desseins ques vous vous proposez, et vous avez l'honneur de vous acquitter de façon que vous en acquerrez une gloire immortelle. Le traité que vous venez tout récemment de conclure avec l'Angleterre[4]) en est une preuve nouvelle. Tout le monde vous a obligation infinie de ce que par de si justes mesures vous

nant encore bien récemment de sa naissance. Vous avez raison que l'on aperçoit que l'on devient vieux, lorsqu'on voit des secondes générations, si ceux à qui l'on ne pensait point encore qu'ils naîtraient [se marient?] Il est certain que vous courez risque d'être l'oncle de la moitié de l'Europe. Prinz Ferdinand von Preussen (geb. 1730) der jüngste Bruder der Herzogin, hatte sich am 27. September mit der Prinzessin Luise von Schwedt, seiner Cousine, vermählt.

[1]) April 1730, um die Doppelheirat zwischen dem Prinzen von Wales mit der Prinzessin Wilhelmine und dem Kronprinzen von Preussen mit der Prinzessin Amalie zu betreiben.   [2]) Zehn, von denen der jüngste, Prinz Leopold, am 11. Oktober 1752 geboren war.   [3]) Die «Briefe an einen jungen Prinzen von einem alten Manne» von Graf Tessin für den Kronprinzen Gustav von Schweden.   [4]) Im Neutralitätsvertrage von Westminster vom 16. Januar 1756 verpflichteten sich Georg II. und Friedrich um die Ruhe Deutschlands aufrecht zu erhalten, dass fremde Truppen in Deutschland einrückten zu verhindern.

avez pacifié tous les troubles, dont l'Allemagne était menacée, et l'on vous considère comme l'unique arbitre, qui a contribué à la paix et au repos d'Allemagne. Vous ne sauriez vous imaginer, combien cet évenement a répandu une allégresse universelle partout et en particulier chez nos voisins d'Hannovre. Nous en avons ici toute une pépinière qui profitent des plaisirs de la foire et qui ne jurent que par le Roi de Prusse... Nous avons entre autres étrangers ici le Duc de Weimar[1]) mais qui pour garder l'incognito, a voyagé sous le nom de comte d'Alstet... Le but de son voyage est de voir les princesses, qui sont en âge d'être mariées. Il a jeté ses vues sur ma fille seconde[2]) mais comme il n'y a encore rien de déclaré, j'espère que vous aurez la bonté de ne faire encore semblant de rien; je n'ai cependant pas voulu manquer de vous en avertir la première.

20 février.

Vous considérant comme un père de famille ... je crois donc que je manquerais à l'attachement que j'ai pour vous, si je ne vous faissais part de l'événement présent, le Duc de Weimar venant de demander ma fille Amélie en mariage. Le Duc et moi trouvant que c'est un établissement convenable pour elle, y avons donné notre consentement. Il ne manque ainsi pour l'accomplissement que l'approbation de la Reine-mère; pour cet effet le Duc et moi lui avons envoyé un courier, pour lui demander en même temps sa bénédiction et son consentement, ce qui retardera jusqu'au retour du courier les promesses publiques qui se feront tout aussitôt après.

26 février.

Je vous rends mille grâces de la part obligeante que vous daignez prendre à l'événement présent et à l'établissement de ma fille Amélie. Je prends la liberté de vous la recommander avec son futur dans vos grâces et bienveillances... La Reine-mère m'ayant écrit qu'elle y donnait son consentement et comme vous n'y trouvez rien aussi à redire, les promesses se feront cette semaine publiquement et les nôces tout de suite, le jeune Duc ne voulant attendre plus longtemps; elles sont finies en trois semaines. Je reconnais bien toutes les attentions pleines de bonté avec lesquelles vous vous expliquez sur le sujet de Caroline. Vous jugez bien, qu'il me serait fort agréable, si son sort pourrait être déterminé d'une ou d'autre façon. Cette incertitude m'est des plus inquiétantes. On nous fera toujours espérance, c'est tout ce que je puis vous en dire. Si cela dépendait uniquement du Roi seul, je crois que ce serait déjà une affaire faite, car il n'a d'autres buts. Entre nous

---

[1]) Ernst August Constantin geb. 1737, Herzog seit 1748.   [2]) Amalie geb. 24. Oktober 1739.

soit dit, la Princesse de Galles n'est pas du même sentiment et c'est un grand obstacle à combattre, pour la faire entrer dans les mêmes vues. Les amis du Duc ne négligent ni peines ni soins, mais la chose est de nature à vouloir être traitée fort délicatement. Sans cela en voulant la forcer, on gâterait tout... Je vous avoue que je ne crains jamais que vous entreprenniez quelque chose, dont vous avez après lieu de vous repentir; de tout autre cela me tomberait dans l'esprit mais jamais de vous. Vous êtes un trop grand maître politique, pour vous proposer quelque chose qui pourrait vous devenir préjudiciable, et celui qui possède une armée de 180 mille hommes bien équipés et disciplinés a fait toujours craindre et respecter. Ainsi les Français vis-à-vis de vous seront obligés comme des autres à baisser le pavillon devant vous[1]). Voilà l'avantage que tirent les princes lorsqu'il gouvernent par eux mêmes et qu'ils possèdent le génie et la superiorité d'esprit sur leurs sujets et subalternes.

11 mars.

Les nôces sont fixées au 16 de ce mois et quelques jours après les jeunes mariés partiront. Je les conduirai jusqu'à Blankenbourg, qui est sur le chemin où ils sont obligés de passer[2]), et puis j'attendrai ma soeur Amélie, qui m'a notifié qu'elle partirait le 1 avril pour son abbaye m'invitant d'assister à son installation. Comme il n'y a point de place à loger à Quedlinbourg, restant à Blankenbourg je suis à portée de l'aller voir tous les jours n'étant que deux petites lieues de l'abbaye. Je me fais un plaisir d'assister à ces nôces comme épouse de Jésus-Christ et je ne manquerai point d'honorer mon nouveau beau-frère et de prier ma soeur qu'elle me recommande dans ses bonnes grâces.

Blankenbourg 11 avril.

J'ai trouvé ma soeur[3]) nullement changée et tout de même comme je l'ai vue la dernière fois que j'étais à Berlin. J'ai dîné chez elle et nous avons passé la journée ensemble jusqu'au soir; après avoir pris congé je suis retournée à Blankenbourg. Je vous rends grâce de l'obligeante offerte que vous avez daigné me faire pour loger à Quedlinbourg, mais outre que j'au-

---

[1]) Der preussisch-französische Allianzvertrag von 1741 lief demnächst im Juni 1756 ab. Es war die Frage, ob Frankreich ihn nach dem Abschluss des Westminstervertrages erneuern würde. Mitte Januar war der Herzog von Nivernois als ausserordentlicher Gesandter nach Berlin gekommen. [2]) Am 25. März schrieb die Herzogin: «Més enfants sont partis, nous les avons conduits jusqu'à deux lieues de Blankenbourg, et c'est à un bailliage du Duc que nous nous sommes dit les derniers adieux. La séparation m'a été sensible et l'adieu a été tendre de part à l'autre.» [3]) Amalie, die ihr einen Brief vom Könige gebracht hatte.

rais craint d'abuser de vos bontés, c'est qu'en même temps je n'aurais été bonne à rien à ma soeur et je n'aurais fait que l'embarasser; occupée comme elle est à présent avec toutes ces cérémonies¹), je n'aurais point pu profiter d'elle. J'attends donc que tout ceci soit passé et puis je compte d'y faire encore un tour et après de la recevoir ici du mieux qu'il dépendra de moi.

[avril.]

Ma soeur²) m'a fait le plaisir de venir chez moi, j'ai tâché de l'amuser de mon mieux. Nous avions concerté une promenade ensemble, mais un orage fort inopiné, accompagné d'éclairs, de gêle et de tonnere, fit échoir notre dessein et nous fûmes obligées de rester dans la maison. Sous les auspices de la Ste Abbesse je crois que ce tonnere nous fît grâce de ne point tomber, car il était très fort, et le courage de ma soeur aurait bientôt chancelé. Ces deux jours, que j'ai été chez ma soeur, je les ai passé fort agréablement. Elle m'a menée dans toute l'abbaye et nous avons bu du thé dans son jardin. Elle a fait sauter ses cascades de Versailles et de Marly et nous avons fait le tour du jardin dans lequel il y a des vues magnifiques à voir. Les contrées de Quedlinbourg sont charmantes et l'endroit est véritablement fort agréable. Ma soeur est fort joliment logée ormis l'escalier qui n'est pas trop bon. Ce qui me fait beaucoup de plaisir, c'est que ma soeur me paraît être très contente et se plaît dans la situation dans laquelle vous l'avez placée.... Je suis persuadée qu'elle vous fera part de sa curiosité, qui l'a portée à entrer dans le caveau et faire ouvrir les cercueils.

27 avril.

Je crois bien que le Prince héréditaire de Hesse vous embarasse touchant sa conduite, qui est un peu critique. Cependant à Cassel on sera bien aise de le voir en sûreté à Berlin et à l'abri des intentions que l'on a eues à Vienne de le débaucher³).

9 juillet.

Dank] pour les intentions grâcieuses, avec lesquelles vous vous êtes intéressé au sujêt du mariage de Caroline. Je suis persuadée que vu le crédit

¹) Den 11.—13. April waren die Feierlichkeiten zu Ehren ihrer Einführung als Aebtissin. ²) Prinzess Amalie nahm diesen Brief mit; sie kam am 23. April wieder in Potsdam an. ³) Der Erbprinz Friedrich von Hessen-Kassel war 1751 zur katholischen Kirche übergetreten. Als dies 1754 bekannt wurde, erregte es den Zorn seines Vaters, des Landgrafen Wilhelm VIII. Der Wiener Hof, der an dem Uebertritt beteiligt war, suchte den Erbprinzen zur Flucht nach Wien zu überreden; er trat aber, um einen Wunsch seines Vaters zu erfüllen, im April 1756 als Generallieutnant in preussische Dienste, obwohl man auch dann noch versuchte, ihn mit dem Versprechen des Ranges als General nach Wien zu ziehen.

que vous avez présentement, et le respect que l'on vous porte, contribuera le plus à terminer cette affaire, dont je serai charmée de vous avoir la principale obligation...

29 juillet.

Tout aussi agréable que me serait l'assurance d'un établissement pour ma fille, cependant je puis vous assurer que dans la situation des affaires présentes c'est un des moindres embarras qui m'inquiètent et que ce qui me tient avec le plus à coeur, c'est de vous tirer heureusement de la crise dans laquelle vous vous trouvez[1]), qui m'alarme plus que tout le reste, ayant trop à coeur l'intérêt de ma maison paternelle, pour être indifférente aux divers événements qui pourraient y porter préjudice. Quoique mes inquiétudes vous sont inutiles et qu'elles ne peuvent rien changer aux affaires politiques, cependant je ne démens point mon sang et tant qu'il en coulera une goutte dans mes veines, je m'intéresserai pour ma famille et en particulier pour le meilleur frère du monde. Je maudis dans mon coeur tous vos ennemis et souhaite de les savoir exterminés à vos pieds... J'espère que les eaux[2]) vous auront fait du bien, quoique je crains que les affaires dont vous êtes surchargé, n'aient empêché qu'ils aient fait leur effet et que vous n'avez pu vous en servir tranquillement. J'ai été bien surprise de la conspiration qui s'est faite en Suède par rapport à ma soeur, craignant qu'elle aurait du chagrin de tous ces troubles, mais selon ce que le public en parle, on dit pourtant que ce royaume sera érigé en souveraineté; ainsi selon les apparences le tumulte s'apaisera encore pour l'avantage du Roi et de ma soeur[3]).

20 août[4]).

Il est certain que vous n'avez pas sujet de craindre, ayant la cause la plus juste du monde et une armée nombreuse et formidable, qui a donné déjà tant de preuves de sa valeur en confondant vos ennemis, que je suis persuadée que cette fois-ci ils n'en feront pas moins et qu'ils inspireront la honte et la terreur à tous ceux qui osent vous attaquer. Cependant je vous avoue que puisque la guerre est inévitable[5]) et quoique toutes ces meilleures

---

[1]) Am 14. Juli war der Courier von Berlin nach Wien abgegangen, der dem preussischen Gesandten dort den Befehl überbringen sollte, die Kaiserin zu fragen, ob die Rüstungen in Böhmen und Mähren in feindlicher Absicht gegen Preussen geschähen; am 21. erfuhr der König den Plan des Wiener und Petersburger Hofes, ihn im nächsten Frühjahr von zwei Seiten anzugreifen.   [2]) Die Brunnenkur, die der König jeden Sommer brauchte.   [3]) Der Staatsstreich vom 21. Juni 1756, um die Adelsherrschaft zu brechen.   [4]) Vgl. den Brief vom 12. August auf S. 68.   [5]) Am 2. August hatte der König die ausweichende Antwort aus Wien: an demselben Tage wurde der Beginn der Operationen auf den 25. August festgesetzt, der preussische Gesandte in Wien be-

espérances soient de votre côté, je serais charmée quand le tout sera fini...
Entre autres étrangers qui sont ici, nous avons aussi le S. Parisot autrement connu dans la république des lettres sous le nom du Père Norbert[1]), qui sans doute vous sera connu par les ouvrages qu'il a publiés contre les Jésuites. C'est un homme fort amusant et qui, ayant beaucoup vu le monde, a beaucoup de connaissances. Il a été aux Indes, à la Chine, en Perse et a passé cinq fois la Ligne; il est obligé de cacher son nom, pour éviter les poursuites des Jésuites... Le Prince de Galles défunt l'a protégé et la Princesse de Galles d'à présent l'a fait son bibliothécaire et a beaucoup de confiance en lui. Il m'a dit que d'ici il irait à Berlin où il a déjà été.

16 décembre.

Vos chères lettres sont d'autant plus des surprises bien agréables, quoique toujours inattendues je les estime au double; cependant je les lirais avec encore plus de satisfaction, si j'y apprenais, que vous vous êtes tiré heureusement de la crise, dans laquelle vous vous trouvez. Quoiqu'il est vrai que vous êtes assailli d'ennemis et que vous jouez gros jeu malgré vous, j'ai la ferme espérance que vous gagnerez malgré l'envie que vos ennemis ont de vous nuire et de vous abaisser. Car lorsque je considère tous ces monstres, l'un après l'autre, qui se lient pour vous terrasser, je vois qu'ils se trouvent dans l'impuissance de pouvoir accomplir leurs mauvais desseins, et c'est qui me fait espérer que vous n'aurez pas affaire à de si forts partis. Car l'on dit que la Russie n'a point d'argent ni de magasins, la France aura de la peine à lui en fournir, en ayant besoin elle-même pour soutenir la guerre en Amérique, et ne sera pas en état d'assister la Reine de Hongrie, d'autant plus qu'il me paraît qu'elle agirait contre ses intérêts, si elle contribue à l'agrandissement de la maison d'Autriche. La Reine de Hongrie, dépourvue des besoins, que ses alliés lui pourraient donner, ne peut pas seule résister à la guerre et quoiqu'elle veuille rassembler toutes ses forces contre vous, qui sont pour la plupart de misérables troupes, vous en avez, s'il plaît à Dieu, suffisamment pour lui faire tête. Je suppose que si la France et l'Autriche voulaient hazarder une tentative sur vos états et les ruiner, ils agiraient

---

auftragt, eine bündige Antwort von der Kaiserin zu erlangen, deren Antwort der König am 18. oder 19. in den Händen zu haben hoffte. Am 29. August überschritten die preussischen Truppen die sächsische Grenze. Der König wird ihr, wie der Schwester in Bayreuth am 9. August geschrieben haben: «La guerre est inévitable. J'attends le dernier mot de la cour de Vienne».

[1]) Norbert, Pierre Parisot (1697—1768) war als Kapuziner in Indien und Amerika tätig gewesen; sein Werk Rites Malabares, das gegen die Missionstätigkeit der Jesuiten gerichtet war, erregte derartiges Aufsehen, dass er nach Holland, dann nach England ging.

Quellen und Forschungen. Band VIII. 8

contre les intérêts de leurs amis, puisque par voie de répressailles vous pourriez leur rendre l'échange, étant actuellement en possession de la Saxe. Ainsi je doute de la témérité de l'entreprise, d'ailleurs suis-je presque persuadée qu'une bonne partie de l'Allemagne se déclarera en votre faveur malgré toutes les menaces et les foudres de la cour de Vienne, qui trouvent à présent moins d'influence qu'autrefois dans les esprits allemands. Voilà le raisonnement que je fais sur les affaires du temps ; j'espère de ne me point tromper dans mon idée et que les choses seront telles à pouvoir se promettre une issue favorable et qui vous sera glorieuse. Vous avez des ressources que d'autres n'ont point, et une armée de gens d'élite accoutumés à vaincre ce qui est un grand avantage. Cette heureuse habitude que vous conservez dans la quatrième génération depuis notre bis-aieul Frédéric le Grand qui s'éternise à présent dans votre nom, restera cimée dans notre maison et continuera par vos soins et grâce à votre vigilance. Ce sont ces réflexions avec lesquelles je tâche de me tranquilliser, car vous pouvez bien croire que l'attachement, avec lequel je prends part à ce qui vous regarde, ne peut point me faire faire du bon sang, surtout lorsque je pense au printemps prochain ; ce ne sont pas tant les ennemis, que je crains, car je suis persuadée qu'avec une bonne action elle décidéra de la perte totale de ces essaims vindicatifs et orgeuilleux ; si je n'avais pas l'honneur de connaître votre génie prudent, adroit, habile, pénétrant, ferme, je craindrais que les choses iraient mal... Ainsi je vous avoue naturellement que ce n'est pas tout cela, qui m'embarrasse le plus, mais de savoir, comme vous exposez votre personne à tous les périls et dangers, et le peu de soin, que vous prenez de votre précieuse conservation, dont tout dépend avec, et les soins infatigables que vous vous donnez jour et nuit, m'allarment le plus et me donnent des sujets d'inquiétudes infinies qui me donnent des idées noires, très mélancoliques et atrabilaires, craignant que tant de travaux à la fois du corps et de l'esprit nuisent à la fin votre santé et l'exterminent. Veuille le Ciel ne me pas faire survivre un accident aussi funeste ou me laisser succomber avec. Je frémis à de pareilles idées et la résolution, que vous prenez de succomber plutôt qu'à survivre à un événement fatal, me perce le coeur... Que l'homme est à plaindre de ne pouvoir approfondir les choses futures et d'être obligé d'attendre patiemment les decrets de la Providence et le sort des personnes, qui nous sont chères, ce qui m'épargnerait à présent bien d'angoisses, si j'étais assurée que vous vous tireriez sain et sauf de tous ces embarras. A quoi nous sert la vie, lorsqu'on la passe avec des soucis et inquiétudes ? c'est plutôt une charge qu'un bienfait de celui, qui nous la conserve, de vivre ainsi ; je préfère de la lui remettre le plus tôt possible.

24 décembre.

Je vous suis infiniment redevable de ce que vous avez daigné accueillir le prince de Bevern¹) avec bonté et de ce qu'il vous a plu faire attention à ma recommandation. Je puis aisément me figurer dans combien de soins et d'embarras vous vous trouvez à l'heure, qu'il est pour vous préparer à bien recevoir l'ennemi et lui faire fâce; ce n'est pas une bagatelle... Je vous remercie de la tranquillité que vous me recommandez sur ce sujet, je tâche de la prâtiquer de toutes mes forces, trouvant que c'est l'unique remède souverain contre les inquiétudes inutiles que l'on se fait, qui ne changent point les choses et ne servent à rien qu'à se rendre la vie encore plus desagréable qu'elle ne l'est en effet. Cependant on n'est pas toujours maître de s'en défaire tout à fait. On accuse notre sexe de plus de faiblesse, je ne sais, si c'est un défaut, mais je crois que c'est la tendresse qui nous porte à envisager les choses plus ou moins grandes selon que les circonstances sont. C'est, je vous avoue, naturellement ce qui me fait flotter à présent entre la crainte et l'espérance par les soins que j'ai personnellement pour votre conservation et pour que tous ces événements embrouillés se tournent à votre avantage... Je souhaite que la nouvelle année vous soit plus heureuse que toutes les précédentes par rapport à la présente situation, dans laquelle vous vous trouvez, afin qu'à l'avenir je n'aie que de nouvelles occasions de vous féliciter de ce que vous avez surmonté en vainqueur une si rude période.

27 janvier 1757.

L'aventure abominable arrivée au Roi de France²) m'a fait frémir. L'attentat est affreux, cependant je me suis représenté à l'instant que cette affaire serait un choc inattendu pour la maison d'Autriche, espérant que ces troubles intestins dans le royaume donneraient lieu à tant d'occupations audedans, qui empêcheraient que l'on ne pourrait plus tant s'embarasser des choses du dehors et que ces motifs feraient changer la face du nouveau système de politique si artificieusement suscité contre vous. Secondement la lenteur avec laquelle on parle de la marche des troupes Russiennes³), jointe à toutes les contradictions que ces nouvelles se débitent depuis un couple

¹) Der Erbprinz Karl von Bevern (geb. 1729), bisher in holländischen Kriegsdiensten, hatte dem Könige ein Empfehlungsschreiben der Herzogin vom 7. Dezember überbracht; er trat als Generalmajor in preussische Dienste und erhielt im Februar das ehemalige sächsische Regiment des Prinzen Xaver.   ²) Der Mordversuch Damiens am 5. Januar; die dem Könige beigebrachte Wunde erwies sich nachträglich als ungefährlich.   ³) Der Nachricht, dass die russischen Truppen in Livland zusammengezogen wurden, war Anfang Juli 1756 die andere gefolgt, dass alle Rüstungen aufgehoben, die vorgeschobenen Truppen Befehl erhalten hätten, umzukehren.

8*

de mois de leur venue, me paraît aussi d'être d'un bon prognostique pour l'avenir et me fait croire que tous ces projets seront chimériques et iront en fumée... Je trouve la Reine-mère très affligée sur votre départ[1]), et fort inquiète par rapport à tous les dangers où elle vous sait exposée pour la campagne prochaine. Je tâche de la consoler autant qu'il m'est possible... Je vous dirai que je suis très circonspecte avec vos lettres et que je ne les montre à personne.

17 février.

J'ai eu depuis le plaisir de parler avec le lieutenant-général Schmettau[2]). J'ai été réjouie par la confirmation qu'il m'a donnée de vos bonnes nouvelles, et j'ai été charmée de voir et de m'entretenir avec quelqu'un qui vient de chez vous, quoique celui-ci n'avait fait qu'une apparition avant que d'aller à Hannovre. A présent nous avons ici M. Mitchell[3]) qui est un très honnête homme mais qui a l'esprit tout rempli d'affaires. Il passe pour avoir beaucoup de probité et de droiture; outre ces bonnes qualités il a gagné doublement mon approbation et mon estime par l'attachement et le respect que j'ai trouvé qu'il a pour vous, vous étant entièrement dévoué et capable de se sacrifier pour vous servir... Il n'est point content du ministère d'Hannovre ni de leurs tardifs arrangements, ce qui le rend fort souvent de mauvaise humeur, quoiqu'il leur a dit bien la vérité et qu'il faudra bon gré mal gré qu'ils y viennent et se mettent en état de se défendre. J'espère que tous les coups que vous donnerez, seront heureux, dussent-ils se passer aux quatre bouts du monde. L'élite de vos belles troupes, le grand nombre, le bon arrangement et la discipline, avec lequel tout cela est gouverné et arrangé, est si supérieure à toute autre, que je suis surprise que vos ennemis ne voient pas, combien ils vous sont inférieurs. On dit que l'Impératrice de Russie est devenue folle de ce qu'elle prétend la marche de ses troupes, qui ne doivent pas être complètes et en très mauvais état et mal exercées; avec tout cela on dit que les magasins leur manquent et aussi l'argent, ainsi que si elle fait la sottise de les faire marcher contre vous, ce sera sans contredit pour sa propre perte. Mais comme cette femme a l'hydropisie en toute forme, elle ne saurait plus vivre longtemps; peutêtre que le diable l'emportera encore auparavant... J'espère, que authorisées comme vos armes le sont pour vaincre, cette bonne coutume leur restera.

[1]) Der König war nach einem kurzen Aufenthalt am 13. Januar aus Potsdam nach Dresden abgereist.   [2]) Graf von Schmettau, preussischer Generallieutnant, ging zum zweiten Male nach Hannover, um bei der Feststellung des Operationsplanes der hannöverschen Armee mitzuwirken.   [3]) Seit 11. Mai 1756 englischer Gesandter in Berlin; er war mit Schmettau nach Hannover gegangen. Das Hannoversche Ministerium hielt es für das Sicherste, nicht zu rüsten, um dadurch die Neutralität des Kurfürstentums zu bewahren.

27 février.

J'ai tâché cette fois de surmonter tous les obstacles, croyant qu'il était de mon devoir de vous communiquer les desseins que je me suis proposés et de vous en faire part. La Reine-mère[1]) me mandant depuis quelque temps qu'elle avait de la peine de se remettre de son indisposition, qu'elle ne reprenait ses forces que lentement et qu'elle se sentait encore fort accablée, je ne saurais nier que cet état avec son âge critique m'inquiète beaucoup, ainsi que ce serait pour moi le plus grand contentement et soulagement, si je pourrais avoir le bonheur de la revoir, ayant cinq ans que je m'en suis trouvée privée[2]), et remarquant la peine qu'elle ressent de se trouver privée de voir sa famille. Je crois que cela lui ferait plaisir, si je venais lui faire une surprise, surtout ne sachant point, si dans d'autres temps les circonstances me seront plus favorables de profiter de ce bonheur de lui rendre mes devoirs. Je me suis proposée pour cet effet de faire une petite course à Berlin et d'en choisir le temps après les fêtes de Pâques (10. April). Je n'ai encore rien mandé de mon projet à la Reine-mère avant que de savoir là-dessus votre agrément. Je compterai alors de ne m'y arrêter tout au plus que huit ou dix jours et de ne prendre avec qu'une très petite suite sans le moindre embarras. C'est dans cette vue que j'ai en même temps profité de vous demander la permission de loger au château, et si vous le trouvez bon, je serais bien aise d'habiter les appartements polonais, puisqu'ils sont plus proches de ceux de notre chère mère et que je serais plus à portée de lui faire souvent ma cour.

29 avril.

Je m'étais flattée beaucoup m'arrivant à Berlin [26 Avril] de trouver la Reine, notre chère mère, presque rétablie; cette consolation et l'unique ressource que je pouvais espérer de me trouver ici capable de soulager en quelque façon la sensibilité de votre cruelle absence, satisfaisait mon esprit, mais quel contrecoup affreux pour moi, lorsque j'appris tout le contraire, ma soeur Amélie m'ayant préparée auparavant de voir la Reine, que je la verrais dans un état tout à fait différent que celui que je me l'étais imaginé. Effectivement je vous avoue naturellement que j'ai été frappée lorsque la Reine me fit entrer et que j'aurais eu de la peine à la reconnaître, si l'on ne m'avait prévenue. C'est avec un coeur pénétré d'une vive douleur que je suis obligé de vous dire, qu'elle est dans un état très faible, fort accablée et

---

[1]) Die Königin-Mutter, geb. 27. März 1687, war den Winter schwer krank gewesen.
[2]) Die Herzogin war zuletzt Dezember 1751 und Januar 1752 in Berlin gewesen. Diesmal brachte sie ihre Tochter Caroline mit.

languissante, n'ayant presque aucune force et ne prenant presque aucune autre nourriture que celle, que Eller lui a prescrit pour la soutenir. Cependant elle conserve toute la force de son esprit et sa mémoire, auxquels je ne trouve aucun changement, avec sa bonté qui lui est si naturelle et que vous connaissez. Vous pouvez aisément vous imaginer tout ce que je souffre de la voir dans une si triste situation et combien il m'en coûte de me surmonter devant elle, afin qu'elle ne s'aperçoive point de mon trouble et de mon affliction, qui n'est point à s'exprimer. Les grâces qu'elle me témoigne malgré sa triste santé, augmentent ma tristesse. J'ai la grâce de dîner tous les jours avec elle, ma soeur Amélie et Caroline. Je tâche de la distraire autant que je puis pour l'amuser, quoiqu'il m'est fort difficile de réussir. Les bonnes nouvelles qu'elle apprend, surtout ce qui vous regarde, lui touchent le plus et c'est ce qui lui fait le plus de plaisir. Malgré tout cela depuis que je suis ici, elle a eu deux jours qu'elle se trouve un peu soulagée; ma soeur le trouve aussi, qui est plus accoutumée de la voir que moi. Si l'on pouvait se flatter que cela fût durable, on pourrait espérer son parfait rétablissement, mais comme cela se change souvent jusqu'à présent, je ne trouve point que l'on y peut faire fond.

Berlin 16 mai.

On ne saurait être plus sensible que je le suis au souvenir grâcieux, dont l vous a plu de me donner des marques dans la lettre que vous avez écrite à ma soeur Amélie et à moi. Peu s'en fallut que ce dépôt précieux ne causa une rupture entre nous deux, puisqu'aucune n'a voulu céder de rendre la lettre et que toutes deux voulaient en garder la possession. Cependant bon gré mal gré que j'en ai eu, j'ai été forcée à céder à mon droit d'aînesse et ma soeur s'est emparée seule de conserver vos chères lignes et je m'en trouve frustrée[2]. J'ai entonné à l'envie de tous ceux, qui vous respectent et qui vous sont attachés, le Tedeum[3] d'action de grâce et de louange pour votre conservation et vos victoires. Le bon témoignage que vous donnez à mon frère Henri[4] ne pourra que l'animer toujours d'avantage à suivre vos

[1] Am 6. Mai schrieb sie: «Depuis ces dix jours que je suis ici, elle est beaucoup remise, c'est à dire qu'elle reprend plus de force, elle soutient mieux sa tête qui lui était auparavant tout penchée sur le ventre, elle a la voix plus forte, elle dort mieux et prend un peu plus d'appétit», und am 10. Mai: die Königin-Mutter habe sich nach Monbijou tragen lassen, ohne dass diese Uebersiedlung ihr geschadet habe; «elle est trop faible pour marcher et je doute même qu'à l'avenir elle puisse faire usage de ses jambes».   [2] Am 11. Mai hatte der König an die beiden Schwestern geschrieben, in ihrer Antwort vom 16. beschreibt Prinzessin Amalie ihren Kampf um diesen Brief.   [3] Das Tedeum für den Sieg bei Prag war am 15. im Dom abgehalten worden.   [4] In der Schlacht bei Prag (6. Mai). Der König hatte geschrieben: Mon frère Henri a fait des merveilles et s'est distingué au delà de ce que je puis en dire.

traces et comme il est avec de la race des héros de notre maison, je n'ai jamais douté qu'il ne démentirait pas son sang... Je regrette bien la perte que vous avez faite de tant de braves gens et particulièrement du digne maréchal Schwerin. Il est triste que la mort l'a ravi dans un temps où il encore pouvait vous rendre ses services[1]).

30 juin.

†[2]) V. M. peut s'imaginér aisément l'affliction dans laquelle je me trouve de la perte que nous venons de faire de la défunte chère Reine[3]). J'en suis pénétrée, on ne saurait être davantage et je sens vivement ce coup si funeste, auquel quoique préparée depuis quelque temps par les symptômes de sa mauvaise santé, je me flattais cependant que cela traînerait plus longtemps. Il n'en fallait pas davantage pour m'accabler après la fâcheuse nouvelle de Bohême[4])..
V. M. me fera une grâce si elle veut bien m'écrire toutes les particularités de la fin de la chère défunte Mère et si V. M. a été présente à sa mort, et de m'apprendre des nouvelles du Roi. Que ce coup lui sera sensible[5]).

7 juillet.

† Je benis Dieu, qu'il lui [der Königin-Mutter] a accordé une mort si douce et qu'il lui a épargné les souffrances et les terreurs de la mort. C'est, comme V. M. dit, qu'elle a cessé de vivre en conservant tout son esprit jusqu'à son dernier moment et conservant sa bonne humeur ce qui me fait soupçonner qu'elle n'a pas vu sa fin si proche. Ce m'est encore un soulagement que je l'ai vue encore... Il me semble que je la vois toujours assise dans cet état languissant, qui me préparait à ce funeste événement. Je reçus encore le même jour que l'on apprit cette triste nouvelle, une lettre de la chère défunte datée du 28. écrite avec autant de tranquillité d'esprit comme une personne en santé pourrait faire; entre autre elle m'écrivait: «Ma santé est toujours de même, toujours beaucoup de faiblesse, quoique je fais tout au monde que je peux, pour rattrapper mes forces; je reste abattue, je vois qu'il faut m'armer d'une grande patience et en avoir autant que les assiégés devant Prague[6])». Après avoir cette lettre, je fus frappée davantage sachant

---

[1]) Am 17. Mai reiste die Herzogin wieder ab; sie liess die Königin-Mutter «dans un état d'une grande faiblesse et accablement, qui varie cependant du plus au moins».
[2]) Die in folgenden mit † bezeichneten Auszüge sind Briefen an die Königin Elisabeth entnommen.   [3]) Die Königin-Mutter war am 28. Juni in Berlin gestorben.   [4]) Die Nachricht von der Niederlage bei Kolin (18. Juni).   [5]) Der König wurde durch die Nachricht, die er auf dem Rückzuge aus Böhmen am Abend des 1. Juli erhielt, auf das Tiefste erschüttert; er erfuhr sie durch einen Brief der Königin.   [6]) Die Belagerung Prags hatte den 6. Mai begonnen. — Am 15. Juli schrieb der König aus Leitmeritz

qu'elle n'existait plus. Je puis m'imaginer comme ce coup sera sensible au Roi et combien il en sera touché, principalement dans cette crise d'à present. Je suis bien aise que la défunte ait ignoré l'echec de Bohême[1]); cela n'aurait fait que redoubler ses maux... On a dit ici une nouvelle que je souhaite de tout mon coeur soit véritable, que le Duc de Bevern avait de nouveau attaqué Daun et gagné une victoire très considérable sur les Autrichiens. On assure même que cette action a été une des plus sanglante et on la compare par le nombre des morts et des blessés à cette de Höchstädt[2])... Il n'y a que Dieu, la raison et le temps qui font supporter à la fin les revers de ce monde; le premier est mon soutien et ma consolation, c'est sur lui que je fonde toute mon espérance; le monde n'en vaut pas la peine... Quoique les Français font toujours mine de marcher tantôt d'un côté, tantôt d'autre, ils ne font rien[3]), mais je crains qu'ils tâchent de pénétrer dans la Bohême[4]).

Bronsvic 10 août.

† Je n'écris que quatre mots à V. M. pour l'avertir que je pars demain pour Blankenbourg avec tous mes enfants pour éviter d'être en butte des Français qui arriveront le 15 de ce mois, pour s'emparer de la ville de Bronsvic[5]). V. M. peut s'imaginer de notre situation ici et de mes inquiétudes au sujet de toute ma famille d'ici et de Berlin et nous avons sujet de nous plaindre réciproquement sur ce désastre, puisque ces étrangers n'oublieront point le pays de Brandenbourg. J'ai l'esprit si agité que j'avoue qu'à peine je puis me soutenir vivante depuis quelque temps d'une alarme

der Herzogin: Vous avez grande raison de donner les plus sincères regrets à la perte que nous avons faite, dautant plus qu'elle est irréparable... J'ai ici de l'ouvrage prodigieux, je vous demande pardon, si ma lettre est courte et si je vous écris ainsi rarement.

[1]) Die Nachricht war am 24. in Berlin.   [2]) Die Nachricht war falsch.   [3]) Die Franzosen standen seit Mitte Juni bei Bielefeld und bedrohten Minden und Höxter.   [4]) Am Schlusse fragt die Herzogin, ob die Königin-Mutter in Potsdam beigesetzt würde.   [5]) Durch den Rückzug des Herzogs von Cumberland nach Stade, nach der Schlacht bei Hastenbeck (26. Juli), war das Land südlich der Aller in die Hand der Franzosen gekommen. Gegen Einräumung der Festungen Braunschweig und Wolfenbüttel erhielt der Herzog den Besitz des Fürstentums Blankenburg. Herzog Karl schreibt am 10. August seiner Schwester, der Königin Elisabeth von Preussen: Il faut que toute la famille quitte Wolfenbuttel et Bronsvic, les Français en prendront possession dans 6 ou 7 jours. La Duchesse-mère va à Altona avec ma soeur et la Duchesse mon épouse à Blankenbourg avec toute la famille» und am 16.: «Je pars cette nuit pour céder mon domicile Bronsvic et Wolfenbuttel aux Français qui entreront ici le 19 et à Wolfenbuttel le 10 de ce mois. Enfin ma ruine totale est prête et si la Providence n'y oppose pas des remèdes bien promptes, elle est irrémédiable, les prétensions de fourage et livraisons sont exorbitantes».

et inquiétude dans l'autre. Je suis moi-même étonnée, combien le bon Dieu me donne la force de résister à tant de revers et que mon faible corps soutient aux peines et aux souffrances de l'esprit. Cependant j'ai encore toujours sujet de remercier Dieu de ce qu'il m'a épargné dans la journée du 26 passé, ces événements funestes qui m'auraient pu priver dans le même jour du Duc et de mon fils[1]), qui grâce à Dieu se portent bien. Le Duc va avec à Blankenbourg, mon fils est encore auprès de nos troupes fugitives. Dieu nous assiste, ma chère soeur! dans quels temps vivons-nous! Je prends congé, ignorant si le commerce des lettres sera permis, du moins il ne sera pas à risquer de s'écrire rien de conséquence. La Duchesse-mère part pour Altona[2]), la vieille Duchesse reste ici[3]).

20 août.

† Les conditions que les Français ont faites avec nous, sont très tolérables et j'espère que nous serons encore bien plus heureux que des autres et que le pays sera ménagé autant qu'il se pourra, puisqu'ils ont promis de tenir bon ordre et que le Duc conserve la souveraineté et les revenues de son pays, le pays de Blankenbourg étant tout à fait exempté de toute exaction et reste dans son entière liberté... C'était hier que ces étrangers sont arrivés à Bronsvic. Le Duc d'Enghien qui les commande, est de la première condition. Voilà tout ce que j'en sais. Je voudrais déjà leur pouvoir souhaiter un bon voyage et qu'ils s'en aillent, mais si même cela arriva, ce sera dans le pays de Halberstadt qu'ils commenceront leur route, et je crains qu'ils ne tarderont point de poursuivre autant qu'ils pourront d'atteindre au but qu'ils se proposent. On dit de nouveau que les Russes sont neutres... Le Duc se porte, Dieu merci, bien et se trouvant à présent ici avec nous; je souffre pour lui avec et entre dans ses peines, étant bien triste que je ne puis rien faire pour l'aider et le soulager. Cependant j'ai ma confiance en Dieu... Lorsque les Français sont à Halberstadt, alors il faudra finir notre correspondance qui d'ailleurs est défendue d'oser avoir aucune intelligence avec le pays de Brandebourg. Mais je le risque pourtant ... je souhaite qu'elle reste encore ouverte pendant quelque temps... Ecrivez-moi dans quel endroit du monde vous irez, si vous recevez des visites étrangères comme nous. Voilà ma pauvre soeur d'Anspach veuve. J'en suis chagrinée pour l'amour d'elle, la perte n'étant d'ailleurs pas grande[4]).

[1]) In der Schlacht bei Hastenbeck hatte der Erbprinz unter den Augen seines Vaters mit braunschweigischen Truppen eine verlassene Batterie auf den Ohmsberg einer vierfach überlegenen Brigade wieder entrissen. [2]) Die Herzogin-Mutter ging von Altona am 6. Oktober nach Sonderburg. [3]) Herzogin Elisabeth Sophie Marie, Witwe des Herzogs August Wilhelm. [4]) Markgraf Friedrich von Ansbach war am 5. August gestorben.

Blankenburg, 11 septembre.

† Je suis devenue grande-mère, ma fille de Weimar étant accouchée le trois de ce mois avec un fils¹). C'est depuis longtemps la nouvelle la plus agréable que j'ai apprise, capable de me causer quelque espèce de satisfaction, puisque d'ailleurs on n'entend aucune réjouissante, les temps d'à présent avec ses circonstances n'étant pas propres pour que l'on en puisse prétendre de bonnes, quoiqu'il les faut accepter telles qu'elles sont sans murmurer contre la Providence qui sait mettre à tout un frein et des bornes pour tourner les adversités et les revers de cette vie en bien; c'est de lui qu'il faut tout attendre, les ressources que nous voyons dans ce monde n'étant pas suffisantes pour nous glaner des espérances plus avantageuses... Quoique le pays de Blankenbourg est exempt de garnison française, cependant alentour nous en sommes comme inondés et quoiqu'ils craignent le Roi²), ils vont et viennent à Halberstadt et à Quedlinbourg et ne nous épargnent point à Bronsvic, n'étant point timides à demander et à recevoir des contributions infinies et sans fin, de sorte qui si cela continue encore quelque temps, nous serons ruinés. Les troupes tiennent très bon ordre mais les commissaires et les intendants ne valent pas le diantre... Vous saurez que le Roi de Danemark a offert le château de Sonderbourg à la Duchesse-mère pour y demeurer.

5 novembre.

† V. M. peut représenter mon alarme en apprenant la scène qui s'était passée à Berlin et votre fuite avec toutes les princesses de Spandau à Magdebourg³) m'a causé non seulement une terrible inquiétude mais bien de l'affliction par les raisons qui sont cause de ce changement de séjour, et que jusqu'à présent je ne vois pas encore des apparences avantageuses de mieux, me met au désespoir. Notre situation est aussi encore la même; nous sommes tout entourés de Français qui viennent souvent ici. La plupart sont de jolies gens et de mérite... Tous ensemble font cette guerre-ci contre coeur et sont fort portés pour le Roi, dont ils parlent toujours avec admiration. S'il ne dépendait que d'eux, ils retourneraient d'abord en France. Les occasions sont si rares pour écrire ... ce qui est encore un désagrément de plus d'être privé de ne pouvoir s'écrire librement... Je suis bien en peine aussi pour mon frère de Prusse⁴) qu'on dit rudement malade à Leipzig;

¹) Karl August. ²) Der König war auf seinem Marsche von Dresden nach Erfurt vom 9. bis nach Naumburg gekommen. ³) Jnfolge von Hadiks Handstreich gegen Berlin (10. Oktober) war der Hof erst nach Spandau geflüchtet, dann am 23. Oktober nach Magdeburg übergesiedelt, wo er bis in den Januar 1758 blieb. ⁴) Der Prinz von Preussen war am 30. Juli von der Armee gegangen, er blieb wegen schwerer Erkrankung zunächst in Dresden, dann in Leipzig. Der Königliche Leibmedicus Dr Ellert kam im Oktober.

comme on peut point avoir des nouvelles de ce côté-là, je vous prie de m'écrire, si vous ne savez pas, s'il est mieux, puisqu'on a dit qu'Eller de Berlin avait été demandé pour aller le trouver.

20 novembre.

† Il est certain que la victoire que le Roi vient de gagner (bei Rossbach 5. November) tient quelque chose de miracle, ayant trouvé contre lui tant de forces supérieures... J'ai pris une véritable part à la satisfaction que V. M. a eue de voir le prince Ferdinand. Quelle surprise pour lui de trouver toute sa famille fugitive à Magdebourg[1]). Mandez-moi comment il se porte; il y a deux mois qu'il passa à un quart d'heure ici sans qu'il fût possible de le voir[2]). Je lui souhaite bien de bonheur pour sa nouvelle carrière[3]), je crains qu'elle ne soit pas pour notre avantage et que nos étrangers se tiendront d'autant plus serrés à Bronsvic sans vouloir en sortir. Tout le quartier-général y est à présent avec M. de Richelieu à la tête. Vous comprenez les suites d'une si longue visite pareille à celle-là qui n'est pas faite pour enrichir un pays et le mettre à l'aise; enfin mes pauvres enfants le sentiront pendant longtemps et Dieu sait de quelle durée cela sera encore. Tout cela ne fait point de bon sang et rend la vie bien amère. Je la passe cependant ici fort uniment et simplement ce qui m'accommode fort étant bien aise d'être seule. Mes enfants me tiennent compagnie. Voilà mon agrément, et de voir le Duc en parfaite santé. Mon frère est heureux de l'avoir echappé belle[4]); Dieu soit loué qu'il se conserve et que mon frère de Prusse se rétablit. Le Margrave de Schwedt a bien fait de donner de l'argent pour éviter les Suédois chez lui[5]); je plains ma pauvre soeur[6]) qui est là toute isolée.

31 novembre.

† Il me semble que je suis destinée depuis tout un temps à souffrir d'événements tristes. Je lui annonce bien malgré moi que je viens de perdre ma fille Wilhelmine[7]). Quatre de mes enfants étaient heureusement échappés de la petite vérole, j'espérais que celle-ci surmonterait cette maladie aussi

---

[1]) Herzog Ferdinand war am 16. November ganz unerwartet in Magdeburg, seinem Gouvernement, angekommen; er traf dort seine beiden Schwestern, die Königin Elisabeth und die Prinzessin von Preussen. [2]) Herzog Ferdinand war am 14. September von Thüringen zum Schutz von Halberstadt und Magdeburg von der Armee des Königs detachiert; Ende Oktober stiess er wieder zu ihm. [3]) König Georg hatte die Convention von Kloster Zeven (8. September) nicht anerkannt; auf seinen Vorschlag erhielt Herzog Ferdinand den Oberbefehl über die bei Stade stehende Armee; er ging am 20. November von Magdeburg nach Stade. [4]) Er war bei Rossbach verwundet worden. [5]) bei ihrem Einfall in die Uckermark. [6]) Sophie in Schwedt. [7]) Friederike Wilhelmine geb. 8. April 1748, war am 15. November gestorben.

bien que ses autres frères et soeurs, mais des symptômes différents qui se sont manifestés dans le commencement de cette maladie, ont donné à connaître que l'intérieur du corps n'était pas sain et que l'enfant ne pourrait la surmonter. Après avoir souffert beaucoup pendant neuf jours, la dixième elle a fini sa carrière. V. M. peut aisément juger que ce sont des douleurs sensibles pour un coeur de mère, mais lorsque je considère le bonheur d'un si jeune être, dont le coeur innocent, exempt de vice encore et de malignité jouit d'une gloire éternelle, préférable à toutes celles qu'elle aurait dans cette vie si pleine de maux et de misère, je ne plains pas son sort et le trouve heureux. Mes regrets ne vont pas plus loin que d'être privée d'un enfant que j'aime, mais résignée à la volonté suprême en tout, je me résigne avec humilité à ce qu'il lui plaît de faire de moi et des miens.

7 décembre.

† Je n'ai pas été capable d'écrire. V. M. excusera à toutes les inquiétudes, chagrins et agitations, dont mon esprit a été rempli de nouveau par des sujets bien désagréables et embarrassants, dont je ne doute point que le Duc aura instruit V. M.[1]) Enfin il semble que toutes les disgrâces semblent fondre sur nous pour nous accabler. V. M. peut facilement s'imaginer, combien je suis affligée de tant d'événements bizarres qui se succèdent les uns les autres. Il ne fallait pas davantage pour les augmenter que cette fatale bataille de perdue en Silésie, laquelle dans le commencement m'avait donné une joie infinie puisque le public assurait que c'était pour l'avantage de notre cher Roi[2]). Je vous avoue naturellement, que je perds bientôt courage et qu'il n'y a que la seule confiance en Dieu qui, j'espère, ne nous abandonnera point, qui me soutient... Nous voilà de nouveau à la veille de grands événements tant en Silésie que dans notre voisinage... Dieu bénisse les

---

[1]) Die braunschweigischen Truppen bei der Armee in Stade hatten am 14. November Befehl erhalten, zurückzumarschieren. Beim Versuch abzumarschieren waren sie angehalten worden und nach Stade zurückgeführt, worauf der Herzog wiederholentlich ihren Rückzug forderte und seinen Truppen untersagte, gemeinsame Sache mit den Hannoveranern gegen die Franzosen zu machen; dem Erbprinzen befahl er, beim Abmarsch der Truppen, diese zu verlassen, zunächst nach Hamburg, von da nach Holland zu gehen. Herzog Ferdinand veranlasste den Erbprinzen, der ihm nach Bergedorf entgegengekommen war, mit ihm nach Stade zu gehen, wo sie am 23. November eintrafen; hier bewog er die braunschweigischen höheren Offiziere, sich mit ihren Truppen ihm anzuschliessen. Es führte dies zu einem sehr gereizten Briefwechsel zwischen dem regierenden Herzog, Herzog Ferdinand und dem Erbprinzen. Es war zu fürchten, dass sich die Franzosen dafür an der Person des regierenden Herzogs oder wenn dieser aus Blankenburg wegging, an seinen Ländern schadlos halten würden. [2]) Die Schlacht bei Breslau 22. November. Anfänglich hatte es geheissen, die Preussen hätten gesiegt. Sie hatte den Verlust von Breslau zur Folge.

armes du Roi et de ceux à qui il a confié des commandements. Je suis persuadée que le Prince Ferdinand ne se démentira pas; c'est toujours mon héros et je m'intéresse préférablement pour lui. Quoique sa carrière soit bien épineuse, j'espère qu'il s'en tirera avec honneur et gloire pour nous délivrer de tous nos ennemis en commun et immortalisera son nom pour toujours[1])... J'ai l'honneur de lui dire que cette fatale nouvelle du Duc de Bevern, le Duc le savait déjà[2]). J'ai bien plaint son malheur; c'est dommage, car c'est un digne prince qui a donné dans toutes les occasions des preuves de sa valeur et de sa bravour. Quelquefois il faut un mauvais moment qui nous fait perdre tout ce que nous avons acquis avec peine. Mais les plus grands héros sont des hommes et le restent. C'est un malheur qu'à présent le Roi a besoin de bons généraux, il ne peut s'en servir... Le Duc se porte bien. Toutes ces tribulations ne peuvent que naturellement lui causer de la peine de toute façon vu la situation critique dans laquelle il se trouve. Notre vie est à peu près comme celle de Job, car lorsqu'une mauvaise nouvelle est passée, l'autre revient...

On dit que le prince de Soubise revient à Halberstadt. Je souhaite que ce soit un faux bruit.

22 décembre.

† La dernière victoire de notre cher Roi [bei Leuthen 5. Dezember] a été pour moi un grand sujet de consolation. Dieu donne que ces heureux succès continnent et qu'il force ses ennemis à faire la paix et qu'elle soit aussi ferme et durable. Je suis persuadée de ce que V. M. souffre aussi par rapport à sa famille; il est vrai que le Duc est dans la crise la plus embarrassante où l'on peut se trouver. Je crois que le Duc vous aura fait part de ce qui s'est passé à l'égard de ses troupes et de tous les grabuges, qui ont suivi depuis cette scène désagréable. Depuis messieurs les Français ne parlent que de brûler et piller ses villes et ne cessent d'augmenter de nouvelles demandes exorbitantes et d'exactions, qui tournent à la ruine de tout le pays et de le mettre dans un état d'abîme pour nos enfants et petits-enfants. Je crois bien qu'il est difficile au prince Ferdinand d'avoir entrepris une carrière si épineuse, cependant j'ai mis tant de confiance dans sa capacité et valeur que cela me fait espérer avec l'assistance divine qu'il s'en tirera avec honneur et gloire. C'est après Dieu sur lui que je mets tout mon espoir. En attendant nous vivons ici entre la crainte et

---

[1]) Herzog Ferdinand hatte am 26. November seinen Vormarsch von Stade begonnen; die Franzosen wichen vor ihm zurück. [2]) Der Herzog August Wilhelm von Bevern war nach der Schlacht von Breslau am 24. November in die Hände der Oesterreicher gefallen, wie der König argwöhnte, nicht ohne Absicht.

l'espérance de l'événement qui doit décider de notre sort. V. M. peut se figurer quel bon sang on fait. C'est avec impatience que nous attendons de bonnes nouvelles d'une victoire du prince votre frère. J'ai cru à tout moment que cela devrait arriver, et je suis surprise que cela n'est pas encore. On dit[1]) que mon frère Henri est en marche pour se joindre avec l'armée alliée. Je m'imagine que peutêtre le prince Ferdinand a des ordres pour attendre sur ce secours; il y a des gens qui disent que mon frère est jusqu'à Naumburg, d'autres assurent qu'il est avenu à Duderstadt... Le Duc se porte bien et soutient tous ces revers avec constance et fermeté. Cette journée [vom 5. Dezember] restera en une éternelle commémoration dans les fastes de Brandenbourg.

27 décembre.

† Cette nouvelle [Einnahme von Breslau 20. Dezember] m'a causé bien de contentement; quoique à l'armée alliée tout est encore tranquille, mon coeur me dit cependant que les choses iront bien. Pour dire la vérité je n'ai pas grande opinion de l'armée française, ils sont mal à leur aise et ont fort peu de subsistance et meurent comme des mouches. J'espère en Dieu que nous en serons délivrés peutêtre mieux qu'on s'imagine; quoiqu'ils menacent toujours de vouloir nous faire tout le mal possible, je ne crains pas leur haine... Les choses étant en si bon train pour le Roi, j'espère qu'il faudra que l'Impératrice plie et fasse la paix. Il serait à souhaiter que le Roi pût détacher un petit corps de ses troupes pour joindre l'armée alliée, je suis persuadée que les Français les éviteraient, qu'ils passeraient le Weser en fuyant, car la crainte qu'ils ont pour les Prussiens est terrible. Ce serait le coup qui selon les apparences serait la conclusion de la guerre.

30 décembre.

Les bons succès que j'espérais de l'armée alliée, ont été cette fois en vain, l'armée s'étant retirée faute de subsistance[2]) ce qui fait que les Français rebroussent chemin et reviennent tous à Bronsvic et Wolfenbüttel. Je plains le prince Ferdinand, ce n'est pas sa faute mais je mets ma confiance après Dieu sur le Roi, qui ne nous délaissera point et nous tirera de tous ces embarras. Il est trop bon voisin et trop bon parent pour savoir souffrir ceux qui lui appartiennent sans les aider. A présent que tout est fini en Silésie, il pensera à détruire le reste de ses ennemis et il ne sera pas si difficile, car

[1]) Ende November hatte Prinz Heinrich vom Könige die Weisung erhalten, eine Diversion zur Unterstützung des Herzogs Ferdinand zu machen. Er marschierte erst im Januar von Leipzig ab. [2]) Herzog Ferdinand hatte den Vorstoss über die Aller hinaus aufgeben müssen und sich nach Uelzen zurückgezogen.

ils craignent les Prussiens comme tous les diantres. Je suis persuadée du bon coeur de V. M. qu'elle entre dans toutes les tribulations de sa famille, je suis persuadée aussi que les mesures du Duc resteront fermes et inébranlables et que l'on ne les pourra détourner[1]).

8 janvier 1758.

† L'armée alliée s'est retirée à Uelzen; cependant je n'ai pas perdu encore espérance que le cher prince Ferdinand saura ménager son coup, et je suis persuadée qu'il ne lui échappera point, ou il faudrait que tous les moyens pour cela fussent inpracticables; c'est ce que le temps apprendra. Je me flatte que les affaires de notre cher Roi étant si bien rétablies, la fâce des nôtres se changera bientôt aussi en mieux, quoique en attendant les Français en profitent et n'épargnent point le pays, mais peutêtre qu'en faisant la paix on se resouvriendra des dommages... Je serais bien aise s'il était vrai que les ministres y fussent appelés avec Mr. de Kniphausen[2]) qu'on dit y aller, ce qui serait, je crois une bonne marque pour la paix. Oserais-je demander, si vous n'avez depuis rien appris du Duc de Bevern? Son sort m'intéresse et ce digne prince méritait de plus heureux; on prétend qu'il est innocent de tout et que le Roi lui fera justice; il m'impatiente de le voir relâché[3])... V. M. sait-elle qu'il y a un bourgeois de Paris qui s'est offert de prendre le pays de Hannovre en ferme[4])?

22 janvier.

† V. M. aura sans doute appris la nouvelle irruption que les Français ont faite dans Halberstadt[5]) et comment ils y ont établi leur mauvaise réputation par le dégât, le pillage et les contributions et les livraisons qu'ils se font donner par force. Enfin c'est affreux comme ils se sont conduits, et ce pauvre duché a beaucoup souffert, étant tout ruiné. V. M. peut aisément juger que sans une assistance plus forte nous ne pouvons selon les apparences ne pas être quitte de nos hôtes. C'est leur retraite la plus sûre de rester ici dans le pays et d'occuper la forteresse de Bronsvic, qui est pour eux le poste le plus avantageux. Avec une armée formidable qui leur soit adverse, ce serait le moyen de les chasser, il n'y a point d'autre et il faut se résigner en attendant de les voir vivre à nos dépens, étant fort persuadée que mes enfants et petits-enfants sentiront longstemps le poid de ce joug étranger.

---

[1]) Der Herzog hatte sich entschlossen, den Erbprinzen und seine Truppen bei der alliierten Armee zu lassen. [2]) Der Minister von Finckenstein und der ehemalige preussische Gesandte in Paris, von Kniphausen, waren Anfang Januar zum Könige nach Breslau gereist. [3]) Am 6. April kam er nach Breslau und ging von dort auf sein Gouvernement nach Stettin. [4]) Gautier. [5]) 10.—16. Januar.

Par rapport à mes enfants il m'est doublement sensible de voir cette économie ruineuse, qui tend à leur perte et à celle du pays et que je regrette d'avoir mis tant de pauvres malheureux innocents au monde. Si je ne croyais pas une providence supérieure, qui prévoit et règle toute chose, je m'abandonnerais d'avantage à un chagrin désespéré, mais qui peut aprofondir le voies de Dieu, elles sont impénétrables, il faut les considérer sans murmurer.

16 février.

† La façon du Roi d'agir envers les domestiques de feu la Reine-mère m'a charmée, ce qui est louable et généreux qu'il laisse à tous leurs pensions... J'ai eu la satisfaction de voir mon frère Henri[1]) qui m'a fait le plaisir de me rendre visite et a dîné avec nous ici. Je lui ai trouvé assez bon visage quoiqu'un peu vieilli, ce qui n'est pas étonnant vu toutes les fatigues de la campagne. Notre situation depuis qu'il est à Halberstadt, nous est déjà plus avantageuse à cause qu'il nous a délivré d'une troupe de misérables du corps de Fischer qui occupait le Regenstein[2]). Mon frère s'en est rendu maître et ses gens ont obligé les autres de l'évacuer entièrement. Il y en avait 80 hommes qui ont été faits prisonniers et amenés à Halberstadt ainsi qu'il n'y a plus rien ici de Français. Je serais bien aise de pouvoir vous apprendre bientôt la même nouvelle de Bronsvic, du moins suis-je persuadée que mon frère et le vôtre feront tout ce qu'ils pourront pour cela; il faudra s'attendre et voir les événements qui arrivent. En attendant je profiterai souvent du voisinage de mon frère[3]).

27 février.

† Les Français viennent hier de quitter Bronsvic et Wolfenbüttel, s'étant en allés à petits pas sans faire le moindre bruit. On dit qu'ils passeront le Weser. Ils se trouvent à présent dans le pays de Hildesheim. L'approche de l'armée prussienne leur a donné la terreur, ils ont pris les devants, pour ne la pas attendre venir à eux. S'il y a de la gloire dans ce parti-là, c'est à quoi il ne paraît pas mais bien plutôt de la poltronnerie; enfin de quelque manière que cela soit, nous en sommes grâce à Dieu quitte et avons sujet de remercier la Providence de nous en avoir débarrassés plus tôt que l'on pouvait espérer. Veuille le Ciel préserver que cet été ils ne reviennent, et nous donner la paix... Les Français ont reçu un échec à Schladen[4]), les

---

[1]) Prinz Heinrich war am 8. Februar in Halberstadt. [2]) 12. Februar. [3]) Am Schluss fragt sie, ob Prinzessin Amalie jetzt einen eignen Hofstaat bekomme und ob der König ihre Einkünfte vermehrt habe. [4]) Bei Schladen an der Oker hatten am 23. Februar preussische Dragoner von den Truppen des Prinzen Husaren vom Fischerschen Freicorps zusammengehauen.

Prussiens ayant tué 10 hommes et fait autant de prisonniers, ce qui est toujours un avantage et j'espère que le prince Ferdinand en aura toujours. La présence de mon frère Henri nous a été de bonne augure et je puis bien dire que j'ai une joie infinie de pouvoir vous mander que le pays du Duc votre cher frère est libre d'ennemis grâce au Roi qui par ses troupes a inspiré aux Français la peur de se retirer plutôt que de risquer d'être battus, comme sans faute cela serait arrivé, mon frère s'étant promis de faire son possible pour les chasser de chez nous... En recevant la copie du testament de feu la Reine[1]) j'ai ressenti un renouvellement de tristesse et c'est avec une véritable peine et regret que j'ai fait la lecture de tout cela... Mon frère Henri m'a fait depuis le plaisir de venir ici et moi avec mes enfants je lui ai rendu visite à Halberstadt et j'ai dîné chez lui, ayant passé cette journée fort agréablement. Il me paraît que la cour de V. M. est assiégée de prisonniers et qu'elle en a un grand nombre tant d'Autrichiens que de Français... Il faut rendre justice aux Français, la plupart sont de jolies gens, au moins ceux que j'ai vus ici; il y en avait qui avaient du mérite et ce ne sont pas les officiers dont on a lieu de se plaindre, mais plutôt des chefs et des commissaires et intendants, qui sont de véritables sangsues et ne peuvent avoir à suffisance; car pour l'officier et le soldat, ils ne profitent rien. Richelieu est généralement hai de toute l'armée, il se l'est attiré par son cruel intérêt, ne pensant qu'à lui. Sa conduite va être examinée en France par ordre du Roi, de même que celle des commissaires de guerre et des intendants, qui ont ruiné tous les pays d'Allemagne où ils ont été. Ces gens font cette guerre à contrecoeur et ils souhaitent ardemment de quitter Bronsvic et de se retirer à eux, cependant ils ont eu pourtant encore assez de considération ici et l'on dit qu'autre part ils ont fait pire quoiqu'ils nous n'ont pas épargnés. On loue beaucoup le prince de Clermont[2]), mais de la façon présente Dieu nous préserve de sa connaissance et en délivre entièrement bientôt toute l'Allemagne.

Blankenburg 28 février.

Tout ce que vous avez prédit, vient d'arriver. Les choses sont changées de face ici; les Français viennent d'évacuer les deux villes de Bronsvic et de Wolfenbüttel, ils en sont sortis le 26 fort paisiblement sans faire des excès ni commettre les moindres pillages. Ils ont pris seulement en ôtage le vieux conseiller privé Cramm, le chanoine Assebourg, un M. de Heim conseiller de la chambre avec un syndic de Bronsvic qu'ils ont tous amenés

---

[1]) Das Testament war am 13. Februar eröffnet worden; die Königin-Mutter hatte ihre Töchter zu gleichen Teilen bedacht. [2]) Der Herzog von Richelieu war Juli 1757 an die Stelle des Marschall d'Estrées getreten, sein Nachfolger im Kommando, Graf von Clermont, war Mitte Februar eingetroffen.

avec eux en gage de deux cent mille écus, reste de la contribution. Mon frère Henri est parti le 27 de grand matin pour poursuivre l'ennemi... J'espère que le prince Ferdinand sera assez heureux pour réussir selon le projet que vous lui avez donné, pour faire repasser le Weser aux Français. Plût au Ciel qu'ils s'écartent au delà du Rhin et que du moins vous ayez une puissance de moins à combattre. Je souhaite du fond de mon coeur que les Russes quittent la Prusse[1]) d'aussi bonne grâce que les Français nous ont abondonnés.

Bronsvic 12 mars.

† Je suis quelques jours de retour ici à Bronsvic[2]). Les habitants de la bonne ville de Bronsvic ont paru être bien aise de me revoir et l'ont témoigné en me recevant d'une façon qui marquait leur zèle. Je me trouvai très agréablement surprise encore par l'arrivée de mon frère Henri qui m'a fait le plaisir de rester un couple de jours ici[3]). Il est parti aujourdhui pour prendre son quartier à Flackstöckheim[4]) qui n'est que trois lieues d'ici, m'ayant fait espérer qu'il reviendrait encore une fois... Dieu veuille que notre commencement de nouvelle tranquillité dure et qu'elle ne soit troublée par des mauvais récidifs, ce que je n'espère pas, me flattant que l'armée alliée fera ce qu'elle pourra pour nous préserver du retour de ces gasts incommodes... Je suis fort contente de me trouver ici en repos... Depuis mon retour ici je n'ai pas eu un moment de temps à moi, ce qui fait que je suis encore tout étourdie du train turbulent d'ici à la vie tranquille que je menais à Blankenbourg, cependant je m'y accoutume volontiers.

Bronsvic 19 mars.

† L'armées alliées fait des merveilles grâce au Prince Ferdinand: Minden est pris[5]). S'il avait pu commander cette armée l'année passée, je doute que toutes ces fatalités nous seraient arrivées ici. Je plains la princesse Ferdinand[6]); quel rude congé ne sera-ce pas pour elle de se voir éloignée de nouveau de mon frère et de le savoir en danger et en péril. Je plains toutes les femmes qui aiment leurs maris, à qui cette séparation sera sensible. Mon frère Henri a son quartier établi à Flackstöckheim[4]); j'espère qu'il restera encore; il fait tout ce qu'il peut pour assister le prince Ferdinand[7]). Je me flatte à présent que tout ira bien de ce côté ici.

[1]) Sie hatten 22. Januar Königsberg besetzt. [2]) Der Herzog war am 1. März, die Herzogin mit den Kindern am 6. März zurückgekehrt. [3]) 10.—12. März. [4]) Prinz Heinrich blieb hier bis zum 18. März. [5]) 14. März. [6]) Prinz Ferdinand von Preussen war bei der Belagerung von Breslau, Dezember 1757, schwer erkrankt; ihn zu pflegen war seine Gemahlin nach Breslau gekommen. Mitte März ging der Prinz wieder ins Feld. [7]) Er war bis Hildesheim und Goslar vorgedrungen, dort stehen geblieben, dann trat er den Rückmarsch an und war am 25. in Leipzig.

ce 21 mars, triste jour.

An Prinz Heinrich. Vous avez agi prudemment, cher frère, de me cacher ce mystère (seiner Abreise) hier, car j'aurais succombé à la peine que je sens aujourd'hui et n'aurais pu me faire effort de le feindre devant vous. Les enfants se mettent à vos pieds; les grâces dont vous les avez accablés, ne s'effaceront jamais de leur esprit. Je vous remercie de toutes vos bontés et me plains d'être privée d'un cher frère et ceux d'un aimable oncle... Dieu vous bénisse et vous conduise heureusement à votre déstinée. Je n'en puis plus.

16 avril.

† Il règne ici une terrible maladie entre les hommes; les uns l'attribuent à la malpropreté que les Français ont apportée avec eux, d'autres en trouvent la cause dans les principes d'une intempérie, qui règne dans l'air ... On fume dans toutes les rues pour tâcher de corriger cette infection et pour purifier les maisons[1]... C'est bien de la bonté que vous avez de prendre part à la réputation que mon fils s'est acquéri[2]. J'espère que sa conduite sera toujours telle qu'elle mérite l'approbation, ce qui contribuera beaucoup à mon agrément particulier... Je puis vous dire que les Français veulent la paix et qu'ils sont las de la guerre; ce qui me fait espérer qu'ils forceront l'Impératrice de s'accommoder malgré qu'elle paraît être fort obstinée. Mais j'espère que l'heureuse campagne de cette année décidera tout en bien et pour l'avantage du Roi. Je suis persuadée que la princesse Ferdinand conservera toujours son attachement pour V. M. et qu'ainsi la bonne amitié continuera entre vous deux. Je souhaite que les choses, qui sont changées depuis que je n'ai eu l'honneur de vous voir, soient en bien, mais je n'ai pas douté que V. M. perdrait beaucoup à la Reine défunte. Elle tâchait de procurer la paix et la tranquillité partout de façon qu'il régnait une certaine harmonie nécessaire dans une grande famille. Il est vrai que vous avez perdu une bonne amie dans la Reine défunte... Je puis m'imaginer celle qui a choisi Fique Dankelmann[3]) auprès de la petite princesse. Elle était l'année passée

---

[1]) Noch im Briefe vom 22. Mai schrieb sie von dieser maladie si mortelle qui emporte une terrible quantité de monde, la plupart sont des médecins et des ministres. Notre bon Oldekop vient aussi mourir de cette même façon de maladie. C'était un brave digne homme.   [2]) Die Einnahme von Hoya (23. Februar) war die erste Waffentat, durch die sich der Erbprinz bei der alliierten Armee auszeichnete; sie trug ihm von Friedrich dem Grossen wie auch von Georg II die Bezeichnung als «jungen Helden» ein. Der König von England schickte ihm als Zeichen seiner Anerkennung im April einen kostbaren Ehrendegen.   [3]) An die Stelle der am 18. März verstorbenen Gouvernante der Prinzessin Wilhelmine (geb. 1751), Frl. von Redern, war Sophie von Dankelmann getreten, die zu dem intimen Damenkreise des Prinzen von Preussen gehörte.

fort en vogue auprès de bien des personnes qui se sont intéressées même auprès de moi et du Duc, pour lui faire payer de certains capitaux qu'elle dit qu'elle a à prétendre de ses ayeux. Je souhaite que la charmante petite princesse s'en soit bien servie. Entre nous soit dit, elle a été autrefois maîtresse du prince Weilburg défunt et le prince d'aujourd'hui[1]) lui donne encore une pension. D'ailleurs c'est une personne d'esprit et je crois toujours qu'elle vaudra la défunte. Dites-moi, si la Reder est morte avec des sentiments de réligion, car on disait qu'elle n'en avait point, ce qui n'est pas un mérite pour gouverner une princesse. Je souhaite seulement que cette aimable enfant y soit instruite.

22 mai.

† J'espère que Witmann [der Kammerfourier] aura fait ce que je lui ai recommandé en tous égards et que l'on sera content de moi, ayant préféré de laisser les choses inutiles aux domestiques de feu ma mère plutôt que de les vendre ou les faire transporter ici et de tâcher de recompenser tous ceux qui avaient travaillé avec à tous les arrangements. Je serais bien aise, si tout cela a été exécuté selon mes intentions, comme je n'en doute point, Witmann étant fort intélligent et intègre... Je vous prie, informez-vous de ce que mes soeurs de Bareit et d'Anspach feront avec leurs meubles... Ma soeur de Suède envoie un valet de chambre pour chercher tout son héritage. J'attends le mien, qui arrivera ce soir, et je vous avoue que la moindre bagatelle m'est précieuse venant encore d'une si bonne mère, dont la mémoire me restera éternellement respectable et chère... L'on dit que le Roi est avec son armée déjà jusqu'à Iglau, ce qui n'est éloigné que de huit postes de Vienne[2]). J'espère sûrement qu'il sera heureux et que tout ira bien pour sa gloire et son avantage. Dieu donne que la paix suive après tous les exploits et que la calme reprenne la place de tous les troubles.

8 juin.

† Je viens de perdre mon gendre le Duc de Weimar[3]), et le Duc est tuteur jusqu'à ce qu'elle soit dans l'âge majeur.

16 [juin].

† La lettre de condoléance de V. M. sur la perte irréparable que moi et toute la famille faisons par celui qui m'était si cher, dont je ne saurais nommer le nom[4]) ni me rappeller la mémoire sans fondre en larmes et en regrets,

---

[1]) Karl August (1688—1753) und Karl Christian (geb. 1735).   [2]) Der König war Anfang Mai in Mähren eingerückt, um Olmütz zu belagern.   [3]) 28. Mai. Die Herzogin Amalie war 1739 geboren.   [4]) Der Prinz von Preussen war am 12. Juni in Oranienburg gestorben.

m'est nonobstant un soulagement, étant persuadée de la part que V. M. prend à un si funeste événement. Je ne puis revenir encore de ma perplexité, cette nouvelle ayant été pour moi un coup de foudre. Veuille le Ciel cesser son courroux sur nous et conserver à l'avenir les chères personnes qui nous restent, et assister la chère princesse avec le fruit qu'elle porte.

21 juin.

† V. M. m'obligera de m'en avertir [die Trauer um den Prinzen von Preussen] afin que je puisse me régler, quoique je le suis déjà pour le Duc de Weimar, mon beau-fils, et je crois que ce dernier sera à peu près de même égal. Depuis cette funeste nouvelle de la perte tout récente que j'ai faite, je n'ai pas été capable de voir personne et n'ai pas quitté ma chambre. Il n'y a que le cher Duc et mes enfants qui m'ont tenu compagnie. Je préfère ces visites à toutes autres, principalement celle du cher Duc qui fait ma consolation. Il se porte, grâce à Dieu, bien... Il semble que tous les accidents s'assemblent sur nos têtes. Nous avons eu ces jours passés une forte alarme du feu qui a pris dans la même heure et moment à Wolfenbüttel et ici; il y a eu quatorze maisons dans le premier réduites en cendre et le feu a commencé ici derrière du jardin du Grauhof. J'en ai été spectatrice, les maisons de consumé étant vis-à-vis de mes fénêtres; c'est un bonheur qu'il n'a point eu de vent, sans cela le château aurait été en danger, mais la Providence l'a détourné et les soins et les précautions du Duc. Mais c'était un spectacle qui faisait de la peine à voir, car la flamme était terrible. Cependant il n'y a eu que deux maisons de brûlé tout près du jardin.

22 juillet.

† Les affaires du Roi en Bohême vont bien; l'échec d'Olmütz ne m'a pas pu alarmer, mais l'on dit qu'il s'est emparé d'un magasin après l'autre et qu'il est maître à présent de toute l'Elbe[1]... On nous menace d'une visite du Prince de Soubise, lequel est avec son armée à Marbourg. Le Landgrave et la Princesse-héréditaire ont été obligés de quitter le séjour de Cassel, la Princesse est à Pyrmont et le Landgrave à une terre de son pays[2]. Il y a un corp de 9 mille hommes hessois que commande le prince d'Isenbourg. Voilà toute la résistance contre les forces françaises de ce côté-ci... Nous attendons d'un moment à l'autre d'apprendre une action heureuse que le prince Ferdinand donnera contre l'armée que commande Mr. de Contades[3].

[1]) Der König hatte 2. Juli die Belagerung von Olmütz aufgegeben, er stand jetzt bei Königgrätz.   [2]) Der Landgraf von Hessen-Cassel, Wilhelm VIII., der 1757 schon vor den Franzosen nach Hamburg geflohen war, ging jetzt nach Rinteln, dann nach Bremen.   [3]) Herzog Ferdinand war 1. Juni bei Cleve über den Rhein gegangen; am 23. Juni hatte

Si elle va bien, comme je l'espère, nous n'aurions rien à craindre; si non, il est à présumer que les Français prendront les mêmes quartiers de l'année passée et qu'il faudra décamper d'ici, quoique cela serait fort désagréable pour le pays... Mon fils jusqu'à présent a été exempt de tout accident, ce qui est un bonheur, puisqu'il s'expose d'une façon à appréhender qu'un malheur lui arrive.

28 juillet.

† Les choses ne sont pas si mals, comme on les a faites d'abord. L'armée d'Isenbourg n'a pas tant souffert, que l'on a dit[1]) et il est espérance que les Français ne viendront pas ici. L'on dit qu'ils vont en Saxe, cependant tout ceci ne sont que des conjectures... Les Hannovriens enrôlent tout ce qu'ils peuvent. Le pauvre pays de Hesse souffrira de nouveau à ce que je crains.

3 août.

† Vous pouvez vous tranquilliser sûrement sur notre situation d'à présent, laquelle ne paraît pas telle de craindre une nouvelle invasion des Français. S'il plaît à Dieu nous ne les aurons pas ici, ils vont à Nordhausen[2]) et dans le fond je crois qu'ils se trouvent embarrassés dans leurs desseins. Les deux armées sont l'une après de l'autre, c'est à dire celle du prince Ferdinand et des Français[3]). J'espère qu'un heureux coup du prince Ferdinand décidera de cette campagne. Le Ciel vous préserve chez vous pour les Russes et donne que le Roi soit heureux[4]) et que cette campagne finisse par la paix. J'ai trouvé bon visage à la Duchesse, quoique l'air un peu fatigué, ce qui n'est pas étonnant vu les fatigues d'un si grand voyage à son âge. Cela est surprenant qu'elle l'ait si bien soutenu.

P. S. Quoique la Duchesse ait été très contente de son séjour de Copenhague et de Berlin, elle a été bien aise de nous revoir ici dans sa patrie[5]).

er die Franzosen bei Crefeld geschlagen. Nach den Kapitulationen von Roermonde und Düsseldorf ging er gegen Köln vor, wo Anfang Juli der Marschall Contades den Befehl übernommen hatte.

[1]) Am 23. Juli hatte Prinz Isenburg nach dem unglücklichen Treffen bei Sandershausen (bei Cassel) sich nach Minden zurückziehen müssen; die hannoverschen und braunschweigischen Länder lagen dem Feinde offen. [2]) Wohl Nordheim, wohin die französische Armee unter Soubise nach dem Gefecht bei Sandershausen gerückt war. [3]) Nach der Schlacht bei Crefeld 23. Juni am linken Rheinufer. Marschall Contades nahm die angebotene Schlacht nicht an, worauf Herzog Ferdinand 9. August über den Rhein zurückging. [4]) Die Russen hatten ihren Vormarsch auf Posen Ende Juni begonnen. Der König hatte Mitte bis Ende Juli Daun gegenüber bei Königgrätz gelegen; ohne dass es zur Schlacht gekommen war, brach er am 25. nach Schlesien auf. [5]) Die Herzogin-Mutter war auf der Rückreise aus Dänemark vom 20. Juli bis 1. August in Berlin gewesen.

1758

28 août.

† Il n'y a point de satisfaction pareille à celle que je sens depuis la bonne nouvelle de l'heureuse victoire du Roi sur les Russes [Zorndorf 25. August]. Dieu soit béni, qui a assisté le Roi si visiblement. Cela doit augmenter la confiance en Dieu qui montre évidemment qu'il est pour nous et qu'il ne veut pas nous abandonner. Je vous avoue que j'ai craint, et cette tempête que je voyais prête à éclater sur nous, m'aurait consumé, si Dieu ne m'avait pas soutenue par sa grâce. Enfin à présent nous recommençons à vivre et il me semble que c'est une charge de moins dont je suis quitte... V. M. aura sans doute aussi appris les progrès des Anglais en Amérique et qu'ils ont conquéri le Cap Breton[1]), ce qui est un coup des plus importants et contribuera au changement avantageux des affaires du Roi... Je me représente la joie de Berlin. On dit que 15000 Russes sont restés sur la place; ce sont des peuples si sauvages qu'ils ne me font pas la moindre pitié, et l'incendie de Custrin (15. August) mérite seule leur punition. Cette anecdote m'a fait frémir.

3 septembre.

† La Providence qui a veillé d'une manière si signalée sur la conservation de ce cher Roi même dans les plus grands dangers et périls, dans lesquels il s'est trouvé, le bénira plus outre et veillera sur la durée de ses jours et lui donnera les forces nécessaires pour terminer avec gloire la cruelle guerre qu'il a sur les bras, pour confondre tous les ennemis qui sont contre lui. Je suis si persuadée de cette grâce de Dieu que cette ferme confiance relève mon esprit d'ailleurs abattu par tant de revers, dont la crise avec les Russes n'a pas contribué peu avec, mais les bras de Dieu se déclarant si visiblement pour nous, qu'avons-nous à craindre des hommes? Les Russes ont reçu le sort que méritent les cruautés et les barbaries qu'ils ont commises, et s'ils sont tous détruits, comme je me flatte, la terre sera délivrée des monstres qu'elle portait. Je n'appréhende plus ni Autrichiens ni Germains ni Suédois ni Tolpatsche, Pandours et Calmuques et toutes les races les plus abominables, qui veulent nous écraser, car je suis assurée que la main de Dieu ne nous abandonnera pas... La défaite des Russes est un des plus grands événements qui sera à jamais dans l'histoire, et la prise de Louisbourg par les Anglais une succession d'avantage pour le Roi, qui sûrement le rendra maître de faire la paix comme il le voudra. La France vient de cet échec de la perte de Louisbourg d'être épuisée, elle n'est plus en état d'assister ses alliés; les Russes défaits avec tout leur train et équipage

---

[1]) Louisburg auf Cap Breton am 26. Juli.

n'ont point d'argent ni magasins ni hommes; c'est en Russie un pays désert, fort peu peuplé; ainsi il ne reste au Roi que l'Autriche à vaincre. J'espère qu'il en viendra à bout comme du reste et que la nouvelle arrive bientôt que Daun est battu.

J'ai eu dessein d'aller aux couches de ma fille de Weimar mais comme ces environs sont remplis d'Autrichiens, je ne sais pas, lorsque je partirai; il faudra encore que j'attende.

7 septembre.

† J'aurais désiré que le Roi aurait pu détruire entièrement les Russes de tout son pays; ce qui me laisse encore des scrupules que cette armée qui reste, pourrait tenter encore la même histoire et revenir, à cause qu'on dit que, sans ce qu'ils ont perdu, ils ont encore 70 mille hommes... Je vous apprendrais une nouvelle dont je vous prie, si l'on ne la sait pas, de n'en point parler que je vous l'ai écrite; elle vous surprendra quoiqu'elle est assez risible à cause de son peu de valeur: elle consiste que M. l'Empereur a jugé à propos de mettre le Duc votre frère dans le ban de l'Empire[1]), mais comme il est en très bonne compagnie avec d'autres grands seigneurs[2]), nous nous consolons de ce malheur et espérons que les armes du Roi seront bénites et que toute la mauvaise volonté de la cour de Vienne ne nous fera pas tort. On voit cependant l'intention maligne qu'ils ont contre tous les princes de l'Empire et combien ils cherchent à les soustraire à leur autorité. En dernier lieu ils viennent de chicaner le Duc touchant la tutèle de Weimar qu'ils ne veulent pas reconnaître lui appartenir, quoique le Duc défunt ait nommé le Duc votre frère dans son testament pour administrateur et tuteur de son fils jusqu'à ce que ma fille fût dans l'âge majeur, et on lui a refués le coegnimitatis (?) — Que dites-vous de ces chicaneuses intrigues?... Je vous remercie pour le ruban de la victoire du Roi. Daun est un vilain monsieur, fort rusé, que je n'aime point. Je suis entre la crainte et l'espérance d'un jour à l'autre sur les événéments que nous sommes à la veille d'apprendre de quatre différentes armées vis-à-vis l'une de l'autre: celle du Roi contre Daun, et l'autre[3]) contre les Russes, celle contre l'armée de l'Empire[4]) et l'armée alliée du prince Ferdinand.

[1]) Laut Kaiserlichem Mandat vom 21. August «sub poena banni Imperii annexa citatione solita et cum termino duorum mensium» war dem Herzog aufgegeben worden, von der Kurfürst-Brandenburgischen, nunmehr auch Kurfürst-Braunschweigischen Empörung abzustehen.   [2]) Die Könige Kriedrich und Georg, der Herzog von Gotha, der Landgraf von Hessen, Prinz Heinrich von Preussen, Herzog Ferdinand, Prinz Friedrich Franz von Braunschweig, Fürst Moritz von Anhalt, Markgraf Karl, der Erbprinz von Kassel.
[3]) Unter General v. Dohna.   [4]) Prinz Heinrich in Sachsen.

14 septembre.

† Je notifie à V. M. avec satisfaction la nouvelle de l'heureuse délivrance de ma fille de Weimar avec un prince; elle est accouchée le 8 de ce mois et se porte fort bien avec son fils[1]). La joie que le pays ressent de cette naissance est inexprimable... Tout est allé fort heureusement et bien. Cette nouvelle m'a été agréable, ordinairement la nature ne se dément point. J'étais en peine qu'après les altérations que ma fille a eues, cela ferait tort à sa santé, mais Dieu lui a fait supporter à sa rude catastrophe. ... Je désire ardemment d'apprendre la bonne nouvelle de la victoire de notre cher Roi sur Daun; je crois qu'un heureux coup décidera alors toute la guerre et que la paix ne serait pas éloignée pour notre avantage et à la honte de la maison d'Autriche qui s'amuse en attendant de mettre dans le ban de l'Empire tous les princes et ceux qui ne sont pas dans son parti. Ce qu'il y a de plus particulier, c'est que dans cette déclaration l'on n'a point nommé mon fils, quoique celui-ci agit personnellement le plus contre les intérêts de la maison d'Autriche. C'est bien la conduite la plus bizarre qu'on puisse inventer.

21 septembre.

† Ma fille [de Weimar] m'ayant tant priée de venir chez elle, je compte de partir pour Weimar dans une huitaine de jours, lui tenir compagnie dans ses couches. Les chemins de ces côtés-là étant à présent sûrs et sans crainte de rencontrer des hussards autrichiens, qui sans cela ont rôdé beaucoup autour et dans le pays de Weimar, je ne crois pas de risquer quelque chose... Cette petite excursion sera une distraction de tant de désagréments et chagrins suivis l'un après l'autre, et ma fille a aussi besoin de quelque assistance dans son malheur. Je n'ai jamais craint ces gueux [die Schweden] car ils n'ont agi que par l'instinct des Russes, car d'eux mêmes ils ne sont pas en état de faire grande chose... Il est vrai que la situation de mon frère Henri a été très scabreuse et bien difficile[2]); il a donné dans toutes ces occasions des preuves de sa capacité, de sa prudence et de sa fermeté qui l'immortalisent, et certainement nous lui devons la liberté et la cause de la fuite des Français hors de Bronsvic. J'espère que se trouvant présentement soutenu par l'armée d'augmentation du Roi, il sera en état de se défendre. On lui doit en attendant l'obligation d'avoir sauvé la Saxe au Roi qui était en danger. Je crains seulement pour la santé de mon frère Henri qui n'est point du tout robuste... J'espère qu'on se reprochera à Vienne de la façon

---

[1]) Prinz Constantin.   [2]) Bis zur Ankunft des Königs 11. September hatte Prinz Heinrich Dresden gegen die vierfache Uebermacht Dauns und der Reichsarmee zu decken gehabt.

dont l'on agit envers tout l'Empire. Je me flatte qu'ils riront les derniers à Hannovre; ils sont eu de nouvelles alarmes des Français, le corps de Fischer ayant paru devants les portes [14. Septembre] et seulement demandé des contributions d'un million et puis ils se sont retirés. Cela embarrasse beaucoup le ministère, mais à dire le vrai, il n'agissait pas comme il devrait: au lieu d'augmenter les troupes ils donnent congé et permission au simple soldat. Cependant le conte Isenbourg a présentement un joli corps de troupes [bei Hameln] et selon les apparences il n'évitera pas l'occasion de donner un combat. Quelque parti des troupes françaises s'est arrêté quelques jours à Seesen [15. September] dans le pays du Duc mais ils sont partis et je doute qu'ils viennent ici.

Bronsvic 3 octobre.

† Mon voyage [nach Weimar] ne sera pas de longue durée. Ma pauvre fille avait depuis son veuvage invité le Duc et moi de l'aller voir ... à présent il n'y a plus rien [von österreichischen Husaren] et tout est tranquille; ainsi avec le consentement du Duc je me mettrai sous la garde de Dieu en chemin [4. Oktober] pour procurer cette consolation à ma fille... Dans les circonstances présentes il est mieux pour la princesse de Prusse qu'elle attende ses couches à Magdebourg, où du moins elle sera tranquillement et à l'abri des poursuites des ennemis... La Duchesse-mère compte d'aller à Magdebourg assister la princesse[1]... Je me flatte que le général Wedel[2] n'épargnera pas les Suédois et j'attends avec bien d'impatience la nouvelle qu'ils soient chassés. On dit que Daun est coupé de tout part[3] et que les vivres lui manquent et tout le nécessaire et qu'il est posé si désavantageusement qu'il ne pourra pas échapper au Roi; s'il veut prendre un autre position ou lieu, il faut qu'il se retire tout à fait en Bohème. Les Français s'en vont à ce qu'on prétend dans l'évêché de Fulda; selon les apparences il ne se passera plus rien à l'armée de notre cher prince Ferdinand. J'espère pourtant que les Polonais n'épargneront point les Russes[4] et que du moins on sera a l'avenir sur de ce côté-là. On dit pour sûr que la Porte Ottomane s'est brouillée avec la Russie et qu'ils lui veulent faire la guerre; l'on prétend que c'est positif; ce qui ferait une grande diversion. Je suis très en peine pour ma soeur de Bareit qui tombe dans un état languissant; cela me ronge le

---

[1]) Die Prinzessin von Preussen ging 21. September nach Magdeburg.   [2]) Er war Anfang September aus Sachsen gegen die Schweden geschickt; am 28. September schlug er sie bei Fehrbellin.   [3]) Der König war am 26. September, nachdem er 14 Tage Daun gegenüber an der Elbe gelegen hatte, nach Bautzen aufgebrochen, um die Verbindung mit Zittau und Böhmen zu sperren.   [4]) Auf dem Rückmarsch nach der Schlacht bei Zorndorf.

coeur de survivre à la perte de mes parents, je préférerais de perdre la mienne si cela se pouvait, avec plaisir trouvant l'unique bonheur dans une heureuse éternité qui est préférable à ce monde rempli de misère, de maux et de bien d'imperfection.

Weimar 21 octobre.

An den Markgrafen Friedrich von Bayreuth. La nouvelle désastreuse que je viens d'apprendre de V. A. sur la perte réciproque que nous faisons, elle d'une si digne épouse et moi d'une soeur bien aimée[1]), m'afflige à un point que je ne saurais exprimer. Je partage sa juste douleur avec celle que je souffre, ce qui est tout dire... Voilà dans la même année le second coup accablant que je survis dans ma famille.

Bronsvic 26 octobre.

† V. M. peut se représenter la peine que je sens en mettant ma plume à la main pour commencer par des condoléances sur la perte qu'elle vient de faire[2]). Je crains que cette douleur encore si naissante ne se rallume à l'instant que je témoigne à V. M. la part que je prends du fond de mon coeur à son affliction. J'entre dans tout ce qu'elle peut souffrir dans une si cruelle situation, m'étant trouvée il n'y a pas longtemps dans le triste cas pareil et éprouvant encore de nouveau avec elle la dûreté du sort qui me prive de mes plus chers parents. Hélas, Madame, nos regrets sont doubles et pour frère et pour soeur. Je joins mes larmes aux vôtres mais, chère soeur, que ces revers quoique bien sensibles pour l'humanité ne nous découragent point; souffrons avec patience les maux que la Providence nous destine, et restons constantes de ce qu'il nous donne la force de les supporter. A le bien prendre, vous m'avouerez que ceux qui ne sont plus, sont mieux que nous qui vivons dans les inquiétudes et constamment assujetties à mille désagréments, chagrins et travers, auxquels aucun mortel ne peut presque être exempte; ainsi que ceux qui nous précèdent en quittant un monde et un corps rempli de tant d'imperfection, se trouvant plus heureux, ne me valent pas d'être plaints autrement que par l'amitié personnelle que nous avions pour eux, qui nous faisait désirer de les voir vivre avec nous, quoique ce soient des coups désolants pour ceux qui restent. Je souhaite que ce soit le dernier que V. M. et moi recevions dans notre famille. Cette année m'est des plus fatales par tout ce qu'elle m'a ravie. Dieu veuille y mettre une fois fin et nous conserver le Roi... J'ai quitté le séjour de Weimar bien tristement ayant appris coup après coup ces affreuses nouvelles qui sont cause

---

[1]) Die Markgräfin Wilhelmine war am 14. Oktober gestorben.   [2]) Bei Hochkirch (14. Oktober) war ihr jüngster Schwager Prinz Franz (geb. 1732) gefallen. Nach dem Tode seines Bruders Albrecht bei Soor 1745 hatte er dessen Regiment erhalten.

de ce que j'ai précipité mon retour ici qui était sans cela fixé plus tard, et principalement pour marquer mon attention au Duc que j'ai trouvé en bonne santé. J'avais passé mon temps agréablement à Weimar ayant eu la satisfaction d'avoir une fille qui serait parfaitement contente, si le Ciel lui avait laissé plus longtemps son époux; c'était une union si bonne que c'est à plaindre qu'elle n'ait été de plus de durée. Cependant il semble que la Providence ait voulu ménager le temps de la vie de ce prince, afin qu'il laissait ses deux princes après lui qui font la consolation de leur mère et de tout le pays. L'aîné est tout aimable, sain et robuste; quoique d'un âge si tendre, il témoigne beaucoup d'entendement et d'esprit; il est plein de vivacité et de gaîté. La cour en est très jolie et en bon ordre. L'on est extrêmement porté pour le Roi dans ces deux pays de Gotha et de Weimar; dommage que leurs forces et puissances ne puissent pas répondre à leurs bonnes intentions. [Beim Eintreffen der Trauernachricht] je craignis en même temps pour la perte entière du Roi et toutes les idées les plus funestes se répandaient dans mon esprit. J'ai laissé ma fille en assez bonne santé, quoique depuis sa grande altération elle l'ait prise plus délicate.

Bronsvic 3 novembre.

† La naissance du petit prince¹) à Magdebourg aura fait plaisir à V. M... La Princesse est accouchée fort heureusement selon ce que la Duchesse m'écrit. Ce sera une consolation pour V. M. de la revoir après que tout cela sera passé. C'est un bonheur qu'elle a si bien soutenu tous ses chagrins, et même le dernier²) que j'ai cru on lui aurait caché jusqu'après la délivrance. Il est sûr que toutes les épreuves de valeur et d'intrépidité que le défunt prince a marqué pour le service, l'éterniront toujours et le feront regretter comme un très brave général, comme tous ceux qui l'on connu, lui rendent cette justice qui est due à son mérite... Nous sommes encore en retraite ici jusqu'à ce que le Prince arrive et l'enterrement soit fait³)...

23 novembre.

† C'est une bonne nouvelle, nous espérons que les autres suivront, que le Roi conservera la Saxe⁴) et que Daun sera chassé d'une façon ou d'autre de ce territoire et que le Roi pourra jouir paisiblement des quartiers d'hiver. Voilà les Russes qui quittent le pays du Roi, ce sont des bonnes augures pour avancer la paix... Depuis dimanche [19 Novembre] je reparais en public. On fait une sotte figure lorsqu'on passe des intervals entiers en

---

¹) Prinz Emil geb. 30. Oktober.   ²) Den Tod des Prinzen von Preussen.   ³) Die Beisetzung fand den 15. November statt.   ⁴) Nach vergeblichen Versuchen gegen Dresden, Torgau und Leipzig ging Daun 16. November nach Böhmen in die Winterquartiere.

affliction et tristesse, on perd la routine de la gaîté et d'une conversation enjouée et la bonne humeur se passe.

24 décembre.

† C'est avec bien de la peine que j'ai appris par la princesse de Prusse que son voyage est remis[1]) à cause des changements de nourrice qu'on a été obligé de faire avec le petit prince. Dieu conserve ce cher enfant que j'affectionne doublement comme une precieux rejeton de mon défunt cher frère[2]). Je suis persuadée que les petits princes auront été bien aise de voir le Roi[3])… Je m'imagine que la Princesse attendra que la saison soit un peu plus douce pour entreprendre ce voyage avec le cher petit prince. Au reste je vous félicite de l'avancement du cher prince Ferdinand au grade de Feldmarschall[4]). J'espère qu'il pourra jouir longtemps de cette nouvelle dignité qu'il mérite véritablement.

16 mars 1759.

Nous venons de recevoir les réponses de Londres qui nous laissent à présent les mains libres. Le vieux Roi d'Angleterre a fait les derniers efforts pour persuader la Princesse de Galles de favoriser les intentions qu'il avait pour Caroline, mais la Princesse a écrit au Roi que son fils avait une répugnance extrême pour prendre des engagements sérieux dans l'âge, où il se trouve[5]). Ne restant donc actuellement aucun empêchement, le Margrave de Bareit[6]) voulant demander Caroline, le Duc et moi y donnons notre consentement. Avant que l'une et l'autre chose sera réglée, nous n'en ferons aucun éclat.

1 avril.

† Mon fils est aussi en marche, le Prince Ferdinand l'a joint; j'espère qu'ils empêcheront que les Autrichiens ne viennent pas ici, comme ils en ont bien l'intention[7]). Je suis ravie que mon frère Ferdinand se rétablit[8]).

[1]) Die Abreise erfolgte am 5. Januar 1759.   [2]) Der Prinz starb in der Nacht vom 15.—16. Februar.   [3]) In Torgau hatten Prinz Friedrich Wilhelm (geb. 1744) und Prinz Heinrich (geb. 1747), die Söhne des verstorbenen Prinzen von Preussen, den König besucht.   [4]) am 9. Dezember.   [5]) Georg [III]. geb. 1738; er heiratete September 1761 die Prinzessin Sophie Charlotte von Mecklenburg-Strelitz (geb. 1744).   [6]) Markgraf Friedrich von Bayreuth (geb. 1711), verwitwet seit dem 14. Oktober 1758. Am 3. Mai schrieb ihm die Herzogin: «Le Duc mon époux m'ayant fait part des intentions de V. A. pour ma fille Caroline et la lettre que je viens de recevoir de V. A., me confirment l'engagement qu'elle se propose de prendre; je consens avec d'autant plus d'agrément, ayant l'avantage de connaître V. A.»   Die Vermählung war am 20. September 1759.
[7]) Die Oesterreicher kamen die Werra und Fulda herauf. Herzog Ferdinand traf am 24. März in Kassel ein und rückte mit der Avantgarde unter dem Erbprinzen gegen Fulda.
[8]) Prinz Ferdinand war im März 1758 von neuem erkrankt; Frühling 1759 glaubte er wieder so weit hergestellt zu sein, dass er den König bat, am Feldzuge teilnehmen zu dürfen.

J'étais inquiète pour lui. Par là on voit que sans péril et sans se trouver dans des cas dangereux on n'est point à l'abri des accidents; témoin mon cher défunt frère qui a fini sa carrière sur son lit, ce qui ne me fait pas craindre pour ceux qui s'y trouvent, puisque la Providence, étant l'arbitre de notre sort, peut nous conserver partout. La vieille Duchesse-douairière[1]) a été si mal que nous avons cru la perdre. Elle prit tout d'un coup une forte fluxion de poitrine avec un accès de fièvre si violent que le médecin commença de désespérer sur sa reconvalescence, mais une saignée qu'il lui a faite à propos, l'a sauvée du danger dans lequel elle était de prendre une apoplexie. Elle commence à se rétablir de jour en jour, quoiqu'il sera difficile qu'elle reprenne ses forces qu'elle a perdues et qui à son âge ne se recouvrent pas vite. Cependant il est étonnant qu'elle ait surmonté cette maladie, étant dans la soixante-seizième année de son âge. Comme c'est une princesse très bienfaisante qui fait beaucoup de charité aux pauvres, ce aurait été une perte, quoique lorsqu'on a atteint cette période, l'on ne peut guère compter sur la vie... Mandez, si vous croyez d'être sûre cette année pour une invasion des Russes? Dieu vous en préserve! Nous en souhaitons de même ici, j'espère que le prince Ferdinand et mon fils seront nos anges gardiens.

26 décembre.

Venant d'apprendre que mon fils sera détaché avec un corps de troupes pour vous assister contre les ennemis[2]), permettez que je vous le recommande. Il ne pourra jamais mieux employer sa valeur qu'en vous servant. Cependant comme il est un peu ardent, je vous prie d'avoir la bonté d'en prendre tant soit peu de soin, d'autant plus que je suis persuadée de sa volonté, qu'il ne négligera rien de son devoir et qu'il s'en acquittera avec toute l'application qui se doit pour mériter vos grâces. J'espère que ce gage que je vous confie comme à un frère que j'aime tendrement, vous fera penser quelque fois à sa mère.

13 février 1760.

Je regrette de ce que mon fils vous a quitté[3]) sans qu'il ait eu l'occasion

---

[1]) Die Herzogin Elisabeth Sophie Marie (geb. 1683).   [2]) Der Erbprinz rückte, nachdem er den Herzog von Württemberg bei Fulda 30. November geschlagen hatte, zum Könige, der nach der Kapitulation von Maxen (27. November) und der Niederlage des General Diericke bei Meissen (4. Dezember) von Herzog Ferdinand Unterstützung verlangt hatte. Der Erbprinz traf am 26. Dezember in Freiberg beim Könige ein.   [3]) Der Erbprinz war am 5. Februar wieder abgerückt. Nach seinem Weggang verfasste der König die «Ode au Prince-héréditaire de Bronsvic», die schloss: Votre nom s'accroissant ira d'un vôle rapide à l'immortalité.

de vous signaler son zèle à n'avoir pu vous être plus utile pendant le temps qu'il a eu l'avantage de vous rendre ses devoirs. Cependant je reconnais doublement le prix des bontés que vous avez pour lui, et suis infiniment flattée de ce que vous l'honorez de votre estime et de ce qu'il a su les attirer, fait ses éloges et récompense tous mes soins. C'est d'ailleurs avec beaucoup de douleur je sais la situation désagréable dans laquelle vous êtes. Il est bien triste de ce que vos braves troupes sont privés de jouir du repos que l'exige la nécessité de leur conservation[1]. Je vous avoue que je considère comme une espèce de miracle que vous même resistez à tout le travail, que vous faites de corps et d'esprit. Il ne serait pas surprenant si vous y avez succombé, ce qui marque visiblement qu'une Providence supérieure vous assiste et vous protège, puisque sans cela il serait impossible... L'intérêt que je prends sans cesse à la conservation de la grandeur de la maison dont je sors, me fournit très souvent l'occasion de faire des réflexions sur l'état des affaires présentes. Je pense qu'il serait tout à fait contraire aux intérêts politiques de la France de souffrir votre abaissement et de voir élever plus la maison d'Autriche à vos dépens, d'autant plus que la guerre présente leur est de toute manière très onéreuse et qu'ils n'y gagnent rien, n'ayant pour toute ressource que la vaisselle qu'on fait fondre par le manque d'argent, pour soutenir encore une campagne[2]. Les circonstances me font juger qu'ils seront les premiers à vouloir la paix et qu'ils ne seront pas difficiles sur les conditions[3]. J'espère que cette même disette d'argent les empêchera de donner des subsides aux Russes et que ceux-là ne pourront plus rien vous faire, pourvu que les Anglais les rembarrent bien... Je serais charmée, si mes réflexions ont lieu et que je pourrais contribuer à pacifier les esprits qui vous sont contraires, et vous les ramener. Vous me croyez bien peu raisonnable, si vous supposiez seulement, que je puisse prétendre que vous m'écriviez; aussi agréable qu'il me l'est de recevoir de vos chères nouvelles, cependant je suis mortifiée de vous être à charge pendant toutes les occupations de conséquence que vous avez sur le bras. Je me fie aux assurances que vous me donnez de temps en temps de la continuation de votre amitié, qui me dédommagent un peu de la briéveté des vos lettres;

---

[1] Nach dem Verlust der sächsischen Festungen musste das preussische Heer in engen Kantonnements zwischen Freiberg und Meissen liegen. [2] Ludwig XV hatte die Aufforderung an die Franzosen ergehen lassen, ihr Silberzeug in die Münze zu schicken, und war selbst mit gutem Beispiel vorangegangen. [3] Am 25. November 1759 hatte Prinz Ludwig von Braunschweig in Ryswik eine englisch-preussische Deklaration zur Herbeiführung eines allgemeinen Friedens den Bevollmächtigten Frankreichs, Oesterreichs und Russlands überreicht; während die Kaiserhöfe sich ablehnend verhielten, suchte Frankreich infolge seiner Misserfolge im Seekriege den Frieden mit England.

pourvu que je sache que vos affaires vont bien et que votre santé est parfaite, je prends courage.

P. S. Le Duc est fort occupé à lever un corps de chasseurs et d'husards pour l'armée alliée, dont tout fourmille ici.

11 mars.

† Le Duc s'est ébauché avec le prince Ferdinand et mon fils; le rendezvous a été a Hameln[1]), il est de retour heureusement et en santé parfaite. La joie a été grande de se revoir de part d'autre... Le Duc m'a dit que le prince votre frère était terriblement engraissé et plus jouissant que lui, et mon fils grandi. J'aurais désiré de pouvoir être de cette partie, quoique je n'en aurais pu profiter que quelques jours. Le Roi a donné a mon fils une épée magnifique, garnie de brillants, elle est superbe et l'ouvrage surpasse celle qu'il a reçue d'Angleterre. La façon grâcieuse dont il l'a reçue, surpasse encore le prix... Je ne sais si V. M. sait que le prince de Bevern entre dans le service Danois[2]); il devient lieutenant-général, reçoit un régiment avec 3 mille écus d'appointement qui l'accomoderont fort bien.

27 mars.

† On parle beaucoup de la paix, mais il paraît jusqu'ici sans effet; à mesure que l'ouverture des campagnes approche, les espérances évanouissent comme de vains fantômes, ce qui est bien triste et désolant. Mais ne perdons point courage, les affaires qui sont souvent les plus critiques, peuvent prendre le change en bien; nous en avons vu déjà de grands exemples... J'ai parlé a nos officiers qui sont revenus de la Saxe, qui m'ont dit que le Roi avait très bon visage et se portait bien. J'espère que les Russes seront chassés, mon frère Henri recevant le commandement contre eux; selon ce qu'en disent les gazettes et selon les apparences, il faudra que cette année tout se décide. La nécessité et le manque d'argent nous procureront la paix.

3 avril.

J'ai une peine extrême de vous exprimer l'impression accablante de douleur, qu'a causé sur moi votre dernière lettre, principalement remarquant avec grande mortification le peu d'attachement que vous avez pour le reste de votre famille, voulant vous sacrifier et la rendre malheureuse et achever le triomphe de vos ennemis dans le cas qu'ils réussissent à vous

---

[1]) 8.—10. März.   [2]) Prinz Karl von Bevern hatte im März 1759 seinen Abschied aus preussischen Diensten erbeten und erhalten und hatte den Feldzug bei der alliierten Armee als Volontär mitgemacht; er war mit bei den Truppen, die der Erbprinz nach Sachsen geführt hatte.

abaisser¹). Vous jugez bien, que ma désolation n'a pas été moindre que la vôtre sur tous les tristes événements, qui sont arrivés dans notre maison depuis 57, dont jamais le souvenir ne sera éffacé de mon esprit, mais je pense aussi à tous les obstacles infinis que vous avez surmontés outre cela jusqu'ici et dont vous vous êtes tiré de façon à pouvoir encore opprimer vos ennemis. Vous devez être mieux instruit que moi des desseins pernicieux de vos ennemis, cependant il est certain que la France n'est plus en état de faire la guerre et quoiqu'ils se préparent pour cette campagne, on dit qu'ils n'entreprendront rien et qu'ils resteront sur la défensive. Les Russes sont las de n'avoir point reçu d'argent depuis 6 mois de la France, elle n'en peut plus fournir. On prétend qu'ils reculeront et s'ils viennent, ce sera à pas lent. L'armée du prince Ferdinand sera forte près de plus de soixante et dix mille hommes, il se trouvera en état de faire des diversions²); la vôtre passe pour bien nombreuse; ainsi les circonstances me font espérer que tout ira mieux que l'on pense.

7 avril.

† Je vous dirai que l'espérance de la paix m'a flatté, que tout irait bien d'ailleurs. Toutes les choses me paraissent encore dans une forte crise mais nous ne pourrons rien aider ni faire contre, ainsi il faut attendre de Dieu ce qu'il décidera... Je reçois comme une marque de vos bontés tout ce que vous me dites d'obligeant à l'égard de mes enfants. Grâce à Dieu, il leur a donné à tous de bons coeurs, lesquels, s'il plaît à Dieu, ils ne démentiront point. C'est une grande satisfaction d'avoir cette espérance et que Dieu a béni jusqu'ici les soins pour leur éducation... Ce sont bien de tristes temps et de fâcheuses époques que nous avons passées depuis les trois ans que je n'ai eu l'honneur de vous voir; il sera bientôt temps qu'ils deviennent meilleurs.

12 mai.

† Nous sommes à présent ici assez seuls, les troupes du Duc étant partis le 10 pour l'armée alliée, ce qui dégarnit la cour par le nombre d'officiers qui n'y sont plus, et cause un vide assez considérable. Je crois que la Duchesse-mère vous aura fait part de toutes les revues où nous avons assisté ensemble, lesquelles étaient très belles. J'avoue que j'ai été attendrie de voir s'en aller toutes ces braves gens, les circonstances périlleuses faisant craindre que l'on ne peut point compter de les revoir, ce qui fait de la

---

¹) Dem Herzog Ferdinand hatte der König am 28. Januar geschrieben: Si la France ne fait pas sa paix avec l'Angleterre, nous aurons grand risque d'être perdus sans ressource.. vous n'avez qu'à penser à faire notre épitaphe.   ²) Bei einem Frieden zwischen Frankreich und England wurde die Armee des Herzogs Ferdinand frei.

Quellen und Forschungen. Band VIII.   10

peine. Vous ne sauriez vous imaginer le beau corps de troupes que cela a fait, premièrement un régiment de carabiniers superbe, puis un de huzards charmant, un régiment d'infanterie et celui des chasseurs. Tout cela a été formé et complété en 6 mois de temps. V. M. peut voir par là quelle peine le Duc a eue pour mettre tout cela en état[1])... Le commissaire Anglais qui est arrivé pour faire prêter serment aux troupes et pour les passer en revue, les a fort approuvées. Je crois qu'elles trouvent approbation à l'armée. Le prince Ferdinand peut compter actuellement sur 80 mille hommes tous de belles et bonnes troupes. Je ne crains rien de ce côté-là. Dieu donne seulement, que mon frère Henri soit heureux avec les Russes et que tout aille bien en Saxe.

21 juillet.

† J'ai été sensible à l'obligeant compliment, qu'elle m'a fait faire par le cher Duc et de la part qu'elle m'a témoigné de prendre aux fâcheuses nouvelles, que nous avions recues de la blessure de mon fils[2]). Elle peut s'imaginer l'accablement, dans lequel j'ai été et les inquiétudes et angoisses que j'ai souffertes pour ce cher fils. Ils ne sont connus que de Dieu, qui, grâce à Dieu, me l'a rendu de sorte que la blessure n'a point été dangereuse, mon fils m'écrivant lui-même que c'était une contusion à l'épaule droite et que la balle était dehors, que cela ne l'empêcherait point de faire ses services. Cette résolution n'a fait qu'augmenter mes craintes, le sachant dans de nouveau péril. Le prince Ferdinand qui n'a personne sur qui il se peut reposer, charge toujours mon fils des entreprises les plus scabreuses, sachant que personne ne sait mieux s'acquitter de ses ordres que mon fils. Jusqu'ici cela a toujours réussi encore et mon fils s'en est bien tiré. La journée du 16[3]) lui a été derechef très favorable, il vient de surprendre les Français dans leur camp, fait prisonnier tout ce qui n'a pas pu être tué de ce nombre... Le prince Ferdinand s'exprime de manière à faire voir que cet événement immortaliserait mon fils et que c'était la journée la plus brillante, et paraît être très content. Pour moi elle me le serait doublement, si je savais que ce serait la dernière, où mon fils expose sa vie. Grâce à Dieu, il se porte à présent très bien.

[Ende August].

† Nous avons le Landgrave ici qui s'est établi jusqu'à ce qu'il puisse

---

[1]) Herzog Ferdinand, der die Musterung am 16. Mai bei Lippstadt abhielt, erklärte: ces troupes légères c'est un ramas de toutes sortes de gens sur lesquels l'on ne pourra guère faire fond, étant composés de déserteurs et de prisonniers.   [2]) Bei Forbach 10. Juni war der Erbprinz verwundet worden und hatte zurückgehen müssen.   [3]) bei Emsdorf 16. Juli.

retourner en sûreté dans son pays¹). J'ai fait à cette occasion connaissance avec la princesse Charlotte sa cousine, qui l'a suivi, et reste chez nous aussi longtemps que le Landgrave. Elle est fort aimable, prévenante et affable, remplie de politesse et d'attention. Elle a une humeur vive et enjouée, charmante et égale qui rend sa compagnie très agréable.

P.S. Nous sommes dans la crainte et l'espérance des nouvelles qui viendront de l'armée alliée, les Français faisant mine de vouloir passer le Weser, mais j'espère que le prince Ferdinand empêchera qu'ils ne pourront aller plus outre²); sans cela nous serions très mal. On dit que le Wurtemberg les veut joindre³). Dieu saura ce qu'il en est.

4 septembre.

† Je ne pouvais faire à meilleure enseigne connaissance avec M. de Cocceji qu'à une occasion aussi heureuse et intéressante que l'a été la nouvelle qu'il a confirmée de la victoire du Roi⁴). Cependant j'étais transie en apprenant le danger, où il a été exposé... Mon fils se porte, grâce à Dieu, à présent fort bien. Les Français ont fait depuis quinze jours beaucoup de mouvements sans savoir pourquoi, ils ont cru par là d'obliger le prince Ferdinand de quitter son poste [an der Diemel] et comme celui-là est resté ferme sans se branler, ils sont fort attrapés. Messieurs les Wurtembergeois nous fréquentent un peu; ils campent au deçà du Harz; l'on ne peut point encore pénétrer, où ils iront. Le Duc vient véritablement partout en pillard, il demande partout où il passe, des contributions exorbitantes et amène toujours dans sa suite 300 juifs⁵). Avouez que c'est bien indigne. Dieu nous préserve de sa visite, elle serait pire que celle des Français, mais j'espère toujours qu'il ne le risquera pas. On dit que le général Hülsen va à Halle⁶); je m'imagine que c'est pour tenir M. de Wurtemberg en échec et l'empêcher qu'il ne vienne à Halberstadt⁷). La princesse de Hesse est de retour de Helmstedt, très contente d'avoir vu sa soeur⁸).

¹) Friedrich II. Er hatte den Tod seines Vaters (1. Februar) in Magdeburg, wo er Vice-Gouverneur war, erfahren. Nach kurzem Aufenthalt in Kassel, das am 31. Juli von den Franzosen besetzt worden war, ging er den 1. August nach Braunschweig. ²) Die Franzosen hatten Anfang August Göttingen besetzt, waren dann zurückgeworfen worden. ³) Am 8. August stand der Herzog Karl von Württemberg mit seinen Truppen bei Schweinfurth, um dann auf Meiningen vorzurücken. ⁴) Der Flügeladjutant Hauptmann von Cocceji brachte die Nachricht vom Siege bei Liegnitz [15. August] nach London. ⁵) Le Duc s'avançait avec la ferme résolution de piller également amis et ennemis. Dans cette vue il se faisait suivre par toute une synagoge de Juifs, pour débiter son butin. On appelait cette troupe d'Hébreux son sanhédrin, schreibt der König in der Histoire de la guerre de sept ans. ⁶) Er ging vielmehr nach Sachsen. ⁷) Er stand bei Torgau. ⁸) Die Prinzessin Heinrich von Preussen war die jüngere Schwester der Prinzessin Charlotte (geb. 1725).

26 septembre.

† La défaite de Beck[1]) et le siège levé de Colberg[2]) sont deux nouvelles qui m'ont fait beaucoup de plaisir; la dernière est surtout des plus importantes, les Russes étant prévenus de posséder un port dans le pays du Roi, qui leur aurait été fort commode pour y rester, sans les bons arrangements que M. de Werner a faits pour les déloger... On espère que l'Angleterre et la France feront au premier jour la paix cet hiver à des conditions qui ne seront point préjudiciables aux intérêts du Roi[3]). Dans ce cas l'armée du prince Ferdinand pourrait être employée à rendre une diversion partout où l'on voudrait, ce qui serait d'un grand secours pour le Roi. Tant que le Landgrave est encore ici, je doute que mes fils pourront faire leur cour à V. M., mais lorsqu'il sera parti, je ne doute pas que le Duc ne leur permettra qu'ils aient cette grâce à laquelle je ne serais point contraire, étant très flattée de la bonté que V. M. a de les vouloir revoir auprès d'elle[4]).

9 octobre.

† Je ne puis assez témoigner ma joie à V. M. sur la délivrance de Berlin par la bravour que la petite garnison a marquée en se défendant si bien contre ces cruels ennemis[5]). J'étais dans un effroi extrême apprenant l'entreprise que ces barbares avaient méditée sur ma patrie, laquelle ils n'auraient pas manqué de traiter durement, si leur maligne intention leur ait réussi. Quel bonheur que le prince de Wurtemberg est arrivé à temps[6]), pour leur opposer des forces et que la prudence du maréchal Lewald et les sages arrangements du général Seidlitz se soient réunis pour détruire ce projet abominable de cette affreuse race russienne. Certainement il y a des miracles qui se décident pour nous sauver... L'on dit que le corps du Duc de Wurtemberg était à Treuenbrietzen[7]), mais comme il y a présentement une si bonne garnison à Berlin, je me flatte qu'ils ne risqueraient de vouloir faire quelque entreprise de ce côté-là et j'espère que V. M. pourra rester tranquille à

---

[1]) 16. September bei Reichenau. [2]) 18. September. [3]) Während Frankreich auf einen Separatfrieden mit England ausging, erklärte König Georg, nur gemeinsam mit Preussen abschliessen zu wollen. Infolge des Eindruckes, den die Schlacht bei Liegnitz machte, erklärte das französische Ministerium in Wien, der König sei gewillt, diesen Feldzug den letzten sein zu lassen. [4]) Sie hatten die Königin im Oktober 1759 in Magdeburg besucht. [5]) Am 23. Oktober war Totleben mit der russischen Avantgarde vor Berlin erschienen. General von Rochow, unterstützt von Seidlitz und der alte, 75jährige Feldmarschall Lewald lehnte die angebotene Kapitulation ab und schlugen mit der schwachen Besatzung den Sturm der Russen ab. Die 10stündige Beschiessung der Stadt richtete verhältnismässig geringen Schaden an. [6]) Er kam am 4. aus Pommern mit 5000 Mann an, worauf Totleben sich nach Köpenik zurückzog. [7]) Nach der Kapitulation von Torgau (26. September) war die Reichsarmee nach Norden vorgerückt.

Magdebourg¹). De grâce, ma chère soeur, dites-moi dans quel pays vous auriez pris refuge, si l'ennemi était venu à bout de vous obliger de quitter Magdebourg? Dieu veuille que jamais cette calamité ne vous y oblige, ce qui serait bien triste. J'avoue que j'ai souvent pensé, dans quel embarras vous vous trouveriez en pareil malheur, puisque l'on avait souvent parlé du dessein que les ennemis ont de s'emparer de cette forteresse... Les Français commencent à partir de Cassel, pour aller défendre Wesel²), devant lequel mon fils se trouve pour l'assiéger. Si le coup lui réussit de le prendre, comme il n'est pas douteux, j'espère que cela forcera les Français à quitter toute la Westphalie et que le théâtre de la guerre s'éloignera de ces contrées et que les suites en seront heureuses, pour que le prince Ferdinand puisse faire une diversion avec son armée, ce qui pourra aider le Roi. C'est le plus grand coup que le prince votre frère aurait pu projeter pour la délivrance des alliés et il fera honneur à mon fils, s'il l'exécute. Nous célébrons aujourd'hui sa naissance, dans laquelle le Landgrave donne ce soir une fête où nous sommes tous invités. Je pense qu'il ne s'arrêtera plus longtemps ici afin de retourner dans son pays³).

13 octobre.

† J'entre dans les peines d'affliction de V. M. par celle que je sens moi-même sur les malheurs qui arrivent à ma patrie. J'en suis désolée et me perds dans toutes les tristes réflexions que cet abîme de maux cause et fait souffrir. Dieu nous assiste, ma chère soeur, dans la triste situation, où vous êtes⁴)... Je voudrais vous savoir hors des dangers qui vous menacent par rapport aux ennemis, dont dedans⁵) et dehors vous êtes entourée. Dites-moi, si le Roi est instruit du malheur de Berlin et si l'on ne chassera pas les canailles qui y sont entrés, dehors⁶). Quel coup assommant pour le Roi et pour ses pauvres sujets! Dieu leur donne la fermeté qu'il faut pour ne point s'abandonner entièrement, et change les coeurs durs qui ne se plaisent

---

¹) Der Hof war seit März in Magdeburg. ²) Wesel war seit der Besetzung durch die Franzosen (März 1757) deren Stützpunkt am Rhein. Am 22. September war der Erbprinz von der Diemel gegen Wesel aufgebrochen, das er am 30. September einschloss. ³) Er blieb noch bis October 1762. ⁴) Am 7. war Hülsen in Berlin eingerückt, sodass dort jetzt 16000 Preussen standen. Durch die Ankunft von 26000 Russen unter Czernitscheff und 18000 Oesterreichern unter Lacy, die von der Oder und aus Schlesien kamen, war die Zahl der Angreifer auf 40000 Mann gestiegen. Aus der Uckermark rückten die Schweden an. Die Reichsarmee stand bei Treuenbrietzen, das russische Hauptheer an der Warthe. Es war zu befürchten, dass nach der Einnahme Berlins der nächste Stoss gegen Magdeburg ging. ⁵) Im August 1760 war man einem Complot auf die Spur gekommen, das Magdeburg den Feinden in die Hände spielen wollte. ⁶) Am 9. zog die Besatzung ab und Totleben ein.

qu'au carnage et à la destruction du genre humain... J'espère que l'entreprise de mon fils sera heureuse; cela pourra nous aider. On dit pour sûr que les Anglais et les Français feront une paix particulière; peutêtre que l'événement de Berlin ouvrira les yeux aux Français et à beaucoup d'autres. On parle d'une flotte que les Anglais font débarquer pour faire une invasion dans les Pays-Bas.

15 octobre à la hâte.

† Dieu soit loué qui a exaucé les voeux de V. M. et les miens pour la sortie les ennemis de Berlin[1]). Ma satisfaction en est inexprimable de même que de la nouvelle de la victoire du Roi sur Laudon[2]). Enfin voilà des événements heureux... Il me semble que c'est un grand bonheur que les Russes se soient comportés si raisonnablement pour une nation si barbare... Je vous écris avec un coeur tout léger de cette heureuse nouvelle, je suis toute une autre personne, depuis que je sais que vous n'êtes point en danger à Magdebourg. Quelques bruits disent que les Cosaques avaient pillé Charlottenbourg. Dites-moi si c'est vrai. Le juif Ephraim[3]) qui est ici avec toute sa famille, a reçu avis que le Roi était avancé jusqu'à Dresden.

20 octobre.

† L'attachement que je porte pour V. M. ne me permet point de garder le silence, sans lui marquer la part que je prends à tout ce que lui arrive; ainsi elle peut être persuadée que j'ai été au désespoir du pillage que les Russes et Autrichiens, abominable race, ont commis à Schönhausen, et le traitement inouï avec lequel ils ont agi envers son concierge et sa femme. Les cheveux me sont dressés sur la tête, lorsque j'en ai entendu la rélation, de même que de tout le dégât qu'ils ont fait à tout ce qui appartient au Roi et à V. M. J'ai craint que lorsqu'une fois cette malheureuse invasion dans Berlin s'était faite, qu'ils seraient capables de laisser après eux toutes les traces de la haine et de la méchanceté et quoiqu'ils aient assez réussi dans leurs intentions, cependant c'est encore un bonheur qu'ils en sont partis si tôt et qu'ils n'ont pas fait pis, puisqu'on pouvait s'attendre de leur part à toutes les indignités possibles. J'ai pleuré le malheur de ma patrie comme Jésus Christ fit sur Jérusalem, et si par mes larmes j'aurais pu aider tant de familles et d'autres braves gens, qui ont souffert de cette calamité je m'en serais triomphée. Plus je réfléchis sur cette catastrophe, et davan-

---

[1]) Der König war auf die Nachrichten aus Sachsen und Berlin am 7. aus Schlesien aufgebrochen. Auf die Nachricht von seinem Anmarsch waren die Oesterreicher am 11., die Russen am 12. aus Berlin abgezogen. Der König, der dies am 15. in der Gegend von Guben erfuhr, ging nach Lübben. [2]) vgl. folgenden Brief. [3]) Der bekannte Münz-Jude; er war 6. August vor dem Einrücken der Russen aus Berlin geflüchtet.

tage je trouve le sort de la Reine-mère heureux de n'avoir pas survécu à cette désolation et c'est bien triste pour nous autres de vivre dans des temps si angoissants et inquiétants. Il faut les regarder comme une punition de Dieu qui nous envoie ce terrible fléau pour nous châtier et corriger. On dit que pour la valeur d'une somme considérable d'argent Potsdam et Sanssouci avaient été épargnés du pillage. C'est bien dommage que le beau carosse de V. M. soit tombé entre les mains de ces misérables. J'espère pourtant que toutes ces pertes vous seront bonifiées comme il n'est que très juste. Je commence à craindre, comme V. M. le dit, que ces bruits qui ont couru de la victoire du Roi, sont vagues, puisqu'il ne nous en est point parvenu de nouvelles et que vous êtes si exacte d'en avertir le Duc... Nous avons eu une alarme dans notre voisinage..., quelques détachements Français étant entrés dans Halberstadt et Quedlinbourg[1]) et cotoyé ses environs; on était en peine à quoi tout cela aboutira et l'on présumait qu'on le verrait des contributions, mais grâce à Dieu le Duc vient de me dire qu'ils sont tous partis et que nous n'avons plus rien à craindre. Le Landgrave qui est d'abord craintif pour la moindre chose, voulait partir, mais à présent il s'est ravisé. Cependant tous ces mouvements ne laissent pas d'occuper et de tenir en haleine notre cher Duc, qui est bien tourmenté et harcelé de tout côté pour cette guerre. S'il n'est pas recompensé des hommes, comme il le mérite sûrement, il le sera de Dieu pour toutes les bonnes intentions qu'il a, et les soins qu'il se donne afin de ne rien négliger pour concourir à tout ce qui peut contribuer à notre cause. Il agit comme un vrai, sincère et bon compatriote. Le Duc vient de me dire que le Roi était arrivé jusqu'à Dahme[2]). Dieu en soit loué, bénisse ses armes et lui donne plus de bonheur, qu'il n'en a eu jusqu'ici. Il est surprenant, comment il soutient tout cela; c'est la Providence qui l'assiste, sans cela il ne serait pas possible. Je crains que la prise de Wesel ne se fera pas si tôt et que dumoins il faudra attendre encore quinze jours avant de terminer le siège. J'espère que, cela fait, les Français seront forcés à la paix. C'est la seule espérance qui peut consoler et il n'est pas possible d'être contente avant qu'elle soit faite.

26 octobre.

† J'ai été charmée d'apprendre l'approche de la venue du Roi en Saxe[3]). Un de ses chasseurs, qui a passé hier par ici, nous a dit qu'il se portait parfaitement bien... Il aurait été à souhaiter que la marche du Roi eût pu se

---

[1]) 12.—18. Oktober. [2]) Der König kam erst den 21. nach Dahme. [3]) Am 20. Oktober war der König von Lübben gegen die Elbe marschiert, wo sich bei Torgau Daun und Lacy am 22. vereinigten.

faire plus tôt, pour couvrir Berlin des malheurs, qui lui sont arrivés. Dieu veuille que jamais aucun ennemi n'y remette plus le pied; ceux qui y ont été, ont laissé assez de traces de leurs barbaries et inhumanités. Les pertes que le Roi a faites, sont à reparer, mais les sujets auront de la peine à se rétablir de tout ce qu'on leur a pris. Cette triste époque me restera toujours en horreur dans l'esprit. Je suis fachée de m'être trompée dans mes espérances touchant Wesel. V. M. sera sans doute déjà instruite que ce siège a été levé. Mon fils a pensé perdre la vie dans cette affaire qui est passé à Rheinberg[1]). Il a reçu une contusion à la jambe mais qui grâce à Dieu n'a point été dangereuse, son cheval tué sous lui. Les eaux du Rhin qui ont été si enflées, ont causé que le pont s'est cassé et que mon fils a risqué d'être noyé... Je pourrais être plus tranquille si je voyais que ce fût le dernier péril, dans lequel il se trouve exposé, mais comme je ne vois point de fin à cette affreuse guerre, je vis toujours d'un jour à l'autre en angoisses des choses qui peuvent arriver. Il a cependant repassé le Rhin sans malheur et il est actuellement en marche pour retourner au quartier général... Les Français ont fait maison neuve à Halberstadt, ils n'y ont pas laissé un cheval et ce qu'il y a de particulier, c'est que ceux qui ont appartenu au Duc, il les a tous renvoyés, quoique nous leur faisons tout le mal et que mon fils les bat autant qu'il peut. Cependant ils sont envers nous d'une politesse surprenante, nous n'en demandons pas mieux et qu'ils restent toujours bien loin de nous. Je me réjouis à présent sur l'hiver, puisqu'il y a espérance que les campagnes finissent et qu'on respire un peu plus librement... Dites-moi si chez vous on n'espère point du tout la paix. Vous saurez que Werner a demandé 600000 écus de contributions dans le pays de Mecklenbourg et que les Prussiens en ont pris possession. Le Duc le mérite par la façon dont il a agi vers le Roi[2]), sa conduite est blâmable pour un prince protestant, qui devait mieux connaître ses intérêts et rester dans le parti de notre religion, mais il paraît que c'est ce qu'on estime le moins. Comme les Français prennent leurs quartiers d'hiver à Cassel, le Landgrave restera chez nous, il fait venir sa garde, qui restera à Wolfenbüttel. Son séjour est profitable pour la ville, les dépenses qu'il fait, restent ici dans le pays. Son pays est tout à fait ruiné et mangé, le paysan est abîmé, toute cette contrée est comme un désert. On dit qu'ils veulent forcer par là le Landgrave à changer de parti, mais les guinées anglaises le retiennent.

[1]) Infolge des unglücklichen Gefechtes bei Kloster Camp in der Nähe von Rheinberg (16. Oktober) gab der Erbprinz am 18. die Belagerung von Wesel auf und ging über den Rhein zurück. [2]) Der Herzog von Schwerin hatte in Regensburg für den Reichskrieg gegen den König gestimmt.

3 novembre.

† J'ai été saisie de la tristesse que je lui[1] ai trouvée peinte sur le visage; toutes les traces de la crainte et des angoisses que cette affreuse invasion a causées, lui étant restées dans la physiognomie. J'en ai été véritablement attendrie, quoiqu'elle m'a dit que Totleben avait tenu meilleur ordre que l'on avait osé espérer, cependant cette race inhumaine n'a pas laissé de faire assez de dégât pour que de longtemps l'on ne s'en souvienne... C'est une perte considérable que le Roi a faite de la ruine de ses fabriques, cependant les personnes qui sont au fait de ces choses, disent que cela est à réparer avec quelques centaines de mille écus. La générosité que le Roi vient de témoigner envers ses sujets en envoyant quatre cent mille écus à Berlin, m'a fait plaisir[2]; cela animera encore d'avantage ces pauvres gens à lui rester attachés et leur marque la compassion du Roi. Il n'y a point d'apparence encore que la campagne sera finie de notre côté; je crains qu'il y aura encore de chipotage pour les quartiers d'hiver. Il n'y a que Dieu seul qui sait comment tout cela se débrouillera, et toutes les opérations que chacun a dans la tête, dépendront de notre sort avec. Il est bien à désirer que Dieu conserve ces deux têtes qui font mouvoir toute notre armée: le prince Ferdinand méditant les projets, et mon fils les exécutant sous lui, les bons officiers étant rares. Quoique la carrière du prince votre frère est épineuse, j'espère cependant que tout ira encore bien, quoique je ne suis jamais sans alarme pour mon fils. La Duchesse-mère nous a rendu visite ces jours passés et se porte très bien; nous l'attendons demain ici.

6 novembre.

† Il y avait une fête de préparé [zum Namenstag des Herzogs] et une opérette qui devait être représentée le soir; j'avais invité la Duchesse-mère et les princesses vos soeurs, qui nous firent l'honneur d'y assister, mais tout d'un coup tous ces beaux préparatifs furent troublés par la nouvelle que nous apprîmes le même jour de la mort du Roi d'Angleterre[3], ce qui troublait toute la fête qui resta suspendue. J'avoue que dans les commencements j'en ai été fort alarmée, mais les personnes politiques m'ont assuré que cela ne changerait en rien le système politique et que les affaires continueraient d'aller sur le même pied; ce qui m'a fort rassuré. Les effets l'ont déjà confirmé, puisque le Roi aussitôt qu'il a été proclamé, a déclaré

---

[1] Frau von Keith, die aus Magdeburg nach Braunschweig gekommen war. Sie hatte ihren Sohn nach Göttingen bringen wollen; da dies aber seit September wieder in der Hand der Franzosen war, blieb sie zunächst in Braunschweig.   [2] Der König hatte den Wechsel, den die Stadt Berlin den Russen hatte ausstellen müssen, bezahlt.   [3] Georg II starb 25. Oktober.

en plein parlement qu'il reste ferme dans l'alliance que feu son grand-père avait faite conjointement avec ses bons alliés et qu'il persisterait à les soutenir; ainsi nous n'avons point à risquer que cette perte cause un changement dans la bonne cause... Cette victoire[1]) est venue aussi à propos que possible pour animer la nation anglaise à rester pour nous; cela fera un bon effet sur tous les esprits.

11 novembre.

† J'ai été obligée de me régler selon la coutume [des Braunschweiger Hofes wegen der Trauer um Georg II] d'autant plus que la considération du prince de la même maison ne peut dispenser de faire quelque chose de plus. Ainsi le mien consiste dans des habits de bombasin, des coiffures et d'une petite noire avec une coiffe nouée à l'anglaise et de la batiste. On sonne les cloches pendant huit jours ce qui fait un carillon désagréable et rappelle toutes les pensées tristes des personnes que l'on a perdues. Madame de Keith[2]) a été présente à l'arrivée du courier que le Roi a envoyé, précédé d'une demi-douzaine de postillons; elle pourra faire la rélation à V. M. de la joie que non seulement moi, mais toute la ville a eue sur cet heureux événement de sa victoire, qui a causé une allégresse universelle. Cependant j'avoue que la mienne fut un peu troublée par l'accident qui nous aurait pu enlever notre cher Roi[3]) sans une assistance particulière de Dieu sur sa personne. Dieu nous préserve de pareilles victoires, qui nous coûteraient si cher; je frémis en y pensant, il vous préserve de ce malheur, vous et nous tous... Je sais qu'il vous fera plaisir de savoir que le jeune monarque[4]) a écrit au Duc une lettre de sa propre main très amicale et cordiale, dans laquelle il marque ses bons sentiments pour notre maison. Cette attention me donne très bonne opinion de sa façon de penser et j'espère qu'il ne la démentira pas. Voilà donc le prince de Bevern qui vient de nouveau de faire un coup digne de lui, prenant tout en régiment de Russes prisonniers[5]) cela lui fait de l'honneur et augmente davantage tout l'intérêt que l'on prend, en désirant de le voir rétabli dans les grâces du Roi. C'est un si brave prince et si généralement estimé de tous ceux qui le connaissent, que je donnerais beaucoup, si je savais le moyen de m'y prendre pour faire en sorte que le Roi s'en serve, puisque c'est un de ses meilleurs généraux et qui sont bien nécessaires dans les cas présents par toutes les pertes que le Roi a faites.

[1]) Bei Torgau 3. November. [2]) Sie war nach Magdeburg zurückgekehrt. [3]) Der König war von einer Kartätschkugel getroffen worden, deren Wirkung durch den Pelz und das Sammtfutter seines Rockes abgeschwächt wurde. [4]) Georg III (geb. 1738). [5]) Die Vernichtung des russischen Moldavkischen Husarenregiments Anfang Oktober.

26 février 1761.

Vous ne sauriez croire avec combien de satisfaction j'ai appris le beau coup que vos troupes ont fait à Langensalza¹). Je me fais un véritable plaisir d'oser vous en féliciter. Il semble que ce soit eux qui ont donné le signal pour faire réussir l'entreprise du prince Ferdinand qui a été si heureuse, les Français se voyant obligés d'abandonner une garnison après l'autre et prendre la fuite, ce qui met Mr. de Broglie mal à son aise et le décréditera beaucoup à sa cour. Je me flatte que vous serez content de la conduite de mon fils dans cette occasion²) et qu'il répond toujours à la haute idée que vous avez de ses talents. Je suis bien aise qu'il emploie sa valeur contre vos adversaires et qu'il donne des preuves qu'il est de notre sang. Je devrais croire que cet événement d'éclat prouverait au prince Ferdinand l'utilité et la nécessité de cette expédition si bien concertée et qu'il ne pourrait qu'approuver la juste vue que vous lui avez communiquée, afin d'exécuter ce projet qui selon les apparences ne pourra produire qu'un bon effet et des suites avantageuses pour l'achéminement de la paix, les Français se trouvant forcés de se désister de leur alliance, ce qui en détâchera encore d'autres. Voilà, il me semble, le but que l'on peut se promettre.

24 mai.

† La Duchesse-mère veut donner sa bénédiction à mes fils qui partiront bientôt pour l'armée³), ce qui me sera une sensible séparation, mais la nécessité qu'il y a pour les princes cadets de faire leur fortune par les armes, est une raison qui me fera surmonter ce chagrin, la fortune et le bien de mes enfants m'étant préférables à tout autre agrément particulier. Nous sommes encore ici entre la crainte et l'espérance du sort qui nous attend; beaucoup dépendra de la négociation de M. de Bussi en Angleterre et celle de M. Stanley à Paris⁴) si la paix ou la suspension se déclare. En attendant nous pourrons respirer librement; si non, il pourrait arriver de même que l'année 1757⁵).

¹) Anfang Februar war Herzog Ferdinand in drei Kolonnen gegen die französischen Winterquartiere, die sich von Marburg, Cassel, Göttingen bis Langensalza erstreckten, aufgebrochen, um die Franzosen aus Hessen nach Frankfurt zurückzutreiben. Sie räumten bis auf Marburg, Cassel, Göttingen und einige andere Festungen ganz Hessen. Am 11. war der Herzog vor Cassel, dessen Einschliessung am 21. Februar begann. Preussische Truppen, vereint mit solchen der alliierten Armee, hatten am 15. Februar bei Langensalza sächsische und Reichstruppen, die zur Unterstützung heranrückten, geschlagen. ²) Der Erbprinz hatte am 15. Februar Fritzlar eingenommen. ³) Prinz Friedrich und Heinrich (geb. 1740 und 1742). ⁴) Die Verhandlungen zwischen Frankreich und England wegen eines Separatfriedens wurden durch die oben genannten Gesandten geführt. Es hiess, der Waffenstillstand mit Frankreich werde den 1. Mai, der in Amerika am

29 mai.

Les gazettes publiques faisent mention de l'alliance qui vous avez conclue avec la porte[1]). J'espère que cette nouvelle ait de l'authenticité, que vous puissiez en recevoir mes félicitations. Je serais très contente de votre ami Mustapha, pourvu que le succès réponde à mes souhaits et qu'il emploie ses forces d'obliger des Russes de quitter la Prusse et toutes les contrées de vos états et qu'il occupe de façon la Reine de Hongrie, pour qu'elle fasse la paix avec vous. Je suis persuadée que vous lui jouez là un tour auquel elle ne s'attendait pas; l'invention est impayable et remplit tout le genre humain de surprise et d'étonnement: Voilà qui vous ressemble. Mes fils Frédéric et Henri sont partis pour commencer leur première campagne sous les yeux de leur frère aîné; j'espère qu'ils ne se rendront pas moins dignes de mériter vos bontés et que vous ne voudrez pas en effacer la mère.

25 juillet.

† (Dank für die Glückwünsche) sur la victoire que le prince son frère vient de gagner sur nos ennemis[2]). Jamais je n'en puis recevoir avec plus de joie, le Ciel ayant conservé l'oncle et les neveux et garanti pour tous les accidents, en les tirant si glorieusement de la situation critique dans laquelle ils se trouvaient. Je puis dire que j'appris cette nouvelle, les larmes aux yeux d'attendrissement sur cette bonté de Dieu qui a veillé tellement sur mes fils et qui se sont conduits comme de braves gens, Fritze et Henri n'ayant rien cédé à leur frère aîné. C'est le témoignage que le prince Ferdinand leur donne et en marque son contentement, ce qui fait leur éloge. J'espère que ceci obligera encore davantage les Français à s'accommoder et, sans vouloir être prophète, je me flatte beaucoup que nous aurons bientôt la suspension et peut-être bien aussi la paix… Cependant je vous prie de garder mes idées pour vous et de ne les point produire à quelqu'un d'autres, car je ne voudrais pas passer pour faux prophète, si cela n'arrive point, et si cela est, qu'on ne croie pas que je m'entende à la politique.

1. Dezember beginnen.   [5]) Nach dem unglücklichen Gefecht des Erbprinzen bei Grünberg 21. März und der Aufhebung der Belagerung von Cassel 28. März war Herzog Ferdinand nach Paderborn und Münster zurückgegangen; die Franzosen hatten Hessen wieder besetzt und bedrohten das Kurfürstentum Hannover.

[1]) Nach langen Verhandlungen war am 2. April ein Freundschafts- und Handelsvertrag zwischen Preussen und der Pforte abgeschlossen. Die Nachricht erregte allgemeines Aufsehen. Die Zeitungen berichteten Anfang Juni die Ankunft eines türkischen Gesandten im Lager des Königs.   [2]) Am 15. und 16. Juli hatte Herzog Ferdinand bei Vellinghausen die beiden französischen Armeen, die sich vom Niederrhein und aus Hessen kommend in der Stärke von 160000 Mann am 6. bei Soest vereinigt hatten, mit 95000 Mann geschlagen.

7 août.

† Je ne suis moins sensible de la part que V. M. prend aux peines que j'ai sentie sur l'accident arrivé à mon fils Henri¹). Je n'étais pas en état de lui faire part de cette douleur, elle était trop accablante, mais la Providence vient de m'en tirer évidemment et plus que je ne pouvais l'espérer, la balle qu'il avait eue jusqu'ici, lui étant sortie heureusement par un effet de la nature, qui l'a fait descendre, révérence parler, par en bas, et le mit hors de danger de façon que je puisse à présent espérer sa prompte et parfaite guérison. J'en dois l'obligation seul à Dieu qui m'a rendu ce cher enfant d'une manière miraculeuse à laquelle personne ne pouvait s'attendre. Je recommence à vivre depuis cette bonne nouvelle.

13 août.

† V. M. sera instruite de ma perte²). Le coup est assommant, mais Dieu l'a fait; il me fait la grâce de m'assister pour supporter cette douleur accablante qui sans cela serait insupportable sans un tel secours. Je sais, qu'elle prendra part à mes justes afflictions. Voilà tout ce que peut lui dire cette fois une mère affligée qui ne cesse de lui être toujours attachée.

P.S. Je reçois dans ce moment la lettre de V. M. et reconnais combien elle compâtit à mes peines. Elles sont désolantes mais je tâche de les surmonter avec résignation avec l'assistance de Dieu, vous remerciant pour toutes les bontés que vous avez eues pour mon cher défunt.

3 septembre.

† Les bontés que V. M. a témoignées à mon fils défunt, font que je prends la liberté de lui envoyer deux odes qui ont été composées en sa faveur, l'une d'un professeur d'ici qui l'avait instruit dans les belles-lettres et qui l'a faite sous le nom de M. de Walmoden³) et l'autre d'un certain Mr. de Stuven, qui est établi ici et qui a les talents de la poésie. L'un et l'autre louange qu'on attribue à mon cher défunt, n'ont le fond que la vérité; il n'y a rien de trop et ceux qui l'ont bien connu, ne peuvent que lui rendre

---

¹) Prinz Heinrich war bei dem Gefecht bei Ruhne 20. Juli verwundet worden.
²) Prinz Heinrich war am 9. August gestorben. An den Markgrafen von Bayreuth schrieb sie (undatiert): Je me promets de l'amitié de V. A. qu'elle voudra bien prendre sur elle une commission à moi cruelle de lui donner et bien désagréable pour elle de recevoir, ayant plu à Dieu de prendre mon cher fils Henri chez lui; je la prie en cas que ma fille ne fût pas encore instruite de cette si affligeante nouvelle, de tâcher de lui apprendre avec précaution afin que la frayeur ne l'altère pas. ³) Ein von W. unterzeichnetes Gedicht auf den Tod des Prinzen, in dessen Biographie in Pauli «Leben grosser Helden» 1763, 8, S. 54ff. v. Walmoden war Geheimer Etatsrat. Abt Jerusalem hat ein Leben des Prinzen, seines Schülers geschrieben.

justice, qu'il réunissait dans sa belle âme toutes les vertus accomplies. Dieu et la résignation que je dois à la volonté suprême, font mon unique soutien et consolation, tout le reste du monde en est incapable et ce n'est qu'aux grâces divines que je dois être en état de limiter mon affliction, dont la tristesse me restera toujours dans le coeur.

A Jeinsen an der Leine 27 octobre, mon exil.

† Je lui rends grâce de ce qu'elle me félicite pour le bonheur que mon fils Frédéric a eu de sauver sa patrie; c'était dans cette triste crise tout ce qui pouvait nous arriver du plus heureux. Mais nous sommes de nouveau à la veille de grands événements qui selon les apparences doivent en peu décider du bonheur ou du malheur des pays du Duc, le gros de l'armée de Broglie qui était à Einbeck, étant à Gandersheim; en attendant tant que cette armée ennemie occupera notre pays, nous ne pouvons y retourner sans risque. J'en suis partie Dieu sait, comment; voilà cinq semaines que je suis toujours par voie et par chemin, mon bagage d'un côté et moi de l'autre. Ma santé a cependant assez bien supporté ces incommodités, j'en ai été quitte par une fluxion très sensible causée par des maux de dents qui m'a fait beaucoup souffrir, et étant obligée de me mettre en chemin, elle empira, mais depuis que je me suis réposée ici, elle est passée... Je souffre des désagréments plus pour d'autres que pour moi même, particulièrement pour le Duc. C'est un vilain choc pour nous; il serait à oublier, s'il y avait espérance que l'ennemi ne retourne plus, mais qui en peut garantir.

Lunebourg, 5 novembre.

† L'endroit ici est si solitaire et stérile en nouvelles que pas la moindre chose s'y apprend. J'en fait cependant usage de cette retraite et m'y plais par rapport que j'ai le loisir pour me recueillir en moi-même et pouvoir faire de bonnes réflexions en me résignant en toutes choses aux décrets de la Providence, sans laquelle rien ne peut arriver, et je passe le temps doucement et tranquillement, faisant des voeux pour la fin des malheurs et des calamités qui déchirent la patrie.

2 décembre.

† Je suis infiniment redevable à V. M. de la part qu'elle prend à mon

[1]) Während die grossen Armeen sich in Westphalen gegenüberstanden, hatte Graf Broglie einen Handstreich gegen Braunschweig und Hannover unternommen. Am 20. September waren Franzosen in Halberstadt eingezogen, Prinz Xaver von Sachsen war gegen Wolfenbüttel 24. September vorgerückt; dieses kapitulierte am 10. Oktober, nach einer Beschiessung von 5 Tagen; die Belagerung von Braunschweig hatte am 12. Oktober begonnen, als Prinz Friedrich am 13. Oktober heranrückte und die Stadt entsetzte; auch Wolfenbüttel räumten die Franzosen wieder.

retour à Bronsvic. Je suis persuadée que cette nouvelle lui aura été doublement agréable, sachant par là sa patrie délivrée d'entre les mains ennemies et la tranquillité rétablie. Dieu veuille que jamais de pareilles catastrophes lui arrive et que pour de si tristes raisons nous ne soyons obligés de quitter le pays. J'oublie avec plaisir les désagréments, fatigues et incommodités de ce voyage que j'ai fait, si Dieu protège seulement à l'avenir pour de pareils malheurs, dont tout le pays a bien souffert... Depuis que je suis ici, j'ai fait confirmer mon fils Guillaume et ma fille Elisabeth[1]) qui ont été pour la première fois avec moi à la St. Anne pour remercier Dieu de ses grâces et particulièrement d'avoir sauvé cette ville si évidemment.

[janvier] 1762.

† Mon fils Frédéric est allé à son régiment qui est proche d'ici, il reviendra après avoir célébré avec le jour de naissance du prince Ferdinand [12. Januar] à Hildesheim et je compte que le prince Ferdinand et mon fils aîné viendront ensemble ici. Après près de cinq ans d'absence ma joie sera grande de revoir ce fils mais qui selon l'apparence ne durera guère, la campagne s'ouvrant de bonne heure.

25 janvier.

J'ai été touchée de l'attention grâcieuse que vous avez de penser à moi en m'envoyant par ma soeur Amélie l'ode qu'il vous a plu de composer en faveur de la mémoire de feu mon fils Henri[2]); aussi sensible que m'a été le renouvellement de cette douleur, je n'en ai pas moins admiré les marques de tendresse qu'il vous a plu conserver pour ce cher enfant. Plût à Dieu que la parque cruelle ne me l'eût enlevé si tôt[3])... Veuille le Ciel que ce soit le dernier sacrifice que j'éprouve de cette manière et que la paix fasse cesser ce carnage de sang et de si grandes désolations. Quelle obligation pourrait égaler celle que je vous devrais, si en contribuant à un si heureux événement vous me procureriez par là le retour de mes fils, et quel plus beau sujet pourrait se présenter aux yeux de l'univers, si comme l'arbitre du repos public vous en feriez après l'apologie. On assure que l'Impératrice de Russie est morte[4]). Il me semble qu'elle ne pouvait décamper plus à propos. On prétend que le grand Duc[5]), aujourd'hui proclamé empereur, était porté pour vous; ce serait donc le moment d'en profiter et d'user de toute la

---

[1]) Geboren 1748 und 1746.   [2]) Ode à la Duchesse de Bronsvic sur la mort de son fils le prince Henri, tué près de Hamm dans la campagne de 1761 vom Herbst 1761. [3]) Prinz Heinrich war 1742 geboren.   [4]) Kaiserin Elisabeth war 5. Januar 1761 gestorben. Die erste Nachricht davon war am 16. Januar in Berlin, am 20. in Magdeburg.   [5]) Peter III, geboren 1728.

vigilance possible pour vous en faire un ami, en le détachant du parti opposé... Mon fils aîné s'est absenti pour quelques jours afin d'aller à Hildesheim pour faire ses arrangements ; j'aurai encore le plaisir de le revoir peut-être pour quelques jours, mais je crains d'avance de m'en séparer et de le savoir dans de nouveaux dangers. Il est charmant, c'est le plus digne garçon du monde ; s'il n'était pas mon fils, je ne pourrais lui refuser mon affection et comme sa mère il mérite toute ma tendresse. Frédéric est avec lui et sous ses auspices il fait ses petits progrès... Le quartier général qui est à Hildesheim nous procurera peut-être aussi la présence du prince Ferdinand.

23 février.

✝ La foire m'a été bien agréable par la joie que j'ai eue d'y voir mon fils aîné en parfaite santé... Je lui ai trouvé très bon visage et il a pris un air mâle qui lui sied très bien... Le cher prince Ferdinand a fait ici un court séjour, il a pris beaucoup d'embonpoint, d'ailleurs il conserve toujours sa gaîté et sa charmante humeur, que vous lui connaissez et qui le rend si aimable. Ils ont été, mes fils et lui à Hannovre ; mon fils aîné est de retour, le prince votre frère est allé à Hildesheim. Je profite avec plaisir du séjour et du temps que mon fils me donne de le voir, mais je crains que ce ne sera pas longtemps et qu'il sera obligé de se rendre bientôt à son poste, ce qui sera un nouveau surcroît de peine, sachant que le sujet de son départ est pour faire la campagne... La Duchesse-mère nous a honoré de sa présence depuis que le prince Ferdinand a été ici, mais sa maladie est cause qu'elle n'a point été en état de sortir de sa chambre de tout le temps ; elle ne se porte pas mieux encore, ce qui ne laisse pas de nous inquiéter tous beaucoup. C'est un épuisement de forces, qui la fait dépérir, avec une petite fièvre. Les médecins espèrent qu'elle peut se remettre, mais comme cela change souvent, on ne peut pas garantir d'une entière reconvalescence. Depuis quelques jours elle est résolue à prendre du quinquina ; il faudra voir quel effet cela produira. Comme elle aime à rester dans sa tranquillité, je ne viens que tous les matins la voir et y reste un quart d'heure, pour ne la point fatiguer, puisqu'elle est extrêmement faible.

25 février.

An die Markgräfin von Anspach: J'ai passé six semaines une vie la plus dissipée du monde... J'ai eu la consolation de trouver mon fils en parfaite santé ; il est devenu plus robuste et n'a point vieilli, ce qui m'a surpris vu toutes les campagnes qu'il a faites, mais ce qui me charme le plus, c'est qu'en tout je lui trouvais beaucoup changé à son avantage ; la guerre ne lui a pas endurci le coeur ... il a conservé ses bons principes de religion, les mauvais exemples du monde n'ont point perverti ses moeurs, il est sage, rempli de sentiments d'honneur et de probité, il pense bien et noblement... Il a des manières prévenantes et jolies, qui charment tous ceux qui le voient. Si Dieu le conserve qu'il reste tel qu'il est à présent, je puis dire que je suis une heureuse mère. Le prince Ferdinand a été aussi ici, je le trouvai vieilli... J'ai vu l'ordre de la jarretière qu'il a reçu, qui est d'une grande beauté par rapport aux pierres qui sont alentour de grand prix. Tout le quartier général a suivi le prince ce qui m'a fait donner occasion de faire connaissance avec plusieurs officiers et généraux Anglais, Hannovriens et Hessois et la foire a été très bruyante. Mon fils restera encore jusqu'au commencement du mois prochain, puis il faudra me préparer à une nouvelle séparation qui me sera très sensible... Il y a beaucoup d'espérance que la mort de l'Impératrice de la Russie nous débarrassera de cette ennemie dumoins et que selon les apparences il y aura un accommodement; cette campagne avec l'Impératrice-reine aura encore lieu, quoique cet événement imprévu doit l'engager à la faire penser autrement; enfin Dieu veuille que la paix s'en suive... Notre Duchesse-mère est ici assez mal, il faut que cela se décide bientôt. Adieu mes amours, vous direz que j'ai l'imagination embrouillée de vous écrire l'un parmi l'autre, mais il est vrai que ma tête est souvent occupée de tant de sorte de choses que cela confond les idées.

2 mars.

† La santé de Madame la Duchesse-mère commence un peu à se remettre; les médecins espèrent qu'elle pourra se rétablir, principalement pourvu qu'elle continue de prendre le quinquina, qui lui a fait du bien, depuis qu'elle s'en est servie. Elle est extrêmement faible comme cela ne se peut autrement après une maladie si sérieuse à son âge. Cependant je lui trouve l'oeuil bon... Comme je vais tous les jours la voir, je puis vous dire que j'ai trouvé depuis huit jours un changement favorable en bien qui me donne très bonne espérance de sa reconvalescence, quoiqu'il faudra du temps; mais comme nous avançons vers le printemps, il faut croire que cela ira plus vite.

7 mars.

† Je partage, on ne saurait davantage, la vive douleur de V. M. pour la peine que je sens de lui faire ma condoléance sur la perte que nous venons de faire de notre chère Duchesse-mère, laquelle vient d'expirer hier vers les huit heures du soir. Elle a eu une fin assez douce, n'ayant pas souffert beaucoup dans ses derniers moments et ayant rendu l'âme comme en sommeillant et sans faire le moindre effort violent. C'est une grâce de Dieu de

finir ainsi, le bon Dieu lui ayant épargné plus de souffrances et l'ayant prise à lui plus tôt que l'on ne l'a pu prévoir, quoique les deux derniers jours de sa maladie les forces diminuèrent considérablement. Le prince Ferdinand a eu la triste consolation d'arriver encore à temps pour lui rendre les derniers devoirs et nous avons tous assisté à ce triste spectacle.

13 mars.

† Depuis la mort de notre chère Duchesse-mère nous sommes en retraite, je ne vois personne que les princesses vos soeurs[1]), chez lesquelles je me fais porter les soirs. Le train de vie ne sera pas changé avant que l'enterrement soit passé, lequel jour sera fixé, lorsque tout le deuil sera fait et arrangé. Je n'ai pu m'empêcher de voir encore notre chère Duchesse après sa mort; les premiers jours elle n'était point changée et elle a été habillée en damas blanc avec une coiffure de dentelles, le tout comme il se convient. Le prince Ferdinand restera encore ici jusqu'après l'enterrement, de même que mes fils, ce qui est encore un soulagement pendant la tristesse et l'affliction qui règne ici.

28 mars.

† Nous restons encore en retraite et depuis que j'ai reçu toutes les condoléances, je n'ai vu personne que le conte Lehndorff qui par distinction pour V. M. a dîné et soupé avec nous dans la retraite[2]). Les bonnes nouvelles qui se confirment, des intentions pacifiques de l'empereur Pierre III[3]) sont le sujet le plus réjouissant qui occupe nos idées. Dieu veuille donner sa bénédiction à toutes ces négociations afin que la paix générale en résulte... Les Princesses se portent fort bien et quoique fort affligées encore, cependant prennent en personnes raisonnables leur parti dans une chose qui n'est plus à changer.

29 mars.

† Il n'y a encore rien d'arrangé pour les Princesses et le temps a été encore trop court, mais selon les apparences elles resteront avec nous... Dimanche passé [21. März] on a fait l'oraison funèbre et le jour après j'ai reçu les condoléances. Il est vrai que depuis la dernière fois que je n'ai eu l'honneur de voir V. M. (1753) nos deux maisons ont été affligées de bien de manières

---

[1]) Die Prinzessinnen Christine Charlotte (geb. 1726) und Theresie Nathalie (geb. 1728).
[2]) Der Kammerherr der Königin, der in seinen Tagebüchern von diesem Besuch berichtet.
[3]) Er hatte am 23. Februar die Erklärung erlassen, worin er auf das 1758 in russischen Besitz genommene Ostpreussen verzichte und den kriegführenden Mächten empfehle, Frieden zu schliessen, seinen bei Glatz stehenden Truppen war befohlen, heimzukehren. Der Oberst Gudowitsch, der den Thronwechsel anzeigte, war am 27. Januar in Magdeburg gewesen.

différentes et tristes... Je suis bien aise que le comte de Finck soit parti pour Breslau avec Mr. de Hertzberg¹); j'espère et souhaite que cela soit d'un bon augure pour la paix, comme je devrais presque le croire, avec la Russie par les bons commencements que cette puissance a déjà pris en concluant un armistice²), et il faut croire que cela fera faire des réflexions à l'Impératrice-Reine et qu'elle changera aussi de sentiment à notre égard. Je porte le deuil de même comme pour feu la Reine et la Duchesse de Blankenbourg; il est vrai que cela fait un appareil très affreux et lugubre et incommode avec ces coiffes et les voiles. Il n'est que juste que V. M. le porte de même; je n'ai pas douté que le Roi trouverait bon que ce deuil fût égal à celui que nous avons ici, et cela est dans les règles. Mes fils sont partis, chacun pour se rendre à son poste. Charles est à Munster et Frédéric à son régiment et le cher prince Ferdinand à Hildesheim. Cet aimable prince avait le coeur navré en partant d'ici et le chagrin peint sur le visage de notre perte. Quoique j'ai vu partir toute cette bonne compagnie avec bien de regret, cependant je me flatte, lorsque la paix sera déclarée avec la Russie, que les Français penseront davantage à ce qu'ils font et que cette campagne sera moins vive que les précédentes... Le Duc se porte fort bien; je fais ce que je peux pour le distraire de son affliction et suis bien aise, lorsqu'il a présentement des occupations qui puissent le dissiper. Je m'imagine que lorsque la paix avec la Russie sera faite, V. M. retournera à Berlin.

1 avril.

† Grâce à Dieu des bonnes nouvelles que vous avez reçues de l'heureuse arrivée de Prince de Prusse à Breslau³), et je suis bien aise de l'accueil amical que le Roi lui a témoigné auquel on devait s'attendre comme un oncle qui ne doit avoir rien du plus cher que ses parents. Dieu conserve dans ce cher prince les bons sentiments qu'on lui a imprimés de religion et de probité et augmente dans lui toutes les bonnes qualités qu'il possède. Tous ceux qui le connaissent m'ont dit qu'il avait un caractère excellent; c'est selon moi le principal et qui peut faire le bonheur des autres. On dit qu'il parle bien et avec du jugement. Je suis surprise qu'on lui a donné Mr. de Borck⁴) avec, dont la santé n'est plus en état de vaquer à prendre soin d'un jeune prince, et je crois qu'on aurait pu trouver quelque autre qui ait

---

¹) Der Staatsminister Graf Finck von Finckenstein und der Geheime Legationsrat von Hertzberg waren am 18. März aus Magdeburg abgereist.   ²) Am 16. März in Stargard.
³) Der Prinz von Preussen (Friedrich Wilhelm II) war am 20. März bei dem Könige in Breslau angekommen.   ⁴) Generalmajor Graf von Borcke, seit 1751 Gouverneur des Prinzen.

autant de capacité... J'espère que le commencement de la paix faite avec la Russie fera réfléchir les autres puissances à s'accommoder et que cela empêchera aussi les Français de nous attaquer de nouveau ici à cause que le Roi se trouvera plus en état de nous défendre. Je souhaite que le retour du comte de Finck puisse nous donner plus d'éclairissement, quoique toutes les nouvelles disent la paix aussi bien que faite avec la Russie.

11 avril.

Voilà donc Pierre III notre ami déclaré[1])! Je lui en veux un gré infini. Dieu lui conserve les bons sentiments avec lesquels il est porté pour le Roi. C'est un grand homme, il veut la paix, se peut-il un plus digne caractère? Je suis charmée de toute sa façon de penser. Dieu le fasse vivre et nous préserve toujours qu'il ne devienne notre ennemi, car il est bien puissant. Je souhaite et suis charmée de toutes les politesses que Czernitscheff a reçues. Il faut souvent flatter les apôtres lorsqu'on veut avoir le maître pour ami, ainsi une bonne parole peut beaucoup faire... Je compte d'avoir le plaisir de voir en quelques jours mon frère Ferdinand et la princesse son épouse; j'irai à Langeleben pour les recevoir, ma soeur [Amélie] m'a fait espérer qu'elle en serait aussi, mais comme ce ne sera pas pour longtemps, cette joie sera de courte durée[2]). Je serais bien aise, ma chère soeur, si pareillement nous pourrions nous donner aussi un petit rendez-vous avec la Princesse de Prusse.

Les envoyés de Bareit, de Weimar et de Cobourg sont arrivés ce qui fait recevoir de nouvelles condoléances.

1 mai.

† Aussi aise que j'ai été de voir ma soeur, mon frère et ma nièce[3]), avec d'autant plus de peine j'ai trouvé le peu de santé dont ils jouissent, ce qui m'a véritablement attristé; mon frère s'est un peu remis ici à cause que nous avons pris tous les soins pour lui causer le moins de fatigues et pour qu'il reste dans un certain ordre de régime de vivre qui lui est convenable. Dailleurs je crois qu'il n'y a qu'un bain qui pourra le rétablir de même que ma nièce, et je crois qu'il ne faudrait pas tarder avec. J'ai passé ce temps bien agréablement. Ma soeur a été charmante et d'une si belle humeur que de longtemps je ne lui connaissais de pareille, et tout a été fort bien. Vous êtes aimée de chacun, c'est ce que je puis vous dire en confiance...

[1]) Am 24. März hatten sich die russischen Truppen von den Oestreichern bei Glatz getrennt, um über die Oder zu gehen; den 30. und 31. März war Czernitscheff mit einigen russischen Generalen beim Könige in Breslau, wo sie sehr gnädig empfangen wurden; der König brachte die Gesundheit des Kaisers aus.   [2]) Sie kamen am 13. April und blieben bis zum 20., die Prinzessin Amalie kam den 15.   [3]) Die Prinzessin Ferdinand.

de même que la Princesse de Prusse. Ma soeur et mon frère ont eu la bonté de m'épargner le congé et se 'sont esquivés, cependant je me suis bientôt aperçue de leur départ. Comme le Duc votre frère fait tout noblement, il s'est fait un vrai plaisir de bien recevoir cette compagnie; ma famille reconnaît aussi le prix de ses attentions. Ce que vous me dites des bons sentiments et caractère du Prince de Prusse, Dieu les augmente en lui et le protège, pour rester toujours dans le bon chemin et s'écarter du mauvais, et fasse qu'il ne voie que des exemples devant lui dignes d'être imités, puisque la jeunesse est fragile et se laisse bientôt gâter. Ma soeur et mon frère m'ont beaucoup loué ce cher prince. Comme vous me dites que Mr. de Borck est si honnête homme, j'espère donc qu'il aura un oeuil vigilant, pourque son prince le soit toujours et qu'il lui n'inspirera autre chose que de pareils principes d'honneur et de probité si peu reconnus à présent dans le monde malheureusement... Ne croyez pas que je puisse vous oublier, vous me feriez grand tort ... aussi charmée que je serais d'avoir l'occasion par un rendez-vous de vous rendre mes devoirs en personne, aussi sensible serais-je si par un plaisir si innocent cela pourrait attirer à V. M. le moindre chagrin et je serais de même au désespoir de lui procurer par dessus le marché un refus qui ne pourrait naturellement que lui faire de chagrin et peine[1]). Sans cela si toutes les difficultés n'étaient pas à observer, j'avais pensé qu'il y a un endroit dans le pays du Roi qui se nomme Erxleben où nous aurions pu nous voir sans grand embarras. Mais toutes les raisons que vous m'alléguez, sont si scabreuses que je ne veux pas seulement vous proposer le rendez-vous malgré que j'aurais été charmée de vous revoir... Enfin comme vous aurez l'espérance de retourner bientôt à Berlin, je me flatte que ce cela contribuera davantage [zu ihrer Zerstreuung] et que vous y êtes pourtant un peu mieux à l'aise qu'à Magdebourg... Les princesses vos soeurs sont sorties dimanche passé pour la première fois chez nous, elles sont parties cette semaine pour Wolfenbüttel afin d'y faire leurs dévotions.

16 mai.

† Je suis persuadée des sentiments de V. M., elle a les mêmes qualités en partage de ceux de sa famille qui aime à obliger et à faire plaisir, ainsi que ces vertus lui sont naturelles et que je suis sûre, elle ne les néglige point vis à vis des personnes, lorsqu'elle le peut, encore moins envers ceux de notre famille. Je puis aussi vous assurer que l'on vous rend justice sur ce sujet et qu'on reconnaît le prix de votre mérite. Je suis enchantée de tout le bien que V. M. m'écrit sur notre cher neveu. La façon généreuse,

---

[1]) Vom Könige.

dont il a écrit à Béguelin¹), est charmante et marque un bon coeur... Je suis bien aise de savoir la tendresse que le Roi lui marque; cela se doit et le contraire aurait sujet de surprendre... Mon Dieu, que d'événements tristes nous aurons à nous rappeler d'après la dernière fois de mon voyage de Berlin, mais il vaut mieux les passer sous silence... Le Duc a ôté ici le scellé sur les affaires de notre chère Duchesse défunte et il a été avec les princesses vos soeurs à Wolfenbüttel en faire de même, ils y restent encore jusqu'à ce que le tout soit arrangé et fini. Malgré le coeur généreux dont feu la Duchesse était douée et par beaucoup de ses bienfaits, on a trouvé cependant encore plus de nippes qu'elle avait gardées que l'on ne le croyait. Le Duc et les Princesses m'en ont destiné un souvenir qui consiste dans une très belle tabatière d'or émaillé dans laquelle est peint le portrait de ma fille de Bareit. Tous mes enfants ont été régalés de même d'un souvenir de prix... La Reine-douairière²) de Danemark m'a fait l'honneur de m'envoyer son ordre de l'Union parfaite, que la Duchesse défunte portait... Je souhaite que Mrs. les Danois se tiennent tranquilles et ne nous fassent point de bruit dans nos environs³). Je vous féliciterais volontiers avec un coeur plus joyeux sur la paix avec la Russie, si elle était générale et que nous n'eussions rien à craindre ici, mais tant que la guerre ne finit point avec les Français, cela ne nous sert de rien et nous avons toujours sujet d'être en suspens pour notre tranquillité. Vous avouerez que ce serait affreux, si nous étions encore chassé d'ici, cependant je n'en veux point répondre. Dieu nous préserve de ce nouveau malheur qui naturellement vous pouvez croire doit être très désagréable au Duc pour son pays et sa famille. J'avoue que cela désole de vivre toujours dans des temps de craintes et de calamités. C'est tout comme si l'on approchait du dernier jugement et s'il arrivait, ce serait bien bon, puisque tous ces malheurs du monde finiraient.

3 juin.

† Je serais charmée, si encore les circonstances permettent que réciproquement nous puissions accepter le rendez-vous avec V. M.... V. M. peut être tout à fait persuadée de la vérité que feu notre chère Duchesse lui a dite, touchant l'amitié que je vous porte. Vos soeurs reviendront ici vers le St. Jean, puisqu'alors tous les arrangements seront finis et alors on changera le grand deuil et qu'on ôtera les tapisseries noires ce qui est très incommode

¹) Sein Erzieher. ²) Sophie Magdalene von Brandenburg-Kulmbach (geb. 1699) Witwe des 1746 verstorbenen König Christian. ³) Gegen die Rüstungen Peters III hatten die Dänen das Beobachtungscorps, das seit 1758 in Holstein stand, verstärkt und nach Süden vorgeschoben.

et désagréable en été... Au reste, je puis dire à V. M. que j'espère, s'il plaît à Dieu, nous n'aurons rien à craindre ici, je suppose que le bon exemple de Pierre III encouragera les autres puissances à s'accommoder. Cela fait un bien grand et digne prince, qui pense en honnête homme et qui immortalise sa mémoire par la paix qu'il nous donne. J'ai bu à sa santé l'aimant de tout mon coeur... On prétend que la paix avec la Suède[1]) sera bientôt ratifiée. Je m'imagine que le comte de Finck ne reviendra pas plus tôt[2]). Je suis bien aise que le bon Duc de Bevern soit rétabli en grâce auprès du Roi[3]), il le mérite par le zèle et attachement avec lesquels il a servi la maison. Je souhaite que sa fortune dure plus longtemps et qu'il se trouve toujours en état de servir le Roi comme il l'a fait jusqu'ici. Le Roi faisait une perte, si le Margrave Charles[4]) devait venir à manquer; c'est aussi un prince plein de valeur et de probité. C'est bien triste que tant de bons sujets viennent à manquer, puisqu'il est rare de les réparer.

11 juin.

† Ce sera sans faute mardi (15) à midi que j'aurai l'honneur de rendre mes devoirs à V. M.[5]) avec le Duc, mon fils Guillaume et ma fille Auguste. Lisebeth est incommodée, sans cela elle aurait été sans doute de cette partie... Je pourrai rester jusqu'à jeudi matin ... étant moins occupée que le Duc qui est toujours affairé de sorte que sa présence ici est plus nécessaire que la mienne.

26 juin.

† Voilà le coup le plus heureux qui nous pouvait arriver[6]), le pays du Duc se trouvant à présent à couvert pour une nouvelle invasion de la part de l'ennemis... Mon fils Frédéric s'est aussi fort distingué, le Prince en est content. Grâce à Dieu, il se porte bien.

2 juillet.

† Il est certain que l'air de la campagne[7]) a bien ses grands agréments;

---

[1]) 22. Mai. [2]) Finckenstein kam erst Ende Juni aus Breslau zurück. [3]) Der Herzog August Wilhelm von Bevern (geb. 1715) diente seit 1731 in der preussischen Armee; wie 1760 das Anerbieten des Königs von Dänemark, schlug er Anfang 1762 das ihm von Georg III angebotene Kommando über die englisch-portugiesische Armee ab. Er erhielt Ende April den Befehl, von seinem Gouvernement Stettin auf den Kriegsschauplatz zu kommen, wo er das Kommando in Oberschlesien erhielt. [4]) Markgraf Karl, ein Enkel des Grossen Kurfürsten, geb. 1705; vom Könige als General wie als Mensch gleich hochgeschätzt. Er starb am 22. Juni 1762. [5]) Die Zusammenkunft war in Hundisburg und dauerte bis zum 18. [6]) Herzog Ferdinand war am 24. Juni über die Diemel gegangen und hatte die Franzosen bei Wilhelmsthal geschlagen, die bis Cassel und über die Fulda zurückgingen. [7]) Die Königin war von Hundisburg auf ein par Tage auf das Gut der Frau von Kannenberg, der Witwe ihres Oberhofmeisters gegangen.

les douceurs d'une vie champêtre sont souvent préférables à la vie bruyante des villes, qui sont plus gênantes, mais dans notre état nous n'avons pas le choix... Mylord Granby a pris Fritzlar et encore un autre endroit à côté pas loin de là. Les Français se sont retirés au Kratzenberg; on prétend que c'est un poste inattaquable mais je me confie sur l'industrie du prince Ferdinand qui saura bien les faire tourner... V. M. est informée des injustes procédés des Danois contre la ville de Hambourg; je crains qu'on se repentira de cette insulte[1]). Voilà donc l'Empereur qui se met à la tête de son armeé[2]). S'il savait mon conseil, il resterait chez lui pour s'affermir davantage sur son trône et prévenir les révolutions, qui se font dans un pays aussi remuant que c'est la Russie. Je crains que dans ce coin du Holstein cela fera un nouveau charivari et retardera la paix qu'on espérait cette année. Le comte de Finck en pourra donner des nouvelles à V. M. puisqu'on dit qu'il est sur son retour et vraisemblablement elle saura à quoi se tenir touchant son retour à Berlin. Le Landgrave parle de partir pour Hambourg malgré que tout le monde lui déconseille; il se met dans la tête de vouloir y prendre les eaux pendant que toutes ces contrées vont être inondées de troupes. Nous avons à présent les princesses vos soeurs ici, je tâcherai de faire tout ce qui est en mon pouvoir pour adoucir les regrets qu'elles ressentent de leur perte.

Bronsvic 11 juillet.

An den Markgrafen von Bayreuth: Je ne sais si V. A. est informée que l'Empereur de Russie passera par les pays du Roi pour se mettre à la tête de son armée... Il y aura un congrès à Berlin pour tâcher d'apaiser les différens avec le Roi de Danemark.

13 juillet.

† Je suis bien aise que le Roi ait choisi mon frère Ferdinand pour complimenter l'Empereur dans son nom[3]), ne doutant point qu'il s'acquittera très bien de cette commission. Les voies de la Providence sont bien impéné-

---

[1]) Die dänischen Truppen waren am 17. in Hamburg eingerückt und erst gegen Gewährung eines Darlehns von einer Million Thaler Banco am 18. wieder abgezogen. Andere dänische Truppen besetzten Travemünde und rückten in das Mecklenburgische vor. Am 13. Juli schreibt die Herzogin der Königin: Je plains notre chère bonne Reine de Danemark qui se trouve en attendant isolée sans personne et en inquiétudes pour les événements futurs.   [2]) Trotz der Unzufriedenheit, die seine Massregeln gegen die Kaiserin Katharina hervorriefen, und der Warnungen des Königs bestand Peter III auf seinem Plan, Holstein zurückzuerobern. Die russischen Truppen in Pommern und Preussen hatten Marschbefehl erhalten und sollten durch Pommern gehen; bei Waren wurde ein Lager abgesteckt, das Anfang Juli bezogen werden sollte.   [3]) Die Ankunft des Kaisers in Stettin wurde am 20. Juli erwartet.

trables, car il y a un an que jamais l'on ne pouvait se faire l'idée que nous serions en paix avec la Russie... Il est principalement à désirer que les Russes restent toujours nos amis, car cette puissance deviendra bien formidable en Allemagne y ayant un pied. Il faut que l'Empereur soit très sûr dans son pays pour risquer de vouloir s'en absenter et se mettre à la tête de des armées. Sans cela les révolutions ne coûtent rien dans cet empire[1])... Comme c'est un prince qui pense bien, j'espère qu'il ne mettra point à côté ses bonnes et louables intentions... Je vais commencer à présent les eaux de Spaa; tout le monde boit ici les eaux et c'est ce qui en avalera le plus; pour moi je m'en sers pour me fortifier les nerfs et non point par plaisir, n'en trouvant aucun à se lever de bon matin et à tenir une grande diète... Je rends grâce à V. M. de la bonté qu'elle a de s'informer après la santé de Lisbeth. Grâce à Dieu à présent elle se porte fort bien et reparaît en public. Les Princesses[2]) pourront vous dire qu'elle a très bon visage. Pendant que leur gouvernante est absente pour prendre les eaux, j'ai gardé mes enfants auprès de moi, préférant de les observer en attendant moi même et quoique nous soyons un peu à l'étroit, cela va pourtant fort bien.

7 août.

† J'ai admiré les complaisances de V. M. de leur (ihren Schwestern) avoir permis de retourner ici pour célébrer l'anniversaire de la naissance du Duc. Le jour nous est à tous si intéressant et cher qu'il mérite d'être fêté. Il m'en est d'autant plus agréable de pouvoir le célébrer avec la plupart de la famille, et bien aise de ce que les Princesses y assistent avec... Comme ce jour est justement tombé sur un dimanche, on n'a pas pu faire des spectacles, cependant chacun s'est paré en gala et je ne l'ai pas moins célébré de bien bon coeur avec bien des souhaits pourque Dieu nous conserve encore longtemps ce bon et digne frère qui fait le délice de son pays par ses bienfaits. V. M. peut facilement se représenter l'impression cruelle que la révolution arrivée à Petersburg[3]) a faite sur mon esprit; j'en ai été consternée, on ne le saurait davantage, mais cependant tranquillisée davantage par les nouvelles qui sont venues depuis, qui flattent que l'Impératrice ne sera pas contre nous. Je suis bien redevable à V. M. de ce qu'elle confirme cette espérance et de ce qu'elle me dit que l'Impératrice est notre amie. Je le sou-

---

[1]) Ihr Schwager Anton Ulrich war Dezember 1741 das Opfer einer derartigen Revolution geworden.   [2]) Die Schwestern der Königin kamen 17. Juli nach Magdeburg; über die Prinzessin Charlotte schreibt die Herzogin in demselben Briefe: la princesse Charlotte n'a pas beaucoup de santé de temps en temps; je l'attribue à une mauvaise diète; ainsi je vous prie d'y prêter un peu l'oeil afin que cela n'arrive pas chez vous. Je lui ai promis que je l'écrive à V. M.   [3]) Die Absetzung Peters III 9. Juli.

haite de tout mon coeur et qu'elle le reste, puisque sans cela le malheur serait pour nous à recommencer. Je n'ai cependant pas pu m'empêcher de plaindre le pauvre Pierre; j'aurais voulu qu'il eût agi plus prudemment, dailleurs il ne méritait pas ce sort et les bonnes intentions qu'il avait pour nous donner la paix, faisaient que je l'affectionnais. La belle action que le Roi a fait contre Daun en l'obligeant de se retirer en Bohême[1]), dans le moment que l'armée Russe le quittait[2]), lui fait tout l'honneur imaginable et sa façon d'agir contre Czernitscheff a trouvé mon approbation, puisque cela est grand et noble et que ces présents sont donnés à propos[3]). Il semble que de tous les côtés les affaires prenaient le train pour la paix puisqu'elles allaient à souhait sans cette révolution qui ne pouvait pas venir plus mal à propos... On peut dire avec vérité que l'homme propose et Dieu dispose. Voilà tous ces préparatifs qui se faisaient pour la réception de l'Empereur à vau-l'eau. Je ne crois cependant pas que nous en sommes à la fin, le temps l'apprendra. Jusqu'ici cette histoire est si fortement compliquée que l'on ne la peut comprendre. Je suis au reste redevable à V. M. de la part qu'elle daigne prendre aux progrès que mon fils Frédéric fait à l'armée; conduit comme il est par un si habile chef, il ne peut manquer de réussir. Voilà le prince de Condé qui veut joindre M. de Soubise[4]). Mon fils aîné a gagné une marche sur lui, je doute cependant que les Français quittent Cassel sans une bataille; le bon Dieu nous la donne heureuse, la campagne serait finie alors de notre côté et serait la plus glorieuse de toutes celles du prince Ferdinand qui fait bien les honneurs de la maison. Je me suis déclarée toujours pour lui et je suis persuadée qu'il se tirera avec tout le bonheur imaginable de cette carrière. Le baron Muller est arrivé ici en parfaite santé, content comme un roi de trouver partout des parties de quinte à foison sans voir des poufs mais du bon or.

15 août.

† Malgré l'horreur de toute l'exécrable action de cette méchante femme[6]) nous ne pouvons pas assez rendre grâce à Dieu de ce qu'il a dirigé son coeur pour qu'elle reste en paix avec nous, quoique l'obligation tombe, lors-

---

[1]) Die Erstürmung der Burkersdorfer Höhen am 20. Juli.   [2]) Am 22. Juli rückte Czernitscheff ab, er war am 1. Juli mit seinen Truppen zum Könige gestossen; am 18. teilte er mit der Anzeige des Thronwechsels mit, er habe den Befehl zum Rückzug erhalten, den er noch 4 Tage aufzuschieben bereit sei; am 20. gab er die feierliche Erklärung ab, die Kaiserin wolle den Frieden aufrecht erhalten.   [3]) 15000 Dukaten und ein goldener mit Diamanten besetzter Degen.   [4]) Prinz Condé kommandierte am Niederrhein, Soubise am Oberrhein.   [5]) Kammerherr der Königin, wegen seiner Leidenschaft für das Kartenspiel bekannt.   [6]) Der Tod Peters III 17. Juli wurde der Kaiserin zugeschrieben.

qu'on sait que les finances de ce pays sont épuisées, par bonheur pour nous et que les Russes sont las de la guerre. Sans cela je vous avoue que je ne me fierais jamais à la foi d'une si détestable Médée de femme. Il semble que nous retombions dans l'ancien barbarisme, tant les vices ont pris le dessus; cependant la politique pour l'amour de notre repos exige qu'on tienne le silence sur ces affreux procédés et ce n'est que vis-à-vis de V. M. que je déploie ma rage sur cette conduite. Vous savez que le public raisonne de tout sur chaque événement, celui-ci était trop intéressant pour que chacun n'en parlât selon sa guise, ce qui a été cause qu'on a débité toute sorte de nouvelles qui grâce à Dieu sont à présent fausses, l'Impératrice ayant été détrompée de ses généraux qui après un second ordre ont dévastée la Prusse[1]) qui était le point critique que l'on craignait ne subsisterait point; Dieu veuille que pour toujours nous n'ayons jamais rien à démêler avec cette formidable puissance et qu'il y règne qui que ce soit, pourvu seulement qu'il ne se mêle pas des affaires de l'Allemagne. On parle beaucoup de la paix générale[2]); on prétend même que les préliminaires en sont signés de côté de l'Angleterre et de la France. Si vous ne l'avez pas su, vous me ferez plaisir de n'en rien dire encore. Les Français ont quitté déjà la ville neuve de Cassel, on espère d'apprendre qu'ils quitteront bientôt ce pays tout à fait, ce qui rehaussera encore davantage la gloire du prince Ferdinand et couronnera l'oeuvre de ses victorieux exploits... J'espère pour l'amour d'elle qu'elle pourra partir dans peu pour Berlin[3])... Par rapport à notre deuil il n'y aura cette fois ni bals ni masquerades; je m'en accommode fort bien, tous ces plaisirs étant trop bruyants pour moi et m'incommodent beaucoup à cause qu'on se retire tard. On a représenté l'opéra de Soliman qui est fort bien réussie et a trouvé approbation.

7 novembre.

An Prinz Heinrich von Preussen: J'ai pensé embrasser le chasseur, qui m'a remis votre lettre en m'apprenant la nouvelle de votre victoire. Le Duc m'a fait la lecture de votre lettre, dans laquelle vous lui marquez le grand

---

[1]) Auf Grund des Manifestes der Kaiserin am 9. Juli, worin sie den mit Preussen geschlossenen Frieden unter den Verbrechen Peters III aufzählte, hatte General Salichoff die Einwohner Preussens aufgefordert, bei Vermeidung der höchsten Ahndung, den Huldigungseid zu leisten, und den Kriegszustand erneuert. In einer Erklärung an den preussischen Gesandten in Petersburg am 22. Juli hiess es: die Kaiserin wolle den Frieden kräftig beobachten und habe der Generalität, die von dem wahren Zustand der Sachen nicht hinreichend unterrichtet gewesen, befohlen, alles wieder auf den vorigen Fuss zu setzen.   [2]) Ebenso schrieb Herzog Ferdinand der Königin am 3. September; die Nachricht war verfrüht.   [3]) Die Königin kehrte erst am 17. Februar 1763 nach Berlin zurück.

nombre de prisonniers que vous avez faits à cette occasion[1]), entre tous les autres grands avantages du butin de l'artillerie que vous avez pris sur l'ennemi[2]), ce qui est bien considérable et me surprend d'autant plus que vos forces ont été si inférieures à celles de l'ennemi[3]). Le renfort qu'on vous a destiné sera arrivé apparamment après[4]), la moutarde après le dîner, ce qui est charmant et me divertit beaucoup de ce que vous avez fait votre coup si vite à l'improviste sans d'autre secours que celui que vous aviez. Je suis curieuse de ce que le — en dira et s'il ne vous aura pas toute l'obligation que vous méritez. Je fais dailleurs les mêmes réflexions que vous et plains cependant la nécessité qui oblige de commettre tant d'effusion de sang humain; je vous avoue que si j'en voyais la fin, j'en serais bien aise. Votre chasseur est entré ici en triomphe dans la ville suivi de dix postillons qui ont attiré un monde innombrable, qui l'a vu arriver et descendre sur la place et tous les bons patriotes ont pris part à cette nouvelle. J'ai porté votre santé à table et elle a été bien bue en choquant les verres et toute la cour est venue me féliciter comme à la soeur du vainqueur. J'ai eu, il y a passé quinze jours, une vive alarme pour mon fils aîné qui s'était trouvé très mal d'une violente fièvre. Mais grâce à Dieu il est tout à fait hors du danger et se rétablit actuellement du jour en jour. Le Duc l'a été voir à Minden et à son retour il m'a assuré l'avoir laissé dans le meilleur état du monde. Les médecins et chirurgiens me le confirment et mon fils m'a écrit depuis lui-même que sa santé allait bien et qu'il espérait d'être en état de venir ici me voir à Noël. Il est toute la journée hors du lit mais sa plaie n'est pas encore fermée[5]). Vous pouvez bien croire par combien de motifs j'ai raison de désirer la paix et les tristes temps que je passe de savoir toujours ceux qui me sont chers, entourés dans les dangers et périls... Nous sommes quitte du Landgrave qui s'es opiniâtré d'aller s'établir avec toute sa cour à Rinteln sans savoir pourquoi; comme il aime le changement, on croit qu'il n'y restera pas longtemps et que peutêtre il ira à Hambourg ou dans quelque autre ville pareille.

8 décembre.
Je participe à la satisfaction que ma fille de Weimar a eue de vous voir

---

[1]) Der Sieg des Prinzen Heinrich bei Freiberg 29. Oktober. [2]) 30 Kanonen, 4400 Gefangene und eine Menge Gepäck- und Munitionswagen. [3]) 26 Bataillone und 60 Schwadronen gegen 48 Bataillone und 68 Schwadronen. [4]) General Wied, den der König zur Unterstützung des Prinzen Heinrich geschickt hatte, kam erst am 11. November an der Elbe bei Meissen an. [5]) Nach seiner Verwundung am 30. August bei Johannisberg, er war nach Minden gebracht worden; er bekam starkes Wundfieber, sodass man das Schlimmste befürchtete und der Herzog ihn noch einmal zu sehen kam; am 30. November verliess er Minden geheilt.

chez elle [3. Dezember]... L'intercession que je vous ai faite en sa faveur (in einem Briefe vom 26. November) en vous priant de l'épargner de donner les recrues[1]) qu'on lui a demandés par vos ordres de son pays, n'a d'autre but que par la crainte qu'elle a des chagrins que la cour de Vienne lui ingère, comme elle l'a déjà commencé en lui faisant des chicanes pour des baillages qui lui appartiennent. Si vous pouvez la garantir pour de pareils injustes procédés, que cette cour lui fait et fera souffrir par vengeance, vous pouvez être sûr qu'elle ne vous refusera jamais rien de ce qui pourra vous faire plaisir et que préférablement elle vous cédera des recrues plutôt qu'à tout autre. Ma fille vient de m'écrire le grâcieux accueil que vous lui avez fait, elle est tout enchantée. Cette bonne enfant me fait un récit ingénu de la conversation que vous avez eue avec elle et me fait accroire que vous lui avez dit que vous pensiez souvent à moi et qu'après la paix vous vous proposiez de me rendre visite. Permettez que pour ce dernier article je vous prenne au mot[2]). Je désirerais que vous pouviez bientôt m'assigner le terme, de peur qu'il ne subsiste encore que idéellement avant que je parvienne à cet agrément. Ma fille m'écrit que vous lui aviez trouvé de la ressemblance avec ma soeur Amélie et que vous lui avez dit tant de choses obligeantes sur son sujet, dont elle devrait me faire part et qu'il lui était impossible à cause qu'elle les trouvait trop flatteuses... Enfin j'ose vous dire qu'elle est tout enthousiasmée sur votre sujet au point de se décider de se sacrifier pour vous... Je vous rends mille grâces de la part que vous daignez prendre au angoisses et à l'affliction que la blessure de mon fils aîné m'a causée, et des félicitations que vous me faites sur sa guérison. Je vous avoue que je suis bien aise de la paix[2]) de ne voir plus mes fils exposés aux périls de la guerre, mais elle m'aurait réjouie davantage fils si je savais qu'elle fût avec pour votre avantage; c'est le point qui me déplaît de ce qu'elle ne vous est point aussi favorable comme je le souhaite... Quoique j'ai tenu le silence sur tous les avantages que vous vous êtes acquéri par vos armes, la prise de Schweidnitz[3]) ne m'a pas fait moins de plaisir. Je me suis reservée en temps et lieu de vous féliciter sur tous les heureux progrès que vous avez eus, afin de ne vous point être à charge avec mes griffonages, supposant que dailleurs vous avez des occupations de plus grande conséquence que celle de lire mes lettres... J'espère que je vous verrai terminer cette cruelle guerre glorieusement; je devrais croire que cela ne pourra plus vous man-

---

[1]) Es handelt sich um die Stellung von 150 Rekruten. [2]) Am 3. November waren die Friedenspräliminarien zwischen England und Frankreich, am 15. ein Waffenstillstand auf dem westlichen Kriegsschauplatz, am 24. November in Sachsen und Schlesien abgeschlossen. Am 29. November überbrachte der Freiherr von Fritsch dem Könige in Meissen die Friedensvorschläge. [3]) 9. Oktober.

quer puisque vous n'avez plus d'affaire qu'avec une femme et que ce ne serait pas la première fois que vous l'ayez obligée de céder.

30 décembre.

Vous voulez bien me faire accroire que je ne vous importune point, lorsqu'il s'agit de vous marquer mon attachement. Cette déclaration obligeante m'enhardit de revenir à la charge vous dire que le Duc est charmé d'avoir eu moyen de vous faire plaisir, ce qui est conforme à sa façon de penser à votre égard de même aux sentiments respectueux qu'il vous porte ... n'étant pas moins content de la manière généreuse avec laquelle vous avez conclu[1] pour qu'il vous cède le corps de ses troupes auxiliaires[2], l'intérêt n'en étant point le motif mais seul l'envie de vous obliger. Je souhaite que les nouveaux recrues puissent avancer le but de vos progrès, dumoins contribuer avec à remporter tous les avantages considérables sur l'ennemi. Je jouis depuis quelques jours de la présence de mon fils aîné[3] qui est heureusement de retour, très bien rétabli de sa blessure... C'était l'unique bon lot que j'ai désiré de profiter de cette paix que de revoir mes fils en vie et en santé et c'est encore celui qui me reste que de pouvoir en dire autant après vous voir tiré de tous ces troubles qui jusqu'ici vous ont accablé.

18 février 1763.

Je viens d'apprendre avec une grande joie par le Duc la nouvelle dont vous lui avez donné part, touchant la conclusion de la paix[4] que vous venez de faire avec la Saxe et l'Autriche. J'ai été d'autant plus sensible à cette heureuse époque par rapport aux bonnes conditions, sous lesquelles on dit vous l'avez soucrite, gardant tout et ne perdant rien[5]. Permettez que j'ose vous présenter mes très humbles félicitations sur ce sujet, qui m'intéresse doublement par la gloire que cet événement vous acquiert de nouveau, de même que par le bonheur qui vous fait triompher d'une manière si écla-

---

[1] Im Hubertusburger Frieden waren die beiderseitigen Verbündeten mit eingeschlossen. [2] Um die Besetzung der von den Franzosen geräumten preussischen Festungen am Rhein durch die Oesterreicher zu hindern, nahm der König die Volontaires-auxiliaires in der Stärke von 700 Mann, «Ungarische Infanterie Spahis oder türkische Cavallerie, Dragoner und Husaren», die der Herzog von Braunschweig gebildet hatte, und die mit sämtlichen leichten Truppen der alliierten Armee vom englischen Ministerium entlassen waren, in Sold und schickte sie an den Rhein. Es hiess im Publikum, entweder es sei eine preussische Diversion nach den östreichischen Niederlanden beabsichtigt, oder es sei auf eine Besetzung des Bistums Münster abgesehen. [3] Der Herzog Ferdinand und der Erbprinz waren am 24. Dezember nach Braunschweig gegangen. [4] zu Hubertusburg, 15. Februar. [5] Der Versuch Oestreichs, die Grafschaft und Festung Glatz für sich zu behalten, wurde abgewiesen.

tante par-dessus tous vos ennemis. Veuille le Ciel désormais que le temple de Janus reste pour longtemps fermé, que la paix s'y accroisse et n'en sorte jamais et que tous ceux, qui vous ont été ennemis, n'oublient point que vous les avez su vaincre et soumettre malgré le grand nombre, ce qui doit faire craindre à l'avenir de pareilles entreprises et vous mettre dorénavant à l'abri des troubles orageux. Dans mon particulier je serais bien aise de participer avec à la joie publique que votre retour doit causer dans vos Etats.

7 avril.

Voilà donc l'époque heureuse qui vous ramène en vainqueur à Berlin[1]). Daignez distinguer de la foule de tous ceux qui vous rendent hommage, les félicitations sincères que je vous présente à cette occasion; elles sont mêlées de la plus vive allégresse de ce que vous venez de terminer une paix aussi avantageuse que glorieuse pour notre maison, de laquelle vous augmentez encore l'éclat par vos grands exploits qui vous valent l'immortalité pour la postérité. Il ne me reste plus rien à désirer après cet événement fortuné si non que de vous voir jouir par des années innombrables de doux fruits de vos travaux... J'épie en même temps le moment favorable de vous remercier pour les marques de bonté que vous avez témoigné à ma pauvre fille Caroline[2]). Elle m'en a fait part. J'en suis d'autant plus flattée que je l'attribue à votre amitié pour moi, que vous faites rejaillir sur cette malheureuse fille. Ce sera le plus grand soulagement pour elle dans sa triste situation, si vous daignez protéger ses intérêts et que vous lui continuez vos grâces; vous n'obligerez pas des ingrates, la mère et la fille vous étant dévouées. Je sais que le Duc vous a écrit le mariage de mon fils avec une princesse d'Angleterre[3]).

21 juin.

J'ai dit au Duc l'avertissement que vous m'avez donné de ne point promettre ma fille[4]); il reconnaît cette nouvelle preuve de votre grâcieuse intention[5]).

[1]) Der König war am 30. März nach Berlin zurückgekommen. [2]) Markgräfin Caroline von Bayreuth war am 26. Februar Witwe geworden. Die Bayreuthischen Lande gingen an den Markgrafen Friedrich Christian von Culmbach über. Sie hatte sich an den König um dessen Protektion gewandt, infolge dessen schickte er Mitte März Geh. Rat Buchholz zur Wahrnehmung ihrer Interessen nach Bayreuth. Die Markgräfin-Witwe nahm ihren Wohnsitz in Erlangen. [3]) Prinzessin Auguste (geb. 1737), die Schwester Georgs III. Die Verlobung war englischerseits schon Ende August 1761 nach der Schlacht bei Vellinghausen vorgeschlagen worden. [4]) Elisabeth, geb. 1746. [5]) Der Prinz von Preussen war mit dem Könige 17.—19. Juni in Salzdahlum gewesen; er war auf Wunsch der Herzogin länger geblieben. Mit ihnen war d'Alembert gekommen, der von der Herzoglichen Familie sehr freundlich aufgenommen, der einzige Fremde an der Herzoglichen Tafel war.

2 juillet.

[Dank] pour les arrangements économiques que vouz avez déjà pris pour mes fils¹). Vous n'avez aucune reproche à vous faire de m'enlever mes enfants, j'en tire une gloire particulière. Je suis bien aise que ma fille ait trouvé l'approbation du jeune homme²), mais je serais infiniment plus flattée, si elle avait remporté la vôtre au point que vous l'adoptez pour fille... L'envoyé d'Angleterre qui a été à la cour de Cassel, a reçu son rappel. Il est actuellement ici ... il tient un profond silence sur le sujet des négociations du mariage au question³) et moi de même, ainsi nous sommes à deux du jeu. Le Roi d'Angleterre a fait présent à Frédéric deux canons de 16 livres de balle avec un mortier de 70 livres de pierre qu'il avait pris à Cassel⁴), avec un compliment obligeant.

Bronsvic 4 août.

A l'égard de mes fils, ils seraient déjà partis pour se mettre à vos pieds, si le Duc n'était encore occupé à arranger leur petite économie et à les équiper de sorte qu'il m'a dit qu'au mois de septembre il serait prêt à vous les envoyer... Le Duc et moi vous rendons grâce de la communication du promémoire que vous nous ayez envoyé touchant les revenus de la principauté d'Oels⁵); nous trouvons cet établissement fort avantageux et acceptons l'offre grâcieuse que vous destinez à Frédéric... Vos nouvelles d'Angleterre sont très véridiques; il ne manque que la signature pour terminer ce mariage. On donne à la princesse en dot 30 mille livres sterling dont la moitié sera placée ici, avec cela une pension d'Angleterre de 8 mille livres et 40 mille écus de dot d'Hannovre. Vous voyez par là que cette princesse fait une mine vivante et que mon fils et elle auront de quoi vivre fort joliment. J'attends cette semaine mon frère Ferdinand et la Princesse⁶), qui m'ont écrit qu'ils me feraient le plaisir de passer ici quelques jours... Mon fils vient avec eux; il m'a marqué beaucoup de contentement sur l'établissement de ses

---

¹) Prinz Friedrich und Prinz Wilhelm traten in preussische Dienste; ersterer erhielt als Generallieutnant das Regiment des Markgrafen Karl und das Gouvernement von Cüstrin, der zweite als Oberst das seines bei Hochkirch gefallenen Onkels, Prinz Franz; beide erhielten den Schwarzen Adlerorden. Der König schrieb am 27. Juni an Prinz Heinrich: J'ai enrôlé ses deux fils ... c'est une vraie trouvaille, pleins d'honneur et d'ambition. ²) Der Prinz von Preussen. ³) Des Erbprinzen mit der Prinzessin Auguste. ⁴) Prinz Friedrich hatte die Belagerung von Cassel vom 15. Oktober 1762 an geleitet, die mit dessen Kapitulation am 1. November geendet hatte. ⁵) Die Herrschaft Oels war im Besitz des Herzogs Karl Christian von Württemberg, sie ging bei Preussen zu Lehn. Im September 1764 fand die Verlobung des Prinzen Friedrich mit der Prinzessin Friederike (geb. 1751), dem einzigen Kinde des Herzogs, die für die nächste Erbin Europas galt, statt. ⁶) Sie gingen nach Aachen ins Bad.

frères ce qui vous l'attachera toujours davantage et empêchera, j'espère, de ne pencher d'entrer en aucune autre liaison où l'on tâche de l'attirer¹).

29 août.

J'ai été attendrie en lisant votre lettre, puisque vous me paraissez triste... Pour vous dissiper je souhaiterais beaucoup que vous trouviez quelqu'un qui vous convienne et qui fût capable de vous entretenir selon votre gré. Quand on est mort, on n'a besoin de rien, mais tant qu'on vit, c'est le seul bonheur que de trouver des amis qui partagent nos plaisirs et nos peines, ce qui peut adoucir les désagréments qui se trouvent mêlés à la vie humaine, et les fait plutôt supporter. Le contraire la rend dure. Quoique cette espèce d'hommes est rare, je voudrais pouvoir courir le monde pour vous en procurer de ce genre²).

22 septembre.

Jusqu'ici je puis vous dire que le voyage de mon fils pour l'Angleterre n'est point encore fixé, à cause que les négociations traînent et que le ministère Anglais fait encore toujours des chicanes. Si Mr. Pitt était rentré dans le ministère³), comme les apparences commençaient à l'annoncer, ce changement de scène aurait accéléré les affaires plus favorablement mais comme tout est de nouveau embrouillé, je doute comme de raison que l'on fera partir mon fils avant que tout soit plus éclairé. Je m'étais réjouie déjà des circonstances qui ramenaient Mr. Pitt³), sachant comment il est porté pour vous et vos intérêts et espérant que vous en profiteriez à cause qu'il a

---

¹) Der Erbprinz sollte nach seiner Vermählung mit der englischen Prinzessin das Kommando der Hannoverschen Truppen erhalten. ²) In einem Briefe vom 26. November (1768?) schreibt sie dem Könige, sie freue sich, dass er die Einsamkeit dem Lärm der Welt vorziehe, «cependant pour rendre votre situation accomplie, je voudrais que vous eussiez un ami, sur lequel vous pourriez décharger vos peines, personne n'en étant exclus. Je trouve que c'est un bonheur d'en avoir qui entrent dans nos peines et qui les partagent. Mais vous me direz: Où le trouver, surtout à présent? Il me semble que cela devient plus rare que cela n'a jamais été et que l'on méconnait jusqu'au nom des sentiments qui ne sont plus guère à la mode; lorsque l'intérêt et l'ambition se sont emparés du coeur humain, tout le reste en est banni, ce qui est triste et donne un mépris pour la race humaine qui ne connaît point les douceurs de l'amitié, qui, me paraît, fait toute la consolation de la vie.» ³) Pitt hatte am 5. Oktober 1761 sein Amt niedergelegt, ihm war Bute gefolgt, der die Friedensverhandlungen mit Frankreich ohne das Einvernehmen Preussens geführt hatte. In der Parlamentsitzung am 9. Dezember, bei Mitteilung der Friedenspräliminarien, hatte Pitt in einer langen Rede das Verhalten des Ministeriums gegen den König von Preussen in schärfsten Ausdrücken gebrandmarkt. Bute hatte im April 1763 seine Ämter niedergelegt. Am 11. September war Pitt zum Könige berufen, der ihm freie Hand zur Bildung eines neuen Ministeriums liess; an den Bedingungen, die Pitt stellte, zerschlug sich das Projekt.

dit tout haut l'avantage que la nation anglaise avait de rester en alliance avec celle de Prusse et condamnant la mauvaise paix que les Anglais ont faite. Enfin je doute que le règne de M. Bute subsiste à cause que le Roi a besoin d'argent et que cela contribuera à retablir M. Pitt qui a le plus de crédit parmi la nation. La comtesse Yarmouth, qui a été ici, n'a pu assez se louer de l'accueil grâcieux que vous lui avait fait sur votre passage à Hannovre[1]). Elle est tout enchantée d'avoir eu l'honneur de vous voir. Comme il n'y a pas longtemps qu'elle est sortie d'Angleterre, elle est du sentiment que le ministère actuel ne pourra pas se soutenir plus longtemps. A présent on ne parle encore que des banqueroutes[2]) et des malheurs que cela cause par la perte du public et de tant de pauvres gens qui souffrent et sont compromis avec. Je suis bien aise de ce que les Berlinois s'en tireront dehors... Pour à Hambourg tout le change a cessé et il n'y a plus le moindre négoce, cependant le Sr. Stengelin tâche de sauver son honneur comme il peut; en attendant tout cela donne un furieux choc dans le commerce. Je souhaite que ma soeur de Suède profite des avantages de ces embrouillements et qu'elle rétablisse son crédit.

28 septembre[3]).

Nous avons ici le prince de Strelitz[4]) qui est venu nous voir pour quelques jours. Comme il aime la musique et qu'il joue joliment du violon, je lui donne souvent des concerts. Oserais-je vous demander si vous avez déjà fait exécuter les symphonies[5]) que j'ai pris la liberté de vous envoyer, et si elles ont trouvé votre approbation. Nous attendons des comédiens français, qui relèveront les Allemands, qui jusqu'ici ont donné des représentations publiques... L'on dit qu'ils chantent des opéras comiques plaisants, il y en a quelques-uns de la composition de Rousseau assez jolis[6]).

3 octobre.

Comme actuellement mes fils ont l'honneur de vous servir et de vous faire leur cour[7]), j'espère que toute leur conduite répondra à la bonne opinion

---

[1]) Auf der Rückreise von Wesel war der König am 16. Juni in Hannover gewesen. [2]) Die grossen Bankerotte hatten mit dem eines der grössten Häuser in Amsterdam begonnen und dann auch Hamburg in Mitleidenschaft gezogen, wo 95 Firmen die Zahlungen einstellten. Die Folgen machten sich auch in Berlin bemerkbar, wo der bekannte Kaufmann Gotzkowsky das erste Opfer war. [3]) Die Zuweisung zu diesem Jahre ist nicht sicher. [4]) Prinz Karl, geb. 1741; er war Ende 1762 aus Portugal, wo er den Feldzug 1762 als englischer Oberst mitgemacht hatte, zurückgekehrt und Juli 1763 hannöverscher Generallieutnant und Gouverneur von Lüneburg geworden. Georg III war sein Schwager. [5]) Ouvertüren im italienischen Stil. [6]) Wie Le devin du village. [7]) Die beiden Prinzen waren am 2. Oktober in Potsdam angekommen. Am 5. Oktober

que vous avez d'eux, et qu'ils vous donneront sujet à en être content. Vous me ferez une grâce de m'en avertir, lorsqu'ils auront été un peu plus longtemps chez vous, puisqu'il m'importe de savoir qu'ils se rendent dignes de vos bontés. Du moins je garantis que la bonne volonté ne leur manquera jamais de vous plaire et qu'ils en feront l'unique étude... Les gazettes font mention que vous attendez un envoyé qui va arriver de Constantinople[1]). Je suis fâchée de ce qu'ils se sont avisés de ne vous l'avoir envoyé plus tôt, lorsque peutêtre vous auriez eu occasion de faire usage de cette visite au lieu qu'à présent je suppose qu'elle vous incommodera pour payer tous les frais de ce voyage. Je comprends d'ailleurs facilement qu'un certain goût de recueillement dans la vie vous plaît davantage et vous convient plus que d'être enveloppé dans le tourbillon du grand monde et des plaisirs bruyants, dont on se lasse en avançant en l'âge où l'on trouve que tous ces amusements qui plaisent à la jeunesse, laissent un vide, qui ne nourrit ni l'esprit ni le coeur. Si j'avais le choix, je préférerais toujours votre genre de vie, mais n'étant point dans l'état d'indépendance, je tâche à m'accoutumer au goût d'autres.

24 octobre.

La comparaison avec laquelle vous daignez me mettre au niveau avec Cornélie[2]) m'est bien avantageuse, vous la rendez plus glorieuse encore par le bonheur que mes fils ont de vous servir... La mort du Roi de Pologne[3]) m'aurait inquiétée, si je n'espérais qu'elle est arrivée à propos avant que des puissances intéressées aient eu le temps de se remettre des frais que la guerre a coûtés et qu'ainsi cela empêchera de penser si tôt à recommencer une nouvelle rupture. S'il dépendait de moi, je donnerais ma voix à celui des candidats qui vous conviendrait le plus et qui vous fît un bon allié[4]). On dit que l'Electeur de Saxe[5]) y renonce; la cour de Vienne a une fois leurré le Landgrave de Hesse[6]) d'aujourd'hui de cette chimère pour l'attirer dans son parti. Je ne doute pas qu'il a assez d'ambition pour prétendre d'être mis sur les rangs, mais s'il s'y soutiendrait, ce serait une autre affaire.

30 octobre.

Les princes de Strelitz[7]) étant encore ici, pour les amuser: mon fils, avant schrieb der König an den Prinzen Heinrich: J'ai ici mes deux neveux, dont je suis enchanté. Non, on n'élève pas mieux les jeunes gens que ces enfants le sont.

[1]) Die türkische Gesandtschaft kam Anfang November nach Berlin.   [2]) Der Mutter des Gracchen.   [3]) August III starb am 5. Oktober.   [4]) Am 30. Oktober schrieb sie: sie würde dem ihre Stimme geben, qui se déclarerait être votre allié, puisque de concert avec la Russie cela ferait un bon trio, qui vous servirait de barrière.   [5]) Friedrich Christian, geb. 1722; er starb 17. Dezember 1763.   [6]) Landgraf Friedrich.   [7]) Prinz Karl und sein jüngerer Bruder Ernst, geb. 1742, Oberst in hannöverschen Diensten.

que de partir, a appris avec eux et le prince Ferdinand la tragédie Mithridate qu'ils ont représentée et laquelle a assez bien réussie; comme elle a trouvé l'approbation, elle sera répétée et quelqu'un d'autres a pris le rôle de l'homme pour mon fils. Je vous plains de l'audience ennuyante[1]) que vous êtes obligé de donner à l'envoyé turc, cependant elle me flatte beaucoup, puisque cela marque, combien vous vous êtes rendu respectable chez toutes les nations jusqu'aux Turcs mêmes, qui viennent vous rendre leurs hommages, ce que je crois, ne s'est jamais fait depuis la fondation de notre maison... Je me représente le cohu du monde et des étrangers qui fourmilleront à Berlin pour voir ce nouveau venu... Si le Landgrave de Hesse le devient (König von Polen) et qu'il eût autour de lui un second Donop[2]), cela ne serait pas mauvais pour vous. Il y a quelque temps que je sais qu'il a envoyé à Vienne son conseiller privé Frankenberg; personne n'a pu en deviner la raison, il y est encore et il se peut bien qu'il négocie là quelquechose et qu'à présent il réclame la promesse que la cour de Vienne lui a faite[3]) de le mettre au rang des candidats, si le trône de Pologne devenait vacant. On a parlé aussi d'un prince Chartorinsky. Enfin je crois que vous aurez pourtant aussi votre petit mot à dire et qu'on ne choisira pas sans votre agrément. L'Electrice de Saxe[4]) s'est emparée de toutes les caisses et finances; on prétend que c'est elle qui se mettra au timon des affaires et que tout passera par elle. On a dessein de mettre l'armée sur un bon pied et de tenir toujours un corps de 40 jusqu'à 50 mille hommes. On a commencé à faire des arrangements pour payer les dettes de la Steuer, et il se confirme que l'Electeur renonce au trône de Pologne et qu'il veut se mettre sous la protection de celui qui le deviendra.

27 novembre.

Je suis bien aise que le prince Henri[5]) soit heureusement échappé des petites véroles. Je vous rends mille grâces de ce que vous avez daigné me rassurer sur le sujet de la santé de mon fils[6]) et que l'incommodité de sa blessure n'a été que passagère... Grâce à Dieu, mon fils est arrivé ici heureusement et ne se ressentant que peu d'incommodité de sa plaie; il a été obligé de la faire panser, mais cela n'est d'aucune mauvaise suite. Il est enthousiasmé de toutes les amitiés et grâces que vous lui avez marquées.

---

[1]) 21. Novembre.   [2]) General und Minister erst im Dienste Wilhelms VIII, dann Friedrichs II von Hessen-Cassel, gest. Oktober 1762.   [3]) Als es sich um seinen Übertritt zur katholischen Kirche handelte.   [4]) Maria Antonie geb. 1724, Gemahlin Friedrich Christians.   [5]) Der Neffe des Königs (geb. 1747).   [6]) Der Erbprinz war am 30. Oktober nach Potsdam gekommen. Am 21. Dezember ging er nach England, wo die Vermählung am 16. Januar 1764 stattfand.

Puisque vous daignez faire l'éloge de mes enfants, je vous avoue que j'ai tout sujet d'être contente de toutes les bonnes qualités qu'ils possèdent, ce qui me les rend doublement chers, et l'approbation que vous leur donnez, ne peut qu'augmenter ces sentiments ... je me trouve la plus heureuse mère... Mon fils est enchanté de vous avoir entendu jouer de la flûte, il m'a fait le récit de l'audience que vous avez donnée à l'internonce ... selon ce qu'on m'en a dit, la magnificence n'a pas trop brillé du côté des Turcs, je m'en étais fait une idée plus pompeuse, mon fils ne m'a pas donné une grande idée ni de l'éloquence ni des manières de cette Excellence. Je les crois peu spirituels mais en revanche des gens très sensuels et qui ne pensent qu'à satisfaire leurs sensations.

13 novembre.

On dit que l'Electeur de Saxe a congédié toute sa chapelle, ce qui est une perte à cause qu'il y avait parmi quantité de très bons sujets, entre autre j'ai entendu il y a six ans deux Besoutzi[1]) qui jouaient du hautbois divinement bien, que je crois qu'ils mériteraient que vous en fassiez l'acquisition.

3 février 1764.

Vous connaissez le monde comme il est, ainsi que l'on ne doit s'attendre pas toujours à une lune de miel, celle de fiel étant plus ordinaire[2]). Les jeunes époux ont dû partir le 26 du passé selon l'étiquette anglaise, qui ne permet pas qu'après le mariage d'une princesse elle reste plus longtemps dans la maison. Mais le vent ayant été contraire, on les a envoyés à 6 lieues de Londres à la campagne chez un mylord, dont j'ai oublié le nom, où ils restent à attendre que le vent permette de repasser la mer. Ainsi nous ne savons point de positif, quand ils pourront être ici. Mes fils m'ont écrit leurs royautés de fève[3]) et sont pénétrés du bonheur que vous leur avez fait de souper chez eux.

P.S. Je viens d'entendre deux Italiens qui passent par ici, qui jouent d'un instrument à deux cordes, dont l'on s'appelle Colliconchini et l'autre Colliconchino. C'est fait en forme d'une petite guitarre, mais il est surprenant tous les tons qu'ils en tirent; ils en jouent très proprement et avec beaucoup de goût. Cela a un son à peu près comme la luthe, fort doux. Ils en exécutent des concerts entiers avec beaucoup de faculté et de diligence.

[1]) Antonio Besozzi (geb. 1714) und sein Sohn Carl (geb. 1744).   [2]) Am 21. November 1763 hatte der König dem Prinzen Heinrich geschrieben: Mon neveu va en Angleterre pour se marier. Tout cela est plus éblouissant que solide, car on ne sait où l'établir (in Lüneburg oder Wolfenbüttel); mais quel que soit le bien, dont on tombe d'accord, il n'y prévoit pas beaucoup d'agrément.   [3]) Beim Bohnenfest am H. Dreikönigstage.

5 février.

Les dernières lettres arrivées de la Haye nous ont porté la nouvelle que le 27 au soir mon fils est arrivé à Harwich, il a eu dessein de s'embarquer le 29, les yachts et tout ayant été prêt, mais le vent a été contraire et la mer trop orageuse pourqu'on a pu risquer de le transporter. Ainsi il restera là à attendre qu'un temps plus calme lui permette de faire ce trajet. Il a pris le devant avec son train, la Princesse le suit. Avant son départ de Londres la nation par un excès d'affection pour lui l'a voulu naturaliser, ce qui d'abord a été exécuté par un acte du parlement. Le Roi s'est chargé lui même de mener mon fils dans la grande chambre où après qu'il a été obligé de faire des revérences de remerciment à tous les seigneurs et autres, tout a été dit et fait. Je vous avoue que je ne suis point surprise de ce que ma soeur de Suède est changée; quoiqu'elle n'est pas encore dans un âge, où les traces en devraient parvenir, cependant je crois que les chagrins et beaucoup d'inquiétude d'esprit y ont contribué avec. Il est vrai qu'elle était fort aimable, comme elle a quitté Berlin, il y aura dans quelques mois 19 ans qu'elle en est partie[1]). C'est un bonheur lorsqu'on ne s'attache pas trop à toutes les choses fragiles, la beauté est la plus passagère et l'expérience apprend que tout s'enfuit et devient périssable et qu'il ne reste, comme vous dites, que le mérite et la bonne réputation après la mort. Il est heureux pour le prince Ferdinand de ne sentir des maux qui ne l'empêchent point de danser. Il est certain que pour son taille il s'acquitte encore fort bien de cet exercice; comme il vient à temps à la foire, il aura occasion de faire parade de sa légèreté; pour mes fils je sais quel plaisir ils prennent pour la danse; comme c'est l'amusement le plus innocent pour la jeunesse, on peut les en laisser profiter puisque cette fougue ne passe que trop vite.

9 février.

† Nous avons reçu depuis l'agréable nouvelle que les jeunes époux sont arrivés, Dieu merci, à Helvetssluiz. Ils ont été en grand danger par les forts ouragans, qu'il y a eus sur mer, où ils sont restés trois jours entiers; la tempête a été si grande que leur yacht a été jetée sur les côtes de la Frise et qu'ils ont risqué d'entrer dans le Texel… Personne n'a pu croire que l'on exposerait ce précieux couple aux flots de la mer et l'on ne s'attendait pas qu'ils la passeraient dans les plus affreux des temps et des vents.

16 février.

Mon fils a repassé la mer, quoique avec beaucoup de danger, la mer ayant été si orageuse, qu'ils ont pensé périr. Mais nonobstant ils sont arrivés

[1]) 1744 Juli.

en bonne santé à la Haye... Il a été obligé de s'y arrêter un jour de plus, la Princesse de Weilburg étant accouchée[1]) à propos pour inviter mon fils et la Princesse de tenir l'enfant au baptême, ce qui a retardé le voyage d'un jour. Ils se sont mis en route le 9 pour continuer leur chemin et mon fils comptait d'être le 18 ou 19 à Lünebourg. Ils y prendront quelques jours de repos et puis viendront ici. On dit la Princesse tout à fait estimable par rapport à son caractère de candeur et de douceur ce qui est pour moi suffisant, espérant par rapport à cela qu'elle sera portée pour la paix et l'union dans la famille. Je trouve que l'Impératrice de la Russie a agi en femme très expérimentée de vous choisir pour accoucher d'un roi de Pologne; dans sa place j'en aurais fait tout autant ... je souhaite que vos couches soient heureuses et que le poupon arrive sans bruit et sans vous causer trop de peine. J'accepte volontiers d'en être la marraine... J'attends la nouvelle de votre heureuse délivrance avec impatience; quoique je crains que la France voudra y assister, j'espère cependant qu'elle ne sera que simple spectatrice... Tout le monde est affamé d'avoir une copie de votre portrait ce qui fait la fortune du peintre[2]) qui a eu l'honneur de vous peindre ici, et le rend par conséquent si glorieux d'avoir si bien rencontré et d'avoir toujours une cour chez lui qui admire ce portrait, que cet impertinent me fait de difficultés de m'envoyer l'original qui m'appartient, sur lequel j'ai mis mon cachet pour n'être point troqué. Actuellement il m'a dit qu'il avait reçu l'ordre du Roi d'Angleterre de le copier pour lui... Mes donzelles et Léopold vous baisent respectueusement les mains ... le Petit dit toujours qu'il veut bien apprendre pour aussi vour servir un jour.

19 février.

Mon fils et la Princesse sont arrivés le 17 à Lünebourg; je les attends dans un couple de jours ici.

P. S. Mon fils vient d'arriver dans cet instant heureusement et en bonne santé; je n'en ai encore eu que le temps de l'embrasser. La Princesse sera ici après-demain.

23 février.

L'arrivée de ma belle-fille ici fut le 21. J'allais au devant d'elle un petit quart-d'heure devant la ville, pour la recevoir, afin d'éviter une entrevue publique, qui nous aurait genées toutes les deux. Le Duc et toute la famille suivirent; on avait fait dresser des tentes à une demi-lieue de la ville, où nous l'attendîmes. Elle arriva peu après à 1 heure le midi; aussitôt qu'elle

---

[1]) Karoline von England vermählt mit Karl Christian von Nassau-Weilburg war am 7. Februar von einer Tochter entbunden.   [2]) Ziesenis, der hannöversche Hofmaler.

descendit du carosse, nous nous embrassâmes; nous fûmes plus émues qu'éloquentes à cette occasion. Le premier compliment fini, je la pris avec moi en carosse et nous entrâmes ensemble en ville, où tout le cortège suivit et où la foule était des plus nombreuses autant que j'en puis juger pour le peu de temps que je l'ai vue. Elle est fort aimable, elle a de l'esprit et beaucoup de conversation; l'esprit juste et je la crois bonne. On ne peut pas dire qu'elle est belle, mais c'est une personne qui plaît. Je prends la liberté de vous envoyer son estampe avec celui de mon fils, qui ont été faites en Angleterre et qui ressemblent. Elle m'a tenu beaucoup de propos sur votre sujet, elle parait être très portée pour la bonne cause... Elle est très au fait des affaires d'Angleterre et en connaît toute la politique en habile ministre. Je crois qu'on pourra tirer parti et c'est une raison de plus pour me l'attacher et m'en faire une amie. Elle me remarque beaucoup d'attention et de confiance... Mon fils est content, car elle ne se gêne en rien et a de fort bonnes façons avec lui... Tous les jours ici sont encore des fêtes; on tâche de l'amuser autant qu'on peut.

27 février.

Je vous avoue qu'elle[1]) ne me plaît pas trop, puisqu'il me parait que le mal est déjà fort enraciné et que je crains qu'il sera difficile de le lever entièrement. Je n'ai pu être que très attendrie en lisant tous ces symtômes fâcheux, dont cette digne soeur est attrapée. Cothenius méritera qu'on lui érige une statue, s'il réussit à tirer notre soeur d'affaire... Je ne puis pas l'empêcher que le Roi d'Angleterre veuille avoir votre portrait. Si Bute le regarde comme une tête de méduse, il sera le seul, puisque toute la nation l'admirera comme l'original qu'on vénère.

5 mars.

J'ai lu tout haut à la Princesse-Héréditaire l'article du compliment, dont vous m'avez chargé pour elle, auquel elle a été très sensible et m'a prié avec ces propres termes de la mettre à vos pieds et de vous dire qu'elle n'avait d'à présent d'autre désir que celui de vous connaître par rapport au grand homme, dont la réputation était si admirée auprès de sa nation, et

---

[1]) Markgräfin Friederike von Ansbach litt an Gemütskrankheit. Der König hatte ihr seinen Leibarzt Cothenius geschickt, der bis Mitte April blieb. In den Briefen der Herzogin nehmen die Äusserungen der Sorge über die Krankheit dieser Schwester, über die der König ihr fortlaufend Mitteilung macht, einen grossen Raum ein. Die beiden Schwestern, die nur zwei Jahre im Alter auseinander waren, hatten sich sehr nahe gestanden. Am 5. März schrieb sie: C'est bien triste que cette digne et bonne soeur soit réduite dans une si fâcheuse situation, ce qui humilie véritablement quand on réfléchit à tous les accidents fâcheux de la vie auxquels l'homme est exposé, dont celui de souffrir de l'esprit et selon moi le pire.

c'est ce que mon fils m'a dit aussi que l'on y était tout à fait enthousiasmé sur votre sujet... L'estampe que je vous ai envoyée de la Princesse-Héréditaire ressemble assez ormis qu'elle est plus puissante; d'ailleurs elle a un fort beau teint, le nez bien fait, la bouche un peu grande mais de belles dents, en tout elle a un air propre qui plaît, et une santé brillante faite à toutes les fatigues. Vous avez bien de la bonté de vous intéresser à ce qui me regarde. Il est certain qu'une vie moins bruyante me conviendrait mieux par rapport à mon âge et aux fatigues que j'ai eues, cependant dans cette occasion je n'aurais pas bien pu me dispenser d'assister à tout et jusqu'ici je l'ai assez bien soutenu; le carême approchant, j'espère que tout sera fini et que je profiterai d'un peu plus de repos. Je vous félicite de ce que vous avez trouvé un moyen pour vous faire tenir les dents; pour moi il ne m'en reste que des vestiges, qu'à peine on reconnaît assez que j'en ai eu, ainsi que tous les remèdes me sont inutiles et qu'il faudra bientôt que je renonce à mâcher tout ce qu'il est un peu dur; enfin ce sont les preuves de vieillesse auxquelles je me soumets avec ceux qui sont dans le même cas... Le ménage de mon fils n'étant point encore réglé jusqu'ici, la Princesse et lui dînent et soupent avec nous, jusqu'à ce qu'ils soient arrangés.

12 mars.

Ma belle-fille aime beaucoup la danse ce qui fait une de ses plus grandes passions, aussi s'endonne-telle à coeur-joie, puisqu'à Londres elle n'en a guère profité, ayant été élevée dans une retraite assez austère. La Vieille du Grauhof[1]) nous a régalé d'un déjeuner pour la Princesse et puis d'un bal qui commença depuis les 1 heures du midi jusqu'à six heures du soir, que la Princesse soutint sans en être fatiguée... Le récit que Frédéric vous a fait de la mort de la Grand-mère[2]) lui ressemble; à dire le vrai, elle n'a pas été fort édifiante.

16 avril.

Mes fils sont enthousiasmés du bonheur qu'ils ont eu de vous suivre en Silésie[3]), et enchantés du beau pays qu'ils ont vu; selon la rélation que Frédéric m'en a faite, la situation en doit être charmante... Je vous félicite de ce que vous êtes accouché d'un Roi des Romains, puisque c'est avec votre volonté et de votre consentement, qu'il l'est devenu[4]).

[1]) Die Witwe Herzog August Wilhelms, Elisabeth Sophie Marie. [2]) Die Herzogin-Mutter Antoinette Amalie. [3]) Die Prinzen Friedrich und Wilhelm hatten den König auf seiner Reise nach Schlesien 21. März bis 5. April begleitet. [4]) 27. März wurde Erzherzog Joseph in Frankfurt a./M. gewählt. In den Friedensbedingungen hatte der König dieser Wahl seine Stimme zugesichert.

1 mai.

Je vous félicite de ce que le Mamamouchi¹) est parti de Berlin et de ce que vous êtes quitte d'une visite aussi coûteuse que celle-là que selon tout ce que vous m'en dites, doit vous avoir bien incommodé par rapport à la dépense, que cela vous causait... Je serais bien aise, si la mort de la Pompadour²) peut être utile à vos intérêts, mais comme vous me nommez celle qui la doit remplacer et qui est soeur du Duc de Choiseul³), je vois bien par là qu'elle est du même parti précédent. Grâce à Dieu que vous avez à présent la paix.

20 mai.

Pour mon fils aîné, je suis persuadée qu'il préfère de se rassasier des exercices et de tout ce qui regarde le militaire chez vous, ayant en même temps l'honneur de vous faire sa cour⁴) et admirer ce qu'il y a de plus beau en ce genre.

5 juin.

Je vous rends grâce de ce que vous permettez à l'amant⁵) et à mes fils de pouvoir nous rendre visite. Je n'abuserai pas de la permission que vous leur accordez et ne les retiendrai pas plus que les termes que vous avez fixés pour leur retour. Je suis charmée de ce que vous l'avez trouvée bien remise⁶); j'espère que les forces suivront et c'est une bien grande consolation de savoir l'espérance que les médecins donnent de la prolongation des ses jours.

9 juin.

Je viens d'avoir le plaisir de recevoir nos neveux et vous fais mes très humbles remerciments d'avoir permis à mes fils de les accompagner⁷). Le créditif dont vous les avez munis par votre grâcieuse lettre, n'a pu que me rendre leur présence plus agréable, quoique je ne cesse de regretter la mauvaise raison qui vous a détenu de la satisfaction qui aurait été redoublée de vous recevoir ici⁸)... Notre neveu s'est fort bien acquitté de la demande qu'il a faite de ma fille et qu'il a annoncé son intention sans nul embarras. Je croirais que cette union ne pourrait pas être heureuse si la cérémonie des françailles ne se fît dans votre présence. Si vous n'avez rien contre, le Duc

---

¹) Der Türkische Gesandte reiste «endlich» am 2. Mai aus Berlin. Mamamouchi nannte ihn der König nach Molière's Bourgeois Gentilhomme. ²) 15. April. ³) Die Herzogin von Gramont. ⁴) Der Erbprinz kam am 25. Mai nach Potsdam. ⁵) Der Prinz von Preussen und die beiden braunschweigischen Prinzen waren von der Pommerschen Revuereise Ende Mai zurückgekommen. ⁶) Ihre jüngere Schwester, die Markgräfin Sophie von Schwedt, die sehr kränklich war. Der König hatte sie auf der Rückreise aus Pommern besucht. ⁷) Nach der Magdeburger Revue; mit dem Prinzen Friedrich Wilhelm war dessen jüngerer Bruder, Prinz Heinrich, mitgekommen. ⁸) Der König ging von der Revue nach Potsdam zurück.

et moi pensons de vous faire notre cour vers la fin du mois de juillet, je me réserve de vous parler de l'arrangement de notre voyage, lorsque mes fils s'en retourneront. Je reviens à votre petit ambassadeur Frédéric qui m'a réjouie avec votre tendre lettre et j'ai reçu le baiser tout chaud qu'il m'a remis de votre part. Comme ce petit bonhomme est tout coeur sur tout ce qui vous regarde, je dois lui rendre justice qu'il n'a cessé de me parler de vous et de l'amitié que vous avez pour moi, que j'en ai été attendrie les larmes aux yeux... Il y a une émulation entre eux deux [ihren Söhnen] à qui vous est le plus attaché, et je ne les en blâme point et trouve qu'ils ont grande raison de vénérer un si digne maître, mon fils aîné pareillement ne leur cédant point cette gloire; il est tout enchanté du séjour qu'il a passé chez vous... Nous tâchons d'amuser les neveux aussi bien que possible. Ils ont vu la tragédie d'Iphigénie que les comédiens français ont représentée; aujourd'hui ils ont été à la parade et fait des visites partout aux tantes et à la Princesse-Héréditaire; l'après-dîner je leur ai donné un petit concert, demain le Duc fera faire les évolutions à ses troupes pour leur montrer, le soir il y aura une pantomime et un bal pour la jeunesse.

13 [juin].

Je suis bien aise que vous avez décidé du sort d'Elisabeth, car je craignais beaucoup les menées de la cour de Vienne, sachant toutes les peines, qu'on s'est données pour faire réussir leurs vues[1]), ce dont je vous parlerai moi-même lorsque j'aurai le bonheur de vous voir... Le petit Frédéric m'a fait accroire que cela vous ferait plaisir, si je vous envoyais de la musique de ma composition, puisque je lui ai demandé, s'il n'y avait rien dans le monde avec quoi je pourrais vous obliger; quoique je le prends pour une bâdinerie de sa part, cependant dans l'idée que pour un moment cela vous servira d'amusement, je charge Guillaume de remettre ma chétive symphonie à vos pieds ... elle est d'ailleurs si médiocre que je risque beaucoup de la produire à un maître[2]).

13 juin.

Je n'ai jusqu'ici pas pu profiter de la visite du Prince de Prusse, ayant pris le lendemain de son arrivée un mal de gorge avec une fièvre catarrhale qui l'empêche de sortir et le retient au lit. Le médecin assure qu'il n'y a point de danger mais qu'il a besoin de repos de sorte qu'il ne peut pas répondre, s'il sera en état de partir dimanche (19. Juni). Frédéric nous a dit

---

[1]) Es hiess, sie solle dem Kaiser Joseph verlobt werden.   [2]) Der Königin schrieb sie wahrscheinlich an demselben Tage: J'ai trouvé le Prince de Prusse charmant et infiniment changé à son avantage et la bonté de son coeur lui est peinte sur sa physiognomie.

aussi que la Princesse-Héréditaire vous gênerait et il y a même déjà quelques mois qu'il nous en a dit. Mais comme c'est une affaire très délicate, puisqu'on ne voudrait pas la choquer et qu'elle se fait une si grande fête de vous faire sa cour, je ne vois pas le moyen comment on l'en détournera. D'ailleurs vous n'avez point du tout besoin de vous gêner pour elle, car elle est une personne, pour laquelle on n'a pas besoin de faire des façons... Vous pouvez être sûr que c'est à contre-coeur que je suis obligée à faire une chose qui vous déplaît, mais mettez-vous dans mon cas d'avoir affaire à des gens qu'il faut extrêmement ménager.

25 juin.

Ce sont vos bontés pour moi qui m'ont enhardie de vous offrir la symphonie que Guillaume a eu l'honneur de vous remettre de ma part; je crains cependant qu'elle écorchera vos oreilles délicates lorsque vous la ferez exécuter. Mais qu'importe, je me soumets à toute la critique que peut mériter une si simple composition, pourvu que j'ai réussi à vous amuser pour quelques moments... Je compte donc me mettre à vos pieds[1]), moi et mes deux filles, le 8 du mois prochain, le Duc vous emmène mon fils avec sa bru, qui a la rage de faire votre connaissance; si cela vous pourrait flatter, je puis vous dire que vous avez déjà faite sa conquête par la renommée des exploits qui vous illustrent... La phlègme que notre Neveu a en partage, ne paraît pas être un héritage de notre famille; il se peut aussi que c'est par grande timidité qu'il ne fait pas paraître ses sentiments, mais je crois que le seul moyen de l'animer est celui d'être beaucoup avec vous; car si j'étais Zoppe (?), je m'imaginerais de prendre de l'esprit.

27 juin.

Je remarque de plus en plus vos bontés pour moi jusqu'à vous gêner pour ma bru, mais je ne saurais vous nier que je suis charmée que vous avez goûté nos raisons que je me reserve de vous dire encore plus de bouche. Il suffit de vous dire pour le présent que vous me tirez d'un grand embarras. Quant à la santé du Neveu je me flatte qu'elle se remettra; peut-être que le mariage lui fera du bien et qu'il n'aura plus besoin ni de sucre d'orge ni de cure-oreille mais bien des saillies à la mirdondaine à cause de l'enflure de ses jambes. J'ai été étonnée que vous savez encore cette chanson qui marque toujours cette humeur gaie et aimable qui ne vous abandonne point et qui me rappelle nos jeunes ans lorsque j'avais le plaisir de la danser avec

---

[1]) Am 19. Juni schrieb sie: Après douze ans que j'ai été privée de venir vous faire ma cour, ma joie sera bien grande.

vous¹)... Je viens de recevoir des lettres d'Erlangen, dans lesquelles Caroline m'écrit qu'elle partira le 22 pour Anspach.

4 juillet.

Le Duc de York²) est arrivé ici et m'a demandée, quand je partirai pour Berlin et qu'il avait grande envie de vous faire sa cour ... qu'il ne voulait être que comme particulier. Il ressemble à sa soeur, parlant beaucoup, n'aimant rien de ce qui gêne, extrêmement gai, aimant des plaisirs et fort galant.

Schöningen 6 juillet.

La Princesse-Héréditaire vous supplie de la traiter en nièce. Vous ne serez point du tout gené avec elle car elle, n'aime point les cérémonies ni les compliments. Elle hait la gêne et n'en a aucune idée et le moins qu'on peut faire en cela, lui sera le plus agréable, car elle aime la liberté et ses aises et comme elle est enceinte, elle préfère beaucoup sa commodité. Elle n'a point du tout de hauteur dans l'esprit, ainsi vous ne serez point embarassé avec elle³).

2 août.

Je rends grâce au Ciel que la fièvre vous ait abandonné entièrement et de ce que le quinquina a eu le bon effet, que j'en avais désiré; j'espère que vous profiterez à présent du temps de vous reposer et de prendre vos aises après toutes les incommodités que nous vous avons causées... L'unique chose qui me fait craindre est que vos bons melons ne vous tentent et dérangent de nouveau votre santé. J'aurais bien à vous supplier de n'en point encore goûter et de faire des voeux d'abstinence... J'aurais lieu de me glorifier, si je pouvais me flatter que mes avis fussent reçus... Le Duc est très content du séjour qu'il a fait chez vous, de même que la Princesse-

¹) In einem Briefe aus späterer Zeit schrieb sie: Cela me reste toujours une espèce de récréation à mon esprit lorsque je me rappelle les temps jadis que j'avais le plaisir de passer avec vous si agréablement par rapport à votre gaîté et charmante humeur, qui faisait mes délices, jointe à la tolérance que vous aviez pour mon enfance... C'est l'unique monument (ihrer Liebe und Verehrung für den Bruder) qui me reste depuis que le temps a ravagé tant d'abimes de maux sur notre pauvre famille, dont il ne reste plus que quelques débris. Vous seul en faites la consolation et le support.   ²) Der jüngere Bruder der Erbprinzessin, Eduard August, geb. 1739.   ³) Am 8. Juli kam die Herzogin in Brandenburg an, wo sie ihre Söhne und die beiden Neffen empfingen. Sie schrieb von hier an den König: Le grand Neveu m'ayant dit que si j'arriverais demain vers midi, cela vous serait le plus agréable, je viendrais aussi simplement que vous le désirez. Die Erbprinzessin kam später. Am 18. war die Verlobung in Charlottenburg. Am 24. reiste die Herzogin zurück. Der Schwester in Schweden schrieb der König am 17. Juli: Notre bonne soeur a un peu vieilli, elle a perdu les dents mais d'ailleurs quoique moins gaie qu'autrefois elle a encore un fond de bonne humeur.

Héréditaire qui s'en loue à tout le monde. J'ai remis votre grâcieuse lettre à la promise... Hier le jour de naissance du Duc a été célébré par un opéra nommé Enée en Latinie; les décorations ont bien réussi et une nouvelle chanteuse, qui a paru pour la première fois, a trouvé beaucoup d'approbation, ayant une voix très agréable.

16 septembre.

J'ai à vous faire part de la satisfaction que j'ai eue, ma soeur Amélie m'ayant fait l'agréable surprise d'arriver ici à l'improviste[1]) sans que je m'y suis attendue. J'ai été charmée de l'embrasser mais avec une peine extrême de la trouver encore si infirme et peu remise... Je crains qu'il n'y a point de rétablissement à espérer pour elle après le peu de succès des bains qui, me parait, ne l'ont pas beaucoup aidée. Je profite de tous les moments de sa présence qui s'écoulent trop vite pour moi, ma soeur se proposant de partir demain... Je l'accompagnerai jusqu'à Helmstedt où je lui persuade de se reposer une nuit et puis nous nous séparerons... Vous venez tout récemment de me donner de nouvelles preuves (de votre bonté) en comblant mon fils Frédéric de vos bienfaits. Il vient de m'annoncer l'établissement avantageux que vous lui avez procuré par son future mariage avec la Princesse d'Oels[2])... A juger du portrait que Frédéric m'a fait de sa future, il en est fort épris et ne saurait assez se louer des bontés avec lesquelles vous avez terminé cette affaire... Quoique absente je n'ai point perdu de vue de penser aux moyens de vous être bonne à quelque chose; je n'ai pas oublié qu'il vous manque de la jeune noblesse. J'ai écrit à mes filles et à tout ce que j'ai d'amis, pour tâcher d'en acquérir. Ma fille de Bareit m'en a promis un couple[3]); j'attends ce que feront les autres auxquels je me suis adressée sans que vous y paraissez... Si j'ai le malheur de ne point réussir, ce n'est pas faute de bonne volonté. Vous me faites regretter d'avoir passé l'âge de fécondité, étant actuellement hors d'état de vous fournir de nouveaux produits de ma façon, me trouvant la mère la plus heureuse de ce que ceux que j'ai, sont tombés en vos mains.

20 septembre.

(Dank für seine Mühe) de me notifier vous-même les fiançailles de Fritze et de la Princesse d'Oels. Je m'imagine que le garçon est né cofta, trouvant

---

[1]) Sie kam aus Aachen und Spaa zurück; am 23. war sie in Potsdam.   [2]) Am 10. September war die Verlobung des Prinzen Friedrich mit der Prinzessin Friederike in Breslau gewesen.   [3]) Am 22. November 1764 schrieb die Markgräfin dem Könige: sie schicke ihm zunächst einen jungen von Ponikau, zwei andere junge Edelleute würden folgen.

ensemble l'avantage d'une femme riche, aimable et bien élevée ce qui est un trésor rare... Je vous félicite de ce que votre parti a gagné et que l'election du roi de Pologne est déclarée en faveur du comte Poniatowski[1]) sans que cela ait causé de nouvaux troubles. (Der Herzog dankt) pour les nouvelles que je lui ai communiquées de votre part de la Russie. Il me semble que ce serait une mauvaise politique de renvoyer la famille malheureuse en Allemagne[2]) et de les laisser agir en liberté pour se faire du parti. Dieu nous préserve de les avoir ici... J'ai cru mon devoir de vous communiquer les inquiétudes que ma soeur de Suède me marque d'avoir en craignant que vous l'avez oubliée et qu'elle n'est plus dans vos bonnes grâces ... elle ajoute dans sa lettre qu'elle était si vieillie que je ne la reconnaîtrais plus et que la bonne humeur était perdue par tous les chagrins et qu'elle n'aimait que la vie tranquille et retirée.

30 septembre.

Je comprends très bien que l'événement qui pourrait arriver en Russie[3]), est une matière trop délicate pourque vous puissiez la toucher; comme l'on n'en parle plus actuellement, j'espère qu'il n'en sera plus mention et que l'affaire en restera là. Je n'oublierai rien de ce qui pourra tirer ma soeur de Suède de son erreur sur votresujet; j'avoue que je trouve moi même que ses prétentions sont fort hors de saison et je m'étonne de ce qu'elle ne réfléchit pas plus à votre situation et aux ménagements que vous avez besoin de prendre sur toute chose après la guerre que vous avez soutenue[4]). Si elle avait mis plus de prudence dans ses faits, elle en serait plus tranquille et plus heureuse. Mon frère Henri aurait tort de se mettre en dépense pour un si grand voyage, dont il n'aurait d'autres fruits que celui peutêtre d'une courte entrevue. Amélie n'était point du tout bien ici. Ma soeur a pris une si forte aversion pour tous les médecins que je doute elle en veuille consulter aucun et il m'a paru qu'elle tient peu de régime... Je souhaiterais seulement de réussir et de pouvoir vous présenter les jeunes gentilhommes dont il est question, jusqu'ici l'on ne me berce encore que de bonnes espé-

---

[1]) Am 7. September war Fürst Poniatowski, der Kandidat der Kaiserin Katharina, für dessen Wahl der König sich verpflichtet hatte, gewählt worden. [2]) Der Bruder des Herzogs, Anton Ulrich, war seit der Palastrevolution vom Dezember 1741 mit seiner Familie nach Cholmogory im Gouvernement Archangel verbannt. Die Prinzessin Anna war 1746 gestorben. [3]) Der Versuch, den in der Festung Schlüsselburg festgehaltenen Kaiser Iwan zu befreien, war misslungen und hatte seine Ermordung (15. Juli) zur Folge gehabt. [4]) Sie hatte gebeten, Prinz Heinrich möchte sie besuchen, was der König mit Berufung auf dessen Kränklichkeit, die Kostspieligkeit der Reise, die Rücksichten, die er auf Russland zu nehmen habe, ablehnte.

rances. On dit que le mariage est sûr du Prince-Royal de Danemark[1]) avec la princesse Caroline d'Angleterre, soeur de ma belle-fille.

1 novembre.

On parle du mariage du Roi des Romains avec une princesse de Bavière[2]), la princesse Conigonde de Saxe[3]) que la France et sa mère lui destinaient, n'ayant pas eu son approbation. On prétend que les nôces avec la première seront au mois de décembre. Voilà une occasion de quoi faire étaler encore tout le faste de la maison d'Autriche et causer des dépenses qui soient au niveau de l'orgueil et de la hauteur de cette cour. Je leur passe de s'amuser avec ces puérilités pourvu qu'ils ne troublent jamais plus le repos d'un frère que je révère[4]).

8 novembre.

Je ne m'aperçois point que votre lettre sente le radoteur mais bien l'homme ennuyé du monde. Il est certain qu'il est désagréable de se trouver par cette façon de penser déplacé dans le monde ... on ne saurait prétendre à la vérité que vous entriez dans le goût folâtre de la jeunesse ni dans les frivolités du siècle, mais cependant je souhaiterais pourtant que vous trouviez des gens dignes de vous reconcilier avec le genre humain, afin de ne vous point enterrer entièrement avec les morts... Pour l'état de ma soeur Amélie, je crains bien; qu'il ne lui permet de se livrer à la société, sa santé étant trop dérangée[5]). J'ai paru en public mais ma santé demande encore des ménagements aussi la plupart du temps je le passe en retraite[5]).

3 décembre.

J'ai le plaisir de voir mon frère Henri ici qui est arrivé le 30 au soir; je lui ai trouvé meilleur visage que je ne me l'étais imaginé, et j'ai été bien aise de le savoir jouir d'une meilleure santé qu'il y a 7 ans[6]).

[1]) Christian VII (geb. 1749) mit Caroline Mathilde von England (geb. 1751); die Verlobung erfolgte am 26. März 1765. [2]) Die Vermählung mit Marie Josepha von Baiern (geb. 1739) war Januar 1765. [3]) Die Prinzessin Kunigunde von Sachsen (geb. 1740) hatte bei einer Zusammenkunft in Teplitz nicht den Beifall Josephs gefunden. [4]) Am 12. November schrieb sie dem Könige: Il est certain que trois de nos soeurs pourraient former un hôpital ce qui est affligeant et ne saurait inspirer des idées réjouissantes. Der Schwester in Schweden schrieb der König am 17. Juli: Notre pauvre soeur d'Anspach est bien malade, celle de Schwedt a pris un nouveau commencement d'hydropisie, ma soeur Amélie est encore à Aix-la-Chapelle, elle se remet un peu mais sa santé est fort chancelante. Notre famille est presque toute à l'hôpital. [5]) Am 18. Oktober hatte sie geschrieben: Ma santé se rétablit peu à peu, il n'y a que les forces qui manquent et m'empêchent d'être dehors du lit. [6]) Da Prinz Heinrich an den Verlobungsfeierlichkeiten im Sommer wegen Kränklichkeit nicht teilgenommen hatte, hatten sich die Geschwister seit März 1758 nicht wiedergesehen.

9 décembre.

Pour le coup ce n'a été qu'une fille[1]) dont je suis grande-mère. Je conviens qu'il ne valait pas la peine de se faire attendre si longtemps, puisqu'il y a assez de princesses au monde et que nous sommes souvent des êtres très inutiles. Je viens de recevoir votre grâcieuse réponse dans laquelle vous avez la bonté d'avoir accepté d'être parrain de cette petite marmotte nouvellement née... Mon frère Henri vient de nous quitter. Il m'a voulu épargner un congé étant parti dans mon inscu, prenant sa route pour Hambourg et se rendra de là à Berlin. Notre accouchée se porte très bien avec son enfant.

28 janvier 1765.

Je suis bien aise que vous avez été satisfait de la représentation de la tragédie[2]) que mes fils ont eu l'honneur de jouer devant vous. Ils m'en avaient fait la confidence et il faut que je dise, qu'ils craignaient beaucoup de ne point réussir, mais étant très flattés de la complaisance que vous avez de vouloir avoir, d'y assister, je crois qu'ils avaient fait cette partie pour une surprise destinée pour votre jour de naissance et je crois qu'ils auront été encouragés pour bien faire dans votre présence et que la princesse Wilhelmine[3]) s'en sera acquittée avec toute la grâce qu'elle possède et qui lui est naturelle. Frédéric vient de me faire part des nouvelles marques de grâce que vous avez pour lui, l'ayant fait mettre avec dans la lettre féodale du prince d'Oels[4]).

3 février.

[Auf der Messe] il y a un lion à voir qui est si apprivoisé qu'il est doux comme un chien et qui obéit à son maître en tout ce qu'il veut. Puis il est arrivé toute une compagnie de singes qui est bien la plus plaisante chose du monde. Ils dansent sur la corde avec d'autant d'adresse et d'habilité que les véritables danseurs de cette espèce et ils balancent et font les sauts périlleux avec la même agilité. Il est surprenant de ce qu'on a pu pousser si loin l'attention de ces animaux qui est très exacte et étonne [qu'ils] méritent d'être vus. Il y a aussi une femme forte qui se fait voir pour de l'argent. On dit qu'elle surpasse Samson ... puisqu'avec ses cheveux elle lève des hommes. Je n'ai point paru au spectacle à cause du froid, mais je

---

[1]) Princessin Auguste geb. 3. Dezember.   [2]) Die Aufführung von Racines Iphigénie war am 19. Januar gewesen. Der König schreibt: Je puis dire avec vérité qu'il y avait des morceaux si bien rendus, qu'on ne pouvait retenir ses larmes.   [3]) Die Tochter des verstorbenen Prinzen von Preussen, geb. 1751.   [4]) Am 20. Dezember hatte die feierliche Belehnung des Herzog Karl Christian mit dem Fürstentum Oels stattgefunden.

Quellen und Forschungen. Band VIII.　　　　　　　　13

compte pourtant d'assister à l'opéra de Didon, dont la musique est toute nouvelle.

17 février.

A présent je ne vous parle plus des singes ni de lions, tout étant parti et la foire finie. Nous venons depuis de faire une bonne acquisition pour le théâtre français d'une nouvelle actrice que mon fils a fait venir d'Amsterdam. Elle se nomme Mezières et excelle dans le tragique et le représente avec beaucoup d'âme et de feu. Elle a débuté avec applaudissement et efface le reste de la troupe... Je crois que vous serez content du comte Golofskin, cela fait un galant homme qui est gai et dont la conversation est amusante ... je ne doute point qu'il ne s'acquittera avec tout le zèle imaginable de la place que vous venez de lui donner dans celle du défunt Schwertz[1]). Je me réjouis de ce que l'abbé Bastiani[2]) vous tient compagnie, étant charmée de ce que vous avez quelqu'un qui puisse vous distraire pour quelque temps. J'ai une grande opinion de son esprit par l'aveu que vous en faites... Le prince Ferdinand et mon fils étudient la tragédie de Radamisthe et de Zénobie qu'ils représenteront au premier jour dans une petite compagnie.

21 février.

J'avais déjà écrit à Caroline de tâcher de prolonger son séjour à Anspach, si elle remarquait que cela faisait plaisir à ma soeur de la garder, si non, de tâcher du moins de la venir voir plus souvent. J'insisterai de nouveau à ma fille que tant qu'elle peut, elle puisse tenir compagnie à ma soeur... Je suis bien aise que le Prince-Héréditaire de Courland[3]) a assez d'esprit pour vous amuser avec ses narrations, qui par là vous puissent dédommager de la cérémonie que vous avez été obligé de subir lorsqu'il vous a prêté hommage.

3 mars.

Je comprends bien que la conversation du prince de Courland ne saurait être guère amusante. La description de la Sibérie ne peut point intéresser que par la singularité qui souvent a causé beaucoup de scènes tragiques, dont lui-même a été la victime[4]), mais je m'imagine que c'est la seule chose, dont ce prince est instruit et en état de débiter.

---

[1]) Baron Sweerts, Direktor der Königlichen Schauspiele, war 1757 gestorben.   [2]) 1714 geboren. Er war wegen seiner Bildung und Schlagfertigkeit beim Könige gut angeschrieben, der ihn häufig aus Breslau nach Potsdam einlud.   [3]) Am 13. Februar war der Erbprinz Peter Biron von Kurland (geb. 1724) in Potsdam gewesen, zur Belehnung mit der schlesischen Standesherrschaft Wartenberg.   [4]) Der Erbprinz war mit seinem Vater nach dem Tode der Kaiserin Anna November 1740 nach Sibirien geschickt worden. 1762 hatte Peter III sie zurückgerufen.

19 mars.

Je crois qu'il est impossible que vous puissiez douter du plaisir que j'ai senti en recevant les vers divins[1]) que vous m'avez fait la grâce de m'adresser [die sie auswendig lernt], pour tâcher d'imiter votre sage philosophie que mon âge exige également, quatre ans d'intervalle ne faisant pas entre nous une grande différence. Nonobstant cet inconvénient je souhaite du fond de mon coeur de vous entendre longtemps dire que vous devenez vieux, sans que moi ni personne ne s'aperçoivent de votre déclin... Je trouve le mariage de la fille du Markgrave Henri[2]) fort bien assortie; j'espère qu'elle se dépêchera d'être bientôt nubile, pour ne pas trop faire languir son promis.

1 mai.

Je viens de déterrer trois jeunes gentilshommes, que les parents veulent me céder, pour avoir l'honneur de vous servir. En voici sur le billet ci-joint leurs noms et leur âge. Ils sont tous à Laubach. J'attends vos ordres pous savoir, de quelle manière vous voulez qu'on les transporte chez vous, les parents n'étant pas en état de payer les frais du voyage... J'espère d'avoir trouvé un bon débouché à Laubach, d'où peutêtre avec les temps les comtes Solms qui démeurent là, me promettent de m'en fournir davantage. Je prends la liberté de vous communiquer une lettre que le comte d'Armentières, maréchal de France, a écrit au Duc, lequel vous sollicite d'intercéder auprès de vous, pour que son fils, M. de Conflans, qui est actuellement à Petersbourg, ose venir vous faire sa cour cet automne, pour voir vos manoeuvres militaires[3]). J'ai été surprise de la franchise de le demander.

5 mai.

L'état de ma pauvre soeur de Schwedt me désole, cependant on m'avait fait espérer que cela allait mieux. Je crains que ce ne soient que des palliatifs et qu'il sera difficile qu'elle se rétablisse entièrement. Je vous rends grâce des meilleures nouvelles que vous me donnez d'Ansbach. Caroline compte d'aller chez ma soeur cet été pour y rester quelque temps et la distraire... Je me sers d'un remède qui me fait beaucoup de bien: ce sont des jus d'herbes que je bois tous les matins avec du lait d'une chèvre, qui ne mange que de bonnes herbes. Cela est fort refraîchissant et l'on prétend principalement que cela fortifie les nerfs.

¹) Die Epître à ma soeur de Bronsvic, qu'il est des plaisirs pour tout âge von 15. Februar 1765, es heisst darin: Je trouve tout en vous, esprit, vertu, tendresse et l'indulgent supporte qu'exige ma vieillesse. ²) Prinzessin Luise Henriette Wilhelmine geb. 1750, Tochter des Markgrafen Heinrich von Schwedt. Die Verlobung mit dem Fürsten Leopold Friedrich Franz von Dessau erfolgte am 15. Juli 1765, die Vermählung im Juli 1767. ³) Er kam zu den Potsdamer Manövern Mai 1766.

à Schwedt 26 juillet.

On me pria beaucoup de tenir bonne contenance dans la première entrevue, afin de ne point attendrir ma soeur[1]; avec la meilleure résolution du monde je tins parole et d'abord en embrassant ma soeur avec les sentiments les plus tendres, je tâchais de supprimer la douleur à la vue que son état me causa. Après ces premiers moments de joie et de tristesse je fis mon possible pour tâcher de l'amuser. Nous soupâmes toutes les quatre ensemble, mes deux soeurs, la princesse Philippine[2]) et moi. Je trouve la nièce belle et tout à fait aimable et charmante. On dit que ma soeur se porte assez bien, du moins elle est en état de marcher. Pour moi qui ne l'a pas vu depuis vingt ans, elle s'est si changée qu'à moins de le savoir, j'aurais eu de la peine à la reconnaître.

Bronsvic 1 août.

J'ai laissé ma soeur de Schwedt dans un état passable; quoiqu'on m'a dit qu'elle se portait mieux qu'elle n'avait été, sa santé est extrêmement délicate et a besoin de beaucoup de soin et de ménagement, principalement il faut tâcher de lui faire éviter tout chagrin et altération qui lui sont sensibles, et le froid et l'humidité sont avec deux choses mortelles pour elle. Cependant elle a tâché de me procurer tous les agréments qui dépendent d'elle; elle m'a fait voir Monplaisir qu'elle a bâti avec goût et qu'elle a meublé très joliment; la maison, quoique petite, est située agréablement et le jardin l'embellit, qui est grand et beau et où il y a quantité d'allées qui répondent les unes aux autres et qui donnent de l'ombre. Nous avons dîné et soupé tout le temps en famille... Ma soeur [Amalie] nous a donné un petit concert dans lequel la princesse Philippine a chanté qui a une fort jolie voix... J'ai remarqué que ma soeur est fort scrupuleuse de faire venir le médecin Mutzelius[3]) de Berlin, puisqu'elle m'a dit qu'il perdrait par là sa prâtique et que cela lui faisait du tort. Je crois que vous feriez un grand plaisir à ma soeur, si vous avez la grâce d'accorder à Mutzelius une petite pension afin que rien ne l'arrête de le faire venir lorsqu'elle en a besoin, puisque c'est un habile homme, auquel elle a de la confiance... En quittant Schwedt j'arrivais le soir à Ruppin, où mon frère Ferdinand et la Princesse me reçurent avec toute la politesse possible; j'y ai soupé et passé une

---

[1]) Die herzogliche Familie war am 10. Juni nach Potsdam gekommen. Am 14. war die Vermählung des Prinzen von Preussen mit der Prinzessin Elisabeth gewesen. Nach den Hochzeitsfeierlichkeiten in Berlin, die bis zum 22. dauerten, war die Herzogin und die Prinzessin Amalie zu der kranken Schwester in Schwedt gegangen. Der König war Ende Mai bei der Rückkehr aus Pommern in Schwedt gewesen.   [2]) Prinzessin Philippine geb. 1745, die Tochter der Markgräfin.   [3]) Leibarzt des Königs.

nuit. Mon frère et la Princesse m'ont conduit jusqu'à Fehrbellin et de là nous nous séparâmes... J'ai trouvé ma soeur Amélie bien rétablie en comparaison de l'état dans lequel elle était il y a un an; elle était gaie et de bonne humeur. Elle m'a promis de passer par ici en revenant de Quedlinbourg[1])... Le Duc de York se plaît tant à Berlin[2]) qu'il ne sera pas de retour ici que le quatre ou le cinq.

21 août.

Je vous plains de vous trouver dans la nécessité de vous conformer à cette pénible cure et d'apprendre encore à nager[3]), car il est bien sûr qu'un esprit si sublîme que le vôtre ne peut se plaire dans une sphère aquatique, mais si par là vous pouvez rattraper l'usage de vos jambes, il ne faut point regretter l'incommodité présente et avoir quelque complaisance pour le corps, qui a besoin d'être fortifié... Le Duc de York après son retour de Berlin a passé quelques jours ici ... il est allé d'ici à Hannovre ayant eu le dessein de faire une visite de Hanau[4]), mais comme il ne fait jamais des projets fixes, ce voyage n'aura pas lieu; il veut rester à Hannovre pour attendre l'arrivée de sa soeur[5]). Ma fille m'écrit de Potsdam des lettres les plus contentes et me fait part de la façon cordiale et amicale, avec laquelle vous lui avec parlé avant votre départ[6])... La permission, que vous accordez pour que la princesse Wilhelmine[7]) soit quelque temps à Potsdam, a fait beaucoup de plaisir à ma fille... Comme j'ai oui dire que le comte de Hoditz[8]) est un sujet divertissant, cela suffit pour une jeunesse qui n'a pas encore tout le receuillement de la raison.

Les jeunes gentilhommes, dont je vous ai fait mention, sont en chemin pour arriver à Potsdam... On m'a promis d'en donner deux de plus, ainsi qu'il en aurait cinq. J'espère d'en avoir encore d'un autre côté, particulièrement s'il y a encore de la place pour qu'il peuvent entrer dans le corps des cadets, il s'en trouvera sûrement.

[1]) Anfang September ging die Prinzessin Amalie nach Quedlinburg, um die Prinzessin Charlotte von Braunschweig, die Schwägerin der Herzogin (geb. 1726), als Dekanissin einzuführen.   [2]) Er war mit aus Braunschweig zu den Hochzeitsfeierlichkeiten gekommen.   [3]) Der König gebraucht 4.—25. August eine Badekur in Landeck, die ihm sehr wenig behagte.   [4]) In Hanau wohnte seine Schwester, die Landgräfin Marie.   [5]) Seine Schwester Auguste, die nach England reiste.   [6]) Die Herzogin schreibt dem Könige am 12. Dezember 1765 von ihrer Tochter Elisabeth: Son coeur est bon, il est certain qu'à son âge on a l'avantage de ne respirer encore que la joie et la gaîté. Je suppose que c'est à ces marques que vous trouvez que ma fille me ressemble telle que j'étais dans ma jeunesse, où j'étais étourdie et ne réfléchissais pas beaucoup.   [7]) Sie trat zu der Prinzessin Elisabeth in freundschaftliche Beziehungen.   [8]) Graf Hoditz geb. 1706. Seine Anlagen in Rosswalde und seine Feste waren berühmt. Die beiden Braunschweigischen Prinzen begleiteten den König wie nach Landeck, so auch Ende August nach Rosswalde.

9 septembre.

La rélation que Cothenius fait d'elle¹) m'afflige et ne peut que me causer beaucoup de peines; quelle triste situation que la sienne et quelle douleur pour ceux qui l'aiment, d'être sans l'espoir de la voir aidée; j'avoue que je tremble que ces frénésies augmentent à un point où il sera nécessaire de la tenir enfermée dans un lieu sûr afin d'éviter encore plus d'éclat. Pour la mort de l'Empereur²) elle n'a guère fait impression sur mon esprit, puisque vraisemblablement elle ne fera aucun nouveau bouleversement dans l'Europe et que l'on vous doit l'obligation de l'avoir su prévenir en déclarant son fils Roi de Romains. Je souhaite qu'il soit pacifique et qu'il tâche d'entretenir toujours la paix avec vous. Selon ce que vous me dites de l'affliction de l'Impératrice, elle joue la matrône d'Ephèse; on dit qu'elle a cédé la régence à son fils mais que lui ne l'ayant pas voulu accepter il sera corrégent. Ces nôces à Inspruck³) se sont faites sous les auspices les plus sinistres et l'Archiduc lui même est tombé à ce qu'on prétend depuis quelque temps dans un grand état de faiblesse... Mon fils nous a quitté le 26 du mois passé avec la Princesse; je suppose qu'ils seront actuellement à Londres, puisque les dernières lettres de Hollande nous ont porté que le 30 ils étaient arrivés à Utrecht et qu'ils comptaient de s'embarquer le 3 de ce mois.

26 septembre.

Je viens de recevoir le portrait de la princesse Wilhelmine lequel, sans être flatté, je trouve ressemblant; j'en ferai l'usage⁴) que vous savez, sous les auspices de l'accomplissement de mes voeux. J'ai la satisfaction de posséder ma soeur Amélie; je la trouve mieux que l'année passée, cependant sa situation est à plaindre, étant privée du pouvoir user bien de ses jambes et de ses mains et sa santé délicate exigeant du ménagement. Les nouvelles d'Angleterre nous ont appris que mon fils est arrivé le 9 de ce mois à Londres. Ils ont passé la mer heureusement sans ouragan, cependant comme elle a été fort agitée, ils n'en on fait le trajet qu'en 98 heures. La Princesse a été très incommodée... Le spectacle que vous destinez à mon frère Henri, sera quelque chose de tout nouveau, car je doute que jamais pareille tragédie a paru et paraîtra sur le théâtre. Ma fille de Bareit et la Margrave de Culmbach⁴) arriveront ici le mois prochain, je suppose que nous les garderons quelques semaines.

¹) Der Markgräfin von Anspach. ²) Kaiser Franz I war am 18. August in Innsbruck gestorben. ³) Erzherzog Leopold mit Marie Louise von Spanien. ⁴) Sie schickte es ihrem Schwager, Herzog Ludwig, dem Vormund des Erbstatthalters Wilhelms V. Der Plan, die Prinzessin Wilhelmine mit dem Erbstatthalter zu vermählen, stammte aus dem Juli 1762; Herzog Ludwig war ihm sehr geneigt, hatte aber gebeten, damit bis zur Mündigkeit des Prinzen 1766 zu warten. Die Verlobung folgte Juli 1767. ⁴) Christine Sophie von Bevern (geb. 1717), seit 1762 Witwe.

3 octobre.

Les nouvelles de notre bonne soeur de Schwedt n'ont pu que m'affliger beaucoup, voyant le misérable état dans lequel elle se trouve, qui me fait tout appréhender pour la conservation de ces jours, qui me pénètre d'une vraie tristesse, étant obligée de me préparer à une perte si réelle qui se fait par la privation d'une vraie amie qui est si rare à remplacer dans ce monde... Mon frère Ferdinand me dit que votre tendresse faisait tout le soulagement de ma soeur.

13 octobre.

M. de Voltaire n'en a rien oublié pour rendre la tragédie de Saul ridicule[1]), ainsi je puis m'imaginer qu'à la voir représentée, elle doit avoir été très plaisante. Le portrait de la princesse Wilhelmine est heureusement arrivé à la Haye; je l'ai adressé au prince Louis. Le bruit court que la soeur du prince de Nassau-Saarbrück[2]) épousera le Prince d'Orange, mais cependant on doute que cela sera. La Princesse-Héréditaire est sûrement grosse et veut accoucher à Londres[3]). Mon fils fait le tour de toutes les provinces de l'Angleterre.

27 octobre.

Mes fils et ma fille m'ont fait part de la permission grâcieuse que vous leur avez accordée d'aller à Magdebourg pour donner un rendez-vous à leur soeur de Bareit, où la joie a été réciproque de se revoir[4]). J'ai trouvé ma fille fort bien depuis les six années de son absence et point de tout changée, elle a une conversation gaie et amusante et m'est d'une bonne compagnie principalement à présent que j'ai besoin d'être dissipée de la douleur que me cause de nouveau l'état de notre pauvre soeur de Schwedt... Je crains fort pour elle, ces récidifs revenant trop souvent, cela ne peut à la fin qu'épuiser le peu de forces qui lui restent et la faire succomber à tous ses maux. J'avoue lorsque je repasse dans mon esprit l'infirmerie qui règne dans notre famille, cela m'afflige à un point inexprimable... Ma fille m'a beaucoup conté d'Anspach, de la situation de notre bonne soeur qui est assurément bien triste et à plaindre; je crois cependant que si elle voulait suivre les conseils de Cothenius, il y aurait moyen de la sauver, mais je crois qu'il y a avec un peu de caprice qui sera difficile à pouvoir corriger. Nous avons la Margrave de Culmbach, qui est arrivée avec son frère Charles[5]), c'est

---

[1]) Die Tragi-Komödie von Saul von 1763 wurde Anfang November in Potsdam aufgeführt. [2]) Anna Karoline geb. 1751, oder Wilhelmine Henriette, geb. 1752. [3]) Prinz Karl wurde 8. Februar 1766 in London geboren. [4]) Die Zusammenkunft der Geschwister in Magdeburg war am 10. Oktober. [5]) geb. 1729, seit 1759 in dänischen Diensten.

une aimable princesse. Le Duc de Bevern¹) suivra bientôt étant allé à Bevern avec son frère George²) pour quelques jours.

3 novembre.

Je viens de recevoir une lettre de la Princesse-Héréditaire qui commence par ces propres termes: «Tout va au mieux ici. Le Roi de Prusse est tout à fait à la mode; avec le ministère on envoyera bientôt un ministre; j'espère que ce sera le bon Mitchell»... J'ai appris d'autre part qu'il y a un très grand parti pour vous à Londres, mais qu'il y en a aussi pour l'Autriche ce qui rend très attentif (ceci est authentique). On a déclaré mon fils bourgeois de la cité et il est rangé dans la tribu des marchands-en-gros. Il a fait le tour de toute la province et il compte d'aller rendre encore visite aux universités d'Oxford et de Cambridge.

10 novembre.

[Cothenius Berichte] nous laissent si peu d'espoir de rétablir ma pauvre soeur [von Schwedt] que tous les détails de ses maux ne sauraient qu'attrister, voyant si peu de moyen de la tirer d'affaire³). Enfin c'est une bien douleureuse perspective que la nôtre, laquelle ne saurait guère faire de bon sang se voyant prêt à perdre ses plus chers parents. J'avoue qu'une lettre que je viens de recevoir de la Princesse-Héréditaire me donne quelques inquiétudes, où elle me marque que vous faites venir des médecines du docteur Ward, dont à ce qu'elle me dit, il ne faut pas badiner et user de grande précaution, et elle ajoute qu'elle a voulu m'en avertir pour que je vous en donne avis... Le Duc de Cumberland est mort d'une façon inopinée⁴), ayant été le même matin chez la Princesse-Héréditaire à parler de politique; ce qui a causé une grande consternation et il est fort regretté.

28 novembre.

Je fais les mêmes tristes réflexions, comme vous le remarquez très bien, voyant, à mesure qu'on vit plus longtemps; la catalogue de ceux que nous avons aimés et perdus⁵) si croître d'année en année, ce qui me paraît mille morts, principalement lorsque des coups accablants tombent sur notre pauvre famille et qu'il faut en survivre les débris et la diminution. Je crois me trouver dans un pays étranger, où je ne tiens qu'aux seules branches qui restent vieilles.

2 mars 1766.

Je crois que vous serez déjà instruit que le mariage du Prince Royal de

¹) August Wilhelm. ²) Geb. 1723, seit 1759 in dänischen Diensten. ³) Am 14. November schrieb sie, trotz der besseren Nachrichten höre sie nicht auf zu fürchten. ⁴) 31. Oktober. ⁵) Am 15. November war die Markgräfin von Schwedt gestorben.

Suède¹) avec une princesse de Danemark sera déclaré après l'enterrement du Roi²), qui se fera dans ce mois. Je crains que cela ne fera pas plaisir à ma soeur, puisqu'on dit qu'elle a été contre cette alliance; cependant on dit que c'est une jolie princesse qui est bonne et bien élevée, ainsi qu'elle ne causera point de chagrin à ma soeur. C'est la Reine Grande-mère de Danemark³), qui a beaucoup d'ascendant sur l'esprit du jeune Roi⁴) et tout le pouvoir et M. de Reventlow⁵) qui a été gouverneur du Roi, est aussi bien dans son esprit. Le crédit du maréchal de St. Germain⁶) doit un peu tomber.

18 mars.

Le Prince d'Orange⁷) a été déclaré majeur le jour qu'il a accompli sa dix-huitième année. Les Etats de Hollande, pour remercier le Prince Louis des soins qu'il a pris de la tutele, lui ont fait un présent de 400 000 florins et l'ont prié de garder la charge qu'il a du maréchal et pour être a portée d'assister pourtant encore le Prince dans ses conseils, ce qu'il a accepté, ne pensant point à présent d'entrer dans aucun autre service, d'autant plus que Lacy a remplacé le maréchal Daun à Vienne⁸).

25 mars.

Les lettres d'Angleterre nous ont porté la nouvelle que mon fils partira le 6 du mois prochain pour voir la France. Il a écrit au Duc qu'il comptait aussi de voir l'Italie et qu'il ne pourrait être de retour à Londres qu'à la fin de l'année.

8 avril.

Mon fils aîné a écrit au Duc qu'il songeait être de retour au mois d'août en Angleterre, mais je doute, s'il veut s'arrêter en France et voir toute l'Italie, qu'il pourra faire cette diligence, puisque, comme vous dites, l'Italie a l'avantage par-dessus les autres pays par rapport aux arts, qui presque y ont pris naissance.

Salzdahl 5 juin⁹).

Mon transport en litière s'est fait assez heureusement sans la moindre incommodité. Les médecins ont trouvé bon que je change d'air et il m'aurait

---

¹) Gustav III, geb. 1746, und Sophie Magdalene, die Tochter Friedrichs V, geb. 1746.   ²) Friedrich V gestorben 14. Januar.   ³) Sophie Magdalene, die Witwe des 1746 verstorbenen Christians VI.   ⁴) Christian VII, geb. 1749.   ⁵) Kammerherr und Geheimrat des Conseils.   ⁶) Generalfeldmarschall und Präses des Generalkriegskollegium; er war seit 1762 in dänischen Diensten.   ⁷) Wilhelm V, geb. 8. März 1748.   ⁸) Daun war 5. Februar gestorben; an seine Stelle als Präsident des Hofkriegsrates war Generalfeldzeugmeister Graf Lacy getreten.   ⁹) Der König kam 7. Juni nach Salzdahlum.

été impossible de vous recevoir dans l'endroit, où tout mon venin était répandu[1]). Je dois vous prévenir aussi sur ma figure, qui n'est point ragoûtante et dont le premier abord pourrait vous surprendre à cause de mon visage qui est encore rempli de croûte et de vilaines pistules, mais telle que je suis, vous me retrouverez avec ce coeur que vous connaissez... Le Duc a fait le cortège en m'amenant ici à cheval.

19 juin.

Mes forces augmentent avec ma santé. J'ai fait quelques promenades en carosse avec mes enfants, qui m'a fait du bien. Il n'y a que mon front qui ne se soumet point à se remettre et qui me laisse encore des cornes. Touchant la proposition que j'ai pris la liberté de la part du Duc, il m'a dit qu'il avait eu l'honneur lui même de vous écrire ses intentions sur le sujet en question, espérant que vous lui ferez la grâce d'accorder sa demande, dont il vous aurait une obligation éternelle. Je souhaite de tout mon coeur que l'entrevue avec l'Empereur[2]) ait les plus heureuses suites, s'entend que jamais on ne fasse plus de prétentions sur la Silésie... Je serais charmée, si l'envoyé de Hollande que vous attendez[3]) soit chargé de la commission que je désire; je m'imagine que l'on envoie aussi pour voir la Princesse[4]) et en faire peutêtre un portrait.

3 juillet.

Le Duc est vivement pénétré de vos bontés et de l'amitié que vous lui avez témoignée si généreusement, en lui prêtant le capital, qu'il a désiré... Il n'approuve pas l'action de son frère[5]) et en est fâché. Quoique j'ai été surprise que l'entrevue, qui vous attendait, soit allée en fumée, cependant qui sait s'il ne vaut pas mieux que vous n'ayez point exposé votre personne entre les mains de ces gens-là... L'Empereur perd le plus de ne pas avoir pu faire votre connaissance. Je suppose que la politique de ces gens leur a fait craindre que l'Empereur serait trop épris de vous entendre... Il n'est pas encore décidé, si le Prince d'Orange viendra en Allemagne[6]). On dit qu'on a changé là-dessus d'avis, on le fait promener en attendant dans ses provinces. Ma santé continue d'aller bien, il n'y a que mon teint qui reste de même et je vois que ce n'est que par la patience que je pourrai être quitte de ces hidures au front.

[1]) Sie hatte seit einigen Wochen die Pocken. [2]) Kaiser Joseph hatte den Wunsch geäussert, bei Gelegenheit einer Reise nach Sachsen, Ende Juni mit dem Könige in Torgau zusammenzutreffen. [3]) Vielleicht der holländische Gesandte Verelst, der Mitte Juli von einer Reise nach Holland nach Berlin zurückkam. [4]) Prinzessin Wilhelmine. [5]) Herzog Ferdinand hatte nach der Magdeburger Revue auf seine sämtlichen Chargen im preussischen Heere verzichtet. [6]) Er hatte seinen Besuch für den Oktober angekündigt.

15 juillet.

Les bains de Landeck vous ont fait tout de bien que je serais charmée, si vous en faisiez de nouveau usage[1]). Mlle Auguste[2]) ... est fort flattée de ce que vous l'appelez charmante; elle dit que vous l'encouragez pour le devenir.

18 juillet.

Le Duc désapprouve la conduite de son frère au suprême dégré et il en est bien fâché de ne l'avoir pu ramener à la raison. Je crois que vous ne vous trompez point sur le prince Ferdinand et que depuis l'année, que vous nommez, il a déjà eu ce projet en tête. Il vit comme un particulier à présent à sa terre[3]) avec sa soeur[4]) et a retranché encore des domestiques. Depuis tout ce temps il n'est point venu voir le Duc ni moi; je suppose qu'il craint de se présenter devant moi, se doutant bien que l'acceuil lui sera plus froid que de coutume. Il compte de faire le mois prochain un voyage à Cobourg, pour voir sa soeur[5]). Cependant à la longue, je suis persuadée, qu'il s'ennuie de ce train de vie et qu'il se repentira de qu'il a fait. Le prince Louis lui a bien écrit la vérité et est très fâché contre lui. Je ne sais pas si vous êtes informé des cabales qu'il y a en Hollande contre le mariage de notre Nièce ... ils en veulent une d'Angleterre, on tâche de l'insinuer au Prince, mais le prince Louis a écrit au Duc que cela ne ferait aucun effet sur lui et qu'il espèrait pourtant qu'il prendait notre nièce, et il se donne toutes les peines pour que cela réussisse... On dit que l'Imperatrice-mère était cause que l'Empereur ne vous a point donné rendez-vous et qu'elle avait écrit à son fils que c'était contre la politique, qu'il le fallait remettre à une autre fois. Mon fils est à présent en chemin, pour aller à Turin.

Je crois que la perte de la bonne Camas[6]) vous aura fait de la peine; elle m'en a réellement causé. C'est une perte pour la cour et pour les honnêtes gens.

27 juillet.

Il est certain qu'à cet âge de la princesse Wilhelmine et de ma fille[7]) on préfère l'amusement par dessus tout. Je suis dans la joie de mon coeur de ce que le Stadhouder s'est enfin résolu de vous faire sa cour et à présent j'espère qu'il ne vous échappera pas malgré les mauvaises intentions de ceux qui ont travaillé contre.

[1]) Der König wiederholte den Besuch nicht.   [2]) Sie war 15 Jahr alt.   [3]) In Vechelde.   [4]) Prinzessin Therese Natalie geb. 1728.   [5]) Sophie Antoinette geb. 1724.   [6]) Die Oberhofmeisterin der Königin war 2. Juli gestorben. Sie hatte sich die Verehrung der ganzen Königlichen Familie erworben.   [7]) Die Prinzessin Elisabeth kam 16. August nach Braunschweig und blieb bis 9. September.

30 juillet.

Je ne suis pas assez grande politique, pour juger de celle des grandes puissances, mais il me semble pourtant que celle de l'Impératrice a été fausse cette fois, en empêchant que l'entrevue de l'Empereur est échouée, puisqu'elle aurait dû se servir de cette occasion pour renouer la bonne intelligence avec vous ce qui je crois est préférable à celle qu'elle a avec la France[1])... A présent on divulgue que l'Empereur a tant d'envie de vous connaître qu'il ira voir sur les frontières de la Silésie où toutes les batailles se sont données, et qu'il vous donnera un rendez-vous dans ces environs. Le Duc vient de perdre un cousin de Bevern qui nous met en deuil; d'ailleurs la perte n'est pas grande, le pauvre garçon a fait comme Don Quichotte, qui ne sachant plus que faire, s'est laissé mourir.

10 août.

Je suis très mortifiée de ce que la petite vérole commence aussi à ravager chez vous; j'ai été alarmée pour notre belle-sœur Ferdinand et suis charmée de ce qu'elle est hors de danger... On voit que cette maussade maladie est dans l'air et qu'elle cause cette épidémie, qui presque est généralement partout. Les médecins ne sont pas tous du même sentiment pour l'inoculation, puisqu'il disent que par là elle fait encore plus de progrès et qu'il faudrait tâcher de la détruire entièrement du monde. S'ils réussissent, ils seront bien habiles, mais en éprouvant cette nouvelle pratique, je crains qu'ils feront passer beaucoup dans l'autre monde. L'épitaphe que vous attribuez au défunt Prince de Bevern, lui convient et ne saurait être mieux. Il y a comme cela de certaines gens dans le monde dont on ne s'aperçoit point qu'ils ont vécu; celui-ci pouvait entrer dans ce nombre... J'ai paru une fois dans l'opéra au risque d'être prise pour une quäkeresse, étant obligée d'avoir le front couvert avec un grand chapeau... Voilà donc s'arrêter les suppositions en l'air sur ce que l'Empereur vous donnerait un rendez-vous sur les frontières de la Silésie. Il faut que la Mère n'ait pas beaucoup de confiance dans la prudence de son fils pour ne lui avoir permis cette entrevue, puisqu'elle la craint et que Caunitz y a été contraire[3]).

3 septembre.

L'éloge que l'on vous a fait de l'Empereur, lui est très avantageux; je

---

[1]) Der Vertrag von Versailles bestand noch.   [2]) Friedrich Georg, geb. 1723, Domherr zu Lübeck, war 18. Juli gestorben.   [3]) Am 18. September schrieb sie: On dit que le camp que l'Empereur assemble en Moravie sera très considérable. Je suppose qu'il y paraîtra comme un jeune écolier qui sort de l'école et auquel on apprend encore l'alphabet.

souhaite qu'il manifeste ces bonnes qualités principalement vis à vis de vous et je l'aimerai... J'ai été charmée de voir par votre lettre votre charmante humeur qui conserve toute sa gaîté, quoique j'ai ri de ce que vous me dites du Neveu[1]), cela n'empêche point que cela me fasse de la peine et me fait beaucoup redoubler mes voeux ardents pour votre précieuse conservation... Le récit que vous me faites de la façon dont la famille d'Oels se réjouit de voir leur gendre[2]) futur, est bien plaisante... Je souhaite qu'il[3]) puisse vous apprendre de nouvelles plus consolantes de notre pauvre soeur; du moins il sera en état de vous mettre au fait de tout ce qui la concerne... Voilà la recette pour les dents, dont j'ai pris la liberté de vous parler, qui est très bonne pour les conserver[4]).

6 octobre.

[Dank] que vous m'apprenez que le Margrave d'Ansbach passera par ici; je serai bien aise de le revoir, quoique je sens d'avance que mon coeur pâtira en me rappelant sa mère, qui faisait une de mes plus chères soeurs et dont le souvenir m'est si triste que je tâche de m'étourdir sur ce sujet, pour n'y point penser. Vos réflexions sont bien justes et marquent en toute occasion votre tendre coeur, avec lequel vous prenez part à ce qui regarde vos parents. La princesse de Loss est ici et veut y passer l'hiver; comme elle ne vit plus avec son mari, elle s'ennuie seule à Mastricht, où elle était établie[5]). Vous aurez appris tout le tracas qu'il y a eu à Dresde et qu'il y a eu des ministres de chassé à cause des représentations qu'ils ont faites pour empêcher des contributions, que l'Administrateur[6]) a voulu imposer sur le pays avec le rétablissement des jésuites[7]). Tout cela fait beaucoup de bruit; il y en a qui disent que l'Electrice fomente cela, pour rendre l'Administrateur odieux et pour faire que son fils devienne majeur et qu'elle gouverne. Mon fils a écrit au Duc de Bologne où il ne trouve dans cette ville de plus

---

[1]) Der Prinz von Preussen.   [2]) Ihr Sohn Friedrich, der mit dem Könige in Schlesien war.   [3]) Markgraf Karl Alexander von Ansbach, der 18. September kam und bis zum 28. blieb.   [4]) Aus Mailand hatte der Erbprinz am 30. August bei der Nachricht von dem Ausscheiden des Herzogs Ferdinand aus den preussischen Dienste an den König geschrieben, er würde sich glücklich schätzen, wenn dieser etwa durch Vermittlung des Prinzen Heinrich bei seinem Vater, dem Herzog, seinen Eintritt in preussische Dienste erreichen könnte. Der König schrieb 11. October dem Prinzen Heinrich: Je soubçonne d'avance que cette réponse ne sera pas favorable, car on m'a déjà donné un refus, il y a deux ans [Anfang 1764].   [5]) Fürstin von Cooswaren-Looz, geb. Gräfin Albertine von Kamecke. Sie kam späterhin öfter nach Braunschweig zu längerem Aufenthalt.   [6]) Prinz Xaver führte während der Minderjährigkeit seines Neffen Friedrich August (geb. 1750) die Regierung.   [7]) Als auf dem Landtage der Administrator eine sehr beträchtliche Summe für die Vermehrung des Heeres forderte, wurde ihm diese verweigert; der eine Minister legte sein Amt nieder, ein anderer wollte ausser Landes gehen.

grand agrément que par rapport aux beaux tableaux, qui y sont, et aux habiles musiciens qu'il a entendus. Entre autre il doit y avoir un tableau de Guido dont il dit qu'il n'a pas vu de pareil en France ni en Angleterre; les Anglais en ont offert 12 000 écus de notre argent.

9 octobre.

J'en[1]) ai été attendri vivementtous ses traits et son aimable maintien m'ayant rappelé, celui de notre pauvre soeur. Vous avez bien raison de l'aimer, puisqu'il a un caractère charmant, un coeur excéllent, capable d'amitié, sur lequel on peut faire fond... Je le vois partir à regret... J'ai craint de lui parler de ma soeur, le sujet m'étant si sensible que c'est avec peine que je touche cette corde, et ce n'a été que fort vaguement que j'ai appris de ses nouvelles, qui ne sont pas aussi excellentes, pour pouvoir donner de la joie. La façon respectueuse, dont le Margrave pense sur sa mère, fait l'éloge de son caractère et n'eût-il que cette seule bonne qualité, elle le rendrait toujours estimable aux yeux de ceux, qui pensent bien.

[Novembre].

J'ai oui dire que le Duc de Wurtenberg[2]) n'était pas bien aise de donner son consentement au départ de la Duchesse pour Berlin à cause de l'entretien qu'il lui donne, mais on prétend, qu'il est changeant; peutêtre se sera-til ravisé... Quoique je ne l'ai jamais vue, on la dit belle et très aimable. Si elle possède l'esprit et toutes les bonnes qualités de sa mère, elle mérite qu'on l'aime.

23 novembre.

Je serais bien aise de voir ces deux nièces[3]) que je ne connais point encore. Il est certain que feu ma soeur de Bareit avait un esprit et des talents supérieurs pour une personne de son sexe et que peu pourront l'égaler.

9 décembre.

Je n'ai que trop entrevu la conséquence qu'il y avait, si notre maison était restée sans plus d'héritiers[4]); j'étais souvent triste et chagrinée en ré-

---

[1]) Der Markgraf von Ansbach war 6. Oktober aus Potsdam kommend in Braunschweig eingetroffen und hatte einen Brief des Königs mitgebracht. [2]) Die Herzogin Friederike von Würtemberg, die Tochter der Markgräfin Wilhelmine von Bayreuth, geb. 1732, lebte seit 1758 von ihrem Gemahl, dem Herzog Karl, getrennt. Sie kam 10. November nach Potsdam und blieb bis in den Juli 1767. [3]) Ausser der Herzogin von Würtenberg war Mitte November Herzog Friedrich Eugen mit seiner Gemahlin Dorothea, geb. 1736, einer Tochter der Markgräfin von Schwedt, nach Potsdam gekommen, sie blieben bis Mitte Dezember. [4]) Der König hatte ihr die Schwangerschaft der Prinzessin Elisabeth mitgeteilt. Die Ehe des Prinzen Heinrich war kinderlos; Prinz Ferdinand hatte nur eine Tochter. Ausser dem Prinzen von Preussen war nur noch dessen 1747 geborener und

fléchissant sur les malheurs, qui infailliblement auraient rejailli sur notre pauvre patrie.

6 février 1767.

Dans les dernières lettres que mon fils a écrites au Duc, il lui mande qu'il passerait le carneval à Paris, et s'il pouvait, qu'il retournait à Londres à la fin du février. La Princesse-Héréditaire m'a écrit, qu'elle espérait me revoir bientôt sans me nommer le temps fixé de son retour. Les politiques qui aiment à raisonner sur tout, craignent que l'affaire des dissidents en Pologne pourrait causer une rupture entre vous et la République. On craint même que vous pourriez profiter de cette affaire, de même que l'Impératrice de Russie en faisant l'acquisition de la Prusse Polonaise et de la Lithuanie pour l'Impératrice; les autres vous destinent Danzig... Pourvu que l'Empereur ne s'en mêle point, je doute que d'autres puissances soient dans votre chemin.

15 février.

Le Duc a recu les dernières lettres de mon fils, écrites de Turin, qui étaient datées du 24 janvier, dans lesquelles il lui fait part du malheur, qui lui était arrivé, qui aurait pu lui casser la tête, puisque voulant aller de Milan à Turin, il y a eu tant de neige, que les voituriers n'ont pu connaître les chemins et venant sur un pont tout le carosse est tombé en bas. Par une direction tout particulière de la Providence mon fils en a été quitte pour une petite contusion à la tête et à l'épaule, sans d'autres mals, et ses compagnons de voyage n'ont rien reçu. Il écrit lui même qu'il s'était fait saigner, qu'il avait gardé la chambre un couple de jours, mais qu'il était intentionné de sortir le lendemain, pour aller à la cour... Depuis nous n'avons rien de lui; je suppose que les premières nouvelles seront de Paris... Je n'ai pas douté que les nouvelles de la guerre que l'on a débitées sur votre sujet, vous amuseraient un moment.

19 février.

Je suis bien aise que vous aimez les jésuites aussi peu que moi; ainsi le livre que le Père Norbert a écrit contre[2]), vous fournira matière de savoir

unverheirateter Bruder Prinz Heinrich. Am 7. Mai 1767 wurde die Prinzessin Friederike geboren.

[1]) Der Reichstag hatte im November 1766 die Forderung der politischen und kirchlichen Gleichstellung der Andersgläubigen mit den Katholiken abgelehnt. In dem Vertrage von 1764 hatten sich Preussen und Russland zum Schutze der Dissidenten verpflichtet.   [2]) Am 1. Februar hatte sie ihm geschrieben: Je suis chargé de la part de M. Platel Parisot, autrement nommé Père Norbert, de vous remettre sept tomes in quarto des ouvrages, qu'il a écrits contre les jésuites en Portugal, et qu'il me prie de vous remettre en son nom. Comme il est un grand ennemi de ces gens-là, vous pouvez bien croire

toute leur mauvaise conduite... Je trouve que c'est une peste dans le monde et pour les princes, dont ils sont sujets, étant des gens intrigants remuants. Il est étonnant que cette secte se soit soutenue si longtemps. Le Roi de Portugal et celui de France ont fait un coup d'état de les chasser[1]) et tous les grands seigneurs devraient suivre cet exemple. Je suis de votre sentiment que la puissance du Pape, chancelante beaucoup, ne se soutiendra pas si longtemps qu'elle a été; le siècle devient toujours plus éclairé, les erreurs, les abus et toutes les momeries de l'Église catholique ne peuvent que sauter aux yeux de chaque personne raisonnable et en faire voir la duplicité, tout leur systeme étant fondé sur l'intérêt des prêtres et sur des inventions humaines. Vous avez raison qu'il n'y a que la vérité d'éternel... Le Duc a reçu une lettre écrite de la propre main de mon fils, datée de Turin du 4 de ce mois, dans laquelle il lui fait part qu'il avait été obligé de se tenir couché à cause des douleurs de la tête depuis sa blessure[2]) que les chirurgiens ne savaient pas encore si en mettant des cataplasmes l'inflammation s'en irait ou s'il y avait encore des esquilles, que d'ailleurs il se portait fort bien et qu'il était sans fièvre et qu'il espérait d'être en état de pouvoir partir en quelques jours pour Gênes.

26 février.

Mon fils vient d'écrire au Duc encore de Turin; sa lettre est datée du 7 de ce mois, dans laquelle il lui apprend que l'on avait été obligé de lui ouvrir son ancienne blessure, qui avait déjà beaucoup d'humeur, que d'ailleurs il se portait bien. Il ne fait point mention de sa tête ce qui fait croire qu'il n'y a pas grand mal, mais que peutêtre par des échauffements sa blessure s'en est altérée et lui a fait souffrir de nouveaux maux.

1 mars.

Mon fils vient d'écrire au Duc encore de Turin, sa lettre est datée du 11 de ce mois dans laquelle il ne fait plus mention de sa tête, mais ne parle que de sa vieille blessure aux côtés qu'il dit se guérir fort bien et ne le retenait plus au lit... Il serait à souhaiter que tous les grands princes pensent aussi judicieusement que vous le faites sur les principes de la saine morale et de la religion naturelle, puisque les erreurs de l'Église catholique seraient

qu'il ne les épargne point. D'ailleurs je ne crois point que ce soit une lecture, qui vous amusera, puisqu'elle ne contient que toutes les tromperies, qui se sont passées dans les missions que le Pape a envoyées aux Indes.

[1]) Am 13. September 1759 waren sämtliche Jesuiten in Portugal aufgehoben und zu Schiff nach dem Kirchenstaat geschafft worden. November 1764 waren die Jesuiten für immer aus Frankreich ausgewiesen worden.   [2]) Die Wunde, die er 1762 erhalten hatte.

combattues et que les guerres intestines et les troubles qu'elle a causées, n'auraient plus de lieu. C'est à souhaiter que le monde devient plus sage sur ce point. Si le Roi d'Espagne vient à bout de chasser les jésuites de son pays[1]), je crois qu'ils seront embarrassés de trouver un asile. On ferait bien d'en expulser l'Europe et de les confiner jusque dans des îles non peuplées de l'Asie ou de l'Afrique, où ils pourraient tracasser autant qu'ils voudraient. Je pense que le nombre ferait une belle armée.

12 mars.

Le Duc a reçu des nouvelles de mon fils, qui est arrivé heureusement à Gènes en très bonne santé et tout à fait rétabli de sa blessure. Par bonheur qu'il n'a pas été présent au tremblement de terre, qui s'est fait le jour avant son arrivée et qui doit avoir été pareil à celui de Lisbonne[2]). Il a vu encore tous les décombres et dommages, qu'il a causés dans cette ville, et compte s'y arrêter de même qu'à Marseille et à Toulon. Je préfère pourtant davantage nos pays, qui ne sont pas asujettis par des pareils accidents, qui doivent être bien tristes et fâcheux par les ravages, qu'ils causent et si l'Allemagne est inférieure à l'Italie par la beauté du climat et de son terroir, en revanche nous n'avons pas à craindre d'être engloutis par de semblables effets de la nature.

20 mars.

Je vous avoue qu'en lisant dans les gazettes la belle grêle, qui était tombée sur Potsdam[3]), je crus qu'il n'était plus resté de maison à Potsdam et qu'elle avait été emportée par ce prodige, vu l'exorbitant volume dont on a fait la rélation. Il vaut mieux que ce soit un récit pour amuser et exciter la curiosité des fainéants, que si c'était une vérité, et cela servira de paroli aux gazettes de Londres[4]), qui se jouent souvent de pareils stratagèmes, pour en donner à garder au public[5]).

11 juin.

Je sens tout le poids d'affliction que vous souffrez de la perte que notre maison vient de faire[6])... Dank] que vous avez voulu vous charger de ma

---

[1]) Die Ausweisung erfolgte am 4. April 1767. [2]) 1. November 1735. [3]) Die Gazette de Berlin hatte im März eine Schilderung eines furchtbaren Unwetters, das über Potsdam niedergegangen sein sollte, gebracht: noch nach zwei Stunden hätten in den Strassen Hagelklumpen von der Grösse von Kürbissen gelegen. Der Artikel stammte vom König oder seinen Braunschweiger Neffen. [4]) Englische Zeitungen hatten gemeldet, die Erde habe einen Stoss bekommen, infolge dessen die Sonne 16 Minuten früher auf- und 16 Minuten später untergehen werde. [5]) Am 10. April kam die Herzogin mit ihrer Tochter Caroline, der verwitweten Markgräfin von Bayreuth, nach Potsdam; sie gingen dann nach Berlin, wo sie bis zum 25. Mai blieben. [6]) Prinz Heinrich der Jüngere, Neffe des Königs, auf den dieser grosse Hoffnungen setzte, war am 26. Mai gestorben.

commission, vous étant obligée de la réponse que vous venez de me communiquer de la Duchesse de Gotha¹). J'aurais désiré qu'elle ait été plus favorable, mais je crois encore que tout n'est pas perdu, puisque je sais assurément que c'est la Princesse de Galles²) qui négocie pour la cadette de ses filles³) et que le Prince ne la veut point, ce qui peutêtre jette la mère dans l'embarras, puisqu'elle ne voudrait déplaire à la Princesse de Galles. Le Duc de Strelitz ne veut point se marier, son frère est un panier percé, qui n'a rien que des dettes⁴), que le Roi d'Angleterre ne veut point lui payer, et comme le Duc-régnant est encore jeune, il n'a point d'espoir qu'il puisse se trouver en état d'entretenir une femme. Le Mercure du Prince d'Orange vient d'arriver ici et partira demain pour vous faire sa cour. C'est M. Larrey que vous connaissez⁵).

21 juin.

Si même la négociation de Gotha a échoué, je ne vous ai pas moins d'obligation de ce que vous avez bien voulu vous intéresser pour cela, d'autant plus que ma fille est encore dans l'âge d'attendre son sort, sans se presser. J'ai parlé à l'envoyé de Danemark, qui est passé ici, venant tout récemment de Vienne, lequel m'a conté ... entre autre que l'Empereur n'avait point envie de se remarier⁶) et qu'il pensait qu'ayant trois frères⁷) cela n'était pas nécessaire, que cependant l'Impératrice-mère ne serait pas contente de cette résolution, qu'elle voyait avec plaisir, qu'il avait pris une femme... Le même m'a dit que l'Empereur était enthousiasmé sur votre sujet, tâchant d'imiter votre ordre dans les affaires et dans les finances... Il n'est point du tout bigot ni attaché à aucun ordre de son église, étant aussi indifférent pour l'un que pour l'autre⁸)... Ils n'entreront en rien dans les affaires de Pologne. Le même m'assure qu'il avait à présent des vues très pacifiques. Mon fils a écrit au Duc, qu'il avait fait inoculer son fils⁹) à Londres, que jusqu'à présent cela avait heureusement réussi et s'il continuait de se porter bien, il se mettrait en route le 28 ou 29 de ce mois, pour se rendre ici, comptant de s'embarquer de Douvres à Calais, passant par Bruxelles à Spaa et Aix-

¹) In einem Briefe an die Herzogin von Gotha vom 15. Mai hatte der König dieser vorgeschlagen, ihren Sohn, den Erbprinzen Ernst Ludwig, geb. 1745, mit der Prinzessin Auguste von Braunschweig, geb. 1749, zu verloben.   ²) Die verwitwete Prinzessin von Wales war die jüngere Schwester des Herzogs von Gotha.   ³) Luise Anna, geb. 1751.   ⁴) Adolf Friedrich IV, «Dorchläuchting» geb. 1738, und sein Bruder Karl, geb. 1749.   ⁵) Geheimerat und Kammerherr von Larrey kam am 17. in Potsdam an.   ⁶) Maria Josepha, die zweite Gemahlin Kaiser Josephs, war 28. Mai gestorben.   ⁷) Leopold, geb. 1747, Ferdinand, geb. 1754, und Maximilian, geb. 1756.   ⁸) Folgen Angaben über die Finanzen und das Heer.   ⁹) Der 8. August 1766 in London geborene Prinz Karl Georg August.

la-Chapelle et continuant son chemin jusqu'a ce qu'il pourra arriver à la fin du mois prochain. Vous faites très bien de tâcher d'oublier et d'éloigner de vos pensées tout ce qui peut rappeler les tristes réflexions, puisqu'elles ne font point ravoir ce qu'on a perdu.

7 juillet.

Le Duc a fait faire des changements du côté de mes chambres [in Salzdahlum], ayant fait doubler l'aile pour les domestiques, ce qui me met plus au large et me donne plus de commodité, et il fait aussi embellir le jardin par des terrasses, pour que cela ait un air plus riant... Il vient de recevoir les présents, que mon fils a reçus en Italie, lesquels il m'a dit, consistent dans un tableau de mosaique, qui représente la Vertu, et un buste de bronze qui doit être César. Cela doit être fort beau, mais je ne l'ai point encore vu. Les prétentions que le Prince Ferdinand a eues à faire touchant les arrérages de cent mille écus que les Anglais lui devaient sur les avancements, qu'il a faits dans la guerre, viennent d'être terminées par une pension qu'on lui a stipulée tous les ans de douze mille écus de notre argent.

16 juillet.

La Duchesse de Wurtenberg doit être partie contente des soins que vous avez pris pour ses intérêts, et elle vous devra l'obligation de l'avoir mise mieux à son aise[1])... Le Duc, en échange de la maison, des meubles et du jardin de Sophienthal, que la vieille Duchesse-Douairière[2]) m'avait légués, vient d'augmenter mes revenus de 1500 écus par an, qui m'a fait plus de plaisir, puisque dans les circonstances, où je suis, je n'aurais pas pu jouir de cet endroit... Il vous reste encore la princesse Philippine à débiter[3]), qui est aimable et mérite aussi un heureux sort, mais la disette des princes d'Allemagne est si grande, qu'il est très difficile pour les princesses de trouver des partis convenables. Nous retournerons la semaine prochaine à Bronsvic[4]), mon fils veut y arriver le 27 avec son aimable épouse[5]) et son fils, à moins qu'il y arrive d'empêchement.

[1]) Durch eine Convention mit dem Herzog Karl hatte der König für die Herzogin das Recht der freien Wahl ihres Hofstaates und ihres Aufenthaltes, sowie pünktliche Zahlung ihrer Pension durchgesetzt. [2]) Herzogin Elis. Sophie Marie, die Witwe des 1731 verstorbenen Herzogs August Wilhelm, war am 3. April in Sophienthal gestorben. [3]) Nach der Vermählung der Prinzessin Luise Henriette Wilhelmine von Schwedt 1750, mit dem Fürsten Friedrich Franz von Anhalt Dessau am 25. Juli, blieb nur noch die Markgräfin Philippine von Schwedt, geb. 1745, die nach dem Tode ihrer Mutter im Hause ihres Onkels und Schwagers, des Prinzen Ferdinand, lebte. [4]) Aus Salzdahlum. [5]) Schon im Februar hatte der König seiner Schwester in Schweden geschrieben: Le démon est déchaîné dans la maison de Bronsvic, lorsque l'Anglaise y rentre, und über die Heimkehr des Erbprinzen schrieb er an den Prinzen Heinrich: Il y sera toujours trop tôt pour le bien de son père et pour le sien.

26 juillet.

J'ai le plaisir de posséder mon frère Henri ici depuis le 22; je goûterais avec plus de contentement sa compagnie, si je le voyais dans une meilleure santé, mais très souvent il souffre de crampes d'estomac, qui me font craindre que, s'il ne se trouve entièrement quitte, cela affaiblirait son tempérament, qui d'ailleurs ne me paraît pas des plus forts... Mon fils, la Princesse avec l'enfant sont heureusement de retour de leur voyage. Ma belle-fille est tout de même, comme vous la connaissez[1]). J'ai été surprise de l'embonpoint et de la grosseur de l'enfant; il marche presque tout seul, quoiqu'il n'a que 18 mois. Il est traité par le pied anglais et ressemble à un petit sauvage... Mon fils nous entretient de ses voyages et en particulier de tout ce qu'il a vu de plus rare et curieux en Italie, entre autre il a parlé d'une statue d'Agrippa qui est colossale et véritable, et qui n'est pas chère. Je pense que cela serait quelque chose qui conviendrait dans le rare cabinet d'antiquités que vous avez... Je suis bien aise que le Prince d'Orange vient à Berlin[2]) et que vous fassiez sa connaissance.

27 septembre.

Pour un jeune homme, qui sort pour la première fois de chez lui, le Prince d'Orange[3]) est aussi bien, qu'on peut le prétendre pour l'esprit, car il a beaucoup de conversation et parle fort joliment sur tous les sujets; il a des connaissances et il est fort instruit, en particulier pour ce qui regarde le gouvernement de la République. Il a de la lecture, qui est soutenue par une excellente mémoire qui lui fait retenir tout ce qu'il veut. On remarque dans ses discours son esprit, auquel rien n'echappe, étant avec cela vif et fort gai; il aime beaucoup les spectacles et tous les amusements qui conviennent à son âge. Il est tout rempli de bonne volonté et n'est embarrassé que des moyens de trouver votre approbation et de plaire à la Princesse, dont il porte constamment le portrait en poche. Je dois cependant vous prévenir sur sa démarche qui frappe dans les commencements, mais on se fait ensuite à ses façons, puisqu'il y supplée par l'esprit... Je trouve qu'il a la physiognomie dans la maison anglaise[4])... Je suis surprise que ma soeur de Suède vous ait envoyé le portrait de sa fille en vestale[5]); il me paraît

---

[1]) Am 6. August schrieb sie: Je trouve la Princesse devenue plus circonspecte et reservée. Elle est du reste fort polie envers moi et ne me manque point d'attention. Mon fils et elle vivent dans une grande intelligence et harmonie ensemble, et ne font qu'un coeur et qu'une âme. Mon fils paraît fort content de ses voyages, surtout de l'Italie; j'espère que les idées l'en occuperont encore quelque temps pour se reposer.   [2]) Er kam am 2. Oktober nach Potsdam.   [3]) Der Erbprinz war auf der Reise nach Potsdam am 25. September in Braunschweig gewesen.   [4]) Seine Mutter war eine Tochter Georgs II.   [5]) Albertine, geb. 1753. Vielleicht erinnert sich die Herzogin daran, dass ihre Schwester als Kind auch als Vestalin gemalt worden war.

que ce n'est pas l'attribut qui convient aux princesses qui sont faites pour être établies et donner des héritiers dans les pays, où l'on les marie. Je crois que ma soeur aurait été fâchée d'être destinée à garder son feu sacré.

18 octobre.

Je trouve ma nièce fort aimable[1]); elle a un air de décence, qui me plaît beaucoup. Elle est très sensible de la permission, que vous avez donnée au Prince de Prusse, de l'accompagner jusqu'ici. Je puis vous assurer que je le trouve beaucoup mieux[2]).

29 octobre.

La Princesse d'Orange sera la plus heureuse personne du monde, puisque tout paraît la favoriser[3]), et qu'elle n'a qu'à être affable et populaire envers la nation et douce et complaisante envers son époux, qui marque avoir de très bons sentiments. Cependant vous avez raison de vous fier sur le Prince Louis, qui connaît le tout, et dont la droiture n'est point équivoque, étant le mieux en état de conduire ces jeunes gens, qui ont encore besoin de bons conseils. Vous serez sans doute instruit que chaque province donne à notre nièce une pension viagère, de sorte qu'avec ce que le Prince lui donne, elle jouira d'une revenue de 50 mille écus, ce qui est fort honnête.

11 novembre.

J'ai regretté aussi la Duchesse de Gotha[4]), qui était une femme estimable et spirituelle. Elle avait eu l'avantage de mettre sa cour sur le bon pied, dont elle faisait l'ornement. Le Duc, quoique fort aimé de ses sujets par rapport au bon ordre qu'il tient dans ses affaires, et par la justice qu'il administre dans son pays, devient trop vieux[5]) pour soutenir le lustre de cette cour, qui vraisemblablement tombera en décadence. C'est, comme vous dites très bien, le sort des choses mondaines, qui sont sujettes à mille révolutions étrangères et à la destruction de ce que d'autres ont établi; mais

[1]) Nach der Vermählung am 4. Oktober war der Prinz und die Prinzessin von Oranien am 14. abgereist und hatten ihren Weg über Braunschweig genommen. [2]) Am 22. Oktober schrieb sie: Je remarque que c'est par la douceur que l'on réussit le mieux avec le Prince de Prusse, et par l'amitié, à laquelle il est sensible, et je suis persuadée que pour peu que vous lui en témoigniez et lui parliez avec bonté et confiance, que vous feriez plus que personne au monde, car il a réellement le coeur bon et rempli de bons sentiments, und später im August 1768: Je suis charmée, que vous êtes content du Prince de Prusse. Vous verrez, que je ne me suis pas trompée sur son caractère et sur son bon coeur. [3]) Der Erbprinz und die Erbprinzessin waren Ende Oktober im Haag angekommen. [4]) Die Herzogin Luise Dorothea, geb. 1710, war 22. Oktober gestorben. Sie hatte mit Voltaire, d'Alembert, Grimm in Briefwechsel gestanden. [5]) Friedrich III war 1699 geboren.

comme nous mêmes sommes assujettis à la destruction de nos corps, les autres choses ne doivent pas paraître étrangères, puisque tout est passager et ce n'est que le présent qui existe.

22 novembre.

Vous devez connaître mieux que moi le Duc de Gotha et toute sa cour et selon ce que vous venez de m'en dire, il est triste pour tout ce pays de tomber en de pareilles mains, mais d'autant plus aura-t-on sujet de regretter la Duchesse. Le Duc compte la semaine prochaine de faire inaugurer sa soeur Thérèse comme abbesse de Gandersheim[1]). Toute la famille assistera à ces nôces spirituelles, auxquelles je ne crois pas qu'il y aura grand plaisir. L'endroit est à sept lieues d'ici et n'est pas loin des montagnes du Blocksberg[2]); d'ailleurs cela fait un bon établissement et c'est la dernière que le Duc a équipée[3]).

6 décembre.

L'abbaie de Gandersheim est placée dans un fond extrêmement triste et tout entourée de montagnes. La compagnie, qui y demeure, ne récompense pas de la mauvaise situation de l'endroit; elle est maussade, entre autre deux vieilles princesses de Schwarzbourg soeurs[4]), dont l'une âgée de soixante et quatorze ans est doyenne depuis cinquante ans, l'autre chanoinesse sexagénaire. Elles n'ont toutes les deux aucun usage du monde, n'étant jamais sorties de l'abbaie et restées enfermées dans leur réduit sans sortir de leurs chambres que pour assister à la nouvelle cérémonie de leur abbesse. Cependant leurs façons gauches avec les propos singuliers, dont elles m'ont entretenue, m'ont divertie et je n'ai pu m'empêcher de rire. Le Prince Ferdinand, par amitié pour sa soeur, demeurera pour quelque temps avec elle.

11 mars 1768.

La rougeole a ravagé partout de même ici comme la petite vérole et lorsque les jeunes gens à l'âge de Frédéric l'ont surmontée, ils s'en portent après d'autant mieux; il n'y a qu'à se ménager après la poitrine, cette maladie laissant toujours de restes... Le chambellan de l'Empereur n'a paru ici que pour tout observer[5]); sans cela il n'y a rien transpiré du sujet de son

---

[1]) Die Einführung war am 3. Dezember. [2]) Den hinter Blocksberg stehenden Satz: Ainsi je pourrais faire connaissance avec les sorcières de ce pays-là, hat die Herzogin wieder ausgestrichen. [3]) Die zweite unverheiratet gebliebene Schwester, Christine Luise Charlotte, geb. 1726, war 1766 gestorben. [4]) Sophie Juliane, geb. 1694, und Magdalena Sibylla, geb. 1707. [5]) Am 25. Februar hatte sie geschrieben: M. de Knebel, chambellan de l'Empereur, vient de partir; j'ignore pourquoi il s'est arrêté ici. Il a reçu des lettres de Vienne, qui l'ont fait partir. Il a pris sa route pour Gandersheim. L'Impératrice a fait présent de son portrait avec des diamants à l'Abbesse. Nach seiner Rück-

séjour ici… La clôture de spectacles a fini par une nouvelle pièce qui a été représentée pour la première fois, intitulée: L'honnête criminel[1]). Elle est touchante et remplie de sentiments; d'autant plus on a admiré que l'histoire est véritable. On a représenté aussi: La chasse de Henri IV, qui est intéressante et amusante.

29 mars.

Je suis de votre sentiment et je ne crois point que la santé de ma soeur Amélie lui permettait de faire le voyage en Suède, étant trop faible et malingre pour cela… Le prince Charles de Strelitz est promis avec une nièce de la Princesse de Darmstadt[2])… On dit qu'il y a eu une nouvelle conspiration en Espagne contre le Roi et la famille royale[3]) et l'on tâche d'en découvrir les auteurs. Je suppose que c'est encore un reste de l'esprit des jésuites, qui y domine quelque part, pour se venger du bannissement, car c'est une détestable race.

8 mai.

Pour répondre au sujet, dont vous me parlez de mon fils, je crois qu'il a été nécessaire que le Duc le charge du soin de ses affaires[4]), ne doutant point, qu'il ne sera mieux servi qu'il ne l'a été jusqu'à présent, d'autant plus que c'est son intérêt avec.

24 juin.

Mon bon frère Ferdinand est arrivé hier ici; j'ai été réjouie de lui trouver meilleur visage que sans cela, et j'espère que les bains qu'il compte prendre[5]), contribueront à fortifier sa santé… Il veut nous quitter, ce qui sera un nouveau surcroît de peine pour moi, quoique je devrais être raisonnable et contente du bonheur que j'ai, d'être à portée de voir le plus souvent ma famille que d'autres, qui n'ont point cet avantage… J'ai reçu une lettre que le prince Louis a écrite au Duc, dans laquelle il chante vos louanges, se louant de l'accueil grâcieux et amical, que vous lui avez témoigné[6]), et dit que tout le monde qui vous a vu, a été charmé de la façon grâcieuse,

kehr nach Wien hatte er eine sehr günstige Schilderung von der Prinzessin Auguste entworfen, so dass der König vermutete, sie sei vielleicht als Braut für Kaiser Joseph ausersehen.

[1]) La piété filiale ou l'honnête criminel von Fenouillôt de Falbaire.   [2]) Friederike von Darmstadt, geb. 1752.   [3]) Im Januar in Altkatalonien.   [4]) Die Schulden, die auf dem Lande lagen, waren bis auf 12 Millionen angewachsen. Um den Bankerott und das Eingreifen des Kaisers zu vermeiden, entschloss sich der Herzog, die Landstände einzuberufen; die Verhandlungen mit diesen sollte der Erbprinz führen.   [5]) Er ging nach Aachen ins Bad.   [6]) Der König hatte von Cleve aus dem Erbstatthalter einen Besuch in Loo gemacht. Auf der Hinreise nach Cleve war er am 5. und 6. Juni in Salzdahlum gewesen, ebenso auf der Rückreise.

dont vous l'avez reçu, et que vous avez emporté une approbation générale et le coeur de tous les bons Hollandais, qui vous avaient admiré. Quoique je crois que vous n'êtes guère sensible à cette conquête, j'ai pourtant vous voulu en faire part.

3 juillet.

Je suppose que vous aurez entendu la mort tragique du pauvre abbé Winckelmann[1]). Son sort est plus à plaindre, puisque le monde perd un homme savant, qui était grand antiquaire. On pourrait dire de lui: Qu'allat-il à faire dans cette galère? Il a eu une bien triste destinée.

4 août.

C'est le 29 du passé que j'ai eu le plaisir de voir arriver mon frère Henri. Je l'ai trouvé en meilleure santé que l'année passée et de très bonne humeur. Il est parti d'ici hier au soir et comptait d'être le 6 à La Haye... Il y a eu des représentations de tragédies françaises et pour la première fois on a donné: Beverle ou le joueur; c'est une pièce, qui fait frémir à la voir et qui n'inspire que de la térreur; c'est en même temps une bonne morale pour ceux, que la passion du jeu domine. Toute la musique de Hasse est si belle, que je suis persuadée, l'oratoire de la conversion de St. Augustin[2]), dont vous avez régalé ma soeur, sera un chef-d'oeuvre et plaira à ma soeur qui a du goût et de la connaissance de la musique... Je suis de votre sentiment que la métamorphose des liens de son mariage[3]) fera bientôt évaporer l'amour naissant que la passion inspire; c'est là ordinairement le sort de ce joug qui est comparable à une mer ourageuse, pleine de tempêtes, sur laquelle les plus sages font bien de voguer pour ne pas échoir.

5 août.

La Reine de Danemark[4]) se porte fort bien, elle a pris l'ascendant sur l'esprit du Roi; les affaires n'en vont pas mieux, car on dit que c'est une femme écervelée. Rien n'est encore décidé pour leur visite ici; le Duc et moi nous en serons consolées, s'ils ne viennent pas[4]).

16 août.

Cothenius vient de m'écrire la maladie de ma fille; selon sa rélation il paraît que cela a été une espèce hystérique, cependant il n'y a point de danger, mais il faut du ménagement; je ne comprends point d'où elle a pris

---

[1]) Winckelmann hatte seine Reise nach Norddeutschland in Wien aufgegeben, um wieder nach Italien zurückzukehren; in Triest war er am 8. Juni ermordet worden. [2]) Am 19. Juli wurde im Neuen Palais bei Potsdam zu dessen Einweihung dies Hassesche Oratorium aufgeführt.   [3]) Ihres Sohnes Friedrich.   [4]) Karoline Mathilde, die Schwester der Erbprinzessin.

cela... Le Duc de Braganza[1]), qui fait un très galant homme, est d'un esprit infiniment gai et d'une humeur charmante; il a beaucoup de connaissances et parle beaucoup. Il compte cet hiver de vous faire sa cour, étant fort lié avec le comte Sinzendorf[2]), qui lui a chanté vos louanges et lui a dit que vous lui avez permis de se présenter. Il est sans prétension... Il ira d'ici voir la Suisse pour étudier leur agriculture et connaître les gens de lettres de ce pays-là[3]) et puis il repassera ici pour aller à Berlin. Il est accompagné du fils de van Swieten, médecin de l'Impératrice, qui fait un homme de lettres fort aimable et qui a beaucoup de talents[4]).

Salzdahl 13 septembre.

Vous ne sauriez croire la peine infinie que je sens en apprenant les circonstances fâcheuses que vous m'apprenez de la mauvaise conduite de ma fille[5]). Je suis au désespoir de ce qu'elle s'est oubliée au point se laisser aller à de si grandes bassesses et indignités, qui la déshonorent et qui sont une tâche éternelle à sa famille. Je ne comprends point, où elle a pris ces abominables inclinations, dont elle n'a jamais vu d'exemples. Je vous dois encore bien des obligations de l'avoir traitée avec tant de bonté et de ménagement qu'elle ne mérite point, et j'admire le Prince, car je ne puis croire qu'il soit si dupe... Je dois vous dire que je n'ai fait encore aucune ouverture de vos lettres sur ce sujet au Duc, craignant trop ses colères et ses emportements, mais il serait pourtant bon qu'il l'apprît à la connaître et qu'il fût instruit de sa conduite, d'autant plus que cette petite créature a si bien su captiver son esprit, qu'il est tout aveugle sur son sujet. Cependant je ne ferai rien sans votre consentement, mais si vous le trouvez bon, je vous prie

---

[1]) Johann Karl, geb. 1719; er kam im November nach Berlin. [2]) Graf Sinzendorf, geb. 1726, seit Oktober 1767 Gesandter des Maltheserordens in Berlin. [3]) Il vient de faire tout le tour de la Suisse et a vu Voltaire; à ce qu'il dit, qu'il ne vieillit point, schrieb sie nach seinem zweiten Besuch in Braunschweig. [4]) Der jüngere von Swieten, geb. 1734, kam später als Gesandter nach Berlin. [5]) Die Ehe des Prinzen von Preussen hatte einen sehr unglücklichen Verlauf genommen. Der König, der die Prinzessin sehr gern hatte, hatte versucht mit Güte und mit Strenge auf sie einzuwirken, bis sie die Dinge so weit getrieben hatte, dass sie allgemeines Aufsehen erregten und auch er sie aufgeben musste. Gegenüber dem Hofklatsch, der wie die Herzogin die ganze Schuld auf die Prinzessin warf, genügt es auf das Zeugnis des Königs hinzuweisen: L'époux, jeune et sans moeurs, abandonné à une vie crapuleuse, faisait journellement des infidélités à sa femme; la Princesse qui était dans la fleur de sa beauté, se trouvait outragée du peu d'égard qu'on avait de ses charmes; sa vivacité et la bonne opinion qu'elle avait d'elle même, l'excitèrent à se venger des torts, qu'on lui faisait. Bientôt elle donna dans des débauchements, qui ne le cédaient guère à ceux de son époux; les désordres éclatèrent et furent bientôt publics.

de m'écrire une lettre que je puisse lui montrer, qui soit tournée de façon comme si vous ne m'en aviez rien dit encore, et que vous m'ordonnez de de lui faire lire. Au reste je vous supplie de continuer avec une rigueur salutaire d'agir avec cette Madame, afin qu'elle rentre en elle même et fasse des réflexions, car je ne crains point, qu'elle se laisse trop abattre... L'espérance qu'on vous a donnée du rétablissement de ma bonne soeur d'Ansbach et de ce qu'elle se porte mieux, est sûrement un article très réjouissant pour moi, qui aime toujours cette bonne soeur. Je suis d'autant plus sensible que celle que j'ai honte de nommer ma fille, ait si peu reconnu les grâces et bontés dont vous l'avez comblée.

18 septembre.

[Dank] pour l'établissement de mon fils Frédéric et d'avoir pensé à faire sa fortune... L'éloge que vous faites de la Princesse[1]), me prévient d'avance en sa faveur et de ce qu'elle a su s'acquérir votre approbation, m'en donne toute la haute opinion possible.

18 novembre.

Tout est mis à présent ici à sur un pied économique, tout l'opéra est congédié, de même que la chapelle; les chanteurs et les chanteuses sont parties, la comédie reste encore jusqu'à nouvel ordre, quoique selon les apparences on ne les gardera point; cependant je crains que tout ceci ne sera pas suffisant jusqu'à ce que l'on trouve la source qui peut aider à réparer le désordre.

27 novembre.

Les affaires d'ailleurs ne sont point désespérées et vous avez tout à fait raison de croire qu'il y a moyen de sortir de l'embarras, cependant cela exigera du temps pour les redresser tout à fait, et beaucoup d'ordre pour en sortir. J'apprends avec un vrai contentement que vous ne serez point obligé de vous mêler dans la guerre de la Russie[3]) et que vous en serez quitte pour payer une somme honorable[4]); mais comme depuis les affaires ont changé et que l'on assure que le Vizir[5]) est déposé, j'espère que vous n'aurez aussi pas besoin de la donner... Pour vous amuser, je vous fais part

---

[1]) Am 6. September hatte die Vermählung des Prinzen Friedrich mit der Prinzessin Friederike von Öls in Breslau stattgefunden. [2]) Am 30. Juli hatte sie geschrieben: Ici on tire le diable par le queue tant qu'on peut pour tâcher de remettre les finances délabrées, mais malgré tout cela l'embarras reste toujours, ce qui est assez triste. [3]) Im Oktober hatten die Türken den Russen den Krieg erklärt. [4]) Nach dem Vertrage von 1764 war der König verpflichtet, wenn Russland von der Türkei angegriffen wurde, Subsidien zu zahlen. [5]) Muksin Sade war im September verhaftet: sein Nachfolger galt für kriegslustiger.

de ce qu'on dit de la politique; c'est que la France serait cause des mouvements des Turcs et qu'elle aurait employé un million pour gagner le Vizir, qui vient d'être déposé. C'est à savoir, s'ils en risqueront de nouvelles sommes, pour parvenir au même but. L'on en doute, puisque l'argent n'est pas abondant en France à présent et que l'on crie déjà beaucoup de l'entreprise de la guerre de Corse[1]), d'où je conclus que ces projets iront en fumée.

8 décembre.

Les Etats viennent d'être assemblés ici[2]); depuis cent ans cela n'est pas arrivé, qu'on les a demandés... Ils ont commencé leurs séances. Il faudra voir ce qui en résultera. Des nouvelles de Hambourg depuis arrivées ont donné avis que le Roi de Danemark avait anticipé son retour de deux jours, ainsi qu'il serait le 31 de ce mois ici et resterait jusqu'au 4 de janvier. J'aurais été charmée de me passer de cet embarras, mon esprit n'étant guère en état de paraître pour une telle occasion.

[1]) Französische Truppen waren nach Corsika geschickt, um die Insel, die Genua an den König von Frankreich abgetreten hatte, zu unterwerfen.   [2]) Sie waren am 2. Dezember zusammengetreten.

Berichtigungen und Nachträge:

S. 9, 1. Zeile von oben: vous en serez avez souhaités.
S. 11, 1. Zeile von unten: Pantomimen.
S. 16, 13. Zeile von unten: d'être. Zeile 8 von unten: Il est. Zeile 2 von unten: aura la même.
S. 30, Zeile 12 von oben: dits en l'air.
S. 39, Zeile 13 von oben: mêlé.
S. 51, Anm. 3: 28. Juni 1740.
S. 63, Anm. 3: für den Thronfolger.
S. 74, Anm. 1, Zeile 3: rends grâce. Zu Anm. 1: Herzog Karl schrieb an die Königin nach diesem Besuche: «Le cher frère Louis a beaucoup trouvé l'approbation du Roi. Le Roi s'est beaucoup entretenu avec lui sur les campagnes qu'il a faites, et il me semble que cela faisait plaisir à S. M. de trouver mon cher frère encore ici.»
S. 79, Anm. 1: Wolffs Bericht über diese Zusammenkunft lautet: Sonntags ist der Herzog von Braunschweig mit seiner Gemahlin und die Markgräfin von Bayreuth nach Halle gekommen. Ich habe müssen zu ihnen kommen und bin sehr gnädig empfangen worden; es wurde mir gleich ein Stuhl gesetzt damit ich mich neben den Herzog gegenüber setzen musste, und haben diese weitläuftig mit mir über eine Stunde von metaphysischen Materien gesprochen und viele gnädige Aussprüche gegen mich gebraucht, welche die Bescheidenheit hier zu erwähnen nicht leidet. Die Herzogin invitierte mich auch nach Wolfenbüttel, wo sie ganze Tage mit mir zu sprechen Zeit hätte, indem sie noch gern von mir profitieren wollte... Von der Unsterblichkeit der Seele ist kein Wort gedacht worden, wie denn auch nicht direkt von der Immaterialität derselben geredet worden. Der meiste Discurs ist gewesen von der Art und Weise, wie die Ideae rerum sensibilium entstünden und nichts von den Bildern in den Objectis selbst zu finden wäre, wobei noch mit darunter vorgekommen, dass das Bewusstsein dessen was in der Seele vorgestellet wird, in keinem materiellem Dinge stattfinden könne. Es wurde zwar von der Herzogin gefraget, wo die Seele ihren Sitz hätte; als ich aber antwortete, dass von der Seele als einem einfachen Wesen diese Frage gar nicht stattfindet, und ich mich weiter, die Sache zu erklären, auslassen wollte, unterbrach die Markgräfin gleich den Discurs und fiel auf etwas anderes.
S. 81, Zeile 1 von unten: Amélie.
S. 84, Zeile 2 von unten: troupes.
S. 96, Anm. 3: Juliane.
S. 98 zu Anm. 1: Die Königin-Mutter schrieb an Prinz Ferdinand von Preussen am 19. Juli: «Le prince Ferdinand aura de quoi entretenir le Roi, ayant été si longtemps absent, de la manière que les nôces se sont faites et des magnificences qu'il y a eues. Pour son frère (Franz) je doute qu'on puisse le comprendre et qu'il a profité de ce voyage». Am 21. Juli antwortete Prinz Ferdinand: «J'ai vu la lettre du Roi de Danemark et la réponse de la Reine, qui me paraît trop bien écrite, pour que ce soit elle qui l'a faite. Je crois que mon frère aura raison, entrant qu'elle aura été revue et corrigée par Jerusalem. Je doute cependant que le Roi soit parvenu à son but par ce mariage, parce que dans sa lettre il dit qu'il espère que par son esprit et ses grandes qualités elle pourrait faire

Berichtigungen und Nachträge.

le bonheur de sa vie», worauf die Königin-Mutter am 22. antwortete: Vous m'avez fait rire sur vos idées des lettres Danoises. Je doute que celle de la Reine vienne d'elle; de la manière dont on parle de son éducation, ce ne doit pas être son fort de bien écrire. Il faut à présent attendre si par son esprit et ses belles qualités elle pourra faire le bonheur de la vie du Roi». Über die Sprache ihres Bruders Franz hatte die Königin Elisabeth schon 1751 am 21. Oktober an ihren Bruder Ferdinand geschrieben: S'il veut seulement donner la peine, j'espère qu'il parviendra de parler plus distinctement et plus lentement; rien ne peut plus contribuer que de lire souvent haut et lentement; à la fin on s'accoutume de mieux parler.

S. 106, Zeile 3 von unten und Zeile 15 von unten: Sanssouci.

S. 119, Zeile 3 von unten: rattraper.

S. 120, Zeile 3 von oben: l'échec.

S. 121, Anm. 1: Die Herzogin hatte ihn mit den Worten in das Feld entlassen: Ich verbiete Euch, wieder vor meine Augen zu treten, wenn Ihr nicht Taten getan habt, die Eurer Geburt und Eurer Verwandtschaft würdig sind.

S. 123, Anm. 1: Am 15. November.

S. 131, Anm. 3: Am 8. März.

S. 136, Zeile 7 von unten: coegnimitatis] vielleicht: cum venia aetatis.

S. 142, Anm. 2: Der König schrieb nach diesem Besuche an Prinz Heinrich am 19. Januar 1760: Mon Neveu viendra demain chez vous. Il est aimable au possible et je ne doute point qu'il obtiendra vos suffrages. C'est un caractère admirable avec une raison de quarante ans, qu'on est étonné de trouver dans un aussi jeune homme».

S. 144, Zeile 6 von oben: s'est abouché.

S. 150, Zeile 9 von oben: sortie des ennemis.

S. 157, Anm. 2: Prinz Ferdinand von Preussen schrieb am 24. August an die Markgräfin von Schwedt: «Ma soeur a été inconsolable de la mort de son fils; elle commence cependant à s'en faire raison. Je sais qu'elle a témoigné beaucoup de fermeté, quoique ce fils était son favori».

S. 160, Zeile 1 von unten: Abt Jerusalem schreibt in den dem Erbprinzen gewidmeten «Betrachtungen über die einfachen Wahrheiten der Religion» in der Vorrede: Ich habe die Ehre Ew. Durchlaucht einen Teil von den Betrachtungen hiermit gedruckt zu überreichen, die Dero Befehl in dem letzten Feldzuge mir auftrug.

S. 164, Anm. 2: Prinz Ferdinand schrieb nach diesem Besuche den 18. April: «Ma soeur (die er seit Anfang 1752 nicht gesehen habe) se porte grâce à Dieu bien, mais je trouve que son humeur n'est de longtemps pas si gaie que par le passé; j'en attribue la cause à la mort du prince Henri son fils, puisqu'elle fond en larmes, si souvent qu'elle l'entend nommer. Ceux qui l'ont connu, m'en ont dit beaucoup de bien. La fermeté qu'il a montrée en mourant, est très rare surtout pour un jeune homme à son âge, qui ne faisait qu'entrer dans le monde. Il a envisagé la mort sans la craindre; il a conservé l'esprit jusqu'à son dernier moment. Il a eu encore la force de dicter des lettres au Duc, à ma soeur, à ses frères, soeurs et à son gouverneur, par lesquelles il les a remerciés de toute l'amitié qu'ils lui ont temoignée, les priant de ne pas s'affliger de sa mort». Worauf der König antwortete: Il faut que la douleur est juste que ma soeur ressent, de la perte du prince Henri son fils; prince digne et qui fit tout espérer de lui et de ses talents, si malheureusement et à mon grand regret la mort ne l'eût pas prévenu à la fleur de son âge». Die Worte: «et à mon regret» hat der König selbst nachgetragen. An die Markgräfin von Schwedt schrieb Prinz Ferdinand am 24. April aus Braunschweig: «Je ne dois pas oublier de vous dire un mot de la famille de ma soeur, qui est aussi aimable que possible; il serait difficile de dire, auquel on doit donner la préférence. Le jeune héros, le prince Frédéric, qui a sauvé Bronsvic l'automne passé, est venu pour quelques heures; sa modestie m'a etonné à un point que je ne saurais assez le dire». Zeile 1 von unten: zum 30.

S. 197, Anm. 6: Im Jahre 1743 hatte der König an Voltaire über die Herzogin geschrieben: «J'ai bien cru que vous seriez content de ma soeur de Bronsvic. Elle a reçu cet heureux don du Ciel, ce feu d'esprit, cette vivacité par où elle vous ressemble». Über die Prinzessin Elisabeth schrieb er an seine Schwester in Schweden 27. März 1767: «Ma Nièce de Prusse vous ressemble à s'y tromper; avec cela elle a pour le moins autant de vivacité que sa mère en avait autrefois». Die Prinzessin Wilhelmine urteilt von der Prinzessin Elisabeth: Elle pouvait être charmante ayant toujours quelque chose d'original et de caressant dans sa manière d'être.

S. 202, Anm. 5: Herzog Ferdinand schreibt über seinen Austritt aus dem preussischen Dienst an die Königin Elisabeth von Preussen aus Magdeburg 6. Juni 1766: «Le Roi a beaucoup grondé avec nous; je m'y attendais. Le régiment d'Anhalt-Bernburg et celui de Nassau-Usingen sont les seuls régiments d'infanterie, qui ont trouvé grâce devant lui, et de la cavalerie le seul régiment Manstein n'a pas pu acquérir l'approbation du Maître. Mon parti est pris, ayant demandé en grâce au Roi de Prusse de me retirer de son service me trouvant un être très superflu» und am 19. aus Vechelde, wohin er am 18. übergesiedelt war: «C'est bien à contrecoeur que je me suis déterminé au pas que je viens de faire, ... vu le tendre et respectueux attachement qui me lie au Roi de Prusse, et le penchant préférable que je porte au militaire prussien. Mais du moment qu'on voit que l'on devient un être inutile, il me parait que c'est de la prudence de chaque être raisonnable de prendre son parti. S. M. n'a pas daigné me répondre encore mais a préféré de demander l'avis du Duc-régnant mon frère aîné, avant que de répondre. Celui-là est venu tomber avant-hier au soir chez moi et m'a parlé de tout cela avec des emportements inconcevables. J'ai gardé mon sang-froid et j'ai répondu avec arguments. Mon altération cependant a été si grande que je m'en trouve mal encore au moment présent. Je ne voyais plus un frère mais un tyran qui voulait me forcer de penser comme lui; mais à ce que je lui ai fait sentir que cela n'arrivera jamais vu que l'on ne me persuaderait jamais de pareils procédés, l'on baissa à la fin de ton. On finit pas s'attendir et à m'embrasser.. Je ne m'attendais pas à la tournure que cette affaire prend et je n'ai pu m'imaginer que le Duc y serait mêlé. Passe, si j'étais son fils ou son sujet; je suis son frère et ne le reconnais pour mon aîné à qui le droit de primogéniture a fait retomber le pays; il n'y a aucun autre titre pardessus moi malgré les emportements et mauvaises façons.» Am 24: «Le Roi parut de son début au camp de Körbelitz (2. Juni) avoir à tâche de me mortifier; cela alla de jour en jour en augmentant durant le séjour au camp (6. Juni). Les insolences d'Anhalt Guillaume furent poussées aussi loin que possible un mot, je vis clairement qu'on n'était plus de tout de mes amis, je me déterminai donc au 10 d'écrire au Roi. Jusqu'à ce moment le Roi n'a pas daigné m'y répondre». Am 1. Juli schickte er der Königin des Königs Antwort und seinen Dank abschriftlich zu: «La lettre que S. M. m'a écrite elle l'a envoyée auparavant au Duc notre frère qui a eu une lettre du Roi jeudi passé 26 du courant et moi, je n'ai reçu la mienne que le 28 du dit mois.» Am 19. Dezember 1767 schrieb er der Königin: «Le Duc m'éloigne de tout ce qui est affaires soit pécuniaires ou autres; je n'en apprends absolument rien; je suis étranger dans ma patrie».

AUS DEN BRIEFEN
DER HERZOGIN PHILIPPINE CHARLOTTE
VON BRAUNSCHWEIG 1732–1801

Band 1: 1732–1768

Übersetzt von Gretel Walberg

*Familienbild der herzoglichen Familie 1762 von Johann Heinrich Tischbein d. Ä.
(Original im Schloss Wilhelmshöhe in Kassel)*

© *Hessen Kassel Heritage, Gemäldegal. Alte Meister, Foto: Arno Hensmanns*

Personen von links nach rechts: Leopold, Fürstenerzieher Abt Jerusalem (?), Friedrich August, Caroline, Erbprinz Karl Wilhelm Ferdinand, Albrecht Heinrich, Herzog Karl I., Herzogin Charlotte Philippine, Anna Amalia, Auguste Dorothea, dunkelhäutiger Kammerdiener (Karl?), Elisabeth, Wilhelm Adolf.

Im Königlichen Hausarchiv zu Charlottenburg liegt, was von dem Briefwechsel der Herzogin Charlotte von Braunschweig an ihre Angehörigen erhalten ist, vor allem Briefe an ihren Vater Friedrich Wilhelm I., ihren Bruder König Friedrich und ihre Schwägerin Königin Elisabeth und einzelne Jahrgänge ihrer Briefe an ihren Bruder Prinz Ferdinand.

Sie beginnen mit dem Jahr 1732, kurz bevor die siebzehnjährige Prinzessin aus dem Elternhaus ging; der letzte vorliegende Brief vom 8. Januar 1801 ist wenige Wochen vor ihrem Tod geschrieben. Sie finden ihr Gegenstück in den Bildnissen der Herzogin, die P.J. Meier im Hohenzollernjahrbuch 1909 zusammengestellt hat, in denen ihre äußere Erscheinung von ihren jungen Jahren bis in ihr Greisenalter uns entgegentritt.

Der größte Teil des achtzehnten Jahrhunderts in seinen großen und kleinen Ereignissen und Persönlichkeiten, vom Polnischen Erbfolgekrieg bis zum Frieden von Campo Formio und dem Rastatter Kongress, vom Prinzen Eugen von Savoyen bis zum General Bonaparte zieht an dem Leser vorüber.

Über vier Generationen des Herzoglichen Hauses finden sich Mitteilungen und Charakteristiken, wie sie in dieser Fülle und Anschaulichkeit sonst nicht wieder vorkommen.

Friedrich Wilhelm I. erscheint in dem Verkehr mit dieser Tochter, die besonders gut bei ihm angeschrieben war, doch anders als in dem Briefwechsel mit dem Kronprinzen Friedrich und den Schilderungen seiner ältesten Tochter, der Markgräfin von Bayreuth, denn diese Tochter konnte mit ihrem Vater offen und ungezwungen verkehren, da sie an den Heimlichkeiten die Mutter, Schwester und Bruder 1730 gegen den König betrieben, völlig unbeteiligt gewesen war.

Der Briefwechsel mit ihrem Bruder Friedrich umfasst 54 Jahre ohne eine Unterbrechung durch jahrelange Entfremdung oder Spannung. Wenn auch die Briefe des Königs bis auf sehr wenige verloren sind, Ton und Inhalt seiner Briefe ergeben sich aus den Antworten der Herzogin: viel Ernsthaftes und Trauriges, aber auch viel Fröhlichkeit bis in die letzten Jahre. Man sieht, wie nach dem Siebenjährigen Krieg, nach dem Tod der Markgräfin von Schwedt, der jüngsten von den älteren Geschwistern, die beiden „Alten" sich immer enger zusammenschließen.

Die im Folgenden mitgeteilten Auszüge müssen sich darauf beschränken, aus der reichen Fülle des Inhaltes der Briefe eine kleine Auswahl zu geben; wenn der Leser aus ihnen eine Vorstellung von der Herzogin, die ihrem königlichen Bruder dem Wesen und der äußeren Erscheinung nach von allen Geschwistern am ähnlichsten war, gewonnen hat, haben sie ihren Zweck erfüllt.

Am 12. Juli 1729 teilte die Königin Sophie Dorothea ihrer Tochter, der Markgräfin von Ansbach, als Geheimnis mit, ihre Schwester Charlotte sei mit dem Prinzen Karl von Bevern verlobt, die Vermählung werde in zwei Jahren stattfinden. Diese Verbindung war dem König umso angenehmer, als er seit langem mit dem Herzog Ferdinand Albrecht eng befreundet war. *„Ich habe über diese Angelegenheit mit meiner Gemahlin gesprochen"*, schrieb er ihm am 11. Juli, *„die bekundet hat, darüber sehr zufrieden zu sein, aber meine Tochter weiß noch nichts davon und ich werde mich hüten, ihr etwas davon zu sagen, bevor die beiden Personen einander kennengelernt haben."* Mitte Mai 1730 kam der Herzog mit seinem Sohn nach Potsdam, an seinem Geburtstag, dem 19. Mai[5], erfolgte das Verlöbnis des siebzehnjährigen Prin-

---

5 Der Geburtstag des Herzogs Ferdinand Albrecht (1680–1735) fiel auf den 19. Mai.

zen Karl mit der vierzehnjährigen Prinzessin. Anfang 1732 kam der Herzog mit seiner Gemahlin und seinen drei ältesten Kindern nach Berlin, wo am 10. März die Verlobung ihrer Tochter Elisabeth mit dem Kronprinzen Friedrich erfolgte. Nach der Abreise der Gäste schrieb die Prinzessin Charlotte am 1. April ihrem Bruder nach seiner Garnison: *„Die Prinzessin ist heute Morgen abgereist, sehr traurig von hier fortzufahren, sie hat mir noch aufgetragen, Ihnen ihre Wünsche zu übermitteln. Sie hat sehr geweint, ich weiß nicht ob um meinetwillen. Ich fürchte, es würde Sie zu eingebildet machen, wenn Sie überzeugt wären, sie hätte um Ihretwillen geweint. Der Herzog und die Herzogin haben mir aufgetragen, Sie ihrer Freundschaft und Wertschätzung zu versichern. Auch Prinz Karl hat mich gebeten, Ihnen seine Wünsche zu übermitteln. Was den Prinzen Anton[6] betrifft, so hat er daran nicht gedacht und er hat so sehr geweint wegen meiner Brüder Wilhelm und Heinrich, dass er sich nicht um die anderen gesorgt hat... Es wurde auf die Gesundheit der beiden Paare getrunken, die Prinzessin und Sie und den Prinzen Karl und mich; ich habe allen dreien gedankt und die Prinzessin hat in Ihrem Namen gedankt."*

Wenige Wochen nach der Vermählung des Kronprinzen fand in Berlin am 2. Juli 1733 die der Prinzessin statt. Dem Bruder, der am 15. mit seinem Regiment aus Berlin wieder ausgerückt war, schrieben die Neuvermählten an demselben Tag ihren Abschiedsgruß[7]; vom 16. ist der Abschiedsbrief der Prinzessin an ihren Vater, in welchem sie sich für alle Liebe und Güte bedankt: sie nehme den Trost mit, er werde seine „dulle Lotte" weiter lieb behalten. Am 17. trat das junge Paar mit den Eltern die Rückreise an, in Schöningen wurde es von Kavalieren des Braunschweigischen Hofes begrüßt, in Salzdahlum empfing es der regierende Herzog Ludwig Rudolf mit seiner Gemahlin; am 22. hielt es seinen „prächtigen" Einzug in Wolfenbüttel. Nach einer Reihe von glänzenden Festlichkeiten[8], die mit einer Opernaufführung in Braunschweig endeten, zog das junge Paar am 3. August abends in das festlich erleuchtete Wolfenbüttel ein und bezog sein Haus am Kornmarkt, an der Ecke der Reichs- und Brauergildenstraße[9], das die Prinzessin „reizend, sehr klein aber sehr bequem und sauber" fand.

---

6   Prinz Anton Ulrich, der 1714 geborene Bruder des Prinzen Karl; Philippine Charlottes Brüder August Wilhelm und Heinrich waren 1722 und 1726 geboren.

7   Aus Magdeburg schrieb sie dem Kronprinzen am 20. Juli: *„Ich hoffe, dass meine Schwester aus Bayreuth Ihnen den kleinen Papagei gegeben hat und weil ich so gern mit Ihnen spreche und manchmal zu viel plappere, konnte ich Ihnen, wie mir scheint, kein Porträt geben, das mir mehr ähnelt als dieses Wahrzeichen."* Ihre ältere Schwester Wilhelmine, Erbprinzessin von Bayreuth, war im November nach Berlin gekommen.

8   Am 28. Juli schrieb sie dem Vater aus Wolfenbüttel: *„Morgen verkleidet man sich als Domino. Ich befürchte, dass es meinem lieben Papa nicht gefallen wird, dass ich dabei bin; ... wenn mein lieber Papa es nicht angemessen findet, werde ich versuchen, nicht daran teilzunehmen, um ihm nicht zu missfallen... Ich vergesse mich niemals im Vergnügen, ich kenne zu viele gute Ratschläge meines lieben Papas, um sie nicht zu befolgen. Wenn ich mich unterhalten darf, werde ich es mit Vergnügen tun, denn ich liebe es zu tanzen und Aufführungen anzusehen. Ich bin jung und wenn ich alt bin, werde ich vielleicht keinen Gefallen mehr daran finden, daher will ich es ehrlich genießen, ohne den lieben Gott darüber zu vergessen... Wenn mein lieber Papa dies nicht billigt, möge er mir das schreiben, dann werde ich mich ändern."*

9   Sie blieben hier bis Ende 1735 wohnen. Im Jahre 1733 wurde für sie ein Garten „am Wall nächst der Windmühle" vom Geh. Kammerrat von Rhetz angekauft.

An den Vater Braunschweig, 14. August 1733

Ich zweifle nicht, dass meine Schwester aus Bayreuth weint, dass ihr Markgraf ins Feld ziehen muss[10]; ich kann das nicht schlimm finden und mache mich über sie lustig, da ich vielleicht bald in derselben Situation sein werde. Ich vertraue auf Gott und hoffe, dass er ihn mir erhalten wird… Da mein lieber Papa es nicht billigt, dass ich mir eine Maske aufsetze, werde ich mich entschuldigen, aber wegen der anderen Kleidungsstücke hoffe ich, dass er mir dieses kleine Vergnügen erlaubt, weil ich es sicherlich nicht ausnutzen werde. Ich bin meine eigene Gouvernante und ich achte auf mein Benehmen, damit niemand etwas zu beanstanden hat… Ich diniere heute Abend in der Dompropstei, wo man am Abend sehr gut speist.

An den Vater Braunschweig, 17. August 1733

Der Herzog von Bevern hat vom Prinzen Eugen den Befehl erhalten, sich bereit zu halten, um zu marschieren. Mein lieber Papa kann wohl glauben, dass mich dies besorgt, da der Prinz mitgehen wird, welcher sich darüber sehr freut, denn er stellt sich vor, einen großen Sieg davonzutragen.

An Friedrich Braunschweig, 20. August 1733

Die Heilige Monsa ist angekommen[11]. Sie singt sehr gut. Da Sie sie empfehlen, habe ich alles getan, was ich konnte, um sie hier zufriedenzustellen. Sie wird am Montag in der Oper singen. Man hat sehr schöne Stücke aufgeführt, das eine ist „Polidor" und das andere „Jules César"; „Polidor" ist eine Komposition von Graun[12], die sehr schön war[13]. Ich amüsiere mich sehr gut und mache alles, was ich will.

An den Vater Braunschweig, 27. August 1733

Der Herzog von Bevern erwartet jeden Moment den Befehl aufzubrechen, um ins Feld zu ziehen. – Während ich warte, erlerne ich den Haushalt. Mein lieber Papa gibt mir ja einen sehr guten Rat, dass ich meine Börse füllen soll, aber mein lieber Papa sollte die Gnade haben, mir zu sagen, woher ich etwas nehmen soll, um es hinein zu tun, denn aus nichts kann man nichts machen und ich brauche immer Geld, und wenn es mir so geht wie jetzt, dass ich gar nichts habe, so inkommodiert mich das sehr[14].

---

10 Wegen der nach dem Tod Augusts II. in Polen ausbrechenden Thronstreitigkeiten war im Juli ein Lager zwischen Eger und Pilsen gebildet worden, der Oberbefehl über die hier zusammengezogenen Truppen war dem Herzog Ferdinand Albrecht von Bevern übertragen worden. Dem Wunsch des Erbprinzen von Bayreuth, am Feldzug teilzunehmen, widersetzte sich der Markgraf auf das Entschiedenste.

11 Mitteilungen über Sänger und Sängerinnen, die neu engagiert oder auf der Durchreise aufgetreten sind, finden sich sehr häufig in diesen Briefen.

12 Karl Heinrich Graun war seit 1725 Opernsänger, dann Vizekapellmeister in Braunschweig.

13 Dem Vater schreibt sie an demselben Tage: *„Ich war gestern in der hiesigen Oper. Ich habe geglaubt, im Paradies zu sein, so schön und großartig fand ich es."*

14 So hatte sie gleich nach ihrer Ankunft in Wolfenbüttel, als der Hof Trauer anlegte und sie kein schwarzes Kleid hatte, den Vater um Geld dazu gebeten. Ein Geschenk von 600 Talern, das ihr der regierende Herzog machte, war ihr sehr erwünscht, sie versprach ihrem Vater, sie werde sehr gut haushalten und keine Schulden machen.

An den Vater   Wolfenbüttel, 2. September 1733

Heute Morgen sind die Equipagen des Herzogs und des Prinzen von Bevern ins Feld vorausgefahren; sie selbst warten die Marschorder ab. Ich werde sehr allein sein und meine Sorge ist nicht weniger groß um meinen lieben Papa, da ich nun erfahren habe, dass auch er marschieren wird.

An den Vater   Wolfenbüttel, 4. September 1733

Ich bedanke mich untertänigst für den Titel, den er mir geben will, sein Astralicus[15] zu sein. Gott sei Dank, bis jetzt bin ich sehr gut in meinen Geschäften und hoffe, niemals ins Hospital zu müssen und noch weniger Astralicus zu sein. Ich kann besser haushalten als mein lieber Papa es sich vorstellen kann und dennoch lasse ich es mir an nichts fehlen. Ich bin fest überzeugt, dass mein lieber Papa sehr erfreut wäre, wenn ich zurückkäme in die Familie, weil er keine Tochter hat, die ihn mehr liebt als ich und die bemüht ist, ihn zu erheitern; doch im Augenblick bin ich auch sehr froh, ihm Anlass zum Scherzen zu geben durch meine Briefe, denn das ist ein Zeichen, dass er mir immer noch ein wenig gnädig gesonnen ist und dass er sich wohl befindet. Ich bitte meinen lieben Papa inständig, mir seine Gnade zu bewahren und mir den Rang des Astralicus zu entziehen, denn das ist eine traurige Gesellschaft ... Die Briefe meines lieben Papa erheitern mich sehr, weil sie immer so lustig sind, dass ich mir das Lachen nicht verbeißen kann; traurig ist nur, dass ich mich nochmals über das Alphabet setzen muss, weil mein lieber Papa so schrecklich kritzelt *[mon cher papa critzel terriblement]*, dass ich all die schönen Sachen, die er mir schreibt, nicht lesen konnte, aber ich flehe meinen lieben Papa an, dass er mir weiter schreibt, weil mich das bei guter Laune hält und weil ich mich so sehr darüber freue.

An den Vater   Wolfenbüttel, 10. September 1733

Ich glaube, der Herzog und der Prinz werden in der nächsten Woche ins Feld ziehen. Jedermann hier ist erstaunt, dass ich so heldenhaft bin und dass ich nicht weine, weil der Prinz fortgehen wird. Dann sage ich: Das kommt daher, dass ich die Tochter des Königs von Preußen bin, in seiner Familie gibt es keinen einzigen Feigling, und darin unterstütze ich meine Familie sehr, um meinem lieben Papa Ehre zu machen.

---

15 Der Hofnarr und Vizepräsident der Akademie, Graben von Stein, mit dem Beinamen Astralicus. In einem Brief vom 13. November kam sie noch einmal darauf zurück: *„Auf die Weise von Gundling bin ich die untertänigste Dienerin. Mein lieber Papa hat immer noch die Güte, mich in dem Rang dieser Narren zu führen, das ist eine Gesellschaft, in der ich mich niemals befunden habe und ich bin nicht daran gewöhnt, zu einer solchen zu gehören."*

An den Vater Wolfenbüttel, 25. September 1733

Ich vergnüge mich mit Handarbeit und bin ganz artig, damit der Heilige Christ mir etwas Schönes bringt und mich nicht in den Fluss wirft. Ich lerne malen[16] und ich werde auch so schöne Porträts malen wie mein lieber Papa es kann[17].

An den Vater Wolfenbüttel, 10. Oktober 1733

Mein lieber Papa hat Recht, glaube ich, dass es Krieg geben wird, aber ich tröste mich mit dem Gedanken, dass der Prinz und mein lieber Papa nicht dorthin gehen, sie sollen sich in Polen[18] schlagen wie die Teufel, das ist mir gleichgültig, aber ich gestehe, dass ich sehr oft an meinen lieben Papa denke, wenn er sagt: die Schelmfranzosen! Denn zu dieser Stunde sind sie die Aufrührer[19]… Ich habe die Tocadille [Brettspiel, ähnlich Backgammon] erlernt und ich lade schon jetzt meinen lieben Papa ein, wenn er einmal hierher kommt, eine Partie mit mir zu spielen, denn ich bin sicher, dass ich all die schönen Dukaten gewinnen werde, die er in seinen Börsen hat… Madame Schack[20] ist gestorben; das ist eine Nachricht, die meinem lieben Papa gleichgültig ist, denn für ihn ist es dasselbe eine Frau mehr oder weniger auf der Welt, er sorgt sich nur, wenn er davon betroffen ist.

Ein in deutscher Sprache verfasster Brief, dem sie einen französischen Satz anfügt, an Frau von Kameke, Oberhofmeisterin der Königin.

Meine liebe Frau Hoffmeisterin ich habe mit grosser Freude vernommen dass sie so gütig gewesen und haben sich meiner erinnert. Glauben sie mir meine liebste Freundin das ich ihnen nicht vergesse und halte ihnen immer in grossen Wert und Hochachtung und verseume an unser letzten discours zu gedenken und mich in zeit und stunden nützlich zu machen den ein treuer Raht ist. Ein rechter Schatz. Ich weis sie werden über diesen brieff lachen aber sie wissen wol das ich in das deutsche Schreiben nicht geübt bin also hoffe ich werden sie wohl die fehler die hier stehen entschuldigen legen sie mir oft zu Füssen von der lieben Königin Gott Erhalte sie bis in tausend glied und behüte sie vor aller verdriesslichkeit und traurigkeit ich hoffe sie werden die küxe [Anteilsscheine an Bergwerken] bekommen haben die ich ihnen durch ihrer freülen tochter geschicket habe wenn sie mehr verlangen so sollen ümmer zu diensten stehen. Der Vousterhausische Wald wird sich freuen das sie wieder angelanget sind machen sie doch mein compliment an Vilhelm und Henrich und bleiben sie versichert meine liebe frau Hoffmeisterin von meiner bestendigen Freundschaft und gewogenheit mit welchem ich immer seyn werde beste freundin Charlotte
Von Wolfenbüttel den 1 October 1733

Ich bitte um Verzeihung für die Patzer [pâtes] *in diesem Brief; es ist nicht mit Absicht geschehen und es ist Mitternacht.*

---

16 Pastell, wie sich aus einem späteren Brief ergibt.
17 Auf die Malerei ihres Vaters kommt sie öfter zu sprechen; 1737 schickte sie ihm einen alten Kopf des Philosophen Demokrit: „Ich hoffe, er wird gut sein für meinen lieben Papa, um danach zu malen."
18 Anlässlich der Wahl von Stanislaus Lesczinski zum König von Polen waren die Russen in Polen eingerückt.
19 Die Franzosen hatten den Krieg gegen das Reich mit dem Angriff auf Kehl begonnen.
20 Die Gemahlin des Oberhofmarschalls.

An den Vater Wolfenbüttel, 31. Oktober 1733

Ich hoffe, dass Sie zufrieden sind mit Herrn Graun und dass er Ihren Beifall findet. Ich habe Duhan[21] gesehen, der immer noch derselbe ist; er geht davon aus, dass er weiterhin in ihrer Gunst steht; das habe ich ihm versichert.

An den Vater Wolfenbütttel, 1. November 1733

Ich werde mich in Blankenburg[22] so gut wie möglich benehmen und werde mich noch mehr in Acht nehmen, vor allem weil mein lieber Papa es mir empfohlen hat. Ich spreche nur, wenn mich jemand anspricht; auch ohnedies mische ich mich nicht in fremde Angelegenheiten, denn das ist nicht meine Sache. Ich habe genug damit, an meine eigenen kleinen Angelegenheiten zu denken, die so geregelt sind wie Notenpapier. Der Prinz wird zur Stunde in Bayreuth[23] sein, aber er bleibt nur zwei oder drei Tage, sie vergnügen sich, während sie auf den Krieg warten und ich vergnüge mich meinerseits. Im Moment lerne ich Calcédon [Spiel] und danach singe ich mit Madame Hünicken, die mich mit ihrer plärrenden Stimme begleitet; es ist, als ob man Katzen am Schwanz zieht[24]. Diese Frau ähnelt Nossig[25] wie ein Ei dem andern; wenn sie nicht eine verdiente Person wäre und Nossig nicht schon verheiratet, würden sie gut zueinander passen, denn sie wähnt sich auch ein wenig von Adel. Jeden Tag spiele ich bei der Herzogin von Bevern[26] mit meinen Schwägern und Schwägerinnen[27] Blinde Kuh oder wir verstecken einen Ring oder wir spielen Wolf und Hund, eine Menge dieser kleinen Spiele, wo es viel zu laufen gibt. Die Herzogin spielt mit, um mir eine Freude zu machen, und manchmal beobachtet sie das Spektakel der Kinder, welche eine Unordnung im Zimmer machen, als hätte man sechs Regimenter im Raum, dann kommen sie zu mir, wo sie das Unterste zu Oberst kehren. Man muss Geduld haben, denn es sind noch Kinder; man macht mich also zur Gouvernante der ganzen Familie und da sie wissen, dass ich sie nicht schelte, machen sie alles, was ich will und sie haben sehr viel Spaß.

---

21 Duhan de Jandun, des Kronprinzen Lehrer, war in Folge der Vorgänge des Jahres 1730 nach Memel verbannt worden; auf Bitten des Kronprinzen bei Grumbkow und Seckendorf hatte sich der Kaiser für seine Freilassung verwandt, die im Dezember 1732 erfolgte. Er ging im April 1733 als Bibliothekar zum Herzog Ludwig Rudolf von Braunschweig, des Kaisers Schwiegervater, und blieb auch nach dessen Tod auf den Wunsch der Herzoginwitwe bei ihr in Blankenburg, bis er 1740 nach dem Thronwechsel nach Preußen zurückkehrte. Die Prinzessin vermittelte den brieflichen Verkehr zwischen ihrem Bruder und Duhan, und richtete in ihren Briefen mehrfach Grüße von diesem aus.

22 Sie blieb dort bis Ende Januar und kehrte dann nach Wolfenbüttel zurück.

23 Die Armee marschierte von Pilsen über Bayreuth und Ansbach nach Schwaben. Zu den Besuchen bei den Schwägern und Schwägerinnen kam es nicht, da der Prinz Befehl erhielt, schleunigst nach dem Oberrhein zu gehen.

24 Auf des Königs Antwort schrieb sie am 13. November: *„Ich bedaure unendlich, dass mein lieber Papa mich nicht mit der Pfeife [en pipant – pfeifend, Pfeife rauchand?] begleiten kann, wenn ich singe; denn ich glaube, dass das die Musik noch schöner machen würde."*

25 Der als „Lustigmacher" gebrauchte Jagdrat Nossig, Freiherr von Rabenpreis, Don Diego de Nossig, wie der König ihn einmal nennt.

26 Die Herzogin Antoinette Amalie, geboren 1696; Schwiegermutter von Philippine Charlotte.

27 Ihre Schwäger und Schwägerinnen waren, mit Ausnahme des Prinzen Anton Ulrich, alle jünger als sie.

An den Vater   Blankenburg, 23. November 1733

Der Grund, weshalb ich mein Haar nicht gepudert habe, ist, dass ich mich nicht darum kümmere, jemandem zu gefallen, denn der Prinz ist nicht hier und nun achte ich nicht so auf meine Aufmachung; so bequem wie möglich, das ist mir das Liebste. Aber weil Mama mir schrieb, dass sie nicht wünscht, dass ich ohne Puder gehe, werde ich mich jetzt pudern, um ihr gehorsam zu sein. Ich habe genügend Musik, um mich zu vergnügen. Bald haben wir hier eine kleine Verkaufsmesse, sie heißt St. Nikolaus. Damit tragen der regierende Herzog und die Herzogin zum Christfest bei.

An den Vater   Blankenburg, 26. November 1733

Die beiden Regimenter aus Wolfenbüttel sind hier[28] durchgezogen, um sich den kaiserlichen Truppen am Rhein anzuschließen und alle alten Frauen haben heftig geschrien und geweint, dass sie ihre Verwandten haben ziehen lassen müssen; dennoch wollten sie nicht mit ihren Ehemännern gehen, die sie gern mitgenommen hätten.

An Friedrich   Blankenburg, 26. Januar 1734

Ich werde am ersten Tag [des Monats] die Freude haben, die königliche Prinzessin[29] in Wolfenbüttel zu sehen; alle haben gefunden, dass sie sich sehr zu ihrem Vorteil verändert hat und schöner geworden ist.

An den Vater   Wolfenbüttel, 25. Februar 1734

Die Herzoginwitwe[30] hat mich durch das ganze Haus geführt (in Braunschweig), das prächtig ist; sie lässt zurzeit dahinter einen Garten anlegen, der sehr schön wird. Zur Stunde beten alle zu Gott für die Väter, Mütter und Ehemänner und alle Verwandten, die im Felde sind, dass der Liebe Gott sie vor jeglichem Unglück bewahren möge.

An den Vater   Wolfenbüttel, 26. März 1734

Der Prinz ist in der Nacht von Mittwoch auf Donnerstag[31] aufgebrochen, ich werde mit den Alten[32] nach Blankenburg fahren. Der Herzog[33] hat sich sehr gefreut über die Gemälde, die mein lieber Papa ihm geschickt hat, und vor allem fand er sie so gut ausgeführt, dass er nicht glauben konnte, dass mein lieber Papa sie selbst gemalt hat; ich habe es ihm jedoch versichert, weil ich es selbst gesehen hatte. Sie werden in der Gemäldegalerie in Salzdahlum einen Platz erhalten.

---

28 Am 9. April 1734 schreibt sie dem Vater: „*Die beiden Regimenter aus Braunschweig brechen auch in dieser Woche auf; es gibt ein großes Gejammer unter den Frauen.*"
29 Sie war Mitte Januar zu ihren Eltern gereist.
30 Elisabeth Sophie Marie, die Witwe des 1731 verstorbenen Herzogs August Wilhelm.
31 In der Nacht vom 24. zum 25. März 1734
32 Herzog Ludwig Rudolf und die Herzogin Christine Luise, beide geboren 1671
33 Ferdinand Albrecht, der Schwiegervater der Prinzessin

An Friedrich   Wolfenbüttel, 28. März 1734

Gemäß Ihrem Befehl wird Graun am ersten Tag [des Monats] nach Berlin gehen, vorausgesetzt, dass Sie die Güte haben, ihn zurückzuschicken zur Zeit der Verkaufsmesse. Ich hoffe, dass Sie zufrieden sein werden[34]. Ich werde Ihnen bald die Lieder schicken, die Sie erbeten haben[35].

An den Vater   Braunschweig, 9. April 1734

Rebek[36] ist von hier abgefahren ohne Hoffnung darauf, meine Angelegenheiten zu einem Erfolg zu bringen, aber der liebe Gott und mein lieber Papa werden doch Sorge tragen, dass ich genügend zum Leben haben werde; daher mache ich mir keine Sorgen.

An den Vater   Wolfenbüttel, 29. April 1734

Der Prinz schreibt mir, dass die kaiserlichen Truppen von Tag zu Tag zahlenmäßig zunehmen und dass der Prinz Eugen, der für den 25. erwartet wurde, schon eingetroffen ist, und man sagt, dass die Franzosen große Angst vor ihm haben.

An den Vater   6. Mai 1734

Ich würde mir mit Vergnügen wünschen, (dass ihr Vater Großvater würde), aber ohnedies bin ich noch zu jung, um Kinder zu erziehen, da es noch notwendig ist, mich selbst zu erziehen[37].

An Friedrich   Wolfenbüttel, 11. Mai 1734

Es gibt viele Offiziere, die als Freiwillige zur Armee gehen. … Jeder will in dieser Stunde Soldat sein. Dann werden die Damen anfangen hier zu regieren, denn weder der Herzog noch ein anderer kümmert sich um die Stadt; höchstens einige alte, schwache Bauern, denen man einen alten blauen Kittel angezogen hat, sie gelten nun als Soldaten und kommen der Sache nur sehr schlecht nach.

---

34 Am 7. Mai schrieb sie dem Bruder: *„M. Graun bricht gerade nach Ruppin auf."*

35 Auch dem Vater schickt sie Musikalien, so im Mai 1735 die Oper ‚Didone' von Porpora *„die ganz italienisch ist und gar nicht von der Art der Kompositionen von Händel"* (dem Lieblingskomponisten des Königs), im März 1737 die Oper Adriano und später eine Fagott-Arie aus Didone, *„da mein lieber Papa die Adagios liebt"*.

36 Der Kammerpräsident von Halberstadt, von Ribbeck, war nach Braunschweig gekommen, um bei dem regierenden Herzog einen Zuschuss von 400 bis 500 Reichstalern für die Prinzessin zu erwirken.

37 Der ältesten Schwester in Bayreuth hatte sie ihre Schwangerschaft mitgeteilt; als diese in ihrer Antwort dies als unmöglich bezeichnet hatte, schrieb die Prinzessin einen spitzigen Brief, der schloss: *„Da ich gedacht habe, dass Sie sich ein wenig für meine Gesundheit interessieren, wollte ich die Erste sein, die Ihnen diese Neuigkeit mitteilt; ein anderes Mal werde ich versuchen, Ihnen keinen Anlass mehr zu geben, an etwas Anstoß zu nehmen und Ihnen andere angenehmere Kleinigkeiten mitteilen."* Das Verhältnis der beiden Schwestern war schon in Berlin nicht das Beste und der Abschied 1733 war ziemlich kühl gewesen. Erst im Sommer 1747 haben sie sich wiedergesehen.

An Friedrich Wolfenbüttel, 8. Dezember 1734

Ich werde Ihnen die Fabel von dem Berg, der niederkommt, erzählen, ich habe sie schon vernommen, als ich bei der Amme war; wenn ich der Berg sein werde, werde ich großes Getöse machen, um Sie zu bitten Pate zu sein, damit diese kleine Maus ihrem lieben Onkel ähnlich wird. Ich bin verzweifelt wegen der Krankheit des Königs[38] und wie man mir berichtet, leidet er grausam. Die arme Königin wird sehr in Sorge sein. Was mich betrifft, so bin ich sehr traurig und nichts könnte mich über einen solchen Verlust hinwegtrösten als die Hoffnung, in Ihnen einen zweiten Vater zu finden. Sie haben sicherlich vom Tod des kleinen Prinzen Eugen erfahren[39], der in Mannheim verstorben ist, er ist am hitzigen Fieber zu Grunde gegangen; in der kaiserlichen Armee wird er nicht sehr vermisst, denn er war ein wenig Bruder Liederlich. Wir gehen in Bevern auf Wildschweinjagd; ich schieße jetzt genauso gut wie ein Jäger.

An Friedrich Bevern, 16. Dezember 1734

Gott sei Dank, dass es dem König besser geht, die Königin hat es mir auch geschrieben. Bis jetzt war ich auf einer kleinen Reise; ich war auf Wildschweinjagd und ich habe fünf auf der Stelle totgeschossen, ohne die mitzuzählen, die ich angeschossen habe. Wir werden noch einige Hasen- und Wildschweinjagden haben. Es gibt einige Schlittenfahrten, man will nicht, dass ich daran teilnehme … Ich komme aus der Kirche, denn heute ist Bußtag und ich habe ein sehr bekehrtes Gesicht. Die aus Ansbach[40] hat mir einen sehr wehklagenden Brief geschrieben über allen Kummer, den sie mit der Rohwedel hat; man sagt, dass sie die Ursache für das schlechte häusliche Einvernehmen ist, das zwischen meiner Schwester und dem Markgrafen besteht. Über die Bayreuthsche sagt man, es gehe ihr ausgezeichnet und sie sei fett wie eine kleine Ammer, sie hatte das sehr nötig… Man spricht hier von einer Ehe, an der es erlaubt ist, Zweifel zu hegen, denn sie ist sehr problematisch: es ist der Kurfürst von Taxis, dem der Hof in Frankreich die Königinwitwe von Spanien[41] als Gemahlin zugedacht hat; das ist doch so, als müsste Ulrike[42] den Großmogul heiraten.

---

38 Der König war im September 1734 schwerkrank vom Rhein nach Potsdam zurückgekehrt; im Oktober hatten ihn die Ärzte aufgegeben. Er erholte sich sehr langsam.
39 Eugen Franz Jean Graf von Soissons starb am 24. November; er war Großneffe des Prinzen Eugen und kaiserlicher Generalfeldmarschalllieutenant [sic] (geb. 1714).
40 Die Ehe ihrer älteren Schwester Friederike mit dem Markgrafen von Ansbach war sehr unglücklich. Frau von Rohwedel war als deren Oberhofmeisterin 1729 mit aus Berlin gekommen.
41 Maria Anna von Pfalz-Neuburg, Witwe des 1700 gestorbenen Karls II.; ob der „Kurfürst" der 1705 geborene kaiserliche Oberst, Lothar Franz, ist, muss dahingestellt bleiben.
42 Ihre jüngere Schwester, geb. 1720.

An Friedrich Wolfenbüttel, 15. Januar 1735

Nun hat der Karneval begonnen! Da ich hier unter der Aufsicht von einem halben Dutzend Schwiegervätern und Schwiegermüttern stehe, haben diese keinen Grund gesehen, dass ich noch einmal daran teilnehme... Man führt hier ein sehr langweiliges Leben: trinken, essen und schlafen ist jedermanns Hauptbeschäftigung[43].

An Friedrich Potsdam[44], 31. März 1735

Ich habe mit der Königin [bei einem Besuch in Monbijou] gesprochen und dabei das angesprochen, das Sie mir aufgetragen hatten, ihr zu sagen, falls Ihnen ein Unglück zustoßen sollte[45]... Sie hat es mir versprochen, obwohl sie bekümmert und angerührt war, dass Sie solche Gedanken hegen; was mich betrifft, so flehe ich Sie an, nicht noch einmal an den Tod zu denken.

An Friedrich [Wolfenbüttel, Anfang April] 1735

Endlich ... bin ich zurückgekehrt in mein Nichts und bin gerade fast so hoch aufgestiegen wie der Himmel[46]; ich gleiche Meister Rabe, der auf einer Mauer sitzt... Ich bin vom Himmel hinab in die Hölle gefallen, denn alles hier ist schwarz wie der Teufel. Das ist eine infame und diabolische Trauer[47], die man hier trägt; man sieht kaum das Gesicht, nur die Nasenspitze, die größte guckt am meisten vor, alles ist in Hauben und Schleier gehüllt. Ich sehe aus wie Koukoumena[48]. All dieses Schwarz macht die fröhlichste Person auf der Welt melancholisch. Die Männer haben das Haar ungepudert und tragen große Mäntel; sie legen sie zu Ostern wieder ab; wir verharren in diesem Aufzug bis zur Messe [Braunschweig]. Die ganze Woche über hat man nichts anderes gemacht als von einer Kirche zur anderen zu gehen. Das ist das langweiligste Leben auf der Welt. Die einzige Musik, die man zu hören bekommt, sind die Glocken, die immer noch den ganzen Tag anlässlich des Todes des Verstorbenen läuten. Die regierende Herzogin hat ein Auftreten, das man sehen muss. Eure Briefe haben ihr viel Freude bereitet. Der Prinz spielt Federball [joue aux volants] und geht inkognito spazieren, weil man es noch nicht wagt, dies offen zu tun.

---

43 Wenige Tage später aber schrieb sie ihm: *„Wir veranstalten hier Maskeraden und Maskenbälle, von Kopf bis Fuß. Vor kurzem haben wir uns auf altdeutsche Weise gekleidet [en vieux Allemands et Allemandes], das war sehr komisch, denn jeder trug eine vortreffliche Perücke, wenigstens zwei Zollbreit hoch und von den Gesichtern, die davon umhüllt waren, sahen einige sehr... aus. Heute gehen wir als Tiroler, das ist lustiger."* – Am 28. Jan. schrieb sie ihm, sie freue sich, ihn bald wiederzusehen, *„vor allem ohne Schwiegervater und Schwiegermutter, denn das sind lästige und sehr unbequeme Möbel; vor allem wenn man jung ist, ist man gern ein wenig verrückt, aber wenn die alten Gerippe nicht immer dabei sind, glauben sie, dass ohne ihre Anwesenheit alles verloren ist und es scheint mir, dass man sehr gut auf sie verzichten kann."*

44 Die Prinzessin war Ende Februar nach Berlin gekommen.

45 Eine bestimmte Beziehung scheint nicht zu ermitteln.

46 Dem Vater schreibt sie am 9. April: *„Ich bin ganz nah beim Himmel* [in Wolfenbüttel] *untergebracht, ich habe drei ziemlich große, aber niedrige Zimmer."*

47 Während ihres Aufenthaltes in Berlin war Herzog Ludwig Rudolf am 1. März gestorben. Ihr Schwiegervater war regierender Herzog geworden.

48 Niedlich aufgeputzte Figuren, die bei Pantomimen verwendet wurden.

An den Vater Wolfenbüttel, 11. April 1735

Ich habe mit dem Doktor Keck über die Gesundheit meines lieben Papa gesprochen und ich habe ihm alles darüber berichtet, wie ich ihn angetroffen habe; er hat geantwortet, dass es nicht verwunderlich sei, dass sich mein lieber Papa eine so schwere Krankheit zugezogen habe. Alles, was er verordnet hat, war, dass mein lieber Papa sich schonen soll, wie es sich gehört, und dass er nicht spazieren geht, wenn das Wetter kalt oder schlecht ist, dass er früh zu Bett gehen soll, nicht zu viel rauchen soll und dass er sich immer warm halten soll, dass der Frühling alles zum Guten wenden wird. Er rät meinem lieben Papa zu einer Kur, dass er mäßig essen soll; dann, so hat er mir versichert, würde mein lieber Papa sehr alt werden. Wenn mein lieber Papa nachts nicht schläft, soll er nicht aufstehen, zunächst soll er versuchen wieder einzuschlafen, weil er sagt, dass sich mein lieber Papa sonst daran gewöhnt, gar nicht mehr zu schlafen. Er empfiehlt ihm auch, im Bett einen Kräutertee zu trinken, um zu schwitzen und zu versuchen, immer ein wenig zu schwitzen[49].

An Friedrich Wolfenbüttel, 14. April 1735

Der regierende Koukoumene tut nichts als schreiben und seine Nase in den Geheimen Rat zu stecken und seine Koukoumena führt währenddessen den Haushalt, gibt Anweisungen und plagt sich… Ich bin eine sehr große Dame geworden, ich habe jetzt einen Kammerherrn … Jeden Tag treffen neue Kondolenzschreiben ein von den Höfen in Eisenach und Gotha und der Umgebung[50].

An den Vater Wolfenbüttel, 24. April 1735

Der Kaiser hat den Prinzen zum Generalmajor ernannt, infolgedessen bin ich nun im Generalsrang, ohne Umstände und Zeremonie; ich hoffe, dass Sie mich am ersten Tag beglückwünschen werden, dass ich *Madame la Feldmaréchale* des Kaisers bin[51]. Um ihnen die Wahrheit zu sagen, ich mache mir nichts aus all diesen Titeln, denn sie bringen nicht einen Pfennig ein.

An Friedrich Wolfenbüttel, 30. April 1735

Ich verbringe meine Zeit mit Spazierengehen und werde bald ein Eremit sein, der Prinz bricht am ersten zur Armee auf, dann bin ich ganz allein… Ich spiele den ganzen Tag auf dem Cembalo und ich habe die Opern aus England erhalten, die Vinci[52] komponiert hat, eine ist sehr schön; es ist „Artaxerxes". Man hat uns heute in Hedwigsburg eingeführt; dort wurde

---

49 Im Mai 1734 schrieb sie ihrem Vater: „*Was die Ärzte anbetrifft, die mein lieber Papa mir schicken will, ich brauche sie nicht und ich habe schon zwei hier, ich würde sie gern fortschicken und mich so wohl befinden, dass ich nicht ihren Rat einholen müsste. Da ist der Doktor Keck, der ein sehr geschickter Mann ist, so wie der verstorbene Stahl [des Königs Leibarzt], aber da er dem regierenden Hof immer überallhin folgt, nehme ich unterdessen den Arzt der Herzogin von Bevern, der Burchardi heißt und ein ziemlich guter Arzt ist.*"
50 Den Weimarschen Gesandten beschreibt sie ihrem Bruder als „*einen Mann, der so aussieht, als habe er ein Jahr lang am Galgen gehangen.*"
51 Dem Vater schrieb sie über diese Beförderung: „*Mir wäre sehr wohl bei dieser Beförderung, wenn er nicht ins Feld zöge.*"
52 Leonardo da Vinci, italienischer Komponist, gest. 1733.

wie gewohnt diniert, ein bisschen spaziert und dann auf dem Rückweg haben die Bauern ein kleines Gebrüll angestimmt, um ihre Freude zu bekunden. Jetzt könnte ich bald ins Detail gehen, wenn Sie wollen, wie viel das Korn, die Kräuter und die Tiere kosten, denn ich besitze ein Stück Grund und Boden, wie man so sagt. Mein anderes selbst legt sich Ihnen zu Füßen.

An den Vater   Wolfenbüttel, 30. April 1735

Die verwitwete Herzoginmutter[53] ist nach Blankenburg gefahren; sie hat schrecklich geweint, ebenso wie ihre Tochter, die geschluchzt hat. Sie will die beiden älteren Prinzessinnen[54] zu sich nehmen, die nach Pfingsten nach Blankenburg fahren werden, um ihr Gesellschaft zu leisten[55].

An den Vater   Salzdahlum, 27. Mai 1735

Der Prinz ist heute Morgen zur Armee aufgebrochen… seine Abreise ist mir sehr nahe gegangen[56], obwohl man sich dem Willen Gottes fügen und seinen Teil mit Vernunft tragen muss; außerdem wäre es für ihn nicht sehr ehrenvoll zu Hause zu bleiben, weil er Generalmajor ist; und da ich die Tochter des Generals von ganz Europa bin, die einen ganz kriegerischen Papa hat, habe ich im Gegenzug auch ein wenig Mut bewiesen.

An den Vater   Salzdahlum, 17. Juni 1735

Revue der Braunschweigischen Truppen. Der König von England[57] wird auch seinen Dienst in der Armee aufnehmen. Es gibt einige Regimenter, die hier in unserer Nachbarschaft vorbeigezogen sind, um sich nach Hannover zu begeben. Bis jetzt hat es in Herrenhausen immer französische Komödien gegeben und Spaziergänge.

---

53 Die Herzogin Christine Luise und ihre Tochter, die Herzogin Antoinette Amalie.
54 Prinzessin Luise Amalie (geb. 1722) und Sophie Antoinette (geb. 1724), ihre Enkelinnen.
55 Am 2. Mai schrieb sie dem Vater: „*Die Herzoginwitwe ist glücklich in Blankenburg eingetroffen, wo sie alle Reichtümer, die sie angesammelt hat, ausgepackt hat, im Augenblick tröstet sie sich sehr gut, denn sie ist Herrin in ihrem Haus und macht alles, was sie will. Den Herzog sieht man nur zum Diner und Souper; ansonsten schreibt er unentwegt und ist sehr beschäftigt, als ob er über das ganze Römische Kaiserreich zu regieren hätte.*"
56 Dem Bruder schrieb sie am 29. Mai: „*Seine Abreise hat mir großen Kummer bereitet, aber da ihn die Pflicht, die Ehre und der Ehrgeiz rufen und er im Dienst ist, konnte er nicht umhin ins Feld zu ziehen, umso mehr, da sich die Ehemänner zu Hause langweilen, wenn sie immer bei den Frauen sind.*" Vor des Prinzen Abreise hatte sie ihm geschrieben: „*Ich suche Zuflucht in Salzdahlum, wo ich die Gesellschaft eines Hundes und eines Papageien habe.*"
57 Georg II., ihr Onkel.

An Friedrich Salzdahlum, 8. Juli 1735

Nun da Sie die ganze Plage der Revuen hinter sich haben, gewähren Sie mir eine Audienz von einer kleinen Viertelstunde, um die Genugtuung zu haben, Ihnen zu Ihrer Beförderung in den Generalsrang[58] zu gratulieren. Nun sind wir beide befördert worden durch unsere Verdienste und großen Qualitäten, denn Ihr Regiment hat viel Aufsehen und Wirbel in der Welt hervorgerufen, so dass man überall, wohin man sich wendet, nur Lobesreden vernimmt über die großen Männer, und ich mache von mir reden durch den Helden, den ich bald zur Welt bringen werde[59]. Ich beglückwünsche Sie, dass Sie ins Feld ziehen; dem Prinzen [Karl] ist es eine große Freude, Ihnen seine Aufwartung zu machen.

An den Vater Salzdahlum, 2. September 1735

Dem Herzog[60] ging es sehr schlecht, ich wollte der königlichen Prinzessin nichts davon schreiben aus Angst, sie zu beunruhigen, aber er hat bei uns einen großen Alarm ausgelöst und hatte eine so schreckliche Magenkolik, dass er oben und unten alles wieder von sich gegeben hat; darüber ist er immer wieder in Ohnmacht gefallen und hatte Schwächezustände, er konnte weder trinken noch essen; er hat es sich zugezogen, weil er zu viel Obst gegessen hat und vor allem mit Eis, das er nicht vertragen hat; er isst viele Melonen, eine nach der anderen. Daher hat er seit drei Tagen das Bett nicht verlassen und sieht keine Menschenseele außer der Herzogin, die Tag und Nacht bei ihm ist, wie auch sein Arzt. Er ist noch schwach und mitgenommen, aber da das Erbrechen aufgehört hat, hoffen die Ärzte, dass er außer Gefahr ist. Wir haben alle Prinzessinnen von Plön und von Weickersheim[61] hier zu Besuch. Ich bin um der Ehre des Hauses willen verpflichtet, mich um sie zu kümmern, da die Herzogin nicht da ist; sie sind den ganzen Tag bei mir, man muss mit ihnen Karten spielen, was für mich eine große Strafe ist. Wir werden noch die ganze Woche hier bleiben müssen wegen der Krankheit des Herzogs; sonst wären wir in Wolfenbüttel.

An Friedrich Salzdahlum, 2. September 1735

Es hat mir um Ihretwillen sehr leid getan, dass Sie nicht ins Feld gezogen sind, denn ich glaube, dass das für Sie eine große Ablenkung gewesen wäre, und es ist nicht sehr höflich von unserem guten Vater, dass er sein Versprechen nicht gehalten hat[62]. Man wird in dieser Welt nicht immer belohnt, wenn man seine … Pflichten erfüllt; diese Prüfung erdulde ich zur Zeit… Sie sind so vernünftig und haben so viel Geist, dass ich nicht daran zweifle, dass Sie diesen kleinen persönlichen Kummer überwinden werden, wenn man auch manchmal Lust

---

58 Am Tag der Revue seines Regiments (28. Juni) wurde der Kronprinz zum Generalmajor befördert.
59 Der Prinz Karl Wilhelm Ferdinand wurde am 9. Oktober geboren.
60 Ferdinand Albrecht.
61 Die Herzogin Elisabeth Sophie Marie von Holstein-Norburg, Witwe des 1731 verstorbenen Herzogs August Wilhelm, war in erster Ehe mit Adolf August von Plön verheiratet gewesen. Die Herzogin Christine Luise, Witwe des im März verstorbenen Herzogs Ludwig Rudolf, war eine Schwester des Fürsten Albert Ernst von Öttingen, dessen Tochter Friederike Sophie 1731 den Fürsten Karl Ludwig von Hohenlohe-Weickersheim geheiratet hatte.
62 Die dem Kronprinzen schon gegebene Erlaubnis, am Feldzug 1735 teilzunehmen, hatte der König dann wieder zurückgezogen.

hat, den bösen Jungen zu geben. Der Prinz befindet sich in einer glücklicheren Lage, denn er vergnügt sich in Ludwigsburg und bei der Armee, was seinen Reiz hat. Sie werden bald nach Heidelberg ziehen, um dort auf die Russen[63] zu warten… Ich werde bald in die große Stadt Wolfenbüttel zurückkehren[64].

An den Vater Salzdahlum, 3. September 1735

Ich bin sehr betrübt, meinem lieben Papa schreiben zu müssen, dass der Herzog[65] gestorben ist. Mein lieber Papa kann sich vorstellen, welch eine Zeit ich hier verbringe, wo ich nichts höre als Wehklagen und Weinen von allen Seiten. … Ich habe Grund, ihn zu vermissen, denn er hat mir viele Freundlichkeiten erwiesen. … Wir erwarten jeden Augenblick den Prinzen zurück und hier herrscht ein schrecklicher Lärm. Ich versuche, mich zu beruhigen mit Rücksicht auf den Zustand, in dem ich mich befinde. Mein lieber Papa möge es nicht unmittelbar der Königlichen Prinzessin mitteilen![66]

An den Vater Salzdahlum, 4. September 1735

Wir sind hier in einer so traurigen Situation seit dem Tod des Herzogs, dass es nicht zu glauben ist. Alles weint, alles schluchzt und stöhnt, nichts als Tränen im ganzen Land. Die Herzogin indessen hat sich trotz ihres großen Schmerzes dem Willen Gottes gefügt und spricht wie eine gute Christin, was alle erbaut, die um sie sind. Wir erwarten den Prinzen jeden Augenblick zurück. Möge Gott ihn bei guter Gesundheit zurückbringen und ihn beschützen, denn ich befürchte, dass der Schreck, den er bekommen wird, seiner Gesundheit schaden könnte. Hohnstedt[67] ist zur Armee geschickt worden, um ihn zurückzuholen und ihm die Nachricht behutsam zu überbringen. Man trauert sehr um den Herzog, denn er wurde sehr geliebt. Mir geht es Gott sei Dank gut. Die Hebamme aus Wolfenbüttel ist eingetroffen, ich danke meinem lieben Papa, dass er sie mir geschickt hat; ich werde sie heute sehen, denn die Herzogin und alle anderen werden heute Abend nach Wolfenbüttel aufbrechen. Der verstorbene Herzog bleibt in Salzdahlum bis zur Rückkehr des Prinzen. Ich glaube, man wird ihn ohne Zeremonien beisetzen, denn er hat es so gewünscht.

An den Vater Wolfenbüttel, 6. September 1735

Ich habe die ganze wundervolle Ausstattung für das Wickelkind erhalten, welche meine liebe Mama die Gnade gehabt hat, mir durch die Hebamme zu schicken, sie ist viel zu schön für mich… Der Herzog wird, so hoffe ich, morgen hier sein. Alles ist in Aufruhr und schrecklichem Durcheinander, denn niemand war auf einen so plötzlichen Tod gefasst. Der Verstorbene hat mir seinen Segen gegeben, worum ich gebeten hatte; er hat mir die Hand gedrückt und hat zu mir gesagt: „Gott segne Ihnen, meine liebe Printzess." Ich würde Unrecht tun, ihn

---

63 Am 23. August sollte die Vereinigung der kaiserlichen Armee und des russischen Hilfskorps, das am Rhein mit gegen die Franzosen operieren sollte, bei Heidelberg erfolgen.
64 Früher hatte sie aus Wolfenbüttel geschrieben: „*Wolfenbüttel gefällt mir sehr und es sieht heiter aus.*"
65 Ferdinand Albrecht.
66 Der Brief ist ganz schnell hingeschrieben.
67 Oberst Johann Georg von Hohnstedt.

nicht zu vermissen, denn er hat mir viel Freundschaft und Güte erwiesen, vor allem in der letzten Zeit. Er war bis zum letzten Atemzug bei Bewusstsein und hat die Kommunion mit Ergebenheit empfangen. Er hat an seine ganze Familie gedacht und an seine Geschäfte und hat nichts vergessen im Interesse des jetzigen Herzogs… Die Witwe aus Blankenburg[68] ist auch hier. Ich weiche der Herzogin nicht von der Seite, aber ich gestehe, es erfüllt mich mit Mitleid, sie mit all ihren Kindern[69] zu sehen… Ich flehe meinen lieben Papa an, er möge sich in Gottes Namen schonen, denn das ist es, was der Herzog nicht getan hat und mein lieber Papa möge seiner Familie keinen solchen Kummer bereiten.

An den Vater   Wolfenbüttel, 9. September 1735

Trotz aller Gefühle, die ich noch für den verstorbenen Herzog hege, so hat der liebe Gott mich auf andere Weise erfreut, indem er mir meinen Gatten, Gott sei Dank, bei guter Gesundheit zurückgebracht hat, aber er ist untröstlich. Das Wiedersehen mit seiner Frau Mutter war eines der schrecklichsten und traurigsten für die Betroffenen und für die Zuschauer.

An den Vater   Wolfenbüttel, 12. September 1735

Ich will gern glauben, dass der Tod des Herzogs meinem lieben Papa viel Kummer bereitet, weil er die Ehre hatte, sehr gut mit meinem lieben Papa bekannt zu sein. Das wird eine große Ehre sein für den Herzog und für mich, dass mein lieber Papa die Mühe auf sich nimmt, hierher zu kommen. Wir sind jetzt in der schrecklichsten Trauer der Welt, man hört immerzu Glocken läuten und alles ist so schwarz und so traurig, dass man davon doppelt betrübt und melancholisch wird. Der verstorbene Herzog wird zum Ende der Woche in Braunschweig in aller Stille beigesetzt. Er ist noch in Salzdahlum und er wird in der Kirche für drei Tage aufgebahrt. Mein lieber Papa kann sich vorstellen, dass die Trauer so noch größer wird. Mein Gatte ist untröstlich und das mit gutem Grund, denn er ist so jung[70] und bekommt mit einem Mal eine große Aufgabe, von der er nicht das Geringste weiß. Ich bin überzeugt, dass er sich alle Mühe der Welt geben wird, um den Spuren[71] seines Vaters zu folgen, der sehr gut zu regieren begonnen hatte. Ich bin überzeugt, dass mein lieber Papa ihm ebenso gewogen sein wird wie seinem Vater, dem verstorbenen Herzog… Wir speisen immer noch zu Abend und zu Mittag bei der dritten Herzoginwitwe und mit der aus Blankenburg[72] und sehen bislang noch niemanden… Ich werde morgen in die Appartements einziehen, wo der Herzog und die Herzogin gewohnt haben. Ich weiß bald nicht mehr, wo ich hingehöre, jeden Augenblick ein neuer Haushalt.

---

68 Christine Luise.
69 Außer den beiden abwesenden Söhnen, dem jetzigen Herzog und dem Prinzen Anton Ulrich, der in Russland war, und der Kronprinzessin von Preußen waren es noch acht Kinder, deren jüngstes im Juni 1732 geboren war.
70 Er war am 1. August 1713 geboren.
71 Am 16. September schrieb sie dem Vater: „*Der Herzog ist von morgens bis abends beschäftigt und sehr fleißig.*" und am 22.: „*Der Herzog hat immer noch viel zu tun, doch ich hoffe, dass alles gut gehen wird und dass der liebe Gott uns helfen wird.*"
72 Antoinette-Amalie und Christine Luise.

An den Vater   Wolfenbüttel, 19. September 1735

Der Herzog ist am vergangenen Samstag (17.) in Braunschweig zu Grabe getragen worden. Das hat bei der Herzoginwitwe erneut große Trauer ausgelöst wie bei der ganzen Familie. Bei der Überführung gab es hier drei Kanonenschüsse... Am Sonntag fand der Trauergottesdienst statt, es gab sehr schöne Musik, so berührend, dass man weinen musste. Die Kirche begann um zehn Uhr und endete erst um zwei Uhr nachmittags. Es geht mir gut und ich habe allen Anlass, mich über den Herzog zu freuen, der mir viel Freundschaft entgegenbringt.

An den Vater   Wolfenbüttel, 30 September 1735

Der Herzog ist immer noch sehr in Anspruch genommen von seinen Geschäften und er profitiert von allen Ratschlägen, die ihm mein lieber Papa durch Truchs[73] geben lässt. Er wird sehr sparsam, er hat Polentz[74] entlassen und den Mundschenk Miltiz und noch mehrere Kavaliere, um sich ganz seinen Geschäften zu widmen. Der Krosigk, der früher bei mir war, ist Hofmarschall geworden; er ist ein ehrlicher Mann, der sich aufs Haushalten versteht. Der ganze Hof wird verkleinert und in Ordnung gebracht, ganz nach dem Geschmack meines lieben Papa, ohne Zeremonie. Der alte Berner[75] hat den Titel eines Geheimrats und Spörcke auch, aber man hat auch etwas unter ihnen aufgeteilt. Ich bin überzeugt, dass mein lieber Papa zufrieden sein wird über die Weise, wie der Herzog es angeht, da er ja keinen Geschmack findet an Bagatellen und nichtigem Pomp, der nichts bedeutet. Die Abgeordneten des Landes haben mir ein Geschenk von 1000 Dukaten gemacht und dem Herzog eines von 2000 Talern. Meine Situation wird sehr vorteilhaft sein, ich werde die Einkünfte erhalten, die die herrschenden Herzoginnen bekommen haben, das sind, glaube ich, 121.000[76] Taler im Jahr, ohne die verschiedenen kleinen Einkommen zu zählen, die mir gehören werden. Mein lieber Papa wird sehen, dass ich auch eine sehr gute Haushälterin sein werde und dass ich nur das ausgeben werde, was unbedingt notwendig ist[77].

An den Vater   31. Oktober 1735

Ich habe Nachrichten aus Ansbach, die besagen, dass meine Schwester sehr traurig und melancholisch ist, weil der Markgraf ihr großen Kummer bereitet und sich Ausschweifungen hingibt; er glaube, weil mein lieber Papa und meine Mama meiner Schwester nicht mehr so gnädig seien, könne er alles machen, was er will. Sie hat es mir nicht geschrieben, aber dennoch weiß ich es sicher. Ich fürchte, da sie schwanger ist, kann der Kummer ihrer Gesund-

---

73 Oberst und Adjutant des Königs, der zur Kondolenz nach Braunschweig geschickt worden war.
74 Hofmarschall.
75 Geheimrat und Hofmarschall.
76 Die Zahl ist undeutlich, darunter war eine andere geschrieben.
77 Am 3. Oktober schrieb sie dem Vater: „*Der Herzog macht Ausritte zu Pferd, den Rest der Zeit widmet er sich mit Münchhausen* (Hieronymus v. M. seit 1731 erster Minister) *den Geschäften oder er schreibt und spricht mit anderen. Die Hälfte des Hofes wurde entlassen; die Leute waren sehr traurig, aber es musste sein, denn der Herzog will keine solche Ansammlung von unnützen Leuten.*"

heit schaden, daher flehe ich meinen lieben Papa an, meine arme Schwester ein wenig zu unterstützen und ihr seine Freundschaft zu zeigen. Sie ist meinem lieben Papa gegenüber befangen, denn sie glaubt, er liebe sie nicht mehr und sie ist doch so gut und liebt meinen lieben Papa von ganzem Herzen[78].

An den Vater Wolfenbüttel, 7. November 1735

Ich habe soupiert, bin aufgestanden, um Charles' Namenstag festlich zu begehen; wir haben mit der Herzogin (Antoinette Amalie) und der Prinzessin Luise gefeiert und hatten einen kleinen Tisch mit vier Gedecken in Form eines C, das den Herzog erheitert hat, der nichts davon wusste… Der kleine Charles[79] ist zu mir gekommen, um dem Herzog zum Namenstag Glück zu wünschen, er trug den Orden meines lieben Papa[80] und war sehr guter Stimmung[81].

An Friedrich Wolfenbüttel, 9. November 1735

Mit besonderem Vergnügen bin ich Ihren Befehlen nachgekommen und bin zu Ihrem Wohl niedergekommen auf die netteste Art der Welt, obwohl es nicht ohne tausend Ängste und Schmerzen geschehen ist, und ich war bereit, in die andere Welt zu reisen, aber da es Gott gefallen hat, mich noch hier zu lassen, geht es mir Gott sei Dank sehr gut und ich erhole mich von Tag zu Tag mehr. Alle waren erstaunt über meinen kleinen Nachwuchs, man hatte nicht geglaubt, angesichts meiner kleinen Gestalt, dass ich ein so großes Kind in die Welt habe setzen können, es ist das kräftigste auf der Welt… Wir haben den König hier gehabt, schön, hübsch und charmant und in der allerbesten Laune; wir haben ihn so gut wie möglich unterhalten, er konnte spazieren und ausreiten; seine Tabaksgesellschaft ist ihm überall hin gefolgt und er konnte alles tun, was er wollte, ohne gestört zu werden; so schien er sehr zufrieden zu sein. Er hat mir viel Lobenswertes über Sie gesagt und hat gesagt, er sei sehr zufrieden mit Ihrem Benehmen und dass Sie ihm eine große Stütze seien in seinem Alter[82]… Er hat auch nicht gespart an Komplimenten bei den drei Herzoginnen, die darüber entzückt waren. Er hat meinem Kleinen einen Orden verliehen und ich habe ein Paar Ohrringe aus

---

78 Am 10. November schrieb sie dem Vater: „*Ich bin entzückt, dass mein lieber Papa für meine Schwester aus Ansbach hat beten lassen und dass er ihr seine Gnade bezeugen will; ich hoffe, dass das seine Wirkung auf den Markgrafen haben wird und dass er meine arme Schwester nun mit mehr Rücksicht behandeln wird als bisher.*"

79 Am 28. Oktober schrieb sie dem Vater von dem am 9. Oktober geborenen Erbprinzen Karl Wilhelm Ferdinand (in ihren Briefen nennt sie ihn zunächst Wilhelm, später Charles) aus Wolfenbüttel: „*Der kleine Wilhelm hat bei sich Hof gehalten, alle haben ihn besucht. Er genießt das sehr, so wie man berichtet, denn ich habe ihn nicht mehr gesehen, seitdem er in seinem Zimmer ist*" (oben im Wolfenbütteler Schloss).

80 Während seines Besuchs in Wolfenbüttel (13.-17. Okt.) zur Taufe des Enkels hatte der König diesem den Schwarzen Adlerorden verliehen.

81 Am 9. Dezember schrieb sie dem Vater: „*Der kleine Karl wird zum Fest des Heiligen Christ ein Korps bekommen, daher werde ich ihm ein [passendes] Kleidungsstück schenken, denn er will kein Wickelkind [être maillôt] mehr sein. Alle finden, dass er sehr meinem lieben Papa ähnelt; das ist nicht erstaunlich, denn ich habe immerfort an ihn gedacht.*"

82 Der Kronprinz war im Auftrag des Königs nach Preußen zur Inspektion gereist; der König (57 Jahre alt) war mit seinen Berichten sehr zufrieden.

Brillanten erhalten. Wilhelm[83] kam mit ihm, ich habe ihn sehr zu seinem Vorteil verändert gefunden. Seckendorf hat sich lobend über ihn in den Gazetten geäußert; man sagt, er habe die Herren Franzosen fortgejagt[84] und das Schlachtfeld behauptet; wir müssen hoffen, dass es gut ausgehen wird und dass man eines Tages von Sieg sprechen wird.

An den Vater   Wolfenbüttel, den 18. November 1735

Wenn es Gott gefällt, werde ich am kommenden Sonntag (20) zum ersten Mal ausgehen[85]; ich habe den Kleinen in seinem Zimmer besucht, es geht ihm prächtig.

An Friedrich   Wolfenbüttel (Herbst) 1735

Hier haben wir Mumme, die man den Soldaten gibt, die brustkrank sind, das bringt ihnen Heilung, aber man muss Eier und Zucker hineintun. Wenn Sie irgendeinen großen Teufel haben, der es braucht, werde ich Ihnen ein Fass davon schicken[86].

An den Vater   Wolfenbüttel, den 26. Dezember 1735

Als ich von der Kirche zurückkam, fand ich mein Zimmer voll mit lustigen Puppen und mit Zweigen und illuminiert mit Kerzen. Zu Anfang habe ich geglaubt, der Herzog habe mir einen Streich spielen wollen, aber Madame Zanthier hat mir gesagt, das wäre das, was mir der Heilige Christ von meinem lieben Papa gebracht hätte. Ich habe alle Puppen untersucht und habe insgesamt zwölf Kinder gezählt. Ich wünsche, dass mein lieber Papa lange leben möge, bis jede meiner Schwestern meinen lieben Papa zwölf Mal zum Großvater gemacht hat… Als ich mir all die schönen Puppen genau angesehen hatte und mich sehr gefreut habe, sagte man mir, da wäre noch ein Koffer. Ich ließ ihn öffnen und nie gab es eine größere und freudigere Überraschung als beim Anblick der beiden herrlichen goldenen Schalen meines lieben Papas. Ich sprang vor Freude in die Luft und zeigte sie erst dem Herzog und dann der ganzen Hofgesellschaft.

An den Vater   16. Januar 1736

Der Herzog lässt jetzt seine drei Bataillone von der Armee zurückkommen; sie werden in ein paar Wochen hier eintreffen[87], was ihn sehr erfreut, denn dann wird er etwas zu tun haben.

---

83 August Wilhelm, der jüngere Bruder der Herzogin (geb. 1722).
84 Nach dem Gefecht bei Kloster Klausen (11. Okt.) war Seckendorf über die Mosel vorgerückt; am 3. November wurde der Waffenstillstand zwischen Frankreich und dem Kaiser abgeschlossen.
85 Am 20. hielt sie ihren ersten Kirchgang mit ihrem Sohn, der *„öffentlich gesegnet wurde"*.
86 Die Versorgung der königlichen und kronprinzlichen Küchen mit Braunschweiger Landeserzeugnissen spielt eine große Rolle in den Briefen: Harzer Käse, Mumme (dem Vater schickt sie einmal zwei Fass), vor allem Würste; mehr als einmal bittet sie um Entschuldigung, keine Würste schicken zu können; sie wären noch nicht gut und Rinderwürste zu bestellen, dauere zu lange.
87 Am 25. Februar waren sie wieder zurück.

An den Vater   Braunschweig, 30. Januar 1736

Der Herzog und ich logieren in dem kleinen Haus, wo der zuletzt Verstorbene immer gewohnt hat, und die Herzogin von Blankenburg (Christine Luise) stellt uns ihren großen Saal zur Verfügung zum Essen, und zwei Zimmer zum Spielen, darüber hinaus ihre Küche und Pferdeställe[88]. Doch mir wäre es lieber, dass das uns gehören würde, dann bräuchte man sich nicht zu bedanken für diese traurige Ausleiherei[89].

An den Vater   Braunschweig, 1. Juni 1736

Man sagt, der König von England werde am 7. in Hannover eintreffen… Die Damen in Hannover freuen sich sehr darauf und stürzen sich in schreckliche Ausgaben, um angemessen gekleidet zu erscheinen, wenn er kommt. Da würden sich die Damen in Berlin um meinen lieben Papa vergeblich bemühen, aber die Geschmäcker auf dieser Welt sind sehr verschieden.

An den Vater   Wolfenbüttel, 8. Juni 1736

Ich muss meinem lieben Papa sehr demütig versichern, dass ich immer noch so guter Laune bin wie schon mein ganzes Leben lang, da ich keinen Anlass zur Traurigkeit habe und im Gegenteil allen Grund habe, um auf jede Weise zufrieden zu sein. Mein lieber Papa kann überzeugt sein, dass er der erste wäre, an den ich mich wenden würde, sollte ich Kummer haben, denn ich kenne ihn als den besten und gnädigsten Vater auf der Welt, der seine Kinder nicht im Stich lässt, obwohl sie nicht mehr bei ihm sind. Aber da ich jetzt Mutter bin und Mutter des ganzen Landes, gebe ich mich nach außen ein wenig ernster, als ich es früher war, und die Leute, die mich von früher kennen, glauben daher, dass mir etwas fehlt.

---

88 Am 16. April schrieb sie dem Vater: „Die Herzoginwitwe vom Grauhof (Elisabeth Marie Sophie) hat dem Herzog und mir jetzt den ganzen linken Flügel geschenkt, der ihr gegenüber liegt; sie hat ihn von oben bis unten herrlich möbliert. Wir werden perfekt wohnen und viel Platz haben. Morgen werde ich mir alles ansehen… Es gibt viele Annehmlichkeiten, denn es gibt den Garten und die nahe liegenden Festungswälle. Die anderen Herzoginnen sind darüber sehr erbost… Jetzt können wir perfekt Fremde unterbringen." Und am 20.: „Ich habe ein kleines Schlafzimmer, ausgekleidet mit sehr schöner Wandbespannung, und ein Kabinett, von oben bis unten mit Porzellan ausgestattet, drei schöne Galerien, von denen zwei vollgehängt sind mit Porträts, eine hat eine mit Spiegeln versehene Zwischenfläche, geschmückt mit Porzellan, ein sehr schönes Audienzzimmer und dann noch ein Musikzimmer. Der Herzog hat fast ebensolche Räumlichkeiten. Die Herzogin… unternimmt überdies eine Reise nach Holstein, um uns alle ihre Möbel zu geben und alles, was sie hat. Man kann wirklich sagen, dass sie sich aller Dinge begibt, um uns eine Freude zu machen." So schickte sie ihnen aus Holstein ein „Kabinettstück": „Es sind die Spione, die den Wein von Kanaan bringen; alles ist aus Gold und kostbaren Steinen. Es hat den verstorbenen Herzog August Wilhelm ein Vermögen gekostet."

89 Schon im September 1733 hatte sie dem Vater geschrieben, es würde sehr nett von ihm sein, wenn er ihr das Haus in Braunschweig, das der Geheimrat von Schleinitz alles in allem für 24.000 T. verkaufen wolle, kaufte: „Es ist eine Bagatelle für meinen lieben Papa und für mich wäre es eine große Annehmlichkeit, denn dann könnte ich sagen, dass ich zwei Häuser habe, eines in Braunschweig und das andere hier."

An Friedrich   Braunschweig, 7. September 1736

Ich muss mir jetzt Mühe geben mit der Erziehung der Kinder, man muss ein ehrwürdiges Aussehen zur Schau tragen, was mir so schlecht gelingt, wie nur irgendetwas in der Welt. So mache ich ein sehr langes Gesicht, was mich nicht gerade verschönt; nun ja, im Augenblick ist mein ganzes Gerippe [carcasse – sic] ziemlich heruntergekommen.

An Friedrich   Wolfenbüttel, 3. Oktober 1736

Ich bin untröstlich, dass Ihre Finanzen so beengt sind, dass Duval[90] darunter gelitten hat. Ich fürchte, dass seine Abwesenheit auf Ihrer Tafel zu spüren sein wird, die bislang exzellent war. Duval war selbst nicht hier, er hat mir nur Ihren Brief geschickt, da er nicht sicher wusste, ob wir ihn nehmen würden. Ich habe es dem Herzog gesagt, aber er hat in dieser kleinen Angelegenheit noch nicht endgültig entschieden… Erlauben Sie, dass ich Ihnen den kleinen neugeborenen Knaben ans Herz lege[91]; schenken Sie ihm Ihr Wohlwollen.

An den Vater   28. Oktober 1736

Ich bin entzückt, dass mein lieber Papa den Entschluss fassen will, meinem Rat folgend, nicht mehr zu rauchen; denn das kann seiner kostbaren Gesundheit schaden. Ich hoffe, dass, wenn ich das Glück haben werde, meinem lieben Papa meine Aufwartung zu machen, er es sich noch mehr abgewöhnen wird[92].

An Friedrich   Wolfenbüttel, 5. November 1736

Ich habe in den vergangenen Tagen eine neue Sängerin aus Hamburg gehört; ihr Mann ist Italiener, er heißt Kaiser und sie Kaiserin; vielleicht haben Sie von ihnen gehört. Nach dem, was ich davon verstehe, gefällt mir ihre Stimme, diese ist sehr kräftig und sie kann gut dirigieren; sie wird hier bleiben, um auf der bevorstehenden Messe zu singen. Erweisen Sie mir den Gefallen, Graun zu sagen, er möge die Güte haben, für die Messe eine deutsche Oper zu schreiben, da wir schon eine ganz neue italienische haben; er möge das Thema nehmen, das ihm am meisten gefällt; ich lasse ihm die freie Wahl, vorausgesetzt, dass er nicht schon eine auf Italienisch begonnen hat, denn das wäre eine doppelte Mühe für ihn.

---

90 Des Kronprinzen Leibkoch, der soeben entlassen war; er hielt sich zunächst in Berlin auf, wo er dem Grafen Manteuffel allerlei Anekdoten aus Rheinsberg erzählte. Er ging dann nach Wien.
91 Ihr zweiter Sohn Georg Franz (geb. 26. Sept.).
92 Der König hatte am 17. Oktober geschrieben: „Es wird mich viel Mühe kosten, Ihnen jeden Tag einige Pfeifen Tabak zu opfern." Zu Weihnachten 1733 schickte sie ihm „eine kleine Pfeife, um gemäß seiner Gesundheit zu rauchen, denn da er krank ist, muss er auf sich Acht geben."

An Friedrich 21. Januar 1737

Alle Zeitungen sind voll mit hübschen, geistreichen Briefen, die Sie an Voltaire geschrieben haben[93], als Sie ihn nach Berlin eingeladen haben. Man sagt, der arme Teufel sei in Aachen gestorben trotz all der Wissenschaft der Herren Mediziner von Paris. Das ist ein Verlust und dort ist ein Gedicht verloren gegangen, das in unserem Jahrhundert sehr selten ist, denn es trug den Titel „la Pucelle" NB.

An den Vater Braunschweig, 11. Februar 1737

Es gibt hier einen berühmten Maler, von dem mein lieber Papa gehört hat, den Ritter Rusca[94]. Er malt ausgezeichnet, er ist Italiener. Er malt zur Stunde die Herzogin vom Grauhof. Er ist sehr teuer und verlangt nur für einen Kopf ohne Weiteres hundert Taler. Er hat eine gute Farbgebung. Er geht nach England, um die ganze Familie zu malen. Er würde gern meinem lieben Papa seine Aufwartung machen, da er gehört hat, dass auch dieser sehr gern malt[95]. Er malt sehr schnell und sehr ähnlich[96].

An den Vater Braunschweig, 13. Februar 1737

Des Königs letzter Brief hat mir großen Kummer bereitet, denn es scheint, als zweifle mein lieber Papa an dem Respekt und der Zärtlichkeit, die ich für ihn hege. Ich wage zu sagen, dass er mir die größte Ungerechtigkeit auf der Welt widerfahren lässt, wenn er erstens glaubt, dass ich keine Lust habe, ihm meine Aufwartung zu machen; alsdann kann ich meinem lieben Papa sehr demütig versichern, dass mir der Herzog tausend Freundlichkeiten und Liebenswürdigkeiten bekundet und dass wir in der besten Harmonie der Welt miteinander leben. Ich wäre undankbar, sagte ich nicht die Wahrheit, wenn es gälte, das Gegenteil zu sagen, denn ich wünsche, dass mein lieber Papa alle meine Schwestern so glücklich verheiratet wie mich, dann werden alle Grund haben, sehr froh und zufrieden zu sein. Mein lieber Papa mag wohl glauben, dass ich seinen Brief niemandem zeigen werde und noch weniger dem Herzog, den es sicherlich bekümmern würde zu erfahren, dass man meinem lieben Papa solche falschen Gerüchte hinterträgt über Dinge, die jeglicher Grundlage entbehren. Ich kann nur meinem lieben Papa demütig versichern, dass weder Münchhausen noch die Herzoginnen noch der Hof in Wien[97] einen Anteil daran haben, dass wir nicht früher meinem lieben Papa unsere Aufwartung gemacht haben, denn der Herzog hätte sich sicherlich nicht abschrecken lassen durch so wenig legitime Gründe, wie sie mein lieber Papa anführt. Ich flehe meinen lieben Papa demütig an, das zu glauben, was ich vorbringe, denn ich würde ihm dies nicht versi-

---

93 Der Kronprinz hatte im August 1736 seinen Briefwechsel mit Voltaire begonnen. Die Nachricht von Voltaires Reise nach Berlin, die dieser selbst im Dezember in die Zeitungen gebracht hatte, war ebenso falsch wie die von seinem Tod.

94 Dem Bruder schrieb sie im April: *„Man sagt, er male besser als Pesne."*

95 Mitte April kam er nach Berlin. Ein Bild des Fürsten Leopold von *Dessau*, das er hier malte, bezeichnete der König als *„ein Wunderwerk und [es] ist lebend, wenn es nur spräche, das fehlet"*. Auch den König malte er.

96 Schon im Mai 1734 hatte sie dem Vater geschrieben: *„Ich habe mich hier* (in Wolfenbüttel) *malen lassen von einem Maler, der für die regierende Herzogin aus Hannover gekommen ist; er arbeitet sehr gut und quält nicht mit langen Sitzungen."*

97 Die Kaiserin Elisabeth Christine war die Schwester der Herzoginwitwe Antoinette Amalie.

chern, wenn ich nicht wüsste, dass all das falsch ist; denn ich bin zu ehrlich, um meinen lieben Papa in der geringsten Bagatelle zu täuschen und da ich das Glück habe, die Tochter meines lieben Papas zu sein, kann er durch mein eigenes Blut fühlen, dass ich nur ehrlicher Gefühle fähig bin und keiner betrügerischen. Aber obschon mein lieber Papa nicht glauben soll, dass der Herzog Affären hat, kann ich ihm indes versichern, dass er immer sehr beschäftigt ist und da mein lieber Papa unbedingt den wahren Grund erfahren will für die Verspätung unseres Besuchs, es ist folgender: da der Herzog eine große Passion für Soldaten hegt, wollte er nur während der Zeit der Truppenrevue meinem lieben Papa seine Aufwartung machen, um die Gelegenheit zu nutzen, um von der guten Ordnung bei den Truppen meines lieben Papas zu lernen[98].

An Friedrich   Wolfenbüttel, 1. April 1737

Hier[99] hat man ein wenig zu tun mit Leuten, die an Verstopfung leiden, welche, um ein unschönes Wort zu verwenden, eine schwere Verdauung haben. Was tun? Man muss sich mit ihnen arrangieren; zwar gebe ich mir alle Mühe der Welt, um sie zu entkrampfen, aber wenn man Eseln oder Eselinnen den Kopf waschen will, verliert man seine Seife. Die Witwen sind beide in Blankenburg... Die Herzoginmutter wird bald wieder hier sein.

An Friedrich   18. April 1737

Ich bin immer guter Stimmung. Wenn Sie mich sehen, werden Sie mich in diesem Punkt unverändert finden, aber wenn ich mitunter unpässlich bin, überkommt mich Ärger, den ich wie die Ratten sobald wie möglich verjage, aber im Übrigen habe ich, Gott sei Dank, keinen Anlass zu schlechter Stimmung. Ich gehe ganz ruhig meinen Aufgaben nach, ohne mich in etwas einzumischen und komme so sehr gut zurecht.

An Friedrich   25. April 1737

Ich würde Sie nicht mit dieser Kritzelei inkommodieren, wenn nicht Prinz Ferdinand[100] mich gebeten hätte, ihm ein Empfehlungsschreiben zu geben. Ich hoffe, Sie werden ihn ein wenig fördern; er hat genügend Geist und Manieren und Ihre liebenswürdige Gesellschaft wird Wunder wirken.

---

98 Am 2. Juni kamen der Herzog und die Herzogin nach Berlin; am 3. war die Generalrevue.

99 Sie hatte vorher geschrieben, die Geburtstagsfeier der Königinmutter in Rheinsberg müsse nach seiner Schilderung sehr animiert gewesen sein, er werde gewiss das meiste beigetragen haben.

100 Ihr Schwager (geb. 1721). Er kam Ende April nach Rheinsberg. „*Er ist noch sehr jung, aber es wird etwas aus ihm werden*", schrieb der Kronprinz von ihm.

An Friedrich (in deutscher Sprache) Berlin, 23. Juni 1737[101]

Hochverehrtester und Meinem Hertzliebster Herr Bruder.
Die über alle Massen hohe freude die ich von seiner glückseligen Ankunft[102] empfunden habe, hat mir ganz und gar eingenommen und bringet mir soweit das ich mit aller demuht meine Schlechte Feder Raum geben muss. Meiner hohe freude an Ihre herzliebeste Person zu beweisen ich hoffe mit gantzer recht das mir mein Gnädiger Herr Bruder wird's mir nicht ungnädig nehmen das sich Meine Unterthängkeit in schreiben ihre Demuht beweiset. Unterdessen verlange ich mit schmertzen ihre hertzliebste Person heute Abend zu sehen und das Abendbrot mit ihrer zu speisen. Ich bleibe aber Mit Allerwertester Liebe und Hochachtung für meinem gütiger Herrn Bruder und bin vergnüget und genüget und begnüget, wann ich die hohe und erhabene Ehre habe ihm zu sehen und verbleibe bis die Stunde meines Todes

die allerunterthänigster und gehorsamste
Dienerin und schuputzerin Charlotte ihre
herzliebeste Schwester[103]

An Friedrich Salzdahlum, 26. Juli 1737

Man hat mir berichtet, dass zur Messe ein sehr reicher Jude kommen wird, der viel Geld hat und gern Diamanten kaufen möchte. Wollte Gott, dass dieser Bursche bei dieser guten Idee bleibt. Wenn also die Gelegenheit günstig ist, dann werde ich mit Gewinn das Geschäft erledigen… aber wenn mir dies nicht gelingt, dann verpflichte ich mich ohne Einschränkung, dass ich Ihnen, sobald ich niedergekommen bin[104], erstens zu St. Michael tausend Taler zahlen werde und dann alle Vierteljahr wenigstens tausend, bis die Summe von sechstausend Talern voll ist. Wenn Sie damit zufrieden sind, alle Vierteljahr tausend Taler zu erhalten, kann ich dies mit dem größten Vergnügen der Welt einrichten… Ich schicke Ihnen anliegend die Farben aller Marmorsorten, die wir haben, Sie können wählen, mit welchen Sie ein Kabinett ausstatten wollen, aber da Sie wohl nicht genug von ein und derselben Farbe bekommen können, so rate ich Ihnen, drei Sorten zu wählen[105].

An Friedrich Salzdahlum, 5. August 1737

Was die fragliche Angelegenheit betrifft, so kann nur mein Tod bewirken, dass Sie den Ring wiedersehen, denn jetzt, da ich ihn habe, verspreche ich Ihnen, ihn nicht aus der Hand zu geben. Sie kennen den Geist einer Frau, wenn sie sich einmal etwas in den Kopf gesetzt hat, gibt es kein Mittel, es wieder herauszubringen. Da ich dazu noch einen Kopf habe, ist mein Eigensinn also doppelt und nichts auf der Welt wird mich ändern, weder Ihre Bitten noch Ihre Sorgen, soviel der Wind auch herbeitragen mag. Denn ich werde Ihnen sagen, Monsieur, dass ich schon eine Intrige gesponnen habe und dass ich Ihnen vor meiner Niederkunft schon

---

101 Am 25. reiste sie aus Berlin fort.
102 Der Kronprinz war zu den Revuen nach Berlin gekommen.
103 Unter einem Briefe aus dem Jahre 1734 unterschreibt sie: „*Votre très humble spizerle bichberle colombe, petite âme, goldener Engel et servante et soeur Charlotte*".
104 Prinzessin Sophie Caroline wurde am 7. Oktober geboren.
105 Am 5. August schickte sie „*Muster aller Marmorsorten (aus dem Harz); man kann sich schön ein Zimmer mit Marmor ausstatten lassen, aber es ist ein Problem, ihn zu transportieren.*"

die sechstausend Taler auf einmal schicken könnte. Das ist beschlossen und endgültig und es steht weder in Ihrer noch in meiner Macht, diese Absicht zu ändern, denn es ist alles geregelt. Wenn Sie also diese Kostbarkeit wiedersehen wollen, so geschieht das nur im Falle meines Todes, sonst gibt es kein anderes Heilmittel… Sie würden mir großen Kummer bereiten, eine Sache abzulehnen, die mir in keiner Weise Mühe bereitet… Meine Meinung werde ich sicherlich nicht ändern und hinzu kommt, dass Sie bei mir in Ungnade fallen würden, wenn Sie noch mehr Schwierigkeiten machten, die alle sehr unnütz wären… Ich habe ein Fest gegeben anlässlich des Geburtstags des Herzogs [1. August], es gab eine Komödie, „Die drei rivalisierenden Brüder", die die Pagen sehr hübsch gespielt haben; es folgte Musik, abends war der Garten illuminiert und zum Schluss gab es ein Nachtschießen [sic]. Der ganze Parnass war voller Lampions, es wurde getanzt, gesprungen und gespielt bis drei Uhr morgens… Ich war ganz Herzogin von Kopf bis Fuß, denn die beiden Mütter waren auch anwesend und haben Lärm für vier gemacht.

An den Vater   Wolfenbüttel, 6. September 1737

Mein lieber Vater hat gut daran getan, nicht so viele rechtschaffene Leute gegen die Türken zu opfern wie die anderen Herren[106], die dennoch bis jetzt sehr wenig Ruhm erlangt haben und ein schlechtes Gewissen haben müssen, weil sie so viele ihrer Leute haben töten lassen.

An Friedrich   27. September 1737

Ich hatte mich wohl vorbereitet, Sie päpstlich zu empfangen, wenn ich das Glück gehabt hätte, Ihnen hier einen kleinen Empfang zu bereiten, alle Geigen, Flöten und Oboen hatten den Befehl, wohl gestimmt zu erscheinen, ohne falsche Töne, die Sänger und Sängerinnen hätten Gerstenzucker und Sirup gegessen, um ihre Stimmen noch schöner und klarer klingen zu lassen… und schließlich hätte ich Haus und Garten bereitet, damit Sie hier eine angenehme Zeit verleben. Nun sind also alle meine schönen Ideen in Rauch aufgegangen, was mich empört; doch ich muss mich wider Willen trösten… Die Schwiegermutter ist wie gewöhnlich immer in Sorge und ein Plagegeist, aber weder zu mir noch zum Herzog spricht sie darüber, ihre Tochter zu besuchen[107]. Sie haben gut daran getan, diesen Schlag zu parieren, der liebe Gott vergelte es Ihnen. Ich glaube, wenn sie könnte und es hinge von ihr ab, würde sie gern zu Ihnen nach Rheinsberg kommen, denn letztlich ist es ihre immerwährende Unrast, die sie nicht zur Ruhe kommen lässt.

---

106 Der Herzog hatte ein Regiment zum Türkenkrieg geschickt. Sein Bruder Ludwig (geb. 1718) war als Volontär mitgegangen.
107 Die Kronprinzessin.

An den Vater 18. Oktober 1737

Mit großer Freude habe ich den liebenswürdigen Brief meines lieben Papas erhalten, der sehr zur Wiederherstellung meiner Gesundheit beigetragen hat, da ich sehe, dass er immer noch bei guter Laune ist, weil er mich aufzieht mit dem „Unkraut", das ich in die Welt gesetzt habe[108]. Ich hoffe dennoch, dass dieses Kind auch ein wenig Gnade vor seinen Augen finden wird, obwohl es nur ein Mädchen ist, welches ihm ebenso ergeben sein wird wie die Knaben und das versuchen wird, mit der Zeit nicht mehr den Titel Unkraut zu verdienen. Wenn mein lieber Papa einverstanden ist, meine Schwestern Ulrike und Amalie zu ertränken, so bin ich zufrieden, dass meine Tochter in ihrer Gesellschaft zu Grunde geht. Aber dessen ungeachtet möchte ich sie behalten, ich liebe sie sehr, weil sie mir weniger Mühe bereitet hat als die Knaben.

An Friedrich 8. November 1737

Die fragliche Person[109] bezeugt Ihnen ihren Respekt; sie hofft, eines Tages das Glück zu haben, zu Ihren Füßen zu liegen. Die Verzögerung, die ihr zu lang erscheint, macht sie ganz schweigsam und finster, was in einer solchen Situation nicht verwundert. Ich bin, unter uns gesagt, froh, nicht im Schatten seltsamer und übler Launen zu leben, die in einigen Ländern herrschen. Die beste Laune kommt zum Erliegen, wenn einem immer von jedermann widersprochen wird und man von freudlosen Menschen umgeben ist. Es erstaunt nicht, dass Sie in Berlin nicht in guter Stimmung waren, auch kann ich Ihnen sagen, dass es mir wirklichen Kummer bereitet, Sie so verändert und immer krank zu sehen. Der liebe Gott möge Sie vor allen bösen Dingen und Personen bewahren, die Ihnen Sorgen bereiten und Sie krank machen. Gott weiß, wie sehr mich das bedrückt und daher war ich erleichtert, Berlin zu verlassen und werde erst zurückkommen, wenn der Herr [der König] sie so behandelt, wie es sich geziemt. In England gibt es auch schrecklichen Ärger, Vater und Sohn[110] haben sich ernstlich überworfen; sie waren so töricht, ihre Plädoyers in den Zeitungen drucken zu lassen, obwohl alle auf der Seite des Prinzen von Wales stehen. Gott sei Dank, geht es bei Ihnen nicht soweit und ich werde viel beten und Gott um Ihr künftiges Wohl bitten.

An Friedrich 13. Dezember 1737

Ich habe nicht daran gezweifelt, dass Sie Anteil nehmen würden an der Trauer über den Verlust meines zweiten Sohnes[111]. Gott hat es gefallen, ihn zu sich nehmen… Man berichtet, dass die Königin von England[112] gestorben sei; möge der liebe Gott ihre Seele zu sich nehmen. Dieser letzte Tod berührt mich nicht sehr, obwohl die Öffentlichkeit großen Anteil daran nimmt.

---

108 Ihre am 7. Oktober geborene Tochter Caroline.
109 Duhan de Jandun.
110 Georg II. und Friedrich Ludwig, Prinz von Wales.
111 Georg Franz (genannt „Görge"), geb. am 26. September 1736, war am 10. Dezember gestorben.
112 Königin Karoline starb am 1. Dezember.

An den Vater 13. Dezember 1737

Ich bin zutiefst traurig, denn ich kann gegenwärtig nur sagen, dass es ein hübsches Kind war, bei dem der liebe Gott nichts vergessen hatte. Schließlich ist alles, was mich trösten kann, dass es der Wille Gottes war, dem man sich völlig ergeben muss... Das Kind ist an den Zähnen gestorben, dazu kam Husten und schreckliches Erbrechen. Es hat ganz außerordentlich gelitten und war von einer erstaunlichen Geduld. Ich habe es erst verlassen, als es seinen letzten Seufzer getan hatte; zum Schluss sah man, dass es keine Hoffnung mehr gab, ich habe gewünscht, der liebe Gott möge es erlösen, um seine Leiden zu verkürzen. Wir haben alles getan, um ihm zu helfen, so ist es ein zusätzlicher Trost, dass ich mir nichts vorzuwerfen habe. Der Herzog war sehr traurig und war während seiner Krankheit stets um ihn. Gott sei Dank, befinden sich die beiden Kinder, die mir bleiben, sehr wohl. Charles ist ein bisschen verdrießlich wegen seiner Zähne, aber er hat eine sehr gute Konstitution und ist immer guter Laune und das Mädchen steht ihm in nichts nach. Der kleine Verstorbene war immer sehr kränklich und gar nicht fröhlich; ich habe niemals geglaubt, dass er lange leben würde[113].

An den Vater 10. Januar 1738

Von den tausendfünfhundert Mann, die der Herzog nach Ungarn geschickt hat, bleiben nur zweihundert, die noch in der Lage sind, Dienst zu tun... das ist ein großes Elend in Braunschweig, denn alle alten Frauen weinen und raufen sich die Haare und die anderen werden verrückt, was einen sehr bekümmert, wenn man es hört.

An den Vater 13. Februar 1738

Der Herzog schickt alle Fremden, die es hier gibt, nach Ungarn, vor allem viele dänische Deserteure und dann Unglückliche, die seit langem hier die Schubkarre[114] schieben und nur gut dazu sind, zu den Türken geschickt zu werden, damit sie sie in hundert Stücke reißen. Mit allen, die jetzt losziehen, habe ich kein großes Mitleid, weil es Taugenichtse sind aus allen vier Ecken der Welt[115].

---

113 Am 22. Dezember dankte sie dem Vater für seine Anteilnahme, *„der sich sehr interessiert für die Gesundheit meiner Kinder und mir empfiehlt, ihnen nicht zu viel zu essen zu geben. Ich kann meinem lieben Papa demütigst versichern, dass dieses Kind nicht an zu viel Appetit gestorben ist... Charles geht es prächtig, er ist von sehr robustem Temperament. Er präsentiert die Waffen und exerziert schon; er ist sehr drollig und bringt uns sehr zum Lachen, wenn er seine kleinen Verrenkungen macht, er ist wie ein Harlekin. Ich habe genug Personal bei ihnen, das sie beaufsichtigt und ich spare an nichts und vernachlässige nichts, was zu ihrem Wohl ist."* Von dem Sohn Karl hatte sie schon am 10. September geschrieben: *„Wenn man ihm das Porträt meines lieben Papa zeigt, wirft er ihm tausend Küsse zu und ruft: Lieber Großpapa! Er fängt an, alles nachzusprechen wie ein Papagei und wird sehr drollig."*
114 Gemeint ist die Karrenstrafe, eine Arbeitsstrafe z. B. im Steinbruch.
115 Auch der Ersatz, den der Herzog im nächsten Jahr schickte, war nach ihrer Schilderung nicht anders und besser.

An Friedrich Wolfenbüttel, 8. Mai 1738

Bei einer Fahrt nach Blankenburg, um die Herzogin dieses Namens zu besuchen, hat mich der unglückliche D. (Duhan de Jandun) gebeten, Ihnen diesen Brief zu schicken. Ich habe ihm diesen einzigen Trost nicht verweigern können. Schließlich ist er Ihnen gegenüber derselbe, er ist Ihnen immer noch sehr verbunden. Wir haben um Ihretwillen beinahe zusammen geweint, das hilft Ihnen nicht und kann nichts Gutes für Sie bewirken, aber wie Sie wissen, ist es das einzige Heilmittel der Frauen, wenn sie Kummer haben und niedergeschlagen sind. Ihr Zustand, sollte er immer noch derselbe sein, bereitet mir kein Vergnügen; wenn es in meiner Macht stünde, würde ich ihn ändern und es würde kein Glück geben, das Ihnen versagt bliebe.

An Friedrich Braunschweig, 17. August 1738

Die verwitwete Herzoginmutter hat mir berichtet, dass der König ihr beim Abschied[116] gesagt habe, wenn keine bessere Partie für Wilhelm käme, dann wolle er die kleine Charlotte[117] für ihn haben, auch wenn das noch nicht sicher sei. Ich werde mein Möglichstes tun, um die Kleine darauf vorzubereiten, damit sie meinem Bruder Wilhelm gefällt… Ich habe der Mutter gesagt, dass ich ihr raten würde, der Königin etwas von dem zu schreiben, was der König ihr gesagt hat, sonst könnte Mama denken, man wolle ohne ihr Einverständnis intrigieren, und es scheint mir, dass man sie nicht übergehen sollte. Ich erwarte Ihr Buch[118] mit großer Ungeduld … denn im Augenblick brauche ich das Lesen sehr.

An den Vater Braunschweig, 22. August 1738

Der Prinz Ferdinand ist aufgebrochen zu seiner Reise durch Holland, Brabant und die Niederlande[119]; wenn er weiterhin so eifrig ist wie bisher, wird er mit der Zeit ein vollendeter Prinz sein. Die Prinzessin Charlotte ist ebenfalls sehr hübsch und ich lasse sie oft zu mir kommen; sie ist ein sehr gutes Kind.

An Friedrich Braunschweig, 28. August 1738

Sie beschämen mich, wenn Sie sich für die kleine Mahlzeit bedanken, die Sie bei ihrer Durchreise erhalten haben. In Hannover war man nicht erfreut, dass Sie nicht in Herrenhausen diniert haben, denn sie wollten Sie unbedingt sehen und Sie examinieren. Sie hätten sie nicht besser narren können; da der König die Prinzessin von Oranien[120] so gelobt hat, nimmt man dort an, dass man meinem Bruder Wilhelm vielleicht eine der englischen Prinzessinnen geben wird und dass diese Verbindung zu einer Versöhnung führen würde. Die Königin hat mir geantwortet, sie habe wohl geahnt, dass der König die Heirat mit einer hiesigen Prinzessin

---

116 Auf der Rückreise von Kleve waren der König und der Kronprinz vom 12. bis zum 15. August in Braunschweig gewesen.
117 Ihre Schwägerin (geb. 1726).
118 Ciceros Tusculanen.
119 Dem Bruder schrieb sie am 8. September: *„Die Herzoginmutter lässt Ferdinand in alle Welt reisen; zuvor hat sie ihn dazu veranlasst, Körper und Seele darauf vorzubereiten."*
120 Von Kleve aus hatte der König den Erbstatthalter von Holland und dessen Gemahlin, eine Tochter Georgs II., in Loo besucht. Auf dem Rückweg war er an Hannover vorüber gereist.

arrangieren würde, ohne sie zu befragen; es scheint, dass sie dennoch zufrieden damit ist…
Ich habe den dicken Wilhelm [August Wilhelm] sehr zu seinem Vorteil verändert gefunden, er ist ein sehr guter Junge; es fehlt ihm nur ein bisschen an Manieren. Ich glaube, dass er sich noch weiter verändern würde, wenn Sie es ihm sagen würden. Ich würde mir wünschen, bei Ihnen in die Schule zu gehen, dann würde ich ein irdischer Engel, denn ich bin so verrückt, Ihnen ähneln zu wollen, dazu gebe ich mir alle erdenkliche Mühe.
Hier die Antwort der alten Großmutter, die Sie in Ekstase versetzt haben durch Ihren liebenswürdigen Brief… Sie hat mir aus diesem Anlass einen Brief von vier Seiten geschrieben… Was nun die gute Königin betrifft; da sie nichts mehr zu ändern vermag, ist sie es zufrieden… Duhan lebt vier Meilen von Blankenburg entfernt, er legt die Karte des Landes an, um eine Beschäftigung zu haben und scheut davor zurück, Ihnen mit seiner Dankbarkeit zu nahe zu treten.

An Friedrich   Braunschweig, 29. August 1738

Ich habe angenommen, der König würde die Trompete blasen, wenn er in Berlin wäre und Charlotte erwähnen, denn das ist sein kleiner Fehler, bei allem schuldigen Respekt, dass er nicht schweigen kann. Die Königin hat mir nichts mehr davon geschrieben und sie hat auch zu diesem Thema der Herzogin gegenüber nichts geantwortet; aber man weiß, wie die Anbahnungszeit verläuft, dass ihr alle neuen Heiraten missfallen und dann, wenn sie geschlossen worden sind, ist sie rundum zufrieden. Ich habe mit der Herzogin über Ferdinand gesprochen und ihr gesagt, dass der König ihn in seinem Dienst zu sehen wünscht. Sie können versichert sein, dass ich ihr alle Vorteile hinsichtlich des Prinzen aufgezeigt habe, aber ich sehe wohl, dass nichts zu machen ist und dass sie ihn nicht hergeben wird, denn sie hat mir gesagt, dass der Kaiser ihr nach dem Tod ihres Herzogs versprochen hatte, dass er für die ganze Familie Sorge tragen werde, solange er lebe. Ferdinand hat das Versprechen, Kolonel zu werden, nach dem, was die Kaiserin ihm geschrieben hat, er wird das Patent am ersten Tag erhalten; sie hat mir gesagt, dass, wenn es nötig sei, dass er den Dienst wechsle, man dafür die Erlaubnis des Kaisers erbitten müsse und dass dies auf Missbilligung stoßen würde. Um Ihnen die Wahrheit zu sagen, glaube ich, dass sie sich durch die Kaiserin hat überreden lassen, denn diese will ihn [in ihrem Dienst] haben. Da es nicht mein Sohn ist, können sie sich ohne weiteres aus der Sache zurückziehen. Ich habe ihr auch noch gesagt, dass sie sich zurückerinnern solle an das letzte Gespräch, das Sie mit ihr geführt haben, und dass ich fürchte, dass eine Weigerung Sie verärgern würde und den König auch, aber es hat den Anschein, als seien all meine Worte in die Luft gesprochen, denn man erwägt sie kaum…
Aber kommen wir bitte wieder auf die Tusculanen von Cicero[121] zurück; es scheint mir, dass seine Ausführungen über die Furcht vor dem Tod mehr wert sind als all dies hier. Ich bin halb geheilt von den Todesängsten und finde alle seine Argumente sehr richtig und vernünftig, obwohl ich gestehe, dass – abgesehen von aller Philosophie – ich gar nicht gern sterben würde, solange Sie auf der Welt sind, und sollten wir diese Welt beide gemeinsam an einem Tag verlassen, so stelle ich mir vor, dass es kein größeres Glück mehr auf dieser Welt geben kann. Was seine Gedanken über den Schmerz betrifft, stimme ich nicht mit seiner Meinung überein, denn, wenn mir etwas Schmerz verursacht, so ist es nicht wider die Tugend dies zu

---

121 Am 25. August hatte sie dem Bruder für deren Zusendung gedankt.

gestehen, denn die Ursache ist Mutter Natur, die nicht immer die Kraft hat, die Schmerzen zu ertragen. Man sieht wohl, dass Cicero niemals niedergekommen ist; dann glaube ich, läge all seine Philosophie darnieder. Es ist wahr, dass man sich bezwingen und das Übel ein wenig überwinden kann und trotz seiner Spitze gegen die Frauen, dass es bei ihnen nur beim Weinen und Schluchzen bleibe, auch damit bin ich nicht einverstanden, denn ich glaube, dass es welche gibt, die so viel Geistesstärke haben wie Odysseus, als er verletzt war, aber offen gesagt glaube ich, dass, wenn Cicero sehr krank gewesen wäre, er nicht umhin gekonnt hätte zu klagen; denn ich finde, dass dies ein unbeabsichtigtes Übel ist, dessen man sich nicht erwehren kann, wenn man in einer Ausnahmesituation ist… Denken Sie ein wenig an Ihre Magenkoliken und geben Sie zu, selbst wenn dies kein Übel ist, und es sicherlich nicht Ihre Ehre und Tugend berührt, aber dass es die Natur ist, die undirigierbar wird und wo man mit Arzneien zu helfen versucht. Das ist meine Meinung zu Ciceros erstem Band, schlecht oder recht gesagt. Sie werden es mir verzeihen. Ich werde jetzt den zweiten Band lesen, wo er beginnt, über die Niedergeschlagenheit zu sprechen, und werde Ihnen mit der nächsten Post eine kleine Fortsetzung senden.

An Friedrich   Braunschweig, 4. September 1738

Ich habe Mitleid mit meinem Bruder Heinrich wegen der Ohrfeigen, die er erhalten hat. Man berichtet, dass er in Ungnade beim König gefallen sei, weil er einmal gesagt habe, vielleicht in seiner Arglosigkeit, dass er ihn so gut kenne, als ob er ihn erschaffen habe, und dass seit dieser Zeit der König noch mehr gegen ihn aufgebracht sei. Es scheint mir, dass solange die Familie besteht, immer der ein oder andere der Prügelknabe sein wird. Ich empfehle Ihnen allen, die Tusculanen von Cicero zu lesen, um zu lernen, sich in Schmerz und Kummer zu mäßigen, denn ich gestehe Ihnen, dass ich, seitdem ich dieses Buch gelesen habe, in einer ganz anderen Gefühlsverfassung bin als damals, als Sie sich von mir verabschiedet haben. Da ich Gott sei Dank bis jetzt keinen Anlass zur Betrübnis habe, kann ich mich in dieser Sache nicht endgültig festlegen, doch ich kann mir vorstellen, dass es mir sehr schwer fallen würde, diese Theorie umzusetzen, die für meinen kleinen Geist sehr hoch und ein wenig problematisch scheint. Obwohl Cicero sehr gut erläutert, dass es zunächst einmal die erste Wahrnehmung oder die Meinung über die Dinge ist, die unser Handeln – je nach unserem Sinn für Freude oder Traurigkeit – beeinflusst, so glaube ich doch, dass es im ersten Augenblick des Schmerzes nur sehr wenige Menschen gibt, die sich mäßigen können oder zunächst philosophisch darüber nachdenken; aber die Zeit bringt die Ideen zusammen und man lernt sich und die Schwäche seines Geistes näher kennen. Ich stimme in keiner Weise mit Epikur überein, dass man nicht über etwaiges Unglück, das uns treffen kann, nachdenken soll; im Gegenteil, ich finde, wie Cicero sagt, dass es besser ist, sich auf alle Fügungen des Schicksals vorzubereiten, die uns begegnen können… Ich bitte Sie, nicht die Wirkungskraft meiner Fragestellung zu erproben und mir niemals Anlass zur Sorge um Ihre Person zu geben, denn ich fürchte, dass dann all meine Philosophie in sich zusammen fallen würde; und jetzt will ich versuchen, mich mit all diesen großen Gefühlen zu wappnen, um allen Fährnissen zu trotzen solange ich kann, und die Tugend zur Führerin erwählen. Das ist mein Entschluss, den ich Ihnen anvertraue, und ich danke Ihnen für den guten Weg, den Sie mir gewiesen haben, solche gedanklichen Vorsätze zu pflegen, die es wert sind befolgt zu werden…

Sie sind so frei, nach der Person Hohnstedts[122] zu fragen. Um die Wahrheit zu sagen, es ist lange her, dass ich ihn gesehen habe; die meiste Zeit ist er in Wolfenbüttel und wenn er hier ist, ist er immer sinnlos betrunken und da seine Unverschämtheit mit seiner Trunkenheit Schritt hält, mag ich nichts mit ihm zu tun haben. Hohnstedt würde mir das Blaue vom Himmel herunter versprechen; schicken Sie nach Hohnstedt, ganz gleich in welchem Namen, aber nicht in dem meinen; sonst würde der Herzog mir gegenüber misstrauisch werden, aber lassen Sie ihm durch einen Ihrer Offiziere schreiben… dann ist er verpflichtet, sich beim Herzog zu melden; aber ich bitte Sie, schonen Sie mich in dieser Angelegenheit.
PS. Ich nehme mir die Freiheit, Ihnen beiliegend den Tanz zuzusenden, dessen Melodie Sie so hübsch fanden. Wenn Sie noch weitere philosophische Bücher haben, von denen Sie glauben, dass sie im Bereich meiner Auffassungsgabe liegen wie die Tusculanen, würden Sie mir einen Gefallen erweisen, sie mir zu nennen und ich werde Ihnen mit der Zeit zum Mindesten als Lohn die Aufgabe des Bibliothekars meines Geistes übertragen.

An Friedrich   Braunschweig, 8. September 1738

Was die Prinzipien von Cicero anbelangt, so bin ich erfreut, dass Sie meiner Meinung sind. Alle großen Männer haben viele schöne Theorien gepredigt, die sehr gut und nützlich sind für die Gewissensruhe des Menschen, der sie befolgt, aber die Praxis erweist sich als schwierig, weil wir Menschen sind. Wir tragen immer etwas in uns, das nicht von unserem Willen kontrolliert wird, das nicht von uns selbst abhängt, dennoch muss man an sich arbeiten und sich korrigieren, soweit es möglich ist und ich werde damit beginnen und mein Bestes geben. Ich fürchte, Sie werden mich zu philosophisch finden, aber es scheint mir, dass dies ein sehr vernünftiger Weg ist, dem man folgen sollte.

An Friedrich   Braunschweig, 19. September 1738

Ich bin Ihnen sehr dankbar für Ihren kleinen Bericht mit den neuen Vorfällen aus Berlin. In Wahrheit sind sie nicht alle sehr erbaulich, vor allem der Vorfall mit der armen Brandt[123], der das Geschenk des Kurfürsten einen so schlechten Ruf in Berlin verschafft hat und dies aus dem unschuldigsten Anlass der Welt; man hatte ein Glas Wein über ihr verschüttet, das ihr Kleid verdarb; der Kurfürst, ein sehr galanter und großzügiger Prinz, hat zu ihr gesagt: Madame, ich werde das Missgeschick wieder gutmachen; und am nächsten Tag hat er diesen Schmuck gesandt, über den so viel geredet wird und der kaum tausend Taler wert ist. Im Übrigen, selbst wenn sie übertrieben hat, scheint mir, dass das Schicksal gegen sie war und dass dies in keiner Weise die gute Königin anging, die wegen dieser Übertreibung in der Lage wäre, Zwietracht zu stiften zwischen Frau und Mann, so dass in ihm ein Verdacht aufsteigen könnte, der ihn verrückt macht. Ich finde, dass Sie durch Ihr Bemühen, die Angelegenheit

---

122 Es handelte sich um einen großen Rekruten. Auch die Herzogin wollte ihrem Bruder einen solchen verschaffen: im Oktober schrieb sie ihm, ein Franzose, der mit Weib und Kind seiner Religion wegen aus Frankreich gegangen sei, habe sie angebettelt, er wolle nach Berlin; es sei ein *„hübscher Junge"*, 5 Fuß 8 Zoll; sie habe ihm ein Goldstück gegeben, er solle nach Rheinsberg gehen, sich bei Fredersdorf melden; stattdessen habe er es vorgezogen, sich mit dem Geld nach Hamburg auf und davon zu machen.

123 Frau von Brandt (geb. 1710) wurde nachgesagt, viele deutsche Fürsten, darunter der Kurfürst von Köln, hätten ihren Namen berühmt gemacht. Ihr Gemahl war Kammerherr der Königin.

zu klären, ein Werk der Barmherzigkeit vollbracht haben. Ich muss wirklich lachen über den Bürgerkrieg zwischen Heinrich und seinem Lehrer. Sie erzählen das so lustig, dass ich eine Stunde lang wie närrisch vor mich hin gelacht habe, vor allem als ich mir den alten Bock vorgestellt habe, wie er herumgelaufen ist, bis er ins Schnaufen kam; anschließend wird er sicherlich die Königin gescholten haben, weil sie es gewöhnt ist, immer die Sauce abzubekommen, die ihr Bock je nach Laune bereitet hat... Also, um Ihnen die Wahrheit zu sagen, es ist kein großes Vergnügen, bei all diesen Veranstaltungen dabei zu sein und nicht zu Unrecht sind Sie heilfroh, sich ein wenig außer Reichweite zu befinden. Die Kamecke ist mit ihrer Tochter Albertine hier. Die Alte sieht nicht weniger griesgrämig aus als vor ihrer Reise nach Aix; sie scheint indessen mit der Reise sehr zufrieden zu sein und ihre Tochter ist sehr hübsch; sie ist eine gute Gesellschaft für mich, weil ich sie schon so lange kenne; sie erinnert sich an alle Einzelheiten von früher, ihr Gedächtnis ist ziemlich gut, aber es ist ein bisschen so, als lese man eine alte Erzählung. Ich danke Ihnen tausend Mal für die Bücher, die Sie mir zu meiner Freude geschickt haben; ich werde nicht verabsäumen sie zu lesen und Sie ihnen zurückzusenden unter Beifügung meiner bescheidenen Meinung. Ich habe mit der Lektüre des Handbuchs von Epiktet begonnen, der ein ebenso großer Philosoph ist wie Cicero. Es steht fest, dass all diese Heiden uns beschämen, denn sie haben viel größere und großherzigere Gefühle als wir, die wir Christen sind und die wir mit gutem Grund die Gewissheit haben müssten, nach diesem Leben auf ein besseres zu hoffen; sie haben gelebt, nur um zu leben ohne weiteren Trost.

An Friedrich   Braunschweig, 26. September 1738

Da Sie unbedingt darauf bestehen, dass ich Ihnen Rechenschaft ablege über die Rückerstattung der Anteilscheine[124], so geschieht es mit aller nur vorstellbaren Scham, für die Sie die Ursache sind und die mich erröten lässt; ich habe für jeden Anteilschein Anspruch auf sechs Taler; ich glaube, dass sich das auf ungefähr dreißig Taler beläuft. Ich mache wirklich einen beträchtlichen Gewinn und Ihre Großzügigkeit geht sehr weit. Schließlich folge ich der *Heiligen Schrift*: „Gehorsam ist besser denn Opfer". Ich habe begonnen, Fontenelle[125] zu lesen. Der erste Punkt, der die Geduld behandelt, ist schön und verdient, von einem Christen befolgt zu werden; es gibt nichts an diesen Meinungen zu korrigieren, denn sicher ist, dass wenn wir uns selbst kennen, wir alle Strafen der Welt verdienen, obwohl es sehr schwierig ist, Mutter Natur gnädig zu stimmen, die sich immer dagegen wehrt, im Unrecht zu sein, doch wenn wir wirklich Christen sein wollen, müssen wir uns solchen Meinungen unterwerfen, die manchmal unsere Vorstellung übersteigen, denn solange wir leben, folgt uns die Ungeduld. Aber ich glaube, um der Ruhe von Körper, Seele und Geist willen müssen wir uns darauf einlassen, den Prinzipien von Fontenelle zu folgen, denn er gibt uns das Beispiel unseres Herrn, der die Geduld selbst war und der doch nicht dieselben Gründe vorbringen konnte wie wir, denn er war ohne Sünde; umso mehr müssen wir leiden wegen unserer pervertierten Natur

---

124 Am 5. August hatte sie ihm geschrieben: „*Sie haben gebeten, drei Kuxen* [Anteile an einem Bergwerk] *aus dem Harz zu erhalten; ich habe drei für Sie erworben, die zu großen Hoffnungen Anlass geben; jeder kostet zehn Taler. Ich habe das Geld für Sie ausgelegt. Man muss für alle Teile* [quartiers] *einen Taler und sechzehn Groschen bezahlen. Hier ist der Schein, den Sie aufbewahren müssen, damit man, wenn Sie ein Kapital von zehntausend Talern gewinnen, weiß, dass es Ihnen gehört. Ich wünsche inständig, dass sie Erfolg haben mögen.*"

125 Vgl. Oeuvres diverses de Fontenelle par B. Picart à la Haye 1728, I, 353 und 243.

und der liebe Gott hat dennoch immer noch die Gnade, uns nicht mehr aufzuerlegen, als wir tragen können. Da wir Menschen sind, glaube ich, ohne Fontenelle kritisieren zu wollen, dass es erlaubt ist, manchmal von kleinen Anwandlungen von Ungeduld erfasst zu werden, die ich Unabsichtlichkeiten [involontés] nenne, wobei der größte Christ und Philosoph auf der Welt von solchen Anwandlungen nicht ausgenommen ist. Wenn die Geduld am Ende ist, will ich so lange wie möglich dagegen angehen, aber die erste Auflehnung ist sehr schwierig; machen Sie sich jetzt nicht über mich lustig, aber ich gestehe Ihnen, dass ich zum Beispiel, bevor ich niederkomme, sehr ungeduldig werde und niemals mehr Vorwürfe und Verwünschungen gegen Frau Eva ausspreche als in diesen Situationen. Ich denke an die Sünde, die sie begangen hat, und manchmal wünsche ich mir, nicht zu ihren Nachfahren zu gehören und meinem Körper Ruhe gönnen zu können. Aber schließlich war ich nicht dabei, als sie den Apfel nahm, und da ich dieses unwürdige weibliche Wesen nie kennengelernt habe, ist es für mich ein Kampf, mich diesem Gesetz zu unterwerfen, das den Frauen auferlegt wurde und das wegen ihrer (Eva) verdammten Naschhaftigkeit alle die leiden und stöhnen lässt, die die Ursache dieser rigorosen Strafe kennen. Aber ich glaube, dass meine Ausführungen über die Geduld Sie langweilen, doch Sie wollten meine unbedeutende Meinung hören; so lassen Sie mich nun zur Abhandlung von Fontenelle kommen und Sie werden nicht so schnell davonkommen, denn ich komme auf die Geschichte der Orakel zurück, über die, so scheint mir, ich noch viele schöne Dinge zu sagen habe. Zum Beispiel, um die Wahrheit zu sagen, kann ich nicht glauben, dass der liebe Gott gewollt hat, dass durch den Geist des Teufels alle Dinge, die man bis dahin nicht kannte, unter die Menschen gebracht werden sollten. *[Es folgt eine längere Auseinandersetzung.]* Das ist für dieses Mal alles, was ich Ihnen dazu sagen kann; ich erwarte Ihre Antwort, die sicherlich besser sein wird als meine Ausführungen. Mein Geist und meine Fähigkeiten reichen nicht aus, um über die Grenzen von all diesem hinauszugelangen... das Thema ganz auszuschöpfen... Ich lade Sie zu einer neuen Diskussion ein; ich glaube, dass Sie sich innerlich über meine unzulängliche Argumentation erheitern, aber ich teile Ihnen meine Meinung mit, zu der ich durch mein sehr naives Denken gelangt bin, daher entschuldigen Sie gnädig, wenn Narrheit oder Ungeduld sich darunter mischen.

An den Vater   Wolfenbüttel, 3. Oktober 1738

Ich zweifle sehr daran, dass der Prinz Ferdinand[126] katholisch wird, denn er braucht es nicht; und außerdem ist er gefestigt in seiner eigenen Religion und seine Mutter und die ganze Familie würden es nicht dulden. Der Kaiser hat ihm das Patent als Oberstleutnant geschickt und bei der ersten Gelegenheit wird er auf Betreiben der Kaiserin[127] zum Oberst[128] ernannt werden.

---

126 Prinz Ferdinand kam am Ende seiner großen Reise im Januar 1740 nach Wien und reiste mit seinem Bruder Ludwig Ende Mai wieder nach Hause. Am 28. Mai schrieb der König seiner Mutter, der Herzogin Antoinette Amalie: *„Ich hoffe, dass sie ein zu gutes Herz haben und zu fest verankert sind in unserer Religion, um sich jemals dem römischen Katholizismus zuzuwenden."*
127 Seine Tante mütterlicherseits, die Kaiserin Elisabeth Christine, war katholisch geworden.
128 Prinz Ferdinand wurde am 12. September 1738 kaiserlicher Oberst.

An Friedrich 13. Oktober 1738

Ich bin betrübt, wenn Sie meinen Brief, der die Geschichte der Orakel von Fontenelle behandelt, nicht richtig verstanden haben, denn ich stimme ihm zu, wenn er alle Irreführungen durch die Heiden und Priester zurückweist und die Realität der Dämonen verwirft, aber ich wage zu sagen, dass es unmöglich ist, die Geschichte von Thamus und dem König Julis zu glauben; ich schenke ihr keinerlei Glauben. Aber mein Geist reicht nicht so weit, um die ganze Lehrmeinung zu verstehen, die er von unserer Religion und von der jüdischen entwirft, so begnügen Sie sich bitte mit meinem schwachen Gedankengang, der Sie, wenn Sie ihn mit dem von Dreissigmark[129] vergleichen, nicht sehr erbauen wird. Ich bevorzuge die Philosophie von Cicero und Epiktet, die ich gerade von vorn bis hinten gelesen habe. Ich finde diese Lektüren sehr lehrreich und ich versuche, soviel wie möglich davon zu begreifen. Fontenelle hat auch seinen Verdienst, indem er die Irrtümer der Heiden und aller Religionen aufzeigt, aber mein Geist vermag diesem nicht die ganze Essenz zu entnehmen. Ich verlasse mich auf Ihre Erläuterungen. Ich werde Dreissigmark aufsuchen, nun wird es Sie nicht mehr weiter verwundern, warum ich mich so für die Theologie eingesetzt habe. Sie werden unterdessen ein kleiner Gelehrter, da Sie sich ganz dem Studium hingeben.

An den Vater 27. Oktober 1738

Dieses Mal glaube ich, wird es ein Mädchen werden[130]; ich sage dies meinem lieben Papa im Voraus, um ihn darauf vorzubereiten, damit er es nicht schon vorher dazu verdammt, ertränkt zu werden. Dennoch will ich nicht dem Beispiel der Herzogin von Lothringen folgen[131], denn dort gibt es wenig, was einem als Beispiel dienen könnte und ich würde meinem lieben Papa niemals raten, den Spuren Ihrer Kaiserlichen Majestät zu folgen, und es scheint mir, als habe auch mein lieber Papa dazu nur wenig Neigung[132].

An Friedrich 27. Oktober 1738

Meinem Gedächtnis geht es ebenso wie dem Ihrem, denn wenn ich ein Buch dreimal gelesen habe, weiß ich davon kein Wort mehr. Ich habe so viele verschiedene Ideen im Kopf, dass eine Eingebung die andere jagt; das bringt mich in Rage. Ich habe bei meiner Lektüre einen schrecklichen Absturz erlebt, denn nach den Tusculanen und Epiktet lese ich die Amusements von Schwalbach, die stark satirisch sind. Man sagt, dass unser Meister [der König] darin nicht vergessen wird und auch kein anderer Prinz in Deutschland. Ich glaube, man braucht einen Schlüssel, um sie zu unterscheiden.

---

129 Der Hofprediger in Braunschweig.
130 Am 13. November wurde Prinz Christian Ludwig geboren.
131 Die bis dahin geborenen Kinder der Erzherzogin Maria Theresia waren Töchter.
132 Der Türkenkrieg des Kaisers verlief unglücklich.

An den Vater 12. Januar 1739

Wenn mein lieber Papa sich zurückhalten könnte wie eine Person hier, die auch so schrecklich unter Gicht leidet und nichts anderes trinkt als Milch, wäre er sie ganz und gar los, denn diese Person hat, seitdem sie dies tut, keine Gicht mehr. Aber man darf nichts Saures, Bitteres und kein Obst und keine salzigen Speisen essen; sonst darf man alles essen, was man will, und ich glaube, dass dies meinem lieben Papa gut bekommen würde. Es hängt jetzt von meinem lieben Papa ab, mich zu seinem Arzt zu machen und meinem Rat zu folgen oder nicht.

An Friedrich 12. Januar 1739

Ich danke Ihnen für den guten Rat, den Sie die Güte hatten mir zu geben, der Königin regelmäßiger zu schreiben[133]. Ich habe wohl bemerkt, dass sie über mich verärgert war, weil ich an einem Posttag versäumte ihr zu schreiben, weil ich eine Entzündung an den Augen hatte. An vier oder fünf Posttagen war kein Brief von ihr dabei.

An Friedrich Braunschweig, 5. März 1739

Machen Sie sich nicht über mich lustig; aber da ich weiß, dass Sie als guter Bruder die kleinen verdrehten Ideen Ihrer Schwestern entschuldigen, werde ich Ihnen eine von meinen vorstellen. Der Tod von der Hartzen[134] war der Anlass, denn ich habe an ihre Seele gedacht und mir vorgestellt, dass sie aufgrund ihrer treuen Dienste und ihrer guten Taten auf direktem Wege ins Paradies gekommen ist. Ich habe mit jemandem darüber gesprochen, der darin eine Schwierigkeit sah und der mir entgegnet hat, dass die Seele zunächst den Körper verlassen würde, anschließend befinde sie sich in einer gewissen Glückseligkeit; was mich nicht sehr überzeugt hat, denn nach einer Erklärung, die ich bei einem gewissen Engländer gelesen habe, der über die alten und modernen Theologen geschrieben hat, ist das Glück erst dann vollständig, wenn Christus Seele und Körper wieder zusammengeführt hat; zudem sagt derselbe Autor, dass derjenige, bei dem die guten Taten die bösen aufwiegen, mehr Glück als Unglück haben werde und derjenige, bei dem die bösen Taten überwiegen, werde weniger zufrieden sein als der andere; derjenige, der ganz böse sei, werde gar keine Zufriedenheit erlangen und derjenige, der vollständig gut sei, werde vollkommene Ruhe finden. Durch andere Theorien beweist er, dass es keine Verdammnis gibt. Da dieser Autor Theologe ist, beweist er dies anhand von Bibelstellen. Wenn Sie dieses Buch nicht gelesen haben, so werde ich die Ehre haben, es Ihnen zu schicken und ich bin auch der Meinung, dass dieser Autor eine kleine Erscheinung der jenseitigen Welt gehabt hat… Ich habe den Tod des Sokrates gelesen und über seine Gedanken über die Seele nach dem Tod, was mir den Heroismus dieser großen Männer zeigt, die doch Heiden waren, und ich schäme mich dafür, dass wir ihnen nichtige Vorwürfe machen. … Die Prinzessin Waldeck ist nach Wien gefahren, das Gerücht ging um, ihr Bruder[135] wolle sich verheiraten und konvertieren. Sie ist abgereist wie Proserpina im

---

133 Auch undatierte Briefe liebte die Königin nicht.
134 Eine alte Kammerfrau der Königin, die mit ihr 1733 aus Berlin gekommen war.
135 Vielleicht Karl August Friedrich, Kaiserlicher Feldmarschall, und seine ältere Schwester, Marie Wilhelmine Henriette.

Zorn, um den Bruder daran zu hindern, eine solche Dummheit zu begehen. Der Prinz hat sie empfangen wie ein Hund inmitten eines Kegelspiels und hat ihr tausend Beleidigungen gesagt und man sagt, er habe weder daran gedacht sich zu verheiraten noch zu konvertieren; daher hat er sie am ersten Tag zurückgeschickt… Die Königin ist sehr in Sorge wegen der Heirat von Ulrike mit dem Prinzen Karl[136]; sie hat mir geschrieben, wenn ich nach Berlin käme, solle ich versuchen, sie davon abzuhalten. Aber um Gottes Willen sagen Sie nichts davon. Da ich sehr unpässlich bin, habe ich ihr geantwortet, dass es eine große Gnade für mich wäre, ihr in Berlin meine Aufwartung zu machen, aber das hänge nicht von mir ab, aufgrund meiner Unpässlichkeit sei ich zu nichts gut und glaubte, sie nur zu langweilen und was die Heirat von Ulrike betreffe, glaubte ich, sie könne sie eher als ich von dieser Heirat abhalten.

An Friedrich Wolfenbüttel, 27. März 1739

Bezüglich der Beschaffenheit der Seele muss ich Ihnen gestehen, dass ich noch nicht so tief eingedrungen bin, weder in die Theologie noch Philosophie, um in einer so ernsten Sache zu urteilen und ich muss mein Urteil aufschieben; doch ich kann nicht der Meinung zustimmen, dass wir nach dem Tod nichts sein werden, das wäre meiner Meinung nach ein sehr schwacher Trost. Nachdem man in dieser Welt mehr Gutes als Schlechtes erfahren hat, sein Möglichstes getan hat, um das Heil zu verdienen, würde das bedeuten, dass man uns mit den Tieren vergleicht; und wozu hätte uns das Gewissen gedient, das wir auf dieser Welt haben, das ein wirklicher Richter ist und uns in die Lage versetzt, das Gute vom Bösen zu unterscheiden und das uns auch die Hoffnung auf das Heil gibt, gemessen an dem Leben, das wir geführt haben. Die Tiere wissen nicht, was das Gewissen ist, und das ist schon ein großer Unterschied zum Menschen; und denken Sie an den lieben Gott, der so viele schöne Kreaturen nach seinem Bild geschaffen hat, glauben Sie, dass er sie nach ihrem Tod im Nichts enden lassen würde? Dem kann ich nicht zustimmen, denn zu was würde es nützen, auf dieser Welt Gutes zu tun und Gott und meinem Nächsten zu dienen, wenn ich nicht die Hoffnung hätte, dass es mir dank der Gnade Gottes in der anderen Welt besser gehen wird. Ohne Locke Unrecht zu tun, er irrt, wenn er sagt, dass die Kinder, wenn sie auf die Welt kommen, wie Tiere sind; sie haben kein Urteilsvermögen wie Menschen im beweglichen Alter, in dem Alter, in dem sie aufrecht gehen, aber sie zeigen immer ein gewisses Bewusstsein; und der Geist wächst heran, aber die Seele nicht. Sonst müsste es so sein, dass auch die Seele mitwächst, wenn man Kind ist, und das können wir nicht erkennen. Denn, wenn die Seele wachsen würde, bräuchte sie Nahrung und das ist nicht möglich, da sie nicht materiell ist; sie braucht keine Nahrung im herkömmlichen Sinn. Ich stimme zu, wenn Sie sagen, dass der Geist manchmal verkümmert, wenn man alt wird; die Gebrechen des Alters tragen dazu bei, aber wenn ein Mensch auf dem Totenbett liegt, in der Agonie, so ist die Seele nicht beeinträchtigt durch die Schwäche des Körpers, ganz im Gegenteil gibt es Menschen, die mit einer gewissen Stärke sterben und so viele tröstende Dinge sagen, was sie jedoch nicht könnten, wenn ihre Seele auch krank

---

136 Am 23. Mai schreibt sie ihm: *„Ich beklage die arme Königin; ihre Kümmernisse nehmen niemals ein Ende, aber der liebe Gott bewahrt sie uns und gibt ihr die Geduld, alle Widrigkeiten zu ertragen. Man verheiratet Ulrike an viele Prinzen; doch es scheint, als verdiene sie etwas Gutes; es wäre schade, wenn sie schlecht aufgeteilt würde, aber das ist manchmal das Vergnügen des K…"* 1735 hatte es geheißen, sie solle den Prinzen von Wales heiraten, dann 1736 wurde dafür der Erbprinz von Hessen-Darmstadt genannt, seit Mai 1737 war das Projekt im Gange, sie mit Karl, dem König beider Sizilien, zu vermählen.

wäre. Jetzt ist es an mir, Sie um Verzeihung dafür zu bitten, Sie so gelangweilt zu haben mit meiner kleinen wunderlichen Philosophie, aber ich sage Ihnen alles, was ich denke… Man sagt, der Prinz und die Prinzessin von Oranien werden im Frühling nach Berlin kommen. Da Sie zurzeit in Potsdam sind, werde ich Ihnen nicht mehr schreiben, bevor Sie nach Rheinsberg zurückgekehrt sind. Sie hätten Grumbkow, bevor er diese Welt verließ[137], den Auftrag geben sollen, Ihnen zu sagen, in welchem Zustand sich seine Seele befand. Man sagt, der König sei sehr traurig.

An den Vater   10. April 1739

Charles fängt an, das ABC zu lernen und kann sehr gut beten [4 Jahre alt]. Er ist manchmal etwas launisch, wie es alle Kinder sind, aber wenn er ein bisschen die Rute bekommt, wird er sehr nett; für das Mädchen ist es schade, dass es kein Junge ist, denn sie ist ein richtiger Dragoner, aber sie ist überhaupt nicht schön und wenn man (später bei einer Verheiratung) eine Schönheit sucht, wird sie keinen Ehemann finden… Was den kleinen Ludwig[138] anbetrifft, so wird er mit jedem Tag aufgeweckter, aber weil er noch so klein ist, kann man keine großen Dinge über ihn berichten[139].

An Friedrich   10. April 1739

Ich beglückwünsche Sie zu Ihrer Rückkehr nach Hause[140], denn es scheint, nach Ihrem Brief zu urteilen, dass Ihre Zeit in Potsdam nicht allzu gut verlaufen ist. Die Gesundheit des Königs ist noch so instabil und die Krankheit lässt seine Ungeduld noch größer werden, was man auch ohnedies weiß; das kann für die Zuschauer nicht angenehm sein… Ich war sehr überrascht durch Ihren Brief zu erfahren, dass die Herzogin, unsere Schwiegermutter, das Amt des Dompropstes in Brandenburg[141] gefordert hat, denn sie hat mir nicht das Geringste davon gesagt und als ich es dem Herzog gesagt habe, war er noch erstaunter als ich, denn er wusste auch nichts davon und er versichert Ihnen, dass, wenn seine Mutter ihn um Rat gebeten hätte, er sie sicherlich daran gehindert hätte, denn er hat sich weder in die Weigerung seines Bruders noch in all dies eingemischt; er versucht, seine Brüder zu platzieren, so wie es das Schicksal will, wohin Gott und die Vorsehung sie führen. Ich werde in allem Ihren Anordnungen und Befehlen folgen, aber was die Übermittlung dieser kleinen unliebsamen Botschaft an die

---

137 Grumbkow war am 19. März gestorben.
138 Christian Ludwig, geb. am 13. November 1738.
139 Am 8. Juni schrieb sie: *„Charles wird der größte Soldat auf der Welt; von morgens bis abends exerziert und trommelt er, dass die Ohren wehtun. Er geht jetzt mit mir zur Kirche und er verhält sich ganz ruhig. Da er sehr groß geworden ist, will ihm der Herzog Schuhe schenken. Er ist ein richtiger Harlekin."* Schon im Dezember 1738 hatte sie geschrieben: *„Charles hat mir Gesellschaft geleistet, als ich im Wochenbett lag, er hat immer mit mir zu Abend gegessen; er wird jeden Tag drolliger und nichts entgeht ihm. Er ist ein zweiter Ferdinand."* [ihr jüngster Bruder]. Als er im September 1739 nach einem Fieber im Bett bleiben muss: *„Er spielt mit kleinen Soldaten, die er kommandiert."*
140 Der Kronprinz war Anfang Februar aus Potsdam nach Rheinsberg zurückgekehrt; nach einem freundlichen Empfang von Seiten des Königs war Anfang Januar dessen Stimmung wieder zum Schlechten umgeschlagen.
141 Antoinette Amalie wollte die Präbende der Dompropstei in Brandenburg, über die Grumbkow bis zu seinem Tod 1739 verfügte, für einen ihrer Söhne sichern, doch fiel sie zunächst an den Prinzen Moritz von Anhalt, dann an August Heinrich de la Motte Fouqué; erst 1774 erhielt sie Friedrich August von Oels, einer der Söhne der Herzogin Philippine Charlotte.

Herzogin betrifft, das kann ich nicht tun, denn das würde ganz die gute Meinung, die sie von Ihnen hat, zerstören, und würde der Meinung widersprechen, die man über Ihre Seelengröße, Gnade, und Großzügigkeit hat, und ich, die im Gegensatz dazu, Ihnen nur Applaus und Lob spende bei jeder Gelegenheit, wenn ich das sagen würde, so würden Sie mich veranlassen, ein wenig zu lügen; denn ich nehme an, dass sie sehr Unrecht daran getan hat, Ihnen ihren Sohn vorzuenthalten; muss man sich wegen einer solchen Bagatelle so revanchieren? Wo bleibt da die Philosophie? Es scheint, als trage der Wind sie davon. Alles, was ich Ihnen sagen kann, ist, dass ich glaube, dass sie künftig nichts mehr fordern wird und sich bemühen wird, Ihrem Rat zu folgen, denn sagen Sie, was Sie wollen, es ist unmöglich, dass Sie gegen irgendjemanden Groll hegen; Sie haben zu viel Geist und einen zu guten Charakter. Was die Kaiserin anbetrifft, so geht es ihr sehr gut[142], der Kaiser hat die Gicht, er hat das Bett gehütet und sie war ein wenig erkältet; sonst gibt es kein Anzeichen des Todes, und wenn sie stirbt, halte ich mich an das Schicksal und weder erhöhe noch erniedrige ich mich … Ich glaube, meine Philosophie wird am Ende sein, wenn Sie auf eine Veränderung meiner Gefühle warten, die fortbestehen, ebenso wie die Ihren, und ich habe die gute Hoffnung, dass meine Gefühle über die Ihren triumphieren werden.

An Friedrich 17. April 1739

Wenn ich etwas zu Ihrer Zufriedenheit in der Welt beitragen könnte, Gott weiß, dass ich es tun würde, aber es ist das größte Unglück, dass ich eine nutzlose Person bin, die nicht das Gute bewirken kann, was sie möchte. Wie Sie sehen, folge ich Ihrem Rat und werde politisch, denn es scheint mir, dass dies in dieser Welt ein wenig vonnöten ist, und ich rate Ihnen, es auch immer zu sein; so werden Sie nichts zu bereuen haben. Nun wird Anton Ulrich[143] also die russische Prinzessin heiraten. Unsere Schwiegermutter ist darüber entzückt. Ohne Ihre Aufforderung abzuwarten habe ich ihr bereits Glückwünsche von Ihnen überbracht, ich meinte gut daran zu tun, denn manchmal erhöhen solche kleinen Aufmerksamkeiten das Vertrauen[144].

An Friedrich 24. April 1739

Ich bin untröstlich, Sie in meinem letzten Brief voreilig getadelt zu haben, aber ich muss Ihnen sagen, dass dies in keiner Weise meine Absicht war, denn es gab keinen Anlass, und selbst wenn es einen gegeben hätte, so weiß ich, welchen Respekt ich Ihnen schulde, um mir keine solche Freiheit herauszunehmen. Es kann auch sein, dass ich mich in meinem Brief ungeschickt ausgedrückt habe, was künftig nicht mehr geschehen soll. Aber ich muss Ihnen sagen, dass ich solch eine gute Meinung von Ihnen habe, dass ich überzeugt bin, dass Sie sich nicht über jemanden erzürnen könnten; und selbst wenn Sie so erscheinen wollten, Ihr gutes und gnädiges Herz würde es nicht zulassen, vor allem lebe ich in der Gewissheit, dass

---

142 Es hatte geheißen, sie sei schwer erkrankt.
143 Ihr Schwager, der seit Februar 1733 in Russland war, heiratete am 14. Juli 1739 die Mecklenburgische Prinzessin Elisabeth, die Erbin des russischen Reiches.
144 Am Schluss schreibt sie, eine Einladung nach Berlin habe sie wegen ihres Zustandes ausgeschlagen, damit er länger in Rheinsberg bleiben könne; *„wenn Sie nicht in der Gunst des Königs stehen, so gestehe ich Ihnen, dass ich es gar nicht mag, bei all dem Ärger anwesend zu sein."*

Sie mir wohlgesinnt sind. Ich wage Ihnen zu sagen, was ich denke und ich bin entzückt, von Ihnen korrigiert zu werden. Gegenüber dem König schweige ich, weil er unser Vater ist, aber ich denke deshalb nicht weniger an ihn, und an Sie denke ich wie an einen Bruder, den ich bis zur Anbetung liebe... Ich hoffe, Sie haben jetzt schon alles vergessen oder ich erhänge mich. Die Schwiegermutter war verärgert über das, was die Prinzessin ihr über den König[145] geschrieben hat, aber die Heirat ihres Sohnes hat sie es vergessen lassen. Ich gestehe Ihnen, dass ich sehr besorgt bin um die Gesundheit meiner armen Schwester in Bayreuth, denn sie hat mir geschrieben, dass es ihr immer schlechter gehe und dass sie zu nichts mehr tauge. Ich verstehe nicht, welche Krankheit es sein kann; ich fürchte, dass es die Schwindsucht ist und dass sie sich ruiniert, denn ich habe mit jemandem aus Bayreuth gesprochen, der mir gesagt hat, sie sei spindeldürr. Ich wünschte, der König schickte ihr einen guten Arzt, denn sie haben keinen und man sagt, dass sie zu Superville[146] Vertrauen hat.

An Friedrich   1. Mai 1739

Sie geben der Schwiegermutter den passenden Namen, den sie verdient, denn, unter uns gesagt, ist sie verrückter denn je und man kann sie zu Recht die Frau mit den zahlreichen Vorhaben nennen, denn sie schmiedet unentwegt welche, die einen lächerlicher als die anderen, und ich glaube, dass Sie froh sein können, sich nicht in ihrer Gesellschaft zu befinden, denn sie ist überaus ermüdend. Der König hat mir geschrieben, er verbiete all seinen Dienern, weder von mir noch vom Herzog Geschenke anzunehmen, wenn wir nach Berlin kommen. Ich habe mir die Freiheit genommen, ihm zu antworten, dass es nicht die Reisekosten seien, die mich von dem Glück abhielten, ihm meine Aufwartung zu machen. Sollte es meine Gesundheit erlauben, so würde ich gehorchen und ihm meine Reverenz in Berlin erweisen. Ich warte noch auf seine Antwort; mein gesundheitliches Befinden wird den Ausschlag geben[147].

An Friedrich   11. Mai 1739

Um Ihnen die Wahrheit zu sagen, bin ich wenig erbaut über die Heirat der armen Ulrike und ich gestehe Ihnen offen, dass ich ihr Schicksal beklage, denn es scheint mir, dass sie einen besseren verdient; aber es scheint, dass nicht das Glück unsere Familie leitet und dass alles von den guten oder schlechten Launen des Maître [König] abhängt. Man spricht darüber schon lange, aber ich habe immer gehofft, dass nichts daran sei. Unter uns gesagt wird man sich überall schrecklich lustig machen über eine solche Verbindung, die dem Maître nichts einbringt und die ihm nicht viel Ehre machen wird. Aber für mich habe ich den Entschluss gefasst, wenn alles verkündet wird, so zu tun, als empfinde ich große Freude, um auf diese Weise viele andere Personen zu täuschen, die sich darüber lustig machen und sich innerlich amüsieren. Sie werden sagen, dass mich all das nicht betreffe und dass das nicht meine Angelegenheiten seien, aber ich interessiere mich so sehr für alles, was meiner Familie widerfährt, dass es mir unmöglich ist, keine Kränkung zu empfinden, wenn etwas nicht so läuft wie es

---

145 In der oben erwähnten Magdeburgischen Angelegenheit.
146 Der königliche Leibarzt Superville, der im Juli und August 1738 in Bayreuth gewesen war, ging im Mai 1739 wieder hin und blieb bis 1748.
147 Die Prinzessin Anna Amalie, „nur eine Tochter", wie sie dem Vater meldete, wurde am 24. Oktober geboren.

könnte und sollte, darüber hinaus habe ich ein übergroßes Interesse, wenn es um den Ruhm und das Glück unseres Hauses geht. Sie können versichert sein, dass ich darüber kein Wort an die Königin schreiben werde, aber ich habe wohl in ihren Briefen bemerkt, dass sie einige Sorgen mit sich herumträgt, denn sie schrieb mir mit der letzten Post, dass sie mich gern sehen wolle, um mir Dinge anzuvertrauen, die sie auf dem Herzen habe. Wenn ich nicht in dem albernen Zustand der Schwangerschaft wäre, hätte ich ihr [der Königin] sehr gern meine Aufwartung gemacht. Aber Sie verstehen wohl, dass es für mich kein Fest ist zu reisen, wenn man immer leidend und unpässlich ist, so habe ich mich so gut wie möglich entschuldigt. Dies sage ich Ihnen im Vertrauen und als aufrichtige Freundin, die offen mit Ihnen sprechen kann, denn ich glaube, dass Sie schweigen können und wohl wissen, dass Diskretion nicht jedermanns Sache ist. Selbst wenn ich etwas sagen oder schreiben könnte, würde ich es aus Angst vor den Konsequenzen, die mich verdächtig machen würden, nicht tun. Tun Sie mir den Gefallen, diesen Brief zu verbrennen. Wenn die Feder es erlauben würde, würde ich Ihnen viel mehr berichten, aber es geht nicht. Ich bin entzückt, dass Sie sich mit Ihrer Situation etwas arrangiert haben; es ist eine Schande, dass man Ihnen nicht das gibt, was Ihnen zusteht; das erstaunt einen jeden.

An Friedrich 12. Juni 1739

Ich kann Ihnen versichern, dass nichts dem Entzücken gleichkommt, das ich empfand, als ich aus dem Munde des Vaters lobende und gerechte Worte über Sie vernahm. Gebe Gott, dass dieses glückliche und gute Einvernehmen fortdauern und von Minute zu Minute größer werden möge, ohne dass der Teufel und seine infamen Abkömmlinge[148] es wagen, Streit und Zank zu säen. Ich rate Ihnen, dass wenn sie nun schon auf gutem Fuß mit dem König stehen, was Ihren Verbündeten oder Feinden viel Furcht einflößt, diese zu schonen. Wenn ich einmal die Ehre hätte, mit Ihnen zu sprechen, könnte ich viele Gründe nennen, aber ich vergesse, dass ich im Vergleich zu Ihnen ein grober Klotz bin … schließlich, wenn ich zu viel rede, bitte ich Sie um Verzeihung, aber Sie kennen das Sprichwort: Wes das Herze voll ist, geht der Mund über. Ich hoffe, dass sich bald die 10.000 Taler[149] zu den 4.000 Talern gesellen werden, die Sie bereits erhalten haben. … Gott sei Dank wird es nicht zu der Heirat von Ulrike kommen, denn ich fürchte mit gutem Grund, dass dies der armen Königin einen tödlichen Kummer bereitet hätte.

An Friedrich Salzdahlum, 22. Juni 1739

Gott sei Dank … dass Sie jetzt Anlass haben, froh gestimmt zu sein. Gott sei gelobt, der diejenigen abberufen hat und beizeiten von der Bühne hat abtreten lassen, die versuchten, Ihnen Unrecht zu tun und beim König zu schaden; man sieht, dass die Zeit alles an den Tag bringt und dass sich die Waage der Gerechten zu Ungunsten der Bösen neigt. Ich hoffe, dass die Reise nach Preußen[150] angenehmer verlaufen wird, als sie ohne Ihr Einvernehmen mit

---

148 Wie Grumbkow, dessen Tod den Frieden „im allgemeinen und besonderen" wiederhergestellt hatte.
149 Bei der Revue des Regimentes des Kronprinzen am 9. Juni hatte der König sich einige Rekruten daraus für sein Regiment genommen und dem Kronprinzen dafür 10.865 Taler geschenkt.
150 Im Juli ging der König mit dem Kronprinzen nach Preußen.

dem Vater verlaufen wäre... Da Sie die Güte haben, mir großzügig Ihre Dienste anzubieten, bin ich so kühn, sie diesmal in Anspruch zu nehmen, doch nicht so sehr für meine Person als um die Gunst der hiesigen Mütter zu erlangen, die versessen sind auf Bernstein und denen ich mit einigen kleinen Geschenken eine große Freude bereiten würde. Wenn es Ihnen keine allzu großen Ungelegenheiten bereitet, schicken Sie mir einige Kleinigkeiten für sie und vergessen Sie vor allem nicht die Filetnadeln, um Knoten zu machen, denn sie bewegen ihre Finger so gern.

An Friedrich 29. Juli 1739

Ich habe eine kleine Fieberattacke gehabt und habe nicht daran gezweifelt, die Reise in die andere Welt anzutreten, aber wie Sie wissen, Unkraut vergeht nicht; ich habe dieses Sprichwort wahrgemacht und fange jetzt an, mich ein bisschen zu erholen, doch mit Mühen, ich muss meine Kräfte schonen, um keinen Rückfall zu erleiden, und eine schreckliche Diät einhalten, was mir sehr unangenehm ist... Ich habe mich hier wie in einem Lazarett befunden. Erst hat der Herzog die Masern bekommen und dann der kleine Charles[151] und ich selbst habe den Reigen beschlossen... Die Königin schrieb mir, dass meine Schwester in Bayreuth nach Montpellier gehen würde[152]; ich nehme diese Reise als gutes Zeichen. Ich bitte Sie um Verzeihung für das Wirrwarr in diesem Brief, aber ich bin noch ein wenig erschöpft. Übermitteln sie dem dicken Wilhelm [August Wilhelm] meine besten Wünsche, ich hoffe, er wird es nicht übelnehmen, dass ich ihm noch nicht auf seinen Brief geantwortet habe.

An Friedrich 4. Dezember 1739

Ich weiß noch gar nicht, was ich tun soll, falls der König die Herzogin einladen sollte, ob es in meiner Macht stehen wird, sie an dieser Reise zu hindern; und obwohl ich gern der Königin zu Diensten sein möchte, bin ich ein wenig in Verlegenheit wegen des Auftrages, den sie mir in dieser Sache erteilt hat. Ich glaube, dass die Königin dies [die Reise] eher verhindern könnte als ich, indem sie mit dem König spricht; obendrein würde ich hier Unannehmlichkeiten bekommen und das vermeide ich, wo immer ich kann. Aber bis jetzt hat der König noch nichts geschrieben. Der Herzog und ich sind sehr froh über die besagte Heirat[153] und ich gebe den beiden meinen Segen; und wenn es nach mir ginge, ich wäre nicht dagegen und ich würde keine Schwierigkeiten machen wegen Prinzessin Luise, die sich gut bei Ihnen einfügen wird, denn sie hat einen guten Charakter und mischt sich in nichts ein. Ich werde über all dies schweigen und werde Ihnen so zeigen, dass ich in dieser Hinsicht keine Frau bin.
PS. Ich danke Ihnen untertänigst, dass Sie mir die Gnade erwiesen haben, mich in den Bayard-Orden[154] aufzunehmen, womit ich mich anschicke, diesen Brief zu besiegeln. Ich beteuere Ihnen, die geheiligten Regeln dieses erhabenen Ordens mit unveränderlicher Exaktheit zu befolgen und gegenüber allem, was darin festgelegt ist, einen unendlichen Gehorsam zu zeigen.

---

151 Sie war in der Zeit nicht zum Herzog gegangen; um die Kinder nicht anzustecken, ließ sie sie um sie zu sehen, ans Fenster kommen.
152 Die Reise unterblieb wegen Erkrankung des Markgrafen.
153 Die Verlobung ihrer Schwägerin Luise Amalie (geb. 1722) mit ihrem Bruder August Wilhelm.
154 Den der Kronprinz in Rheinsberg gestiftet hatte.

An den Vater Wolfenbüttel, 20. Januar 1740

Charles hat mich nach allem gefragt, was ich in Berlin gesehen habe[155] und als ich ihm gesagt habe, dass mein lieber Papa mir befohlen hat, ihn mitzubringen, wenn ich wieder einmal nach Berlin fahre, ist er vor Freude in die Luft gesprungen. Er sagte, er wünschte sehr, dies würde noch zur Stunde sein, und jetzt quält er mich immer, dass er bald nach Berlin reisen will. Ich fragte ihn, ob er meinen lieben Papa noch kennen würde; er sagte: „Ja" und dass er meinen lieben Papa gesehen hätte in Salzdahlum und Braunschweig[156] und dass er einen blauen Rock angehabt hätte, und als ich sagte, er solle für meinen lieben Papa beten, weil dieser krank sei, sagte er: „Oh, armer Großpapa ist krank," und er war aufrichtig betrübt[157].

An Friedrich Wolfenbüttel, 25. Januar 1740

Ich bitte Sie, mich zu hassen, damit ich unsere Trennung nicht mehr bedauere und tun Sie etwas, was mich erzürnt. Doch damit würden Sie die allergrößte Mühe haben, denn es würde Ihnen niemals gelingen und es wäre für Sie wie eine der Strafen, die es in den Elysischen Gefilden gibt: alles auf der Welt tun, um mich zu erzürnen und es nie zu erreichen… Sie haben gut daran getan, sich aus dem Berliner Labyrinth zurückzuziehen. Zurzeit irrt die Königin darin umher, denn sie ist verärgert Ihretwegen und wegen der Prinzessin. Ich fürchte, der arme Wilhelm wird bei alledem der Leidtragende sein… denn sie hatte sich vorgenommen, ihm nach meiner Abreise tüchtig den Kopf zu waschen. Was mich anbetrifft, so habe ich bemerkt, dass ich nicht sehr in ihrer Gunst stehe, weil ich nicht mehr gegen die Heirat von Wilhelm bin… Ich habe ihr die Kopie des Briefes geschickt, den der König mir geschrieben hat, bevor ich nach Berlin fuhr und die Antwort, die ich ihm gegeben habe. Die hiesige Mutter ist sehr zufrieden mit der Heirat; ich habe ihr gesagt, welchen Auftrag mir der König erteilt hatte im Hinblick auf ihre Töchter, sie dankt dem König dafür… Die Luise ist schöner geworden, seitdem ich sie gesehen habe und man muntert sie auf so gut wie man kann. Ich habe der Schwiegermutter gesagt, dass Sie zufrieden seien mit der Prinzessin und dass es ein Vergnügen sei, Sie beide zusammen zu sehen… Haben Sie die Güte, mir das Rezept für die Rinderrouladen[158] zu schicken, die ich die Ehre hatte, bei Ihnen zu essen. Sie waren ausgezeichnet und beim bloßen Gedanken daran, lecke ich mir alle zehn Finger.

---

155 Der Herzog und die Herzogin waren von Mitte Dezember bis Mitte Januar in Berlin gewesen.
156 1738.
157 An demselben Tag schreibt die Herzogin der Kronprinzessin: „*Schreiben Sie mir bitte, da die Mutter gegen mich ist und seit meiner Abwesenheit nicht von mir gesprochen hat, in dem Wissen, dass die Abwesenden immer Unrecht haben. Schreiben Sie auch, ob man noch von der Heirat von Wilhelm spricht. Ich kann Ihnen versichern, dass Luise schöner geworden ist und dass sie sehr angenehme Gesichtszüge bekommen hat, seitdem ich sie nicht mehr gesehen habe; es fehlt ihr nur ein wenig an Lebhaftigkeit und Konversation, aber ich zweifle nicht, dass das kommen wird.*"
158 Auch sonst schickt die Herzogin Kochrezepte an den Vater oder den Bruder oder bittet darum.

An den Vater Braunschweig, 31. Januar 1740

Keck [der braunschweigische Leibarzt] sagt, dass mein lieber Papa sich ruhig verhalten soll; das ist die grundlegende Kur, die er verordnet. Gebe Gott, dass mein lieber Papa dies tut und alles beherzigt, was ich ihm schreibe. Mein lieber Papa, der überdies so rastlos ist, sollte sich einmal in Ruhe üben, um den guten Effekt zu sehen, den dies auf seine Gesundheit haben wird. Keck korrespondiert mit Eller[159] und dieser soll meinem lieben Papa die Briefe vorlesen, damit er sieht, dass ich nichts Falsches behaupte. Ich beschäftige mich eifrig mit der Medizin, um den ganzen Gesundheitszustand meines lieben Papas kennenzulernen, der mir so sehr am Herzen liegt.

An Friedrich Braunschweig, 4. Februar 1740

Seien Sie überzeugt, dass Sie mir über alle Maßen leidtun und dass es niemanden gibt, der mehr Mitleid mit Ihnen hat als ich und wenn meine Gebete Ihnen etwas helfen, so hätte ich auch die Geduld, vier anstatt zwei Messen lesen lassen und würde sie ohne zu klagen anhören. Ich sehe, dass es für Sie nicht mehr schlimmer kommen kann und dass es nicht den Anschein einer Wendung zum Guten gibt. Ich brauche Ihnen nicht Geduld zu predigen, denn ich glaube, dass Sie sie mit aller Kraft üben, und sobald ich mich wieder entfernt habe, werden Sie sagen, dass ich vergeblich predige. Das ist wahr, denn am Ende gehen einem alle schönen Worte aus und man weiß keinen Rat mehr… Da Sie unser Beschützer und Beistand sind, muss ich Ihnen mitteilen, was meine Schwester in Ansbach mir geschrieben hat, dass der Hofmarschall von Seckendorf von ihrem Hof nach Berlin kommen wird, geschickt vom Markgrafen[160], um ihn beim König und der Königin zu rechtfertigen wegen seines schlechten Benehmens, das er, wie man sagt, meiner Schwester gegenüber gezeigt hat. Sie hat mich gebeten, Ihnen zu schreiben, dass Sie es so anstellen sollen, dass der König und die Königin nicht zu gnädig mit Seckendorf umgehen, denn sie fürchtet, er könne den König und die Königin gegen sie aufbringen und dann sei sie verloren. Meine Schwester wird Ihnen auch schreiben. Sie ist sehr zu beklagen; sie schreibt, Seckendorf sei ein sehr unehrlicher Mann. Ich schicke Ihnen den ganzen Brief meiner Schwester. Ich frage Sie um Rat, ob Sie glauben, dass ich etwas davon dem König und der Königin sagen soll, sonst könnte vielleicht Seckendorf den König und die Königin gegen unsere Schwester einnehmen.

---

159 Der Leibarzt des Königs.

160 Die Sendung des der Markgräfin besonders feindlichen Hofmarschalls Seckendorf nach Berlin sollte des Königs Plan zuvorkommen, den Geheimen Kriegsrat von Klinggräfen nach Ansbach zu schicken.

An Friedrich 5. Februar 1740

Der Herzog hat unaufgefordert den Arzt [Keck][161] losgeschickt; wir haben ihn über alles informiert, wie Sie es befohlen haben. Es ist ein ehrlicher Mann, dem Sie vertrauen können. Er wird Ihnen die Wahrheit über alles sagen. Was mich angeht, so komme ich gern nach Berlin. Haben Sie die Güte, Ihr Versprechen zu halten und senden Sie mir eine Nachricht; ich werde unverzüglich kommen. Es ist um meinetwillen. Ich kann Ihnen nicht sagen, in welcher Sorge ich bin, aber ich verlasse mich auf Sie. Charlotte[162].

An Friedrich 12. Februar 1740

Es ist mir unmöglich, nicht bekümmert darüber zu sein, dass sie sich alle in einer solch verworrenen Situation befinden, denn ich fürchte immer, dass auch Sie darüber krank werden könnten, je mehr Sie sich sorgen und quälen, und Sie können sich leicht vorstellen, dass, wenn man seine Familie so sehr liebt wie ich, es unmöglich ist, in einer solchen Situation ruhig und gleichgültig zu bleiben.

An den Vater 17. Februar 1740[163]

Ich flehe meinen lieben Papa an, wenn er noch ein wenig Gnade für mich hat, gute Haltung zu bewahren und den Ärzten Eller und Keck zu folgen, welche vertrauenswürdige Männer sind und meinem lieben Papa nicht das geringste Böse zufügen werden, vorausgesetzt er hat Geduld. Ich hoffe, so es Gott gefällt, dass mein lieber Papa diese Krankheit durchstehen wird und ich bete zum lieben Gott, er möge ihm Geduld geben. Ich fürchte wohl, dass es nur langsam vorangehen wird, bevor sich mein lieber Papa ganz erholt, aber auch eine gute Diät kann viel zu einer baldigen Genesung beitragen.

An Friedrich 24. Februar 1740

Ich war Ihretwegen sehr besorgt, als ich erfahren habe, dass Sie Ihre bösen Koliken bekommen haben und dass Sie unter Fieberphantasien leiden. Ich zweifle nicht, dass sie verursacht wurden durch die ganze Galle, die Sie seit einiger Zeit angesammelt haben und wofür Ihre arme Gesundheit immer den Tribut zahlt. Schonen Sie sie bitte, damit aus einem Unglück nicht zwei werden. Sie müssen unbedingt gesund bleiben, die Stellung verlangt dies und Sie

---

161 Anfang Februar hatte der Kronprinz dem Herzog geschrieben: „*Der König liegt im Sterben. Man wird Ihnen schreiben, damit Sie uns Keck schicken. Sagen Sie diesem Arzt und befehlen Sie es ihm, der Königin und mir nicht die Wahrheit über den Zustand des Königs zu sagen. Bereiten Sie meine Schwester auf das bevorstehende Ereignis vor und fragen Sie sie, ob sie ihren Vater sehen will für den Fall, dass es sehr schlecht um ihn steht. Wenn sie will, werde ich Pferde bestellen und ihr eine Eilnachricht schicken. Um Gottes Willen geben Sie Acht auf sie und erschrecken Sie sie nicht.*"

162 Der Brief der Herzogin ist ganz schnell hingeschrieben. Am 7. dankte der Kronprinz für die Entsendung Kecks; am 8. schrieb die Herzogin von ihm: „*Er versteht sein Handwerk und wenn es eine Möglichkeit gibt, dem König zu helfen, so bin ich überzeugt, dass es ihm gelingen wird, denn er geht nicht zufällig vor, sondern er untersucht die Krankheit gründlich.*"

163 Am 14. schrieb der Kronprinz dem Herzog, es stünde mit dem König schlechter als man gedacht habe; Keck mache keine Hoffnung mehr, er werde noch einige Tage warten, ehe er der Schwester schreibe, und sich freuen, wenn sie würde kommen können; der Herzog möge sie auf das Schlimmste vorbereiten.

selbst sind dazu verpflichtet. Es bringt mich auf, dass ich hier bin, beschützt vor allem Ungemach, und Sie von Kopf bis Fuß inmitten tragischer Geschichten weiß und dass ich Ihnen nicht helfen kann. Ich werde es vermerken, wenn ich einmal gute und erfreuliche Nachrichten aus Berlin erhalte, denn seit meiner Rückkehr gibt es nur Trauriges[164].

An Friedrich   Braunschweig, 28. Februar

Ich sende Ihnen diesen Boten, um Ihnen mitzuteilen, dass die Königin mir durch Keck hat schreiben lassen, dass der König mich nicht sehen wolle, weil ihm das zu sehr zu Herzen gehe, sondern dass ich dem König schreiben solle, wenn ich nach Berlin kommen wolle. Da ich, um die Wahrheit zu sagen, Ihnen mehr vertraue als dem ganzen Rest und da ich die Sorgen unserer lieben Mutter kenne, bitte ich Sie als guter Freund um Rat, was Sie glauben, was das Beste ist, das ich tun soll. Ich habe der Königin mit demselben Boten geantwortet, der mir überbracht hatte, dass es dem König besser gehe, dass ich mich nicht gedrängt habe zu kommen, weil dies außerdem ein schreckliches Gerede auslösen würde und man überall glauben würde, der König liege im Sterben; ich glaube, das würde dem König nicht gefallen, und ich kann nicht glauben, dass es um den König so schlecht steht, denn er hat mir noch eigenhändig einen langen Brief geschrieben. Da Sie besser um die Gefahr wissen als die anderen und ich nichts ohne Ihre Zustimmung unternehmen werde, versuchen Sie bitte, mit der Königin darüber zu sprechen … Haben Sie die Güte, mir umgehend durch den Boten zu antworten.

An Friedrich   [März 1740]

Um Ihnen die Wahrheit zu sagen, ich bin froh, dass Sie mich im Augenblick nicht sehen können, denn ich habe eine Laune schlimmer als der König und bin hypochondrisch und in höchstem Maße aufgewühlt; Sie werden das nicht gutheißen … Als Heilmittel, wenn ich so übler Laune bin, lese ich philosophische Schriften; ich habe Reinbeck gelesen, dieses deutsche Buch über die Unsterblichkeit der Seele[165], das sehr vernünftig ist und dem ich gern Glauben schenke, weil ich demzufolge nach dem Tod frei bin im Denken. Das, worum ich Sie bitte, ist … haben Sie Mitleid mit mir und beten Sie zu Gott, dass ich Sie nach neun Monaten sehr schnell zum Onkel machen möge[166].

---

164 Am 9. März schrieb sie ihm: *„Ich bin betrübt zu erfahren, dass Sie unpässlich waren. Die Königin hat mir geschrieben, es sei das Frieselfieber, das ziemlich gefährlich ist, aber da Sie mir schreiben, dass es sich um eine Aufwallung des Blutes handelt, glaube ich lieber das letztere."*

165 Reinbeck, Philosophische Gedanken von der Unsterblichkeit der Seele. Das Buch war eben erschienen.

166 Prinz Friedrich wurde am 29. Oktober geboren.

An Friedrich 7. März 1740[167]

Ich ergebe mich ganz dem Willen Gottes, denn ich weiß, er hat ebenso die Macht über das Leben und den Tod eines hohen Herrn wie er Macht hat über einen Bauern; das, was Sie vom König schreiben, bereitet mir unendlichen Schmerz. Alle Ängste und Sorgen überkommen mich, denn ich nehme aufrichtig Anteil an allem, was Sie und die ganze Familie betrifft und ich bin betrübt, dass ich nichts weiter tun kann, als zu Gott zu beten für Sie und dafür, dass der König die Geduld haben möge, das zu ertragen, was noch an Leiden vor ihm liegt, und sich darein zu ergeben.

An den Vater Braunschweig 11. März 1740

Ich kann wohl sagen, dass ich untröstlich war über den Abschied, den mein lieber Papa durch Mama von mir genommen hat, und ich war ganz außer mir, bis ich den gnädigen Brief von meinem lieben Papa erhalten habe, der mich mehr erfreut hat als jemals zuvor, weil ich sehe, dass mein lieber Papa noch lebt und dass er mir durch die Gnade Gottes zum ersten Mal schreibt, er fühle sich ein wenig besser.

An den Vater 18. März 1740

Wenn mein lieber Papa seine Diät gut durchhält, liebt er mich und denkt an mich, aber wenn er nicht den Vorschriften folgt, die man ihm macht, so denkt er nicht an seine liebe Tochter und ich habe doppelten Kummer, und mein lieber Papa wird alle Ärzte wie Esel aussehen lassen, wenn er nicht das tut, was sie wollen; es gibt keinen anderen Weg, ihm zu helfen.

An den Vater 25. März 1740[168]

Ich flehe meinen lieben Papa an, mir alles zu verzeihen, sollte ich ihn in meinem Leben in einer Sache verletzt haben, was ich sicherlich nicht mit Absicht getan habe… Ich erbitte nur den Segen meines lieben Papa für mich und meine Familie.

An Friedrich 26. März 1740

Angesichts meiner Trauer darüber, dass es um den König so schlecht steht und es keine Hoffnung auf Besserung mehr gibt, ist für mich nichts tröstlicher als die Versicherung Ihrer Gnade, die Sie mir bewahren mögen in der neuen Situation, in der Sie sich nun befinden. (…) Erlauben Sie, dass ich noch zu Ihnen von gleich zu gleich spreche, denn vielleicht wird der Respekt es künftig nicht mehr erlauben, sich frei zu schreiben; ich flehe Sie an, dem Herzog und meinen Kindern weiterhin gnädig zu sein. Ich bin verzweifelt darüber, schwanger zu sein und war es niemals so widerwillig wie diesmal, denn es verhindert, dass ich nach Berlin komme, um mich von dem König zu verabschieden und seinen Segen zu erhalten. Wenn Sie glauben, dass dies notwendig ist, so versichern Sie ihn meines Respekts.

---

167 Der Kronprinz wird ihr wie der Schwester in Bayreuth (am 26. Febr.) geschrieben haben, der Zustand des Königs habe sich so verschlimmert, dass er kaum noch die nächste Woche überleben werde.

168 Der Kronprinz wird auch ihr geschrieben haben, Hoffnung auf Heilung sei nicht mehr, jeden Tag müsste sie auf die Nachricht vom Tode gefasst sein.

An Friedrich 28. März 1740

Ich sende Ihnen den König aller Blutwürste; ich hoffe, dass er Ihnen Appetit macht, dass Sie ihn für gut befinden und nach Ihrem Geschmack, dass er Ihnen schmeckt, Sie ihn genießen, er Ihnen gut bekommen möge und wenn möglich wunderbare Wirkungen zeitigt[169].

An den Vater 1. April 1740

Es ist Gott, der die Ärzte segnet und der auch will, dass man nicht sein eigener Arzt sein soll und dass man alles tun soll, was einem helfen kann, denn die Ärzte haben kein Heilmittel gegen den Tod, aber nach allem, was ich über die Krankheit meines lieben Papa höre, glaube ich wohl, dass er ihm dieses Mal noch entgehen könnte, wenn er wollte, aber die Diät und die Geduld sind die wichtigsten Heilmittel bei allen Krankheiten.

An Friedrich Wolfenbüttel, 10. April 1740

Ich beglückwünsche Sie von ganzem Herzen, dass Sie sich ein wenig der Galeere in Berlin[170] entzogen haben, denn so kann man es wohl nennen… Ich habe an der Prüfung des Prinzen Albert und der Prinzessin Charlotte[171] teilgenommen, die vier Stunden gedauert hat; was zunächst einmal lang genug ist.

An Friedrich 15. April 1740

Nun, da Sie wieder zurück in Berlin sind, kondoliere ich Ihnen und bitte Gott, er möge Sie von Kopf bis Fuß mit Geduld erfüllen… Ich bitte Sie, mich von der Sorge der Ungewissheit zu erlösen, in der ich mich befinde. Während Ihrer Abwesenheit hat man dem König in meinem Namen eine Dose mit Tee geschickt, in der sich ein weißes Pulver befindet. Der König hat mir sagen lassen, dass sie mit meinem Siegel versehen und dass die Adresse von meiner Hand geschrieben war. Ich weiß von keiner Sache, die ich dem König geschickt haben könnte, die auch nur annähernd wie ein Pulver aussieht, und ich wage zu sagen, dass es sehr hässlich war von denen, die das getan haben, es in meinem Namen zu tun. Der König hat mir die Dose geschickt, damit ich sie ansehe, ich habe alle Apotheker bemüht, um zu erfahren, was es war; es ist kein Gift, aber sie haben gesagt, wenn man davon eine Prise nehme, so verursache dies Leibschmerzen. Ich sage Ihnen dies im Vertrauen, denn ich habe davon weder dem König noch der Königin geschrieben, Gott bewahre mich davor, Menschen unglücklich zu machen, aber ich habe den König gebeten, die Sache untersuchen zu lassen. Ich flehe Sie an, wenn Sie etwas davon hören, es mir zu schreiben, denn ich kann wohl sagen, dass mich dies wirklich beunruhigt, denn solche Dinge könnten großen Schaden zufügen. Ich habe dieses Pulver auch an andere Apotheker geschickt, aber ich kenne ihre Meinung noch nicht. Ich zweifle nicht, dass es bei Ihnen viele Neuigkeiten gibt, denn daran fehlt es nicht; es sind immer dieselben

---

169 Die Ankunft der Sendung verzögerte sich: „Ich vermute", schrieb sie dem Bruder, „dass sich jemand dessen bemächtigt hat und es gemacht hat wie der Rabe mit dem Meister Fuchs."

170 Da es besser ging, war der Kronprinz auf ein paar Tage nach Rheinsberg gegangen.

171 Ihr Schwager Albrecht (Albert, geb. 1725) und ihre Schwägerin Christine Charlotte Luise (geb. 1726).

Possen auf demselben Theater, obwohl sich auch das Bühnenbild manchmal ändert… Ich werde dem König schreiben, dass er uns Keck zurückschickt. Wenn er den Alten zu Tode bringen wollte, wäre es mir lieber gewesen, es wäre im Winter geschehen, denn im Sommer ist es sehr warm, um Trauerkleidung zu tragen. Verbrennen Sie meinen Brief, ich flehe Sie an.

An den Vater 3. Mai 1740

Ich war entzückt zu erfahren, dass mein lieber Papa glücklich in Potsdam angekommen ist[172]; ich hoffe, dass das schöne Wetter und die frische Luft in Potsdam meinem lieben Papa mehr Gutes tun als all die Medizinen und die ganze Fakultät des Hippokrates. Keck[173] hat mir alles erzählt, was mein lieber Papa hat leiden müssen und ich habe großes Mitleid mit ihm gehabt. Inzwischen hat er mir sehr gute Hoffnungen eröffnet für meinen lieben Papa.

An Friedrich Blankenburg, 27. Mai 1740

Sie sind zu gnädig, indem Sie sich [für die Würste] revanchieren und mir geräucherte Gänse schicken. Ich nehme sie mit Ihrer Erlaubnis an, aber nicht für mich, sondern um meine dicken Mütter hier zu stopfen, die immer einen sehr guten Appetit haben und die ich mir gewogen stimme, wenn ich ihnen auf diese Weise die Kehlen fette. Sie wissen wohl, dass es immer sehr gut ist, sich so gut wie möglich in andere hineinzudenken, wenn man Frieden und Ruhe bewahren möchte, was mein ganzes Bestreben ist. Ich bin entzückt, dass Sie sich in alles fügen, was Ihnen die Vorsehung bestimmt und dass Sie sehr vernünftig sprechen, denn es ist nicht die große Bedeutung, die Zufriedenheit bringt, es ist vor allem die Stelle, die Ihnen bestimmt ist und die Sie alle Tage einnehmen müssen, sie wird Sie mit viel Arbeit erfüllen, aber der liebe Gott wird alles zu Ihrem Vorteil wenden. Ich bin getröstet, dass ich einen Bruder habe,… zu dem ich mehr Vertrauen habe als zu Vater und Mutter, ohne es diesen gegenüber an Respekt fehlen zu lassen, sie können beide nicht schweigen … Der Prinz Ludwig[174] und Ferdinand sind zurückgekehrt, ich habe sie sehr zu ihrem Vorteil verändert gefunden, sie haben viele Wohltaten von ihrer Tante erfahren. Die alte Herzogin mag mich und schenkt mir weiterhin ihr Vertrauen; es ist eine Frau von Geist und hohem Urteilsvermögen[175].

---

172 Der schwerkranke König war am 27. April nach Potsdam übergesiedelt.
173 Er war Ende April nach Braunschweig zurückgekehrt.
174 Prinz Ludwig war nach Beendigung des Türkenkrieges, den er seit 1737 als kaiserlicher Oberst mitgemacht hatte, nach Wien gegangen und traf da mit seinem Bruder Ferdinand im Winter zusammen. Sie gingen beide zusammen zurück. Prinz Ludwig ging dann im Mai als kaiserlicher Generalmajor nach den Niederlanden.
175 Am 30. schrieb die Herzogin noch ihrem Vater; am Tage vorher hatte ihr der König geschrieben: *„Es geht mir schlechter denn je und ich sehe fast keinen Grund mehr auf die Wiederherstellung meiner Gesundheit zu hoffen, die völlig zerrüttet ist."* Noch am Todestag (31. Mai) benachrichtigte König Friedrich seine Schwäger und bat jeden, seiner Gemahlin die Nachricht möglichst schonend beizubringen; am 1. Juni zeigte er seinen Schwestern in kurzen eigenhändigen Schreiben den Tod des Vaters an.

An Friedrich (Anfang Juni 1740)

Sire, da ich die Güte kenne, die E.M. mir bis zum heutigen Tag erwiesen hat, und mir zudem schmeichle, dass Sie mir sie auch weiterhin während Ihrer Herrschaft gewähren werden, habe ich die Ehre, Ihnen dies zu schreiben wie an einen König, den ich über alle Maßen respektiere und an einen Bruder, dem ich zärtlich verbunden bin und zu dem ich unendliches Vertrauen habe. Daher, Sire, muss ich Ihnen mein Herz öffnen und Ihnen sagen, dass der Herzog und ich aufs Äußerste getroffen und bestürzt sind über die Ungnade, die Sie uns durch die Königin, ihre Gemahlin, haben übermitteln lassen, weil der Herzog Ihnen nicht die dreizehnhundert Männer schicken will, die Sie wünschen[176], und auch nicht den Prinzen Ferdinand[177]. Ich versichere E.M., dass mich kein Schlag mehr so getroffen hat seit der Zeit, wo ich mich trösten musste wegen des Verlustes eines Vaters. Der Herzog und ich, die wir uns der Gnade E.M. sicher wähnten, deren Lob man überall vernimmt, sehen uns als die einzigen, die die Ungnade E.M. zu spüren bekommen, das betrübt mich so sehr, dass ich keine Worte finde. Ich flehe E.M. demütig an zu verzeihen und die Gnade zu haben zu warten. Der Herzog denkt darüber nach, auf welche Weise er dem Wunsch E.M. wird nachkommen können. Er hat dieselbe Sache einem anderen Hof verweigert; so mag E.M. wohl glauben, dass das keine gute Auswirkung auf ihn haben wird. Der Prinz Ferdinand war immer im Dienst E.M. und der Herzog hat ihn nicht zurückgehalten. Es hängt von Ihnen ab, ihn zu nehmen und für alle, die hier sind, ist es eine Ehre für E.M. geopfert zu werden. Ich flehe Sie an, uns weiter Ihre Güte zu schenken; wenn es nicht um des Herzogs willen ist, der dies doch verdient wegen seines Eifers und seiner Verlässlichkeit, die er immer E.M. gezeigt hat, so möge er wenigstens die Großzügigkeit haben, an eine Schwester zu denken, der Er immer seine Güte versprochen hat. Wenn E.M. sie uns entzieht, sind wir verloren und ich habe eine zu gute Meinung von Ihnen und glaube, dass Sie ein zu großes Herz haben, als dass Sie sie unglücklich machen würden, denn all das, was E.M dem Herzog tut, trifft unweigerlich auch mich, die ich die Folgen von allem zu tragen hätte. E.M. wird künftig den Eifer sehen, den man hier für Sie aufbringt. Ich flehe Sie an, nichts zu übereilen. Ich werde keine Ruhe finden, bevor ich nicht eine gnädige Antwort erhalten habe, sowohl für den Herzog als auch für mich, diesem ist es Freude und Befriedigung E.M. seine Einsatzbereitschaft zu zeigen. Es war nicht möglich, sich so schnell zu entscheiden, in Anbetracht der kurzen Zeit, die die Königin, Ihre Gemahlin, ihm gelassen hat, die einen Boten nach dem andern geschickt hat. So flehe ich Sie noch einmal an, nichts zu übereilen und die Gnade zu haben, noch etwas zu warten.

---

[176] Am 22. März 1740 hatte die Kronprinzessin Elisabeth Christine im Auftrage ihres Gemahls ihrem Bruder, dem Herzog Karl, geschrieben, nach dem Thronwechsel sei eine Vermehrung der Regimenter beabsichtigt, ihr Gemahl bitte den Herzog, ein Regiment ausheben zu lassen, das sein Bruder Ferdinand erhalten sollte. Der Herzog weigerte sich; nach den Verlusten im Türkenkrieg habe er dem Kaiser die Überlassung der beiden braunschweigischen Bataillone abgeschlagen, und blieb dabei, obwohl seine Schwester ihn mit Briefen bestürmte, er möchte nachgeben. Am 5. Juni hatte die Königin geschrieben, der König wünsche dringend seine endgültige Entscheidung.

[177] Am 31. Januar hatte die Kronprinzessin dem Herzog geschrieben, die Kaiserin erwarte ihren Bruder Ferdinand mit Ungeduld, und am 2. Februar, der Kronprinz wünsche ihn in preußischen Diensten zu sehen. Am 28. Juni 1740 wurde er Oberst des aus den braunschweigischen Rekruten gebildeten Füsilierregiments.

An Friedrich [Juni 1740]

Mein sehr lieber Bruder[178], Duhan ist erfüllt von Freude, sich Ihnen wieder zu Füßen zu legen[179] und ich preise das Schicksal, dass er nun wieder bei seinem guten und gütigen Herrn ist. Obwohl ihm meine Empfehlung nicht viel hilft, scheint mir, dass es doch eine Pflicht ist, sich für ehrbare Menschen einzusetzen... Ich kann nicht umhin, bei dieser Gelegenheit Ihre Dankbarkeit zu loben, die Sie Ihren ehemaligen Dienern gegenüber zeigen. Ich gestehe, dass Ihr letzter Brief, der mir gezeigt hat, dass ich noch in Ihrer Gunst stehe, mich unendlich erfreut hat, ich bitte Sie inständig, sie auch dem Herzog zurückzugeben, der verzweifelt ist, dass er bei Ihnen in Ungnade steht[180], er wird alles in seiner Macht stehende tun, um Ihnen zu Gefallen zu sein und daher wünscht er, die Erlaubnis zu erhalten, Sie selbst zu sprechen, um Ihnen einen Plan zu unterbreiten, der Ihr Gefallen finden wird... er wird inkognito kommen, wenn Sie erlauben, und ohne eine andere Person. Ich flehe Sie an, seien Sie uns gegenüber so wie früher und was immer Sie uns befehlen, schreiben Sie es; Sie werden sehen, dass man alles tun wird, was möglich ist. Die Hannoveraner schmeicheln sich wegen der Allianz, die Sie mit ihnen abschließen werden, und der Doppelhochzeit mit meinem Bruder und meiner Schwester[181]. Ich schmeichle mir bezüglich der guten Absichten, die Sie gegenüber dem hiesigen Hause hegen; ich werde mit tausend Freuden das, was möglich ist, für Sie tun und auf solche Weise zu Ihrer Zufriedenheit beitragen und für den Herzog verbürge ich mich.

An Friedrich 18. Juli 1740

Ich hoffe, dass Sie derzeit mit dem Herzog zufrieden sind und ich kann Ihnen auch versichern, dass ich es nicht unterlassen habe, ihm Ihren Brief vorzulesen und ihm alle Vorhaltungen zu machen, die in meiner Macht stehen... Er hat mir gesagt, dass er Ihnen gern ein Bataillon[182] zur Verfügung stellen würde und dass er glaube, Ihnen gegenüber am ehrlichsten zu handeln, wenn er Ihnen nur das verspreche, was er im Augenblick auch halten könne; denn er war nicht in der Lage, Ihnen 1300 Männer zu versprechen, was über ein Bataillon hinausgehen würde, er würde sein Möglichstes tun, um mehr aufzubringen, aber dazu bedürfe es ein wenig Zeit; und ich glaube wohl, dass Sie die Geduld haben werden, ein wenig zu warten und Ihren Zorn zügeln, der Ihnen nicht ähnlich sieht und der mich betrübt. Falls Sie gegen uns zornig wären, wären Sie, so versichere ich Ihnen, ein wenig undankbar, da wir die besten Absichten Ihnen gegenüber verfolgen, und Sie sehen wohl, dass es nicht nur Worte sind, sondern dass das Aufbringen des Bataillons nicht zu verwirklichen ist.

---

178 Am 14. Juni dankte die Herzogin dem König für die Erlaubnis, mit ihm auf dem alten Fuß verkehren zu dürfen.
179 Am 3. Juni hatte der König Duhan aufgefordert, nach Berlin zurückzukehren; er verließ zu aller Bedauern Blankenburg und war Mitte des Monats in Berlin.
180 Am 10. Juni hatte die Königin dem Herzog geschrieben, der König sei sehr erzürnt und drohe mit Gewaltmaßnahmen.
181 Der Hannoversche Minister von Münchhausen war am 7. Juni in Berlin eingetroffen, um über die Erneuerung des „Ewigen Bündnisses" von 1693 und die Verlobung des Prinzen August Wilhelm mit einer englischen Prinzessin und die Verlobung der Prinzessin Ulrike mit dem Sohn des Prinzen von Wales zu unterhandeln; er fand die Unterstützung vor allem der Königin Mutter.
182 Der Herzog hatte sich zur Stellung von 700 Mann, den vierten Teil seines Heeres, bereit erklärt; er hätte den besten Willen, der reiche nicht aus, Unmögliches zu erfüllen.

An Friedrich 30. September 1740

Sie beschämen und verwirren mich wirklich durch den herzlichen Dank, den Sie die Güte hatten mir in Ihrem Brief[183] zu übermitteln, ich weiß nicht, womit der Herzog und ich ihn verdienen, wir haben die Verpflichtung, Sie in all Ihren Absichten und Wünschen zu unterstützen, Ich könnte dem Herzog nichts Angenehmeres ausrichten als die Hoffnung darauf, dass Sie hier vorbeikommen werden, wenn sich die Gelegenheit bietet.

An Friedrich 14. Oktober 1740

Der General Marwitz[184] ist hier, er wird Ihnen schreiben können, dass der Herzog sich alle Mühe gibt, um Sie bald zufrieden zu stellen, und er hebt aus so viel er kann. Ich könnte Ihnen nicht genau sagen wie viele, denn es treffen jeden Tag welche ein. Aber ich zweifle nicht, dass Sie auch erfahren, welche Mühe es macht, bevor man sie zusammengebracht hat, vor allem, wenn sie aus anderen Ländern kommen, wo man nicht immer diese Art von Menschen ausfindig machen kann. Aber sie werden sicher zufrieden sein, dafür stehe ich ein, und der Herzog kümmert sich um alles und alle Offiziere sind zur Aushebung unterwegs. Ich bin entzückt, dass Sie mit dem Prinzen Ferdinand zufrieden sind.

An Friedrich 19. Oktober 1740

Zurzeit lese ich die Zeitungen mit Vergnügen, vor allem, weil es mich erfreut, die Schreiben an den Prinzen von Lüttich[185] zu lesen, die Sie haben drucken lassen. Ich beglückwünsche Sie, denn allem Anschein nach wird diese Affäre gut für Sie ausgehen und man sagt, dass Sie viel Geld daraus ziehen werden, was besser ist als Herstal, von wo Sie kaum 9000 Taler bekommen haben.

An Friedrich 28. November 1740

Es würde mir nicht zukommen und noch weniger anstehen, Groll gegen Sie zu hegen und Ihnen, da Sie es so nennen, mein Wohlwollen zu entziehen, das für Sie ohnehin nicht von Nutzen ist. Ich schwöre Ihnen, dass ich Ihnen in keiner Weise grolle noch verärgert bin, wenn ich mir die Freiheit nehme, Ihnen meine Gefühle zu offenbaren und Ihnen natürlich auf das zu antworten, was Sie wissen möchten, und ich glaube, schlecht zu handeln, wollte ich es an dem fehlen lassen, was ich Ihnen schulde, wenn ich Ihnen nicht die Wahrheit über meine Gedanken sagte, in dem Wissen, dass Sie so vernünftig sind, selbst zu urteilen, dass wir so viel Verbundenheit für Sie haben, dass wir das tun, was Ihr Wohlwollen findet; der Herzog wird es an Bemühen nicht fehlen lassen. Im Augenblick ist der Herzog ein wenig betrübt, da er erfahren hat, dass Sie nicht zufrieden waren mit den Rekruten, die er geschickt hat. Man

---

183 Der Herzog war mit Prinz Ferdinand Anfang August auf ein paar Tage nach Berlin gegangen.
184 Generalleutnant von Marwitz war wegen der Überlassung der Truppen zum Herzog geschickt worden.
185 Am 14. September waren preußische Truppen in die Grafschaft Hoorn eingerückt, um den Bischof von Lüttich, der die Herstaller an der Huldigung hinderte, zur Nachgiebigkeit zu bringen. Die oben erwähnten Schriftstücke sind: *Darlegung der Gründe, die S.M. den König von Preußen dazu veranlasst haben zu den gerechten Repressalien gegen den Fürstbischof von Liège* vom 11. September und das „Factum".

musste die nehmen, die man hat einziehen können, und der Herzog hat dazu geraten und hat sich alle Mühe gegeben mit den Offizieren, denn er war es ihnen schuldig, dass sie gute Leute erhielten. Jetzt hat er noch weitere neue Rekruten bekommen; er ist immer selbst dabei, um die guten von denen zu trennen, die nicht geeignet sind für den Dienst…
Sie können wohl glauben, dass, falls wir im ganzen Reich[186] Krieg haben und er sich ausweiten sollte, der Herzog nicht der Letzte sein wird, der auch das Reich mit seinen wenigen Truppen unterstützen wird… Falls Sie marschieren[187], wünsche ich Ihnen viel Glück. Ich bin überzeugt, dass auch Wilhelm froh darüber sein wird. Man sagt, dass Sie ihm Trucks[188] gegeben haben; das ist ein liebenswürdiger Mann, der ihm Selbstvertrauen geben wird. Ich bin überzeugt, dass er sich sehr zu seinem Vorteil verändern wird, denn er ist ein sehr guter Junge, und es ermutigt ihn, dass Sie ihm Ihre Freundschaft bezeugen.

An Friedrich 16. Dezember 1740

Erlauben Sie, Ihnen eine glückliche Reise zu wünschen[189]. Der liebe Gott möge Sie leiten, bei bester Gesundheit, und Ihnen Glück bescheren bei allem, was Sie unternehmen und Ihre Wünsche erfüllen.

An Friedrich 16. Januar 1741

Vertreiben Sie bitte die falschen Zweifel aus Ihrem Denken, die mich betreffen und die mich sehr betrüben, da ich nicht weiß, womit ich sie verdiene, denn ich bin Ihnen gegenüber so wie ich es immer war, eine treue Schwester und Freundin. Seien Sie nun so freundlich und schreiben Sie mir einen freundlichen Brief, damit ich mich über die Ungnade meines lieben Bruders trösten kann. Sonst werden Sie mich in den tiefsten Kummer der Welt stürzen: das ist eine Gnade um die ich Sie anlässlich Ihres Geburtstages bitte und ich hoffe, Sie werden sie mir nicht verweigern.

---

186 Nach dem Tod Kaiser Karls VI. (20. Oktober) hatte der kurbayrische Gesandte in Wien gegen die Nachfolge der Maria Theresia als Erbin ihres Vaters feierlichst protestiert, andere Garanten der pragmatischen Sanktion hatten sich diesem Protest angeschlossen.
187 Der Mobilmachungsbefehl vom 8. November an die preußischen Regimenter, sich in drei Wochen zum Ausmarsch fertig zu halten, war in der Öffentlichkeit bekannt geworden; man schwankte, ob sie nach Jülich oder nach Schlesien gehen würden.
188 Prinz August Wilhelm hatte einen eigenen Hofstaat erhalten. Der Generalmajor Graf von Truchsess-Waldburg wurde Oberhofmeister.
189 Der König hatte am Wechselfieber gelitten; am 13. Dezember war er aus Berlin abgefahren; am 16. überschritt er die schlesische Grenze.

An Friedrich 24. Februar 1741

Ich bin wirklich erstaunt, dass Sie mir schreiben, dass die Großmutter[190] sich in Ihre Angelegenheiten mischen will. Ich gestehe Ihnen, dass, wenn nicht Sie es wären, der mir das schreibt, ich Mühe hätte, es zu glauben. Weiß ich doch, wie sehr sie Ihnen zugetan ist und welchen Respekt sie Ihnen entgegenbringt, wenigstens kann ich Ihnen versichern, dass das, was sie getan hat, mir nicht bekannt ist, denn sie befindet sich immer noch auf ihrem Berg und hier hören wir nichts von ihr.

An Friedrich 21. April 1741

Mit unendlicher Freude habe ich die gute Nachricht von Ihrem glücklichen Sieg vernommen, den Sie über die Kaiserlichen errungen haben (bei Mollwitz, am 10. April). Ich kann Ihnen nicht sagen, in welcher Sorge um Sie ich mich stets befinde, da ich zu viel Verbundenheit und Zärtlichkeit für die Familie habe, um gleichgültig zu sein angesichts der Gefahr, in der Sie und mein Bruder Wilhelm sich befinden[191]. In Gottes Namen schonen Sie Ihre Person und denken Sie an Ihre Familie, die Sie untröstlich hinterlassen würden. Ich bitte Sie inständig, sich nicht zu sehr der Gefahr auszusetzen. Es wäre die beste Nachricht für mich, zu erfahren, dass die Feinde sich bald mit Ihnen arrangieren wollen und ich Sie dann außer Gefahr wüsste[192].

An Friedrich Braunschweig, 27 September 1741

Da Sie mich so freundlich zu sich bitten, so wollen Sie bitte mit meiner Figur vorliebnehmen und die Unförmigkeit meiner kleinen Person entschuldigen[193], ich werde nicht verabsäumen, mit dem Herzog die Ehre zu haben, Sie im kommenden November aufzusuchen ... Der Herzog wäre entzückt, wenn er in Kürze die gute Nachricht erhielte, dass Sie Neiße[194] eingenommen haben, in der Hoffnung, dass dies Ihre Rückkehr nach Berlin beschleunigen wird.

---

190 Die verwitwete Herzogin Christine Luise, die in Blankenburg wohnte.
191 Er war am 8. Januar zur Armee gegangen.
192 Am 29. April schrieb sie ihm: „*Gott sei Dank, dass ich Sie bei guter Gesundheit weiß ... aber Sie bestätigen mich in meiner Sorge um Sie, ich befürchte, dass Sie sich zu sehr der Gefahr aussetzen und ich bin erleichtert, dass es nur Ihre Pferde waren, die bei dieser Expedition gelitten haben; ein Zeichen, dass Sie nicht weit entfernt waren vom Feuer. Ich wage nicht mehr zu sagen, dass Sie an sich denken und sich schonen sollen, denn Sie werden sagen: gut predigt der, der nicht das Herz hat zu handeln, aber wenn man jemanden liebt, wird man nicht müde, Vorsorge zu treffen, um die besten Freunde vor der Gefahr zu bewahren. Ich bedaure alle tapferen Männer, die Sie verloren haben, denn sie waren Ihnen treu und haben Ihnen gut gedient.*" Es hieß, der König habe sich stets im größten Feuer gezeigt, obwohl ihm einige Kugeln vom Küraß abgesprungen seien, auch ein Pferd unter dem Leibe getötet worden sei.
193 Prinz Albrecht Heinrich wurde am 26. Februar geboren.
194 Neiße kapitulierte erst am 31. Oktober, der König kam am 11. November zurück.

An Friedrich Braunschweig, 20. Oktober 1741

Gemäß Ihren Anordnungen wird die Mutter[195] nicht mitkommen und ich werde Ihnen die versprochene Prinzessin mitbringen, aber bitte tun Sie mir den Gefallen und schreiben Sie mir, wie ich sie mitbringen soll; ob mit Fräulein und Gouvernante und allem, was an diesem ganzen Tross von Domestiken hängt, oder ob sie ohne das Gefolge der Damen kommen soll.

An Friedrich Wolfenbüttel, 19. Januar 1742

Ich bin erstaunt über die gute Laune der Schwiegermutter, die mir in keiner Weise niedergeschlagen erschien wegen der Geschichte mit Russland[196]; obwohl man nicht weiß, wo Anton ist, scheint sie diesbezüglich sehr ruhig, die Heirat meines Bruders[197] hat alle Tränen getrocknet und bereitet ihr große Freude; auch hat sie Sie in den Himmel gelobt. Der Prinz Albert[198] wird nach Frankfurt gehen, um die Krönung des Kaisers zu sehen[199]. Im Übrigen verbringe ich zurzeit mein Leben ein wenig wie ein Schwein, ich trinke, esse und schlafe. Ich habe die Probe für die Oper für die kommende Messe angehört, aber wenn man die Stimmen von Madame Gasparini und M. Mariotti gehört hat, müssen die hiesigen in den Hintergrund treten, denn das sind meine Helden Ihrer Hofmusik.

An Friedrich [Ende Januar] 1742

Man will noch nicht den Prinzen Ludwig von Petersburg[200] abreisen lassen, man behandelt die Ausländer sehr schlecht, vor allem einen gewissen Gross, den man foltern wollte und der sich aus Verzweiflung das Leben genommen hat[201]. Der Prinz Ludwig, sagt man, sei verzweifelt, da er kein Ende seiner Haft sieht, er, der nichts zu tun hat mit den Angelegenheiten seines Bruders Anton… Der Herzog hofft, dass Sie die Gnade haben werden, sich um die umgehende Freilassung seines Bruders Ludwig aus Petersburg zu kümmern.

---

195 Herzogin Antoinette Amalie. Die Verlobung ihrer Tochter Luise Amalie mit dem Prinzen August Wilhelm von Preußen hatte am 20. September 1740 in Salzdahlum stattgefunden. Am 22. November kamen der Herzog und die Herzogin mit der Braut nach Berlin. Die Herzogin blieb bis zum 12. Januar 1742. *„Sie scheint sich prächtig zu unterhalten."* schrieb der König.
196 In der Nacht zum 6. Dezember 1741 waren der junge Zar Iwan, seine Eltern, die Regentin Anna und der Herzog Anton Ulrich, der Schwager der Herzogin, verhaftet, die Großfürstin Elisabeth als Zarin ausgerufen worden. Die entthronte Familie erhielt Erlaubnis, nach Deutschland zurückzukehren: sie begab sich nach Riga, wo sie die nächste Zeit festgehalten wurde.
197 Am 6. Januar 1742.
198 Ihr jüngerer Schwager (geb. 1725).
199 Karls VII. Krönung in Frankfurt am 12. Februar.
200 Herzog Ludwig war, nachdem ihn die kurländischen Stände im Juli 1741 zum Herzog von Kurland vorgeschlagen hatten, von Mitau nach Petersburg gereist, nach dem Staatsstreich vom 6. Dezember wurde er in Petersburg festgehalten. Ende Januar reiste er ab und traf am 26. Februar bei seiner Schwester der Königin in Schönhausen ein. Die Berliner Zeitungen meldeten, er werde so lange in Berlin bleiben, bis die Herrschaften aus Riga, die man auch demnächst vermute, angekommen seien. Am 19. März schreibt die Herzogin: Prinz Ludwig sei wieder in Braunschweig, *„er ist voller Dankbarkeit darüber, dass Sie die Gnade hatten, sich zu seinen Gunsten einzusetzen und ist Ihnen zu Dank verpflichtet, ihn aus Petersburg herausgeholt zu haben… ich wünsche nur, dass er (Anton Ulrich) nicht hierher zu uns kommen wird, denn er wäre uns sehr zur Last."*
201 Der braunschweigische Gesandtschaftssekretär.

An Friedrich 13. April 1742

Der Herzog freut sich über die Neuigkeiten, die Sie ihm von seinem Bruder Anton mitteilen und über die Pension, die er aus Petersburg erhalten soll, aber ich glaube dennoch, dass die Freude nicht sehr groß sein wird, ihn hier wiederzusehen. Ich bitte Sie, dem lieben Heinrich[202] meine Wünsche zu übermitteln; ich hoffe, dass Wilhelm jetzt auch bei guter Gesundheit ist in der Armee[203] … Drei Brüder im Feld zu wissen, bereitet mir Sorgen und ich werde froh sein, wenn dieser Feldzug ebenso glücklich beendet sein wird wie der vergangene.
Nachschrift: Ich kann nicht umhin, Ihnen mitzuteilen, dass ich in Trauer bin wegen des Verlustes, den ich erlitten habe, durch den Tod meines zweiten Sohnes Ludwig[204], der verstorben ist nach dreiwöchiger fiebriger Erkrankung.

An Friedrich 4. Juni 1742

Da Sie mir aufgetragen haben, die Antwort des Herzogs in Erfahrung zu bringen bezüglich der Rekruten, werde ich Ihnen im Detail berichten, was zwischen uns geschehen ist. Ich habe ihm Ihr Anliegen unterbreitet, dass Sie Rekruten wünschen. Der Herzog hat mir mit heiterer Miene geantwortet, dass er dies bereits durch den Prinzen Ferdinand wisse und dass er Ihnen welche schicken werde. Darauf habe ich ihm Ihren Brief gezeigt, der ihn betroffen gemacht hat; nach einer Weile des Schweigens hat er mir gesagt, dass wegen seiner Ergebenheit Ihnen gegenüber es ihm unmöglich sei, Ihnen nicht gefällig zu sein, dass aber Ihre Bitte ihn in Bedrängnis bringe, dass 200 Männer für Sie eine Bagatelle seien, aber für ihn eine bedeutende Sache, er habe große Mühe, seine geringen Truppen zu ergänzen, die fast nicht einmal für zwei Garnisonen reichten, die er jedoch unbedingt brauche, vor allem jetzt, wo es in der Nachbarschaft einige Unruhen gebe, dass ihm nichts übrig bleibe als auf kostspielige Aushebungen in anderen Ländern zurückzugreifen. Er hat mich gebeten, Ihnen all dies darzulegen, als komme es von mir, so dass Sie vielleicht seine Gründe verstehen würden. Ich flehe Sie demütig an, ihm in dieser Angelegenheit gnädig zu sein und ihn nicht zu bedrängen. Mein Bruder Wilhelm hat ihn ebenfalls um Rekruten für sein Regiment ersucht und für das Regiment des Prinzen Ferdinand. Er hat ihm von Zeit zu Zeit welche geschickt außer den 1300 Mann, und er wird ihm noch weitere geben, da er es versprochen hat. Das war das Ende unseres Gesprächs. Unterdessen kann ich Ihnen versichern, dass mir dies Kummer bereitet und dass der Herzog sehr besorgt und bekümmert erscheint, denn er ist Ihnen so sehr verbunden. Es entspricht in keiner Weise seiner Absicht, dass er Ihren Willen nicht erfüllen kann; daher flehe ich Sie an, nicht zu sehr auf Ihrer Forderung zu insistieren… Der Herzog wird sein Möglichstes tun, obwohl ich sehr unsicher bin, ob er Ihnen die Anzahl an Leuten stellen kann, die Sie wünschen, und er wird auch ein wenig Zeit brauchen. Ich flehe Sie an, schonen Sie mich in dieser Angelegenheit.

---

202 Prinz Heinrich war mit dem König am 14. Januar nach Dresden, von da nach Prag auf den Kriegsschauplatz gereist. Prinz August Wilhelm ging erst Ende März nach Schlesien.

203 In dem Gratulationsbrief zu dem Siege von Czaslau am 17. Mai schrieb sie am 25. Mai erfreut, „*dass die Vorsehung Sie und meine beiden lieben Brüder verschont hat. Mein sehr verehrter Bruder, ich bin entzückt, dass dieses Unkraut oder wie man es nennt nicht vergangen ist.*"

204 Christian Ludwig, der mit vier Jahren am 12. April 1742 verstorben war.

An Friedrich 6. Juli 1742

Es ist mir unmöglich zu schweigen, vor allem jetzt, wo sich alle Welt freut und die Vorsehung preist wegen der schönen Eroberung, die Sie gemacht haben, und wo nun Frieden geschlossen wird … Jetzt werden Sie nach Berlin zurückkehren, mit Lorbeer bekränzt[205]. Welche Freude wird das für die Familie sein, diesen lieben Bruder wiederzusehen!

An Friedrich 26. August 1742

Meine Schwester aus Bayreuth war bei Ihr (bei ihrer Schwester, der Markgräfin von Ansbach), es scheint mir, dass sie wie der umherirrende Jude ist, der immer unterwegs ist, denn sie kommt soeben erst aus Stuttgart[206] zurück, um sich sogleich nach Aschaffenburg zu begeben, zu der Prinzessin von Ostfriesland[207].

An Friedrich 22. März 1743

Sie sind wirklich der beste Bruder, den es auf der Welt gibt, und der liebe Gott wird Ihnen gewiss Ihre Güte uns allen gegenüber vergelten, vor allem, weil Sie dieses Mal so großzügig sind, die Angelegenheiten meiner Schwestern[208] in Ordnung zu bringen. Ich hatte nicht gedacht, dass ich in Erwägung ziehen würde, mich für meine Schwestern bei Ihnen zu verwenden; ich hätte Sie angefleht; umso entgegenkommender ist es nun von Ihnen, dass Sie handeln, ohne dass ich Sie darum gebeten hätte. Ich hoffe, das wird sie ermutigen, sich künftig besser im Zaum zu halten und vernünftiger zu wirtschaften.

An Friedrich 2. April 1743

Jetzt haben Sie eine so gute Versorgung für meine Schwester Ulrike geschaffen, indem Sie sie zur Koadjutorin in Quedlinburg ernannt haben; sie kann zufrieden sein mit ihrem Los, denn es ist eine sehr ehrenhafte und äußerst lukrative Stelle; ich habe mich doppelt gefreut, denn so wird meine Schwester mit der Zeit meine Nachbarin; Sie hat mir geschrieben, dass Sie ihr versprochen haben, ihre Finanzen in Ordnung zu bringen.

An Friedrich 14. Oktober 1743

Meine Schwester aus Ansbach hat mir geschrieben, wie sehr sie sich gefreut hat, Sie zu sehen[209] und ist voll des Lobes über all die Freundlichkeiten, die Sie ihr erwiesen haben; sie hat mir auch geschrieben von Ihrer liebenswürdigen Einladung, sie wird ihr Möglichstes tun, um in diesem Winter nach Berlin zu kommen, und es scheint mir, dass ihr diese Reise großes Vergnügen bereitet.

---

205 Der Friede war am 11. Juni in Breslau unterzeichnet worden, am 12. Juli kam der König nach Berlin zurück.
206 Ende Juli war die Markgräfin Wilhelmine in Stuttgart gewesen, wohin die Herzogin-Regentin von Württemberg sie eingeladen hatte.
207 Ihre Schwägerin Sophie Wilhelmine von Bayreuth war mit dem Fürsten Karl Edzard von Ostfriesland vermählt.
208 Am 1. März hatten sich die beiden Prinzessinnen Ulrike und Amalie wegen ihrer Schulden an den König gewandt.
209 Der König war Mitte September auf seiner Reise ins Reich in Ansbach gewesen.

An Friedrich 1. November 1743

Ich bin erstaunt, dass Monsieur Voltaire sich hier so begeistern konnte, denn erst kürzlich war er noch in Berlin[210] und sein Gedächtnis musste noch voll sein von den Wohltaten und Gefallen, die Sie ihm erwiesen haben. Es ist unmöglich, dass er woanders und vor allem hier sich so hat entzücken lassen können, denn ich bin überzeugt, dass, wenn er einmal seine Politik bei Seite lässt, er selbst gestehen muss, dass es zwischen Berlin und hier in jeglicher Hinsicht einen großen Unterschied gibt... Unser großer Nachbar aus Hannover[211] trifft alle Vorbereitungen, um seine Tochter zu verheiraten, doch man sagt, dass die Vergnügungen und Feste nicht groß sein werden und dass er nach der Hochzeit zunächst nach England zurückkehren will. Er ist unverhofft nach Hannover gekommen, ohne dass jemand darauf gefasst war, und ist zunächst bei seiner schönen Comtesse abgestiegen[212], die unglücklicherweise nicht zu Hause war. Zurzeit führen sie nur französische Komödien auf, die der König fast jeden Tag besucht. Darüber hinaus amüsiert er sich mit den schönen Damen seines Landes, die nach den Beschreibungen zum großen Teil dicke, hässliche Dulcineas sind. Ich bin überzeugt, dass die beiden neuen Opern, die Sie spielen lassen werden, sehr schön sind und das Thema des Cato ist interessant, zumindest so wie ich es hier bei einer Aufführung gesehen habe[213].

An Friedrich 15. November 1743

Ich finde, dass der Name, den man den Cliquen der Frauen um den König von England gibt, sehr treffend ist, denn tatsächlich können diese Kreaturen als wahrhafte Spitzbübinnen durchgehen. Die Hochzeit per Prokuration hat in Hannover stattgefunden, man sagt, mit der größten Etikette der Welt und doch in großer Unordnung; es gab nicht die geringste Prachtentfaltung beim Adel außer bei dem König und seinem Sohn[214], die in mit Goldtressen[215] besetzten Gewändern erschienen sind. Man sagt, die Prinzessin sei klein, aber sehr beleibt und nicht allzu schön; sie soll recht anmutig sein. Die ganze Zeremonie fand in Eile statt und es waren keine Ausländer dabei, weil, so sagt man, der König sie nicht möge und, wenn sie kommen werden sie schlecht empfangen. Am Hochzeitstag hat der König unter einem Baldachin soupiert wie der König [sic] von China, zu seiner Rechten die Prinzessin Gemahlin und auf der anderen Seite die von Kassel[216] und neben der Braut der Herzog von Cumber-

---

210 Voltaire war auf der Rückreise von Berlin nach Brüssel am 14. Oktober nach Braunschweig gekommen und blieb dort ein paar Tage, der König hatte ihm einen Brief für die Herzogin mitgegeben. Zur Anknüpfung von dauernden Beziehungen mit dem Braunschweiger Hof oder mit der Herzogin persönlich hat dieser Besuch nicht geführt.

211 Georg II. war nach dem Feldzug am Rhein am 18. Oktober in Hannover angekommen. Die Vermählung seiner Tochter Luise mit Friedrich V. von Dänemark war am 10. November. Am 19. reiste er nach England zurück.

212 Die Gräfin Yarmouth.

213 Am 4. Januar 1743 hatte sie geschrieben: „*Wir werden hier die Oper von Cato sehen, die Vérocai (der herzogliche Konzertmeister) komponiert hat, und die zweite wird Didon sein: das sind Arien, die von allen möglichen Meistern komponiert wurden, ich habe sie noch nicht gehört.*" – Die beiden Opern des Berliner Karnevals waren „Artaxerxes" und „Cato in Utica" von Graun.

214 August Wilhelm, Herzog von Cumberland (geb. 1721).

215 Der französische Ausdruck lautet: „*être doré comme un calice: porter des habits chargés de galons d'or*" (Littré).

216 Die Tochter des Königs, Maria (geb. 1723), die am 28. Juli 1740 mit dem Landgrafen Friedrich II. von Hessen-Kassel vermählt worden war.

land und ein Edelmann in der Mitte, der sie bedient hat. Man sagt, dass Seine Majestät in der kommenden Woche aufbrechen wird; das Parlament ist nicht zufrieden, dass er nicht in England geheiratet hat, und sie klagen schon über all das Geld, das sie gegeben haben und das er so schlecht eingesetzt hat... Sie hingegen führen alles, was Sie unternehmen, viel besser aus, anders als andere, die viel Getöse verursachen und sich dabei einbilden, viel getan zu haben, wie zum Beispiel der König von England, der sich für den größten Krieger der Welt hält[217].

An Friedrich   30. Dezember 1743

Ich zweifle nicht, dass die Gesellschaft des Prinzen von Hessen[218] Ihnen nicht unangenehm sein wird, denn man sagt, dass er viel Geist hat, und ich bin überzeugt, dass es ihm außerordentlich in Berlin gefallen wird, vor allem wenn er all die schönen Opern sehen wird. Ich muss Ihnen sagen, dass ich zurzeit, wenn ich allein bin, mir die Oper Artaxerxes auf mein Bett legen lasse[219]; ich bewege die Finger als ob ich Cembalo spielen würde und dann stelle ich mir vor, dass ich die Gasparini und die Benedetta singen höre und die Rezitationen der Sorio[220]. Sie können gewiss glauben, dass es nicht allein die Musik ist, die mir Ablenkung verschafft; ich denke dabei an die Güte, die Sie hatten, mir diese schöne Musik zu schicken, die mich entzückt, bis auf den Chor von „All'armi" in „Kleopatra"[221], der mir schöner erscheint. Ich glaube, dass Sophie[222] einen Aufenthalt in Berlin dem in Schwedt vorziehen wird, der soweit ich weiß nicht angenehm sein wird. Ich glaube, dass sie immer die gute Sophie bleiben wird und er so, wie Sie ihn genannt haben.

An Friedrich   14. Februar 1744

Der Herzog hat am Faschingsdienstag ein Fest gegeben, um den Karneval zu beenden. Es gab einen Maskenball mit Girlanden, was eine schöne Wirkung hatte; mit dem Bürgertum und uns und dem Adel, es gab 500 bis 600 Masken.

---

217 Nach seinem Sieg bei Dettingen am 27. Juni 1743.
218 Landgraf Wilhelm von Hessen-Nassau war zum Karneval nach Berlin gekommen. Gleichzeitig war die Fürstin Johanna Elisabeth von Anhalt-Zerbst mit ihrer Tochter Sophie (geb. 1729, der späteren Zarin Katharina) in Berlin. Die Fürstin von Zerbst hielt sich seit 1737 drei bis vier Monate am Braunschweigischen Hofe auf. Die Zarin Katharina erinnert sich noch 1774, wie die Herzogin Charlotte sie einmal vor einer ihr von ihrer Mutter zugedachten Züchtigung bewahrt habe.
219 Die Prinzessin Luise Friederike war am 18. Dezember geboren.
220 Von der Berliner Oper. Benedetta Molteni, späterhin die Gemahlin des Komponisten Agricola.
221 Von Graun, aufgeführt am 7. Dezember 1742 zur Einweihung des neuerbauten Opernhauses in Berlin.
222 Die Schwester der Herzogin (1719 geboren), seit 1734 mit dem Markgrafen Friedrich Wilhelm von Schwedt verheiratet, den der König „Le brutal" nannte.

An Friedrich 24. Februar 1744

Meine Stimmung ist ein wenig niedergedrückt, denn mich hat das Unglück getroffen, das letzte kleine Mädchen zu verlieren, das ich zur Welt gebracht habe[223], es hört nicht auf, Schmerz zu verursachen, denn so viele man auch bekommen mag, so sehr schmerzt es, sie zu verlieren; es geht mir so wie Ihnen, ich bringe anderen Menschen mehr Zuneigung entgegen als umgekehrt.

An Friedrich 29. Februar 1744

Der Prinz Ludwig[224] ist seit acht Tagen hier, er hat mir viel von all den Festen erzählt, die er in Wien[225] erlebt hat, die Königin liebt es über alle Maßen, sich zu vergnügen. Ich habe gerade einen Ihrer Briefe erhalten, der im Jahr 1736 geschrieben wurde und den mir ein griechischer Priester jetzt mitgebracht hat… Ich danke Ihnen für alle Freundlichkeiten, die Sie mir in diesem Brief mitteilen.

An Friedrich 16. März 1744

Die Erzherzogin Maria Anna ist heute früh von Blankenburg aufgebrochen, nachdem sie sich dort einen Tag ausgeruht und an ihrem Abfahrtstag dort noch zu Mittag gegessen hat; sie traf hier[226] am Abend erst sehr spät ein, es war 9 Uhr abends; was sie daran hinderte früher zu kommen, war, dass ihre Kutsche sich eine Meile von hier im Schlamm festgefahren hatte und man die größte Mühe hatte, sie aus dieser Lage zu befreien, denn es war sehr dunkel, das Wetter sehr schlecht und die Wege nicht befahrbar. Der Herzog hatte ihr eine kleine Eskorte Dragoner geschickt, die sie in Hessen empfangen hatten und die Leibgardisten haben sie vor der Stadt empfangen. Sie kam also des Abends bei dreifachem Kanonenschuss. Der Herzog hat sie empfangen mit der Kutsche und alle Damen haben es ebenso gemacht. Die Schwiegermutter und ich und meine vier Schwägerinnen[227] haben sie oben an der Treppe erwartet. Gleich als der Herzog sie hereingeführt hatte, habe ich sie umarmt und sie zu ihren Gemächern geführt. Sie ist ein wenig größer als ich, sie hat sehr schöne Augen, der obere Teil ihres Gesichts ist schön, die Haare dunkelblond; man sagt, dass der untere Gesichtsteil dem verstorbenen Kaiser gleicht[228], aber sie hat keinen hochgezogenen Mund, sie ist für eine Brünette sehr weiß; mit schöner zinnoberroter Schminke, schönen Zähnen, sehr kleinen

---

223 Prinzessin Luise Friederike, geb. am 18. Dezember 1743, war am 22. Februar gestorben.
224 Herzog Ludwig war 1742 von Maria Theresia wieder in den österreichischen Dienst berufen worden und nahm dann an der Schlacht bei Dettingen und dem Feldzug des Herzogs Karl im Elsass teil.
225 Bei Gelegenheit der Vermählung der Erzherzogin Maria Anna (geb. 1718) mit dem Herzog Karl Alexander von Lothringen am 1. Januar 1744. Am 23. Februar reiste das junge Paar nach den Niederlanden ab, zu deren Statthaltern die Erzherzogin ernannt war. *„Sie führen 114 Personen mit sich, das ist ein wirklicher Zug von Jean de Paris. Man sagt, dass die Festlichkeiten in Wien rauschend waren, aber die Opern sehr schlecht"*, schreibt die Herzogin am 3. Februar. Auf der Reise besuchte die Erzherzogin ihre Großtante in Blankenburg und war am 12. März in Wolfenbüttel. [Erläuterung der Übersetzerin: Jean de Paris oder Jean Perréal war ein französischer Renaissancekünstler, der u. a. Ruhm erlangte durch die Organisation prachtvoller Einzugsfeste.]
226 In Wolfenbüttel.
227 Die Prinzessinnen Sophie Antoinette (geb. 1724), Christine Charlotte (geb. 1726), Therese Natalie (geb. 1728) und Julie Marie (geb. 1729).
228 Karl VI.

Händen und kleinen Füßen. Sie ist sehr zuvorkommend und höflich und gar nicht hochmütig, wie ich sie mir vorgestellt hatte. Sie spricht sehr angenehm. Sie hat mich zuerst besucht und am folgenden Tag, um sich von mir zu verabschieden, und sie hat mich mit Lob überschüttet angesichts der Unannehmlichkeiten, die sie hier verursache. Sie war, so wie sie mir gesagt hat, sehr empfänglich für die Wünsche, die Sie ihr über den Adjutanten Borcke[229] haben übermitteln lassen. Sie sieht sehr sanft und bescheiden aus und macht nicht gern Umstände. Sie hat viel mit den Kindern gespielt und hat sich niedergekniet, um mit ihnen zu plaudern. Der Prinz Karl hat die Größe des Prinzen Leopold[230], aber nicht so dick; er ist sehr rot und braun und ist gar nicht schön, aber er sieht doch aus wie der Herzog von Lothringen, aber er hält sich gerader... Er ist sehr höflich und zuvorkommend und weiß sehr gut zu leben. Er trägt eine Perücke, aber wer es nicht weiß, der hält es für seine Haare... Die Damen der Erzherzogin sind sehr hässlich, aber zwei haben Geist und die Gouvernante ist eine alte, magere, herbe Frau; ich glaube, dass sie das Pulver nicht erfunden hat. Sein Gouverneur ist der Graf Colloredo und seine beiden Kammerherren sind Lothringer. Zwischen anderen Unterhaltungen, die ich mit der Erzherzogin geführt habe, hat auch ein Gespräch über Schmuckstücke nicht gefehlt und die der Erzherzogin sind sehr schön und prächtig eingefasst. Bevor sie aufgebrochen ist, hat sie zu Mittag gegessen und sich dann in die Kutsche begeben und ist genauso wieder zurückgekehrt wie sie angekommen war... Der „Messias", den Sie erwarten, wird sicherlich gleich eintreffen, wenn Sie zurück sind aus Breslau[231].

An Friedrich 4. April 1744

Ihr Brief hat mich sehr erstaunt in Bezug auf das, was Sie mir mitteilen über den Brief, den die Schwiegermutter Ihnen geschrieben hat. Ich weiß nicht, woran sie denkt. Sie nehmen nicht zu Unrecht an, dass sie große Lust hat, nach Berlin zu kommen; denn ich zweifle nicht, dass sie die größte Lust verspürt, ihre Töchter zu sehen[232] und die Funktion der Juno zu übernehmen, um bei der Niederkunft dabei zu sein[233]. Ich beglückwünsche Sie zu der neuen Allianz, die Sie geschlossen haben mit dem königlichen Prinzen von Schweden und der lieben Ulrike.

---

229 Der Generaladjutant und Oberst von Borcke hatte sie, als sie durch Quedlinburg kam, namens des Königs begrüßt.
230 Vielleicht Leopold Maximilian von Anhalt (1700–1751).
231 Der König war vom 13.–29. März in Schlesien. Die Herzogin hat, wie es scheint, noch nicht gewusst, dass schon am 12. März der Gesandte Rudenschiold um die Hand der Prinzessin Ulrike für den Erbprinzen von Schweden angehalten hatte. Am 31. Mai kam der außerordentliche schwedische Gesandte Graf Tessin, um den Heiratskontrakt abzuschließen und die Prinzessin abzuholen.
232 Die Königin und die Prinzessin von Preußen.
233 Der älteste Sohn des Prinzen von Preußen, Friedrich Wilhelm II., wurde am 25. September geboren.

An Friedrich 17. Mai 1744

Ich erwarte Ihre Befehle mit Vergnügen, um zu erfahren, wann ich mich nach Berlin begeben soll, um die liebe Familie wiederzusehen[234]; aber was Karl betrifft[235], wenn ich es wagen darf, Ihnen die Wahrheit zu sagen, er ist noch zu klein, um ihn mitzunehmen; ich müsste befürchten, dass er sich noch nicht gut genug beherrscht, um ihn vorzustellen. Ich bin überzeugt, dass ich ihn Ihnen in einigen Jahren vorstellen kann. Wir werden Entstehung und Wachstum der Familie erleben in Gegenwart, Vergangenheit und Zukunft: die Prinzessin[236], die niederkommt, steht für die Gegenwart, Sophie, die all diese Anekdoten schon hinter sich hat[237], ist die Vergangenheit, und Ulrike, die am Anfang steht, ist die Zukunft, – und was mich betrifft, so bin ich dieses Mal neutral.

An Friedrich 15. Juni 1744

Ich habe mich sehr gefreut über die schöne Erwerbung, die Sie mit Ostfriesland[238] gemacht haben und ich erlaube mir, Sie zu beglückwünschen. Das ist eine schöne Errungenschaft, um den Durst zu stillen und sie trägt dazu bei, Sie noch größer zu machen. Ich war sehr betrübt, dass ich nicht das Glück hatte, Sie hier zu sehen bei Ihrer Rückkehr aus Pyrmont[239], aber die Gründe, die Sie daran gehindert haben, sind zu gewichtig, als dass ich Einwände erheben könnte. Doch wenn man mich benachrichtigt hätte, dass Sie so nah von hier vorbeireisen würden, so wäre ich Ihnen entgegengefahren, um Ihnen wenigstens eine gute Reise zu wünschen. Doch habe ich Ihre Pferde hier ankommen sehen in bester Verfassung und ich habe den Pferdeknechten aufgetragen, Ihnen tausend Grüße von mir auszurichten.

An Friedrich [Berlin] 5. Juli[240] 1744

Bei meiner Rückkehr von Monbijou[241] habe ich Ihren lieben Brief vorgefunden… Ich bin überwältigt von den Wünschen der ganzen Familie. Es ist nur die Vernunft, die bewirkt, dass ich es mir lieber versage, Sie für einige Tage aufzusuchen, damit Sie Ihre Angelegenheiten erledigen können. Ich flehe Sie an, mir in keiner Weise Artigkeiten zu bezeugen, denn ich möchte, dass Sie mich nur als Ihre Schwester betrachten und nicht als Fremde… Heute bin ich in Verzückung geraten, denn die Königinmutter hat die Güte gehabt, mich Ihre Sänger und Sängerinnen anhören zu lassen. Ich würde Salimbeni vor allen anderen den Vorzug geben und dann Romano, der – ohne „chapon"[242] zu sein – meiner unbedeutenden Meinung nach

---

234 Die Herzogin kam zu der Vermählungsfeier ihrer Schwester Ulrike.
235 Ihr ältester Sohn.
236 Die Prinzessin von Preußen.
237 Der jüngste Sohn der Markgräfin von Schwedt war der am 10. September 1741 geborene Markgraf Georg Philipp Wilhelm.
238 Am 25. Mai war der letzte Fürst von Ostfriesland gestorben; am 26. war die preußische Besitzergreifung erfolgt.
239 Am 20. Mai war der König nach Pyrmont zur Kur gegangen; er war am 9. Juni abgereist und am 11. Juni wieder in Potsdam eingetroffen.
240 Die Herzogin war seit dem 3. Juli in Berlin.
241 In Monbijou wohnte die Königinmutter.
242 chapon – Kapaun, ursprüngliche Bedeutung: kastrierter Hahn (coq chastré), der gemästet werden soll und der mit anderer, heiserer Stimmlage kräht. (Anmerkung der Übersetzerin).

ein exzellenter Bass ist; die Gasparini und die Benedetta und Porporino können als bewundernswert durchgehen. Die gute Tobise[243] ist mit ihrer Tochter eingetroffen, die sehr hübsch und amüsant ist; sie hat die Königinmutter sehr gut unterhalten mit ihrer Schlagfertigkeit und Lebhaftigkeit und meine Schwester hat sie sehr angenehm erzogen. Da Sie nichts von meiner Schwester aus Ansbach[244] gehört haben, bin ich überzeugt, dass sie schon unterwegs ist und Sie überraschen möchte… Wir hatten heute ein ziemlich heftiges Gewitter, die Königinmutter und meine Schwester haben sich ein wenig über meine Hasenherzigkeit lustig gemacht, zu Recht und ich bin überzeugt, dass mich das von dieser schlechten Gewohnheit kurieren wird.

An Friedrich   Magdeburg, 1. August 1744

Meine Abreise hat mich noch einmal an meine Schwester in Schweden[245] denken lassen. Ich verstehe nicht, wie sich meine Schwester darüber trösten kann, so extrem weit von der Heimat entfernt zu sein und fast ohne Aussicht, ihre Verwandten wiederzusehen.

An Friedrich   28. September 1744

Gestatten Sie, dass ich es wage, Sie erneut mit meinen Briefen zu bombardieren, aber es ist eine Sache der Ehre, Sie zu unserem neuen Neffen zu beglückwünschen[246]. Ich habe diese Nachricht mit großer Genugtuung vernommen und ich kann sagen, dass es mir sehr große Freude bereitet, die Nachkommenschaft des lieben Wilhelm zu sehen. Doch meine Freude wird erst vollkommen sein, wenn ich Sie bei guter Gesundheit zurück in Berlin[247] weiß. Ich nehme Sie bei Ihrem Wort, denn Sie haben mir versprochen, dass ich Sie wiedersehen würde mit all Ihren Gliedmaßen. Halten Sie Wort, ich flehe Sie an.

An Friedrich   9. November 1744

Ich bin entzückt, dass die liebe Ulrike so zufrieden ist, sie hat mir die hübschesten Briefe der Welt über ihre neue Stellung geschrieben[248]. Ich bin entzückt, dass Sie die Herren Österreicher bei so guter Disziplin halten, dass sie keine Lust verspüren, Ihnen eine Schlacht zu liefern; ich glaube, dass sie fürchten, geschlagen zu werden und Gefahr zu laufen, danach keine Ressourcen mehr zu haben[249].

---

243 So hieß die Markgräfin von Schwedt bei den Geschwistern; sie war mit ihrer Tochter Dorothee (1736 geboren) am 4. Juli angekommen.
244 Die Ankunft der Markgräfin verzögerte sich bis zum 14., da Krankheit sie an einer früheren Abreise gehindert hatte.
245 Am 26. Juli war die Prinzessin Ulrike nach Schweden abgereist.
246 Am 24. Januar 1744 hatte sie geschrieben: „*Es ist wie ein Traum, wenn Ich daran denke, dass Wilhelm Vater werden wird. Ich glaube, das wird ihm nicht schlecht anstehen.*"
247 Der König war am 15. August nach Böhmen gegangen.
248 Prinzessin Ulrike war am 8. August in Karlskrona angekommen. Die Vermählung mit Adolf Friedrich von Schweden hatte am 29. August stattgefunden.
249 Die Österreicher hatten den König Ende Oktober bis über die Sazawa zurückzugehen gezwungen; sie hielten sich in ihrer beherrschenden Stellung bei Kuttenberg, ohne zur Schlacht herauszukommen.

An Friedrich 29. Dezember 1744

Ich beneide den Prinzen Albert[250] um das Glück, Ihnen seine Aufwartung zu machen. Ich hoffe, dass Sie Anlass haben werden, zufrieden zu sein mit seinem Benehmen und dass er sich Ihrer Gnade würdig erweisen wird; wenigstens kann ich bezeugen, dass er voll guten Willens ist. Der Herzog ist durchdrungen von diesem neuen Gnadenbeweis, dass Sie seinen Bruder in Ihren Dienst aufgenommen haben.

An Friedrich 14. Februar 1745

Sie lassen mir eine Nachricht übermitteln, die mich bezüglich Ihrer Person in helle Aufregung versetzt, da Sie mir schreiben, dass Sie Ende des Monats[251] zur Armee aufbrechen werden, aber in Gottes Namen setzen Sie nicht Ihre Person zu sehr der Gefahr aus, die so lieb und teuer ist … und die unserer Mutter das Leben bewahrt. Ich beschwöre Sie bei allem, was am heiligsten ist auf dieser Welt, mir zu versprechen, dass Sie gesund und unversehrt bleiben und dass Ihnen nichts zustößt … Wir haben dieses Mal die Messe ruhig verbracht aus Anlass des Todes des Kaisers (20. Januar), der die Vergnügungen der Opern und Bälle verhindert hat und ohne diese Amüsements sind die Messen sehr langweilig und wir haben nur die Musik der Glocken, die nicht zu den angenehmsten gehört.

An Friedrich 23. April 1745

Ich bin überzeugt, dass es nicht eine Schlacht gibt, gegen die ich nicht eine schreckliche Abneigung hege, da ich Menschen[252] habe, die mir zu lieb und teuer sind, als dass ich mit Gleichgültigkeit auf die Gefahren sehen würde, denen sie sich bei solchen Gelegenheiten aussetzen. Doch da Sie Lust haben, mich in diesem Winter zu sehen, bin ich überzeugt, dass Sie beabsichtigen, dann noch am Leben zu sein und ich hoffe, dass Sie die Güte haben werden, sich bei jeder Gelegenheit wieder daran zu erinnern und sich nicht mehr in Gefahr begeben werden als notwendig… Ich räsoniere wie eine Frau werden Sie nun sagen.

An Friedrich 23. Juni 1745

Da der Herzog mir alle Nachrichten zur Kenntnis gebracht hat, die der Prinz Ferdinand ihm geschrieben hat, war die Schlacht (bei Hohenfriedberg, am 4. Juni) die heftigste und die berühmteste, die es seit einem Jahrhundert gegeben hat… Nach dem göttlichen Beistand kommt Ihnen alle Ehre zu, durch die Aufstellung, die Ordnung und die Bravour der tapferen preußischen Truppen, die nicht nachgelassen haben, vor allem weil sie so gut unterstützt wurden durch Befehlshaber wie E.M. und meine beiden Brüder. Ich bin ebenfalls entzückt,

---

250 Prinz Albert (Albrecht) von Braunschweig (geb. 1725) hatte erst in braunschweigischen, dann seit 1743 in dänischen Diensten gestanden. Den Feldzug in den Niederlanden 1744 hatte er als Volontär mitgemacht. Am 10. Oktober schrieb die Königin dem Herzog, der König wolle ihrem Bruder Albert ein Regiment geben, wenn er seinen Eintritt in die preußische Armee gestatte. Am 26. Dezember 1744 erhielt er als Oberst das Füsilierregiment, das bisher sein Bruder Ferdinand gehabt hatte.

251 Die Abreise erfolgte erst am 15. März.

252 Außer dem König und ihren beiden Brüdern, August Wilhelm und Heinrich, standen ihre drei Schwäger, Ferdinand, Ludwig und Albert im Felde.

dass meine beiden Schwäger ihre Sache gut gemacht haben. Der Herzog ist äußerst empfänglich für das Lob, das ich ihm von Ihrer Seite übermittelt habe. Schließlich sei Gott gelobt, dass Sie leben und dass ich die Hoffnung habe, Sie mit allen Ihren Gliedmaßen wiederzusehen. Dem Brief, den Sie mir geschrieben haben, entnehme ich, dass Sie sich keine Ruhe gönnen und dass Sie sich wie immer sorgen. Um Gottes Willen, geben Sie auf sich Acht!
Die Herzoginmutter ist entzückt, dass Sie zufrieden sind mit den Prinzen Ferdinand und Albert und damit, wie sie ihre Pflicht erfüllen.

An Friedrich Salzdahlum, 18. Juli 1745

Ich habe den Herzog und die Herzoginmutter erfreut mit den Wünschen, die ich ihnen in Ihrem Namen übermittelt habe, und ich habe ihnen Ihren guten Bericht wiedergegeben über die Prinzen Ferdinand und Albert und die gute Führung, die sie zuletzt bei dem Sieg bei Friedberg gezeigt haben. Die Herzoginmutter hat mir aufgetragen, ebenso wie der Herzog, Sie ihrer Hochachtung zu versichern; vor allem der Herzog ist entzückt, dass seine Brüder, seinen Ratschlägen folgend, ihre Pflicht als tapfere und ehrbare Männer erfüllt haben. Ich bin entzückt, dass Sie berichten, dass Sie vis-à-vis von Königgrätz stehen, ohne die Österreicher angreifen zu können; es scheint mir, dass Sie für dieses Jahr zufrieden sein können und dass Sie es verdienen, sich auszuruhen. Der Herzog und ich werden entzückt sein, Sie in diesem Winter aufzusuchen und dies nicht aus Liebe zu der Spottschrift von Poellnitz, noch wegen der schönen Augen der großen Madame Parforcereiterin, auch nicht wegen der schönen Witwe Agatius oder wegen der Gräfin Schlieben, noch viel weniger wegen des geschickten Rossin, der Zeit und Mühe vergeuden würde, wollte er mich verschönern, und Herr Ephraim[253] und ich wir verkehren auf einem ziemlich seltsamen Fuß miteinander, aber seien Sie versichert, dass wenn ich nach Berlin oder Potsdam komme, so ist es nur aus Liebe zu meinem alten königlichen Bruder, für den ich immer eine zärtliche Zuneigung hege, wie er sehr wohl weiß. Doch ich bemerke Ihre gute Laune, die mich immer erfreut, und Ihr gutes Gedächtnis, das Sie immer noch an das „eau de Melrose" denken lässt, das sehr gut ist zu seiner Zeit, aber das keine gesonderte Reise verdient. Ich gestehe, dass ich mich darauf freue, das neue Dickerchen von dem lieben Wilhelm kennenzulernen, obwohl ich noch Zweifel daran hege, dass es schon das Alphabet beherrscht.

An Friedrich Salzdahlum, 9. August 1745

Diese Erklärung, die ich Ihnen in meinem vorangegangenen [Brief] gemacht habe, ist in Wahrheit nichts Neues, denn wie ist es möglich, dass Sie glauben, dass ich die Gesellschaft von alten und jungen Damen dem Gespräch mit meinem lieben Bruder vorziehen würde und dass Herr Ephraim, möge er auch sein wie ein dicker Brillant, mich in Versuchung führen könnte, dass ich um seinetwillen und wegen Herrn Rossin kommen würde und wegen des sehr vergänglichen Geschmacks von Melrose. Sie sollten eines Tages die Korrespondenz [lesen], die die Montbail[254] und ich über Sie führen; wir heben Sie bis in die Wolken und es fehlt nicht

---

253 Außer dem bekannten Kammerherrn von Poellnitz, dem Perückenmacher der Königin Rossin, dem Bankier und Juwelenhändler Ephraim, dem Oberjägermeister von Schlieben vermag ich die genannten Personen nicht nachzuweisen, ebensowenig wie „l'eau de Melrose" am Ende des Briefes.
254 Marthe de Montbail (geb.1681), ihre frühere Gouvernante.

viel und Sie nähern sich beinahe den Engeln… Es scheint mir, dass Sie so viele Schläge ausgeteilt haben, dass Ihre Feinde ihr ganzes Latein darüber vergessen haben und es mangelt ihnen sogar an Einfällen, um weitere Unwahrheiten vorzubringen und sie füllen die Zeitungen mit so vielen Armseligkeiten, dass es wirklich Mitleid hervorruft, sie zu lesen[255].

An Friedrich 12. August 1745[256]

Obwohl meine Sorgen nicht eher zur Ruhe kommen werden, als bis ich weiß, dass Sie sich glücklich aus der augenblicklichen kritischen Situation befreit haben, gestehe ich Ihnen doch, dass meine einzige Hoffnung darauf ruht, dass Sie die richtigen Maßnahmen ergreifen werden, um Ihren Feinden zuvorzukommen… Ich bin gänzlich überzeugt, dass Sie mit den Fähigkeiten, die Ihnen zu eigen sind, all Ihre Unternehmungen, wenn es dem Himmel gefällt, zum Erfolg führen werden, so wie Sie es bis jetzt getan haben. Obwohl der wichtigste Punkt Ihr Wohlbefinden ist, an dem ich allen erdenklichen Anteil nehme, so ist es doch nicht das Einzige, das mich beruhigen kann, und wie könnte ich es sein, wenn Ihre kostbare Person immer jeder Art von Gefahr ausgesetzt ist und wie könnte mein Herz nicht angerührt und in Aufruhr sein, wenn ich meine nächsten und liebsten Verwandten beständig in Gefahr weiß. Es ist unmöglich, das Martyrium auszudrücken, das ich im Voraus erleide und den Kummer, mit dem ich diese drei traurigen Jahre verbringen werde, mit denen Sie mir drohen. Möge der Himmel die Zeit verkürzen; meine Ängste werden nicht aufhören bis zu dem Tag, an dem ich Sie zurück weiß, unversehrt, inmitten von Frieden, bekränzt mit neuem Lorbeer… Welch ein Glück wäre es eines Tages für mich, wenn meine Jungen Ihnen mit der Zeit als Schild dienen könnten, damit Sie geschützt sind vor jeglichem Missgeschick.

An Friedrich Salzdahlum, 8. Oktober 1745

Mit Bedauern habe ich vom Tod des Prinzen Albert[257] erfahren… Ich bin überzeugt, dass wenn dem verstorbenen Prinz etwas missglückt ist, so ist es geschehen aus zu viel gutem Willen und dem Verlangen, das Kriegshandwerk von Grund auf zu erlernen und alle Details zu kennen, denn ich weiß, dass er Ihnen mit Eifer diente, ganz wie der Prinz Ferdinand. Wenn er länger gedient hätte, hätte sich diese Lebhaftigkeit von selbst gemäßigt. Der einzige Trost des Herzogs ist, dass er als ehrenhafter Mann und in Ihrem Dienst gestorben ist.

---

255 Am Schluss schreibt sie, die alte Herzogin von Bevern, Eleonore Charlotte, habe ihr geschrieben, sie möchte sich beim König um eine Präbende für ihren Sohn, August Wilhelm, verwenden. *„Ich glaube, dass der Prinz in seinen Geschäften ein wenig ungeschickt ist und eine solche Gunst könnte, glaube ich, seine Finanzen wieder in Ordnung bringen."* August Wilhelm (geb. 1715) war 1731 in preußische Dienste getreten, 1743 Generalmajor geworden.

256 Dieser Brief gehört zu den wenigen, bei denen die in den Briefen von 1740 an meist fehlende Jahreszahl im Datum sich nicht mit Sicherheit ergänzen lasst; vielleicht gehört er in das Jahr 1756 [sic].

257 Herzog Albert war in der Schlacht bei Soor (30. September) erschossen worden. Dem Herzog schrieb der König darüber am 1. Oktober: *„Er war zu tapfer. Ich habe oft an meine Schwester geschrieben, dass ich einen Unfall befürchtete. Aber ich kann Ihnen gleichzeitig versichern, dass er in keiner Weise der Familie Schande gemacht hat. Der Prinz Ferdinand hat sich selbst übertroffen."* In den Briefen an die Königin vom 9. Oktober urteilt der König härter.

An Friedrich Wolfenbüttel, 25. Oktober 1745

Ich habe den Herzog befragt, der es als große Gunst betrachtet, dass Sie ein vakantes Regiment an einen aus seiner Familie geben wollen, aber er ist sehr in Verlegenheit, eine Person, die Ihnen genehm ist, zu benennen, weil der Bruder[258], den er noch hat, noch ein Kind von 13 Jahren ist und der in einigen Jahren noch nicht in der Lage sein wird zu dienen und den die Pocken sehr zurückgeworfen haben; er hat noch eine sehr schwache Konstitution, was verhindert, dass er die notwendige Erziehung erhält.

An Friedrich 7. November 1745

Ich wäre entzückt, wenn ich in der Lage wäre, Ihnen auf irgendeine Weise Ihre Sorgen zu erleichtern, die Sie in Ihren häuslichen Angelegenheiten haben[259]. Sie können wohl glauben, dass es ganz natürlich ist, dass der Herzog vor allem wünscht, seinen Bruder in Ihren Diensten zu sehen und er hofft, dass die Herzoginmutter ihre Zustimmung gibt und Ihre Gunst anerkennt. Das, was den Herzog in Bedrängnis bringt, ist, dass der Prinz Friedrich Franz noch nie das Haus der Herzoginmutter verlassen hat; es könnte ihm sehr an Erziehung mangeln und der Herzog glaubt, dass es wenigstens zwei Jahre braucht, um ihn ein wenig auszubilden, bevor man ihn vorstellt.

An Friedrich 19. November 1745

(Dank des Herzogs für die Übertragung des Regiments an Friedrich Franz) vor allem dafür, dass Sie zufrieden sind, dass der Herzog es wagt, ihn noch hier zu behalten bis zum Alter von 17 oder 18 Jahren, er hofft, ihn so auszubilden, dass er in diesem Alter in Ihre Dienste treten kann und dass er dann nicht hinter den anderen zurückstehen wird... Der Herzog hat mir auch gesagt, dass er darüber mit der Herzoginmutter gesprochen habe, die darüber sehr froh war... Was die Nachrichten anbetrifft, die Sie aus Wien zu erfahren wünschen, sie sind jetzt so bekannt, dass ich nicht zweifle, dass Sie sie besser kennen als ich[260].

An Friedrich 19. Dezember 1745

(Dank für die Nachricht vom Siege bei Kesselsdorf 15. Dezember). Ich schreibe all die Siege, die Sie errungen haben, ein wenig meinen Wünschen und Gebeten zu, welche so glühend sind und von mir mit so viel Inbrunst wiederholt werden, dass ich glaube, dass die göttliche Vorsehung, um endlich von den ewigen Qualen befreit zu sein, die ich ihr mit meinen Gebeten bereite, mir alles zugesteht, was mein Herz ersehnt für den Fortbestand Ihres Wohlergehens.

---

258 Friedrich Franz (geb. 1732).

259 Die beiden Freunde des Königs noch aus der Rheinsberger Zeit, Jordan und Keyserlingk, waren während dessen Abwesenheit von Berlin gestorben. „Das war meine Familie und jetzt fühle ich mich als Witwer, Waise;" schreibt er; er fürchtete sich nach Berlin zurückzukehren, wo er sie nicht mehr finden würde.

260 Was sie dann über militärische Vorgänge schreibt, war dem König schon bekannt.

An Friedrich 31. Dezember 1745

Ich werde sicherlich am fünften in Potsdam sein gegen 1 Uhr[261], wie Sie es befehlen. Ich fürchte in keiner Weise den lieben Heinrich, sei er auch bedeckt mit Flecken wie ein Tiger[262]; ich wäre dennoch sehr entzückt ihn wiederzusehen auch mit dem lieben Wilhelm, und was meine Tochter betrifft, sie hat schon die Pocken gehabt, so wird ihr das nichts mehr anhaben.

An Friedrich Wolfenbüttel[263], 29. Januar 1746

Die Herzogin Schwiegermutter schien sehr erfreut, den Prinzen Ferdinand wiederzusehen, dem man, Ihren Befehlen gemäß, am nächsten Morgen, als ich ankam, einen „Stolzen Heinrich" [Bratwurstgericht] vorgesetzt hat, den er sehr gut zu verdauen gewusst hat. Charles hat die größte Freude auf der Welt über das schöne Geschenk und er hat mich gebeten Ihnen sein Gekritzel zu senden, um sich selbst zu bedanken… Caroline ist wie ein Papagei, sie wiederholt mehrere Male alles, was sie an Schönem in Berlin gesehen hat, obwohl sie Potsdam lieber mag. Ich breche in dieser Woche auf nach Braunschweig.

An Friedrich 3. Februar 1746

(Dank für Butter aus Neiße). Ich habe mit der Diät begonnen, die Sie mir empfohlen haben, und ich lasse vom Tee, wozu mich niemand sonst hätte veranlassen können… Sie vollbringen Wunder an mir und am Ende könnten Sie mich überzeugen, mich so zu mästen wie einen Kapaun… Die Messe beginnt am Montag, es wird gespielt… Antigone von Hasse, Vérocai hat daraus eine neue [Oper] gemacht, die Cyrus heißt, und die dritte ist Ixion[264]; das ist eine Rhapsodie mit allen Arten von Melodien von verschiedenen Meistern… Ich habe das berühmte Rhinozeros[265] angesehen, das das abscheulichste und hässlichste Tier auf der Welt ist. Es hat mir Angst gemacht und als ich es ansah, habe ich wie Jonas geglaubt, es würde mich verschlingen.

An Friedrich Braunschweig, 15. Februar 1746

Ich würde mit Vergnügen das Rhinozeros anhalten, um es zu besteigen und Sie auf diese Weise zu empfangen, wenigstens bin ich überzeugt, dass dieses neue Reittier Sie amüsieren würde, und wenn es nur wäre, um Sie zum Lachen zu bringen über meine Hasenfüßigkeit, die mich bei dieser Gelegenheit nicht verlassen würde. Ich schicke Ihnen den Kupferstich dieses

---

261 Die Herzogin kam am 3. Januar 1746 nach Potsdam, ihre Tochter Caroline (geb. 1737) brachte sie zur Überraschung der Königinmutter mit. Der Erbprinz war auch eingeladen, aber, wie sie am 23. Dezember schrieb: „Er ist unpässlich und da er noch nicht die Pocken hatte, habe ich immer Angst um ihn."
262 Prinz Heinrich hatte Ende 1741 die Pocken gehabt.
263 Die Herzogin war am 25. Januar aus Berlin wieder abgereist; aus Magdeburg schrieb sie am 26. Januar: *„Caroline schwätzt in der Kutsche wie ein Papagei und wird nicht müde, von all den Wohltaten zu sprechen, die ihr in Berlin zu Teil wurden, obwohl sie zu Beginn viel geweint hat und bedauert hat wegfahren zu müssen."*
264 Am 25. Februar schreibt sie, die Antigone sei „*sehr hübsch*"; an Stelle des Chores sei ein Sextett. „*Ixion ist als Oper ganz für das Parkett geeignet, die Dekoration könnte nicht amüsanter sein, die Handlung ein wenig gewagt.*"
265 Das aus der Gellertschen Erzählung bekannte Rhinozeros, das erste, das nach Europa kam.

liebenswerten Tieres; ich werde mich erkundigen, ob es vielleicht auch nach Berlin reist. Dieser Stich ist zu seinem Vorteil, denn es ist viel hässlicher und abscheulicher, aber es ist wunderlich anzusehen. Ich glaube, wenn ich es dem Halter des Tieres sagen lassen würde, so würde er es nach Berlin bringen, um die Leute dort zu erfreuen.

An Friedrich 16. Februar 1746

Ich werde nicht verabsäumen, Ihren Anweisungen nachzukommen und werde mir alle Mühe geben, um Ihren Herrn Generalmajor[266] großzügig zu verköstigen; ich bin sogar überzeugt, dass mir das gelingen kann und ich hoffe, ihm eine Leibesfülle zu verschaffen, die geeignet ist, allen Blutwürsten aus Braunschweig Ehre zu machen. Ich bin entzückt, dass meine Schwester in Schweden glücklich und zufrieden ist; sie verdient es und um die Wahrheit zu sagen, ich habe nicht daran gezweifelt, da sie all den Geist hat und alle Umgangsformen, um bei den Menschen Zuspruch zu finden. Dennoch gestehe ich Ihnen, dass ich sie um ihr Schicksal nicht beneide, denn das einzig tragfähige Glück besteht darin, in Reichweite zu sein, so dass man seine Familie sehen kann, und das ist ihr versagt. Ich bin überzeugt, dass es ihr unendlichen Kummer bereitet, wenn sie daran denkt, das ist nur natürlich.

An Friedrich 18. Februar 1746

Es scheint, dass meine Schwester in Schweden Gefallen an den Instruktionen gefunden hat, die Sie und ich ihr gegeben haben, da sie so zeitig unseren Wünschen entsprochen hat und mit einem Prinzen niedergekommen ist[267] und sicherlich hat sie nicht die allegorische Gans vergessen, die ich ihr in Charlottenburg präsentiert habe… Ich bin überzeugt, dass sie jetzt eine ganze Baumschule haben wird, denn wir sind von gutem Holz, dank unseres Vaters… Die Messe ist gestern zu Ende gegangen mit einem Maskenball im Theater; ich bin als Fledermaus erschienen und hatte das Vergnügen nicht erkannt zu werden. Das ist, scheint mir, die größte Annehmlichkeit auf einem Ball.

An Friedrich Wolfenbüttel, 26. Februar 1746

Pardon, dass ich Sie langweile, indem ich Sie mit den „Lettres du Roi de Prusse"[268] unterhalte; ich komme auf das Rhinozeros zurück, um Sie auf andere Gedanken zu bringen; man sagt, dass man ihm eine neue Kiste gebaut hat, um es nach Berlin zu bringen. Das ist ein schrecklicher Sprung, den ich gerade gemacht habe, und ein Thema, das nichts mit dem vorigen zu tun hat. Ich erinnere mich noch daran, dass Sie mir gesagt haben, meine Briefe mit dem Siegel des Bayard-Ordens zu versiegeln; mit diesem fange ich an, Ihren Befehlen Folge zu leisten.

---

266 Herzog Ferdinand, seit 1743 Generalmajor, hat öfters den Auftrag des Königs an die Herzogin mitbekommen, sie möchte gut für sein leibliches Wohl sorgen. Diesmal tat sie es mit solchem Erfolg, dass, wie sie schreibt, er sich den Magen verdarb, einen Tag zu Hause bleiben musste und dann auf strenge Diät gesetzt wurde; ein andermal schreibt sie dem König, er fände in Braunschweig so viele Schutzengel, dass für sie nichts zu tun übrig bleiben werde.
267 Der Kronprinz Gustav III. war am 24. Januar 1746 geboren.
268 „Recueil de quelques lettres et autres pièces intéressantes pour servir à l'histoire de la paix de Dresde", der vor kurzem in London erschienen war; er enthielt den Briefwechsel des Königs mit Villiers, dem englischen Gesandten in Dresden.

An Friedrich 3. März 1746

Ich bin entzückt, Ihrem Brief zu entnehmen, dass Sie weiterhin bei bester Laune sind... Sie machen sich so alt; wenn man Ihnen zuhört, könnte man glauben, dass Ihre Jahre auf Ihnen lasten und doch, Gott sei gedankt, erreichen Sie erst die Blüte Ihrer Jahre. Jetzt sind Sie ein gestandener Mann und Sie haben noch keinen Grund zu klagen und Sie können noch lange Ihre schönen Tage genießen.

An Friedrich 25. März 1746

Was das Rhinozeros[269] angeht, so habe ich aus Hannover Antwort erhalten; es wird am ersten Tag [des Monats] nach Berlin aufbrechen, und es wird sich beeilen, dort sobald wie möglich einzutreffen. Ich gestehe, dass ich es um diese Aussicht beneide.

An Friedrich 14. April 1746

Der Prinz Ludwig ist hier eingetroffen bei guter Gesundheit, er ist vollständig von seiner Verwundung[270] genesen und sieht so aus, als sei er nie krank gewesen. Ich glaube, er wird nicht lange hier bleiben, weil er zurück muss, um an dem Feldzug in Flandern teilzunehmen.

An Friedrich 22. April 1746

Alles, was ich vom Prinzen Ludwig erfahren konnte, ist, dass die alte Kaiserinwitwe[271] sehr froh ist über den Frieden, aber die anderen, glaube ich, fürchten Sie und trauen Ihnen nicht; sie haben Angst, dass Sie Ihre Armee erneut aufstellen, um nach Böhmen zu marschieren; darüber hinaus, soweit ich es beurteilen kann, glaube ich, dass sie im Augenblick Ihnen gegenüber guten Glaubens sind und ich denke, sie sind nicht in der Lage, erneut etwas zu unternehmen. Daher glaube ich, dass sie am Frieden festhalten werden. Der Prinz Ludwig ist äußerst reserviert mir gegenüber und vermeidet es, mit mir über diese Dinge zu sprechen. Ich habe mich dennoch informiert, ob es Truppen in der Nachbarschaft Böhmens gibt, er hat mir fest versichert, dass das nicht der Fall ist; daher glaube ich, dass sie sich ruhig verhalten werden, vielleicht in Ermangelung von Kämpfern. Da Sie mir aufgetragen haben, Ihnen das zu schreiben, was ich weiß, berichte ich Ihnen natürlich das, was ich herausgefunden habe. Soweit ich weiß, ist es das Geld, was ihnen fehlt. All das lässt mich vermuten, dass Sie in Ruhe den Frieden genießen können und dass sie nicht so bald in der Lage sein werden, ihn zu stören. Es stimmt, dass der Prinz Ferdinand sich sehr gefreut hat, seinen Bruder wieder-

---

269 Da der Mann keinen Pass für Berlin gehabt hatte, war er nach Hannover gegangen „*um die Neugier der langen Krawatten zu befriedigen*". Die Reise war mit Schwierigkeiten verbunden; es wäre beinahe an einer Indigestion gestorben; in Hildesheim blieb es so tief im Schmutz stecken, dass es mit seinem schweren Kasten erst nach zwei Tagen wieder weiter konnte. Am 6. April kam es in Berlin an; am 3. April schrieb die Herzogin: „*Ich verdiene nicht den Dank, den die Stadt Berlin mir für das Rhinozeros ausspricht.*"
270 Er war bei Soor verwundet worden; er kam jetzt aus Wien. Am 22. März war er zum Generalfeldmarschall ernannt worden.
271 Elisabeth Christine von Braunschweig, die Witwe Karls VI.

zusehen, denn sie mögen sich sehr und haben sich seit zwei Jahren[272] nicht mehr gesehen. Ich gestehe, dass ich dieses Einvernehmen so einschätze wie das, welches ich jedes Mal fühle, wenn ich mit Ihnen zusammentreffe, und das ist sicherlich für mich die größte Genugtuung... Ich flehe Sie an, mich nicht zu verraten, dass ich mir die Freiheit genommen habe Ihnen dies zu schreiben.

An Friedrich   23. Mai 1746

Es wird Sie heiter stimmen, wenn ich Ihnen mitteile, dass Sie die allgemeine Zustimmung der Öffentlichkeit in diesem Land erworben haben, was keine Bagatelle ist, doch alle sind entzückt von Ihrem freundlichen, liebenswürdigen und zuvorkommenden Auftreten gegenüber jedermann und im Augenblick spricht man nur von Ihnen[273]... Die alte Herzogin von Blankenburg ist in Braunschweig eingetroffen, nur für einige Tage; wir haben uns gegenseitig besucht und ich habe ihr die Wünsche überbracht, die Sie mir für sie aufgetragen hatten, sie schien darüber erfreut zu sein. Der Prinz Ludwig ist am vergangenen Freitag (20.) zur Armee aufgebrochen. Der Herzog von Weißenfels ist in Leipzig an einem Schlaganfall gestorben; so erbt der König von Polen ein ziemlich großes Land[274].

An Friedrich   Wolfenbüttel, 21. Juli 1746

Die Königinmutter ist entzückt über ihren Aufenthalt in Charlottenburg und sie rühmt sich in allen Briefen der Aufmerksamkeiten und Freundlichkeiten, die Sie ihr erwiesen haben[275]. Ich bin überzeugt, dass es sie, wenn dies möglich wäre, um 10 Jahre verjüngt hätte, denn sie liebt Sie wie ihren Augapfel. Ich hoffe, dass sich meine Schwester aus Bayreuth dieses Mal von ihrer Krankheit erholt, obwohl ich befürchte, sollte sie sich in Zukunft nicht mehr schonen, so wird es nicht gut für sie ausgehen. Berichten Sie mir doch ... ob Ihnen die Kur in Pyrmont gut bekommen ist und ob seitdem die Koliken ausgeblieben sind... Ich habe immer die Sorge, dass das augenblickliche Obst, von dem Sie zweifellos reichlich essen, Ihrer Gesundheit schadet.

---

272 Die beiden Brüder hatten sich in der Schlacht bei Soor unmittelbar gegenüber gestanden; Herzog Ludwig verteidigte eine Anhöhe, die Herzog Ferdinand angriff und schließlich nahm. Am 30. Juni 1745 hatten sich die drei Brüder, durch einen Zufall zusammengeführt, gesprochen.

273 Der König war auf der Reise nach Pyrmont ein paar Tage (13.-15.) in Salzdahlum gewesen. Am 21. Mai 1746 schreibt die Königinmutter an den König: *„Ich danke Ihnen, dass Sie mir mitgeteilt haben, dass Sie glücklich in Salzdahlum angekommen sind und dass Sie meine Tochter bei guter Gesundheit angetroffen haben... Ihre Familie muss liebenswürdig sein und es scheint, dass sich Charles sehr zu seinem Vorteil verändert hat; die Erziehung, die er bekommt, muss eine der besten sein... Die Herzoginmutter muss sich sehr verändert haben; ich glaube, dass ihr das Geschnatter bislang noch nicht fehlt. Es ist traurig für die Prinzessin, ihre Tochter (Julie geb. 1729), dass sie bei so viel Schönheit und einer so geistvollen Physiognomie so wenig Geist hat; das ist wie bei einem schönen Porträt, man sieht es mit Vergnügen an und das ist alles."* Herzog Karl schrieb an die Königin nach diesem Besuch: *„Der liebe Bruder Ludwig hat die Anerkennung des Königs bekommen. Der König hat sich viel mit ihm über die Feldzüge, die er unternommen hat, unterhalten, und es scheint mir, dass es S.M. Freude bereitet hat, meinen lieben Bruder hier noch anzutreffen."*

274 Mit dem Tode Johann Adolfs II. (16. Mai 1746) starb die Nebenlinie Sachsen-Weißenfels aus; die einzige überlebende Tochter (geb. 1741) starb schon 1751.

275 Vom 27.-29. Juni waren ihr zu Ehren allerlei Festlichkeiten und Lustbarkeiten in Charlottenburg veranstaltet worden.

An Friedrich 25. August 1746

Die Venturini[276] hat hier zum ersten Mal im Theater gesungen, gekleidet wie ein Mann; sie scheint eine gute Figur zu haben, sie ist so groß in Männerkleidung, dass jeder sie für einen halben Mann gehalten hat. Der Herzog hat noch eine Sängerin aus Bayreuth verpflichtet, die Justina heißt … sie beherrscht die Musik sehr gut und hat sehr angenehme Manieren, aber ihre Stimme ist ein wenig schwach. Man sagt, dass meine Schwester über den Tod der Sonsfeld[277] untröstlich ist.

An Friedrich 19. September 1746

Sie machen es wie die alten römischen Generäle, die, wenn sie Provinzen erobert und Siege errungen hatten, sich auf ihre Ländereien zurückgezogen haben und gegärtnert haben bis sich eine neue Gelegenheit eröffnete, um neue Lorbeeren zu erringen[278]… Es ist sicher, dass die Beschäftigung meiner vier Schwestern sehr unterschiedlich ist, die meine ist die körperlichste und zweifellos könnte man daraus die Geschichte machen, die der verstorbene König diesem pommerschen Edelmann erzählte, der auf die Frage, was er mache, antwortete, dass er Kinder mache; aber wenn man es genau betrachtet, kann ich mich nicht rühmen, etwas anderes zu tun[279]… Seit mehr als 5 Monaten habe ich keine Briefe mehr von meiner Schwester aus Schweden erhalten, aber offensichtlich hat sie viel mit dem Reichstag zu tun und das hindert sie daran, mir zu schreiben. Man sagt, dass sie sehr glücklich und zufrieden ist und dass sie alles tut, was sie will. Das genügt mir und ich verlange nur ebensolche Neuigkeiten von der ganzen Familie zu erfahren.

An Friedrich 21. Oktober 1746

Ich bin überzeugt, da ich Ihr menschliches und mitfühlendes Herz kenne, dass es Ihnen Kummer bereitet, dass Sie Elende bestrafen und in die andere Welt schicken müssen. Doch sie müssen es wirklich verdient haben, denn sonst würden Sie nicht leicht solche Exekutionen vornehmen lassen[280]. Ich erwarte heute den Besuch der Madame la Gouvernante aus den Niederlanden, die die Königinmutter mir freundlicherweise geschickt hat[281].

---

276 Sie war Mitte Juli angekommen.
277 Frau von Sonsfeld, Hofmeisterin bei der Prinzessin Wilhelmine seit 1721, mit der sie als Oberhofmeisterin 1732 nach Bayreuth gegangen war, war am 29. Juni gestorben.
278 Der Grundstein zu dem „Neuen Lusthause auf dem Weinberg" (Sanssouci) war im April 1745 gelegt worden. Im Sommer 1746 waren der Bau und die gärtnerischen Anlagen soweit fortgeschritten, dass der König nach einer Jagd am 19. Juni dort hatte speisen können.
279 Prinzessin Elisabeth wurde am 9. November 1746 geboren. Die Herzogin hat von ihren Geschwistern mancherlei über ihren Kinderreichtum hören müssen; am 9. Dezember 1746 schrieb sie dem König: „Aber was wollen Sie, dass man auf dieser Welt tun soll? Man sagt, dass die Frauen zu nichts anderem gut sind, als unseresgleichen zu vermehren; ist es nicht doch besser, in Erinnerung zu bleiben, indem man neue Untertanen auf die Welt bringt, die sich mit der Zeit würdig erweisen, Größeren zu dienen, als untätig zu sein und nichts zu tun. Ich mache Sie jetzt zum Richter über mein Handeln: entscheiden Sie nach Ihrem Gutdünken."
280 Der König hatte ihr am 13. Oktober 1746 geschrieben: „Man hat in Berlin einige Schurken ins Gefängnis geworfen, die man zum Intrigieren und Kabale schmieden in die andere Welt schicken will wegen ihrer Pläne, die zu gefährlich sind für die Welt, in der wir wohnen." Der Geh. Rat von Ferber war wegen unerlaubter Korrespondenz mit Russland verhaftet worden und wurde am 22. Oktober hingerichtet.
281 Die Hebamme Frau Melitz.

An Friedrich 13. November 1746

Ich flehe Sie an, der Königinmutter nicht zu sagen, dass ich Ihnen geschrieben habe, denn seit noch nicht acht Tagen schone ich meine alten Augen ein wenig und schreibe noch an niemanden Briefe, da mein Kopf noch ein wenig schwach ist.

An Friedrich 16. Januar 1747

Diese Herren im Gefolge des Herzogs von Richelieu[282] werden einiges haben, um Sie zu amüsieren, denn sie haben an den gesamten Hochzeitsfeierlichkeiten der Dauphine teilgenommen. Wenn die Zeitungen bezüglich der Dauphine die Wahrheit sagen, ist sie zweifellos eine vollendete Prinzessin, sowohl äußerlich als auch ihren Geist betreffend. Ich bezweifle stark, dass die Hälfte Deutschlands zur Messe nach Braunschweig kommt; die Fremden, die kommen, sind normalerweise aus unserer Nachbarschaft, aus Hannover und Hildesheim und manchmal aus Paderborn und wenn Fremde in Berlin waren, kommen sie hier vorbei.

An Friedrich 27. Januar 1747

Ich bin entzückt, Ihrem Brief zu entnehmen, dass Sie so guter Stimmung sind, denn die Allegorie, die Sie auf die Drei Könige machen, die sogar ihre Betten verlassen würden, um zur Messe nach Braunschweig zu kommen, um mich zu sehen, ist sicherlich ein kleines Amüsierstück, das Sie auf meine Kosten machen. Dennoch bin ich entzückt, dass ich in solcher Weise zu Ihrer guten Stimmung beitragen kann, ich wünschte, Sie wären einer dieser Könige.

An Friedrich 6. Februar 1747

Es scheint mir, dass Sie noch keinen Anlass haben über die Härten des Alters zu klagen. Es ist wahr, dass die Anstrengungen und die außerordentliche Arbeit, die Sie seit Beginn Ihrer Regentschaft leisten, dazu beigetragen haben können, dass Ihre Beine ein wenig steif geworden sind, aber da Sie jetzt in der Blüte Ihrer Jahre stehen, kann sich all das wieder bessern. Trösten Sie sich mit mir, dass es mir mit meinen Beinen ebenso ergeht. Ich glaube, wir würden dieselbe Figur abgeben auf einem Ball, denn bei solchen Gelegenheiten vermag ich nicht mehr zu glänzen… Die Messe hat heute begonnen; bis jetzt haben Sie sich geirrt, es sind weder die Könige von Ägypten noch von Arabien gekommen. Ich hege starke Zweifel, dass sie noch kommen werden, denn die Wege sich zu schlecht… Die Oper „Cato" (von Graun) wurde verunstaltet, weil man für die hiesigen Stimmen einige Melodien tiefer andere höher setzen musste.

---

282 Der Herzog von Richelieu war im Dezember 1746 nach Dresden gekommen, um für den verwitweten Dauphin um die Hand der Prinzessin Maria Josepha (geb. 1731) zu werben. Einige der Herren aus seinem Gefolge kamen von Dresden nach Berlin.

An Friedrich 27. Februar 1747

Ich bin unendlich betrübt zu hören, dass Sie sich noch nicht von Ihrer Indisposition erholt haben und dass die üblen Magenkrämpfe nicht nachlassen[283]... Wie ist es nur möglich, dass Sie nicht mehr auf Ihre Gesundheit achten, die kostbar ist für tausende von Menschen und dass Sie nicht daran denken, sich mehr zu schonen? Ich glaube, dass Sie kalt geworden sind oder dass Sie eine Zeitlang schwer Verdauliches gegessen haben (ich entschuldige mich für den Ausdruck, der nicht angemessen ist und den es sich nicht geziemt, Ihnen zu schreiben), aber das Ziel ist, Sie gnädig zu bitten, liebevoll für Ihren Magen und Ihre Eingeweide zu sorgen, denn Sie sind nicht nur für sich selbst auf der Welt.

An Friedrich 17. März 1747

Ich bedaure unendlich den Verlust, den Sie mit dem Tod des Ministers Borcke[284] erlitten haben. Es ist sehr schade, dass dieser liebenswürdige Mann die Welt so früh verlassen hat, denn er war wirklich ein guter Gesellschafter und machte denen, die ihn kannten, das Leben angenehm. Ich persönlich kann sagen, dass ich ihn sehr vermisse. In den vergangenen Tagen habe ich mir etwas Sorgen gemacht, denn der kleine Charles hat sich mit den Pocken angesteckt, aber Gott sei Dank und glücklicherweise so leicht, dass ich im Augenblick keine Gefahr mehr sehe; so wie man mir sagt, wird er nicht einmal Narben zurückbehalten, da er keine Flecken im Gesicht hat, und er ist fröhlich und so guter Laune, dass er, wenn man es ihm erlaubte, nicht das Bett hüten würde.

An Friedrich 28. April 1747

Es scheint, dass der Prinz von Anhalt gut daran getan hat, umgehend abzureisen[285]; denn wenn eine Sache getan werden muss, ist es besser sich zu fügen, als lange zu jammern. Tatsächlich glaube ich, wie Sie sagen, dass der Prinz einen großen Unterschied erleben wird zwischen dem Land, das er verlässt und dem, wohin er geht, denn wer weiß, wohin er geführt worden ist, ob in das Land der guten oder der bösen Engel, die ihn in ihre Residenz getragen haben. Ich wünsche mir immer noch nicht, an seiner Stelle zu sein, denn ich glaube, dass er nicht weit vom Fegefeuer entfernt ist; ich würde es immer vorziehen zu leben, so lange Sie mir Gesellschaft leisten wollen. Aber wenn Sie mich eines Tages im Stich lassen sollten, setzen Sie mich rechtzeitig davon in Kenntnis, damit ich die Zeit habe, als Erste von dieser Welt zu gehen.

---

283 Tatsächlich waren es die Folgen eines Schlaganfalls, den der König am 13. Februar gehabt hatte, von denen er sich sehr langsam erholte. Am 27. März schrieb ihm die Herzogin: „*Sie berichten mir, dass es mit Ihrer Gesundheit nicht zum Besten steht, was mir nicht gefällt. Ohne mich in die Kunst Äskulaps einmischen zu wollen,*" rate sie ihm Pyrmonter Brunnen und strenge Diät.

284 Der Staatsminister Caspar Wilhelm von Borcke (geb. 1704) war am 8. März gestorben. Er hatte 1744 eine Übersetzung von Shakespeares Julius Cäsar erscheinen lassen.

285 Der alte Fürst Leopold von Anhalt war am 9. April an einem Schlaganfall gestorben.

An Friedrich Wolfenbüttel, 9. Juni 1747

Ich war acht Tage lang in Blankenburg. Die Herzogin hatte mich eingeladen... Sie hat mich dort empfangen und mir tausend Höflichkeiten erwiesen... und als alte Urgroßmutter war sie entzückt, meine Kinder zu sehen. Ich habe diesen Aufenthalt als sehr angenehm empfunden, denn der Ort selbst ist charmant und die Lage sehr schön und angenehm.

An Friedrich 20. Juni 1747

Ich glaube, dass die Burghausen nach Wien gegangen ist, um zu bewirken, dass ihr Mann ein Regiment erhält; sein Verhalten ist immer untadelig[286].

An Friedrich Seesen, 30. Juni 1747

Die Komödie Amphitryon wäre geeignet gewesen, um sie in Hannover aufzuführen, denn in diesem Land waren die Ehemänner gezwungen, die Geduld eines gehörnten Ehemannes zu erlernen: es ist zurzeit auch, so glaube ich, noch der einzige Ort, wo diese Sache unter den großen Prinzen üblich ist. Ich verabscheue noch immer diesen schlimmen Stand der betrogenen Ehemänner und ich würde zum Ansehen unseres Geschlechts wünschen, dass er vollständig abgeschafft wird.

An Friedrich 8. September 1747

Wieder zu Hause angekommen, will ich nicht versäumen, Ihnen sogleich von der angenehmen Zusammenkunft mit meiner Schwester aus Bayreuth zu berichten, die ich in Halle[287] getroffen habe. Die Freude, uns wiederzusehen und zu umarmen, war unaussprechlich. Ich habe sie weder so verändert noch so mager gefunden, wie man sie mir beschrieben hatte, und meiner Meinung nach ist sie schöner geworden... Es ist nur billig, dass ich Ihnen von allen Vergnügungen berichte, die der Herr Baron von Pöllnitz uns verschafft hat während des Aufenthalts von meiner Schwester und mir in Halle. Er hat die Studenten ermuntert, die jeden Abend unter unseren Fenstern einen Höllenlärm veranstaltet haben, indem sie gesungen und immer „Vivat hoch!" geschrien haben. Am zweiten Abend haben sie uns ein Ständchen mit der Musik von Graun gebracht, die sie verunstaltet haben, und ein paar Studenten mit Katzenstimmen haben mit ihrem Gesang dieses schöne Orchester begleitet; an einem anderen Abend sind sie zunächst eingekehrt und nach dem Abendessen sind die Hallodris in die Stadt gekommen, um in voller Bekleidung ins Wasser zu springen. Meine Schwester und ich haben uns das angesehen vom Regierungssitz aus. Es hat uns sehr amüsiert, das Fest ist geendet mit

---

286 Wilhelmine von Marwitz war 14jährig von ihrer Tante, der Oberhofmeisterin Frau von Sonsfeld, mit nach Bayreuth genommen worden und hatte sich dem Markgrafen unentbehrlich zu machen gewusst. Im April 1744 hatte sie den Grafen Burghaus, Hauptmann in Kaiserlichen Diensten, geheiratet, war aber in Bayreuth geblieben. Diese Vermählung hatte zum Bruch zwischen dem König und der Markgräfin geführt.

287 Der Herzog und die Herzogin waren nach Halle gereist, um die Markgräfin auf ihrer Rückreise von Berlin zu begrüßen. Die Schwestern, die sich seit dem Sommer 1733 nicht gesehen und nicht zum Besten miteinander gestanden hatten, waren vom 3. – 6. September zusammen. Das Verhältnis zwischen den beiden Schwestern scheint auch nach dieser Zusammenkunft nicht gerade sehr herzlich geworden zu sein; noch im September 1756 schreibt die Markgräfin von Bayreuth an den Prinzen von Preußen: „*Lotte ist zu unbesonnen, als dass man ihr die kleinste Sache anvertrauen könnte.*"

einem Spaziergang durch die ganze Stadt. Es gab auch ein philosophisches Streitgespräch mit dem Großkanzler Wolff, von sehr breitgefächerter Natur, denn jeder war neugierig zu erfahren, was die Seele ist und wo ihr Sitz in uns ist: aber das Thema wurde nicht weiter entwickelt, denn dieses Gespräch währte kaum eine Viertelstunde[288]. Ich habe die ganze Universität mit all den Professoren kennengelernt und war nachher genauso unwissend wie vorher... Ich habe ganz in der Nähe meiner Schwester gewohnt (beim Major v. Bredow). Bei meiner Rückkehr und bei der Hinfahrt hat der General Stille[289] die Güte gehabt, mir ein Quartier zu geben, bei ihm in Aschersleben, wo ich perfekt untergebracht war; er hat mir tausend Artigkeiten und Höflichkeiten erwiesen.

An Friedrich   Salzdahlum, 6. Oktober 1747

Charles ist jetzt in Braunschweig, wo er sein Haus hat und seinen eigenen Haushalt. Alle seine Stunden für das Lernen sind geregelt; auf diese Weise hat er, wenn er will, alle Zeit, um seine Unterrichtsstunden besser zu nutzen, als er es vorher getan hat.

An Friedrich   Wolfenbüttel, 12. November 1747

Ich bin allein hier, um die Mauern von Wolfenbüttel zu hüten, der Herzog und die Herzoginmutter haben eine Nachricht aus Blankenburg erhalten; sie sollen sich so früh wie möglich zur Herzogin nach Blankenburg begeben, der es sehr schlecht gehe, sie habe eine schwere Rippenfellentzündung und einen heftigen Husten, so dass man jeden Augenblick einen Erstickungsanfall befürchte. Jetzt ist sie seit acht Tagen in diesem Zustand. Der Herzog hat mir

---

288 Wolff erzählte, die Herzogin habe ihn auch nach Wolfenbüttel eingeladen, wo sie ganze Tage mit ihm zu sprechen Zeit hätte, indem sie noch gerne von ihm profitieren wollte. In ihrem handschriftlichen Nachlass findet sich von ihrer Hand: Principes de philosophie de Wolf, 4 Seiten. Die Markgräfin schrieb nach dieser Zusammenkunft dem Prinzen von Preußen: „Ich habe meine Schwester aus Braunschweig hier mit dem Herzog getroffen. Wir waren entzückt, uns wiederzusehen. Sie ist krank wie ein kleiner Hund, was ihre gute Laune ein wenig mindert. Ich finde sie sehr zu ihrem Vorteil verändert, aber nicht ihre Gestalt, denn sie ist viel kräftiger als früher." Die Markgräfin erinnerte sich noch nach Jahren an diese Disputation: sie schrieb am 5. Dezember 1751 dem König: „Ich habe in Halle etwas erfahren über ihren (ihrer Schwester) Eifer für die Wissenschaften, wo sie mit Wolff über die Erbsünde disputierte und ihm so viele heikle Fragen stellte, dass der gute Mann bei der Beantwortung mehr in Verlegenheit geriet, als ihm dies bei der Entwirrung eines Problems geschehen wäre." Wolffs Bericht über diese Zusammenkunft lautet: „Sonntags ist der Herzog von Braunschweig mit seiner Gemahlin und die Markgräfin von Bayreuth nach Halle gekommen. Ich habe müssen zu ihnen kommen und bin sehr gnädig empfangen worden; es wurde mir gleich ein Stuhl gesetzt damit ich mich neben den Herzog gegenüber setzen musste, und haben diese weitläufig mit mir über eine Stunde von metaphysischen Materien gesprochen und viele gnädige Aussprüche gegen mich gebraucht, welche die Bescheidenheit hier zu erwähnen nicht leidet. Die Herzogin invitierte mich auch nach Wolfenbüttel, wo sie ganze Tage mit mir zu sprechen Zeit hätte, indem sie noch gern von mir profitieren wollte... Von der Unsterblichkeit der Seele ist kein Wort gedacht worden, wie denn auch nicht direkt von der Immaterialität derselben geredet worden. Der meiste Discurs ist gewesen von der Art und Weise, wie die Ideae rerum sensibilium entstünden und nichts von den Bildern in den Objectis selbst zu finden wäre, wobei noch mit darunter vorgekommen, dass das Bewusstsein dessen, was in der Seele vorgestellet wird, in keinem materiellem Dinge stattfinden könne. Es wurde zwar von der Herzogin gefragt wo die Seele ihren Sitz hätte; als ich aber antwortete, dass von der Seele als einem einfachen Wesen diese Frage gar nicht stattfindet, und ich mich weiter, die Sache zu erklären, auslassen wollte, unterbrach die Markgräfin gleich den Discurs und fiel auf etwas anderes."

289 Er war Generaladjutant des Königs, der ihn sehr hochschätzte; sein Regiment lag in Halberstadt. Er stand mit Gleim in Beziehung und war selbst auf dem Gebiet der deutschen Literatur tätig.

einen Boten geschickt und hat mir geschrieben, ihr Zustand habe sich weiter verschlechtert, sie liege fast in der Agonie und nur ein Wunder könne sie retten, aber sie besitze eine erstaunliche Geistesstärke und werde wie eine Heldin sterben. Es ist wahr, dass sie eine Frau war mit einem überlegenen Geist, und für ihr hohes Alter[290] war sie sehr umgänglich. Ich erwarte jeden Augenblick die Nachricht ihres Todes, der uns hier in eine außerordentliche Trauer versetzen wird und mir wird er einen traurigen Karneval bereiten.

An Friedrich 17. November 1747

Nun endlich befinde ich mich in dieser unsäglichen Trauer, die alte Herzogin aus Blankenburg ist an einem Erstickungsanfall gestorben (12. November), wie man es vorhergesehen hatte. Der Herzog sagt, dass sie Ihren Geist bewahrt hat bis zum Tod. Sie hat unsere Frau Schwiegermutter zur Universalerbin eingesetzt, eine Erbschaft von mindestens 200 Tausend, die ihr zufallen wird, wenn man alle Steine, das Silber, die Medaillen, das Geld und die Möbel und das gesamte Kabinett an Kostbarkeiten zusammen rechnet; das wird sich auf mehr als die genannte Summe belaufen und wird unsere Schwiegermutter sehr beruhigen. Außerdem hat sie sie auch zur Erbin ihres Gartens in Blankenburg gemacht, wo sie den Sommer verbringen kann, wenn sie den Wunsch verspürt. Sie sehen daran, wie gut sie sie ausgestattet hat.

An Friedrich 25. November 1747

Ihr Herr Colonel Friedrich Franz ist nach Stettin[291] aufgebrochen zum Prinzen August Wilhelm, damit er ihn ein wenig auftaut, was er sehr nötig hat, und damit er ihn in den militärischen Dienst einführt.

An Friedrich 1. Dezember 1747

Ich bin in unendlicher Freude, da Sie mir Hoffnung machen, dass meine Schwester in diesem Sommer nach Berlin kommen wird, und Sie erweisen mir eine Gnade, indem Sie mir erlauben, Sie während dieser Zeit aufzusuchen[292].

An Friedrich Braunschweig, 4. Februar 1748

Ich bin entzückt zu hören, dass die Sorge um die Gesundheit meiner guten Schwester in Bayreuth von Ihnen genommen wurde. Was mich angeht, so wusste ich nicht das Geringste, dass es so schlecht um so stand und ich bin sehr froh, es nicht gewusst zu haben… Sie hat eine so delikate Gesundheit, dass man sicherlich immer in Sorge um sie sein muss. Was den

---

290 Die Herzogin Christine Luise war 1671 geboren.
291 Ehe Prinz Friedrich Franz das ihm nach dem Tode seines Bruders Albert übertragene Füsilierregiment übernahm, tat er beim Musketierregiment des Herzogs August Wilhelm von Bevern in Stettin als Hauptmann Dienst und „verblieb hier mehrere Jahre durch alle Klassen bis zum Obersten".
292 Am 15. Dezember schrieb sie resigniert: „*Ich baue mir keine Luftschlösser mehr, denn sie sind so oft misslungen, dass es mir verleidet ist und es mir doppelten Kummer bereitet, wenn ich darum gebracht werde, Sie zu sehen.*" Sie ist wieder Ende 1751 nach Berlin gekommen.

Marsch der Truppen des Herzogs zu den Engländern und Holländern²⁹³ anbetrifft, so wird gesagt, dass alle notwendigen Vorbereitungen getroffen werden, denn soweit ich weiß, hat der Herzog mit beiden Seemächten verhandelt, mit der Absicht, beträchtliche Subsidien zu erhalten, die in Zukunft zum Vorteil der Nachkommenschaft sein werden. All das, was der Herzog mir darüber gesagt hat, ist, dass er sie nur entsenden wird, wenn die Zeichen gut stehen. Das ist alles, was ich Ihnen darüber sagen kann, denn ich werde in diese Angelegenheiten nicht einbezogen.

An Friedrich 1. März 1748

Ich habe schon die Königinmutter gebeten, mir die Hebamme zur Mitte dieses Monats zu schicken²⁹⁴. Das ist kein großes Vergnügen, aber was tun? Man muss es durchstehen oder zum Fenster hinaus… Die Königinmutter hat mir geschrieben, dass meine Schwester aus Schweden schwanger ist²⁹⁵. Ich bin entzückt, dass ich nicht die Einzige bin, die diesen Gunstbeweis des Himmels genießt und ich überlasse ihn gern derjenigen, die von ihm Besitz ergreifen möchte. Alles, was ich bedaure ist, dass ich befürchte, dass dieser Gunstbeweis mich daran hindern wird, in diesem Frühling nach Berlin zu kommen.

An Friedrich 4. März 1748

Gott sei Dank erholt sich meine gute Schwester in Bayreuth; sie hat einen großen Schicksalsschlag überwunden; Ereignisse dieser Art dürfen sich nicht oft wiederholen²⁹⁶. Ich glaube, dass Sie Amalie Unrecht tun und dass sie das Glück, bei ihrer Familie zu sein, zu sehr schätzt, um eine Veränderung ihrer Situation²⁹⁷ zu wünschen. Es sind nicht immer der Rang und nutzlose Ehren, die das Leben glücklich machen. Manchmal macht man sich, mangels Weltkenntnis, eine ganz andere Vorstellung und damit irrt man; die meisten jungen Leute machen diesen Fehler und erkennen ihn erst im Alter.

---

293 6000 Mann Braunschweiger Truppen gingen Mitte April nach den Niederlanden. Der König schrieb am 1. Februar darüber an den Prinzen von Preußen: *„Der Herzog erhält jeden Monat für jeden Mann 7 Taler; man holt bei ihm Männer wie unsere Rinderhirten Ochsen aus Podolien holen, um sie in der Metzgerei zu schlachten. Ich bin empört über dieses Vorgehen."* Seinem Bruder Ludwig gegenüber rechtfertigte der Herzog die Annahme dieser Subsidien mit der finanziellen Notlage, in der er durch die Schulden seines Vaters, die standesgemäße Unterhaltung zweier herzoglicher Witwen und seiner vier unverheirateten Schwestern sowie die Sorge für die Zukunft seiner zahlreichen Familie sich befinde.

294 Prinzessin Friederike Wilhelmine wurde am 8. April geboren.

295 Prinz Karl wurde am 7. Oktober geboren.

296 Die Herzogin meint nicht nur die körperlichen Leiden der Markgräfin, die selbst von einer „mort prochaine" [einem baldigen Tod] spricht, sondern spielt auf die Szenen an, die sich Ende 1747 in Bayreuth abgespielt hatten: Die Gräfin Burghaus war aus Wien dorthin zurückgekehrt, aber es war dann zu erregten Auftritten gekommen, infolge derer sie im November 1747 aus dem Schloss gewiesen wurde. Um sie aus Bayreuth zu entfernen, hatte die Markgräfin am 21. Februar 1748 die Hilfe des Königs angerufen.

297 Als im Januar 1744 von schwedischer Seite um die Hand einer der Schwestern des Königs für den Thronfolger angehalten worden war, hatte dieser seine Zustimmung zu einer Vermählung mit der jüngeren, Prinzessin Amalie, gegeben, sich aber dann für die ältere, Ulrike, entschieden. Prinzessin Amalie war im Dezember 1744 Koadjutorin in Quedlinburg geworden.

An Friedrich 8. Mai 1748

Ich hoffe, dass der neue Gesandte aus England[298] ein Mann ist, der Sie erheitern kann. Ich habe Widersprüchliches über ihn gehört, die einen sagen, er sei ein Mann von Geist, die anderen sagen, er sei sehr streng und bezahle sehr wenig für sein Äußeres. Schließlich denke ich, dass es nicht die Kleidung ist, die den Mönch macht, aber der Erfolg hat immer seinen Preis. Es besteht Hoffnung, dass die Prinzessin Antoinette, die Schwester des Herzogs, den Prinzen von Coburg[299] heiraten wird ... es ist noch nicht öffentlich, man spricht davon nur unter der Hand ... Das ist eine hübsche Partie für die Prinzessin und ich glaube, dass sie so sehr gut versorgt sein wird.

An Friedrich Blankenburg, 7. Juni 1748

Sie nehmen die Sorge um die Gesundheit unserer lieben Mutter von mir; denn nach dem, was sie mir schrieb, habe ich befürchtet, da sie so korpulent geworden ist, dass sie einen Erstickungsanfall hatte, denn daran ist die alte Herzogin[300] gestorben, aber ich habe mich gehütet, sie daran zu erinnern. Der liebe Gott möge sie uns erhalten, wir würden einen nicht wieder gutzumachenden Verlust erleiden... Ich bin seit einigen Tagen mit dem Herzog in Blankenburg; er führt mich überall hin in die Umgebung, die wunderschön und sehr ansprechend ist... Ich glaube, dieser Ort würde Ihnen gefallen, denn es ist eine hügelige Landschaft mit Felsen und Bergen, wie Sie es, so glaube ich, mögen.

An Friedrich Seesen, 29. Juli 1748

Der Herzog, der zur Trinkkur [les eaux de Sels] weilt, hat mich mitgenommen zu einem dieser ländlichen Orte, der Seesen heißt, damit ich ihm Gesellschaft leiste. Der Ort ist recht hübsch, es gibt eine Gartenanlage und eine Stadtmauer, von wo man bis nach Riddagshausen gelangen kann, was es hier sehr angenehm macht. Der König von England[301] bricht am 29. nach Göttingen auf, um seine Universität zu besuchen. Da er das Land des Herzogs passieren muss, ganz nah von hier, wird der Herzog ihm ein Mittagessen bereiten lassen an einem Ort, der Carlshütte heißt. Vielleicht werde ich ihn sehen, wenn er hier vorbeikommt.

An Friedrich Seesen, 1. August 1748

Der Herzog hat den König von England getroffen, der ihm einen sehr freundlichen Empfang bereitet hat. Bei seiner Rückkehr hat er mir gesagt, der König habe sich eingehend nach mir erkundigt, habe ihm Wünsche für mich aufgetragen und er habe gesagt, dass er entzückt wäre, mich bei seiner Rückkehr aus Göttingen zu sehen, da er denselben Weg nehmen müsse, ganz in der Nähe von hier.

---

298 Ritter Legge, der am 1. Mai seine erste Audienz gehabt hatte.
299 Ernst Friedrich (geb. 1723); die Prinzessin war 1724 geboren. Die Vermählung war am 23. April 1749.
300 Die Herzogin Christine Luise (1671–1747), die Gemahlin des Herzogs Ludwig Rudolf.
301 König Georg II. war am 4. Juni nach Hannover gekommen.

P.S. Die Herzogin von Bevern[302] ist sehr plötzlich an einem Schlaganfall verstorben. Das verdiente wohl ein P.S.

An Friedrich   Seesen, 5. August 1748

Der König traf um 10 Uhr morgens an der Carlshütte ein, ich empfing ihn unten an der Kutsche; zunächst hat er mich umarmt und gesagt: Madame, ich bin entzückt sie zu sehen. Er hat mir die Hand gereicht und mich die Treppe hinaufgeführt in einen Raum; danach hat er sich eine halbe Stunde lang mit dem Herzog und mir unterhalten. Er hat mich sehr freundlich empfangen und mir viele Höflichkeiten erwiesen. Er ist nicht von großer Gestalt, er hat ein wenig Bauch, aber nicht zu viel; vom Gesicht her ähnelt er unserer Mutter wie ein Ei dem andern; es sind dieselben Augen, dasselbe Aussehen und ebenfalls fast dieselbe Art zu sprechen. Man ist bei ihm in keiner Weise befangen und er ist immer bemüht, ein Gesprächsthema zu finden. Die Königinmutter ist sehr viel beleibter als er, und zu Zeiten des Königs, unseres verstorbenen Vaters, als sie noch nicht so dick war, ähnelte sie ihm noch mehr. Das Gespräch war anregend; während der halben Stunde seines Aufenthalts wollte er nichts zu sich nehmen. Er sagte, er reise immer nüchtern, es würde ihm den Magen beschweren, wenn er etwas zu sich nähme. Er sieht ein wenig erschöpft aus, aber sonst hat er einen sehr schnellen Schritt und er hat noch einen sehr lebhaften Geist... Der Herzog von Newcastle kam eine Stunde nach dem König und dinierte mit uns. Er ist ein sehr hübscher Mann, voller Temperament, darüber hinaus ein Bonvivant, umgänglich und sehr geistreich. Ich glaube, er hat die 40 überschritten[303].

An Friedrich   Seesen, 8. August 1748

Ich habe sehr darüber gelacht, wie Sie mich auf die Freundlichkeit des Königs, unseres Onkels, vorbereitet haben. Alles, was ich Ihnen dazu sagen kann, ist, obwohl er uns gegenüber sehr liebenswürdig war, dass ich nicht glaube, dass von der einen oder anderen Seite eine Eroberung gemacht wurde, denn er ist nicht mehr der Mann für so etwas. Er ist etwa so groß wie der alte Seckendorf und trägt eine aschblonde, nicht zu große Perücke. Er kam wie eine rollende Fleischkugel an, schnell wie der Wind, denn er hat einen äußerst raschen Schritt. Er hat mir gegenüber kein Wort über unsere Mutter gesagt, noch hat er die kleinste Frage zu unserer Familie gestellt; hingegen die Opern, Komödien, die Schauspieler und Schauspielerinnen, die Tänzer und Tänzerinnen, das Spiel, das Spazierengehen, die Jagd, die Hunde, nichts von dem hat er im Gespräch ausgelassen. Dem Herzog gegenüber hat er Lobreden auf den Prinzen Ludwig angestimmt und hat ihn sehr gelobt; er sagt, dass er ein großer Freund des Herzogs von Cumberland sei und er hoffe, sie bald zusammen in Hannover zu sehen... Dem Herzog gegenüber war er auch sehr liebenswürdig. Ich zweifle nicht, dass die Guineen den Herzog erfreuen; es ist ein Metall, auf das man nicht verzichten kann und das man immer benötigt. Obwohl ich daraus keinen Gewinn ziehe, bin ich immer sehr beruhigt, wenn der Herzog auf diese Weise seine Einkünfte vergrößern kann, da er noch sehr in Geldverlegenheiten steckt. Ich glaube nicht, wie Sie sagen, dass der König, unser Onkel, nach Göttingen gekommen ist,

---

302 Die Herzogin Eleonore Charlotte (geb. 1714) war am 28. Juli gestorben.
303 Thomas Pelham, Herzog von Newcastle (geb. 1694) seit 1731 Staatssekretär.

um die Universität[304] zu besuchen oder um Blutwürste zu essen, vor allem wenn er unter Koliken leidet; das würde unweigerlich eine Verstopfung verursachen, was ihn allzu sehr inkommodieren würde, und was das Studieren angeht, glaube ich nicht, dass er daran denkt, und ich glaube sogar, dass er darauf verzichtet hat.

An Friedrich 12. September 1748

Ich bin untröstlich, dass Sie verstimmt sind wegen der Truppen, die der Herzog in fremde Dienste geschickt hat, um Subsidien zu erhalten. Ich bin überzeugt, dass er es nicht in böser Absicht Ihnen gegenüber getan hat, denn die Gründe, die ihn zum Handeln bewogen haben, sind allein, Gewinn daraus zu ziehen und Geld zu bekommen und er hat nicht die Überlegungen angestellt, die Sie mir darlegen, die Ihnen zum Nachteil gereichen könnten und noch viel weniger hat er geglaubt, auf diese Weise bei Ihnen in Ungnade zu fallen. Sie wissen sehr wohl, dass Frauen sich in nichts einmischen und dass ich mich in nichts einmenge, was die Geschäfte des Herzogs angeht, und er spricht auch nie mit mir darüber. Wie auch in früheren Zeiten haben die Herzöge diese Hauses ihre Truppen in fremde Dienste gestellt, um Subsidien zu erhalten und um ihren Gewinn daraus zu ziehen, ich glaube, dass aus eben diesem Grund der Herzog diese Gelegenheit nicht verstreichen lassen wollte, da er Geld braucht. Unterdessen bin ich sehr betrübt, dass uns aus diesem Grund das Glück versagt ist, Ihnen unsere Aufwartung zu machen.

An Friedrich 22. September 1748

Ich bin sehr bekümmert wegen all der Gründe, die Sie vorbringen, warum es Ihnen missfällt, dass der Herzog seine Truppen in fremde Dienste gegeben hat, da ich mit äußerstem Missvergnügen in Ihrem Brief feststelle, dass das gute Einvernehmen, in dem Sie mit dem Herzog standen, zurzeit getrübt ist. Da alle Dinge, die Sie befürchtet haben, nicht eingetroffen sind[305], bin ich umso mehr überzeugt, dass Sie die gute Harmonie wiederherstellen werden.

An Friedrich 13. Oktober 1748

Es ist nur natürlich, dass meine Schwester aus Bayreuth über den Fortgang ihrer Tochter[306] bekümmert ist, da sie ihr einziges Kind ist; im Übrigen wird sie sich nach eingehender Überlegung trösten und zufrieden sein, sie gut versorgt zu sehen: denn man behauptet, dass die wirkliche Freundschaft darin besteht, das Wohl und die Zufriedenheit der anderen dem eigenen Wohl vorzuziehen. Dennoch gestehe ich, dass bis jetzt diese stoische Philosophie in

---

304 Die Universität Göttingen wurde 1734–1737 unter Georg II., unter Federführung des Ministers Freiherrn Gerlach Adolph von Münchhausen gegründet.
305 Der Abschluss der Friedenspräliminarien am 8. Mai verhinderte, dass die braunschweigischen Truppen noch am Krieg teilnahmen.
306 Elisabeth Friederike Sophie (geb. 1732) hatte sich am 20. September 1748 mit dem Herzog Karl von Württemberg verheiratet. Prinzessin Ulrike schrieb im November 1747, sie wünsche, dass diese Heirat nicht zustande käme und dass die Prinzessin noch wartete, bis sie den Erbprinzen von Braunschweig heiraten könnte. Die Herzogin scheint nach einer Äußerung aus sehr viel späterer Zeit sich als Schwiegertochter ihre Schwedter Nichte Luise (geb. 1738) gewünscht zu haben, die 1755 ihren Onkel, den Prinzen Ferdinand von Preußen, heiratete.

mir noch keine Wurzeln geschlagen hat; obwohl ich entzückt bin, wenn ich höre, dass meine Verwandten und Freunde glücklich und zufrieden sind, so bin ich indessen noch entzückter, wenn auch ich davon profitieren und mich mit ihnen freuen kann. Es scheint mir, dass das viel natürlicher ist und ich ziehe immer das Natürliche dem Erhabenen vor... Man sagt, dass die Intermezzos[307], die Sie in Potsdam haben, charmant sein sollen. Ich glaube immer, dass sie all diesen Pantomimen vorzuziehen sind, um die man so viel Aufhebens macht und die es zurzeit in Hannover gibt. Die ersten erheitern in wohltuender Weise den Geist und die anderen beschäftigen nur das Auge. Sobald man sie ein paar Mal gesehen hat, langweilt man sich, während die Intermezzos sich behaupten können, denn sie variieren mehr... Ich habe nun einen dritten Sohn[308], der Husar geworden ist, er ist ein hübscher Junge und ein wahrhaftiger Schalk.

An Friedrich 7. November 1748

Die ganze Familie vom Wiegenkind bis zum Erstgeborenen wirft sich Ihnen zu Füßen und empfiehlt sich mit der Mutter Ihrer Gnade. Die Abreise unseres Onkels, des „Schwätzers", ist festgesetzt auf den achten dieses Monats, andere sagen, dass sie auf den dreizehnten verschoben wird; die Yachten sind schon losgesegelt, um ihn zu empfangen und der Herzog von Newcastle hat alle Vorkehrungen getroffen. Diese bevorstehende Rückreise auf seine Insel verursacht dem Monarchen so viel Traurigkeit, dass er sein Kurfürstentum verlassen muss und seine alten Frauen verursachen ihm Nebel im Kopf und versetzen ihn in sehr schlechte Laune. Sie haben vollkommen Recht, dass man ihn nicht mit unserer würdigen Mutter vergleichen kann. Beide sind so unterschiedlich, dass man keine Parallelen ziehen kann, denn über all die guten Eigenschaften, die unsere Mutter besitzt, verfügt er nicht, er hat kein Empfinden dafür, was Menschlichkeit und Güte bedeutet. Sicherlich hat man Ihnen nicht allzu viel berichtet über seine Eitelkeit und seinen Stolz, die ihn unerträglich machen; er ist, unter uns gesagt, ein Mann von missratenem Charakter, der nichts liebt als seine Eitelkeit und sich einbildet, dass niemand mächtiger ist als er. Ich habe nicht den Ehrgeiz, seiner Art nachzustreben. Gott sei Dank, steht es nicht in seiner Macht, Ihnen Böses zuzufügen und ich glaube nicht, dass Sie Grund haben, Ihn zu fürchten.

An Friedrich [November] 1748

Ich bin untröstlich zu erfahren, dass es meiner Schwester in Schweden so schlecht ging. Da sie nun zwei Prinzen[309] hat, wünsche ich ihr für ihre Gesundheit und ihr Wohlergehen, dass es der letzte war, denn diese Niederkunft war für sie sehr hart. Ich beglückwünsche Sie zu diesem neuen lieben Neffen, ich wünsche, dass er Ihnen eines Tages auch Freude bereiten wird, da er der Sohn Ulrikes ist, habe ich daran keinen Zweifel. Man sagt, dass unser Onkel noch bis zum 19. dieses Monats in Hannover bleiben wird. Ich war entzückt von dem Friedensschluss[310] zu erfahren, durch den Sie die Garantie Schlesiens erlangen.

---

307 Kleine komische Opern, ursprünglich mit nur zwei Rollen.
308 Albrecht Heinrich (Henri, geb. 1742).
309 Außer dem Kronprinzen Gustav der am 7. Oktober geborene Prinz Karl [XIII.].
310 Von Aachen, 18. Oktober 1748.

An Friedrich 27. November 1748

Ich bin unendlich bekümmert zu erfahren, dass Sie mit dem Herzog unzufrieden und gegen ihn eingenommen sind, ohne dass mir die Gründe bekannt wären, die Sie dazu veranlassen, sich in dieser Weise zu äußern. Ich wäre Ihnen unendlich verpflichtet und sie würden mir die größte Gnade der Welt erweisen, wenn Sie mir die Wahrheit schrieben über die Gründe, die Ursache für den Unfrieden sind; denn ich kann Ihnen entgegen halten, dass ich sie nicht kenne und dass ich überzeugt bin, dass, würde der Herzog die Gründe kennen, die Sie gegen ihn einnehmen, er die Missstände beheben würde… Seien Sie so gütig und schreiben Sie mir einen Brief, in dem Sie mir klar die Motive darlegen, die Sie gegen den Herzog einnehmen. Wenn ich Ihnen gegenüber mit offenem Herzen sprechen darf, ich bin es, die am meisten unter all dem leidet und die den größten Kummer trägt. Haben Sie die Gnade, mir zu schreiben, als ob Sie meinen ersten Brief beantworten würden und schreiben Sie mir, wenn Sie so gnädig sein mögen, einen Brief, den ich vortragen und zeigen kann, und nennen Sie die Gründe, die Sie verärgern.

An Friedrich 29. November 1748

Ich hoffe, dass Sie jetzt meine Antwort erhalten haben auf Ihren vorigen Brief, in dem ich mir die Freiheit genommen habe, Sie sehr demütig zu bitten, mir einen Brief zu schreiben, in dem Sie klar die Gründe darlegen, die Sie gegen den Herzog einnehmen. Ich wünsche unendlich, dass das zu einer Aussprache führen wird, und ich bin überzeugt, dass der Herzog sich bemühen wird, sich auf jede Weise Ihre Gunst zu bewahren, es gibt keinen wunderen Punkt für ihn und für mich, als diese entzogen zu bekommen, ohne die Gründe dafür zu kennen, die ihn in Ihren Augen schlecht dastehen lassen. Meine Tage, für die Sie die Güte haben sich zu interessieren, können weder glücklich noch ruhig sein bis ich weiß, dass Sie dem Herzog wieder Ihre Gunst zu Teil werden lassen.

An Friedrich 16. Dezember 1748

Ich gestehe, ich wäre entzückt, wenn all diese Misshelligkeiten aufgeklärt wären; ich werde nicht die letzte sein, die darüber erfreut wäre, denn nichts ersehne ich mehr als die frühere Gnade, die Sie bislang dem Herzog erwiesen haben. Erheben Sie wieder Anspruch auf Ihre angestammten Rechte; da ich sehr auf Ihre Gnade und Güte vertraue, hoffe ich, dass all das bald wieder ins rechte Lot kommen wird[311].

An Friedrich Braunschweig, 9. Februar 1749

All das, was Sie über das Alter denken, ist wahr; die Jugend vergeht schnell, kaum dass man sie wahrgenommen hat, und wenn sie verronnen ist, ist es trotzdem so, als habe es sie nicht gegeben. Der Vorteil, den man hat, wenn man sich alt werden sieht, ist, dass die anderen es auch werden und dass man nicht der Einzige ist, der ergraut. An Gefährten des Alters mangelt

---

311 Die Prinzessin Ulrike schreibt am 2. Januar 1749: „*Ich kann nicht umhin, meine Schwester in Braunschweig zu bedauern, die, weil sie in Ungnade gefallen ist, (von Berlin) fernbleiben muss. Ich bin jedoch überzeugt, dass es nicht wegen ihrer Person ist. Ich vermute, dass die sechstausend Mann an Truppen, die der Herzog den Alliierten gegeben hat, der ganze Grund sind für die Abkühlung …*"

es nicht, was, so scheint mir, ein Trost ist und gleichzeitig eine Erfrischung für den Geist, denn man findet immer Menschen, die dem eigenen Bildungsstand entsprechen und die Erfahrung trägt dazu bei, sich nicht mehr um die Zerbrechlichkeit der Vergangenheit zu sorgen. Wenn Sie mich auch jung finden, so bin ich doch nur vier Jahre jünger als Sie, was eigentlich eine Kleinigkeit ist für eine Frau, doch schon spricht man davon, sie sei im Verblühen, aber das bekümmert mich nicht; in Gesellschaft[312] werde ich in Zufriedenheit ergrauen, vorausgesetzt, Sie werden immer an dieser Gesellschaft teilhaben.

An Friedrich   25. Februar 1749

Wir haben hier den alten Marschall Seckendorf, der immer noch der alte ist und sehr schlagfertig; seine geistige Regsamkeit hat nicht nachgelassen und sein Geplapper ist nicht versiegt[313]. Ich bin überzeugt, dass Wilhelm seine Zeit bei meiner Schwester[314] sehr angenehm verbringen wird, denn sie hat die Gabe und die Talente für Unterhaltung zu sorgen, für sich einzunehmen und zum Erfolg zu führen, was sie sich vornimmt; alle Fremden, die aus Bayreuth zurückkehren, berichten, es sei der glänzendste Hof und man unterhalte sich dort sehr gut.

An Friedrich   7. März 1749

Der Prinz August Wilhelm [von Bevern] war ein paar Tage hier, er kam aus Siegen vom Grafen von Wittgenstein, wo er, so sagte er mir, genügend junge Rekruten angeworben hat; er ist nach Holstein aufgebrochen in der Hoffnung, dass sein Herr Schwager[315] ihm einige schöne Rekruten zur Verfügung stellen kann. Sobald er seine Beute hat, wird er nach Potsdam aufbrechen[316].

---

312 Am 19. Januar schrieb der König der Markgräfin von Bayreuth: „*Was mich betrifft, so lasse ich jeder Jahreszeit ihren Vorzug. Die meine ist schon ein wenig vorangeschritten; meine grauen Haare mahnen mich, dass man sich von der Torheit, den Illusionen und den Vergnügungen verabschieden muss.*" Er wird der Herzogin Ähnliches geschrieben haben.
313 Friedrich Heinrich, Reichsgraf von Seckendorf (geb. 1673) war von 1726–1734 in Berlin gewesen. Seit 1745 lebte er auf seinem Gut Meuselwitz. „*Er bringt seine Nichte mit, die Ehrendame wird bei der Ältesten meiner Schwägerinnen* [Sophie Antoinette], *die sich verheiratet.*", wie sie am 6. Februar schreibt.
314 In Bayreuth.
315 Markgraf Friedrich Ernst von Kulmbach (geb. 1703), dänischer Generalfeldmarschall und Statthalter in Schleswig.
316 Am 25. März war er in Potsdam.

An Friedrich 23. April 1749

Heute ist der Hochzeitstag der Schwägerin[317]. Die Zeremonie wird in der Kapelle stattfinden, die ganz illuminiert wird, und der alte Priester Dreissigmark wird sein Kreuzzeichen machen mit seinen krummen Fingern. Wir werden mit der Familie an einem langen Tisch soupieren und danach gibt es den Fackeltanz, anschließend wird man sie zu Bett geleiten… Morgen wird es eine Pastorale geben, die den Titel trägt: Jupiter in Argos[318]; es ist dieselbe, die einmal zum Geburtstag der Königinmutter in Berlin gespielt wurde; die Komposition ist von Graun. In der nächsten Woche werden die jungen Eheleute abreisen.

An Friedrich Salzdahlum, 8. Juni 1749

Obwohl man sagt, dass Gichtkranke reich und alt werden, gestehe ich, dass ich dennoch sehr bekümmert bin, dass dieses Übel Sie bereits in der Blüte Ihrer Jahre plagt. Es sind so schmerzhafte Beschwerden, dass ich immer befürchte, dass Sie sich allzu bald darüber erzürnen und nicht mehr die gebotene Geduld aufbringen, sich so zu pflegen, wie es nötig ist. Ich flehe Sie an, den Rat eines Äskulap anzunehmen, der ebenso wenig in der Medizin erfahren ist wie die, die Sie der Ignoranz bezichtigen; der meine ist, Sie zu bitten, diese Beschwerden mit Geduld zu ertragen und Ihre Gesundheit zu schonen, die mir so teuer ist… Ich glaube, dass es das spezifischste Heilmittel ist, das die ganze Fakultät Ihnen wird geben können… Überall herrscht Fieber; es ist schrecklich; jeder hier hat es und es kostet unendliche Mühe und Not es loszuwerden. Seit einigen Tagen sind wir hier in Salzdahlum. Es war noch nicht möglich spazieren zu gehen, denn wir hatten nur Regen. Die Landbewohner und Verwalter sind sehr froh, weil man schon zu fürchten begann, dass die große Trockenheit alle Feldfrüchte verderben würde; was mich angeht, die ich nicht so erdverbunden bin, ich möchte immer schönes Wetter haben zum Spazierengehen…

An Friedrich Salzdahlum, 20. Juni 1749

Ihre liebenswerte Laune hält an und wird nicht durch die Leiden des Körpers beeinträchtigt. Ich bin überzeugt, dass die Einladung zum Freundeszirkel nicht so hübsch ausgefallen wäre, wäre sie nicht durch Ihre eigene Eingebung diktiert worden. Das lässt mich die Wahl annehmen, die Biche[319] getroffen hat, indem sie mich zur Gevatterin erkoren hat. Ich würde nur erwägen, mich zum Tag ihres Geburtstages einzustellen, wenn ich wüsste, dass Sie mit von der Partie sind als mein sehr lieber Gevatter. Doch der Übereifer, den sie an den Tag gelegt hat, verdient es wohl, wenn dies Ihr Wunsch ist, dass ihr erstgeborener Nachwuchs den Namen Coquette erhält, um auf Kosten ihrer Mutter ein wenig Scherz zu treiben.

---

317 Prinz Ferdinand war unvermutet zu der Hochzeit gekommen, der König hatte ihn geschickt.
318 Vielleicht: Europe galante, am 27. März 1748 aufgeführt.
319 Eins von des Königs Windspielen.

An Friedrich   Braunschweig, 4. August 1749

Ich bin seit einiger Zeit in Braunschweig. Wir haben den Geburtstag des Herzogs (1. August) gefeiert und am selben Tag habe ich die Pantomimen gesehen. Es ist das Hübscheste und Amüsanteste, was man auf der Welt sehen kann. Das Theater ist mit viel Geschmack und Verzierungen gebaut und alle Maschinen sind großartig; alle Verwandlungen geschehen mit so großer Geschwindigkeit, dass die Geschicktesten getäuscht werden und glauben könnten, es sei Zauberei dabei. Die Kinder spielen ihre Rollen, wie es besser nicht sein könnte und die Musik unterstreicht alle Gesten, die sie ausführen. Zwischen den Akten gibt es immer ein italienisches Intermezzo, das sehr lustig ist. Dazwischen gibt es Tänze und so viel Abwechslung, dass es schwer wird sich zu langweilen … Alles in allem, wenn man ein Dutzend Mal diese Art von Dingen gesehen hat, ist es genug.

An Friedrich   21. November 1749

Bezüglich der Reise des Prinzen Ludwig nach Wien, über die Sie etwas zu erfahren wünschen, kann ich Ihnen versichern, dass ich nichts über den Grund weiß … aber ich glaube, dass er dorthin fahren musste, um sich für die Stellung[320] zu bedanken, die die regierende Kaiserin ihm gegeben hat, und um der Kaiserin seinen Gehorsam zu erweisen, wie alle anderen Offiziere es tun müssen, die in ihrem Dienst stehen.

An Friedrich   27. Dezember 1749

Ich bin sehr froh, dass Sie Gotter[321] zurückhaben, denn er wird Sie zerstreuen, wenn er sich seinen heiteren Humor bewahrt hat, und während dieser dunklen Jahreszeit muss etwas den Grafen von Lippe[322] aufwecken. Ich kenne ihn auch, er ist ein ziemlich hübscher Junge. Der Vater hat ihm seine Geschäfte in ziemlicher Unordnung hinterlassen, jetzt hat er viel Arbeit, um diese Aufgabe zu bewältigen.

An Friedrich   1. Januar 1750

Der Herzog ist betrübt und bedauert sehr, nicht die Gnade und Ehre (der Einladung nach Potsdam[323]) wahrnehmen zu können, aber er hat mir erklärt, er habe so viele Geschäfte, die durch die kleinen Reisen mit dem Prinzen Ludwig verzögert und so viele Dinge, die verschoben wurden und die er vor der Messe erledigen muss, dass ihn dies daran hindere, Ihrer Einladung nachzukommen.

---

320 von Ath, März 1749 [sic]. Im Oktober hatte der Erbstatthalter von Holland, Wilhelm IV., in Wien gebeten, den Prinzen Ludwig aus den kaiserlichen Diensten zu entlassen und in holländische Dienste übergehen zu lassen. Prinz Ludwig behielt auf den Wunsch der Kaiserin seinen Rang bei, als er als Feldmarschall in holländische Dienste trat.

321 Graf Gotter (geb. 1672) hatte 1745 seine Stellung als Oberhofmarschall niedergelegt und sich auf sein Gut zurückgezogen. Der König, der ihm sehr wohl wollte, hatte ihn Anfang Dezember 1749 nach Berlin eingeladen.

322 Albert Wolfgang Graf von Lippe-Bückeburg war am 24. September gestorben; sein Sohn und Nachfolger, Friedrich Wilhelm Ernst (geb. 1734), hatte bis zur Übernahme der Regierung in österreichischen Diensten gestanden und die Schlacht bei Dettingen 1743 mitgemacht. Seine Regierung hatte er mit durchgreifenden Reformen begonnen.

323 Die Herzogin ging auch nicht nach Potsdam.

An Friedrich 12. Januar 1750

Ich bin entzückt, dass Gotter bei Ihnen ist; er hat die Gabe zu amüsieren und er wird Sie gut unterhalten. Man braucht dergleichen Personen in der Zeit des Karnevals. Obwohl ich weiß, dass Sie kein Schlemmer sind, schreiben Sie mir dennoch, dass Gotter sich seltene und neue Gerichte bestellt habe; darauf ist mir in den Sinn gekommen, Sie zu fragen, ob Sie schon Guineaschweine[324] gegessen haben. Ich, die nicht mehr Schlemmerin ist als Sie, habe davon gegessen und ich kann Ihnen versichern, dass ich nie etwas so Gutes und Delikates gegessen habe. In Deutschland sind sie nur selten zu bekommen, doch wenn ich wüsste, dass es Ihnen Freude bereitet, könnte ich Ihnen ein Paar (Meerschweinchen) besorgen, um die Art zu erhalten … Ich denke, dass wenn nur Sie und Madame de Camas[325] den Ball durchgestanden haben, wird er nicht sehr amüsant gewesen sein, denn es scheint mir, dass Sie keinen Geschmack mehr am Tanzen finden und Madame de Camas ist den Anstrengungen des Tanzens zu sehr abgeneigt.

An Friedrich Braunschweig, 22. Januar 1750

Ich bin traurig, dass Sie keine Neigung verspüren, Meerschweinchen zu probieren; die aus Westfalen haben sicherlich ihre Vorzüge, aber wenn Sie diese hier probiert hätten, wären Sie zufrieden mit ihrer Zartheit. Ich beende dieses Thema und bin beschämt, Sie so schlecht zu unterhalten. Ich komme zurück auf den Grafen Gotter. Ich freue mich sehr auf ihn, da Sie mir Hoffnung machen, dass er in Braunschweig vorbeikommt. Ich hoffe nur, dass man ihn, seinem Appetit entsprechend, gut bewirten kann, obwohl ich befürchte, dass er einen verwöhnten Geschmack hat nach all den Delikatessen, die Sie ihm vorgesetzt haben, und dass es nichts Neues mehr gibt, um seine Naschhaftigkeit[326] zu befriedigen.

An Friedrich 15. Februar 1750

Jetzt geht die Messe zu Ende; fast alle Fremden sind fort, es ist nur noch der Prinz von Mecklenburg[327] da, der das Glück hatte, Ihnen vor einigen Jahren zu dienen. Er war sehr zufrieden über die Gunst, die Sie seinem Vater erwiesen haben. Nun haben wir noch eine Oper, die den Abschluss der Messe bildet. Der Theaterbau konnte noch nicht vollkommen sein, die Zeit war dafür zu kurz. Doch die Loge, in der ich bin, ist erweitert worden und ragt so vor, dass man mehr vom Publikum sieht, und sie ist sehr hübsch dekoriert. Einmal hat man die Pantomimen im großen Theater aufgeführt; der Effekt war besser als man erwartet hatte, da die Bühne durch die Maschinen und die Dekorationen weniger Tiefe hatte[328].

---

324 Meerschweinchen.
325 Sophie Charlotte von Camas (1686 – 1766), seit 1742 Oberhofmeisterin der Königin.
326 Am 16. März schrieb sie: *„Es ist gar nicht erstaunlich, dass der Graf Gotter indisponiert ist, nachdem er so oft einem unmäßigen Appetit verfallen ist. Ich fürchte in diesem Fall, dass seine Genesung wie das Werk der Penelope immer wieder von neuem beginnt."*
327 Prinz Ludwig von Mecklenburg-Strelitz (geb. 1723), 1743 Oberstleutnant im Regiment Prinz Heinrich. Sein Vater Christian Ludwig (1747–1756) hatte sich im Konflikt mit seiner Ritterschaft an den König gewandt.
328 Während der Messe war die Oper Adriano von Fiorillo aufgeführt worden: *„Sie hat meine Anerkennung gefunden, denn die Musik war brillant, fröhlich und sehr gut zu singen."*

An Friedrich 19. März 1750

Mein ältester Sohn hatte die Pocken. Man hat es mir verheimlicht, bis er außer Gefahr war, und man versichert mir, dass er keine Narben behalten wird[329].

An Friedrich 5. April 1750

Meine Schwester aus Schweden hatte die Gnade und Liebenswürdigkeit, meinem zweiten Sohn den Orden des Séraphin[330] zu verleihen. Das hat mich unendlich erfreut, denn es zeigt, dass sie trotz der Entfernung ihre Verwandten nicht vergisst und dass sie mich noch liebt ... Ich habe von den Dekorationen für die Oper Phaéton[331] gehört, die Sie zum Geburtstag der Königinmutter haben aufführen lassen: man sagt, sie bezaubere durch ihren Glanz.

An Friedrich Salzdahlum, 6. Juli 1750

Obwohl der König von England noch in unserer Nachbarschaft[332] weilt, hat er uns nicht nach Herrenhausen eingeladen und es hat auch niemand in Erwägung gezogen, dorthin zu reisen; selbst wenn er mich eingeladen hätte, hätte ich zweimal darüber nachgedacht, bevor ich mich dorthin begeben hätte.

An Friedrich 22. August 1750

Ich hatte das Vergnügen, den Marquis de Valory hier zu sehen, der es immer noch sehr bedauert, Berlin[333] verlassen zu haben; ich finde, dass er so viel dicker geworden ist, dass ich ihn nicht wiedererkannt hätte. Die Messe ist sehr gut besucht und es sind viele Fremde da. Die Opernaufführung ist neu dekoriert und man erkennt nichts von dem Alten wieder.

An Friedrich 29. Oktober 1750

Ich bedaure meine Schwester in Bayreuth, dass sich ihre Gesundheit so langsam wiederherstellen lässt und dass sie sich noch nicht erholt hat[334]. Es bedeutet, ein sehr trauriges Leben zu führen, wenn die Gesundheit so oft beeinträchtigt ist. Nach dem, was ich von ihrer Krankheit gehört habe, glaube ich, dass es ein Wunder ist, dass sie noch einmal davongekommen ist, aber ich bin überzeugt, dass es doch eine große Erleichterung für sie ist, bei ihrer Familie zu

---

329 Am 16. April schrieb sie, nachdem sie ihren Sohn seit seiner Erkrankung zum ersten Mal wiedergesehen hatte: *„Ich fand, dass er sehr gewachsen war, im Übrigen hat er keinerlei Narben, aber die Rötung ist noch nicht vollständig zurückgegangen."*
330 Es wird sich um die Übersendung des Ordens gehandelt haben, da die Kronprinzessin Ulrike ihn nicht verleihen konnte.
331 Die Aufführung dieser Graun'schen Oper war am 29. März gewesen. Die Ausstattung war ganz besonders prächtig.
332 Georg II. war am 7. Mai nach Hannover gekommen.
333 Er war seit 1739 in Berlin Gesandter gewesen und war beim König gut angeschrieben.
334 Die Markgräfin von Bayreuth war am 4. August nach Berlin gekommen. Eine schwere Erkrankung hielt sie hier fest, am 26. November reiste sie zurück; die Herzogin schreibt am 30. November: *„Ich bin erstaunt, dass meine Schwester aus Bayreuth sich entschlossen hat abzureisen in einer so rauhen Jahreszeit, sie ist so zart; man muss immer befürchten, dass die Anstrengungen der Reise ihrer Gesundheit erneut schaden."*

sein, sie noch eine Zeitlang um sich zu haben und sich daran zu erfreuen. Der Prinz Ludwig hat sich nach Hannover begeben, um sich vom König zu verabschieden; er ist seit gestern zurück. Man glaubt, dass man die Abreise des Königs für den zehnten des nächsten Monats geplant hat, aber da der Wind ungünstig war, sind die Yachten noch nicht angekommen. All diese ausländischen Minister haben schon Vorkehrungen getroffen; ich habe sie fast alle auf der Messe gesehen, es sind zum Teil recht ansehnliche Leute.

An Friedrich   16. November 1750

Haben Sie die Güte zu glauben, dass ich Ihr Vertrauen nicht missbrauchen werde, das Sie in mich gesetzt haben und dass ich nicht nur tiefes Schweigen bewahren werde, sondern auch versuchen werde, durch mein ganzes Verhalten, wem auch immer gegenüber, keinen Anlass zu geben für den geringsten Verdacht, denn die möglichen Folgen und nachteiligen Auswirkungen sind mir nur allzu gut bekannt, sollte ich mich in dieser Sache wem auch immer anvertrauen. Ihren kostbaren Rat werde ich sicherlich mit größtmöglicher Umsicht und Genauigkeit befolgen. Sie wissen selbst, dass es kein erfreulicheres Ereignis[335] geben kann all das Gelingen der fraglichen Angelegenheit.

An Friedrich   26. Dezember 1750

Unser sogenannter Kranker (Prinz Ferdinand) hat alle Stufen der Arzneikunde durchlaufen; … es ist gewiss, dass er seit seinem letzten Aufenthalt hier den Herren Äskulap, die leicht irren, die Möglichkeit gegeben hat, sich in ihrem Beruf zu üben; sie hätten ihm gern ganz nach ihrem Gutdünken die ganze Apotheke verabreicht. Schließlich hatten wir hier unlängst die Komödie von Molière, der die Sache in vollkommener Weise abgehandelt hat[336].

An Friedrich   31. Dezember 1750

Der kleine Brunet hat sich verrechnet, als er mein Gewicht auf 150 Silbermark (marcs fines) taxiert hat; ich bezweifle, dass, wenn er mich auf die Waage gestellt hätte, seine Rechnung gestimmt hätte, ebenso was meinen Teint angeht, der mehr die Farbe kupfergelb hat als die von reinem Silber. Was die Kinder betrifft, so braucht es noch viel Zeit, bis ihre Erziehung sichtbar wird und ich muss mich noch lange in Geduld fassen und warten, bis sich Vernunft und geistige Reife einstellen. Das sind so ungefähr meine Beschäftigungen, den Rest der Zeit

---

335 Am 22. November schrieb sie: „*Jetzt befürchtet man, wo die Zeiten ein wenig kritisch sind und jeder unser Verhalten beobachtet, man könnte den Verdacht hegen, eine Verhandlung sei in Gang, was das Vorurteil bestätigen würde bezüglich der fraglichen Angelegenheit, die Verschwiegenheit verlangt.*" Es handelte sich um den Abschluss eines Subsidienvertrages zwischen Preußen und Braunschweig, der am 24. Dezember zustande kam.

336 Am 5. Januar ging Prinz Ferdinand wieder nach Potsdam; „*ich bin jetzt um die Anwesenheit unseres lieben kleinen Kranken gebracht.*"

widme ich dem Lesen und manchmal der Musik. Wir werden eine schrecklich düstere Karnevalszeit verbringen wegen des Todes der Kaiserinwitwe[337]. Wir sind in unsäglicher Trauer und ich sehe ungefähr so aus wie *Madame la comète* mit einer Schleppe[338]; es ist ein düsterer Prunk. Die Herzoginmutter ist sehr traurig.

An Friedrich   5. Januar 1751

[Sie hat Prinz Ferdinand beauftragt], die besondere Freude zum Ausdruck zu bringen, die ich über den glücklichen Abschluss der fraglichen Angelegenheit empfinde. Ich hoffe, dass der Vertrag ewig währt, dass er fortbesteht, ohne dass die Neider und Missgünstigen jemals ein Hindernis in den Weg legen können und dass Ihre Protektion und guten Absichten für uns der sicherste Garant unseres Glücks und der beständigsten Freude bleiben.

An Friedrich   7. April 1751

Seit einigen Tagen bin ich zurück hier in Wolfenbüttel, um an der Feierlichkeit anlässlich der Konfirmation meines ältesten Sohnes teilzunehmen, der zum ersten Mal mit mir zum Abendmahl gehen wird. Daher versuche ich, mich so gut wie möglich innerlich zu sammeln, um ihm ein gutes Beispiel zu geben und um den Himmel anzuflehen, sich uns gnädig und barmherzig zu zeigen.

An Friedrich   19. April 1751

Ich habe mir einen kleinen Plan in meinem Kopf ausgedacht; wenn er gelingt, so wie ich es hoffe, werden all meine Wünsche erfüllt werden. Ich nehme mir die Freiheit, ihn Ihnen zu eröffnen. Die Öffentlichkeit klatscht immer noch und es wird verbreitet, dass Sie Revuen in Magdeburg abnehmen werden und dass Sie sich von dort aus auch zu einer Truppenbesichtigung nach Kleve begeben werden. Sie können sich meine Freude vorstellen, Sie so nah in unserer Nachbarschaft zu wissen, ich bin überzeugt, dass Sie die Gnade haben werden, sich in Salzdahlum auszuruhen, denn ich weiß, dass das kein großer Umweg für Sie wäre.

An Friedrich   26. April 1751

Ich versichere Ihnen, dass ich weder den Fischmarkt vermissen werde noch die Neuigkeiten, die die ältesten Hexen des Teufels zum Besten geben, denn ich bin in keiner Weise eine Freundin von Geschichten, daher entbinde ich Sie völlig von Ihrem guten Willen, mich mit solchen Schilderungen zu versorgen… Dennoch war ich entzückt, Ihrem Brief zu entnehmen, dass Sie guter Stimmung sind und dass Ihr Gedächtnis auch weiterhin ausgezeichnet ist; das bezeugen die Pauken und Trompeten, die Sie nicht ausgelassen haben. Berlin muss sich sehr

---

337 Elisabeth Christine, die Witwe Karls VI. war am 21. Dezember gestorben; sie war die ältere Schwester der Herzoginwitwe Antoinette Amalie.
338 Vielleicht der Komet von 1744, dessen Doppelschweif sich fächerförmig ausbreitete.

verändert haben, seitdem ich dort war; es scheint mir, dass man sich früher nicht darüber amüsierte, Ehemännern Hörner aufzusetzen und dass man den Anstand bevorzugte, der sich für jedes Geschlecht schickt und der meiner Meinung nach am meisten den Frauen wohl ansteht, vor allem denen, die höherer Herkunft sind[339].

An Friedrich 10. Juni 1751

Ich habe gestern begonnen, in der Geschichte Brandenburgs zu lesen[340]. Ich verehre dieses Werk ebenso wie den Geist des Autors, der es verfasst hat; dies macht seine Lektüre bis zum Ende zu einer meiner angenehmsten Beschäftigungen. Meine Kinder berichten wiederholt von all den Freundlichkeiten, die Sie ihnen erwiesen haben.

An Friedrich 17. Juni 1751

Sie haben Gründe vorgebracht, die ausreichen müssten, um meinen Wünschen Grenzen zu setzen[341], doch meine Wünsche sind so stark, dass ich sie nicht zu überwinden vermag; daher habe ich den schönen Plan gefasst, vorausgesetzt Sie haben keine Einwände, Sie in einem Landhaus des Herzogs zu treffen, das sich hier in der Gegend befindet und Sallern [Schloss Salder] heißt. Ich werde Sie dort zum Mittagessen empfangen … Sie müssen ganz in der Nähe vorbeifahren. Der Herzog wird Ihnen seine Pferde bereitstellen, damit Sie so früh wie möglich Halberstadt erreichen können, und Sie müssen keinen Umweg einlegen.

An Friedrich 26. Juni 1751

Ich war untröstlich, dass ich die Gelegenheit verpasst habe, Sie zu sehen[342]. Ich danke Ihnen für Ihren freundlichen Brief, den mir mein Bruder von Preußen bei seiner Ankunft überreicht hat … Ich war entzückt, meinen Bruder wiederzusehen, aber sehr betrübt, dass den kleinen Ferdinand zu so ungelegener Zeit das Fieber ergriffen hat. Wir versuchen, meinen Bruder mehr schlecht als recht zu unterhalten, damit er nicht die Zeit findet sich zu langweilen.

---

339 Dies bezieht sich wohl darauf, dass die Markgräfin Leopoldine von Schwedt wegen ihres Verhältnisses zu dem Herzog von Holstein-Beck nach Kolberg verwiesen wurde.
340 Der König war auf der Reise nach Kleve von 7.–9. Juni in Salzdahlum gewesen; er hatte hier der Herzogin ein Exemplar seiner eben fertiggestellten *„Mémoires pour servir à l'histoire de la maison de Brandebourg"* überreicht.
341 Sie hatte ihn gebeten, auf der Rückreise wieder nach Salzdahlum zu kommen.
342 Da sie auf die Einladung nach Sallern keine Antwort erhalten hatte, war sie nicht dahingegangen. Mit dem König waren seine drei Brüder gereist; Prinz Heinrich war von Kleve aus ins Reich gereist; der Prinz von Preußen und Prinz Ferdinand kamen nach Braunschweig und blieben bis zum 29. Juni. Nach seinem Besuch in Salzdahlum im Juni 1751 schrieb Prinz Ferdinand von Preußen an seine Mutter: *„Wenn man meine Schwester in Braunschweig im Kreise ihrer Familie sieht, würde man nicht denken, dass sie die Mutter ist; die Kinder sind eines schöner als das andere und alle sehr gut erzogen."*

An Friedrich   26. Oktober 1751

Der Herzog hat übrigens beschlossen, meinen ältesten Sohn auf Reisen zu schicken[343], so wird er in Kürze nach Holland aufbrechen, begleitet vom Kolonel Imhof und zwei weiteren sächsischen Kavalieren[344].

An Friedrich   [Ende Dezember] 1751

Ich gestehe, dass es mich sehr berühren würde, Sie traurig zu sehen, da ich wirklich Anteil nehme an allem, was Ihnen widerfährt. Das dankbare und mitleidvolle Herz, mit dem Sie Ihre Freunde vermissen und die, die Ihnen treu dienen, verdient Bewunderung[345].

An Friedrich   23. März 1752

Mein ältester Sohn ist vor einigen Tagen von seiner Reise zurückgekehrt. Er ist viel größer geworden und diese kleine Reise hat ihm gutgetan; er hat sich zu seinem Vorteil verändert. Jetzt komme ich mir wirklich vor wie eine alte Anstandsdame, von Kopf bis Fuß von Kindern umgeben und mit meinem ehrwürdigen Gesicht würde man mich auf wenigstens sechzig Jahre schätzen.

An Friedrich   8. Juni 1752

Ich muss Ihnen meine Glückwünsche aussprechen zu der besagten Hochzeit[346], an der ich Anteil nehme als handele es sich um meine eigene Tochter. Caroline ist noch in dem Alter, ihr Los mit Geduld zu erwarten und da ich überzeugt bin, dass diese Verbindung nur einen guten und glücklichen Einfluss zu Ihrem Vorteil haben kann und unserem gemeinsamen Interesse dient und Ihre Zustimmung findet, freue ich mich doppelt.

---

343 Er reiste am 29. ab.
344 Der König schreibt am 17. November an die Schwester in Bayreuth: „Ich erwarte meine Schwester, den Herzog und ihre älteste Tochter am 4. des kommenden Monats. Es wird eine Freude sein sie wiederzusehen. Sie unterhält einen kleinen schöngeistigen Kreis in Braunschweig, dessen Direktor und Orakel Ihr Arzt (Superville) ist. Man bricht in Lachen aus, wenn sie über diese Dinge spricht; ihre natürliche Lebhaftigkeit hat ihr nicht die Zeit gelassen, die Dinge zu vertiefen; sie springt unentwegt von einem Thema zum anderen und trifft fast zwanzig Entscheidungen in weniger als einer Minute." Superville war aus Bayreuth'schen Diensten 1750 in Braunschweigische übergetreten. Es darf angeführt werden, dass in den vorliegenden Briefen der Herzogin sein Name nicht genannt wird. – Am 24. Dezember 1751 schrieb der König seiner Schwester in Bayreuth: „*Meine Schwester in Braunschweig ist ganz so wie Sie sie vor zwanzig Jahren gesehen haben: immer guter Laune und ohne Sorge.*"
345 Aus Magdeburg schrieb sie auf der Rückreise aus Berlin am 28. Januar 1752: „*Ich gestehe Ihnen, dass ich vollkommen froh in Berlin gewesen wäre, wenn mich nicht die Sorge begleitet hätte, Sie so traurig und bekümmert zu sehen; ich hoffe jetzt, dass es Ihnen in Potsdam besser geht und dass Sie zur Ruhe kommen.*" – Graf Rothenburg, der dem König besonders nahe stand, war nach schwerer Erkrankung am 29. Dezember in den Armen des Königs gestorben.
346 Die Verlobung ihrer jüngsten Schwägerin Juliane (geb. 1729) mit dem König Friedrich von Dänemark, der seit 1751 Witwer war.

An Friedrich 6. April 1752

Ich erwarte mit größter Ungeduld das Modell für Ihre Reiterstatue, das Sie mir gnädigerweise schicken wollen[347]. Ich hoffe, dass das Werk der Würde dessen entspricht, den es darstellen soll und ein ewiges Monument für die Nachwelt sein wird ... Ich werde es sehr bewundern und ich bin Ihnen verbunden, dass Sie sich durch meine demütigen Bitten dazu haben bewegen lassen und dass Sie sich um der öffentlichen Zufriedenheit willen, und damit in Potsdam eines der schönsten Denkmäler entsteht, sich zu einer so guten Aktion veranlasst gesehen haben... Ich habe Ihre Erlaubnis Taylor[348] übermittelt, damit er sich nun traut, einfach in Ihr Land zu reisen ohne sich auf irgendeine Operation oder Behandlung bei wem auch immer einzulassen; er hat mir hoch und heilig versprochen, dass er Ihre Befehle befolgen und ganz ruhig passieren werde, um seine Reise fortzusetzen.

An Friedrich 15. April 1752

Ich bin Ihnen zu Dank verpflichtet, da Sie sich um die Versorgung von Caroline[349] bemühen wollen. Ich glaube, dass sie die Zeit haben wird, um reife Überlegungen über ein Ja in dieser Angelegenheit anzustellen; denn niemand wird sich drängen, sie zu nehmen. Ich habe endlich Ihre Statue erhalten, oder wenigstens die sogenannte, denn ich verzeihe Ihnen nicht, sie so profaniert zu haben. Die Attribute, die Sie gewählt haben, verdienen nicht einmal die Ehre, als Kompromiss bezeichnet zu werden, wie Sie es tun. Wenn es nicht Rücksicht wäre, die ich auf alles nehme, was von Ihnen kommt, hätte ich dieses Monument auf der Stelle zerstört. Aber jetzt habe ich es verbannt in ein ewiges Gefängnis, es ist an einer der dunkelsten Stellen platziert, wo nie die Sonne hinkommt. Aber ich werde versuchen, Ihre Büste davon abzutrennen[350], die ausgezeichnet ist und die ein perfektes Werk wäre, wenn das Ziel, das Sie sich gesetzt haben, nicht ernster wäre. Ich werde sie bewahren wie die Erinnerung an einen lieben Bruder, der bei guter Laune war, als ihm diese Eingebung kam.

An Friedrich 22. Juni 1752

Ich habe die Prinzessin von Hessen[351] getroffen, die 5 Meilen von hier vorbeifahren musste bei einer Vogtei, die dem Herzog gehört. Wir haben sie zu einer Mahlzeit eingeladen und haben gemeinsam diniert. Es scheint mir, dass sie sehr liebenswürdig ist und eine sehr gute Erziehung genossen hat.

---

347 Sie ging von Potsdam bis Magdeburg zu Schiff, von da mit zwei Trägern nach Braunschweig.
348 Jean Taylor, Leibokulist des Königs von England. Am 26. März hatte sie geschrieben: „*Der Ritter Taylor, der zur Zeit hier ist, hat mich inständig gebeten, mich zu seinen Gunsten zu verwenden, damit Sie ihm die Gnade erweisen, ihm einen Pass auszustellen, damit er in Ihr Land einreisen kann, denn er will nach Russland reisen; er bleibt hier, um Ihre Entscheidung abzuwarten.*" Er war schon im April 1750 in Berlin gewesen, wurde aber nach einigen missglückten Operationen ausgewiesen.
349 Am 2. April hatte sie ihm mitgeteilt, ihre Tochter Caroline (geb. 1737) „*sei in jeglicher Hinsicht ein großes Mädchen geworden.*"
350 Sie schreibt „*je tâcherai de faire démolir votre buste*"; mit „démolir" ist „abtrennen" gemeint.
351 Prinzessin Wilhelmine von Hessen-Kassel (geb. 1726), die Braut des Prinzen Heinrich von Preußen, kam, nachdem die Vermählung durch Prokuration am 17. Juni in Kassel stattgefunden hatte, am 22. in Berlin an.

An Friedrich 16. Juli 1752

Die Hochzeitsfeierlichkeiten[352] sind vorüber; all das ist innerhalb von drei Tagen öffentlich gemacht und zum Abschluss gebracht worden und die Abreise folgte auf die Prokuration, beides an einem Tag. Jetzt wird sie in Frederiksborg sein, wo die zweite Zeremonie stattfindet. Wir haben hier eine ganze Kolonne von Offizieren aus Ansbach, die aus Berlin zurückkommen. Herr Falke[353] zeichnet sich in besonderer Weise durch seine Dummheit und Unverschämtheit aus; vielleicht ist es dieses Talent, das er als Bastard mit auf die Welt gebracht hat.

An Friedrich Braunschweig, 6. August 1752

Die Messe beginnt in acht Tagen und wir werden, wie Sie sagen, in Veranstaltungen schwimmen. Am Geburtstag des Herzogs hat es eine Neuheit gegeben: es gab eine Aufführung mit dem Titel: „Il mondo alla roversa" oder „Le donne che commandono". Man fand sie sehr heiter und komisch, und ebenso wie man das männliche Geschlecht bei jeder sich bietenden Gelegenheit nicht geschont hat, so sind auch die Frauen auf ihre Kosten gekommen und haben keinerlei Schonung erfahren … Diese Arten von Amüsements sind manchmal gut und hauptsächlich da, um Müßiggänger zu beschäftigen oder Fremde anzulocken, aber ich konnte noch nicht feststellen, dass sie einen Hauch von Ernsthaftigkeit hinterlassen.

---

352 Die Prinzessin Juliane. Als Herzog Ferdinand von Braunschweig im September 1753 nach Kopenhagen reiste, schrieb die Königinmutter: „*Ich bezweifle, dass er geistige Leistungen bei der Königin, seiner Schwester, zu Tage bringen kann, die mir wie eine schöne Statue erscheint, die man bewundert wegen ihrer Schönheit, aber nichts Geistvolles an sich hat.*" Die Königinmutter schrieb an Prinz Ferdinand von Preußen am 19. Juli: „*Der Prinz Ferdinand [von Braunschweig] wird, da er so lange abwesend war, Anlass haben, den König über den Ablauf und die Feierlichkeiten der Hochzeit zu unterrichten. Was seinen Bruder (Franz) betrifft, so bezweifle ich, dass man ihn nun besser verstehen kann und dass er von dieser Reise profitiert hat.*" Am 21. Juli antwortete Prinz Ferdinand: „*Ich habe den Brief des Königs von Dänemark gelesen und die Antwort der Königin, die mir zu gut geschrieben erscheint, als dass sie sie geschrieben haben könnte. Ich glaube, dass mein Bruder Recht hat, dass er eingangs von Jerusalem durchgesehen und korrigiert wurde. Indessen bezweifle ich, dass der König durch diese Heirat sein Ziel erreicht hat, denn in seinem Brief schreibt er, er hoffe, dass sie durch ihren Geist und ihre großen Qualitäten das Glück seines Lebens sein werde*", worauf die Königinmutter am 22. antwortete: „*Sie haben mich mit ihren Gedanken zu den dänischen Briefen zum Lachen gebracht. Ich bezweifle, dass der Brief der Königin von ihr stammt; nach dem zu urteilen, was man über ihre Ausbildung sagt, dürfte das gute Schreiben nicht ihre Stärke sein. Jetzt muss man abwarten, ob sie mit ihrem Geist und ihren guten Eigenschaften das Glück des Königs sein kann.*" Über die Sprache ihres Bruders Franz hatte die Königin Elisabeth Christine schon 1751 am 21. Oktober an ihren Bruder Ferdinand geschrieben: „*Wenn er sich doch nur Mühe geben würde, ich hoffe, dass es ihm gelingen wird, deutlicher und langsamer zu sprechen; nichts kann dabei mehr helfen als oft laut und langsam zu lesen; schließlich gewöhnt man sich daran besser zu sprechen.*"

353 Der natürliche Sohn des Markgrafen von Ansbach, des Schwagers der Herzogin (geb. 1734); durch Kaiserliches Patent am 12. März 1747 Reichsfreiherr von Falkenhausen.

An Friedrich 28. September 1752

Wir haben die ganze Zeit über viele Fremde hier gehabt, die von der Abreise des Königs von England nach Göhrde (5. September) profitiert haben, unter anderem den Grafen Grimaldi[354], der Ihnen bekannt sein wird, denn er hat mir gesagt, dass er vor drei Jahren die Ehre hatte, Sie in Berlin aufzusuchen. Er kommt gerade aus Schweden zurück und ist entzückt von meiner Schwester, sowohl von ihrem Geist als auch von ihrem liebenswürdigen Auftreten; sie wird von der Nation angebetet, die bemüht ist, ihr dies zu zeigen. Zu guter Letzt hat er gesagt, sie sei zufrieden und glücklich.

An Friedrich 1. Oktober 1752

Die Gefühle voller Güte, die Sie mir entgegenbringen, indem Sie Anteil nehmen an dem, was mir widerfährt und auch an meinem augenblicklichen Zustand[355] erfüllen mich mit der tiefsten Dankbarkeit. Ihre Wünsche können mir nur Glück bringen und das erleichtern, was ich durchstehen muss. Wenn ich die Wahl hätte, hätte ich Ihnen den erneuten Titel eines Onkels gern erspart; ich glaube wie Sie, meine Aufgabe in vollem Maß erfüllt zu haben, aber man kann seinem Schicksal nicht entgehen. Nach allem Anschein ist es das Meine, daran zu arbeiten, die Menschheit zu vermehren, obwohl ich glaube, dass dies auch ohne mich geschehen würde. Aber da das meine Bürde sein soll, werde ich versuchen, sie so gut wie möglich zu tragen… Ich freue mich mit meiner Schwester in Ansbach, die die Genugtuung haben wird, Sie in diesem Frühjahr wiederzusehen[356]; ich bin überzeugt, dass es ein Trost für sie sein wird, ihre Familie wiederzusehen.

An Friedrich 8. Oktober 1752

Die Auszeichnung, mit der Sie ihn[357] erneut bedacht haben, indem Sie ihm die Regierung von Peitz übertragen haben, muss ihm unendlich schmeicheln und ihm bei jeder Gelegenheit vor Augen führen, welches Glück er hat, Ihnen zu dienen. Ich hätte mir nicht vorstellen können, dass S. Crica[358] in Hamburg in der Weise geehrt wird, dass man ihm die Waffen präsentiert. Ohne Zweifel wird man ihn für eine Person von großer Bedeutung halten und die Miliz wird froh sein, etwas zu tun zu haben. … Ich bin mit Caroline zum Abendmahl gegangen, für sie war es das erste Mal.

An Friedrich 22. Oktober 1752

Es ist das erste Mal, dass ich wieder die Feder zur Hand nehme, um Ihnen tausend Mal zu danken für Ihre Anteilnahme an meiner Niederkunft. Man muss nur eine solche Protektion haben, damit jegliche Sache zum Erfolg gerät. Obwohl Sie zum zehnten Mal Onkel sind, erlauben Sie, dass ich den Neugeborenen Ihrer Gnade empfehle; er verdient einen kleinen

---

354 Marquis Grimaldi, spanischer Gesandter in Stockholm, war am 22. September 1749 in Potsdam gewesen.
355 Prinz Leopold wurde am 11. Oktober geboren.
356 Sie kam im April 1753.
357 Herzog Ferdinand.
358 Der Direktor und Primobasso Buffo der Intermezzi des Königs in Potsdam.

Vorzug, der für ihn ein gutes Vorzeichen sein wird... Der Titel der ewigen Mutter wiegt nicht so wie der des Onkels, aber ich bitte Sie, gießen Sie etwas von Ihrer Gunst aus über diese kleinen Rotznasen; ich hoffe, dass sie sich mit ihrer Mutter dieser Gunst als würdig erweisen werden.

An Friedrich Wolfenbüttel, 21. Dezember 1752

Ich wünsche Ihnen, niemals andere Sorgen zu haben als die Indisposition der charmanten Biche und die Krankheit von Crica, das sind Verluste, die man verschmerzen kann und die Schmerzen, die sie verursachen, schaden nicht der Gesundheit... Ich verbringe die meiste Zeit mit meinen Kindern; sie sind meine Vorleser und Vorleserinnen, manchmal spielen wir Schach und mir kommt die Rolle der alten Mutter zu.

An Friedrich 28. Januar 1753

Wir erwarten zum Ende des nächsten Monats den Markgrafen und die Markgräfin von Kulmbach[359]. Sie kommen hier vorbei, um nach Bayreuth zu fahren; meine Schwester und der Markgraf haben sie eingeladen. Ich glaube, dass sie die Anerkennung meiner Schwester finden wird, denn sie ist sehr liebenswürdig.

An Friedrich 18. Februar 1753

Bevor ich die Ehre hatte, Ihren Brief zu erhalten, hatte ich bereits den Erbprinzen von Hessen[360] befragt, ob Hessen englische Subsidien erhalte. Anfangs hat er ziemlich vage Antworten gegeben, aus denen ich keine entscheidenden Schlüsse ziehen konnte, aber nach wiederholten Gesprächen, ohne Unwissenheit vorzutäuschen, gestand er mir, dass er gar nichts erhalte, weder von den Engländern noch von einer anderen ausländischen Macht. Er hat berichtet, dass er die Leute nicht habe ersetzen können, die er während des letzten Krieges verloren habe, der Landgraf habe zur Zeit nur neuntausend Mann, während er in Kriegszeiten Subsidien erhalten habe und dreizehntausend Mann hatte, was ein sicheres Zeichen dafür ist, dass er nichts bekommt. Ich glaube, dass die Engländer glauben, der Hessen sicher zu sein, so dass sie sich zurzeit nicht bemühen, sie auf ihre Seite zu ziehen. P.S. Nach Erhalt Ihres Briefes habe ich dem Herzog den Abschnitt zur Kenntnis gebracht, der ihn betrifft... Der Herzog hat mir gesagt, dass der Prinz ihm dasselbe gesagt habe wie mir.

---

359 Friedrich Ernst (geb. 1703) und Christine Sophie von Bevern (geb. 1717). Sie reisten Anfang April nach Bayreuth. Von der Markgräfin hatte die Herzogin früher geschrieben: *„Sie ist eine gute Gesellschaft und wenn sie nicht so mager wäre, könnte man sagen, dass sie hübsch ist."*
360 Am 8. Februar hatte sie geschrieben: *„Wir haben den Erbprinzen von Kassel hier* (Friedrich, geb. 1720), *der fröhlich ist, sehr gute Laune hat und sich gern vergnügt."* Er war im Januar in Berlin gewesen.

An Friedrich 18. März 1753

Ich war überzeugt, dass Sie die Oper von Dresden nicht nachahmen würden, die so viel Bewunderung hervorgerufen hat durch die Anzahl an Kamelen und Elefanten, die das Theater[361] bevölkert haben. Sie haben einen viel zu guten Geschmack, um sich damit zufrieden zu geben, Massen unförmiger Tiere zu präsentieren; das entspricht nur Geistern, die stets auf das Materielle schauen, die sich nicht bemühen, weiter zu denken und die an den außergewöhnlichsten Objekten Gefallen finden... Wenn Sie nicht glauben, damit Perlen vor die Säue zu werfen, würden Sie mir einen großen Gefallen erweisen, mir die Musik zu schicken, wenn sie (die Oper Sylla) aufgeführt worden ist[362], denn die Journalisten und selbstberufene Rezensenten haben immer wieder gesagt, sie sei von „*der Hand des Meisters*" komponiert.

An Friedrich 29. März 1753

Sie bereiten mir eine unendliche Freude mit der Zusendung der Musik von „Sylla". Ich bin überzeugt, dass sie göttlich sein wird; es genügt, dass sie von der Hand des Meisters ist, um sie für gut zu befinden. Wir haben den Geburtstag unserer lieben Mutter gefeiert; es scheint mir, dass wir Grund haben, froh zu sein und unsere Wünsche zu vereinen für die Erhaltung ihrer kostbaren Gesundheit. Die Königinmutter hat mir die Gunst erwiesen, mir eine kleine Hündin zu schicken, die das hübscheste Tier ist, das man sich vorstellen kann. Es hat tausend gute Eigenschaften, es ist eine liebenswerte Venus, die sich durch ihre Sanftmut und Gutmütigkeit sehr einschmeichelt. Ich mag sie sehr und sie weicht mir nicht von der Seite[363].

An Friedrich Braunschweig, 5. April 1753

Mein Sohn ähnelt mir gar nicht, weder seine Züge noch seine Gestalt erinnern an die Mutter[364].

An Friedrich 20. April 1753

Ich verspreche Ihnen, dass diese schöne Musik nicht profaniert wird, durch keine überanstrengte Stimme und auch nicht durch schlecht gestimmte Violinen; ich werde sie nur zu meiner Entspannung nutzen, ich werde meine Finger üben, um alle Töne auf dem Cembalo gut zu spielen, ich werde versuchen, sie mit möglichst viel Einfühlungsvermögen zu spielen... Ich

---

361 Im Februar war in Dresden die Oper „Soliman" aufgeführt worden, die wegen ihrer Pracht und der zahlreichen Aufzüge von fremden Nationen und ausländischen Tieren allgemein angestaunt wurde: die Elefanten waren durch Pferde dargestellt, aber die lebendigen Kamele, die auftraten, brachten das Publikum fast dazu, auch wirkliche Elefanten zu sehen.

362 Die Oper „Sylla" von Graun war am 27. März, zum Geburtstag der Königinmutter aufgeführt worden. Die Skizze zum Text dazu stammte vom König: „De main de maître" [Von der Hand des Meisters] war die damals ganz allgemeine Bezeichnung für die Werke des Königs.

363 Am 6. April schrieb sie: „*Es steht außer Zweifel, dass diese kleinen Tiere uns durch ihre Treue an sich binden und man kann nicht umhin, ihnen zugetan zu sein, da man weiß, dass sie aufrichtig sind.*"

364 Der Herzog und der Erbprinz waren zu den großen Manövern bei Spandau eingeladen. Sie reisten am 26. August ab und kamen am 20. September zurück; am 23. September schrieb sie: „*Alles, was Sie über Charles sagen, ist sehr schmeichelhaft; es könnte für ihn keine bessere Empfehlung geben als Ihr Lob.*"

habe nicht daran gezweifelt, dass die Ankunft meiner Schwester aus Ansbach Ihnen Freude bereiten würde[365]. Ich bin überzeugt, dass die Freude beidseitig ist. Sie wird vieles verändert finden nach neun Jahren, in denen sie nicht in Berlin war; aber seine Familie wiederzusehen, das ist mehr als genug.

An Friedrich Helmstedt, 29. April 1753

Ich hatte die Freude, meine Schwester hier zu empfangen[366]; meine Ungeduld und das Glück, diese liebenswerte Person wiederzusehen, waren so groß, dass ich es nicht abwarten konnte, sie erst in Braunschweig zu sehen, so bin ich ihr vier Meilen entgegen gereist. Meine bedauernswerte Schwester hat schreckliche Straßenverhältnisse vorgefunden, so dass sie erst um drei Uhr morgens eintraf. Da ich bis ein Uhr aufgeblieben war, habe ich Kuriere ausgeschickt, um Näheres über ihre Ankunft zu erfahren; da niemand kam, nahm ich an, sie würde die Nacht in Magdeburg verbringen und habe beschlossen zu Bett zu gehen. Meine Schwester hat mich also im Bett angetroffen, das war unser erstes Wiedersehen. Sie war so müde, dass ich ihr, nachdem sie ein wenig gegessen hatte, das Bett habe bereiten lassen, damit sie sich auszuruhen konnte. Ich schreibe Ihnen jetzt, da sie aufgewacht ist, ich bin bei ihr und wir trinken Tee auf Ihre Gesundheit und sprechen von dem guten alten Bruder. Wir werden hier dinieren und dann werde ich sie im Triumph nach Braunschweig geleiten, überglücklich, dass sich mein Wunsch erfüllt hat, mit einer Schwester zusammen zu sein, die mir so lieb und teuer ist.

An Friedrich 2. Juni 1754

Ich bezweifle, dass die komischen Opern Ihnen ebenso gefallen werden wie die anderen.... Wir haben hier welche, aber sie waren zu possenhaft und derb. Ich stelle mir vor, dass Sie sie aufführen lassen, um eine Abwechslung bei den Aufführungen zu haben. Hasse hat gerade eine neue Oper geschrieben, die man sehr lobt; sie heißt „Artemis". Ich habe sie gerade erhalten, aber ich hatte noch nicht die Zeit, sie genauer zu studieren. Wenn Sie es wünschen, werde ich die Ehre haben, sie Ihnen zuzusenden. Es scheint mir, dass die Komposition charmant ist und dass sie entzückt …, aber ich maße mir an, Dinge beurteilen zu wollen, von denen Sie viel mehr verstehen als ich und in denen Sie Meister sind, während ich urteile wie ein Dummkopf. Der Herzog ist im Begriff mit meinem ältesten Sohn nach Schleswig[367] aufzubrechen, wenn die Feierlichkeiten vorüber sind; er wird den König von Dänemark treffen, der ihn eingeladen hat. So, das ist alles, was ich weiß.

---

365 Die Markgräfin war am 13. April gekommen.
366 Die Markgräfin blieb nur ein paar Tage. – Am 12. August hatte Frau Gottsched, die aus Hamburg kommend sich in Braunschweig aufhielt, eine über eine Stunde währende Audienz bei der Herzogin; sie schrieb nachher: „*Ihr Gespräch verrät einen trefflichen Verstand und weitläufige Belesenheit.*"
367 Die Reise dauerte vom 7.–18. Juni.

An Friedrich   24. Juli 1754

Ich kann mir die Freude meiner beiden Schwestern in Franken vorstellen über das Glück Sie wiederzusehen[368]. Ich bedaure, dass die schlechte Gesundheit meiner Schwester aus Bayreuth sie daran gehindert hat, das Zusammensein in vollem Maß zu genießen. Diese Beeinträchtigung kam allzu ungelegen; die drei Tage, die Sie in Bayreuth verbracht haben, sind für meine Schwestern zu schnell vorübergegangen. Meine Schwester aus Ansbach hat mir berichtet, mit welcher Freude sie ihren Verpflichtungen Ihnen gegenüber nachgekommen ist, sie äußert sich sehr zärtlich über meinen lieben Bruder.

An Friedrich   10. November 1754

Sie können sich leicht vorstellen, wie alarmiert ich war, als ich erfahren habe, dass meine Schwester in Ansbach an den Pocken erkrankt ist. Sie war so rücksichtsvoll, es mir durch eine ihrer Hofdamen schreiben zu lassen, die mich sehr beruhigt hat und mir versichert, dass die kritischen Tage vorüber sind und dass die Ärzteschaft davon ausgeht, dass das Gift nicht das Schlimmste seiner Art war, so dass gute Hoffnung besteht, dass sie die Sache glücklich übersteht; obwohl der Ausbruch sich am meisten im Gesicht gezeigt hat und meine Schwester ganz übersät war, glaubt man nicht, dass sie Narben zurückbehalten wird. Ich gestehe, dass ich ohne diesen Bericht meine Ängste nicht bezwungen hätte, und bevor ich um diese Besserung wusste, hat mein Herz sehr gelitten und die freundschaftlichen Gefühle, die man für Verwandte hegt, lassen sich nicht unterdrücken, vor allem, wenn man Angst hat, die zu verlieren, die uns so teuer sind. Es ist ein Tod für einen selbst; da Sie dieselben Gefühle haben, wissen Sie aus Erfahrung, was es kostet, diese düsteren Katastrophen durchzustehen... Sie werden wissen, dass meine Schwester aus Bayreuth zu einer Reise nach Montpellier[369] aufgebrochen ist wegen ihrer Gesundheit; ich befürchte, dass die Anstrengung ihr nicht gut bekommen wird, da sie von so schwacher Konstitution ist. Ich wäre froh, wenn ihr die Luft in diesem Land bekommt, die, so wie man sagt, milder ist für kränkliche Menschen.

An Friedrich   [Dezember] 1754

Ich bin überzeugt, dass es meine Schwester [in Ansbach] anrühren wird, wenn sie erfährt, welchen Anteil Sie an ihrem Geschick nehmen[370]. Dieses Zeichen der Freundschaft von Ihrer Seite wird zu ihrer Gesundung beitragen durch die Freude, die sie empfindet, wenn sie sieht, dass Sie mit so viel Zärtlichkeit an sie denken... Es scheint mir, dass es für Opern Themen braucht, die ein wenig berühren, das macht sie interessanter, und der Komponist muss in das Thema des Stückes einsteigen, um die Musik entsprechend zu schreiben, was die Oper perfekt macht. Ich habe die Tragödie gelesen, die Monsieur Voltaire aus Semiramis gemacht

---

368 Der König war vom 18.–21. Juni in Bayreuth gewesen; er hatte die Markgräfin Wilhelmine gebeten, die Ansbacher Schwester dazu einzuladen.
369 Sie war im Oktober abgereist; an den Aufenthalt in Südfrankreich schloss sich ein längerer Aufenthalt in Italien an. Im August 1755 kam sie wieder nach Bayreuth.
370 Der König hatte ihr deren Wiedergenesung geschrieben.

hat. Ich stelle mir vor, dass solcher Art das Thema der Oper ist, die Sie aufführen lassen werden. Was „Montezuma"[371] betrifft, so ist er mir unbekannt; da Sie zweifellos das Beste ausgesucht haben, können es nur schöne Aufführungen sein für die Ohren und die Phantasie der Zuschauer.

An Friedrich   Wendhausen, 20. Juni 1755

Zurzeit bin ich eine Landbewohnerin, denn seit einigen Tagen befinde ich mich in einem *Maison de plaisance*, das dem Herzog gehört. Ich beabsichtige hier zu bleiben, um eine Trinkkur zu machen. Der Garten ist sehr hübsch und sehr schön gelegen. Ich vergnüge mich mit Spazierengehen und Angeln und bin sehr erfolgreich, wenn ich einen oder zwei Fische gefangen habe.

An Friedrich   28. Juni 1755

Bei meiner Ankunft in Braunschweig habe ich Nachrichten aus Hannover erhalten über ein Treffen, das von der Gräfin Yarmouth vorgeschlagen wird, und dass der König unbedingt Caroline zu sehen wünscht und dies bald. Ich benachrichtige Sie, damit Sie nicht überrascht sind, sollte es geschehen… Der Minister Münchhausen[372] hat geschrieben, dass die fragliche Sache[373] bald entschieden werden soll, sobald der König Caroline gesehen hat, so ist es dem Herzog mitgeteilt worden.

An Friedrich   4. Juli 1755

Seit meinem letzten Brief hat der König von England weiterhin darauf bestanden, meine Tochter Caroline zu sehen. Man hat mehr als eine Möglichkeit vorgeschlagen, die eine so wenig akzeptabel wie die andere. Ich habe es abgelehnt, die Hand meiner Tochter denen zu geben, die nachsuchten, sie ohne mich zu sehen, denn ich finde es nicht angemessen, mir dieselben Regeln vorschreiben zu lassen, wie zuvor am Hof von Gotha[374]. Ich habe daher deutlich erklärt, dass meine Tochter niemals ohne mich vor dem König erscheinen würde. Schließlich hat man es für angemessen erachtet, da die Einladung vom König ausging, dass ich ihn mit meinen beiden Töchtern[375] besuchen solle, und dass ich, um jegliches Zeremoniell zu vermeiden, inkognito[376] kommen könne, dass meine Töchter in Herrenhausen spazieren könnten und dass der König mich aufsuchen würde. Man hat mir alle möglichen Versicherungen gegeben, dass der König die fragliche Angelegenheit lenken werde, und ich sei zu

---

371 „Semiramide" und „Montezuma", beide von Graun, waren die für den Karneval bestimmten Opern. Der Stoff der Oper „Montezuma", der für die damalige Zeit etwas Neues bedeutete, war vom König gewählt, der auch das französische Libretto dazu verfasst hatte. – Am 28. März 1755 schrieb der König der Schwester in Bayreuth: *„Ich habe auch den Prinzen Franz* (von Braunschweig), *gesehen, der mir gesagt hat, dass meine Schwester in Braunschweig sich bester Gesundheit erfreut und dass ihre Kinder groß sind wie Bohnenstangen."*

372 Hannoverscher Kammerpräsident und Mitglied des Geheimen Rates.

373 Schon im Juli 1752 war die Rede von einer Doppelheirat: die Prinzessin Caroline sollte mit dem Prinzen Georg von Wales (geb. 1738) und der Erbprinz mit einer von dessen Schwestern vermählt werden.

374 Bei der Verlobung der Prinzessin Auguste von Gotha mit dem Prinzen von Wales 1736.

375 Die Prinzessinnen Caroline und Amalia.

376 Sie kam als Gräfin Warberg.

weit vorangeschritten, um einen Rückzieher zu machen. Ich werde am fünften dieses Monats mit meinen beiden Töchtern aufbrechen. Der Herzog hat Sie nicht erneut durch einen Brief behelligen wollen, aber er wäre entzückt, wenn er vor meiner Abreise eine Antwort auf die Anfrage des Prinzen Ferdinand erhielte... Fritze, Heinrich und Wilhelm sprechen immer noch von Ihren Wohltaten[377].

An Friedrich   Braunschweig, 10. Juli 1755

Ich kann Ihnen dennoch versichern, dass ich [in Hannover] mit allen Aufmerksamkeiten und unendlichen Höflichkeiten empfangen worden bin, der König hat mir alle erdenklichen Ehrungen zu Teil werden lassen. Ich bin im Fürstenhaus untergebracht worden; am Abend vor meiner Ankunft ist der König selbst dorthin gegangen, um die Appartements, in denen ich logiert habe, zuzuteilen, und er war besonders aufmerksam, damit Caroline und ich uns wohlfühlten. Ich bin bedient worden von den Hofbediensteten und der Großmarschall hatte den Auftrag, sich um alles zu kümmern und war mir die ganze Zeit zu Diensten. Der Präsident Münchhausen und seine Gemahlin und der persönliche Rat von Steinberg haben mir Gesellschaft geleistet, weil ich an diesem Tag nicht ausgegangen bin und mich ausgeruht habe. Am Sonntag (6. Juli), am Tag meiner Ankunft, sind meine beiden Töchter mit Frau von Münchhausen nach Herrenhausen gegangen. Der König, der sie im Garten traf, hat sie sehr liebenswürdig empfangen, ist mit ihnen spazieren gegangen und hat sich mit ihnen unterhalten, besonders mit Caroline und er erwähnte, dass sie seine volle Zustimmung finde. Nach dem Spaziergang hat er mit meinen Töchtern „jeu de commerce" (Gesellschaftsspiel) gespielt. Da ich beim Empfang nicht anwesend war, war der König der Meinung, es würde mich freuen, wenn er zurückkehren würde, um mir Gesellschaft zu leisten. Der König ließ mich für den Montagmorgen zur Musterung der Truppen einladen. Ich habe mich um acht Uhr morgens dorthin begeben. Nachdem der König die Front abgeschritten hatte und ich ebenfalls, hat er sich in ein Zelt begeben, wo er mir den höflichsten Empfang auf der Welt bereitet und mir tausend Freundlichkeiten gesagt hat vor einer Menge von Menschen, die anwesend waren. Er ließ mich neben ihm Platz nehmen ebenso wie meine Töchter, bis die Truppen ganz nah beim Zelt vorbeimarschierten. Der König ist aufgestanden, um sie defilieren zu sehen, aber mich hat er gebeten, sitzen zu bleiben. Nach der Revue bin ich zum Fürstenhaus zurückgekehrt; eine Viertelstunde nachdem der König sich hatte umkleiden lassen, hat er mich aufgesucht und mit mir diniert, er war sehr herzlich. Er hat zwischen Caroline und mir Platz genommen und sich viel mit Caroline und mir unterhalten. Nach dem Essen hat er noch ein wenig mit mir und meinen Töchtern gesprochen und ist nach Herrenhausen zurückgegangen, zuvor hat er mich für den Abend dorthin eingeladen. Um fünf Uhr habe ich mich mit meinen Töchtern dorthin begeben, zur Prinzessin von Hessen[378], wohin der König, der wusste, dass ich dort war, zuerst kam. Er hat mit der Prinzessin von Hessen, meinen beiden Töchtern und mir zusammen gesessen und war in der besten Laune der Welt. Dann haben wir uns zur Komödie begeben, die im Heckentheater gegeben wurde. Anschließend wurde der ganze Saal der Orangerie illuminiert, er hat mich dorthin begleitet. Nachdem die Geiger entlohnt worden waren, hat

---

377 Der König war auf der Reise nach Wesel im Juni in Salzdahlum gewesen.
378 Marie, die Schwester des 1751 verstorbenen Prinzen von Wales, die 1740 mit dem Erbprinzen von Hessen-Kassel vermählt wurde.

er einen improvisierten Ball gegeben, um meine Töchter zu unterhalten; den älteren Prinzen von Hessen hat er gebeten, ihn mit Caroline zu eröffnen. Da meine schwache Gesundheit es nicht zuließ, länger zu bleiben, habe ich mich zurückgezogen und mich verabschiedet; der König hat sich sehr höflich und freundlich von mir verabschiedet, meine Töchter sind zum Ball und zum Souper geblieben, der Ball begann danach und dauerte bis zwei Uhr. Am Dienstagmorgen bin ich aufgebrochen und am Abend in Braunschweig angekommen. Caroline hat die volle Zustimmung des Königs gefunden und es gibt Grund zur Hoffnung, dass die fragliche Angelegenheit bald entschieden wird. Der König hat die Königinmutter mit keinem Wort erwähnt und hat sich nicht über sie geäußert; alle Gespräche, die er mit mir geführt hat, betrafen nur mich, meine Familie und belanglose Dinge.

An Friedrich 27. Juli 1755

Ich danke Ihnen tausend Mal für die Ehre, dass Sie Caroline und meinen anderen Kindern geantwortet haben; wenn diese nicht befürchtet hätten, Ihnen allzu sehr lästig zu sein, wäre es ihnen eine Freude gewesen, Ihnen einzeln ihren Dank auszusprechen: Seien Sie immer überzeugt, dass diese ganze kleine Gesellschaft Ihnen ergeben ist und dass sie Sie von ganzem Herzen verehrt.

An Friedrich 31. Juli 1755

Die Königinmutter hatte die Ehre mir zu schreiben, dass Sie sie nach Sanssouci [28.–31. Juli] eingeladen hatten. Es scheint, dass ihr diese kleine Reise sehr gefallen hat. Sie singt Ihr Loblied[379]. Wir debattieren darüber, wer von uns dies am meisten tut; da es sich um meine Mutter handelt, muss ich zurücktreten, obwohl ich betonen möchte, dass ich immer Ihre Bewundrerin bin. Amalie hat mich von ihrer vorgesehenen Amtseinführung in Kenntnis gesetzt[380]. Sie fügt sich in diese Berufung und glaubt, dass sie zufrieden sein wird, wenn sie sich erst an diese Veränderung in ihrem Leben gewöhnt hat; aber in der Anfangszeit wird sie einen Unterschied zwischen Berlin und ihrer Abtei empfinden, die im Vergleich dazu einer Hütte gleicht. Ich danke Ihnen für das Interesse, das Sie an meiner Gesundheit zeigen. Ich setze meine Trinkkur fort, die mir gut bekommt, aber die Jahreszeit zeigt sich von ihrer schrecklichsten Seite; seit acht Tagen ist es kalt, der heftige Wind und der reichliche Regen wie zu Weihnachten machen Spaziergänge unmöglich. Ich würde Sie unendlich bedauern, hätten Sie in Sanssouci dasselbe Wetter. Es gibt dort die unangenehmsten Hitzeperioden, die ich kenne; obwohl die Vorsehung sich nicht beeinflussen lässt, kann ich nicht umhin darüber zu klagen.

---

379 Ein andermal schrieb sie: „*Die Briefe, die die Königinmutter mir freundlicherweise geschrieben hat, sind voller Freude darüber, dass sie Sie gesehen hat; sie sagt, dass dies dazu beitrage, ihre Erdentage zu verlängern und dass Sie die Stütze ihres Alters sind. Welch glückliche Mutter, die einem so würdigen Sohn das Leben geschenkt hat und deren Schmerzen so sehr belohnt werden.*"

380 Sie trat am 16. Juli die Nachfolge als Äbtissin in Quedlinburg an.

An Friedrich 19. August 1755

Mit unendlicher Bestürzung habe ich von dem Unfall vernommen, der Ihnen zugestoßen ist, als Sie vom Pferd gefallen sind. Die Königinmutter hat mir dankenswerter Weise versichert, dass dieses Unglück – der Vorsehung sei Dank – keine nachteiligen Folgen haben wird, nur das konnte mich beruhigen. Ich wäre Ihnen unendlich zu Dank verpflichtet, wenn Sie die Güte hätten, mir ebendies zu bestätigen… Wegen der bevorstehenden Messe musste ich meine Kur unterbrechen, aber das macht nichts, denn das Wetter ist so kalt, dass ich … obwohl ich in der Stadt bin, das Kaminfeuer anzünden muss. Hier gibt es (zur Messe) einen Ameisenhaufen von Fremden. Der alte Feldmarschall von Seckendorf war auch da; seit seinem letzten Schlaganfall ist er sehr zusammengesunken, und es scheint, dass er bald den Weg in die andere Welt antreten wird.

An Friedrich 25. September 1755

Ich glaube, dass Sie Recht haben, dass es besser und vorteilhafter gewesen wäre, ich hätte vor der Reise nach Hannover eine definitive Antwort des Königs abgewartet im Hinblick auf seine Absichten Caroline betreffend; aber zum einen hätte er sich nicht dazu zwingen lassen und zum anderen ist es sehr schwierig, S.M. eine Erklärung abzuringen. Zudem wünschte er, zunächst meine Tochter zu sehen; da man mir ausdrücklich versichert hatte, dass diese Zusammenkunft das wirksamste Mittel sei, die Angelegenheit zu klären, konnte ich nicht zurücktreten, um so mehr als ich mich bei einer Weigerung den Vorwürfen ausgesetzt hätte, die Gelegenheit ungenutzt zu lassen, die sich zu Gunsten meiner Tochter bot, die mir sehr am Herzen liegt, und da ich so viele Kinder habe, bin ich froh, sie nach und nach versorgt zu wissen. Doch man macht mir immer noch Hoffnung, dass die Sache gelingen wird. Ich bin überzeugt, dass es nicht aussichtslos ist, obwohl es sich hinzieht. Der König hat geäußert, dass Caroline seine Billigung finde und er ihr gewogen sei. Jetzt ist er in England und man wird sehen, was daraus wird; ich hoffe, dass er seine Meinung nicht ändert und zu einem Entschluss kommt. Wenn nicht, so verdient er ein noch niedrigeres Attribut als eines von denen, die Sie ihm geben, und er könnte nie den Schaden wiedergutmachen, den er sich zufügen würde, aber ich hoffe immer noch, dass er über diese Sache wie ein ehrlicher Mann nachdenken wird.

An Friedrich 26. Oktober 1755

Ich bereite mich mit Freude darauf vor, Tante und Erztante zu werden[381], denn ich gestehe Ihnen, dass ich froh bin, dass die Zahl unserer Familienmitglieder anwächst und sich vervielfacht. Es scheint mir, dass es nicht genug von ihnen gibt und unser Blut ist es wert, dass es sich fortpflanzt. Ich bin überzeugt, dass Ferdinands Nachkommenschaft sehr hübsch und geistreich sein wird, denn es gibt keinen fremden Einfluss und die Bande dieser Ehe

---

381 Sie hatte ihm am 8. Oktober geschrieben: „*Ich beglückwünsche Sie, dass Sie die Feierlichkeiten zur Vermählung Ferdinands glücklich zu Ende gebracht haben. Es scheint wie ein Traum, wenn ich daran denke, dass er in neun Monaten Vater sein kann, wenn ich mich an seine noch nicht lange zurückliegende Geburt zurückerinnere. Sie haben Recht, dass man bemerkt, dass man alt wird, wenn man die zweite Generation sieht, wenn die, an die man noch gar nicht dachte, dass sie geboren würden [sich verheiraten?] Es ist sicher, dass Sie Gefahr laufen, der Onkel von halb Europa zu sein.*" Prinz Ferdinand von Preußen (geb. 1730), der jüngste Bruder der Herzogin, hatte sich am 27. September mit der Prinzessin Luise von Schwedt, seiner Nichte, vermählt.

wurden durch Wertschätzung und Freundschaft geknüpft. Seit einiger Zeit haben wir hier einen kleinen Schwarm von Engländern, die auf der Durchreise sind, unter ihnen der Ritter Stanhope und sein Neffe Hotham, Sohn des berühmten Charles Hotham, der wie ein zweiter Jacques Rosbeaf einmal nach Berlin[382] geschickt wurde. Sein Sohn gleicht ihm gar nicht, er ist ein sehr aufgeweckter Junge, mit lebhaftem Geist und amüsant. Der Ritter Stanhope scheint ein ernsthafter und ehrenhafter Mann zu sein, aber leider ist er so taub, dass man sich kaum verständlich machen kann, um von ihm nicht eine verquere Antwort zu erhalten… Ich würde Ihnen gern etwas Angenehmes und Amüsantes schreiben, aber das würde schwerlich gelingen. Meine Beschäftigungen sind sehr eintönig; ich habe meine Kinder[383], das ist eine kleine Gesellschaft, um die man sich kümmern muss, und ich tue mein Möglichstes, um meine Pflichten zu erfüllen und ihnen eine Erziehung angedeihen zu lassen, die wohl geborenen Personen zukommt; ein Sprichwort besagt, dass der Vogel Hälmchen für Hälmchen sein Nest baut, auch hier werden Fortschritte sichtbar. Man hat die Briefe des Grafen Tessin, die er an den königlichen Prinzen von Schweden geschrieben hat, sehr gelobt; bitte sagen Sie mir Ihre Meinung dazu; es scheint mir, dass sie auf dem Niveau eines Kindes recht nett geschrieben sind, doch sie enthalten zu ausgefallene Allegorien[384].

An Friedrich   15. Februar 1756

Sie besitzen ganz besondere Talente, um die Ziele zu erreichen, die Sie anstreben, und Sie haben die Ehre, dies in einer Weise zu tun, die Ihnen unsterblichen Ruhm einbringt. Der Vertrag, den Sie vor kurzem mit England[385] geschlossen haben, ist dafür ein neuer Beweis. Alle sind Ihnen zu unendlichem Dank verpflichtet wegen der richtigen Maßnahmen, mit denen Sie alle Unruhen befriedet haben, von denen Deutschland bedroht war, und man betrachtet Sie als den einzigen Schiedsrichter, der zu Frieden und Ruhe in Deutschland beigetragen hat. Sie können sich nicht vorstellen, wie sehr dieses Ereignis allgemeine Freude verbreitet hat, insbesondere bei unseren Nachbarn in Hannover. Wir haben hier eine ganze Riege von jungen Leuten, die die Vergnügungen der Messe genießt und die auf den König von Preußen schwört… Unter den Fremden ist auch der Herzog von Weimar[386], der, um das Inkognito zu wahren, unter dem Namen eines Grafen von Alstet reist… Ziel seiner Reise ist es, die Prinzessinnen zu sehen, die im heiratsfähigen Alter sind. Er hat Augen auf meine zweite Tochter[387] geworfen, aber da er sich noch nicht erklärt hat, hoffe ich, dass Sie die Güte haben werden, so zu tun als ob Sie noch von nichts wüssten; ich habe jedoch nicht versäumen wollen, Sie als Ersten davon in Kenntnis zu setzen.

---

382 April 1730, um die Doppelheirat zwischen dem Prinzen von Wales mit der Prinzessin Wilhelmine und dem Kronprinzen von Preußen mit der Prinzessin Amalie zu betreiben.
383 Zehn, von denen der jüngste, Prinz Leopold, am 11. Oktober 1752 geboren war.
384 Die „Briefe an einen jungen Prinzen von einem alten Mann" von Graf Tessin für den Kronprinzen Gustav von Schweden.
385 Im Neutralitätsvertrag von Westminster vom 16. Januar 1756 verpflichteten sich Georg II. und Friedrich, um die Ruhe Deutschlands aufrecht zu erhalten, zu verhindern, dass fremde Truppen in Deutschland einrückten.
386 Ernst August Constantin geb. 1737, Herzog seit 1748.
387 Amalie geb. am 24. Oktober 1739.

An Friedrich 20. Februar 1756

Da ich Sie als Familienoberhaupt betrachte… glaube ich, dass es meiner Anhänglichkeit an Sie widersprechen würde, wenn ich Sie nicht informierte, dass der Herzog von Weimar um die Hand meiner Tochter Amalie angehalten hat. Da der Herzog und ich finden, dass es eine standesgemäße Verbindung für sie ist, haben wir unsere Zustimmung gegeben. So fehlt nur noch die Zustimmung der Königinmutter; daher haben der Herzog und ich einen Kurier zu ihr gesandt, um sie gleichzeitig um ihren Segen und ihre Zustimmung zu bitten, was die Bekanntmachung der Verlobung bis zur Rückkehr des Kuriers verzögert, sie wird unmittelbar danach erfolgen.

An Friedrich 26. Februar 1756

Ich danke Ihnen tausendfach für Ihre wohlwollende Anteilnahme an dem anstehenden Ereignis, der Vermählung meiner Tochter Amalie. Ich nehme mir die Freiheit, sie und ihren Zukünftigen Ihrer Gnade und Ihrem Wohlwollen zu empfehlen… Die Königinmutter hat mir geschrieben, dass sie ihre Zustimmung gibt und da auch Sie keine Einwände haben, wird die Verlobung in dieser Woche stattfinden und die Vermählung gleich darauf, denn der junge Herzog möchte nicht länger warten; die Feierlichkeiten werden in drei Wochen zu Ende sein. Ich danke Ihnen für alle Zeichen der Güte gegenüber Caroline. Sie schätzen es richtig ein, dass es mir sehr angenehm wäre, würde ihr Schicksal in der einen oder anderen Weise entschieden. Diese Unsicherheit ist höchst beunruhigend. Man macht uns immer noch Hoffnungen, das ist alles, was ich diesbezüglich sagen kann. Wenn es nur vom König abhinge, glaube ich, wäre es bereits eine beschlossene Sache, denn er hat keine anderen Ziele. Unter uns gesagt, die Prinzessin von Wales ist nicht derselben Ansicht und es stellt ein großes Hindernis dar sie umzustimmen. Die Freunde des Herzogs lassen es nicht an Mühen und Sorgfalt fehlen, aber die Sache ist heikel und will sehr behutsam angegangen werden. Wollte man etwas erzwingen, so würde man alles verderben… Ich gestehe Ihnen, dass ich niemals die Befürchtung habe, Sie könnten etwas unternehmen, was Sie später bereuen könnten; bei jedem anderen hätte ich diese Befürchtung, aber niemals bei Ihnen. Sie sind ein zu großer politischer Meister, als dass man Ihnen etwas vorschlagen könnte, was sich als schädlich erweisen könnte, und derjenige, der über eine Armee von 180tausend gut ausgerüsteten Männern verfügt, hat sich immer Furcht und Respekt verschafft. So werden die Franzosen, die Ihnen gegenüber stehen, wie die anderen die Fahne vor Ihnen senken müssen[388]. Das ist der Vorteil der Prinzen, wenn sie selber regieren und wenn sie das Genie und die geistige Überlegenheit über ihre Untertanen und Subalternen besitzen.

---

388 Der preußisch-französische Allianzvertrag von 1741 lief demnächst im Juni 1756 ab. Es war die Frage, ob Frankreich ihn nach dem Abschluss des Westminstervertrages erneuern würde. Mitte Januar war der Herzog von Nivernois als außerordentlicher Gesandter nach Berlin gekommen.

An Friedrich 11. März 1756

Die Hochzeit ist auf den 16. des Monats festgelegt worden und einige Tage später werden die Jungvermählten abreisen. Ich werde sie bis Blankenburg begleiten, das auf ihrem Weg liegt[389], und dann werde ich auf meine Schwester Amalie warten, die mir mitgeteilt hat, sie werde sich am 1. April zu ihrer Abtei begeben, sie hat mich zu ihrer Amtseinführung eingeladen. Da es keinen Platz zum Logieren in Quedlinburg gibt, werde ich in Blankenburg bleiben, das nicht weit entfernt liegt und von wo ich sie jeden Tag besuchen kann, denn die Entfernung von der Abtei beträgt nur zwei kleine Meilen. Ich freue mich darauf, dieser Vermählung als Braut Jesu Christi beizuwohnen und werde es nicht versäumen, meinen neuen Schwager gebührend zu ehren und meine Schwester zu bitten, mich seiner Gnade zu empfehlen.

An Friedrich Blankenburg, 11. April 1756

Ich habe meine Schwester[390] in keiner Weise verändert angetroffen, sie war ganz so wie beim letzten Mal, als ich sie in Berlin gesehen habe. Ich habe bei ihr diniert und wir haben den Tag bis zum Abend zusammen verbracht; nachdem ich mich verabschiedet hatte, bin ich nach Blankenburg zurückgekehrt. Ich danke Ihnen für Ihr freundliches Angebot, mich in Quedlinburg unterzubringen, aber außer, dass ich die Befürchtung hätte, Ihre Großzügigkeit zu missbrauchen, würde ich meiner Schwester dort nichts nützen und ihr nur Ungelegenheiten bereiten; so beschäftigt wie sie zurzeit ist mit all den Feierlichkeiten[391], könnte ich sie nicht oft sehen. Ich warte also ab, bis all das vorüber ist und dann will ich sie nochmals aufsuchen und sie später hier so gut wie es mir möglich ist empfangen.

An Friedrich [April] 1756

Meine Schwester[392] hat mir die Freude bereitet, mich zu besuchen; ich habe versucht, sie so gut wie möglich zu unterhalten. Wir hatten einen gemeinsamen Spaziergang verabredet, aber ein unerwartetes Gewitter, begleitet von Blitzen, Hagel und Donner, durchkreuzte unser Vorhaben und wir mussten im Haus bleiben. Da wir unter der Schirmherrschaft der Heiligen Äbtissin standen, glaube ich, hat der Donner uns gnädiger Weise verschont, denn er war sehr heftig, und der Mut meiner Schwester wäre fast ins Wanken geraten. Die beiden Tage, die ich bei meiner Schwester verbracht habe, waren sehr angenehm. Sie hat mich durch die ganze Abtei geführt und wir haben in ihrem Garten Tee getrunken. Sie hat ihre Kaskaden von Versailles und Marly springen lassen und wir haben einen Rundgang durch den Garten gemacht, der herrliche Aussichten bietet. Die Landschaft um Quedlinburg ist charmant und der Ort ist wirklich sehr angenehm. Meine Schwester ist sehr hübsch untergebracht, mit

---

389 Am 25. März schrieb die Herzogin: „*Meine Kinder sind abgereist, wir haben sie bis zwei Meilen hinter Blankenburg begleitet, und an einer Vogtei des Herzogs haben wir uns endgültig verabschiedet. Die Trennung geht mir sehr nah und der Abschied war auf beiden Seiten liebevoll.*"
390 Amalie, die ihr einen Brief vom König gebracht hatte.
391 Vom 11.–13. April waren die Feierlichkeiten zu Ehren ihrer Einführung als Äbtissin.
392 Prinzessin Amalie nahm diesen Brief mit; sie kam am 23. April wieder in Potsdam an.

Ausnahme der Treppe, die nicht allzu gut ist. Was mich sehr freut, ist, dass meine Schwester mir sehr zufrieden erscheint und Gefallen findet an der Stellung, die Sie ihr verschafft haben... Ich bin überzeugt, dass sie Ihnen berichten wird von ihrer Neugierde, die sie dazu veranlasst hat, in die Gruft hinabzusteigen und die Särge öffnen zu lassen.

An Friedrich 27. April 1756

Ich glaube wohl, dass der Erbprinz von Hessen Ihnen Ungelegenheiten bereitet mit seinem Benehmen, das ein wenig kritisch ist. Doch in Kassel wird man froh sein, ihn in Berlin in Sicherheit zu wissen und geschützt vor den Versuchen, die man in Wien unternommen hat, um ihn auf Abwege zu bringen[393].

An Friedrich 9. Juli 1756

[Dank] für die freundliche Anteilnahme, die Sie bezüglich der Vermählung Carolines zeigen. Ich bin überzeugt, dass das Ansehen und der Respekt, die Sie zurzeit genießen, am meisten dazu beitragen werden, diese Angelegenheit zu beenden, ich bin höchst erfreut, dass vor allem Ihnen Dank gebührt für die Beilegung dieser Affäre.

An Friedrich 29. Juli 1756

So angenehm mir auch die Sicherheit einer Versorgung meiner Tochter wäre, so kann ich Ihnen dennoch versichern, dass bei der augenblicklichen Lage der Dinge dies eine meiner geringsten Sorgen ist; das, was mir am meisten am Herzen liegt, ist, dass Sie sich glücklich aus der Krise befreien, in der Sie sich befinden[394], was mich mehr als der ganze Rest in Sorge versetzt, denn das Interesse meines väterlichen Hauses liegt mir zu sehr am Herzen, um gleichgültig den verschiedenen Ereignissen gegenüber zu sein, die ihm Schaden zufügen könnten. Obwohl meine Sorgen Ihnen nicht nützen und nichts an der politischen Lage ändern, so verleugne ich doch nicht mein Blut, und solange noch ein Tropfen davon in meinen Adern fließt, werde ich Anteil nehmen am Geschick meiner Familie und insbesondere an dem des besten Bruders der Welt. In meinem Herzen verfluche ich all Ihre Feinde und wünsche sie vernichtet zu Ihren Füßen zu sehen... Ich hoffe, dass die Kur[395] Ihnen guttun wird, obwohl ich befürchte, dass die Angelegenheiten, die Ihnen aufgebürdet werden, verhindern, dass sie ihre Wirkung tut und dass Sie sie nicht in Ruhe genießen können. Ich war sehr überrascht über

---

393 Der Erbprinz Friedrich von Hessen-Kassel war 1751 zur katholischen Kirche übergetreten. Als dies 1754 bekannt wurde, erregte es den Zorn seines Vaters, des Landgrafen Wilhelm VIII. Der Wiener Hof, der an dem Übertritt beteiligt war, suchte den Erbprinzen zur Flucht nach Wien zu überreden; er trat aber, um einen Wunsch seines Vaters zu erfüllen, im April 1756 als Generalleutnant in preußische Dienste, obwohl man auch dann noch versuchte, ihn mit dem Versprechen des Ranges als General nach Wien zu ziehen.

394 Am 14. Juli war der Kurier von Berlin nach Wien abgegangen, der dem preußischen Gesandten dort den Befehl überbringen sollte, die Kaiserin zu fragen, ob die Rüstungen in Böhmen und Mähren in feindlicher Absicht gegen Preußen geschähen; am 21. erfuhr der König den Plan des Wiener und Petersburger Hofes, ihn im nächsten Frühjahr von zwei Seiten anzugreifen.

395 Die Brunnenkur, die der König jeden Sommer brauchte.

die Verschwörung, die in Schweden gegen meine Schwester stattgefunden hat und fürchte, dass ihr all diese Aufregungen Kummer verursachen, aber nach dem, was in der Öffentlichkeit gesagt wird, wird dieses Königtum doch die Hoheitsgewalt bewahren; so wird sich allem Anschein nach der Tumult wieder legen zum Vorteil des Königs und meiner Schwester[396].

An Friedrich   20. August[397] 1756

Es ist sicher, dass Sie nichts zu fürchten haben, denn Sie haben den gerechtesten Anlass dazu auf der Welt und eine große und ausgezeichnete Armee, die schon so viele Beweise ihrer Tüchtigkeit erbracht hat, indem sie Ihre Feinde in die Enge trieb, dass ich überzeugt bin, dass sie dieses Mal nicht weniger leisten wird und all denen Angst und Schrecken einflößen wird, die es wagen, Sie anzugreifen. Dennoch gestehe ich Ihnen, dass, obwohl der Krieg unausweichlich[398] ist und all die besten Hoffnungen auf Ihrer Seite sind, ich entzückt sein werde, wenn das alles zu Ende ist… Unter den Fremden, die hier sind, befindet sich auch S. Parisot, in der Welt der Literatur unter dem Namen Pater Norbert[399] bekannt; zweifellos ist er Ihnen bekannt durch die Werke, die er gegen die Jesuiten veröffentlicht hat. Er ist ein sehr amüsanter Mann, der über umfangreiche Kenntnisse verfügt, weil er viel von der Welt gesehen hat. Er war auch in Indien, China und Persien und hat fünf Mal den Äquator überquert; er muss seinen Namen verbergen, um Verfolgungen durch die Jesuiten zu entgehen… Der verstorbene Prinz von Wales hat ihn protegiert und die jetzige Prinzessin von Wales hat ihn zu ihrem Bibliothekar gemacht und schenkt ihm großes Vertrauen. Er hat mir gesagt, er werde von hier nach Berlin gehen, wo er schon einmal war.

An Friedrich   16. Dezember 1756

Ihre lieben Briefe sind sehr angenehme Überraschungen; gerade weil sie immer unerwartet eintreffen, schätze ich sie doppelt; dennoch würde ich sie mit noch mehr Befriedigung lesen, wenn ich erführe, dass Sie sich glücklich aus der Krise befreit haben, in der Sie sich befinden. Obwohl es zutrifft, dass Sie von Feinden bedrängt werden und dass Sie ungewollt viel aufs Spiel setzen, habe ich die feste Hoffnung, dass Sie gewinnen werden trotz des Bestrebens Ihrer Feinde, Ihnen zu schaden und Sie zu demütigen. Denn wenn ich all diese Monster, eines nach dem anderen, betrachte, die sich verbünden, um Sie niederzuwerfen, sehe ich, dass sie nicht in der Lage sind, ihre bösen Absichten zu verwirklichen, und es macht mir Hoffnung, dass Sie es nicht mit so starken Gegnern zu tun haben werden. Denn man sagt, dass Russland weder über Geld noch Magazine verfügt, und Frankreich wird Mühe haben, es zu

---

396 Der Staatsstreich vom 21. Juni 1756, um die Adelsherrschaft zu brechen.
397 Vgl. den Brief vom 12. August 1745, auf S. 68 des französischen Textes.
398 Am 2. August hatte der König die ausweichende Antwort aus Wien: an demselben Tag wurde der Beginn der Operationen auf den 25. August festgesetzt, der preußische Gesandte in Wien beauftragt, eine bündige Antwort von der Kaiserin zu erlangen, deren Antwort der König am 18. oder 19. in den Händen zu haben hoffte. Am 29. August überschritten die preußischen Truppen die sächsische Grenze. Der König wird ihr, wie der Schwester in Bayreuth am 9. August geschrieben haben: „*Der Krieg ist unvermeidlich. Ich warte auf die letzte Mitteilung vom Wiener Hof.*"
399 Norbert, Pierre Parisot (1697–1768) war als Kapuziner in Indien und Amerika tätig gewesen; sein Werk „Rites Malabares", das gegen die Missionstätigkeit der Jesuiten gerichtet war, erregte derartiges Aufsehen, dass er nach Holland, dann nach England ging.

beliefern, denn es braucht all das selbst, um in Amerika Krieg zu führen; es wird nicht in der Lage sein, der Königin von Ungarn beizustehen, um so mehr, da mir scheint, dass es gegen seine Interessen handeln würde, wenn es zur Vergrößerung des Hauses Österreich beitrüge. Die Königin von Ungarn vermag ohne die Unterstützung ihrer Verbündeten den Krieg nicht allein durchzustehen und obwohl sie alle ihre Kräfte gegen Sie bündeln will, wobei es sich zumeist um erbärmliche Truppen handelt, verfügen Sie, so Gott will, über genügend Truppen, um ihr die Stirn zu bieten. Sollten Frankreich und Österreich einen Angriff auf Ihre Länder wagen und sie ruinieren, so handelten sie meiner Meinung nach gegen die Interessen ihrer Freunde, denn Sie könnten es ihnen mit Repressalien vergelten, da Sie im Augenblick Sachsen besitzen. Daher zweifle ich an der Kühnheit einer solchen Unternehmung, im Übrigen bin ich fast überzeugt, dass ein guter Teil Deutschlands sich zu Ihren Gunsten erklären würde trotz der Drohungen und des Zorns des Wiener Hofes, der zur Zeit weniger Einfluss auf die deutsche Haltung besitzt als früher. Das sind meine Gedanken zur augenblicklichen Lage; ich hoffe, mit meiner Einschätzung nicht falsch zu liegen und dass sich die Dinge so entwickeln, dass sie zu einem günstigen Ausgang führen, der Ihnen Ruhm einbringt. Sie verfügen über Ressourcen, die andere nicht haben, und eine Armee mit Elitesoldaten, die es gewohnt sind zu siegen, was ein großer Vorteil ist. Diese glückliche Gewohnheit, die Sie in der vierten Generation bewahren, seit unserem Urgroßvater Friedrich dem Großen [sic – gemeint ist offenbar der Große Kurfürst], der sich jetzt in Ihrem Namen verewigt, wird unserem Haus treu bleiben und Sie werden sie durch Ihre Bemühungen und dank Ihrer Wachsamkeit fortführen. Das sind die Gedanken, durch die ich mich zu beruhigen suche, denn Sie können sich vorstellen, dass ich wegen der Anteilnahme, mit der ich alles verfolge, was Sie betrifft, nicht beruhigt sein kann, vor allem wenn ich an das nächste Frühjahr denke; es sind nicht so sehr die Feinde, die ich fürchte, denn ich bin überzeugt, dass eine gute Aktion zur totalen Niederlage dieser rachsüchtigen und hochmütigen Schwärme führen wird; wenn ich nicht die Ehre hätte, Ihr vorsichtiges, geschicktes, wendiges, hartnäckiges und standhaftes Genie zu kennen, würde ich fürchten, dass die Dinge schlecht ausgehen… Daher gestehe ich Ihnen, dass nicht all dies mich am meisten bekümmert, sondern das Wissen um die Gefahren, denen Sie sich aussetzen und dass Sie sich so wenig um Ihre kostbare Gesundheit sorgen, von der alles abhängt; die unermüdlichen Anstrengungen, die Sie Tag und Nacht unternehmen, versetzen mich am meisten in Unruhe und geben mir Anlass zu unendlichen Sorgen, so dass mir schwarze und sehr melancholische Gedanken kommen, denn ich fürchte, dass so viele körperliche und geistige Anstrengungen schließlich Ihrer Gesundheit schaden und sie untergraben. Möge der Himmel verhüten, dass ich ein so düsteres Ereignis überlebe oder er mag mich auch zugrunde gehen lassen. Ich zittere bei solchen Gedanken und Ihr Entschluss, lieber zu sterben als ein verhängnisvolles Ereignis zu überleben, bricht mir das Herz… Wie ist der Mensch doch zu beklagen, dass er zukünftige Dinge nicht zu ergründen vermag und in Geduld die Wege der Vorsehung abwarten muss und das Schicksal der Menschen, die uns lieb sind; es würde mir jetzt viele Ängste ersparen, wenn ich sicher wüsste, dass Sie gesund all diese Schrecken überstehen. Zu was nützt das Leben, wenn man es mit Sorgen und Ängsten verbringt? Es ist eher eine Last als ein Segen aus der Hand dessen, der unser Leben beschützt; ich gebe es ihm lieber so früh wie möglich zurück.

An Friedrich 24. Dezember 1756

Ich bin Ihnen unendlich verbunden, dass Sie meiner Empfehlung gefolgt sind, den Prinzen von Bevern[400] gütig zu empfangen. Ich kann mir leicht vorstellen, dass das für Sie keine Bagatelle ist angesichts der Mühen und Sorgen, die Sie zurzeit haben, um sich auf ein Treffen mit dem Feind vorzubereiten… Ich danke Ihnen, dass Sie mir in dieser Sache zur Ruhe raten, ich versuche sie mit all meiner Kraft zu bewahren, denn es ist das einzige wirkliche Heilmittel gegen unnütze Sorgen, die, wie man weiß, die Dinge nicht ändern und zu nichts dienen, als das Leben noch schwerer zu machen als es bereits ist. Dennoch ist man nicht immer in der Lage, sich völlig davon zu befreien. Man sagt unserem Geschlecht größere Schwäche nach, ich weiß nicht, ob das ein Mangel ist, denn ich glaube, dass uns unser Einfühlungsvermögen dazu bringt, die Dinge größer oder kleiner zu sehen, abhängig von den Umständen. Das lässt mich zurzeit zwischen Furcht und Hoffnung schweben, verursacht durch die Sorge, die ich um Ihre Gesundheit habe und den dringlichen Wunsch, dass all diese verwickelten Ereignisse sich zu ihrem Vorteil wenden mögen… Angesichts der augenblicklichen Situation wünsche ich, dass das neue Jahr für Sie glücklicher verlaufen möge als alle vorangegangenen, damit ich künftig keinen neuen Anlass mehr haben werde, Sie zu beglückwünschen, dass Sie als Sieger aus einer so harten Phase hervorgegangen sind.

An Friedrich 27. Januar 1757

Das entsetzliche Abenteuer, das dem König von Frankreich[401] widerfahren ist, lässt mich zittern. Das Attentat ist schrecklich, doch im selben Augenblick habe ich mir vorgestellt, dass diese Affäre ein unerwarteter Schock für das Haus Österreich sein könnte, und gehofft, dass diese inneren Unruhen im Königreich so viele Kräfte binden könnten, dass man sein Augenmerk nicht mehr so sehr auf äußere Angelegenheiten richtet; es könnte Anlass sein, die neue politische Konstellation zu verändern, die man so geschickt gegen Sie aufgebaut hat. Zum zweiten spricht man von dem langsamen Marsch der russischen Truppen[402], verbunden mit all den Widersprüchen, die diese Nachrichten seit ein paar Monaten über deren Eintreffen wiederholen. Auch dies scheint mir ein gutes Omen für die Zukunft zu sein und lässt mich glauben, dass all diese Pläne trügerisch sind und in Rauch aufgehen werden… Ich finde die Königinmutter sehr traurig über Ihre Abreise[403] und sehr besorgt wegen all der Gefahren, denen sie Sie auf dem nächsten Feldzug ausgesetzt weiß. Ich versuche, sie so gut wie möglich zu trösten… Ich gehe sehr umsichtig mit Ihren Briefen um und zeige sie niemandem.

---

400 Der Erbprinz Karl von Bevern (geb. 1729), bisher in holländischen Kriegsdiensten, hatte dem König ein Empfehlungsschreiben der Herzogin vom 7. Dezember überbracht; er trat als Generalmajor in preußische Dienste und erhielt im Februar das ehemalige sächsische Regiment des Prinzen Xaver.

401 Der Mordversuch Damiens am 5. Januar; die dem König beigebrachte Wunde erwies sich nachträglich als ungefährlich.

402 Der Nachricht, dass die russischen Truppen in Livland zusammengezogen wurden, war Anfang Juli 1756 die andere gefolgt, dass alle Rüstungen aufgehoben wurden, die vorgeschobenen Truppen Befehl erhalten hätten, umzukehren.

403 Der König war nach einem kurzen Aufenthalt am 13. Januar aus Potsdam nach Dresden abgereist.

An Friedrich 17. Februar 1757

Ich hatte seither die Freude, mit dem Generalleutnant Schmettau[404] zu sprechen. Ich war erfreut über seine Bestätigung Ihrer guten Nachrichten, und war entzückt, jemanden zu sehen und zu sprechen, der von Ihnen kam, obwohl ich ihn nur einmal gesehen habe, bevor er nach Hannover weitergereist ist. Zurzeit ist Monsieur Mitchell[405] hier, der ein sehr aufrichtiger Mann ist, aber der den Kopf voller Geschäfte hat. Man hält ihn für sehr ehrlich und geradlinig; außer diesen guten Eigenschaften hat er meine zweifache Billigung und Wertschätzung erworben durch die Anhänglichkeit und den Respekt, die er Ihnen gegenüber zeigt, er ist Ihnen vollständig ergeben und bereit sich zu opfern, um Ihnen zu dienen… Er ist gar nicht zufrieden mit dem Ministerium in Hannover, auch nicht mit ihren verzögerten Abmachungen, was ihn sehr häufig in schlechte Laune versetzt, obwohl er ihnen die Wahrheit gesagt hat und sie sich nun gezwungenermaßen in die Lage versetzen müssen, sich zu verteidigen. Ich hoffe, dass alle Schläge, die Sie austeilen, erfolgreich sein werden, müsste es an allen vier Enden der Welt sein. Die Elite Ihrer schönen Truppen, die große Zahl, die gute Ordnung und Disziplin, mit der all das geführt und geordnet wird, ist so jeder anderen überlegen, dass ich überrascht bin, dass Ihre Feinde nicht sehen, wie sehr sie Ihnen unterlegen sind. Man sagt, die Zarin von Russland sei verrückt geworden wegen des vorgeblichen Vormarschs ihrer Truppen, die nicht vollständig sein sollen, in sehr schlechtem Zustand und schlecht ausgebildet; zu all dem, so sagt man, kommt, dass es ihnen an Magazinen und auch an Geld fehlt, so dass, wenn sie die Dummheit begeht, sie gegen Sie marschieren zu lassen, dies zweifellos zu ihrem eigenen Untergang sein wird. Aber da diese Frau an Wassersucht jeglicher Art leidet, wird sie nicht mehr lange leben; vielleicht wird der Teufel sie auch vorher holen… Ich hoffe, dass so wie Ihre Waffen im Siegen geübt sind, sie dieser guten Gewohnheit treu bleiben werden.

An Friedrich 27. Februar 1757

Ich habe dieses Mal versucht, alle Bedenken hintanzustellen, denn ich glaube, es ist meine Pflicht, Sie von meinen Vorhaben zu unterrichten. Seit einiger Zeit berichtet mir die Königinmutter[406], dass sie Mühe habe, sich von ihrer Indisposition zu erholen, dass sie nur langsam wieder zu Kräften komme und dass sie sich noch sehr matt fühle, ich kann nicht leugnen, dass mich dieser Zustand angesichts ihres kritischen Alters sehr beunruhigt, daher wäre ich sehr froh und erleichtert, wenn ich das Glück hätte, sie wiederzusehen, was mir seit fünf Jahren versagt ist[407], und ich bemerke den Kummer, den sie empfindet, ihre Familie nicht sehen zu können. Ich glaube, es würde ihr Freude machen, wenn ich ihr eine Überraschung bereitete, vor allem weil ich nicht weiß, ob zu anderen Zeiten die Umstände günstiger sein werden, das Glück zu haben, meine Pflichten ihr gegenüber zu erfüllen. Daher habe ich mir vorgenommen, eine kleine Fahrt nach Berlin zu unternehmen und habe mich für die Zeit

---

404 Graf von Schmettau, preußischer Generalleutnant, ging zum zweiten Mal nach Hannover, um bei der Feststellung des Operationsplanes der hannoverschen Armee mitzuwirken.
405 Seit dem 1. Mai 1756 englischer Gesandter in Berlin; er war mit Schmettau nach Hannover gegangen. Das Hannoversche Ministerium hielt es für das Sicherste, nicht zu rüsten, um dadurch die Neutralität des Kurfürstentums zu bewahren.
406 Die Königinmutter, geb. am 27. März 1687, war im Winter schwer krank gewesen.
407 Die Herzogin war zuletzt im Dezember 1751 und Januar 1752 in Berlin gewesen. Diesmal brachte sie ihre Tochter Caroline mit.

nach dem Osterfest (10. April) entschieden. Ich habe meinen Plan der Königinmutter noch nicht angekündigt, denn ich möchte Ihre Zustimmung abwarten. Ich beabsichtige, höchstens acht oder zehn Tage bei ihr zu bleiben, begleitet von einem sehr kleinen Gefolge, um möglichst geringe Umstände zu bereiten. Daher bitte ich Sie gleichzeitig um die Erlaubnis, im Schloss zu logieren und, wenn Sie es gutheißen, würde ich gern die polnischen Appartements beziehen, denn sie liegen denen unserer lieben Mutter am nächsten und ich wäre so nah, dass ich sie häufig aufsuchen könnte.

An Friedrich 29. April 1757

Ich war überzeugt, bei meiner Ankunft in Berlin [26 April] die Königin, unsere liebe Mutter, fast genesen anzutreffen; dieser Trost und einzige Ermunterung, auf die ich hoffen konnte, um mir über Ihre grausame Abwesenheit hinwegzuhelfen, hatte mich beschwichtigt, aber welch schrecklicher Schlag für mich, als ich vom Gegenteil erfuhr, denn meine Schwester Amalie bereitete mich darauf vor, die Königin in einem völlig anderen Zustand anzutreffen als ich es mir vorgestellt hatte. Tatsächlich gestehe ich Ihnen, dass ich betroffen war, als mich die Königin eintreten ließ und ich hätte Mühe gehabt, sie wiederzuerkennen, wenn man mich nicht gewarnt hätte. Mit schmerzerfülltem Herz muss ich Ihnen mitteilen, dass sie sich in einem sehr schwachen Zustand befindet, völlig ermattet schwindet sie dahin, da sie fast keine Kraft mehr hat und fast keine andere Nahrung zu sich nimmt als die, die Eller ihr vorschreibt, um sie am Leben zu erhalten. Doch sie hat ihre ganze Geisteskraft und ihr Gedächtnis bewahrt, die ich unverändert finde, ebenso wie die Güte, die ihr zu eigen ist und die Sie kennen. Sie können sich leicht vorstellen, wie sehr ich darunter leide, sie in einer so traurigen Verfassung zu sehen und wie viel es mich kostet, mich vor ihr zusammenzunehmen, damit sie meine Sorge und Niedergeschlagenheit nicht bemerkt, die ich gar nicht auszudrücken vermag. Die Freundlichkeit, die sie trotz ihrer traurigen Gesundheit zeigt, vergrößert meine Trauer. Jeden Tag speise ich mit Amalie und Caroline bei ihr. Ich versuche, sie so gut wie möglich zu unterhalten, um sie zu erheitern, obwohl mir das nur schwer gelingt. Die guten Nachrichten, die sie erfährt, vor allem die Sie betreffenden, berühren sie am meisten und bereiten ihr am meisten Freude. Trotz alledem hat sie, seitdem ich bei ihr bin, an zwei Tagen etwas Erleichterung verspürt; meine Schwester, die mehr daran gewöhnt ist sie zu sehen, findet das auch[408]. Wenn man überzeugt sein könnte, dass das von Dauer ist, könnte man auf ihre vollständige Genesung hoffen, aber da ihr Zustand bislang sehr schwankend ist, kann man nicht darauf vertrauen.

---

[408] Am 6. Mai schrieb sie: *„In diesen zehn Tagen, seitdem ich hier bin, hat sie sich erholt, d. h. sie kommt wieder zu Kräften, hält ihren Kopf besser, der ihr zuvor nach vorn fiel, sie hat eine festere Stimme, sie schläft besser und hat ein wenig mehr Appetit"*, und am 10. Mai: die Königinmutter habe sich nach Monbijou tragen lassen, ohne dass diese Übersiedlung ihr geschadet habe; *„sie ist zu schwach, um zu gehen und ich bezweifle, dass sie künftig noch ihre Beine wird gebrauchen können"*.

An Friedrich Berlin, 16. Mai 1757

Niemand könnte dankbarer sein als ich für die Beweise Ihrer Zuneigung in dem Brief, den Sie an meine Schwester Amalie und mich geschrieben haben. Nur wenig hat gefehlt und diese kostbare Niederschrift hätte einen Bruch zwischen uns beiden verursacht, da keine bereit war, nachzugeben und den Brief zurückzugeben; jede von uns beiden wollte ihn in ihren Besitz bringen. Doch gezwungenermaßen habe ich von meinem Recht als Ältere zurücktreten müssen und meine Schwester hat sich Ihrer lieben Zeilen bemächtigt und mich enttäuscht zurückgelassen[409]. Ich habe dem Bedürfnis derer entsprochen, die Sie respektieren und Ihnen zugetan sind, und das Tedeum[410] angestimmt Ihnen zu Ehren und zum Lob, für Ihre Gesundheit und Ihre Siege. Das gute Zeugnis, das Sie meinem Bruder Heinrich ausstellen[411] kann ihn nur anspornen, immer mehr in Ihre Fußstapfen zu treten und da er zu der Riege der Helden unseres Hauses zählt, habe ich nie daran gezweifelt, dass er sein Blut verleugnen könnte... Ich bedaure sehr Ihren Verlust so vieler tapferer Männer, vor allem den des würdigen Marschalls Schwerin. Es ist traurig, dass der Tod ihn dahingerafft hat zu einer Zeit, wo er Ihnen noch hätte Dienste erweisen können[412].

An die Schwägerin Elisabeth Christine 30. Juni 1757

E.M. können sich leicht vorstellen, in welcher Trauer ich mich befinde über den Verlust der verstorbenen Königin[413]. Ich bin tief betroffen und leide heftig unter diesem schweren Schicksalsschlag; obwohl ich seit einiger Zeit durch ihre sich verschlechternde Gesundheit darauf vorbereitet war, glaubte ich doch, dass sich alles noch länger hinziehen würde. Es bedurfte nicht noch der schlimmen Nachricht aus Böhmen[414], um mich tief zu erschüttern... Ich wäre E.M. sehr dankbar, wenn Sie mir alle Einzelheiten von dem Ende meiner lieben verstorbenen Mutter schreiben würden und ob E.M. bei ihrem Tod anwesend war, und wenn Sie mir Nachrichten vom König schrieben. Wie wird dieser Schicksalsschlag ihn treffen[415].

An die Schwägerin Elisabeth Christine 7. Juli 1757

Ich danke Gott, dass er ihr [der Königinmutter] einen so sanften Tod gewährt hat und dass er ihr die Leiden und Schrecken des Todes erspart hat. Es ist, wie E.M. sagt, dass sie aus dem Leben gegangen ist und bis zum letzten Augenblick geistig klar war und ihre gute Stimmung bewahrt hat, weshalb ich vermute, dass sie nicht wusste, wie nah ihr Ende war. Es ist mir eine Erleichterung, dass ich sie noch gesehen habe... Es scheint mir, dass ich sie immer noch

---

409 Am 11. Mai hatte der König an die beiden Schwestern geschrieben, in ihrer Antwort vom 16. beschreibt Prinzessin Amalie ihren Kampf um diesen Brief.
410 Das Tedeum für den Sieg bei Prag war am 15. im Dom abgehalten worden.
411 In der Schlacht bei Prag (6. Mai). Der König hatte geschrieben: „*Mein Bruder Heinrich hat Wundertaten vollbracht und hat sich in einer Weise ausgezeichnet, mehr als ich zu sagen vermag.*"
412 Am 17. Mai reiste die Herzogin wieder ab; sie ließ die Königinmutter „*in einem Zustand großer Schwäche und Mattigkeit, mit leichtem Auf und Ab.*"
413 Die Königinmutter war am 28. Juni in Berlin gestorben.
414 Die Nachricht von der Niederlage bei Kolin (18. Juni).
415 Der König wurde durch die Nachricht, die er auf dem Rückzug aus Böhmen am Abend des 1. Juli erhielt, auf das Tiefste erschüttert; er erfuhr sie durch einen Brief der Königin.

sehe, wie sie sitzt in ihrem dahinschwindenden Zustand, der mich auf das traurige Ereignis vorbereitet hat. Ich habe noch am gleichen Tag, als wir diese traurige Nachricht erfuhren, einen Brief von der lieben Verstorbenen erhalten, datiert auf den 28. Mai, mit so viel Geistesruhe geschrieben, wie es eine gesunde Person könnte; unter anderem hat sie mir geschrieben: „Meine Gesundheit ist unverändert, immer noch große Schwäche, obwohl ich alles auf der Welt tue, um wieder zu Kräften zu kommen; ich bleibe kraftlos, ich sehe, dass ich mich mit großer Geduld wappnen muss und davon ebenso viel brauche wie die Belagerer vor Prag"[416]. Nach Erhalt dieses Briefes war ich noch tiefer getroffen, da ich wusste, dass sie nicht mehr da war. Ich kann mir vorstellen, wie dieser Schicksalsschlag den König treffen wird und wie erschüttert er sein wird, vor allem in der jetzigen Krise. Ich bin froh, dass die Verstorbene nichts von dem Scheitern in Böhmen erfahren hat[417]; das hätte ihr Leiden verdoppelt... Man spricht hier von einer Nachricht, von der ich von ganzem Herzen hoffe, dass sie wahr ist, dass der Herzog von Bevern Daun aufs Neue angegriffen und einen beachtlichen Sieg über die Österreicher errungen habe. Man versichert sogar, dass diese Aktion eine der blutigsten war und man vergleicht die Zahl der Toten und Verwundeten mit der von Höchstädt[418]... Nur Gott, die Vernunft und die Zeit lassen uns schließlich die Schicksalsschläge auf dieser Welt ertragen; der erste ist meine Stütze und mein Trost, in ihn setze ich alle meine Hoffnung; die Welt ist es nicht wert... Obwohl die Franzosen immer Anstalten machen, mal in die eine, mal in die andere Richtung zu marschieren, tun sie nichts[419], aber ich befürchte, sie werden versuchen, in Böhmen einzumarschieren[420].

An die Schwägerin Elisabeth Christine Braunschweig, 10. August 1757

Ich schreibe nur kurz an E.M., um Ihnen mitzuteilen, dass ich morgen mit all meinen Kindern nach Blankenburg aufbrechen werde, um nicht den Franzosen preisgegeben zu sein, die am 15. dieses Monats eintreffen werden, um die Stadt Braunschweig[421] einzunehmen. E.M. können sich unsere Situation hier vorstellen und meine Sorge um meine ganze Familie hier und in Berlin und wir haben Grund, uns gegenseitig zu bedauern wegen dieses Desasters, denn diese Ausländer werden das Land Brandenburg nicht schonen. Ich bin so sehr in Unruhe, dass ich seit einiger Zeit von einer Aufregung und Sorge zur nächsten lebe. Ich bin selbst erstaunt, wie viel Kraft mir der liebe Gott gegeben hat, um so vielen Schicksalsschlägen zu widerstehen

---

416 Die Belagerung Prags hatte am 6. Mai begonnen. Am 15. Juli schrieb der König aus Leitmeritz.
417 Die Nachricht war am 24. in Berlin.
418 Die Nachricht war falsch.
419 Die Franzosen standen seit Mitte Juni bei Bielefeld und bedrohten Minden und Höxter.
420 Am Schluss fragt die Herzogin, ob die Königinmutter in Potsdam beigesetzt würde.
421 Durch den Rückzug des Herzogs von Cumberland nach Stade, nach der Schlacht bei Hastenbeck (26. Juli), war das Land südlich der Aller in die Hand der Franzosen gekommen. Gegen Einräumung der Festungen Braunschweig und Wolfenbüttel erhielt der Herzog den Besitz des Fürstentums Blankenburg. Herzog Karl schreibt am 10. August seiner Schwester, der Königin Elisabeth von Preußen: „*Die ganze Familie muss Wolfenbüttel und Braunschweig verlassen, die Franzosen werden sie in 6 oder 7 Tagen einnehmen. Die Herzoginmutter geht mit meiner Schwester nach Altona und die Herzogin meine Gemahlin nach Blankenburg mit der ganzen Familie*" und am 16.: „*Ich breche heute Nacht auf, um den Franzosen mein Domizil Braunschweig und Wolfenbüttel zu überlassen, die am 19. hier und am 10. dieses Monats in Wolfenbüttel Einzug halten werden. So ist mein Ruin vollständig und bereitet und wenn die Vorsehung sich nicht widersetzt mit baldigen Heilmitteln, ist er endgültig und die Forderungen nach Fourage und Lieferungen sind exorbitant*".

und mein schwacher Körper hält den Gedanken voller Sorgen und Kummer stand. Doch habe ich immer noch Grund, Gott zu danken, dass er mich am vergangenen 26. verschont hat, diese unheilvollen Ereignisse hätten mir an einem Tag den Herzog und meinen Sohn[422] nehmen können, denen es Gott sei Dank gut geht. Der Herzog kommt mit nach Blankenburg, mein Sohn ist noch bei unseren flüchtenden Truppen. Möge Gott uns beistehen, meine liebe Schwester! In welchen Zeiten leben wir! Ich verabschiede mich, nicht wissend, ob der Briefverkehr erlaubt wird, wenigstens wird man nicht das Risiko eingehen, etwas Folgenreiches zu schreiben. Die Herzoginmutter begibt sich nach Altona[423], die alte Herzogin bleibt hier[424].

An die Schwägerin Elisabeth Christine   20. August 1757

Die Bedingungen, die die Franzosen uns gestellt haben sind sehr erträglich und ich hoffe, dass wir noch glimpflicher davonkommen werden als andere und dass das Land soweit wie möglich verschont bleiben wird, denn sie haben versprochen, Ordnung zu halten und dass der Herzog seine Souveränität und die Einkünfte seines Landes behalten wird, die Herrschaft Blankenburg bleibt von übermäßigen Kontributionen verschont und behält ihre vollständige Unabhängigkeit... Gestern sind diese Ausländer in Braunschweig eingetroffen. Der Herzog von Enghien, der sie befehligt, ist von hohem Rang. Das ist alles, was ich weiß. Ich würde ihnen gern schon jetzt eine gute Reise wünschen können und wünschte, sie würden abziehen, aber selbst wenn das geschähe, so würden sie ihren Weiterweg in dem Gebiet von Halberstadt beginnen, und ich befürchte, dass sie ihren Vormarsch nicht verzögern werden, damit sie das Ziel erreichen, das sie sich vorgenommen haben. Man sagt erneut, dass die Russen neutral seien... Dem Herzog geht es, Gott sei Dank, gut und er ist jetzt bei uns; ich leide mit ihm und teile seine Sorgen, er ist sehr traurig und ich kann nichts tun, um ihm zu helfen und ihn zu unterstützen. Aber ich vertraue auf Gott... Sobald die Franzosen in Halberstadt sind, werden wir unsere Korrespondenz einstellen müssen, die übrigens kein Wort des Einvernehmens mit dem Land Brandenburg enthalten darf. Aber ich wage es trotzdem... ich hoffe sehr, dass sie [die Korrespondenz] noch einige Zeit möglich ist... Schreiben Sie mir, an welchen Ort Sie sich begeben werden, wenn Sie ausländische Besucher bekommen so wie wir. Nun ist meine arme Schwester in Ansbach Witwe. Ich bin sehr traurig ihretwegen, doch im Übrigen ist es kein großer Verlust[425].

---

422 In der Schlacht bei Hastenbeck hatte der Erbprinz unter den Augen seines Vaters mit braunschweigischen Truppen eine verlassene Batterie auf dem Ohmsberg einer vierfach überlegenen Brigade wieder entrissen. Die Herzogin hatte ihn mit den Worten in das Feld entlassen: „*Ich verbiete Euch, wieder vor meine Augen zu treten, wenn Ihr nicht Taten getan habt, die Eurer Geburt und Eurer Verwandtschaft würdig sind.*"
423 Die Herzoginmutter ging von Altona am 6. Oktober nach Sonderburg.
424 Herzogin Elisabeth Sophie Marie, Witwe des Herzogs August Wilhelm.
425 Markgraf Friedrich von Ansbach war am 5. August gestorben.

An die Schwägerin Elisabeth Christine Blankenburg, 11. September 1757

Ich bin Großmutter geworden, meine Tochter in Weimar ist am dritten dieses Monats mit einem Sohn niedergekommen[426]. Das ist seit langem die angenehmste Nachricht, die mich erreicht hat, und die mir eine Art Befriedigung bereitet, da man sonst nichts Erfreuliches vernimmt, die jetzigen Zeiten bringen Umstände mit sich, die man nicht als gut bezeichnen kann, obwohl man sie so wie sie sind hinnehmen muss, ohne sich gegen die Vorsehung aufzulehnen, die allem Einhalt gebietet, um die Widrigkeiten und Schicksalsschläge dieses Lebens zum Guten zu wenden; auf ihn müssen wir bauen, die Ressourcen, die wir auf dieser Welt haben, genügen nicht, um bessere Hoffnungen zu hegen... Obwohl das Land Blankenburg ausgenommen ist von der französischen Garnison, sind wir in der Umgebung davon überflutet und obwohl sie den König[427] fürchten, kommen und gehen sie nach Halberstadt und Quedlinburg und verschonen uns nicht in Braunschweig, sie haben keine Hemmungen unendliche Kontributionen zu fordern und einzunehmen, so dass wir ruiniert sind, wenn dies noch eine Zeitlang andauert. Die Truppen halten gute Ordnung, aber die Kommissare und die Intendanten sind keinen Pfifferling wert... Sie werden wissen, dass der König von Dänemark der Herzoginmutter das Schloss in Sonderburg angeboten hat, um dort zu wohnen.

An die Schwägerin Elisabeth Christine 5. November 1757

E.M. kann sich meine Aufregung vorstellen, als ich von der Szene erfahren habe, die sich in Berlin ereignet hat, und Ihre Flucht mit all den Prinzessinnen von Spandau nach Magdeburg[428] hat mir schreckliche Sorge bereitet, aber ein großer Teil der Betroffenheit liegt in den Ursachen, die zu diesem Ortswechsel geführt haben, und dass ich bis jetzt noch keinen Hoffnungsschimmer sehe für eine Besserung der Lage, lässt mich verzweifeln. Auch unsere Situation ist noch die gleiche; wir sind umgeben von Franzosen, die oft hierher kommen. Die meisten sind schmucke, verdienstvolle Leute... Alle führen diesen Krieg wider ihren Willen und sind sehr für den König eingenommen, über den sie immer mit Bewunderung sprechen. Wenn es von ihnen abhinge, würden sie sofort nach Frankreich zurückkehren. Die Gelegenheiten zu schreiben sind so selten... es ist noch eine zusätzliche Unannehmlichkeit, dass man sich nicht frei schreiben kann... Ich bin auch in Sorge wegen meines Bruders von Preußen[429], der sich schwer erkrankt in Leipzig befindet; da man von dieser Seite keinerlei Nachrichten bekommen kann, bitte ich Sie, mir zu schreiben, ob Sie wissen, ob es ihm besser geht, denn man hat gesagt, dass Eller aus Berlin herbeigerufen worden ist, um ihn sehen.

---

426 Karl August.
427 Der König war auf seinem Marsch von Dresden nach Erfurt vom 9. bis nach Naumburg gekommen.
428 Infolge von Hadiks Handstreich gegen Berlin (10. Oktober) war der Hof nach Spandau geflüchtet, dann am 23. Oktober nach Magdeburg übergesiedelt, wo er bis in den Januar 1758 blieb.
429 Der Prinz von Preußen war am 30. Juli von der Armee gegangen, er blieb wegen schwerer Erkrankung zunächst in Dresden, dann in Leipzig. Der Königliche Leibmedicus Dr. Eller kam im Oktober.

An die Schwägerin Elisabeth Christine 20. November 1757

Es ist gewiss, dass der Sieg, den der König gerade errungen hat (bei Roßbach, am 5. November), etwas von einem Wunder hat, denn er stand überlegenen Kräften gegenüber... Ich nehme Anteil an der Freude, die E.M. hatten, den Prinzen Ferdinand zu sehen. Welch eine Überraschung für ihn, seine ganze geflohene Familie in Magdeburg[430] anzutreffen. Berichten Sie mir, wie es ihm geht; vor zwei Monaten war er für eine Viertelstunde hier, ohne dass es möglich war, ihn zu sehen[431]. Ich wünsche ihm viel Glück für seine neue Karriere[432], ich befürchte, dass sie nicht zu unserem Vorteil sein wird und dass unsere Ausländer sich umso mehr in Braunschweig drängen werden und nicht fort wollen. Das ganze Hauptquartier ist dort, mit M. de Richelieu an der Spitze. Sie verstehen, dass die Folgen eines so langen Besuchs dieser Art nicht geeignet sind, um den Reichtum und das Wohlergehen eines Landes zu heben; letztlich werden meine armen Kinder sie noch lange Zeit spüren und Gott weiß, wie lange das sein mag. All das hebt die Stimmung nicht und macht das Leben sehr bitter. Das meine hier ist einförmig und einfach, was mir entgegenkommt und ich bin froh, allein zu sein. Meine Kinder leisten mir Gesellschaft. Das ist meine Annehmlichkeit und den Herzog bei bester Gesundheit zu sehen. Mein Bruder ist glücklich, noch einmal davongekommen zu sein[433]. Möge es Gott gefallen, dass er gesund bleibt und dass mein Bruder von Preußen sich erholt. Der Markgraf von Schwedt hat gut daran getan, Geld zu geben, um die Schweden von sich fernzuhalten[434]; ich bedaure meine arme Schwester[435], die dort ganz isoliert ist.

An die Schwägerin Elisabeth Christine 31. November 1757

Es scheint, als sei es mir seit einiger Zeit bestimmt, traurige Ereignisse zu erdulden. Zu meinem Leidwesen muss ich Ihnen mitteilen, dass ich meine Tochter Wilhelmine[436] verloren habe. Vier meiner Kinder hatten die Pocken glücklich überstanden, ich hoffte, dass auch dieses die Krankheit überstehen würde wie seine anderen Geschwister, aber gleich nach Ausbruch der Krankheit haben sich andere Symptome manifestiert, die gezeigt haben, dass die innere Widerstandskraft nicht ausreichend war, um die Krankheit zu überwinden. Nachdem sie neun Tage lang sehr gelitten hatte, ist sie aus dem Leben geschieden. E.M. kann sich vorstellen, welch tiefer Schmerz dies für ein Mutterherz ist, aber wenn ich das Glück eines so jungen Wesens bedenke, dessen unschuldiges Herz, dem Laster und Bosheit noch fremd sind, nun die ewige Herrlichkeit genießt, die all dem vorzuziehen ist, was es in diesem Leben so voller

---

430 Herzog Ferdinand (1721–1792) war am 15. November ganz unerwartet in Magdeburg, seinem Gouvernement, angekommen; er traf dort seine beiden Schwestern, die Königin Elisabeth und die Prinzessin von Preußen.
431 Herzog Ferdinand war am 14. September von Thüringen zum Schutz von Halberstadt und Magdeburg von der Armee des Königs detachiert; Ende Oktober stieß er wieder zu ihm.
432 König Georg hatte die Konvention von Kloster Zeven (8. September) nicht anerkannt; auf seinen Vorschlag erhielt Herzog Ferdinand den Oberbefehl über die bei Stade stehende Armee; er ging am 20. November von Magdeburg nach Stade.
433 Er war bei Roßbach verwundet worden.
434 Bei ihrem Einfall in die Uckermark.
435 Sophie von Schwedt.
436 Friederike Wilhelmine, geb. am 8. April 1748, war am 15. November gestorben.

Mühsal und Elend hätte, dann beklage ich sein Schicksal nicht und finde es glücklich. Mein Leid beschränkt sich darauf, dass mir ein Kind genommen wurde, das ich liebe, aber ich ergebe mich dem höheren Willen in allem und füge mich demütig dem, was Er mir und den Meinen zugedacht hat.

An die Schwägerin Elisabeth Christine   7. Dezember 1757

Ich war nicht in der Lage zu schreiben. Ich entschuldige mich dafür bei E.M. mit all den Sorgen, Kümmernissen und Aufregungen, die mich aufs Neue erfüllen, verursacht durch unangenehme und bedrückende Vorkommnisse, von denen Sie der Herzog zweifellos unterrichtet hat[437]. Es scheinen alle Missgeschicke über uns hereinzubrechen. E.M. kann sich leicht vorstellen, wie sehr ich betroffen bin durch die Aufeinanderfolge so vieler ungewöhnlicher Ereignisse. Um das Unglück voll zu machen, fehlte nur noch diese fatale verlorene Schlacht in Schlesien, über die ich mich anfangs gefreut habe, da es hieß, sie würde zum Vorteil für unseren lieben König[438] ausgehen. Ich gestehe Ihnen, dass mich bald der Mut verlassen wird und dass es nur noch das Vertrauen auf Gott gibt, der, so hoffe ich, uns nicht verlassen wird und der mich aufrechterhält… Jetzt stehen wir wieder am Vorabend großer Ereignisse sowohl in Schlesien als auch in unserer Nachbarschaft… Möge Gott die Waffen des Königs segnen und die Waffen derer, denen er das Kommando anvertraut hat. Ich bin überzeugt, dass der Prinz Ferdinand in seinem Bemühen nicht nachlassen wird; er ist immer noch mein Held und ihm gilt mein hauptsächliches Interesse. Obwohl seine Laufbahn dornenreich ist, hoffe ich, dass er sie mit Ehre und Ruhm fortsetzt und uns von all unseren gemeinsamen Feinden befreit und so seinen Namen verewigt[439]… Ich habe die Ehre, Ihnen diese fatale Nachricht vom Herzog von Bevern zu übermitteln, der Herzog kannte sie schon[440]. Ich bedaure sein Unglück; es ist schade, denn er ist ein würdiger Prinz, der bei allen Gelegenheiten Beweise seines Könnens und Mutes erbracht hat. Manchmal bedarf es nur eines schlechten Augenblicks, durch den wir alles verlieren, was wir mit Mühen errungen haben. Aber die größten Helden sind Menschen und bleiben es. Es ist ein Unglück, da er nun, da der König gute Generäle braucht, ihm nicht dienen kann… Dem Herzog geht es gut. All diese Ärgernisse

---

437 Die braunschweigischen Truppen bei der Armee in Stade hatten am 14. November Befehl erhalten zurückzumarschieren. Beim Versuch abzumarschieren waren sie angehalten und nach Stade zurückgeführt worden, worauf der Herzog Karl wiederholt ihren Rückzug forderte und seinen Truppen untersagte, gemeinsame Sache mit den Hannoveranern gegen die Franzosen zu machen; dem Erbprinzen befahl er, beim Abmarsch der Truppen, diese zu verlassen, zunächst nach Hamburg, von da nach Holland zu gehen. Herzog Ferdinand veranlasste den Erbprinzen, der ihm nach Bergedorf entgegengekommen war, mit ihm nach Stade zu gehen, wo sie am 23. November eintrafen; hier bewog er die braunschweigischen höheren Offiziere, sich mit ihren Truppen ihm anzuschließen. Es führte dies zu einem sehr gereizten Briefwechsel zwischen dem regierenden Herzog, Herzog Ferdinand und dem Erbprinzen. Es war zu fürchten, dass sich die Franzosen dafür an der Person des regierenden Herzogs oder wenn dieser aus Blankenburg wegging, an seinen Ländern schadlos halten würden.

438 Die Schlacht bei Breslau am 22. November. Anfänglich hatte es geheißen, die Preußen hätten gesiegt. Sie hatte den Verlust von Breslau zur Folge.

439 Herzog Ferdinand hatte am 26. November seinen Vormarsch von Stade begonnen; die Franzosen wichen vor ihm zurück.

440 Der Herzog August Wilhelm von Bevern war nach der Schlacht von Breslau am 24. November in die Hände der Österreicher gefallen, wie der König argwöhnte, nicht ohne Absicht.

können ihm natürlich nur Kummer bereiten in Anbetracht der schwierigen Situation, in der er sich befindet. Unser Leben ist ein wenig wie das von Job, wenn eine schlechte Nachricht vorüber ist, kehrt die andere zurück... Man sagt, dass der Prinz von Soubise nach Halberstadt zurückgeht. Ich hoffe, dass sich dieses Gerücht als falsch erweist.

An die Schwägerin Elisabeth Christine   22. Dezember 1757

Der letzte Sieg unseres lieben Königs [bei Leuthen, am 5. Dezember] war für mich ein großer Trost. Gebe Gott, dass diese Erfolge andauern und dass er seine Feinde zwingt, Frieden zu schließen und dass dieser fest und dauerhaft sein möge. Ich bin überzeugt, dass auch E.M. wegen Ihrer Familie leidet; es ist wahr, dass sich der Herzog in einer Krise befindet, wie sie schwieriger nicht sein könnte. Ich glaube, dass der Herzog Ihnen berichtet hat über das, was bei den Truppen vorgefallen ist und über das Zerwürfnis, das sich daraus ergeben hat. Seitdem sprechen die Herren Franzosen nur noch davon, die Städte in Brand zu setzen und zu plündern und hören nicht auf, neue gewaltige Forderungen zu stellen und übermäßige Kontributionen zu verlangen, die das ganze Land in den Ruin stürzen, auch für unsere Kinder und Enkel. Ich glaube wohl, dass es für den Prinzen Ferdinand schwierig ist, eine so dornenreiche Laufbahn beschritten zu haben, doch ich habe so viel Vertrauen in seine Fähigkeiten und Tüchtigkeit, dass ich hoffe, dass er mit göttlichem Beistand Ehre und Ruhm erlangen wird. Nach Gott setze ich in ihn meine größte Hoffnung. Unterdessen leben wir hier zwischen Furcht und der Hoffnung auf ein Ereignis, das über unser Schicksal entscheidet. E.M. kann sich vorstellen, welche Stimmung hier herrscht. Mit Ungeduld erwarten wir gute Nachrichten von einem Sieg des Prinzen, Ihres Bruders. Ich habe jeden Augenblick daran geglaubt, und bin überrascht, dass die Nachricht noch nicht eingetroffen ist. Man sagt[441], dass mein Bruder Heinrich auf dem Marsch ist, um sich mit der alliierten Armee zusammenzuschließen. Ich stelle mir vor, dass der Prinz Ferdinand vielleicht den Befehl erhalten hat, um auf diese Hilfe zu warten; es gibt Leute, die sagen, dass mein Bruder bis Naumburg vorgerückt sei, andere versichern, er sei in Duderstadt... Dem Herzog geht es gut und er erträgt alle diese Rückschläge mit Standfestigkeit und Entschlossenheit. Dieser Tag [vom 5. Dezember] wird in der Erinnerung für immer ein Glückstag für Brandenburg bleiben.

An die Schwägerin Elisabeth Christine   27. Dezember 1757

Diese Nachricht [Einnahme von Breslau am 20. Dezember] hat mich mit Freude erfüllt; obwohl in der alliierten Armee alles noch ruhig ist, sagt mir mein Herz, dass die Dinge gut laufen werden. Um die Wahrheit zu sagen, habe ich keine hohe Meinung von der französischen Armee, sie fühlen sich bedrängt, sind schlecht versorgt und sterben wie die Fliegen. Ich hoffe auf Gott, dass wir vielleicht früher als erwartet von ihnen befreit sein werden; obwohl sie immer drohen, uns so viel Schaden wie möglich zuzufügen, fürchte ich nicht ihren Hass... Die Dinge laufen so gut für den König, ich hoffe, dass die Kaiserin nachgeben muss und

---

441 Ende November hatte Prinz Heinrich vom König die Weisung erhalten, eine Diversion zur Unterstützung des Herzogs Ferdinand zu machen. Er marschierte erst im Januar von Leipzig ab.

Frieden schließt. Es wäre zu wünschen, dass der König ein kleines Korps detachiert, das sich der alliierten Armee anschließt; ich bin überzeugt, dass die Franzosen zurückweichen würden, sie würden zurück über die Weser flüchten, denn sie haben schreckliche Furcht vor den Preußen. Dieser Schlag könnte allem Anschein nach das Ende des Krieges bedeuten.

An Friedrich 30. Dezember 1757

Der Erfolg, den ich von der alliierten Armee erhoffte, ist diesmal ausgeblieben, die Armee hat sich wegen mangelnder Versorgung[442] zurückgezogen, das hat zur Folge, dass die Franzosen kehrtgemacht haben und alle nach Braunschweig und Wolfenbüttel zurückkommen. Ich bedaure den Prinzen Ferdinand, es ist nicht sein Fehler, aber nach Gott setze ich meine Hoffnung in den König, der uns nicht im Stich lassen und aus dieser Notlage befreien wird. Er ist ein zu guter Nachbar und zu guter Verwandter, als dass er die Seinen leiden lassen würde, ohne ihnen zu beizustehen. Nun, da in Schlesien alles beendet ist, wird er daran denken, den Rest seiner Feinde zu vernichten und das wird nicht so schwer sein, denn sie fürchten die Preußen wie die Teufel. Ich bin überzeugt, dass E.M. mit Ihrem guten Herzen alles Leid Ihrer Familie mitfühlt, ich bin auch davon überzeugt, dass die Maßnahmen des Herzogs fest und unerschütterlich bleiben werden, und dass man sie nicht abwenden kann[443].

An die Schwägerin Elisabeth Christine 8. Januar 1758

Die alliierte Armee hat sich nach Uelzen zurückgezogen; doch ich habe noch nicht die Hoffnung verloren, dass der liebe Prinz Ferdinand seinen Schlag wird ausführen können, und ich bin überzeugt, dass er erfolgreich sein wird, es sei denn, alle Wege wären unpassierbar; das bleibt abzuwarten. Ich bin überzeugt, dass sich die Angelegenheiten unseres lieben Königs wieder so geordnet haben, dass auch die unseren sich bald bessern werden, obwohl in der Zwischenzeit die Franzosen davon profitieren und das Land nicht schonen, aber vielleicht wird man sich bei einem Friedensschluss an die Schäden erinnern… Ich wäre sehr froh, wenn es wahr wäre, dass die Minister mit dem Herrn von Kniphausen[444] dazu gerufen würden, von dem man sagt, dass er hinzugezogen wird, was ein gutes Zeichen für den Frieden ist. Darf ich zu fragen wagen, ob Sie etwas vom Herzog von Bevern gehört haben? Sein Schicksal interessiert mich und dieser würdige Prinz verdiente ein besseres Los; man sagt, er sei an allem unschuldig und der König werde ihm Gerechtigkeit widerfahren lassen; ich erwarte mit Ungeduld, dass man ihn freilässt[445]… Wissen E.M., dass es in Paris einen Bürger gibt, der sich angeboten hat, das Land Hannover in Pacht zu nehmen?[446]

---

442 Herzog Ferdinand hatte den Vorstoß über die Aller hinaus aufgeben müssen und sich nach Uelzen zurückgezogen.
443 Der Herzog hatte sich entschlossen, den Erbprinzen und seine Truppen bei der alliierten Armee zu lassen.
444 Der Minister von Finckenstein und der ehemalige preußische Gesandte in Paris, von Kniphausen, waren Anfang Januar zum König nach Breslau gereist.
445 Am 6. April kam er nach Breslau und ging von dort auf sein Gouvernement nach Stettin.
446 Gautier.

An die Schwägerin Elisabeth Christine 22. Januar 1758

E.M. wird zweifellos erfahren haben, dass die Franzosen erneut in Halberstadt[447] eingefallen sind und wie sie ihren schlechten Ruf begründet haben durch Zerstörung, Plünderung und erzwungene Kontributionen und Lieferungen. Es ist schrecklich, wie sie sich aufgeführt haben und dieses arme Herzogtum hat sehr gelitten und ist völlig ruiniert. E.M. wird leicht verstehen, dass wir uns offensichtlich ohne eine stärkere Unterstützung von unseren Gästen nicht befreien können. Es ist für sie der sicherste Rückzug, hier im Land zu bleiben und die Festung Braunschweig zu besetzen, die ihnen die vorteilhafteste Position ermöglicht. Mit einer ausgezeichneten Armee, die sich ihnen entgegenstellt, könnte man sie verjagen, es gibt keine andere Lösung; wir müssen uns damit abfinden, dass sie bis dahin auf unsere Kosten leben, ich bin überzeugt, dass meine Kinder und Enkel noch lange Zeit die Last dieses fremden Jochs spüren werden. Was meine Kinder angeht, so bin ich doppelt betroffen angesichts dieser ruinösen Wirtschaft, die für sie und das Land ein großer Verlust ist und ich bedaure, so viele arme, unglückliche Unschuldige in die Welt gesetzt zu haben. Wenn ich nicht an eine höhere Vorsehung glaubte, die alles vorhersieht und jede Sache regelt, würde ich mich noch mehr einem verzweifelten Kummer hingeben, aber wer kann die Wege Gottes nachvollziehen, sie sind unergründlich, man muss sie annehmen ohne zu murren.

An die Schwägerin Elisabeth Christine 16. Februar 1758

Über die Art und Weise, wie der König mit den Bediensteten der verstorbenen Königin verfahren ist, bin ich sehr froh, es ist lobenswert und großzügig, dass er allen ihre Pensionen gelassen hat… Ich hatte die Genugtuung, meinen Bruder Heinrich[448] zu sehen, der mir die Freude bereitet hat, mich zu besuchen und mit uns hier zu dinieren. Ich fand, dass er gut aussah, obwohl ein wenig gealtert, was nicht erstaunlich ist, bedenkt man die Strapazen des Feldzugs. Seitdem er in Halberstadt ist, hat sich unsere Situation bereits verbessert, da er uns von einer Truppe verlotterter Soldaten vom Korps von Fischer befreit hat, der den Regenstein[449] besetzt hielt. Mein Bruder hat ihn in seine Gewalt gebracht und hat ihn gezwungen, den Regenstein vollständig zu evakuieren. Es waren 80 Männer, die gefangen genommen und nach Halberstadt gebracht worden sind, daher gibt es hier keine Franzosen mehr. Ich wäre froh, wenn ich Ihnen bald dasselbe von Braunschweig berichten könnte, ich bin zumindest überzeugt, dass mein Bruder und der Ihre alles dafür tun werden; man muss abwarten und sehen, wie alles weitergeht. In der Zwischenzeit profitiere ich oft von der Nachbarschaft meines Bruders[450].

---

447 10.–16. Januar.
448 Prinz Heinrich war am 8. Februar in Halberstadt.
449 12. Februar.
450 Am Schluss fragt sie, ob Prinzessin Amalie jetzt einen eigenen Hofstaat bekomme und ob der König ihre Einkünfte vermehrt habe.

An die Schwägerin Elisabeth Christine 27. Februar 1758

Die Franzosen haben gestern Braunschweig und Wolfenbüttel verlassen und sind leise und ohne Aufheben davongegangen. Man sagt, dass sie die Weser überqueren werden. Zurzeit sind sie bei Hildesheim. Das Heranrücken der preußischen Armee hat sie in Schrecken versetzt und sie sind ihr zuvorgekommen und haben nicht gewartet, bis sie zu ihnen gekommen ist. Sollte es auf ihrer Seite Ruhm geben, so sieht es nicht danach aus, sondern eher nach Feigheit; wie dem auch sei, Gott sei Dank sind wir von ihnen befreit und haben Grund, der Vorsehung zu danken, die sie eher fortgejagt hat als zu hoffen war. Möge der Himmel verhüten, dass sie in diesem Sommer zurückkommen und möge er uns Frieden bescheren... Die Franzosen haben eine Niederlage bei Schladen[451] erlitten, die Preußen haben 10 Männer getötet und ebenso viele Gefangene gemacht, was immer von Vorteil ist und ich hoffe, dass der Vorteil immer auf Seiten des Prinzen Ferdinand sein wird. Die Anwesenheit meines Bruders Heinrich war für uns ein gutes Vorzeichen und ich kann sagen, dass es mir eine unendliche Freude bereitet, Ihnen zu berichten, dass das Land des Herzogs, Ihres lieben Bruders, frei von Feinden ist, dank des Königs, der den Franzosen durch seine Truppen Angst eingeflößt hat, worauf sie es vorgezogen haben, sich zurückzuziehen anstatt Gefahr zu laufen, geschlagen zu werden, was zweifelsohne geschehen wäre, denn mein Bruder hatte sich vorgenommen, alles zu unternehmen, um sie von hier zu verjagen... Als ich die Kopie des Testaments der verstorbenen Königin[452] erhielt, war ich aufs Neue traurig und ich habe alles mit Kummer und Trauer gelesen... Mein Bruder Heinrich hat mir seitdem die Freude bereitet, hierher zu kommen und meine Kinder und ich haben ihn in Halberstadt besucht und ich habe bei ihm diniert und der Tag ist sehr angenehm verlaufen. Es scheint mir, dass der Hof E.M. von Gefangenen belagert wird und dass sich darunter viele Österreicher und ebenso viele Franzosen befinden... Man muss den Franzosen Gerechtigkeit widerfahren lassen, die meisten sind stattliche Leute, zumindest die, die ich hier gesehen habe; es waren verdienstvolle Leute darunter und es sind nicht die Offiziere, die Anlass zur Klage geben, sondern die wirklichen Blutsauger sind vor allem die Chefs, Kommissare und Intendanten, die nicht genug bekommen können; die Offiziere und Soldaten haben keinen Anteil daran. Richelieu ist allgemein in der ganzen Armee verhasst, er hat sich den Hass durch seinen brutalen Egoismus zugezogen, er denkt nur an sich. Sein Benehmen wird auf Anordnung des Königs in Frankreich untersucht werden, ebenso wie das der Kriegskommissare und Intendanten, die alle Länder in Deutschland, in denen sie gewesen sind, ruiniert haben. Diese Leute führen diesen Krieg widerwillig und wollen unbedingt Braunschweig verlassen und nach Hause zurückkehren, trotzdem besitzen sie hier immer noch Ansehen und man sagt, dass sie anderswo schlimmer waren, obwohl sie uns nicht geschont haben. Der Prinz von Clermont wird sehr gelobt[453], aber so wie es jetzt steht, möge Gott uns vor seiner Bekanntschaft bewahren und bald ganz Deutschland befreien.

---

451 Bei Schladen an der Oker hatten am 23. Februar preußische Dragoner von den Truppen des Prinzen Husaren vom Fischerschen Freikorps zusammengehauen.
452 Das Testament war am 13. Februar eröffnet worden; die Königinmutter hatte ihre Töchter zu gleichen Teilen bedacht.
453 Der Herzog von Richelieu war im Juli 1757 an die Stelle des Marschall d'Estrées getreten, sein Nachfolger im Kommando, Graf von Clermont, war Mitte Februar eingetroffen.

An Friedrich   Blankenburg, 28. Februar 1758

Alles, was Sie vorhergesagt haben, ist eingetroffen. Die Dinge hier haben sich verändert; die Franzosen haben die beiden Städte Braunschweig und Wolfenbüttel verlassen, sie sind am 26. abgezogen, ohne Ausschreitungen oder Plünderungen. Sie haben nur den alten Rat Cramm, den Kanoniker Assebourg und einen Kammerrat Herrn von Heim mit einem Syndikus aus Braunschweig als Geiseln mitgenommen, als Sicherheit für die noch ausstehende, restliche Kontribution von zweihunderttausend Talern. Mein Bruder Heinrich ist am 27. aufgebrochen, um den Feind zu verfolgen… Ich hoffe, dass es dem Prinzen Ferdinand gelingen wird, die Franzosen hinter die Weser zurückzudrängen, entsprechend dem Auftrag, den Sie ihm erteilt haben. Gebe der Himmel, dass sie sich hinter den Rhein zurückziehen und dass Sie wenigstens eine Macht weniger bekämpfen müssen. Ich wünsche von ganzem Herzen, dass die Russen Preußen[454] mit ebenso viel Anstand verlassen wie die Franzosen uns verlassen haben.

An die Schwägerin Elisabeth Christine   Braunschweig, 12. März 1758

Seit einigen Tagen bin ich zurück in Braunschweig[455]. Die Bewohner der guten Stadt Braunschweig schienen sich sehr zu freuen, mich wiederzusehen und haben dies auf eine Weise gezeigt, die ihren Eifer zum Ausdruck brachte. Ich wurde außerdem durch die Ankunft meines Bruders Heinrich angenehm überrascht, der mir die Freude gemacht hat, einige Tage hier zu bleiben[456]. Heute ist er aufgebrochen, um sein Quartier in Flackstöckheim[457] zu beziehen, das sich drei Meilen von hier befindet, und hat mir Hoffnung gemacht, dass er noch einmal kommen würde… Gebe Gott, dass diese gerade begonnene neue Ruhe von Dauer sein möge und dass sie nicht durch böse Rückfälle gestört wird, was ich nicht hoffe, denn ich bin überzeugt, dass die alliierte Armee alles, was sie vermag, tun wird, um uns vor der Rückkehr dieser unbequemen Gäste zu bewahren… Ich bin sehr froh, mich hier ausruhen zu können… Seit meiner Rückkehr hatte ich nicht einen Augenblick Zeit für mich, so dass ich noch ganz benommen bin von dem turbulenten Leben hier im Vergleich zu dem ruhigen Leben in Blankenburg, aber ich gewöhne mich gern daran.

An die Schwägerin Elisabeth Christine   Braunschweig, 19. März 1758

Die alliierten Armeen haben dank des Prinzen Ferdinand Wunder vollbracht: Minden ist eingenommen worden[458]. Hätte er diese Armee im vergangenen Jahr kommandieren können, so bezweifle ich, dass all dieses Unglück hier geschehen wäre. Ich bedaure die Prinzessin Ferdinand[459]; welch harter Abschied wird es für sie sein, erneut von meinem Bruder getrennt zu sein und ihn in Gefahr zu wissen. Ich beklage alle Frauen, die ihre Ehemänner lieben, für

---

454 Sie hatten am 22. Januar Königsberg besetzt.
455 Der Herzog war am 1. März, die Herzogin mit den Kindern am 6. März zurückgekehrt.
456 10.–12. März.
457 Prinz Heinrich blieb hier bis zum 18. März.
458 14. März.
459 Prinz Ferdinand von Preußen war bei der Belagerung von Breslau, im Dezember 1757, schwer erkrankt; ihn zu pflegen war seine Gemahlin nach Breslau gekommen. Mitte März ging der Prinz wieder ins Feld.

die eine solche Trennung schwer sein wird. Mein Bruder Heinrich hat Quartier genommen in Flackstöckheim; ich hoffe, dass er noch bleiben wird; er tut alles, was er kann, um den Prinzen Ferdinand zu unterstützen[460]. Ich bin überzeugt, dass auf dieser Seite nun alles gut gehen wird.

An den Bruder Heinrich An diesem traurigen 21. März 1758

Sie haben umsichtig agiert, lieber Bruder, indem Sie gestern dieses Geheimnis (seiner Abreise) vor mir verborgen haben, denn ich wäre vor Kummer vergangen, der mich nun heute überkommt und den ich vor Ihnen nicht hätte verbergen können. Die Kinder sind Ihnen zu großem Dank verpflichtet; die Freundlichkeiten, die Sie ihnen erwiesen haben, werden sie nie vergessen. Ich danke Ihnen für all Ihre Wohltaten und bin traurig, dass ich ohne einen lieben Bruder bin und die Kinder ohne einen liebenswerten Onkel... Gott möge Sie segnen und glücklich auf Ihrem Schicksalsweg geleiten. Mehr vermag ich nicht zu wünschen.

An die Schwägerin Elisabeth Christine 16. April 1758

Hier herrscht eine schreckliche Krankheit unter den Männern; die einen schieben sie auf die Unsauberkeit, die die Franzosen mitgebracht haben, andere sehen die Ursache in der ungünstigen Witterung, die zu schlechten Luftverhältnissen geführt hat... Man räuchert alle Straßen aus, um diese Infektion zu bekämpfen und um die Häuser zu reinigen[461]... Sie sind so gütig, Anteil zu nehmen an der Auszeichnung, die mein Sohn erworben hat[462]. Ich hoffe, dass sein Benehmen immer so sein wird, dass es Lob verdient, das würde sehr zu meiner persönlichen Freude beitragen... Ich kann Ihnen berichten, dass die Franzosen den Frieden wollen und dass sie kriegsmüde sind; das lässt mich hoffen, dass sie die Kaiserin drängen werden, sich dareinzufinden obwohl sie sehr eigensinnig zu sein scheint. Aber ich hoffe, dass der glückliche Feldzug dieses Jahres alles zu Gunsten des Königs entscheiden wird. Ich bin überzeugt, dass die Prinzessin Ferdinand immer ihre Anhänglichkeit für E.M. bewahren wird und dass so die gute Freundschaft zwischen Ihnen beiden fortbestehen wird. Ich wünsche, dass die Dinge, die sich verändert haben, seitdem ich das letzte Mal die Ehre hatte, Sie zu sehen, gut stehen, aber ich habe nicht daran gezweifelt, dass der Tod der Königin für E.M. ein großer Verlust sein würde. Sie versuchte, auf jede Weise Frieden und Ruhe auszustrahlen, so dass innerhalb der großen Familie eine gewisse, notwendige Harmonie herrschte. Es ist wahr,

---

460 Er war bis Hildesheim und Goslar vorgedrungen, dort stehen geblieben, dann trat er den Rückmarsch an und war am 25. In Leipzig.

461 Noch im Brief vom 22. Mai schrieb sie von dieser *„tödlichen Krankheit, die eine schreckliche Zahl von Menschen dahinrafft, die meisten sind Ärzte und Minister. Unser guter Oldekop ist ebenfalls soeben an dieser Krankheit gestorben. Er war ein rechtschaffener, würdiger Mann."* Ergänzung der Übersetzerin: Es handelte sich um eine Fleckfieberepidemie in Braunschweig nach dem Abzug der Franzosen, besonders unter der armen Bevölkerung. 1758 gab es wöchentlich über 60 Todesfälle bei einer Einwohnerzahl von etwa 20.000. Amtlich wird destillierter Rautenessig, Ausräucherung mit Wacholderbeeren und Lüftung der Wohnungen als Gegenmittel empfohlen. (Braunschweiger Werkstücke, Veröffentlichungen aus Archiv, Bibliothek und Museen der Stadt, Bd. 19, S. 23).

462 Die Einnahme von Hoya (23. Febr.) war die erste Waffentat, durch die sich der Erbprinz bei der alliierten Armee auszeichnete; sie trug ihm von Friedrich dem Großen wie auch von Georg II. die Bezeichnung „junger Held" ein. Der König von England schickte ihm als Zeichen seiner Anerkennung im April einen kostbaren Ehrendegen.

dass Sie mit der verstorbenen Königin eine gute Freundin verloren haben... Ich kann mir vorstellen, wer in der Nähe der kleinen Prinzessin Fique Dankelmann[463] ausgewählt hat. Sie war im vergangenen Jahr sehr beliebt bei vielen Personen, die sich sogar bei mir und dem Herzog dafür verwendet haben, ihr einige Vermögensanlagen auszuzahlen, auf die sie wegen ihrer Vorfahren Ansprüche erhob. Ich wünsche, dass es für die charmante, kleine Prinzessin von Vorteil sein wird. Unter uns gesagt, war sie früher Mätresse des verstorbenen Prinzen Weilburg und der jetzige Prinz[464] gibt ihr noch eine Pension. Übrigens ist sie eine Person von Geist und ich glaube nach wie vor, dass sie der Verstorbenen ebenbürtig ist. Sagen Sie mir, ob die Reder gestorben ist, versehen mit den Tröstungen der Religion, denn man sagte, sie habe keine, was keine gute Voraussetzung ist, um eine Prinzessin zu erziehen. Ich wünsche nur, dass dieses liebenswerte Kind darin unterrichtet wird.

An die Schwägerin Elisabeth Christine   22. Mai 1758

Ich hoffe, dass Witmann [der Kammerfourier] in jeder Hinsicht das getan hat, was ich ihm empfohlen habe und dass man zufrieden mit mir sein wird, denn ich habe es vorgezogen, die unnützen Dinge den Domestiken meiner verstorbenen Mutter zu überlassen anstatt sie zu verkaufen oder sie hierher transportieren zu lassen und habe versucht, alle zu belohnen, die bei allen Arrangements mitgearbeitet haben. Ich wäre sehr froh, wenn alles meinen Absichten entsprechend ausgeführt worden wäre, woran ich nicht zweifle, denn Witmann ist sehr intelligent und integer... Ich bitte Sie, sich darüber zu informieren, was meine Schwestern in Bayreuth und Ansbach mit ihren Möbeln machen werden... Meine Schwester in Schweden schickt einen Kammerdiener, um ihr Erbe zu holen. Ich erwarte das meine, das heute Abend eintreffen wird, und ich gestehe Ihnen, dass mir die kleinste Kleinigkeit kostbar ist, da sie von einer so guten Mutter kommt, deren Erinnerung mir für immer lieb und teuer sein wird... Man sagt, dass der König mit seiner Armee schon bis Iglau ist, was nur acht Posten von Wien[465] entfernt ist. Ich hoffe, dass das Glück mit ihm ist und dass ihm alles zum Ruhm und Vorteil gereichen wird. Gebe Gott, dass der Friede auf all seine Heldentaten folgen möge und dass nach all den Wirren die Ruhe zurückkehrt.

An die Schwägerin Elisabeth Christine   8. Juni 1758

Ich habe soeben meinen Schwiegersohn, den Herzog von Weimar[466] verloren, der Herzog ist Vormund bis sie (Anna Amalia) die Volljährigkeit erreicht hat.

---

463 An die Stelle der am 8. März verstorbenen Gouvernante der Prinzessin Wilhelmine (geb. 1751), Frl. von Redern, war Sophie von Dankelmann getreten, die zu dem intimen Damenkreis des Prinzen August Wilhelm von Preußen gehörte.
464 Karl August (1688–1753) und Karl Christian (geb. 1735).
465 Der König war Anfang Mai in Mähren eingerückt, um Olmütz zu belagern.
466 Am 28. Mai. Die Herzogin Amalie war 1739 geboren.

An die Schwägerin Elisabeth Christine   16. Juni 1758

Der Kondolenzbrief E.M. zu dem unersetzlichen Verlust, den ich und meine ganze Familie erlitten haben, durch den Fortgang dessen, der mir so lieb war, dessen Namen[467] ich nicht aussprechen kann und an den ich nicht denken kann, ohne Tränen zu vergießen und voller Trauer, bringt mir dennoch Tröstung, denn er zeigt, welchen Anteil E.M. an diesem traurigen Ereignis nimmt. Ich kann mich noch nicht von dieser Nachricht erholen, die mich wie ein Blitz getroffen hat. Möge der Himmel uns nicht weiter zürnen und künftig die lieben Menschen, die uns bleiben, beschützen, und der lieben Prinzessin beistehen und dem Kind, das sie erwartet.

An die Schwägerin Elisabeth Christine   21. Juni 1758

E.M. werde ich verbunden sein, wenn Sie mich über alles unterrichten, damit ich mich auf die Gepflogenheiten des Hofes wegen der Trauer um den Prinzen von Preußen einstellen kann, obwohl ich mich schon wegen des Herzogs von Weimar, meines Schwiegersohns auf Trauerkleidung eingestellt habe, und ich glaube, dass die letztere die gleiche ist. Seit der düsteren Nachricht über den letzten Verlust, den ich erlitten habe, war ich nicht in der Lage, jemanden zu sehen und habe mein Zimmer nicht verlassen. Nur der liebe Herzog und meine Kinder leisten mir Gesellschaft. Ich ziehe diese Besuche allen anderen vor, besonders den des lieben Herzogs, der mir Trost bringt. Es geht ihm Gott sei Dank gut… Es scheint, als sammelte sich alles Unglück über unseren Häuptern. In den letzten Tagen hatten wir einen heftigen Feueralarm; das Feuer brach zur selben Stunde und im selben Augenblick in Wolfenbüttel und hier aus; in Braunschweig sind vierzehn Häuser bis zur Asche verbrannt. Das Feuer ist hinter dem Garten des Grauhofs ausgebrochen. Ich war Zuschauerin, denn die vom Feuer erfassten Häuser lagen gegenüber von meinen Fenstern; es ist ein Glück, dass es windstill war, sonst wäre das Schloss in Gefahr gewesen, aber die Vorsehung hat das Unglück abgewendet und die Umsicht und die Vorsichtsmaßnahmen des Herzogs. Aber es war ein Schauspiel, das schmerzvoll anzusehen war, denn die Flammen waren schrecklich. Doch nur zwei Häuser in unmittelbarer Nähe des Gartens sind abgebrannt.

An die Schwägerin Elisabeth Christine   22. Juli 1758

Die Angelegenheiten des Königs in Böhmen gehen gut; die Niederlage von Olmütz hat mich nicht schrecken können, denn man sagt, dass er sich eines Magazins nach dem anderen bemächtigt hat und dass er jetzt Herr ist über die ganze Elbe[468]… Man droht uns mit einem Besuch des Prinzen von Soubise, der mit seiner Armee bei Marburg steht. Der Landgraf und die Erbprinzessin mussten Kassel verlassen, die Prinzessin ist in Pyrmont und der Landgraf auf einer Besitzung in seinem Land[469]. Es gibt ein Korps von neuntausend Hessen, das der Prinz von Isenburg kommandiert. Darin besteht der Widerstand, den man den französischen Kräften von dieser Seite entgegensetzt… Wir erwarten jeden Augenblick die Nachricht über eine glückliche Aktion, die der Prinz Ferdinand gegen die Armee unternimmt, die unter dem

---

467 Der Prinz von Preußen war am 12. Juni in Oranienburg gestorben.
468 Der König hatte am 2. Juli die Belagerung von Olmütz aufgegeben, er stand jetzt bei Königgrätz.
469 Der Landgraf von Hessen-Kassel, Wilhelm VIII., der 1757 schon vor den Franzosen nach Hamburg geflohen war, ging jetzt nach Rinteln, dann nach Bremen.

Kommando von Monsieur de Contades[470] steht. Wenn sie gut verläuft, so wie ich hoffe, dann werden wir nichts zu befürchten haben; wenn nicht, ist anzunehmen, dass die Franzosen dieselben Quartiere nehmen werden wie im letzten Jahr und wir müssen Reißaus nehmen, obwohl das sehr unangenehm für das Land wäre… Mein Sohn ist bislang von jeglichem Missgeschick verschont geblieben, was ein Glück ist, denn er setzt sich auf eine Weise der Gefahr aus, dass ein Unglück zu befürchten ist.

An die Schwägerin Elisabeth Christine   28. Juli 1758

Die Dinge stehen nicht so schlecht, wie man zunächst dachte. Die Armee von Isenburg hat nicht so sehr gelitten, wie man gesagt hat[471], und es besteht die Hoffnung, dass die Franzosen nicht hierher kommen werden. Man sagt, sie gingen nach Sachsen, doch all das sind nur Vermutungen… Die Hannoveraner rekrutieren alles, was sie können. Das arme Land Hessen, befürchte ich, wird erneut leiden.

An die Schwägerin Elisabeth Christine   3. August 1758

Sie können hinsichtlich unserer augenblicklichen Lage beruhigt sein; es scheint, als hätten wir keine erneute Invasion der Franzosen zu befürchten. So Gott will, werden wir sie nicht hier haben, sie gehen nach Nordhausen[472] und im Grunde glaube ich, dass sie sich in ihren Plänen gestört fühlen. Die beiden Armeen marschieren eine hinter der anderen, das heißt, die des Prinzen Ferdinand und die der Franzosen[473]. Ich hoffe, dass ein erfolgreicher Schlag des Prinzen Ferdinand über diesen Feldzug entscheiden wird. Gebe der Himmel, dass Sie von den Russen verschont bleiben und möge er dem König glücklich beistehen[474] und bewirken, dass dieser Feldzug mit einem Frieden endet. Ich fand, dass die Herzogin gut aussah, obwohl ein wenig müde, was nicht verwunderlich ist in Anbetracht der großen Reise, die sie in ihrem hohen Alter unternommen hat. Es ist erstaunlich, dass sie sie so gut durchgestanden hat.
P.S. Obwohl die Herzogin sehr froh war über ihren Aufenthalt in Kopenhagen und Berlin, hat sie sich sehr gefreut, uns hier in ihrem Heimatland wiederzusehen[475].

---

470 Herzog Ferdinand war am 1. Juni bei Kleve über den Rhein gegangen; am 23. Juni hatte er die Franzosen bei Krefeld geschlagen. Nach den Kapitulationen von Roermond und Düsseldorf ging er gegen Köln vor, wo Anfang Juli der Marschall Contades den Befehl übernommen hatte.
471 Am 23. Juli hatte Prinz Isenburg nach dem für die Franzosen erfolgreichen Treffen bei Sandershausen (bei Kassel) sich nach Minden zurückziehen müssen; die hannoverschen und braunschweigischen Länder lagen dem Feinde offen.
472 Wohl Nordheim, wohin die französische Armee unter Soubise nach dem Gefecht bei Sandershausen gerückt war.
473 Nach der Schlacht bei Krefeld am 23. Juni am linken Rheinufer nahm Marschall Contades die angebotene Schlacht nicht an, worauf Herzog Ferdinand am 9. August über den Rhein zurückging.
474 Die Russen hatten ihren Vormarsch auf Posen Ende Juni begonnen. Der König hatte Mitte bis Ende Juli Daun gegenüber bei Königgrätz gelegen; ohne dass es zur Schlacht gekommen war, brach er am 25. nach Schlesien auf.
475 Die Herzoginmutter war auf der Rückreise aus Dänemark vom 20. Juli bis 1. August in Berlin gewesen.

An die Schwägerin Elisabeth Christine   28. August 1758

Es gibt keine Freude, die der gleichkommt, die ich empfinde seit der guten Nachricht über den glücklichen Sieg des Königs über die Russen [Zorndorf, 25. August]. Gott sei gedankt, der dem König offenbar beigestanden hat. Das wird das Vertrauen auf Gott stärken, der uns zeigt, dass er mit uns ist und uns nicht im Stich lassen wird. Ich gestehe Ihnen, dass ich fürchtete, der Sturm, der über uns hereinzubrechen drohte, würde mich verzehren, wenn nicht Gott mich in seiner Gnade beschützt hätte. Endlich beginnen wir wieder zu leben und es scheint mir, dass eine Last von mir genommen wurde... E.M. wird sicherlich auch gehört haben von den Fortschritten der Engländer in Amerika und dass sie das Cap Breton[476] eingenommen haben, das ist einer der wichtigsten Erfolge, der sich günstig auf die Lage des Königs auswirken wird... Ich stelle mir die Freude in Berlin vor. Man sagt, dass 15.000 Russen sich noch dort befinden; es sind so wilde Völker, dass ich mit ihnen nicht das geringste Mitleid empfinde, und allein der Brand von Küstrin (15. August) verdient ihre Bestrafung. Diese Geschichte lässt mich erbeben.

An die Schwägerin Elisabeth Christine   3. September 1758

Die Vorsehung, die offensichtlich unseren lieben König selbst in den größten Gefahren bewahrt hat, wird ihn darüber hinaus segnen und über sein Leben wachen und ihm die notwendige Kraft verleihen, dass er diesen grausamen Krieg ruhmvoll beenden und alle Feinde niederringen wird. Ich glaube so fest an diese Gnade Gottes, dass er mich aus der Mutlosigkeit erlöst angesichts so vieler Rückschläge, zu denen die Krise mit den Russen nicht wenig beigetragen hat, aber wenn Gott seine Hand schützend über uns hält, was können wir von den Menschen fürchten? Die Russen erleiden das Schicksal, das sie durch ihre Barbarei und die von ihnen begangenen Grausamkeiten verdient haben, und wenn sie alle vernichtet sind, wovon ich überzeugt bin, werden die Ungeheuer von der Erde getilgt sein. Ich fürchte weder Österreicher noch andere deutsche Länder, noch Schweden, Ungarn, Panduren, Kalmücken oder andere abscheuliche Völker, die uns vernichten wollen, denn ich bin überzeugt, dass Gott die Hand nicht von uns nehmen wird... Die Niederlage der Russen ist eines der größten Ereignisse in der Geschichte und die Einnahme von Louisbourg durch die Engländer ein weiterer Vorteil für den König, der ihn sicherlich in die Lage versetzen wird, Frieden zu schließen, wie er es möchte. Frankreich wird nach dieser Niederlage und dem Verlust von Louisbourg angeschlagen und nicht mehr in der Lage sein, seine Verbündeten zu unterstützen; die geschlagenen Russen mit ihrem ganzen Tross und ihren Soldaten haben weder Geld, Fourage noch Männer; Russland ist ein wenig besiedeltes, bevölkerungsarmes Land; so muss der König nur noch Österreich besiegen. Ich hoffe, es wird ihm gelingen und dass bald die Nachricht eintrifft, dass Daun geschlagen wurde. Ich hatte die Absicht, zur Niederkunft meiner Tochter nach Weimar zu reisen, aber da das Umland voller Österreicher ist, weiß ich nicht, wann ich aufbrechen werde; ich werde noch abwarten müssen.

---

476 Louisbourg auf Cap Breton am 26. Juli.

An die Schwägerin Elisabeth Christine 7. September 1758

Ich hätte gewünscht, dass es dem König gelungen wäre, die Russen vollständig zu vernichten; nun habe ich die Befürchtung, dass der noch verbliebene Teil der russischen Armee die Sache noch einmal von vorn beginnen und zurückkehren könnte; nach dem, was man sagt, haben sie trotz ihrer Verluste noch 70 Tausend Mann… Ich werde Ihnen etwas mitteilen, von dem Sie nicht sagen sollen, dass ich es Ihnen geschrieben habe, sollte es noch nicht bekannt sein; die Nachricht wird Sie überraschen, eigentlich ist sie wegen ihrer geringen Bedeutung kaum nennenswert: der Kaiser hat über Ihren Bruder, den Herzog, den Reichsbann[477] verhängt, aber da er sich damit in der guten Gesellschaft anderer großer Herren[478] befindet, trösten wir uns über dieses Unglück und hoffen, dass die Waffen des Königs gesegnet sein mögen und dass das ganze Übelwollen des Wiener Hofes uns nicht zu schaden vermag. Dennoch sieht man die böswillige Absicht, die sie gegen alle Prinzen des Reiches verfolgen und wie sehr sie versuchen, sie ihrer Autorität zu unterwerfen. Zuletzt haben sie den Herzog schikaniert, indem sie seine Vormundschaft im Herzogtum Weimar nicht anerkennen wollen, obwohl der verstorbene Herzog in seinem Testament verfügt hat, dass Ihr Bruder die Verwaltung führen und die Vormundschaft für seinen Sohn übernehmen soll, bis meine Tochter die Volljährigkeit erlangt hat, und man hat ihm die coegnimitatis[479] verweigert. – Was sagen Sie zu diesen schikanösen Intrigen? … Ich danke Ihnen für das Siegesband des Königs. Daun ist ein übler Herr, sehr listenreich, ich mag ihn gar nicht. Ich schwebe von einem Tag auf den anderen zwischen Furcht und Hoffnung wegen der Ereignisse, die kurz bevorstehen, denn vier verschiedene Armeen stehen einander gegenüber: die des Königs gegen Daun, und die andere[480] gegen die Russen, die (Armee des Prinzen Heinrich in Sachsen) gegen die Reichsarmee[481] und die verbündete Armee des Prinzen Ferdinand.

An die Schwägerin Elisabeth Christine 14. September 1758

Ich habe die Freude, E.M. die Nachricht von der glücklichen Niederkunft meiner Tochter in Weimar mit einem Prinzen zu übermitteln; sie ist am 8. dieses Monats niedergekommen und ihr und ihrem Sohn[482] geht es sehr gut. Die Freude im Land über diese Geburt ist unaussprechlich… Alles ist sehr glücklich und gut verlaufen. Diese Nachricht hat mich erfreut, denn für gewöhnlich hat die Natur kein Nachsehen. Ich war in Sorge, dass der schwere Schicksalsschlag, den meine Tochter getroffen hat, ihrer Gesundheit schaden würde, aber Gott hat sie die schwere Katastrophe durchstehen lassen… Ich warte sehnlichst auf die gute Nachricht vom Sieg unseres lieben Königs über Daun; ich glaube, dass ein glücklicher Schlag

---

477 Laut Kaiserlichem Mandat vom 21. August „sub poena banni Imperii annexa citatione solita et cum termino duorum mensium" war dem Herzog aufgegeben worden, von der Kurfürst-Brandenburgischen, nunmehr auch Kurfürst-Braunschweigischen Empörung abzustehen.

478 Die Könige Friedrich und Georg, der Herzog von Gotha, der Landgraf von Hessen, Prinz Heinrich von Preußen, Herzog Ferdinand, Prinz Friedrich Franz von Braunschweig, Fürst Moritz von Anhalt, Markgraf Karl, der Erbprinz von Kassel.

479 „coegnimitatis" (?), vielleicht: „cum venia aetatis" (Volljährigkeitserklärung).

480 Unter General v. Dohna.

481 Prinz Heinrich in Sachsen.

482 Prinz Friedrich Ferdinand Konstantin (1758–1793), der zweite Sohn Anna Amalias, kam am 8. September 1758, nach dem frühen Tod des Vaters Ernst August II. Konstantin von Sachsen-Weimar und Eisenach, zur Welt. Dieser war erst einundzwanzigjährig am 28. Mai 1758 gestorben.

über den ganzen Krieg entscheiden wird und dass dann der Frieden zu unserem Vorteil in Reichweite wäre und zur Schmach des Hauses Österreich, dem es gefällt, alle Prinzen des Reichs, die nicht auf seiner Seite stehen, mit dem Bann zu belegen. Besonders ist, dass in dieser Erklärung mein Sohn nicht genannt wird, obwohl dieser selbst ganz gegen die Interessen des Hauses Österreich handelt. Es ist das seltsamste Vorgehen, das man sich vorstellen kann.

An die Schwägerin Elisabeth Christine 21. September 1758

Da meine Tochter [in Weimar] mich so sehr gebeten hat, zu ihr zu kommen, gedenke ich, in acht Tagen nach Weimar aufzubrechen, um ihr während der Zeit des Wochenbetts Gesellschaft zu leisten. Die Wege dorthin sind im Augenblick sicher und man braucht nicht zu fürchten, österreichischen Husaren zu begegnen, die sonst auf dem Weimarer Gebiet viel herumgestreunt sind, ich glaube kein Risiko einzugehen… Diese kleine Fahrt wird eine Abwechslung sein angesichts so vieler Unannehmlichkeiten und Kümmernisse, die einander folgten, und meine Tochter benötigt Beistand in ihrem Unglück. Ich habe niemals diese Lumpen [die Schweden] gefürchtet, denn sie wurden von den Russen angestiftet, da sie selbst nicht imstande sind viel anzurichten… Es ist wahr, dass die Lage meines Bruders Heinrich sehr heikel und schwierig war[483]; er hat bei jeder Gelegenheit Beweise seiner Fähigkeiten, seiner Umsicht und Entschlossenheit geliefert, die ihn unsterblich machen, und sicherlich verdanken wir ihm die Freiheit und den Abzug der Franzosen aus Braunschweig. Ich hoffe, dass er nun, unterstützt durch die zusätzliche Armee des Königs, in der Lage sein wird sich zu verteidigen. Wir verdanken ihm auch, dass er Sachsen für den König gerettet hat, der in Gefahr schwebte. Ich sorge mich nur um die Gesundheit meines Bruders Heinrich, die ganz und gar nicht robust ist… Ich hoffe, dass man sich in Wien Vorwürfe machen wird wegen der Art und Weise, wie man sich dem ganzen Reich gegenüber verhält. Ich bin überzeugt, dass man in Hannover zuletzt lachen wird; sie sind erneut in Alarmzustand wegen der Franzosen, denn das Korps von Fischer ist vor den Toren aufgetaucht [14. September] und erst nachdem sie Kontributionen von einer Million gefordert haben, sind sie abgezogen. Das bringt das Ministerium in große Schwierigkeiten, aber um die Wahrheit zu sagen, es hat nicht so gehandelt, wie es musste: anstatt die Truppen zu erweitern, haben sie die einfachen Soldaten entlassen und auf Urlaub geschickt. Währenddessen verfügt der Graf Isenburg jetzt über ein ansehnliches Armeekorps [bei Hameln] und wird allem Anschein nach einer Schlacht nicht aus dem Wege gehen. Ein Teil der französischen Truppen ist seit einigen Tagen in Seesen [15. September], in dem Land des Herzogs, aber sie sind abgezogen und ich befürchte, dass sie hierher kommen.

An die Schwägerin Elisabeth Christine Braunschweig, 3. Oktober 1758

Meine Reise [nach Weimar] wird nicht von langer Dauer sein. Meine arme Tochter hatte seit ihrer Witwenschaft mich und den Herzog zu sich eingeladen… jetzt gibt es keine mehr von ihnen [von den österreichischen Husaren] und alles ist ruhig; so werde ich mich mit der Zustimmung des Herzogs und in der Obhut Gottes auf den Weg begeben [4. Oktober],

---

483 Bis zur Ankunft des Königs am 11. September hatte Prinz Heinrich Dresden gegen die vierfache Übermacht Dauns und der Reichsarmee zu decken gehabt.

um meiner Tochter Trost zu spenden… In der augenblicklichen Lage ist es besser für die Prinzessin von Preußen, in Magdeburg auf ihre Niederkunft zu warten, wo sie Ruhe hat und vor Verfolgungen durch den Feind sicher ist… Die Herzoginmutter beabsichtigt nach Magdeburg zu reisen, um der Prinzessin[484] beizustehen… Ich bin überzeugt, dass General Wedel[485] die Schweden nicht schonen wird und ich erwarte mit Ungeduld die Nachricht, dass er sie vertrieben hat. Man sagt, dass Daun von allem abgeschnitten ist[486] und dass es ihm an Lebensmitteln und allem Notwendigen mangelt und dass er sich in einer so unvorteilhaften Stellung befindet, dass er dem König nicht entkommen kann; wenn er eine andere Position beziehen will, muss er sich vollständig nach Böhmen zurückziehen. Die Franzosen ziehen fort, so wie behauptet wird, ins Bistum Fulda; allem Anschein nach wird die Armee unseres lieben Prinzen Ferdinand nicht mehr zum Einsatz kommen. Ich hoffe jedoch, dass die Polen die Russen[487] in keiner Weise schonen werden und dass es wenigstens in dieser Hinsicht Hoffnung gibt. Man sagt, es sei sicher, dass die Hohe Pforte sich mit Russland entzweit hat und dass sie gegen Russland Krieg führen wollen; man sagt, dies sei von Vorteil und würde eine große Ablenkung bedeuten. Ich bin sehr in Sorge um meine Schwester in Bayreuth, die dahinschwindet; es bricht mir das Herz, den Verlust meiner Verwandten zu erleben, ich würde lieber mein Leben geben, wenn das möglich wäre, und mit Freuden die einzige Seligkeit finden in der glückseligen Ewigkeit, die dieser Welt voller Unglück, Schmerzen und Unvollkommenheit vorzuziehen ist.

An den Markgrafen Friedrich von Bayreuth   Weimar, 21. Oktober 1758

Die erschütternde Nachricht von E.H. über den Verlust, den wir beide erlitten haben, Sie eine so würdige Gemahlin und ich eine geliebte Schwester[488], macht mich so traurig, dass ich keine Worte finde. Ich teile Ihren Schmerz, mehr vermag ich nicht zu sagen… Dies ist in einem Jahr der zweite schwere Verlust, den ich in meiner Familie erleide.

An die Schwägerin Elisabeth Christine   Braunschweig, 26. Oktober 1758

E.M. kann sich vorstellen, welchen Kummer ich empfinde, nun da ich meine Feder zur Hand nehme, um mein Beileid auszusprechen über den Verlust, den Sie erlitten haben[489]. Ich befürchte, dass dieser frische Schmerz wieder aufflammt in dem Augenblick, in dem ich E.M. meine tief empfundene Anteilnahme bezeuge. Mit ganzem Herzen fühle ich mit, wie Sie in einer so grausamen Situation leiden, da ich vor nicht langer Zeit in derselben Lage war und empfinde aufs Neue mit Ihnen die Härte des Schicksals, das mir die liebsten Verwandten nahm. Leider, Madame, ist unsere Trauer doppelt sowohl für den Bruder als auch für die

---

484 Die Prinzessin von Preußen ging am 21. September nach Magdeburg.
485 Er war Anfang September aus Sachsen gegen die Schweden geschickt worden; am 28. September schlug er sie bei Fehrbellin.
486 Der König war am 26. September, nachdem er 14 Tage Daun gegenüber an der Elbe gelegen hatte, nach Bautzen aufgebrochen, um die Verbindung mit Zittau und Böhmen zu sperren.
487 Auf dem Rückmarsch nach der Schlacht bei Zorndorf.
488 Die Markgräfin Wilhelmine war am 14. Oktober gestorben.
489 Bei Hochkirch (14. Oktober) war ihr jüngster Schwager Prinz Franz (geb. 1732) gefallen. Nach dem Tod seines Bruders Albrecht bei Soor 1745 hatte er dessen Regiment erhalten.

Schwester. Ich weine mit Ihnen, liebe Schwester, mögen diese Schicksalsschläge uns nicht entmutigen, obwohl sie uns schmerzen; tragen wir mit Geduld das Leid, das die Vorsehung uns bestimmt, und bleiben wir standhaft, damit Er uns die Kraft gibt, es zu tragen. Wenn man es recht betrachtet, werden Sie mir zustimmen, dass die, die nicht mehr sind, es besser haben als wir, die wir in Sorgen leben und unentwegt Widrigkeiten, Kümmernissen und Fehlern ausgesetzt sind, von denen kein Sterblicher ganz frei sein kann; so dass die, die uns vorangehen und eine Welt und einen Körper verlassen voller Unvollkommenheiten, glücklicher sind und es nicht verdienen beklagt zu werden, sondern nur aus persönlicher Freundschaft, die wir für sie hegten, die uns wünschen ließ, sie mit uns leben zu sehen; obwohl dies traurige Schicksalsschläge sind für die, die zurückbleiben. Ich wünsche, dies möge der letzte sein, den E.M. und ich in unserer Familie erleben. Dieses Jahr ist für mich durch all das, was es mir genommen hat, eines der unheilbringendsten. Möge Gott dem ein Ende setzen und uns den König erhalten… Ich habe den Aufenthalt in Weimar sehr traurig zu Ende gebracht, nachdem ich Schlag auf Schlag diese schrecklichen Nachrichten erhalten habe, die der Grund dafür sind, dass ich meine Rückkehr hierher vorgezogen habe, die später erfolgen sollte, um vor allem dem Herzog zur Seite zu stehen, den ich bei guter Gesundheit vorgefunden habe. Ich habe meine Zeit in Weimar angenehm verbracht, denn ich hatte die Freude, eine Tochter zu erleben, die vollkommen zufrieden wäre, wenn der Himmel ihr ihren Gatten länger gelassen hätte; es war eine so gute Verbindung, dass es zu bedauern ist, dass sie nicht von längerer Dauer war. Aber es scheint, dass die Vorsehung die Lebensspanne dieses Prinzen begrenzt hat, doch hinterließ er zwei kleine Prinzen, die der Trost ihrer Mutter und des ganzen Landes sind. Der Älteste ist ganz liebenswert, gesund und robust; obwohl noch in zartem Alter, zeigt er viel Verstand und Geist; er ist voller Lebhaftigkeit und Fröhlichkeit. Der Hof ist schön und in guter Ordnung. Man ist sehr für den König eingenommen in den beiden Ländern, Gotha und Weimar; schade nur, dass ihre militärischen Kräfte und die Politik nicht diesen guten Absichten entsprechend zu handeln vermögen. [Beim Eintreffen der Trauernachricht] fürchtete ich auch den Verlust des Königs und mich überkamen die trübsten Gedanken. Ich habe meine Tochter bei einigermaßen guter Gesundheit zurückgelassen, obwohl sie seit ihrem großen Schicksalsschlag gesundheitlich anfälliger ist.

An die Schwägerin Elisabeth Christine Braunschweig, 3. November 1758

Die Geburt des kleinen Prinzen[490] in Magdeburg wird E.M. Freude bereitet haben… Die Prinzessin ist sehr glücklich niedergekommen, nach dem, was die Herzogin mir schreibt. Es wird für E.M. ein Trost sein sie wiederzusehen, wenn all das vorüber ist. Es ist ein Glück, dass sie so gut all ihren Kummer ertragen hat, und sogar den letzten[491], von dem ich geglaubt habe, dass man ihn ihr bis nach der Niederkunft verschweigen würde. Es ist sicher, dass all die Beweise von Tüchtigkeit und Tapferkeit, die der verstorbene Prinz im Dienst gezeigt hat,

---

490 Prinz Emil, geboren am 30. Oktober.
491 Den Tod des Prinzen von Preußen, August Wilhelm, am 12. Juni 1758 in Oranienburg.

bewirken werden, dass man für immer seiner als tapferer General gedenken wird, so wie alle die, die ihn gekannt haben, ihm Gerechtigkeit widerfahren lassen werden, wie es seinem Verdienst entspricht... Wir leben hier noch zurückgezogen, bis der Prinz ankommt und die Beisetzung stattgefunden hat[492]...

An die Schwägerin Elisabeth Christine 23. November 1758

Das ist eine gute Nachricht, wir hoffen, dass weitere folgen werden, dass der König Sachsen[493] schützen kann, dass Daun auf die eine oder andere Weise von diesem Territorium vertrieben wird und dass der König friedlich die Winterquartiere beziehen kann. Dass nun die Russen das Gebiet des Königs verlassen, ist ein gutes Vorzeichen für den künftigen Frieden... Seit Sonntag [19. November] zeige ich mich wieder in der Öffentlichkeit. Man macht eine jämmerliche Figur, wenn man ganze Zeitspannen in Trübsal und Traurigkeit verbringt, man verliert die Routine von Fröhlichkeit und heiterer Konversation und es vergeht einem die gute Stimmung.

An die Schwägerin Elisabeth Christine 24. Dezember 1758

Mit großer Betrübnis habe ich erfahren, dass die Prinzessin von Preußen ihre Reise verschoben hat[494] wegen des Wechsels der Amme, den man um des kleinen Prinzen Willens vornehmen musste. Gott möge dieses kleine Kind beschützen, das ich doppelt schätze als kostbaren Nachkommen meines lieben verstorbenen Bruders[495]. Ich bin überzeugt, dass die kleinen Prinzen sehr froh sein werden, den König[496] zu sehen... Ich denke, dass die Prinzessin auf die mildere Jahreszeit wartet, um die Reise mit dem lieben kleinen Prinzen anzutreten. Im Übrigen beglückwünsche ich Sie zur Beförderung des lieben Prinzen Ferdinand in den Rang eines Feldmarschalls[497]. Ich hoffe, dass er diese neue Würde lange genießen kann, die er wirklich verdient.

An Friedrich 16. März 1759

Wir haben soeben die Antworten aus London erhalten, die uns jetzt freie Hand lassen. Der alte König von England hat die letzten Anstrengungen unternommen, um die Prinzessin von Wales von den Absichten zu überzeugen, die er für Caroline verfolgt, aber die Prinzessin hat dem König geschrieben, dass ihr Sohn eine extreme Abneigung dagegen habe, in seinem

---

492 Die Beisetzung fand am 15. November statt.
493 Nach vergeblichen Versuchen gegen Dresden, Torgau und Leipzig ging Daun am 16. November nach Böhmen in die Winterquartiere.
494 Die Abreise erfolgte am 5. Januar 1759.
495 Der kleine Prinz starb in der Nacht vom 15.-16. Februar.
496 In Torgau hatten Prinz Friedrich Wilhelm (geb. 1744) und Prinz Heinrich (geb. 1747), die Söhne des verstorbenen Prinzen von Preußen, den König besucht.
497 Am 9. Dezember.

jetzigen Alter ernsthafte Bindungen einzugehen[498]. Da nun kein Hindernis mehr besteht, bittet der Markgraf von Bayreuth[499] um Carolines Hand, der Herzog und ich geben unsere Zustimmung. Aber bevor nicht die eine und die andere Sache geregelt sind, werden wir die Sache nicht hochspielen.

An die Schwägerin Elisabeth Christine   1. April 1759

Mein Sohn befindet sich auch auf dem Feldzug, der Prinz Ferdinand ist zu ihm gestoßen; ich hoffe, dass sie die Österreicher daran hindern werden hierher zu kommen, wie sie es sicher beabsichtigen[500]. Ich bin entzückt, dass sich mein Bruder Ferdinand erholt[501]. Ich war in Sorge um ihn. Daran kann man sehen, dass man ohne Gefahr und ohne sich in gefährlichen Situationen zu befinden, vor Unfällen nicht gefeit ist; das zeigt auch mein lieber verstorbener Bruder, der im Bett gestorben ist, was mich nicht fürchten lässt für die, die sich darin befinden, denn nur die Vorsehung, die über unser Schicksal entscheidet, kann uns überall beschützen. Um die alte Herzoginwitwe[502] stand es so schlecht, dass wir glaubten, sie zu verlieren. Sie war mit einem Mal an einer schweren Lungenentzündung erkrankt, mit einem heftigen Fieberanfall, so dass der Arzt um ihre Genesung fürchtete, aber ein Aderlass, den er vorgenommen hat, hat sie vor der unmittelbaren Gefahr eines Schlaganfalls gerettet. Von Tag zu Tag hat sie sich erholt, obwohl es schwierig sein wird, dass sie wieder zu Kräften kommt, in ihrem Alter erholt man sich nicht schnell. Dennoch ist es erstaunlich, dass sie diese Krankheit überwunden hat, denn sie ist in ihrem sechsundsiebzigsten Lebensjahr. Da sie eine sehr wohltätige Prinzessin war, die viel für die Armen getan hat, wäre es ein Verlust, obwohl sie ein Alter erreicht hat, in dem man kaum noch auf das Leben zählen kann… Berichten Sie mir, ob Sie sicher sind bezüglich einer Invasion der Russen in diesem Jahr? Gott möge Sie davon verschonen! Das wünschen wir hier ebenso, ich hoffe, dass der Prinz Ferdinand und mein Sohn unsere Schutzengel sein werden.

---

498 Georg [III.], geb. 1738; er heiratete im September 1761 die Prinzessin Sophie Charlotte von Mecklenburg-Strelitz (geb. 1744).

499 Markgraf Friedrich von Bayreuth (geb. 1711), verwitwet seit dem 14. Oktober 1758. Am 3. Mai schrieb ihm die Herzogin: *„Mein Gemahl, der Herzog, hat mich über die Absichten E.H. bezüglich meiner Tochter Caroline unterrichtet und der Brief, den ich von E.H. erhalten habe, bestätigt die von Ihnen vorgeschlagene Verbindung; ich stimme umso lieber zu, da ich den Vorzug habe, E.H. zu kennen."* Die Vermählung war am 20. September 1759.

500 Die Österreicher kamen die Werra und Fulda herauf. Herzog Ferdinand traf am 24. März in Kassel ein und rückte mit der Avantgarde unter dem Erbprinzen gegen Fulda.

501 Prinz Ferdinand war im März 1758 von neuem erkrankt; im Frühling 1759 glaubte er wieder so weit hergestellt zu sein, dass er den König bat, am Feldzug teilnehmen zu dürfen.

502 Die Herzogin Elisabeth Sophie Marie (geb. 1683).

An Friedrich 26. Dezember 1759

Da ich soeben erfahren habe, dass mein Sohn mit einem Korps Soldaten abgeordnet wird, um Sie gegen die Feinde[503] zu unterstützen, erlauben Sie, dass ich ihn Ihnen empfehle. Er wird niemals besser seine Tüchtigkeit zeigen können als in Ihren Diensten. Aber da er ein wenig hitzköpfig ist, bitte ich Sie, die Güte zu haben, ein wenig auf ihn zu achten, umso mehr da ich von seinem Willen überzeugt bin, seine Pflicht in nichts zu vernachlässigen und sie mit ganzem Eifer zu erfüllen, um Ihre Anerkennung zu verdienen. Ich hoffe, dass dieses Unterpfand, das ich Ihnen als einem Bruder anvertraue, den ich zärtlich liebe, Sie manchmal an seine Mutter denken lassen wird.

An Friedrich 13. Februar 1760

Ich bedauere, dass mein Sohn Sie verlassen hat[504], ohne dass er die Gelegenheit hatte, Ihnen seinen Eifer zu zeigen und Ihnen nicht nützlicher sein konnte während der Zeit, wo er den Vorzug hatte, Ihnen seine Dienste zu erweisen. Doch ich erkenne doppelt die Güte an, die Sie ihm erweisen, und ich bin unendlich geschmeichelt, dass Sie ihn mit Ihrer Wertschätzung ehren; und dass er sie erworben hat und Sie ihn loben, belohnt mich für all meine Sorge. Im Übrigen sehe ich mit großem Schmerz die schwierige Situation, in der Sie sich befinden. Es ist sehr traurig, dass Ihre tapferen Truppen der Ruhe entbehren, die sie so dringend benötigen[505]. Ich gestehe Ihnen, dass ich es als eine Art Wunder betrachte, dass Sie selbst all den Anstrengungen standhalten, die Körper und Geist abverlangt werden. Es wäre nicht verwunderlich, wenn Sie ihnen erliegen würden, das ist ein sichtbares Zeichen, dass die Vorsehung Ihnen beisteht und Sie beschützt, ohne das wäre es unmöglich… Das Interesse, das ich ohne Unterlass habe an der Bewahrung der Größe des Hauses, dem ich entstamme, gibt mir sehr oft Anlass, über den augenblicklichen Stand der Dinge nachzudenken. Ich glaube, Ihre Schwächung und die Stärkung des Hauses Österreich auf Ihre Kosten wäre ganz gegen die Interessen Frankreichs, umso mehr da der jetzige Krieg Frankreich in jeder Weise belastet und sie nichts dabei gewinnen, und keine andere Ressource haben als das Geschirr, das man aus Geldmangel einschmilzt, um noch einen Feldzug zu unternehmen[506]. Diese Umstände bringen mich zu der Einschätzung, dass sie die ersten sein werden, die Frieden

---

503 Der Erbprinz rückte, nachdem er den Herzog von Württemberg bei Fulda am 30. November geschlagen hatte, zum König, der nach der Kapitulation von Maxen (27. November) und der Niederlage des General Diericke bei Meißen (4. Dezember) von Herzog Ferdinand Unterstützung verlangt hatte. Der Erbprinz traf am 26. Dezember in Freiberg beim König ein. Der König schrieb nach diesem Besuch an Prinz Heinrich am 19. Januar 1760: *„Mein Neffe wird morgen zu Ihnen kommen. Er ist überaus liebenswürdig und ich zweifle nicht, dass er Ihre Anerkennung finden wird. Er hat einen bewundernswerten Charakter, mit dem Verstand eines Vierzigjährigen, man ist erstaunt, das bei einem so jungen Mann zu finden."*

504 Der Erbprinz war am 5. Februar wieder abgerückt. Nach seinem Weggang verfasste der König die *„Ode au Prince-héréditaire de Bronsvic"*, die schloss: *„Ihr Name gewinnt an Größe und wird in schnellem Flug Unsterblichkeit erlangen."*

505 Nach dem Verlust der sächsischen Festungen musste das preußische Heer in engen Kantonnements zwischen Freiberg und Meißen liegen.

506 Ludwig XV. hatte die Aufforderung an die Franzosen ergehen lassen, ihr Silberzeug in die Münze zu schicken, und war selbst mit gutem Beispiel vorangegangen.

wollen und dass sie hinsichtlich der Konditionen keine Schwierigkeiten bereiten werden[507]. Ich hoffe, dass ebendieser Geldmangel sie von Hilfszahlungen an Russland abhalten wird und dass diese [die Russen] Ihnen nichts mehr anhaben können, vorausgesetzt, die Engländer halten sie in Schach… Ich wäre glücklich, wenn meine Überlegungen zuträfen und ich dazu beitragen könnte, die Geister zu befrieden, die sich Ihnen entgegenstellen und wenn ich sie Ihnen zurückführen könnte. Sie halten mich für sehr wenig realistisch, wenn Sie nur unterstellen, dass ich beabsichtige, dass Sie mir schreiben; so angenehm es mir auch ist, Ihre lieben Nachrichten zu erhalten, so wäre ich doch gekränkt, Ihnen zur Last zu sein angesichts all der fortdauernden Aufgaben, die auf Ihnen lasten. Ich verlasse mich auf Ihre Versicherungen des Fortbestehens Ihrer Freundschaft, die Sie mir von Zeit zu Zeit geben und die mich ein wenig für die Kürze Ihrer Briefe entschädigen; wenn ich weiß, dass Ihre Dinge gut laufen und dass Ihre Gesundheit bestens ist, fasse ich Mut.

P.S. Der Herzog ist sehr damit beschäftigt, ein Korps von Jägern und Husaren für die alliierte Armee auszuheben, von deren Soldaten es hier wimmelt.

An die Schwägerin Elisabeth Christine   11. März 1760

Der Herzog ist mit dem Prinzen Ferdinand und meinem Sohn zusammengetroffen; das Treffen fand in Hameln[508] statt, er ist glücklich zurückgekehrt und bei bester Gesundheit. Die Freude sich wiederzusehen, war auf beiden Seiten groß… Der Herzog hat mir gesagt, dass der Prinz, Ihr Bruder, schrecklich dick geworden sei und mehr Genießer sei als er, und mein Sohn sei gewachsen. Ich wäre gern dabei gewesen, obwohl es nur für einige Tage gewesen wäre. Der König hat meinem Sohn ein herrliches, mit Brillanten besetztes Schwert geschenkt, es ist wunderschön und übertrifft das, was er aus England erhalten hat. Die herzliche Art, auf die er es bekommen hat, hat den Preis noch übertroffen… Ich weiß nicht, ob E.M. weiß, dass der Prinz von Bevern in den dänischen Dienst[509] eintritt; er wird Generalleutnant und erhält ein Regiment mit Bezügen von dreitausend Talern, worüber er sehr zufrieden ist.

An die Schwägerin Elisabeth Christine   27. März 1760

Man spricht viel von Frieden, aber bislang ohne Erfolg; in dem Maß, wie der Beginn der Feldzüge näher rückt, entschwinden die Hoffnungen wie Gespenster, was traurig und zum Verzweifeln ist. Aber wir verlieren nicht den Mut, die Dinge, die oft am bedrohlichsten erscheinen, können sich zum Guten wenden; wir haben davon schon bedeutende Beispiele erlebt… Ich habe mit unseren Offizieren gesprochen, die aus Sachsen zurückgekehrt sind und die mir gesagt haben, der König sehe vom Gesicht her gut aus und es gehe ihm gut. Ich

---

507 Am 26. November 1759 hatte Prinz Ludwig von Braunschweig in Rijswijk eine englisch-preußische Deklaration zur Herbeiführung eines allgemeinen Friedens den Bevollmächtigten Frankreichs, Österreichs und Russlands überreicht; während die Kaiserhöfe sich ablehnend verhielten, suchte Frankreich infolge seiner Misserfolge im Seekrieg den Frieden mit England.

508 8.–10. März.

509 Prinz Karl von Bevern hatte im März 1759 seinen Abschied aus preußischen Diensten erbeten und erhalten und hatte den Feldzug bei der alliierten Armee als Volontär mitgemacht; er war mit bei den Truppen, die der Erbprinz nach Sachsen geführt hatte.

hoffe, dass die Russen verjagt werden, mein Bruder Heinrich hat das Kommando gegen sie übernommen; nach dem, was die Zeitungen sagen und allem Anschein nach, wird sich in diesem Jahr alles entscheiden. Der allgemeine Mangel und die fehlenden Geldmittel werden uns den Frieden bringen.

An Friedrich 3. April 1760

Es bereitet mir den größten Kummer, Ihnen zu schreiben, welchen Schmerz Ihr Brief bei mir ausgelöst hat, vor allem weil ich mit großer Betroffenheit bemerke, wie wenig Verbundenheit Sie mit dem Rest Ihrer Familie fühlen, denn Sie wollen sich opfern und sie unglücklich machen und den Triumph Ihrer Feinde vollenden, für den Fall, dass es diesen gelingen sollte, Sie zu demütigen[510]. Sie sehen, dass meine Verzweiflung nicht geringer ist als die Ihre über all die traurigen Geschehnisse, die unserem Haus seit 1757 widerfahren sind, die Erinnerung daran wird bei mir niemals verblassen, aber ich denke auch an die unendlich vielen Hindernisse, die Sie bis hierher überwunden haben, in einer Weise, dass Sie Ihren Feinden noch zusetzen können. Sie dürften besser informiert sein als ich über die gefährlichen Absichten Ihrer Feinde, doch es ist sicher, dass Frankreich nicht mehr in der Lage ist, Krieg zu führen und obwohl sie sich auf diesen Feldzug vorbereiten, sagt man, dass sie nichts unternehmen und in der Defensive bleiben werden. Die Russen sind es müde, seit 6 Monaten kein Geld mehr von Frankreich zu erhalten, es kann kein Geld mehr aufbringen. Man behauptet, dass sie zurückweichen werden und wenn sie kommen, so wird es mit langsamem Schritt sein. Die Armee des Prinzen Ferdinand wird fast mehr als 70.000 Mann stark sein, er wird in der Lage sein, Ablenkungsmanöver[511] zu unternehmen; die Ihre ist zahlreich; diese Umstände lassen mich hoffen, dass alles besser laufen wird, als man glaubt.

An die Schwägerin Elisabeth Christine 7. April 1760

Ich muss Ihnen sagen, dass mich die Hoffnung auf Frieden hat glauben lassen, dass im Übrigen alles gut laufen würde. Doch alle Dinge scheinen mir noch in einer tiefen Krise zu stecken, aber wir können weder in die eine noch die andere Richtung etwas verändern, so müssen wir auf Gott vertrauen, der alles entscheiden wird… Ich sehe alles, was Sie mir an Freundlichkeiten über meine Kinder sagen, als Zeichen Ihres Wohlwollens an. Gott sei Dank, hat er allen ein gutes Herz gegeben, von dem sie sich, so Gott will, leiten lassen werden. Es ist eine große Beruhigung, diese Hoffnung zu hegen und dass bis jetzt Gott alle Bemühungen um ihre Erziehung gesegnet hat… Seit drei Jahren durchleben wir traurige und mühevolle Zeiten, so dass ich nicht die Ehre hatte, Sie zu sehen; die Zeiten müssen bald besser werden.

---

510 Dem Herzog Ferdinand hatte der König am 28. Januar geschrieben: „Wenn Frankreich keinen Frieden mit England macht, besteht für uns das große Risiko, ohne Ressource verloren zu sein… dann können Sie nur noch daran denken, unseren Grabstein anfertigen zu lassen."

511 Bei einem Frieden zwischen Frankreich und England wurde die Armee des Herzogs Ferdinand frei.

An die Schwägerin Elisabeth Christine 12. Mai 1760

Wir sind jetzt ziemlich allein, die Truppen des Herzogs sind am 10. abgezogen, um sich der alliierten Armee anzuschließen, das beraubt den Hof der Offiziere und verursacht eine beträchtliche Leere. Ich glaube, dass die Herzoginmutter Ihnen von all den Musterungen berichtet hat, an denen wir zusammen teilgenommen haben und die sehr schön waren. Ich gestehe, dass ich gerührt war, all diese tapferen Leute zu sehen, denn die gefährlichen Umstände lassen befürchten, dass man nicht damit rechnen kann, sie wiederzusehen, was schmerzt. Sie können sich nicht vorstellen, welch schönes Korps an Truppen es gibt, zuerst ein Regiment von prächtigen Karabinieri, dann eines von Husaren, ein Infanterieregiment und das der Jäger. All das ist aufgestellt und ergänzt worden innerhalb von 6 Monaten. E.M. kann daran ersehen, welche Mühe der Herzog hatte, all das aufzubringen[512]… Der englische Kommissar, der eingetroffen ist, um den Truppen den Eid abzunehmen und sie zu inspizieren, hat sie für gut befunden. Ich glaube, dass sie die Billigung der Armee erhalten. Prinz Ferdinand kann aktuell über 80 Tausend Mann verfügen, alles schöne und gute Truppen. Von dieser Seite her habe ich keine Befürchtungen. Gebe Gott nur, dass mein Bruder Heinrich gegen die Russen erfolgreich ist und dass in Sachsen alles gut geht.

An die Schwägerin Elisabeth Christine 21. Juli 1760

Ich habe mich gefreut über den freundlichen Gruß, den Sie mir über den lieben Herzog übermitteln ließen und Ihre Anteilnahme an den traurigen Nachrichten über die Verwundung meines Sohnes[513]. Sie können sich die nervliche Belastung, die Sorgen und Ängste um diesen lieben Sohn vorstellen. Nur Gott weiß darum, der, Gott sei Dank, ihn mir zurückgegeben hat, mit einer Verwundung, die keine Gefahr darstellt, mein Sohn selbst schreibt mir, dass es eine Prellung der rechten Schulter war und dass die Kugel ihn gestreift hat und dass es ihn nicht daran hindert, seinem Dienst nachzukommen. Dieser Entschluss hat meine Ängste nur vergrößert, weiß ich ihn doch so erneut in Gefahr. Prinz Ferdinand, der niemanden hat, der ihn entlasten könnte, überträgt meinem Sohn immer die heikelsten Aufgaben, denn er weiß, dass niemand seine Befehle besser ausführt als mein Sohn. Bis jetzt war das immer erfolgreich und mein Sohn ist gut davon gekommen. Der Tag des 16.[514] ist für ihn abermals günstig verlaufen, er hat die Franzosen in ihrem Lager überrascht, und hat jeden gefangen genommen, der nicht getötet wurde… Prinz Ferdinand sagt, dass dieses Ereignis meinen Sohn unvergesslich machen würde und dass es ein glänzender Tag war, und er scheint sehr zufrieden zu sein. Ich wäre doppelt so froh, wenn ich wüsste, dass mein Sohn damit zum letzten Mal sein Leben aufs Spiel gesetzt hat. Gott sei Dank geht es ihm im Augenblick sehr gut.

---

512 Herzog Ferdinand, der die Musterung am 16. Mai in Lippstadt abhielt, erklärte: *„Diese leichten Truppen sind eine Ansammlung von allen Sorten von Leuten, auf die man sich kaum wird verlassen können, denn sie besteht aus Deserteuren und Gefangenen."*
513 Am 10. Juni war der Erbprinz bei Forbach verwundet worden und hatte zurückgehen müssen.
514 Bei Emsdorf, am 16. Juli.

An die Schwägerin Elisabeth Christine [Ende August] 1760

Wir haben den Landgrafen hier, der bleiben wird, bis er sicher in sein Land zurückkehren kann[515]. Ich habe bei dieser Gelegenheit die Bekanntschaft der Prinzessin Charlotte, seiner Kusine, gemacht, die ihn begleitet und die solange bei uns bleibt wie der Landgraf. Sie ist sehr liebenswürdig, zuvorkommend und freundlich, voller Höflichkeit und Aufmerksamkeit. Sie hat ein lebhaftes und heiteres Wesen, charmant und ausgeglichen, was ihre Gesellschaft sehr angenehm macht.
P.S. Wir leben in Furcht und Hoffnung auf Nachrichten von der alliierten Armee, denn die Franzosen machen Anstalten, die Weser zu überschreiten, aber ich hoffe, dass Prinz Ferdinand verhindern wird, dass sie weiter vordringen[516]; sonst wären wir in einer schwierigen Situation. Man sagt, dass der Württemberger sich ihnen anschließen wird[517]. Gott weiß, wie die Sache steht.

An die Schwägerin Elisabeth Christine 4. September 1760

Ich konnte unter keinem besseren Vorzeichen die Bekanntschaft von Herrn von Cocceji machen, als bei einer so glücklichen und interessanten Gelegenheit wie der Nachricht, die den Sieg des Königs[518] bestätigt hat. Doch ich war entsetzt, als ich von der Gefahr erfuhr, der er ausgesetzt war… Gott sei Dank, geht es meinem Sohn zurzeit sehr gut. Die Franzosen haben in den vergangenen zwei Wochen viele Truppenbewegungen unternommen ohne zu wissen warum, sie haben geglaubt, auf diese Weise den Prinzen Ferdinand zu veranlassen, seine Stellung [an der Diemel] zu verlassen und da dieser unerschüttert dort geblieben ist, haben sie sich verkalkuliert. Die Herren aus Württemberg frequentieren uns ein wenig; sie lagern diesseits vom Harz; man kann noch nicht erkennen, wohin sie gehen werden. Der Herzog taucht wirklich überall als Plünderer auf, und fordert überall, wo er vorbeikommt, übermäßige Kontributionen und führt in seinem Gefolge immer 300 Juden[519] mit. Sie müssen zugeben, dass das sehr unwürdig ist. Gott möge uns vor seinem Besuch bewahren, er wäre schlimmer als die Franzosen, aber ich hoffe immer noch, dass er es nicht wagen wird. Man sagt, dass General Hülsen nach Halle[520] geht; ich denke, dass er damit den Herrn aus Württemberg in Schach halten und daran hindern will, nach Halberstadt zu gehen[521]. Die Prinzessin von Hessen ist zurückgekehrt aus Helmstedt, sehr froh darüber, dass sie ihre Schwester[522] gesehen hat.

---

515 Friedrich II. Er hatte vom Tod seines Vaters (1. Februar) in Magdeburg, wo er Vize-Gouverneur war, erfahren. Nach kurzem Aufenthalt in Kassel, das am 31. Juli von den Franzosen besetzt worden war, ging er am 1. August nach Braunschweig.
516 Die Franzosen hatten Anfang August Göttingen besetzt, waren dann zurückgeworfen worden.
517 Am 8. August stand der Herzog Karl von Württemberg mit seinen Truppen bei Schweinfurt, um dann auf Meiningen vorzurücken.
518 Der Flügeladjutant Hauptmann von Cocceji brachte die Nachricht vom Sieg bei Liegnitz (15. August) nach London.
519 *„Der Herzog rückte vor mit dem festen Entschluss, sowohl Freunde als auch Feinde auszuplündern. In dieser Absicht ließ er sich von einer ganzen Synagoge von Juden begleiten, um sein Beutegut zu verkaufen. Man nannte diese Truppe von Israeliten seinen Sanhedrin,"* schreibt der König in der „Geschichte des Siebenjährigen Krieges".
520 Er ging vielmehr nach Sachsen.
521 Er stand bei Torgau.
522 Die Prinzessin Heinrich von Preußen war die jüngere Schwester der Prinzessin Charlotte (geb. 1725).

An die Schwägerin Elisabeth Christine 26. September 1760

Die Niederlage von Beck[523] und die Aufhebung der Belagerung von Kolberg[524] sind zwei Nachrichten, über die mich sehr gefreut habe; vor allem die letztere ist eine der wichtigsten, denn die Russen sind daran gehindert worden, einen Hafen im Land des Königs in Besitz zu nehmen, der für sie sehr günstig gewesen wäre, um dort zu bleiben, wenn nicht Werner gute Vorkehrungen getroffen hätte, um sie von dort zu vertreiben... Man hofft, dass England und Frankreich am ersten Tag in diesem Winter Frieden schließen werden, dessen Bedingungen den Interessen des Königs nicht abträglich sein werden[525]. In diesem Fall könnte die Armee des Prinzen Ferdinand Ablenkungsmanöver überall dort unternehmen, wo man will, was eine große Hilfe für den König wäre. Solange der Landgraf noch hier ist, bezweifle ich, dass meine Söhne E.M. aufsuchen können, aber sobald er abgereist ist, wird der Herzog ihnen sicher erlauben, dies zu tun, und ich stünde dem nicht entgegen, denn ich bin froh über die Güte E.M., die sie gern bei sich sehen möchte[526].

An die Schwägerin Elisabeth Christine 9. Oktober 1760

Ich kann E.M. gar nicht genug meine Freude bekunden über die Befreiung Berlins durch die Tapferkeit, die die kleine Garnison bewiesen hat, als sie sich so gut gegen diese grausamen Feinde verteidigt hat[527]. Ich war entsetzt, als ich erfahren habe, welches Vorgehen diese Barbaren gegen meine Geburtsstadt ersonnen hatten und sie hätten es nicht unterlassen, sie hart zu behandeln, wenn sie ihre schlimmen Absichten hätten durchsetzen können. Welch ein Glück, dass der Prinz von Württemberg rechtzeitig eingetroffen ist[528], um ihnen Kräfte entgegenzusetzen und die Umsicht des Marschalls Lewald und die klugen Vorkehrungen des Generals Seydlitz haben sich vereint, um den abscheulichen Plan dieser schrecklichen Russen zunichte zu machen. Sicherlich gibt es Wunder, die über unsere Rettung entscheiden... Man sagt, dass das Korps des Herzogs von Württemberg in Treuenbrietzen[529] war, aber da es jetzt eine so gute Garnison in Berlin gibt, bin ich überzeugt, dass sie nicht wagen werden, in dieser Richtung etwas zu unternehmen und ich hoffe, dass E.M. in Magdeburg[530] unbesorgt bleiben kann. Bitte liebe Schwester, sagen Sie mir, in welchem Land hätten Sie Zuflucht gesucht, wäre der Feind soweit gekommen, dass Sie Magdeburg hätten verlassen müssen? Möge Gott verhüten, dass dieses Unglück jemals eintritt, das wäre sehr traurig. Ich gestehe, dass ich oft daran gedacht habe, in welcher Bedrängnis Sie sich dann befänden, denn man hat oft von der Absicht der Feinde gesprochen, sich dieser Festung zu bemächtigen... Die Franzosen

---

523 16. September bei Reichenau.
524 18. September.
525 Während Frankreich auf einen Separatfrieden mit England ausging, erklärte König Georg, nur gemeinsam mit Preußen abschließen zu wollen. Infolge des Eindrucks, den die Schlacht bei Liegnitz machte, erklärte das französische Ministerium in Wien, der König sei gewillt, diesen Feldzug den letzten sein zu lassen.
526 Sie hatten die Königin im Oktober 1759 in Magdeburg besucht.
527 Am 23. Oktober war Totleben mit der russischen Avantgarde vor Berlin erschienen. General von Rochow, unterstützt von Seydlitz, und der alte, 75jährige Feldmarschall Lewald lehnten die angebotene Kapitulation ab und schlugen mit der schwachen Besatzung den Sturm der Russen ab. Die 10stündige Beschießung der Stadt richtete verhältnismäßig geringen Schaden an.
528 Er kam am 4. aus Pommern mit 5000 Mann an, worauf Totleben sich nach Köpenick zurückzog.
529 Nach der Kapitulation von Torgau (26. September) war die Reichsarmee nach Norden vorgerückt.
530 Der Hof war seit März in Magdeburg.

beginnen Kassel zu verlassen, um Wesel[531] zu verteidigen, wo sich mein Sohn befindet, um die Stadt zu belagern. Wenn es ihm gelingt, sie einzunehmen, woran kein Zweifel besteht, hoffe ich, dass dies die Franzosen dazu bringt, ganz Westfalen zu verlassen und dass das Theater des Krieges sich aus unserer Region entfernen wird und dass die Folgezeit glücklich verlaufen wird, damit Prinz Ferdinand mit seiner Armee ein Ablenkungsmanöver unternehmen kann, was dem König helfen wird. Das wäre der größte Erfolg, den der Prinz, Ihr Bruder, erringen könnte für die Befreiung der Alliierten und es würde meinem Sohn zur Ehre gereichen, wenn er es ausführt. Wir feiern heute seinen Geburtstag, daher gibt der Landgraf heute Abend ein Fest, zu dem wir alle eingeladen sind. Ich denke, dass er nicht mehr lange hier bleibt und bald in sein Land[532] zurückkehren wird.

An die Schwägerin Elisabeth Christine   13. Oktober 1760

Ich teile den großen Kummer E.M. über das Unglück, das meine Geburtsstadt getroffen hat. Ich bin darüber verzweifelt und versinke in traurigen Gedanken, die dieses abgrundtiefe Unheil in mir auslöst. Gott möge uns beistehen, meine liebe Schwester, in der traurigen Situation, in der Sie sich befinden[533]… Ich wünschte Sie außerhalb der Gefahren, die Sie bedrohen, Sie sind von inneren[534] und äußeren Feinden umgeben. Sagen Sie mir, ob der König unterrichtet ist über das Unglück von Berlin und ob man nicht die Kanaillen hinausjagen[535] wird. Welch bedrückende Niederlage für den König und seine armen Untertanen! Gebe Gott ihnen die Standhaftigkeit, die man braucht, um sich nicht vollständig aufzugeben und möge er die harten Herzen verändern, die nur Gefallen daran finden, Gemetzel anzurichten und das menschliche Geschlecht zu vernichten… Ich hoffe, dass die Unternehmung meines Sohnes glücklich ausgeht; das wird uns helfen. Man sagt, dass die Engländer und die Franzosen einen Separatfrieden abschließen werden; vielleicht wird das Geschehen in Berlin den Franzosen und vielen anderen die Augen öffnen. Man spricht von einer englischen Flotte, die eine Landung plant, um die Niederlande einzunehmen.

---

531 Wesel war seit der Besetzung durch die Franzosen (März 1757) deren Stützpunkt am Rhein. Am 22. September war der Erbprinz von der Diemel gegen Wesel aufgebrochen, das er am 30. September einschloss.

532 Er blieb noch bis Oktober 1762.

533 Am 7. war Hülsen in Berlin eingerückt, so dass dort jetzt 16.000 Preußen standen. Durch die Ankunft von 16.000 Russen unter Czernitscheff und 18.000 Österreichern unter Lacy, die von der Oder und aus Schlesien kamen, war die Zahl der Angreifer auf 40.000 Mann gestiegen. Aus der Uckermark rückten die Schweden an. Die Reichsarmee stand bei Treuenbrietzen, das russische Haupheer an der Warthe. Es war zu befürchten, dass nach der Einnahme Berlins der nächste Stoß gegen Magdeburg ging.

534 Im August 1760 war man einem Komplott auf die Spur gekommen, das Magdeburg den Feinden in die Hände spielen wollte.

535 Am 9. zog die Besatzung ab und Totleben ein.

An die Schwägerin Elisabeth Christine   15. Oktober 1760 in Eile

Gott sei gelobt, der die Wünsche E.M. und die meinen für den Abzug der Feinde aus Berlin[536] erhört hat. Meine Freude darüber ist unaussprechlich, ebenso wie über die Nachricht vom Sieg des Königs über Laudon[537]. Endlich erfreuliche Ereignisse… Es scheint mir, dass es ein großes Glück ist, dass sich eine so barbarische Nation wie die Russen so maßvoll in Berlin verhalten hat… Ich schreibe Ihnen diese frohe Nachricht mit unbeschwertem Herzen, ich bin ein ganz anderer Mensch, seitdem ich weiß, dass Sie in Magdeburg nicht mehr in Gefahr sind. Einige Gerüchte sprechen von Plünderungen in Charlottenburg durch die Kosaken. Sagen Sie mir, ob das wahr ist. Der Jude Ephraim[538], der mit seiner ganzen Familie hier ist, hat die Nachricht erhalten, dass der König bis Dresden vorgerückt ist.

An die Schwägerin Elisabeth Christine   20. Oktober 1760

Die Verbundenheit mit E.M. erlaubt mir nicht, dass ich schweige und Ihnen nicht meine Anteilnahme zeige an allem, was Ihnen widerfährt; so können Sie überzeugt sein, dass ich verzweifelt war über die Plünderungen, die Russen und Österreicher, abscheulicher Menschenschlag, in Schönhausen verübt haben und über das unerhörte Verhalten, das sie dem Kastellan und seiner Frau gegenüber an den Tag gelegt haben. Mir haben sich die Haare gesträubt, als ich den Bericht darüber gehört habe, ebenso als ich vernommen habe, dass sie alles beschädigt haben, was dem König und E.M. gehört. Ich habe befürchtet, dass sie, einmal in Berlin eingedrungen, fähig sein würden, überall Spuren ihres Hasses und ihrer Bosheit zu hinterlassen und obwohl sie dies getan haben, so ist es doch ein Glück, dass sie so früh abgezogen sind und nicht noch Schlimmeres angerichtet haben, denn man konnte sich bei ihnen auf jegliche Niedertracht einstellen. Ich weine über das Unglück meiner Geburtsstadt wie Jesus über Jerusalem, und wenn ich mit meinen Tränen vielen Familien und anderen braven Leuten hätte helfen können, die unter diesem Unheil gelitten haben, so hätte mich das froh gemacht. Je mehr ich über diese Katastrophe nachdenke, desto mehr betrachte ich das Schicksal der Königinmutter als glücklich, da sie diese Trostlosigkeit nicht miterleben muss; und für uns ist es sehr traurig, in Zeiten so voller Angst und Sorge zu leben. Man muss sie als eine Strafe Gottes ansehen, der uns diese schreckliche Geißel schickt, um uns zu strafen und zu bessern. Man sagt, dass gegen Zahlung einer beträchtlichen Summe Geldes Potsdam und Sanssouci von der Plünderung verschont geblieben sind. Es ist sehr schade, dass die schöne Karosse E.M. in die Hände dieser Schurken gefallen ist. Ich hoffe dennoch, dass all diese Verluste Ihnen ausgeglichen werden, weil das nur gerecht ist. Ich beginne zu befürchten, wie E.M. es sagt, dass die Gerüchte über den Sieg des Königs unklar sind, da wir ja darüber keine Nachrichten erhalten haben und Sie benachrichtigen den Herzog so zuverlässig… Wir hatten einen Alarm in unserer Nachbarschaft…, einige französische Abteilungen sind in Halberstadt und Quedlinburg[539] eingezogen und in die Umgebung; man war in Sorge, wohin das führen würde und man vermutete, dass es Kontributionen geben könnte, aber Gott sei Dank hat mir

---

536 Der König war auf die Nachrichten aus Sachsen und Berlin am 7. aus Schlesien aufgebrochen. Auf die Nachricht von seinem Anmarsch waren die Österreicher am 11., die Russen am 12. aus Berlin abgezogen. Der König, der dies am 15. in der Gegend von Guben erfuhr, ging nach Lübben.
537 Vgl. folgenden Brief.
538 Der bekannte Münzjude, er war am 6. August vor dem Einrücken der Russen aus Berlin geflüchtet.
539 12.–18. Oktober.

der Herzog gerade mitgeteilt, dass sie abgezogen sind und dass wir nichts mehr zu befürchten haben. Der Landgraf, der sich wegen der geringsten Sache sorgt, wollte abreisen, aber nun hat er sich besonnen. Doch all diese Truppenbewegungen hören nicht auf unseren lieben Herzog zu beschäftigen und in Atem zu halten, von allen Seiten wird er bedrängt und geplagt wegen dieses Krieges. Wenn er nicht belohnt wird von den Menschen, so wie er es sicherlich verdient, so wird Gott ihn belohnen für all seine guten Absichten und Bemühungen, um alles zu tun, was unserer Sache dienen kann. Er handelt wie ein wahrer, aufrichtiger und guter Landesvater. Der Herzog hat mir soeben mitgeteilt, dass der König bis zur Dahme[540] marschiert ist. Gott sei dafür gelobt, er möge seine Waffen segnen und ihm mehr Glück bescheren als bisher. Es ist erstaunlich, wie er all das durchsteht; die Vorsehung steht ihm bei, sonst wäre das nicht möglich. Ich befürchte, dass die Einnahme Wesels auf sich warten lassen wird und dass es bis zum Ende der Belagerung noch wenigstens zwei Wochen dauern wird. Ich hoffe, dass danach die Franzosen zum Frieden gezwungen sein werden. Das ist die einzige Hoffnung, die trösten kann und es ist nicht möglich froh zu sein, bevor dies geschehen ist.

An der Schwägerin Elisabeth Christine   26. Oktober 1760

Ich war höchst erfreut zu erfahren, dass die Ankunft des Königs in Sachsen[541] näher rückt. Einer seiner Jäger, der gestern hier vorbeikam, hat uns gesagt, es gehe ihm sehr gut… Es wäre zu wünschen gewesen, dass der König rascher hätte marschieren können, um Berlin vor dem Unheil zu bewahren, das ihm zugestoßen ist. Verhüte Gott, dass jemals wieder ein Feind seinen Fuß dorthin setzt; die, die dort waren, haben genügend Spuren ihrer Barbarei und Unmenschlichkeit hinterlassen. Die Verluste, die der König erlitten hat, sind wiedergutzumachen, aber die Untertanen werden Mühe haben, sich von all dem zu erholen, was man ihnen genommen hat. An diese traurige Zeit werde ich mich immer mit Schrecken erinnern. Ich bin untröstlich, dass sich meine Hoffnung in Bezug auf Wesel nicht erfüllt hat. E.M. wird schon erfahren haben, dass die Belagerung aufgehoben wurde. Mein Sohn hat gedacht, sein Leben zu verlieren bei dem Gefecht bei Rheinberg[542]. Er hat eine Quetschung am Bein, aber Gott sei Dank nicht gefährlich, sein Pferd wurde unter ihm getötet. Die Wasser des Rheins sind so angeschwollen, dass sie eine Brücke zerstört haben und mein Sohn wäre beinahe ertrunken… Ich wäre ruhiger, wenn dies die letzte Gefahr war, der er ausgesetzt war, aber da ich kein Ende dieses schrecklichen Krieges sehe, lebe ich von einem Tag auf den anderen in Angst vor dem, was geschehen kann. Doch hat er den Rhein unbeschadet wieder überquert und ist jetzt auf dem Marsch zum Hauptquartier. Die Franzosen haben sich in Halberstadt neu ausgerüstet, sie haben nicht ein Pferd zurückgelassen und es ist bemerkenswert, dass sie alle zurückgeschickt haben, die dem Herzog gehören, obwohl wir gegen sie kämpfen und mein Sohn sie schlägt, sooft er nur kann. Doch sie sind uns gegenüber von einer überraschenden Höflichkeit; wir möchten nichts lieber, als dass sie für immer weit von uns entfernt bleiben. Jetzt freue ich mich über den Winter, da er die Hoffnung bringt, dass die Feldzüge beendet werden und wir freier atmen können… Sagen Sie mir, ob man bei Ihnen die Hoffnung auf

---

540 Der König kam erst am 21. nach Dahme.
541 Am 20. Oktober war der König von Lübben gegen die Elbe marschiert, wo sich bei Torgau Daun und Lacy vereinigten.
542 Infolge des unglücklichen Gefechts bei Kloster Camp in der Nähe von Rheinberg (16. Oktober) gab der Erbprinz am 18. die Belagerung von Wesel auf und ging über den Rhein zurück.

Frieden aufgegeben hat. Sie werden wissen, dass Werner in Mecklenburg eine Kontribution von 600.000 Talern verlangt hat und dass die Preußen das Land in Besitz genommen haben. Der Herzog verdient es wegen seines Verhaltens dem König gegenüber[543], sein Verhalten ist für einen protestantischen Prinzen blamabel, er müsste seine Interessen besser kennen und auf der Seite unserer Religion bleiben, aber es scheint, dass man diese am wenigsten schätzt. Weil die Franzosen ihr Winterquartier in Kassel nehmen, wird der Landgraf bei uns bleiben, er lässt seine Garde kommen, die in Wolfenbüttel bleibt. Sein Aufenthalt ist für die Stadt profitabel, die Ausgaben, die er macht, bleiben hier im Land. Sein Land ist ruiniert und heruntergekommen, die Bauern zugrunde gerichtet, die ganze Region gleicht einer Wüste. Man sagt, dass sie so den Landgrafen dazu zwingen wollen, die Seite zu wechseln, aber die englischen Guineen halten ihn davon ab.

An die Schwägerin Elisabeth Christine 3. November 1760

Ich war betroffen von der Traurigkeit in ihrem[544] Gesicht; alle Spuren von Angst und Furcht, die diese schreckliche Invasion bewirkt hat, haben ihre Physiognomie gezeichnet. Ich war davon wirklich angerührt, obwohl man mir gesagt hat, dass Totleben bessere Ordnung gehalten hat, als man erwarten konnte, doch dieser abscheuliche Menschenschlag hat nicht aufgehört viele Schäden anzurichten, so dass man sich noch lange daran erinnern wird… Der Ruin seiner Fabriken bedeutet einen beträchtlichen Verlust für den König, doch die Leute, die mit der Sache befasst sind, sagen, dass dieser mit einigen hunderttausend Talern zu beheben ist. Die Großzügigkeit, die der König den Untertanen erwiesen hat, indem er vierhunderttausend Taler nach Berlin geschickt hat, hat mich erfreut[545]; das zeigt diesen armen Menschen das Mitleid des Königs und wird sie noch mehr an ihn binden. Es gibt keine Anzeichen, dass der Feldzug von unserer Seite beendet wird; ich befürchte, dass es noch Streit um die Winterquartiere geben wird. Gott allein weiß, wie diese Dinge sich lösen werden, und alle Pläne, die jeder in seinem Kopf hat, sind mit unserem Schicksal verbunden… Es ist sehr zu wünschen, dass Gott uns die beiden führenden Köpfe unserer Armee erhält, den Prinzen Ferdinand, der die Pläne entwirft, und meinen Sohn, der sie unter ihm ausführt; die guten Offiziere sind rar. Obwohl die Karriere des Prinzen, Ihres Bruders, dornig ist, hoffe ich doch, dass alles noch gut verlaufen wird, obwohl ich nie ohne Angst um meinen Sohn bin. Die Herzoginmutter hat uns in den letzten Tagen besucht und es geht ihr sehr gut; wir erwarten sie morgen hier.

An die Schwägerin Elisabeth Christine 6. November 1760

Es gab ein Fest vorzubereiten [zum Namenstag des Herzogs] und abends sollte eine Operette aufgeführt werden; ich hatte die Herzoginmutter und Ihre Schwestern, die Prinzessinnen, eingeladen, die uns die Ehre erwiesen haben, daran teilzunehmen, aber mit einem Mal wurden alle schönen Vorbereitungen gestört durch die Nachricht vom Tod des Königs von

---

543 Der Herzog von Schwerin hatte in Regensburg für den Reichskrieg gegen den König gestimmt.
544 Frau von Keith, die aus Magdeburg nach Braunschweig gekommen war. Sie hatte ihren Sohn nach Göttingen bringen wollen; da dies aber seit September wieder in der Hand der Franzosen war, blieb sie zunächst in Braunschweig.
545 Der König hatte den Wechsel, den die Stadt Berlin den Russen hatte ausstellen müssen, bezahlt.

England[546], die wir am selben Tag erhielten, das hat das ganze Fest durcheinander gebracht, das aufgehoben wurde. Ich gestehe, dass ich zu Beginn sehr besorgt war, aber die Politiker haben mir versichert, dass das nichts an dem politischen System ändern würde und dass die Dinge weiter wie bisher laufen würden; das hat mich sehr beruhigt. Die Geschehnisse haben das bestätigt, denn der König hat sofort nach seiner Proklamation vor dem ganzen Parlament erklärt, dass er fest zu der Allianz stehe, die sein verstorbener Vater mit seinen guten Verbündeten geschlossen hat, und dass er diese weiter unterstützen werde; so müssen wir nicht befürchten, dass dieser Verlust eine Veränderung in der guten Sache bewirkt… Dieser Sieg[547] ist zur rechten Zeit gekommen, um die englische Nation darin zu bestärken, auf unserer Seite zu bleiben; das wird sich gut auf die Grundhaltung aller auswirken.

An die Schwägerin Elisabeth Christine   11. November 1760

Ich war gezwungen, mich den Gepflogenheiten [des Braunschweiger Hofes wegen der Trauer um Georg II.] anzupassen, umso mehr als das Ansehen des Prinzen aus demselben Haus niemanden der Verpflichtung enthebt, etwas mehr Aufwand zu betreiben. Mein Beitrag besteht in Kleidung aus Seidenstoff und Kopfbedeckungen, darunter eine kleine in Schwarz mit einer auf englische Art gebundenen Haube aus Batist. Acht Tage lang werden die Glocken geläutet, was ein unangenehmes Glockenspiel sein wird und all die traurigen Erinnerungen an die Menschen wachruft, die man verloren hat. Madame von Keith[548] war anwesend, als die Post vom König eintraf, der ein halbes Dutzend Postillone vorauseilten; sie wird E.M. von der Freude berichten können, die der glückliche Sieg des Königs nicht nur bei mir, sondern in der ganzen Stadt ausgelöst hat und allgemeine Ausgelassenheit zur Folge hatte. Doch ich gestehe, dass meine Freude etwas getrübt wurde durch den Vorfall, der uns unseren lieben König[549] hätte entreißen können, wenn Gott ihm nicht in besonderer Weise beigestanden hätte. Möge Gott uns vor solchen Siegen bewahren, die uns so teuer zu stehen kommen würden; ich erzittere, wenn ich daran denke, Er möge Sie vor solchem Unheil bewahren, Sie und uns alle… Ich weiß, dass es Sie freuen wird zu erfahren, dass der junge Monarch[550] dem Herzog von eigener Hand einen sehr freundschaftlichen und herzlichen Brief geschrieben hat, in dem er seiner günstigen Haltung unserem Hause gegenüber Ausdruck verleiht. Nach meinem Dafürhalten zeigt diese Aufmerksamkeit wie gut seine Denkungsweise ist und ich hoffe, er wird darin nicht nachlassen. Nun hat der Prinz von Bevern aufs Neue einen Schlag ausgeführt, der seiner würdig ist; er hat ein ganzes russisches Regiment gefangen genommen[551]; dies gereicht ihm zur Ehre und vergrößert das Bestreben danach, dass er beim König wieder in Gnaden aufgenommen wird. Er ist ein so tapferer Prinz, der allgemein von allen, die ihn kennen, so

---

546 Georg II. starb am 25. Oktober.
547 Bei Torgau, am 3. November.
548 Sie war nach Magdeburg zurückgekehrt.
549 Der König war von einer Kartätschenkugel getroffen worden, deren Wirkung durch den Pelz und das Samtfutter seines Rockes abgeschwächt wurde.
550 Georg III. (geb. 1738).
551 Die Vernichtung des russischen Moldawischen Husarenregiments Anfang Oktober.

geschätzt wird, dass ich viel darum geben würde, wenn ich wüsste, auf welche Weise man bewirken kann, dass der König ihn in der Armee verwendet, denn er ist einer der besten Generäle und diese sind unverzichtbar in der augenblicklichen Lage, nachdem der König so viele verloren hat.

An Friedrich   26. Februar 1761

Sie können sich nicht vorstellen, mit wie viel Genugtuung ich vom Erfolg Ihrer Truppen in Langensalza[552] erfahren habe. Es ist mir eine wirkliche Freude, Sie dazu zu beglückwünschen. Es scheint mir, als hätten Ihre Truppen das Signal gegeben, um die Unternehmung des Prinzen Ferdinand zum Erfolg zu führen, der so glückreich war, dass die Franzosen eine Garnison nach der anderen aufgeben mussten und die Flucht ergriffen haben, was den Herrn von Broglie in eine unangenehme Situation bringt und ihn an seinem Hof sehr in Misskredit bringen wird. Ich bin überzeugt, dass Sie zufrieden sein werden mit dem Verhalten meines Sohnes bei dieser Gelegenheit[553] und dass er weiterhin der hohen Meinung gerecht wird, die Sie von seiner Begabung haben. Ich freue mich, dass er seine Fähigkeiten gegen Ihre Feinde einsetzt und dass er unter Beweis stellt, dass er zu unserer Familie gehört. Ich darf annehmen, dass diese Bravourleistung dem Prinzen Ferdinand die Nützlichkeit und Notwendigkeit dieser so gut geplanten Expedition vor Augen führt, so dass er nicht umhin kann, die richtige Sicht, die Sie ihm kommuniziert haben, zu teilen, um diesen Plan auszuführen, der offensichtlich nur eine gute Wirkung und vorteilhafte Folgen für die Herbeiführung des Friedens haben kann, denn die Franzosen werden gezwungen, sich aus ihrer Allianz zurückzuziehen, was auch andere dazu veranlassen wird. Das scheint mir das Ziel, das man sich erhoffen kann.

An die Schwägerin Elisabeth Christine   24. Mai 1761

Die Herzoginmutter will meinen Söhnen, die bald zu Armee[554] gehen, ihren Segen geben, es wird für mich eine schmerzhafte Trennung, aber die Notwendigkeit, dass die jungen Prinzen sich an den Waffen bewähren, wird mir helfen, meinen Kummer zu überwinden, denn das Glück und Wohl meiner Kinder sind wichtiger als jeglicher persönliche Wunsch. Wir leben hier zwischen Furcht und Hoffnung in Bezug auf das Schicksal, das uns erwartet; viel wird

---

552 Anfang Februar war Herzog Ferdinand in drei Kolonnen gegen die französischen Winterquartiere, die sich von Marburg, Kassel, Göttingen bis Langensalza erstreckten, aufgebrochen, um die Franzosen aus Hessen nach Frankfurt zurückzutreiben. Sie räumten bis auf Marburg, Kassel, Göttingen und einige andere Festungen ganz Hessen. Am 11. war der Herzog vor Kassel, dessen Einschließung am 21. Februar begann. Preußische Truppen, vereint mit solchen der alliierten Armee, hatten am 15. Februar bei Langensalza sächsische und Reichstruppen, die zur Unterstützung heranrückten, geschlagen.
553 Der Erbprinz hatte am 15. Februar Fritzlar eingenommen.
554 Prinz Friedrich und Heinrich (geb. 1740 und 1742).

von den Verhandlungen von Herrn de Bussi in England und denen von Herrn Stanley in Paris[555] abhängen, ob es Frieden gibt oder ob die Verhandlungen ins Stocken geraten. Unterdessen können wir frei atmen; wenn nicht [der Separatfrieden nicht gelingt], könnte dasselbe geschehen wie im Jahr 1757[556].

An Friedrich 29. Mai 1761

Die Zeitungen sprechen von der Allianz die Sie mit der Pforte[557] geschlossen haben. Ich hoffe, dass diese Nachricht zutreffend ist, so dass ich Ihnen dazu meine Glückwünsche aussprechen kann. Ich wäre sehr erfreut über Ihren Freund Mustapha, vorausgesetzt er setzt meinen Wünschen entsprechend seine Kräfte so ein, dass sich die Russen aus Preußen zurückziehen müssen und aus allen Ihren Ländern und dass er die Königin von Ungarn so bedrängt, dass sie mit Ihnen Frieden schließt. Ich bin überzeugt, dass Sie ihr damit einen Streich gespielt haben, mit dem sie nicht gerechnet hat; diese Idee ist unbezahlbar, überrascht alle und ruft größtes Erstaunen hervor: Sie entspricht Ihnen. Meine Söhne Friedrich und Heinrich sind zu ihrem ersten Feldzug aufgebrochen, an dem sie unter den Augen ihres älteren Bruders teilnehmen; ich hoffe, dass sie nicht minder Ihre Anerkennung verdienen und dass Sie darüber nicht die Mutter vergessen.

An die Schwägerin Elisabeth Christine 25. Juli 1761

(Dank für die Glückwünsche) zu dem Sieg, den Ihr Bruder der Prinz über unsere Feinde[558] errungen hat. Nie war ich mit mehr Freude erfüllt, da der Himmel den Onkel und die Neffen beschützt und vor jedem Unglück bewahrt hat, indem er sie so glücklich aus der gefährlichen Lage befreit hat, in die sie geraten waren. Ich kann Ihnen sagen, dass ich diese Nachricht erhielt mit Tränen der Rührung in den Augen über die Güte Gottes, der über meine Söhne, die sich als tapfer erwiesen haben, gewacht hat. Fritze und Heinrich stehen ihrem älteren Bruder in nichts nach. So berichtet es Prinz Ferdinand und bringt seine Zufriedenheit zum Ausdruck, was ein großes Lob für die beiden bedeutet. Ich hoffe, dass dies die Franzosen zum Einlenken bewegen wird und, ohne Prophet sein zu wollen, bin ich überzeugt, dass wir bald eine Unterbrechung der Kampfhandlungen erreichen werden und vielleicht auch den Frieden… Doch ich bitte Sie, meine Gedanken für sich zu behalten und sie keinem anderen mitzuteilen, denn ich möchte mich nicht als falscher Prophet erweisen, sollte es nicht eintreffen und wenn es eintrifft, so soll man nicht glauben, dass ich etwas von Politik verstehe.

---

555 Die Verhandlungen zwischen Frankreich und England wegen eines Separatfriedens wurden durch die oben genannten Gesandten geführt. Es hieß, der Waffenstillstand mit Frankreich werde am 1. Mai, der in Amerika am 1. Dezember beginnen.

556 Nach dem unglücklichen Gefecht des Erbprinzen bei Grünberg am 21. März und der Aufhebung der Belagerung von Kassel am 28. März war Herzog Ferdinand nach Paderborn und Münster zurückgegangen; die Franzosen hatten Hessen wieder besetzt und bedrohten das Kurfürstentum Hannover.

557 Nach langen Verhandlungen war am 2. April ein Freundschafts- und Handelsvertrag zwischen Preußen und der Pforte abgeschlossen worden. Die Nachricht erregte allgemeines Aufsehen. Die Zeitungen berichteten Anfang Juni von der Ankunft eines türkischen Gesandten im Lager des Königs.

558 Am 15. und 16. Juli hatte Herzog Ferdinand bei Vellinghausen die beiden französischen Armeen, die sich vom Niederrhein und aus Hessen kommend in der Stärke von 160.000 Mann am 6. bei Soest vereinigt hatten, mit 95.000 Mann geschlagen.

An die Schwägerin Elisabeth Christine   7. August 1761

Ich bin dankbar für die Anteilnahme E.M. an dem Schmerz, den ich empfinde über das Missgeschick, das meinem Sohn Heinrich[559] widerfahren ist. Ich war nicht in der Lage, Ihnen über diesen Schmerz zu berichten, er war zu überwältigend, aber die Vorsehung steht mir offenbar zur Seite und wider alle Erwartung hat die Kugel, die ihn getroffen hat, ihn auf natürlichem Weg verlassen und er ist außer Gefahr, so dass ich jetzt auf seine Genesung hoffen kann. Gott allein schulde ich Dank, der mir dieses liebe Kind auf so wundersame Weise zurückgegeben hat, womit niemand gerechnet hat. Seit dieser guten Nachricht habe ich wieder angefangen zu leben.

An die Schwägerin Elisabeth Christine   13. August 1761

E.M. wird von meinem Verlust erfahren haben[560]. Der Schlag ist erschütternd, aber Gott hat es gewollt; er erweist mir die Gnade, mir beizustehen, um diesen erdrückenden Schmerz zu ertragen, der ohne seinen Beistand unerträglich wäre. Ich weiß, dass Sie an meinem Kümmernis Anteil nehmen. Das ist alles, was Ihnen dieses Mal eine tief getroffene Mutter sagen kann, die Ihnen immer verbunden sein wird.
P.S. Ich erhalte in diesem Augenblick den Brief E.M. und sehe, wie sehr Sie an meinem Leid Anteil nehmen. Es ist zum Verzweifeln, aber ich versuche mit Ergebenheit und dem Beistand Gottes den Schmerz zu überwinden und danke Ihnen für all das Wohlwollen das Sie meinem lieben Verstorbenen entgegen gebracht haben.

An die Schwägerin Elisabeth Christine   3. September 1761

Die Herzensgüte, die E.M. meinem verstorbenen Sohn entgegengebracht hat, veranlasst mich, mir die Freiheit zu nehmen, Ihnen zwei Oden zu übersenden, die zu seinen Ehren geschrieben wurden, die eine von einem hiesigen Lehrer, der ihn in Literatur unterrichtet hat und der sie unter dem Namen von Walmoden[561] verfasst hat und die andere von einem Herrn von Stuven, der hier ansässig ist und ein Talent zum Dichten besitzt. Beide Lobgedichte, die man meinem lieben Verstorbenen gewidmet hat, sprechen die ganze Wahrheit; nichts ist zu viel gesagt und diejenigen, die ihn gut gekannt haben, können nicht umhin, ihm Gerechtigkeit widerfahren

---

559 Prinz Heinrich war bei dem Gefecht bei Ruhne am 20. Juli verwundet worden.

560 Prinz Heinrich war am 9. August gestorben. An den Markgrafen von Bayreuth schrieb sie (undatiert): *„Ich vertraue auf die Freundschaft E.H., dass Sie einen für mich schmerzhaft zu erteilenden und für Sie schweren Auftrag annehmen, denn es hat Gott gefallen, meinen lieben Sohn Heinrich zu sich zu nehmen; ich bitte Sie, für den Fall, dass meine Tochter diese traurige Nachricht noch nicht erreicht hat, ihr sie mit Vorsicht zu überbringen, damit die Erschütterung darüber ihre Gesundheit nicht angreift."* Prinz Ferdinand von Preußen schrieb am 24. August an die Markgräfin von Schwedt: *„Meine Schwester ist untröstlich über den Tod ihres Sohnes; sie beginnt dennoch ihre Fassung wiederzugewinnen. Ich weiß, dass sie viel Standfestigkeit bewiesen hat, war dieser Sohn doch ihr Lieblingskind."*

561 Ein von W. unterzeichnetes Gedicht auf den Tod des Prinzen, in dessen Biographie in Pauli, „Leben großer Helden", 1763, 8, S. 54ff., v. Walmoden war Geheimer Etatsrat. Abt Jerusalem hat ein Leben des Prinzen, seines Schülers, geschrieben.

zu lassen, sie sagen, dass er in seiner schönen Seele alle Tugenden vereinte. Gott und die Ergebenheit in seinen höheren Willen sind meine einzige Stütze und mein Trost, nichts auf der Welt kann mir helfen und nur die göttliche Gnade vermag meinen Schmerz zu lindern, die Trauer wird immer in meinem Herzen bleiben.

An Elisabeth Christine   In Jeinsen an der Leine, 27. Oktober 1761, mein Exil

Ich danke Ihnen vielmals für Ihre Glückwünsche zu dem Erfolg meines Sohnes Friedrich, der sein Vaterland hat retten können; in dieser traurigen Lage konnte uns nichts Glücklicheres[562] widerfahren. Aber wir stehen aufs Neue am Vorabend großer Ereignisse, die allem Anschein nach in Kürze über das Wohl der Länder des Herzogs entscheiden werden, der größte Teil der Armee von Broglie, der sich in Einbeck befand, ist in Gandersheim; solange wir befürchten müssen, dass diese feindliche Armee unser Land besetzt, können wir nicht ohne Gefahr dorthin zurückkehren. Ich bin abgereist, Gott weiß wie; nun bin ich seit fünf Wochen unterwegs, mein Gepäck auf der einen Seite, ich auf der anderen. Meine Gesundheit indessen hat diese ganzen Unannehmlichkeiten ganz gut ertragen, schließlich bekam ich eine Entzündung, verursacht durch Zahnbeschwerden, unter denen ich sehr gelitten habe, und da ich gezwungen war weiterzureisen, verschlimmerte sich die Entzündung, aber seitdem ich mich hier ausruhen konnte, ist sie vorübergegangen… Ich leide unter dem Missgeschick anderer mehr als unter dem meinen, besonders unter dem des Herzogs. Das ist ein böser Schlag für uns; man könnte ihn vergessen, wenn die Hoffnung bestünde, dass der Feind nicht zurückkehrt, aber wer kann das garantieren.

An die Schwägerin Elisabeth Christine   Lüneburg, 3. November 1761

Der Ort hier ist einsam und es gelangen kaum Nachrichten hierher, so dass man nicht das Geringste erfährt. Doch ich nutze die Zurückgezogenheit und finde Gefallen daran, dass ich die Muße habe, mich zu sammeln und guten Gedanken hinzugeben, indem ich mich in allen Dingen dem Willen der Vorsehung füge, ohne die nichts geschieht, und ich verbringe die Zeit sanft und ruhig und bete für das Ende des Unglücks und der Katastrophen, die das Vaterland zerreißen.

An die Schwägerin Elisabeth Christine   2. Dezember 1761

Ich schulde E.M. unendlichen Dank für den Anteil, den Sie an meiner Rückkehr nach Braunschweig nehmen. Ich bin überzeugt, dass diese Nachricht Ihnen doppelt angenehm sein wird, denn so wissen Sie, dass Ihr Vaterland aus den Händen der Feinde befreit und die Ruhe wiederhergestellt ist. Gebe Gott, dass Ihnen niemals solche Katastrophen widerfahren und wir aus so traurigen Gründen das Land verlassen müssen. Ich vergesse gern die Unannehm-

---

562 Während die großen Armeen sich in Westfalen gegenüberstanden, hatte Graf Broglie einen Handstreich gegen Braunschweig und Hannover unternommen. Am 20. September waren Franzosen in Halberstadt eingezogen, Prinz Xaver von Sachsen war am 24. September gegen Wolfenbüttel vorgerückt; dieses kapitulierte am 10. Oktober, nach einer Beschießung von 5 Tagen; die Belagerung von Braunschweig hatte am 12. Oktober begonnen, als Prinz Friedrich am 13. Oktober heranrückte und die Stadt entsetzte; auch Wolfenbüttel räumten die Franzosen wieder.

lichkeiten, Anstrengungen und Beschwernisse dieser Reise, die hinter mir liegt, wenn Gott künftig solches Unglück fernhält, unter dem das ganze Land sehr gelitten hat... Seitdem ich hier bin, habe ich meinen Sohn Wilhelm und meine Tochter Elisabeth[563] konfirmieren lassen, die zum ersten Mal mit mir in St. Annen waren, um Gott für seine Gnade zu danken und besonders dafür, dass er diese Stadt gerettet hat.

An die Schwägerin Elisabeth Christine [Januar] 1762

Mein Sohn Friedrich ist zu seinem Regiment gegangen, das sich in der Nähe befindet, er wird zurückkommen, nachdem er an der Geburtstagsfeier des Prinzen Ferdinand [12. Januar] in Hildesheim teilgenommen hat und ich rechne damit, dass der Prinz Ferdinand und mein Sohn gemeinsam hier eintreffen werden. Nach fast fünf Jahren Abwesenheit wird meine Freude groß sein, diesen Sohn wiederzusehen, aber sie wird wohl nicht von Dauer sein, denn der Feldzug wird früh beginnen.

An Friedrich 25. Januar 1762

Ich bin gerührt, dass Sie die Aufmerksamkeit hatten, an mich zu denken und mir über meine Schwester Amalie die Ode zukommen zu lassen, die Sie zu Ehren und zum Andenken an meinen verstorbenen Sohn Heinrich[564] verfasst haben; auch wenn es in mir den Schmerz erneut aufgewühlt hat, so bin ich doch nicht minder dankbar über Ihre Zeichen der Anhänglichkeit, die Sie diesem lieben Kind bewahren. Es hat Gott gefallen, dass die grausame Parze ihn so früh[565] von mir genommen hat... Gebe der Himmel, dass dies das letzte Opfer bleibt, das ich auf diese Weise bringen muss und dass der Frieden diesem blutigen Gemetzel und den großen Verwüstungen ein Ende setzt. Welche Schuld käme der gleich, die ich Ihnen gegenüber trüge, wenn Sie mir über dieses glückliche Ereignis hinaus die Rückkehr meiner Söhne bescheren würden, welch schönerer Anblick könnte sich den Augen des Universums bieten, als wenn Sie als Hüter der öffentlichen Ruhe deren Lobrede halten würden... Man behauptet, die Zarin von Russland sei gestorben[566]. Es scheint, dass sie sich zu keinem gelegeneren Zeitpunkt davonmachen konnte. Man sagt, dass der Großfürst[567], der heute zum Zaren ausgerufen wurde, Ihnen gegenüber wohlgesinnt sei; dieser Augenblick ist günstig, um alles daran zu setzen, um ihn sich zum Freund zu machen, indem man ihn von der oppositionellen Partei ablöst... Mein ältester Sohn ist für einige Tage aufgebrochen, um nach Hildesheim zu gehen, um seine Arrangements zu treffen; vielleicht werde ich noch die Freude haben, ihn für einige Tage zu sehen, aber ich befürchte schon, dass ich mich erneut verabschieden muss und dass er erneut Gefahren ausgesetzt sein wird. Er ist charmant, er ist der würdigste Junge auf

---

563 Geboren 1748 und 1746.
564 *„Ode an die Herzogin von Braunschweig auf den Tod ihres Sohnes Heinrich, gefallen auf dem Feldzug von 1761"* vom Herbst 1761.
565 Prinz Heinrich war 1742 geboren.
566 Kaiserin Elisabeth war am 5. Januar 1761 gestorben. Die erste Nachricht davon war am 16. Januar in Berlin, am 20. in Magdeburg.
567 Peter III., geboren 1728.

der Welt; wenn er nicht mein Sohn wäre, könnte ich ihm meine Zuneigung nicht verwehren und als seine Mutter verdient er all meine Zärtlichkeit. Friedrich ist bei ihm und unter seiner Ägide macht er kleine Fortschritte… Das Hauptquartier, das sich in Hildesheim befindet, wird uns vielleicht auch den Besuch des Prinzen Ferdinand bescheren.

An die Schwägerin Elisabeth Christine 23. Februar 1762

Die Messe war für mich sehr erfreulich, denn ich konnte endlich meinen Sohn bei bester Gesundheit wiedersehen… Ich fand, dass er im Gesicht sehr gut aussah und er hat ein männliches Aussehen bekommen, das ihm sehr gut steht… Der liebe Prinz Ferdinand war zu einem kurzen Aufenthalt hier, er ist sehr korpulent geworden, im Übrigen bewahrt er sich seine Heiterkeit und seine charmante Laune, die Sie an ihm kennen und die ihn so liebenswert macht. Meine Söhne und er waren in Hannover; mein ältester Sohn ist zurück, Ihr Bruder, der Prinz, ist nach Hildesheim gegangen. Ich genieße die Zeit, die ich mit meinem Sohn während seines Aufenthalts verbringen kann, aber ich befürchte, dies wird nicht von Dauer sein, denn er muss sich bald wieder an seinen Posten begeben, eine neue Ursache für Kummer, denn der Grund für seine Abreise ist, dass er ins Feld zieht… Die Herzoginmutter hat uns mit ihrer Gegenwart beehrt, nachdem Prinz Ferdinand hier war, aber ihre Krankheit ist der Grund, dass sie ihr Zimmer nicht mehr verlassen kann; es geht ihr noch nicht besser, was uns alle weiterhin sehr besorgt. Das Schwinden der Kräfte lässt sie dahinsiechen, begleitet von etwas Fieber. Die Ärzte hoffen, dass sie sich erholen kann, aber da sich ihr Zustand oft ändert, kann man nicht von einer vollständigen Genesung ausgehen. Vor einigen Tagen hat sie beschlossen, Chinin zu nehmen; die Wirkung bleibt abzuwarten. Da sie gern ihre Ruhe hat, besuche ich sie nur jeden Vormittag und bleibe für eine Viertelstunde, um sie nicht zu ermüden, denn sie ist sehr schwach.

An die Markgräfin von Ansbach 25. Februar 1762

Ich habe sechs Wochen lang ein Leben voller Unruhe verbracht… Ich hatte den Trost, meinen Sohn bei bester Gesundheit zu sehen; er ist robuster geworden und gar nicht gealtert, was mich überrascht angesichts all der Feldzüge, an denen er teilgenommen hat, aber was mir am meisten gefällt ist, dass er sich in allem zu seinem Vorteil verändert hat; der Krieg hat sein Herz nicht verhärtet… Er hat seine guten religiösen Vorsätze[568] bewahrt, die schlechten Beispiele der Welt haben seine Sitten nicht verdorben, er ist brav und erfüllt von Gefühlen der Ehre und Rechtschaffenheit; er denkt gut und edel… Er hat zuvorkommende und angenehme Manieren, die alle für ihn einnehmen, die ihn sehen. Wenn Gott ihn so bewahrt wie er jetzt ist, kann ich sagen, dass ich eine glückliche Mutter bin. Der Prinz Ferdinand war auch hier, ich fand ihn gealtert… Ich habe den Hosenbandorden gesehen, den er erhalten hat, er ist sehr schön mit den Steinen, die diese große Auszeichnung schmücken. Das ganze Hauptquartier hat den Prinzen begleitet, was mir die Gelegenheit verschafft hat, mehrere englische, Hannoveraner und hessische Offiziere und Generäle kennenzulernen und die Messe war sehr

---

568 Abt Jerusalem schreibt in den dem Erbprinzen gewidmeten „Betrachtungen über die einfachen Wahrheiten der Religion" in der Vorrede: „Ich habe die Ehre Ew. Durchlaucht *einen* Teil von den Betrachtungen hiermit gedruckt zu überreichen, die Dero Befehl in dem letzten Feldzuge mir auftrug".

turbulent. Mein Sohn bleibt noch bis zum Beginn des nächsten Monats, dann werde ich mich auf eine erneute Trennung vorbereiten, die für mich sehr schmerzhaft ist... Es besteht große Hoffnung, dass der Tod der Zarin von Russland uns wenigstens von dieser Feindin befreien wird, und scheinbar wird es eine Vereinbarung geben; dieser Feldzug mit der Kaiserinmutter wird noch stattfinden, obwohl dieses unerwartete Ereignis sie zum Umdenken veranlassen müsste; gebe Gott, dass der Friede kommt... Um unsere Herzoginmutter steht es ziemlich schlecht, es muss sich bald entscheiden. Adieu meine Lieben; Sie werden sagen, dass mein Verstand verwirrt ist, Ihnen das alles ungeordnet zu schreiben, ja, es ist wahr, mein Kopf ist oft mit so vielen Dingen beschäftigt, dass das die Gedanken durcheinander bringt.

An die Schwägerin Elisabeth Christine 2. März 1762

Die Gesundheit der Herzoginmutter beginnt sich ein wenig zu bessern; die Ärzte hoffen, dass sie sich erholen kann, vor allem, wenn sie weiterhin Chinin einnimmt, das ihr hilft seitdem sie mit der Einnahme begonnen hat. Sie ist äußerst schwach, wie es nicht anders sein kann, wenn man in ihrem Alter eine so schwere Krankheit überstanden hat. Doch ich finde ihr Auge klar... Da ich sie jeden Tag besuche, kann ich Ihnen berichten, dass ich seit acht Tagen eine positive Veränderung bemerke, was mich auf eine Rekonvaleszenz hoffen lässt, obwohl das noch Zeit braucht; aber da wir auf den Frühling zugehen, kann es auch schneller gehen.

An die Schwägerin Elisabeth Christine 7. März 1762

Ich nehme allergrößten Anteil an dem tiefen Schmerz E.M. über den Verlust unserer lieben Herzoginmutter, die gestern Abend gegen acht Uhr verschieden ist. Sie hatte ein sanftes Ende und hat in ihren letzten Augenblicken nicht sehr gelitten. Sie ist im Schlaf gestorben ohne eine heftige Reaktion. Es ist eine Gnade Gottes, so sein Leben zu beschließen, der liebe Gott hat ihr weitere Leiden erspart und hat sie eher zu sich genommen, als man es hätte erwarten können, obwohl an den letzten beiden Tagen ihrer Krankheit die Kräfte sehr nachgelassen hatten. Der Prinz Ferdinand hatte den traurigen Trost noch rechtzeitig einzutreffen, um seine letzten Pflichten zu erfüllen und wir alle waren bei diesem traurigen Abschied dabei.

An die Schwägerin Elisabeth Christine 13. März 1762

Seit dem Tod unserer lieben Herzoginmutter leben wir zurückgezogen, ich sehe nur die Prinzessinnen, Ihre Schwestern[569], zu denen ich mich jeden Abend tragen lasse. Dieses Leben wird sich nicht ändern bis die Beisetzung vorüber ist und der Tag für das Ende der Trauer festgelegt ist. Ich konnte nicht umhin, unsere liebe Herzogin nach ihrem Tod noch einmal zu sehen; in den ersten Tagen war sie nicht verändert, gekleidet in weißen Damast mit einer Spitzenhaube, alles, wie es sich gehört. Prinz Ferdinand wird noch hier bleiben bis nach der Beisetzung, ebenso meine Söhne, was für mich eine große Erleichterung ist angesichts der Traurigkeit und Betrübnis, die hier herrschen.

---

569 Prinzessinnen Christine Charlotte (geb. 1726) und Theresie Nathalie (geb. 1728).

An die Schwägerin Elisabeth Christine 28. März 1762

Wir leben weiterhin zurückgezogen und seitdem ich alle Beileidsbekundungen entgegen genommen habe, habe ich nur den Grafen Lehndorff gesehen, der aus Respekt vor E.M. mit uns zurückgezogen[570] diniert und soupiert hat. Die guten Nachrichten verfestigen sich und bestätigen die friedlichen Absichten des Zaren Peters III.[571] und sind das erfreulichste Thema, das unsere Gedanken beschäftigt. Möge Gott alle Verhandlungen segnen, damit es zu einem allgemeinen Frieden kommt… Den Prinzessinnen geht es sehr gut und obwohl sie noch traurig sind, ergeben sie sich als vernünftige Personen in die Situation, die nicht mehr zu ändern ist.

An die Schwägerin Elisabeth Christine 29. März 1762

Es wurde noch nichts arrangiert für die Prinzessinnen, die Zeit war noch zu kurz, aber allem Anschein nach werden sie bei uns bleiben… Am vergangenen Sonntag [21. März] fand die Trauerandacht statt und am Tag darauf habe ich die Beileidsbekundungen entgegen genommen. Es ist wahr, dass seit dem letzten Mal, als ich die Ehre hatte, E.M. zu sehen (1735) unseren beiden Häusern zahlreiche verschiedene traurige Ereignisse widerfahren sind… Ich bin sehr froh, dass Graf Finck mit Herrn von Hertzberg[572] nach Breslau aufgebrochen ist; ich hoffe und wünsche, dass dies ein gutes Vorzeichen ist für den Frieden mit Russland, da diese Macht erste gute Schritte unternommen hat, indem sie einen Waffenstillstand[573] geschlossen hat, und man kann annehmen, dass dies auch die Kaiserin-Königin veranlassen wird, ihre Meinung zu ändern. Ich trage Trauer ebenso für die verstorbene Königin wie für die Herzogin von Blankenburg; es ist wahr, dass das ein schrecklicher, düsterer und unbequemer Aufzug ist mit diesen Hauben und Schleiern. Es ist nur gerecht, dass E.M. ihn ebenso trägt; ich habe nicht daran gezweifelt, dass der König es für gut befinden würde, dass die Trauer ebenso abgehalten wird, wie es hier bei uns geschieht, so entspricht es den Regeln. Meine Söhne sind aufgebrochen, jeder, um sich an seinen Posten zu begeben. Karl ist in Münster und Friedrich bei seinem Regiment und der liebe Prinz Ferdinand in Hildesheim. Diesem liebenswerten Prinzen war das Herz schwer, als er aufbrach und der Kummer über unseren Verlust stand ihm ins Gesicht geschrieben. Obwohl ich diese ganze gute Gesellschaft mit viel Bedauern habe aufbrechen sehen, so bin ich doch überzeugt, dass, wenn der Frieden mit Russland abgeschlossen ist, die Franzosen mehr über das nachdenken werden, was sie tun und dieser Feldzug wird weniger heftig als die vorangegangenen… Dem Herzog geht es sehr gut; ich tue alles, um ihn von seiner Trauer abzulenken und ich bin zuversichtlich, denn er hat jetzt Beschäftigungen, die ihm Zerstreuung bringen können. Ich denke, dass E.M. nach Berlin zurückkehren wird, wenn der Frieden mit Russland geschlossen worden ist.

---

570 Der Kammerherr der Königin, der in seinen Tagebüchern von diesem Besuch berichtet.
571 Er hatte am 23. Februar die Erklärung erlassen, worin er auf das 1758 in russischen Besitz genommene Ostpreußen verzichte und den kriegführenden Mächten empfehle, Frieden zu schließen, seinen bei Glatz stehenden Truppen war befohlen, heimzukehren. Der Oberst Gudowitsch, der den Thronwechsel anzeigt, war am 27. Januar in Magdeburg gewesen.
572 Der Staatsminister Graf Finck von Finckenstein und der Geheime Legationsrat von Hertzberg waren am 18. März aus Magdeburg abgereist.
573 Am 16. März in Stargard.

An die Schwägerin Elisabeth Christine   1. April 1762

Gott sei gedankt für die guten Nachrichten, die Sie erhalten haben über die glückliche Ankunft des Prinzen von Preußen in Breslau[574], und ich bin froh über den freundschaftlichen Empfang, den der König ihm bereitet hat, mit dem man rechnen konnte bei einem Onkel, der nichts Lieberes hat als seine Verwandten. Gott möge in diesem lieben Prinzen die guten Einstellungen bewahren, die man ihm von Religion und Ehrenhaftigkeit vermittelt hat und in ihm alle guten Eigenschaften, die er besitzt, stärken. Alle, die ihn kennen, haben mir gesagt, dass er einen ausgezeichneten Charakter besitzt; meiner Meinung nach ist das die Hauptsache und kann das Glück der anderen ausmachen. Man sagt, dass er gut und mit Urteilsvermögen spricht. Ich bin überrascht, dass man ihm Herrn von Borcke[575] zur Seite gestellt hat, dessen Gesundheit es nicht mehr zulässt, sich um einen jungen Prinzen zu kümmern, und ich glaube, dass man einen anderen hätte finden können, der die Fähigkeit dazu besitzt… Ich hoffe, dass der Beginn des Friedens mit Russland bei den anderen Mächten Überlegungen anstößt, sich damit zu arrangieren und dass es auch die Franzosen davon abhalten wird, uns hier erneut anzugreifen, auch weil der König nicht mehr in der Lage ist, uns zu verteidigen. Ich wünsche mir, dass die Rückkehr des Grafen Finck uns darüber mehr Aufklärung bringen kann, obwohl alle Nachrichten Frieden verkünden ebenso wie den mit Russland.

An die Schwägerin Elisabeth Christine   11. April 1762

Nun ist Peter III. also unser erklärter Freund![576] Ich bin ihm deshalb zu unendlichem Dank verpflichtet. Möge Gott die guten Gefühle bewahren, die er dem König entgegenbringt. Er ist ein großer Mann, er will den Frieden, kann es einen würdigeren Charakter geben? Ich bin entzückt über seine ganze Art zu denken. Möge Gott ihn am Leben erhalten und uns immer davor bewahren, dass er unser Feind wird, denn er ist sehr mächtig. Ich bin entzückt über all die Höflichkeiten, die Czernitscheff zuteil wurden. Man muss oft den Aposteln schmeicheln, wenn man den Herrn und Meister zum Freund haben will, so kann ein gutes Wort viel bewirken… Ich rechne damit, in einigen Tagen die Freude zu haben, meinen Bruder Ferdinand und die Prinzessin, seine Gemahlin, zu sehen; ich werde mich nach Langeleben

---

574 Der Prinz von Preußen (Friedrich Wilhelm II.) war am 20. März beim König in Breslau angekommen.
575 Generalmajor Graf von Borcke, seit 1751 Gouverneur des Prinzen.
576 Am 24. März hatten sich die russischen Truppen von den Österreichern bei Glatz getrennt, um über die Oder zu gehen; am 30. und 31. März war Czernitscheff mit einigen russischen Generälen beim König in Breslau, wo sie sehr gnädig empfangen wurden; der König brachte die Gesundheit des Zaren aus.

begeben, um sie zu empfangen, meine Schwester [Amalie] hat in Aussicht gestellt, dass sie auch kommen wird, aber da es nicht für lange sein wird, wird diese Freude nur von kurzer Dauer[577] sein. Ich würde mich sehr freuen, meine liebe Schwester, wenn wir uns gleichermaßen ein kleines Treffen einrichten könnten mit der Prinzessin von Preußen.
Die Gesandten von Bayreuth, Weimar und Coburg sind eingetroffen, so empfangen wir neue Beileidsbekundungen.

An die Schwägerin Elisabeth Christine 1. Mai 1762

So sehr ich mich gefreut habe, meine Schwester, meinen Bruder und meine Nichte[578] zu sehen, so sehr bereitet es mir Kummer, dass sie bei so schlechter Gesundheit sind, was mich wirklich traurig macht; mein Bruder hat sich ein wenig erholt, weil wir dafür Sorge getragen haben, ihn so wenig wie möglich zu ermüden und dafür gesorgt haben, dass er einen geordneten Tagesablauf hat, was ihm gut bekommt. Im Übrigen glaube ich, dass nur eine Kur ihn wiederherstellen kann, ebenso wie meine Nichte, und ich glaube, das sollte man nicht hinauszögern. Ich habe diese Zeit sehr angenehm verbracht. Meine Schwester war charmant und von so guter Laune, wie ich es lange nicht erlebt habe, und alles lief sehr gut. Sie werden von jedem geliebt, das kann ich Ihnen im Vertrauen sagen… ebenso wie die Prinzessin von Preußen. Meine Schwester und mein Bruder hatten die Güte, mir das Abschiednehmen zu ersparen und haben sich davongestohlen, doch ich habe sehr bald ihre Abreise bemerkt. Da der Herzog, Ihr Bruder, alles sehr würdevoll durchführt, hat er sich ein wahres Vergnügen daraus gemacht, diese Gesellschaft gut zu empfangen; meine Familie weiß diese Aufmerksamkeiten zu schätzen. Sie schreiben mir über die guten Gefühlsregungen und den Charakter des Prinzen von Preußen, möge Gott sie in ihm mehren und ihn beschützen, damit er immer auf dem rechten Weg bleibt und sich vom Bösen fernhält, und mögen ihm nur Beispiele begegnen, die der Nachahmung würdig sind, denn die Jugend ist schwach und lässt sich leicht verderben. Meine Schwester und mein Bruder haben mir gegenüber diesen lieben Prinzen sehr gelobt. Da Sie mir berichten, dass Herr Borcke ein so ehrlicher Mann ist, hoffe ich, dass er ein wachsames Auge haben wird, damit sein Prinz es auch immer sein möge und dass er ihm nur Prinzipien der Ehre und Ehrbarkeit vermittelt, die zurzeit unglücklicherweise in

---

577 Sie kamen am 13. April und blieben bis zum 30., die Prinzessin Amalie kam am 15. Prinz Ferdinand schrieb über diesen Besuch am 18. April an den König: „*Meiner Schwester* (die er seit Anfang 1752 nicht gesehen habe) *geht es Gott sei Dank gut, aber ich finde, dass ihr Gemüt lange nicht mehr so heiter ist wie in der Vergangenheit; ich schreibe dies dem Tod ihres Sohnes, des Prinzen Heinrich, zu, denn sie bricht in Tränen aus, sobald sein Name fällt. Die, die ihn gekannt haben, haben viel Gutes über ihn berichtet. Die Tapferkeit, die er im Sterben gezeigt hat, ist selten, vor allem bei einem jungen Mann seines Alters, der erst gerade in die Welt getreten war. Er hat dem Tod furchtlos ins Auge geschaut, er war bis zum letzten Augenblick bei Bewusstsein. Er besaß noch die Kraft, Briefe an den Herzog zu diktieren, an meine Schwester, seine Brüder und Schwestern und an seinen Erzieher, in denen er für ihre Freundschaft gedankt hat, und sie gebeten hat, sich durch seinen Tod nicht niederdrücken zu lassen*". Worauf der König antwortete: „*Meine Schwester empfindet zu Recht Schmerz über den Verlust ihres Sohnes, des verstorbenen Prinzen Heinrich; ein würdiger Prinz, der durch seine Talente große Hoffnungen weckte, unglücklicherweise und zu meiner großen Trauer hat der Tod ihn unverhofft ereilt in der Blüte seiner Jahre*". Die Worte: „*und zu meiner Trauer*" hat der König selbst nachgetragen. An die Markgräfin von Schwedt schrieb Prinz Ferdinand am 24. April aus Braunschweig: „*Ich darf nicht vergessen, Ihnen etwas über die Familie meiner Schwester zu schreiben, die äußerst liebenswürdig ist; es ist schwer zu sagen, wem man den Vorzug geben soll. Der junge Held, Prinz Friedrich, der Braunschweig im vergangenen Herbst gerettet hat ist für einige Stunden gekommen; seine Bescheidenheit hat mich über alle Maßen erstaunt.*"

578 Die Prinzessin Ferdinand.

der Welt so wenig Anerkennung finden... Denken Sie nicht, dass ich Sie vergessen könnte, Sie würden mir damit großes Unrecht tun... So entzückt ich auch wäre, Ihnen bei einem Treffen meine Verbundenheit persönlich zu zeigen, so sehr würde es mich berühren, wenn sich E.M. durch ein so unschuldiges Vergnügen den geringsten Kummer zuziehen könnte und ich wäre ebenso betrübt, Ihnen darüber hinaus eine Zurückweisung zu verschaffen, die Ihnen natürlicherweise nur Kummer und Leid[579] verursachen würde. Abgesehen von all diesen Schwierigkeiten, die zu bedenken sind, habe ich daran gedacht, dass es im Land des Königs einen Ort namens Erxleben gibt, wo wir uns ohne große Umstände sehen könnten. Aber alle Gründe, die Sie vorbringen, sind so heikel, dass ich Ihnen dieses Treffen nicht vorschlagen will, obwohl ich entzückt wäre, Sie wiederzusehen... Da Sie nun endlich hoffen können, bald nach Berlin zurückzukehren, bin ich überzeugt, dass das [zu Ihrer Zerstreuung] beitragen wird und dass Sie sich dort doch ein wenig wohler fühlen werden als in Magdeburg... Die Prinzessinnen, ihre Schwestern, sind am vergangenen Sonntag zum ersten Mal ausgefahren, sie sind in dieser Woche in Wolfenbüttel, um ihren religiösen Pflichten nachzukommen.

An die Schwägerin Elisabeth Christine   16. Mai 1762

Ich bin überzeugt von den Empfindungen E.M., Sie teilen dieselben Eigenschaften mit Ihrer Familie, die gern Beistand leistet und Freude bereitet, diese Tugenden sind auch Ihnen zu eigen und ich bin sicher, dass Sie sie niemandem gegenüber vernachlässigen wenn Ihnen das möglich ist, und dies noch weniger gegenüber den Mitgliedern unserer Familie. Ich kann Ihnen auch versichern, dass man Ihnen in dieser Hinsicht Gerechtigkeit widerfahren lässt und man erkennt Ihre Verdienste an. Ich bin entzückt über all das Gute, das E.M. mir über unseren lieben Neffen berichtet. Die großherzige Art, mit der er Béguelin[580] schreibt, ist charmant und zeugt von einem guten Herzen... Ich bin froh über die Freundlichkeit des Königs ihm gegenüber; so geziemt es sich und das Gegenteil würde überraschen... Mein Gott, welch traurige Ereignisse werden in uns wach und erinnern an meine letzte Reise nach Berlin, aber es ist besser darüber zu schweigen... Hier hat der Herzog das Siegel eröffnet vom Nachlass unserer lieben verstorbenen Herzogin und er war mit den Prinzessinnen, Ihren Schwestern, in Wolfenbüttel und hat dort dasselbe getan, Sie bleiben solange dort, bis alles abschließend geklärt ist. Trotz der Großzügigkeit der verstorbenen Herzogin und ihrer zahlreichen Wohltaten hat man doch mehr Preziosen gefunden, die sie aufbewahrt hat, als man gedacht hatte. Der Herzog und die Prinzessinnen haben mir eine Erinnerung zugedacht, eine sehr schöne Tabaksdose, verziert mit Gold und Emaille und versehen mit dem Porträt meiner Tochter aus Bayreuth. Alle meine Kinder sind ebenso mit einem kostbaren Erinnerungsstück bedacht worden... Die Königinwitwe[581] aus Dänemark hat mir die Ehre erwiesen, mir den „Ordre de l'Union parfaite"[582] zuzusenden, den die verstorbene Herzogin trug... Ich wünsche nur,

---

579 Vom König.
580 Sein Erzieher.
581 Sophie-Magdalene von Brandenburg-Kulmbach (geb.1699), Witwe des 1746 verstorbenen Königs Christian.
582 Anmerkung der Übersetzerin: Der Ordre de l'union parfaite (Orden der perfekten Union), auch Ordre de la Fidélité (Orden der Treue), ist ein durch Königin Sophie Magdalene von Dänemark und Norwegen im Jahre 1732 gestifteter Orden, um ihre glückliche Ehe zu feiern. Es war die erste dänische Auszeichnung, die auch von Frauen getragen wurde. Das Ordensmotto lautet: In Felicissimae Unionis Memoriam. Nach dem Tod der Königin im Jahr 1770 wurde der Orden nicht mehr verliehen.

dass die dänischen Herren sich ruhig verhalten und keine Unruhe im Umland[583] verbreiten. Ich würde Sie gern mit froherem Herzen beglückwünschen zum Frieden mit Russland, wenn es ein allgemeiner Friede wäre und wir hier nichts zu befürchten hätten, aber solange der Krieg mit den Franzosen nicht vollständig beendet ist, nützt uns das nicht, denn wir müssen uns immer noch um unsere Sicherheit sorgen. Sie werden zugeben, dass es schrecklich wäre, wenn wir noch einmal von hier vertrieben würden, doch dafür will ich mich nicht verbürgen. Möge Gott uns vor diesem erneuten Unglück bewahren, das, dessen können Sie sicher sein, sehr schlimm für den Herzog, sein Land und seine Familie wäre. Ich gestehe, dass es zum Verzweifeln ist, immer noch in Zeiten von Furcht und Katastrophen zu leben. Es ist, als ob man sich dem Jüngsten Gericht näherte und wenn es einträfe, wäre das sehr gut, denn dann hätte alles Unheil auf dieser Welt endlich ein Ende.

An die Schwägerin Elisabeth Christine 3. Juni 1762

Ich wäre entzückt, wenn die Umstände es erlaubten, dass wir gegenseitig übereinkämen hinsichtlich einer Zusammenkunft mit E.M.… E.M. kann völlig überzeugt sein, dass es wahr ist, was unsere liebe verstorbene Herzogin Ihnen gesagt hat bezüglich der Freundschaft, die ich für Sie empfinde. Ihre Schwestern werden zu St. Johannes hierher zurückkommen, da alle Angelegenheiten erledigt sind und danach wird die große Trauer abgelegt und die schwarzen Wandbehänge entfernt, die sehr unbehaglich und unangenehm im Sommer sind… Im Übrigen kann ich E.M. berichten, dass ich hoffe, so es Gott gefällt, wir hier nichts mehr zu befürchten haben, ich vermute, dass das gute Beispiel Peters III. die anderen Mächte ermutigen wird, sich dem Frieden anzuschließen. Das ist ein sehr großer und würdiger Prinz, der wie ein ehrlicher Mann denkt und der sich durch den Frieden, den er mit uns schließt, in ewige Erinnerung bringt. Ich habe auf seine Gesundheit getrunken und liebe ihn von ganzem Herzen… Man sagt, dass der Frieden mit Schweden[584] bald unterzeichnet wird. Ich glaube, dass Graf Finck nicht eher[585] zurückkommen wird. Ich freue mich sehr, dass der gute Herzog von Bevern beim König[586] wieder in Gnade aufgenommen wurde, er verdient es wegen seines Eifers und der Anhänglichkeit, mit der er dem Haus gedient hat. Ich wünsche, dass sein Glück andauern möge und dass er immer in der Lage sein wird, dem König zu dienen, wie er es bisher getan hat. Es wäre ein Verlust für den König, wenn er den Markgrafen Karl[587] verlieren würde; auch er ist ein verdienstvoller und ehrbarer Prinz. Es ist sehr traurig, dass der Verlust so vieler guter Untertanen zu beklagen ist, denn nur selten kann man sie ersetzen.

---

583 Gegen die Rüstungen Peters III. hatten die Dänen das Beobachtungskorps, das seit 1756 in Holstein stand, verstärkt und nach Süden vorgeschoben.

584 22. Mai.

585 Finckenstein kam erst Ende Juni aus Breslau zurück.

586 Der Herzog August Wilhelm von Bevern (geb. 1715) diente seit 1731 in der preußischen Armee; wie 1760 das Anerbieten des Königs von Dänemark, schlug er Anfang 1762 das ihm von Georg III. angebotene Kommando über die englisch-portugiesische Armee aus. Er erhielt Ende April den Befehl, von seinem Gouvernement Stettin auf den Kriegsschauplatz zu kommen, wo er das Kommando in Oberschlesien erhielt.

587 Markgraf Karl, ein Enkel des Großen Kurfürsten, geb 1705; vom König als General wie als Mensch gleich hochgeschätzt. Er starb am 22. Juni 1762.

An die Schwägerin Elisabeth Christine   11. Juni 1762

Am Dienstag (15. Juni) um die Mittagszeit werde ich ganz sicher die Ehre haben E.M.[588] meine Aufwartung zu machen, mit dem Herzog, meinem Sohn Wilhelm und meiner Tochter Auguste. Lisbeth ist unpässlich, sonst wäre sie ohne Zweifel mit dabei... Ich werde bis Donnerstagmorgen bleiben können... denn ich bin weniger beschäftigt als der Herzog, der immer so in Geschäften ist, dass seine Anwesenheit hier notwendiger ist als die meine.

An die Schwägerin Elisabeth Christine   26. Juni 1762

Nun haben wir den glücklichsten Sieg, den wir erringen konnten[589], denn das Land des Herzogs ist jetzt vor einer erneuten Invasion durch die Feinde geschützt... Mein Sohn Friedrich hat sich auch sehr ausgezeichnet, der Prinz ist darüber erfreut. Gott sei Dank, geht es ihm gut.

An die Schwägerin Elisabeth Christine   2. Juli 1762

Es ist sicher, dass die Luft auf dem Land[590] ihre großen Vorzüge hat, die Annehmlichkeiten des Landlebens sind oft dem lauten Leben in der Stadt vorzuziehen, das Stadtleben ist beschwerlicher, aber in unserer Lage haben wir nicht die Wahl... Mylord Granby hat Fritzlar eingenommen und noch einen anderen Ort nicht weit von dort. Die Franzosen haben sich nach Kratzenberg zurückgezogen; man sagt, es sei eine unangreifbare Stellung, aber ich vertraue auf den Eifer des Prinzen Ferdinand, dem es gelingen wird, sie zur Umkehr zu zwingen... E.M. ist informiert über das ungerechte Vorgehen der Dänen gegen die Stadt Hamburg; ich befürchte, dass man diese Beleidigung[591] noch bereuen wird. Nun setzt sich der Zar an die Spitze seiner Armee[592]. Wenn er meinem Rat folgen würde, so würde er zuhause bleiben, um seinen Thron zu festigen und Aufständen zuvorzukommen, die in einem so unruhigen Land wie Russland geschehen können. Ich befürchte, dass es in Holstein ein neues Durcheinander geben wird und der Frieden, auf den man in diesem Jahr hoffte, wird sich verzögern. Der Graf von Finck wird E.M. darüber berichten können, man sagt, er befinde sich auf dem Rückweg; wahrscheinlich werden Sie wissen, von wem Sie etwas über seine Rückkehr nach Berlin in Erfahrung bringen können. Der Landgraf spricht davon, nach Hamburg aufzubre-

---

588 Die Zusammenkunft war in Hundisburg und dauerte bis zum 18.
589 Herzog Ferdinand war am 24. Juni über die Diemel gegangen und hatte die Franzosen bei Wilhelmsthal geschlagen, die bis Kassel und über die Fulda zurückgingen.
590 Die Königin war von Hundisburg auf ein paar Tage auf das Gut der Frau von Kannenberg, der Witwe ihres Oberhofmeisters gegangen.
591 Die dänischen Truppen waren am 17. in Hamburg eingerückt und erst gegen Gewährung eines Darlehns von einer Million Taler Banco am 18. wieder abgezogen. Andere dänische Truppen besetzten Travemünde und rückten in das Mecklenburgische vor. Am 13. Juli schreibt die Herzogin der Königin: „Ich beklage unsere liebe gute Königin von Dänemark, die einstweilen isoliert und alleingelassen ist und in Sorge um die Zukunft."
592 Trotz der Unzufriedenheit, die seine Maßregeln gegen die Zarin Katharina hervorriefen, und der Warnungen des Königs bestand Peter III. auf seinem Plan, Holstein zurückzuerobern. Die russischen Truppen in Pommern und Preußen hatten Marschbefehl erhalten und sollten durch Pommern gehen; bei Waren wurde ein Lager abgesteckt, das Anfang Juli bezogen werden sollte.

chen, obwohl ihm jeder davon abrät; er hat sich in den Kopf gesetzt, dort eine Kur zu machen, während all diese Landstriche von Truppen überschwemmt sein werden. Wir haben zurzeit die Prinzessinnen, Ihre Schwestern, hier, ich versuche alles zu tun, was in meiner Macht steht, um sie über den erlittenen Verlust hinwegzutrösten.

An den Markgrafen von Bayreuth   Braunschweig, 11. Juli 1762

Ich weiß nicht, ob E.H. darüber informiert ist, dass der Zar von Russland durch die Länder des Königs ziehen wird, um sich an die Spitze seiner Armee zu setzen… Es wird einen Kongress in Berlin geben, wo man versuchen wird, die Differenzen mit dem König von Dänemark zu schlichten.

An die Schwägerin Elisabeth Christine   13. Juli 1762

Ich bin sehr froh, dass der König meinen Bruder Ferdinand dazu bestimmt hat, den Zaren in seinem Namen[593] zu empfangen und zweifle nicht daran, dass er diesen Auftrag sehr gut erfüllen wird. Die Wege der Vorsehung sind unergründlich, denn noch vor einem Jahr konnte man sich nicht vorstellen, dass wir mit Russland Frieden schließen würden… Es ist vor allen Dingen wünschenswert, dass die Russen für immer unsere Freunde bleiben, denn diese Macht wird von großer Bedeutung in Deutschland sein, in das sie einen Fuß gesetzt hat. Der Zar muss sich sehr sicher in seinem Land fühlen, dass er das Risiko eingeht, sein Land zu verlassen, um sich an die Spitze der Armeen zu setzen. Ohnedies zählen Aufstände in diesem Reich[594] nichts… Da es ein Prinz ist, der von seinem Verstand guten Gebrauch macht, hoffe ich, dass er nicht von seinen guten und lobenswerten Absichten ablässt… Ich beginne jetzt, das Wasser von Spa zu trinken; jeder hier trinkt das Wasser und es geht darum, wer am meisten trinkt; ich trinke es, um meine Nerven zu stärken und nicht zum Vergnügen, denn ich finde keines daran, früh am Morgen aufzustehen und eine strenge Diät einzuhalten… Ich danke E.M. für die Güte, sich nach der Gesundheit von Lisbeth zu erkundigen. Gott sei Dank, geht es ihr sehr gut und sie erscheint wieder in der Öffentlichkeit. Die Prinzessinnen[595] werden Ihnen bestätigen können, dass sie sehr gut aussieht. Während der Abwesenheit ihrer Gouvernante, die eine Trinkkur macht, habe ich die Kinder bei mir, denn ich ziehe es vor, sie in der Zwischenzeit selbst zu beaufsichtigen und obwohl wir etwas beengt leben, geht das sehr gut.

---

593 Die Ankunft des Zaren in Stettin wurde am 20. Juli erwartet.
594 Ihr Schwager Anton Ulrich war im Dezember 1741 das Opfer einer derartigen Revolution geworden.
595 Die Schwestern der Königin kamen am 17. Juli nach Magdeburg; über die Prinzessin Charlotte schreibt die Herzogin in demselben Brief: „*Die Prinzessin Charlotte hat von Zeit zu Zeit eine sehr angegriffene Gesundheit; ich führe das auf ihre schlechte Diät zurück; daher bitte ich Sie, auf sie zu achten, damit das nicht bei Ihnen geschieht. Ich habe ihr versprochen, dass ich es E.M. schreiben würde.*"

An die Schwägerin Elisabeth Christine 7. August 1762

Ich weiß das Entgegenkommen E.M. zu schätzen, dass Sie ihnen (Ihren Schwestern) gestattet haben, hierher zurückzukehren, um den Geburtstag des Herzogs zu feiern. Der Tag ist uns allen so wichtig und lieb, dass er es verdient, gefeiert zu werden. Er ist mir umso willkommener, wenn ich ihn mit den meisten Mitgliedern der Familie feiern kann, und freue mich, dass die Prinzessinnen dabei waren... Da der Tag auf den Sonntag fiel, konnte es keine Aufführungen geben, doch jeder ist in Gala erschienen und ich habe ihn nicht weniger von ganzem Herzen gefeiert mit vielen Wünschen, damit Gott uns diesen, Ihren guten und würdigen Bruder erhalten möge, der durch seine Wohltaten die Freude seines Landes ist. E.M. kann sich leicht vorstellen, welch abscheulichen Eindruck die Revolution in Petersburg[596] auf mich gemacht hat; ich war aufs Äußerste erschüttert, aber die Nachrichten, die uns seitdem erreicht haben, haben mich wieder beruhigt; sie bestätigen, dass die Zarin nicht gegen uns sein wird. Ich bin E.M. sehr dankbar, dass Sie mich in dieser Hoffnung bestärken und dass Sie mir berichten, dass die Zarin unsere Freundin ist. Ich wünsche es von ganzem Herzen und dass sie es bleiben möge, denn sonst würde das Unglück erneut über uns hereinbrechen. Doch ich kann nicht umhin, den armen Peter zu bedauern; ich hätte gewünscht, er hätte vorsichtiger gehandelt, im Übrigen verdiente er dieses Schicksal nicht und ich schätzte ihn wegen der guten Absichten, die er verfolgte, um uns den Frieden zu bringen. Das erfolgreiche Vorgehen des Königs gegen Daun, mit dem er ihn gezwungen hat, sich aus Böhmen[597] zurückzuziehen, in dem Augenblick, als die russische Armee ihn verließ[598], gereicht ihm zur Ehre und sein Verhalten gegenüber Czernitscheff findet meine Anerkennung, denn es ist groß und nobel und weil diese Geschenke zur rechten Gelegenheit erfolgen[599]. Es scheint, dass sich alles auf einen Frieden hinbewegt. Alles lief nach Wunsch bis auf diese Revolution, die zur Unzeit kam... Man kann zu Recht sagen, dass der Mensch denkt und Gott lenkt. Nun sind alle Vorbereitungen für den Empfang des Zaren zunichte geworden. Ich glaube jedoch nicht, dass wir damit am Ende dieser Geschichte angelangt sind, die Zeit wird uns lehren. Bislang ist sie so verwickelt, dass man sie nicht durchschauen kann. Im Übrigen bin ich E.M. zu Dank verpflichtet für Ihre Anteilnahme an den Fortschritten meines Sohnes Friedrich in der Armee; unter Leitung einer so geschickten Führung kann er nur Erfolg haben. Nun will der Prinz von Condé sich Herrn von Soubise[600] anschließen. Mein älterer Sohn ist ihm eine Marschlänge voraus, doch ich bezweifle, dass die Franzosen Kassel ohne eine Schlacht verlassen werden; gebe Gott, dass sie glücklich für uns ausgehen möge, der Feldzug von unserer Seite wäre beendet und für den Prinzen Ferdinand wäre es der ruhmreichste von allen, der seinem Haus alle Ehre macht. Ich habe mich immer für ihn ausgesprochen und bin überzeugt, dass er seine Karriere mit allem vorstellbaren Glück beenden wird. Der Baron Müller[601] ist hier eingetroffen bei bester Gesundheit, froh wie ein König, überall in Hülle und Fülle Kartenpartien anzutreffen, ohne die Schulden zu sehen, wohl aber das schöne Geld.

---

596 Die Absetzung Peters III. am 9. Juli.
597 Die Erstürmung der Burkersdorfer Höhen am 20. Juli.
598 Am 22. Juli rückte Czernitscheff ab, er war am 1. Juli mit seinen Truppen zum König gestoßen; am 18. teilte er mit der Anzeige des Thronwechsels mit, er habe den Befehl zum Rückzug erhalten, den er noch 4 Tage aufzuschieben bereit sei; am 20. gab er die feierliche Erklärung ab, die Zarin wolle den Frieden aufrecht erhalten.
599 15.000 Dukaten und ein goldener mit Diamanten besetzter Degen.
600 Prinz Condé kommandierte am Niederrhein, Soubise am Oberrhein.
601 Kammerherr der Königin, wegen seiner Leidenschaft für das Kartenspiel bekannt.

An die Schwägerin Elisabeth Christine 15. August 1762

Trotz des Entsetzens über den ganzen abscheulichen Handstreich dieser boshaften Frau[602] können wir Gott nicht genug dafür danken, dass er ihre Absichten in Richtung Frieden gelenkt hat, obwohl die Dankbarkeit erlischt, wenn man weiß, dass die Finanzen dieses Landes erschöpft sind, zum Glück für uns, und dass die Russen des Krieges müde sind. Sonst, so gestehe ich, würde ich niemals einer solch verachtenswerten Medea von einer Frau trauen. Es scheint, als fielen wir in die alte Barbarei zurück, so viele Laster haben die Oberhand gewonnen; doch die Politik um des Friedens willen verlangt Stillschweigen über diese abscheulichen Vorgänge und nur E.M. gegenüber lasse ich meiner Empörung über dieses Verhalten freien Lauf. Sie wissen, dass in der Öffentlichkeit über jedes Ereignis räsoniert wird, dieses war zu interessant, als dass nicht jeder seine Meinung darüber kundgetan hätte; das hatte zur Folge, dass man jegliche Art von Nachrichten verbreitet hat, die sich gottlob als falsch erwiesen haben, die Zarin ist über die widersprüchlichen Nachrichten von ihren Generälen aufgeklärt worden, die nach einem anderen Befehl Preußen[603] verwüsten sollten, das der kritische Punkt war, den man fürchtete und das nicht überleben würde; gebe Gott, dass wir niemals mit dieser Großmacht zu schaffen bekommen, wer auch immer dort herrschen möge, Hauptsache, er mischt sich nicht in die Angelegenheiten Deutschlands ein. Man spricht viel von dem allgemeinen Frieden[604]; man sagt sogar, dass die Präliminarien bereits von England und Frankreich unterzeichnet wurden. Wenn Ihnen dies noch nicht bekannt war, so werden Sie mir den Gefallen erweisen, noch nicht darüber zu sprechen. Die Franzosen haben sich bereits aus der Neustadt von Kassel zurückgezogen und man hofft, dass sie bald das Land vollständig verlassen werden, was den Ruhm des Prinzen Ferdinand noch mehr erhöhen und seine ruhmvollen Taten krönen wird… Ich hoffe um Ihretwillen, dass Sie bald nach Berlin[605] zurückkehren können… Wegen unserer Trauer wird es dieses Mal weder Bälle noch Maskeraden geben; ich begrüße das sehr, denn alle diese Vergnügungen sind mir zu laut und mir sehr zur Last, da man sich erst spät zurückzieht. Man hat die Oper „Soliman" aufgeführt, die sehr gelungen ist und mit Beifall bedacht wurde.

An Prinz Heinrich von Preußen 7. November 1762

Ich habe daran gedacht, den Jäger zu umarmen, der mir Ihren Brief überreicht hat und mir dabei die Nachricht von Ihrem Sieg überbrachte. Der Herzog hat mir Ihren Brief vorgelesen, in dem Sie ihm die große Zahl von Gefangenen nennen, die Sie bei dieser Gelegenheit[606] gemacht haben, hinzu kommt die gesamte wertvolle Beute an Artillerie, die Sie dem Feind[607] genommen haben, das ist außerordentlich und erstaunt mich umso mehr, als Ihre Kräfte

---

602 Der Tod Peters III. am 17. Juli wurde der Zarin zugeschrieben.
603 Auf Grund des Manifests der Zarin am 9. Juli, worin sie den mit Preußen geschlossenen Frieden unter den Verbrechen Peters III. aufzählte, hatte General Salichoff die Einwohner Preußens aufgefordert, bei Vermeidung der höchsten Ahndung, den Huldigungseid zu leisten, und den Kriegszustand erneuert. In einer Erklärung an den preußischen Gesandten in Petersburg am 22. Juli hieß es: die Zarin wolle den Frieden kräftig beobachten und habe der Generalität, die von dem wahren Zustand der Sachen nicht hinreichend unterrichtet gewesen, befohlen, alles wieder auf den vorigen Fuß zu setzen.
604 Ebenso schrieb Herzog Ferdinand der Königin am 1. September; die Nachricht war verfrüht.
605 Die Königin kehrte erst am 17. Februar 1763 nach Berlin zurück.
606 Der Sieg des Prinzen Heinrich bei Freiberg am 29. Oktober.
607 30 Kanonen, 4400 Gefangene und eine Menge Gepäck- und Munitionswagen.

denen des Feindes[608] zahlenmäßig unterlegen waren. Die Verstärkung ist offensichtlich erst später[609] eingetroffen, der Senf kam nach dem Diner, das ist charmant und erheitert mich sehr, vor allem, weil Sie Ihren Schlag so schnell und unverhofft ausgeführt haben, ohne andere Unterstützung als die, über die Sie verfügten. Ich bin gespannt auf das kommende Gerede und ob man Ihnen den Dank zukommen lässt, der Ihnen gebührt. Im Übrigen habe ich dieselben Gedanken wie Sie und beklage, wie unausweichlich es ist, soviel menschliches Blut zu vergießen; ich gestehe Ihnen, dass ich sehr froh wäre, wenn das Ende abzusehen wäre. Ihr Bote ist im Triumph in die Stadt eingezogen, gefolgt von zehn Postillionen, die unzählige Menschen angelockt haben, die den Boten haben ankommen sehen und wie er über den Platz geschritten kam; alle guten Patrioten haben an dieser Nachricht Anteil genommen. Bei Tisch habe ich auf Ihre Gesundheit getrunken und alle haben auf Sie angestoßen und der gesamte Hof ist gekommen, um mich als Schwester des Siegers zu beglückwünschen. Vor zwei Wochen war ich in allergrößter Sorge um meinen ältesten Sohn, dem es infolge eines heftigen Fiebers sehr schlecht ging. Aber Gott sei Dank ist er nun ganz außer Gefahr und erholt sich von Tag zu Tag. Der Herzog hat ihn in Minden besucht und hat mir bei seiner Rückkehr versichert, er habe ihn bei bester Gesundheit zurückgelassen. Die Ärzte und Chirurgen haben es mir bestätigt und mein Sohn hat mir seitdem selbst geschrieben, dass er bei guter Gesundheit sei und hoffe, in der Lage zu sein, mich Weihnachten hier zu besuchen. Er ist nicht mehr bettlägerig, aber seine Wunde hat sich noch nicht geschlossen[610]. Sie können sich vorstellen, wie viel Anlass ich habe, mir Frieden zu wünschen und welch traurige Zeit ich verbringe in dem Wissen, dass alle, die mir lieb sind, von Gefahren umgeben sind… Der Landgraf hat uns verlassen und hat darauf bestanden, mit seinem ganzen Hof nach Rinteln zu gehen, ohne zu wissen warum; da er die Veränderung liebt, glaubt man, dass er dort nicht lange bleiben wird und dass er vielleicht nach Hamburg oder in eine andere ähnliche Stadt geht.

An Friedrich 8. Dezember 1762

Ich teile die Freude meiner Tochter in Weimar, die Sie bei sich empfangen hat [3. Dezember] … Die Fürsprache, die ich zu Gunsten meiner Tochter bei Ihnen eingelegt habe (in einem Brief vom 26. November), indem ich Sie gebeten habe, sie davon zu verschonen, Rekruten[611] zu stellen, wie Sie es befohlen haben, geschieht nur aus Sorge, dass der Wiener Hof ihr Ungelegenheiten bereitet, denn man hat schon begonnen, sie wegen Vogteien zu schikanieren, die ihr gehören. Wenn Sie sie vor solchen Ungerechtigkeiten schützen können, die dieser Hof ihr aus Rache zufügt, können Sie sicher sein, dass sie Ihnen niemals etwas verweigern wird und sie würde lieber Ihnen Rekruten stellen als irgendeinem anderen. Meine Tochter hat mir soeben geschrieben über den liebenswürdigen Empfang, den Sie ihr bereitet haben, sie ist ganz entzückt. Dieses gute Kind gibt mir einen getreuen Bericht von dem Gespräch, das Sie mit ihr geführt haben, und sagt, dass Sie ihr versichert haben, dass Sie oft an mich dächten und

---

608 26 Bataillone und 60 Schwadronen gegen 48 Bataillone und 68 Schwadronen.
609 General Wied, den der König zur Unterstützung des Prinzen Heinrich geschickt hatte, kam erst am 11. November an der Elbe bei Meißen an.
610 Nach einer Verwundung am 30. August bei Johannisberg, er war nach Minden gebracht worden; er bekam starkes Wundfieber, so dass man das Schlimmste befürchtete und der Herzog ihn noch einmal zu sehen kam; am 30. November verließ er Minden geheilt.
611 Es handelt sich um die Stellung von 150 Rekruten.

beabsichtigten, mich nach dem Friedensschluss zu besuchen. Erlauben Sie mir, dass ich Sie diesbezüglich beim Wort nehme. Ich wünschte, Sie könnten mir bald einen Termin nennen, aus Sorge, dass Ihre Absicht fortbestehen möge und dass ich in den Genuss dieses Vergnügens komme. Meine Tochter schreibt mir, dass Sie an ihr Ähnlichkeit mit meiner Schwester Amalie gefunden haben und dass Sie ihr so viele Liebenswürdigkeiten gesagt haben, die sie mir mitteilen müsste, dies jedoch unmöglich sei, da sie zu schmeichelhaft waren… Schließlich wage ich, Ihnen zu sagen dass sie so sehr von Ihnen eingenommen ist, dass sie bereit wäre, für Sie Opfer zu bringen… Ich danke Ihnen tausendfach für Ihre Anteilnahme an meinen Ängsten und Sorgen, die mir die Verwundung meines ältesten Sohnes bereiten, und für Ihre Glückwünsche zu seiner Genesung. Ich gestehe Ihnen, dass ich überglücklich bin über den Frieden[612] und meine Söhne nun nicht mehr den Gefahren des Krieges ausgesetzt sehe, aber ich hätte mich noch mehr gefreut, wenn ich wüsste, dass er Ihnen zum Vorteil gereicht; es gefällt mir nicht, dass er für Sie nicht so günstig ist, wie ich es wünschte… Obwohl ich über all die Erfolge geschwiegen habe, die Sie durch die Waffen erfochten haben, hat mich die Einnahme von Schweidnitz[613] nicht weniger erfreut. Ich habe Ort und Zeit abgewartet, um Sie zu all den Erfolgen zu beglückwünschen, die Sie errungen haben, um Ihnen nicht mit all meinen Kritzeleien zur Last zu sein, im Übrigen nahm ich an, dass Sie mit Wichtigerem beschäftigt waren als mit der Lektüre meiner Briefe… Ich hoffe, dass Sie diesen grausamen Krieg ruhmreich beenden werden; ich bin überzeugt, dass Ihnen dies gelingen wird, denn Sie haben es nur noch mit einer Frau zu tun und es wäre nicht das erste Mal, dass Sie eine Frau zum Zurückweichen zwingen.

An Friedrich 30. Dezember 1762

Sie wollen mich glauben machen, dass ich Ihnen nicht lästig falle, wenn ich Ihnen meine Anhänglichkeit bezeuge. Diese freundliche Erklärung ermutigt mich, Ihnen erneut zu versichern, dass der Herzog entzückt ist, dass er in der Lage war, Ihnen zu Diensten zu sein, das entspricht seiner Denkungsart und den Gefühlen des Respekts, die er Ihnen gegenüber hegt … denn er ist nicht minder zufrieden über die großzügige Weise, mit der Sie vereinbart[614] haben, dass er Ihnen ein Korps seiner Hilfstruppen[615] überlässt, das Motiv war nicht sein Nutzen, sondern nur der Wunsch, Ihnen zu Diensten zu sein. Ich hoffe, dass die neuen Rekruten helfen, Sie Ihrem Ziel näher zu bringen, oder wenigstens dazu beitragen, dass Sie gegenüber dem Feind einen beträchtlichen Vorteil erringen. Seit einigen Tagen erfreue ich mich an der Anwesenheit meines ältesten Sohnes[616], der glücklich und vollständig genesen

---

612 Am 3. November waren die Friedenspräliminarien zwischen England und Frankreich, am 15. ein Waffenstillstand auf dem westlichen Kriegsschauplatz, am 24. November in Sachsen und Schlesien abgeschlossen. Am 29. November überbrachte der Freiherr von Fritsch dem König in Meißen die Friedensvorschläge.

613 9. Oktober.

614 Im Hubertusburger Frieden waren die beiderseitigen Verbündeten mit eingeschlossen.

615 Um die Besetzung der von den Franzosen geräumten preußischen Festungen am Rhein durch die Österreicher zu verhindern, nahm der König die Volontaires-auxiliaires in der Stärke von 700 Mann, „Ungarische Infanterie Spahis (Reiter) oder türkische Kavallerie, Dragoner und Husaren", die der Herzog von Braunschweig gebildet hatte, und die mit sämtlichen leichten Truppen der alliierten Armee vom englischen Ministerium entlassen worden waren, in Sold und schickte sie an den Rhein. Es hieß in der Öffentlichkeit, es sei entweder eine preußische Diversion nach den österreichischen Niederlanden oder eine Besetzung des Bistums Münster beabsichtigt.

616 Der Herzog Ferdinand und der Erbprinz waren am 24. Dezember nach Braunschweig gegangen.

397

von seiner Verwundung zurückgekehrt ist... Das war das einzige, was ich mir von diesem Frieden wünschte, meine Söhne lebend und gesund wiederzusehen und da ist noch derjenige, über den ich dasselbe sagen möchte, nun da ich sehe, dass Sie all den Wirren entronnen sind, die Sie bis jetzt niedergedrückt haben.

An Friedrich 18. Februar 1763

Soeben vernehme ich mit großer Freude durch den Herzog die Nachricht, die Sie an ihn gesendet haben über den Frieden[617], den Sie mit Sachsen und Österreich geschlossen haben. Ich war noch froher, als ich erfuhr, dass Sie gute Konditionen erzielt haben, dass Sie alles behalten und nichts verlieren[618]. Erlauben Sie, dass ich Ihnen meine Glückwünsche übersende zu diesem Ereignis, das mich doppelt berührt, weil es aufs Neue Ihren Ruhm mehrt und ebenso weil es Sie auf so strahlende Weise über all Ihre Feinde triumphieren lässt. Gebe der Himmel, dass der Tempel des Janus für lange Zeit verschlossen bleibt, dass sich der Frieden dort mehre und ihn niemals verlassen möge und dass alle die, die Ihre Feinde waren, nie vergessen, dass Sie sie zu besiegen und unterwerfen vermochten, trotz ihrer großen Zahl; möge dies künftig vor solchen Unternehmungen abschrecken und bewirken, dass Sie von nun an vor schweren Stürmen sicher sind. Ich selbst wäre sehr froh, könnte ich an der öffentlichen Freude über Ihre Rückkehr in Ihre Länder teilnehmen.

An Friedrich 7. April 1763

Nun ist es endlich der Tag gekommen, an dem Sie als Sieger nach Berlin[619] zurückkehren. Geruhen Sie, unter den zahlreichen Ehrungen meine aufrichtigen Glückwünsche entgegenzunehmen, die ich Ihnen bei dieser Gelegenheit ausspreche; sie verbinden sich mit der lebhaftesten Freude darüber, dass Sie einen Frieden geschlossen haben, der ebenso vorteilhaft wie ruhmreich ist für unser Haus, dessen Glanz Sie mehren durch Ihre großen Taten, die Ihnen Unsterblichkeit verleihen. Es bleibt mir nur zu wünschen, dass Ihnen nach diesem glücklichen Ereignis noch viele Jahre verbleiben, um die süßen Früchte Ihrer Arbeit zu genießen... Bei dieser Gelegenheit danke ich Ihnen für die Zeichen der Güte, die Sie meiner armen Tochter Caroline[620] erwiesen haben. Sie hat mir davon berichtet. Ich bin umso mehr geschmeichelt, als ich es Ihrer Freundschaft zu mir zuschreibe, in welche Sie auch dieses unglückliche Mädchen einschließen. Es wird für sie in ihrer traurigen Lage eine große Erleichterung bedeuten,

---

617 Zu Hubertusburg, am 15. Februar.
618 Der Versuch Österreichs, die Grafschaft und Festung Glatz für sich zu behalten, wurde abgewiesen.
619 Der König war am 30. März nach Berlin zurückgekommen.
620 Markgräfin Caroline von Bayreuth war am 26. Februar Witwe geworden. Die Bayreuthischen Lande gingen an den Markgrafen Friedrich Christian von Kulmbach über. Sie hatte sich an den König um dessen Protektion gewandt, infolge dessen schickte er Mitte März Geh.Rat Buchholz zur Wahrnehmung ihrer Interessen nach Bayreuth. Die Markgräfin Witwe nahm ihren Wohnsitz in Erlangen.

wenn Sie ihre Interessen schützen und ihr weiterhin Ihre Gunst schenken; Sie werden nicht auf Undankbarkeit stoßen, denn Mutter und Tochter sind Ihnen ergeben. Ich weiß, dass der Herzog Sie in Kenntnis gesetzt hat über die Heirat meines Sohnes mit einer Prinzessin von England[621].

An Friedrich 21. Juni 1763

Ich habe dem Herzog Mitteilung gemacht von Ihrer Mahnung, meine Tochter[622] noch keinem zu versprechen; er betrachtet dies als einen neuen Beweis Ihrer wohlmeinenden Absichten[623].

An Friedrich 2. Juli 1763

[Dank] für die wirtschaftlichen Maßnahmen, die Sie bereits im Sinne meiner Söhne[624] getroffen haben. Sie haben sich keinen Vorwurf zu machen, dass Sie mir meine Kinder fortnehmen, für mich stellt es eine besondere Auszeichnung dar. Ich bin sehr froh, dass meine Tochter den Beifall des jungen Mannes[625] gefunden hat, aber ich wäre um ein Vielfaches froher, wenn sie ebenso sehr Ihren Beifall gefunden hätte, dass Sie sie als ihre Tochter betrachten würden… Der englische Gesandte am Hof in Kassel ist zurückberufen worden. Zurzeit ist er hier… Er bewahrt absolutes Schweigen bezüglich der Heiratsverhandlungen[626] und ich ebenso, so sind wir zu zweit im Spiel. Der König von England hat, begleitet von einem freundlichen Schreiben, Friedrich zwei Kanonen für Kugeln von 16 Pfund geschenkt, zusammen mit einem Mörser für 70 Pfund schwere Steine, beides hatte er in Kassel[627] erbeutet.

An Friedrich Braunschweig, 4. August 1763

Was meine Söhne betrifft, so wären sie bereits aufgebrochen, um sich Ihnen zu Füßen zu legen, wenn der Herzog nicht noch mit ihrer Ausstattung beschäftigt gewesen wäre und damit, sie angemessen mit allem zu versehen. Er ist bereit, so hat er mir gesagt, sie im September zu Ihnen schicken… Der Herzog und ich danken Ihnen für die Übersendung der Aufstellung

---

621 Prinzessin Auguste (geb.1737), die Schwester Georgs III. Die Verlobung war englischerseits schon Ende August 1761 nach der Schlacht bei Vellinghausen vorgeschlagen worden.
622 Elisabeth, geb. 1746.
623 Der Prinz von Preußen war mit dem König vom 17.–19. Juni in Salzdahlum gewesen; er war auf Wunsch der Herzogin länger geblieben. Mit ihnen war d'Alembert gekommen, der von der Herzoglichen Familie sehr freundlich aufgenommen, der einzige Fremde an der Herzoglichen Tafel war.
624 Prinz Friedrich und Prinz Wilhelm traten in preußische Dienste; ersterer erhielt als Generalleutnant das Regiment des Markgrafen Karl und das Gouvernement von Küstrin, der zweite als Oberst das seines bei Hochkirch gefallenen Onkels, Prinz Franz; beide erhielten den Schwarzen Adlerorden. Der König schrieb am 27. Juni an Prinz Heinrich: *„Ich habe ihre beiden Söhne in die Armee aufgenommen… ein wahrer Glücksfund, beide voller Ehre und Ambition."*
625 Der Prinz von Preußen.
626 Des Erbprinzen mit der Prinzessin Augusta.
627 Prinz Friedrich hatte die Belagerung von Kassel vom 15. Oktober 1762 an geleitet, die mit dessen Kapitulation am 1. November geendet hatte.

der Einkünfte des Fürstentums Oels[628]; wir betrachten diese Verbindung als sehr vorteilhaft und nehmen das gnädige Angebot an, das Sie für Friedrich verhandelt haben... Ihre Nachrichten aus England sind zutreffend; es fehlt nur noch die Unterzeichnung, um diese Heirat zu besiegeln. Die Prinzessin erhält eine Mitgift von 30 Tausend Pfund Sterling, wovon die Hälfte hier angelegt wird, dazu eine Pension von 8 Tausend Pfund aus England und eine Mitgift von 40 Tausend Talern aus Hannover. Daran sehen Sie, dass diese Prinzessin gut ausgestattet ist und dass mein Sohn und sie genug haben werden, um sehr angenehm zu leben. Ich erwarte in dieser Woche meinen Bruder Ferdinand und die Prinzessin[629], die mir geschrieben haben, dass sie mir die Freude bereiten werden, einige Tage hier zu verbringen... Mein Sohn kommt mit ihnen; er hat mir gegenüber seine Zufriedenheit geäußert über die Etablierung seiner Brüder, was ihn noch mehr an Sie binden wird und, so hoffe ich, verhindern wird, dass er geneigt sein könnte, eine andere Bindung einzugehen, in die man ihn zu ziehen versucht[630].

An Friedrich   29. August 1763

Ich war angerührt, als ich Ihren Brief las, denn Sie scheinen mir traurig zu sein... Um Sie zu erheitern, wünschte ich sehr, Sie fänden jemanden, der Ihnen entspricht und der in der Lage ist, Sie nach Ihrem Geschmack zu unterhalten. Wenn man tot ist, braucht man nichts mehr, aber solange man lebt, besteht das einzige Glück darin, Freunde zu finden, die unsere Freuden und Kümmernisse teilen, das kann die Widrigkeiten lindern, die das menschliche Leben mit sich bringt, und helfen, sie zu ertragen. Sonst ist das Leben hart. Obwohl solche Menschen rar sind, wünschte ich, ich könnte die Welt durchstreifen, um für Sie einen von dieser Art zu finden[631].

An Friedrich   22. September 1763

Bis jetzt kann ich Ihnen berichten, dass der Termin für die Reise meines Sohnes nach England noch nicht feststeht, denn die Verhandlungen ziehen sich hin und der englische Minister lässt nicht ab von seinen Schikanen. Wenn Herr Pitt in das Ministerium zurückgekehrt wäre, wie es den Anschein hatte, so hätte dies die Angelegenheit in günstiger Weise beschleunigt, aber da sich nun alles aufs Neue verwickelt hat, nehme ich zu Recht an, dass man meinen Sohn erst aufbrechen lassen wird, wenn alles geklärt ist. Ich hatte mich schon gefreut über die

---

628 Die Herrschaft Oels war im Besitz des Herzogs Karl Christian von Württemberg, sie ging bei Preußen zu Lehen. Im September 1764 fand die Verlobung des Prinzen Friedrich mit der Prinzessin Friederike (geb. 1751), dem einzigen Kind, die für die nächste [sic] Erbin Europas galt, statt.

629 Sie gingen nach Aachen ins Bad.

630 Der Erbprinz sollte nach seiner Vermählung mit der englischen Prinzessin das Kommando der Hannoverschen Truppen erhalten.

631 In einem Brief vom 26. November (1768?) schreibt sie dem König, sie freue sich, dass er die Einsamkeit dem Lärm der Welt vorziehe, „*doch um Ihre Situation perfekt zu machen, wünschte ich, Sie hätten einen Freund, bei dem Sie Ihre Kümmernisse abladen könnten, niemand sei ausgeschlossen, wenn Sie Ausschau danach halten. Ich empfinde es als ein Glück, jemanden zu haben, der den Kummer mitträgt und teilt. Aber Sie werden mir entgegnen: Wo ihn finden, vor allem jetzt? Es scheint mir, dass Freundschaft seltener wird als jemals zuvor und dass man ihren Wert verkennt bis hin zur Bezeichnung für diese Gefühle, die nicht mehr in Mode sind; sobald sich Eigennutz und Ehrgeiz des menschlichen Herzens bemächtigt haben, hat alles andere darin keinen Platz mehr, was traurig ist und einem Verachtung für das menschliche Geschlecht einflößt, das nicht die Süße der Freundschaft kennt, die, so scheint mir, der ganze Trost im Leben ist.*"

Umstände, die Herrn Pitt[632] zurückgebracht hätten, denn ich weiß, dass er für Ihre Sache eingenommen ist und hatte gehofft, dass dies zu Ihrem Vorteil sein würde, denn er hat laut und vernehmlich von dem Vorteil für die englische Nation gesprochen, wenn sie die Allianz mit Preußen fortsetzen würde und hat den schlechten Frieden verurteilt, den die Engländer geschlossen haben. Schließlich bezweifle ich, dass die Herrschaft von Herrn Bute von Dauer ist, weil der König Geld braucht und das wird dazu beitragen, Herrn Pitt wieder einzusetzen, der das größte Ansehen in der Nation hat. Die Gräfin Yarmouth, die hier war, konnte gar nicht genug den liebenswürdigen Empfang loben, den Sie ihr bei Ihrer Durchreise in Hannover[633] bereitet haben. Sie ist ganz entzückt, dass sie die Ehre hatte, Sie zu sehen. Da es noch nicht lange her ist, dass sie England verlassen hat, ist sie der Auffassung, dass sich der augenblickliche Minister nicht mehr lange halten kann. Zurzeit spricht man nur noch von den Bankrotten[634] und dem Unglück, was dies durch den Verlust der Kundschaft bedeutet und für viele arme Leute, die in Mitleidenschaft gezogen werden. Ich bin sehr froh, dass die Berliner davonkommen werden… In Hamburg liegt der gesamte Geldhandel darnieder und es gibt keinerlei Warenaustausch mehr, während der Herr Stengelin versucht, so gut er kann, seine Ehre zu retten, unterdessen versetzt dies alles dem Handel einen schweren Schlag. Ich wünschte, meine Schwester in Schweden könnte Vorteil aus diesem Wirrwarr ziehen und ihren Kredit wiederherstellen.

An Friedrich 28. September 1763[635]

Wir haben den Prinzen von Strelitz[636] hier, der uns für einige Tage besucht. Da er Musik liebt und hübsch Geige spielt, gebe ich oft Konzerte für ihn. Dürfte ich nachfragen, ob Sie schon die Symphonien[637] aufgeführt haben, die ich mir die Freiheit genommen hatte Ihnen zuzusenden, und ob sie Ihren Beifall gefunden haben. Wir erwarten französische Schauspieler, die die deutschen ablösen werden, die bis jetzt öffentliche Aufführungen gegeben haben… Man sagt, dass sie ansprechende komische Opern singen; es gibt einige, die Rousseau komponiert hat und die recht hübsch[638] sind.

---

632 Pitt hatte am 5. Oktober 1761 sein Amt niedergelegt, ihm war Bute gefolgt, der die Friedensverhandlungen mit Frankreich ohne Einvernehmen mit Preußen geführt hatte. In der Parlamentssitzung am 9. Dezember, bei Mitteilung der Friedenspräliminarien, hatte Pitt in einer langen Rede das Verhalten des Ministeriums gegen den König von Preußen in schärfsten Ausdrücken gebrandmarkt. Bute hatte im April 1763 seine Ämter niedergelegt. Am 11. September war Pitt zum König berufen, der ihm freie Hand zur Bildung eines neuen Ministeriums ließ; an den Bedingungen, die Pitt stellte, zerschlug sich das Projekt.

633 Auf der Rückreise von Wesel war der König am 16. Juni in Hannover gewesen.

634 Die großen Bankrotte hatten mit dem eines der größten Häuser in Amsterdam begonnen und dann auch Hamburg in Mitleidenschaft gezogen, wo 95 Firmen die Zahlungen einstellten. Die Folgen machten sich auch in Berlin bemerkbar, wo der bekannte Kaufmann Gotzkowsky das erste Opfer war.

635 Die Zuweisung zu diesem Jahr ist nicht sicher.

636 Prinz Karl, geb. 1741; er war Ende 1762 aus Portugal, wo er den Feldzug 1762 als englischer Oberst mitgemacht hatte, zurückgekehrt und im Juli 1763 hannoverscher Generalleutnant und Gouverneur von Lüneburg geworden. Georg III. war sein Schwager.

637 Ouvertüren im italienischen Stil.

638 Wie „Le devin du village" („Der Dorfprophet").

An Friedrich   3. Oktober 1763

Da meine Söhne zurzeit die Ehre haben, Ihnen zu dienen und bei Ihnen am Hofe zu leben[639], hoffe ich, dass ihr Benehmen ganz der guten Meinung entspricht, die Sie von den beiden haben, und dass sie Ihnen Anlass geben werden, mit Ihnen zufrieden zu sein. Ich wäre Ihnen zu Dank verpflichtet, mir davon Mitteilung zu machen, wenn sie ein wenig länger bei Ihnen waren, denn es ist für mich wichtig zu wissen, dass sie sich Ihrer Güte würdig erweisen. Wenigstens garantiere ich, dass es ihnen niemals an gutem Willen fehlen wird, Ihren Zuspruch zu finden und das dies ihr einziges Bestreben ist... Die Zeitungen berichten, dass Sie einen Gesandten aus Konstantinopel[640] erwarten. Ich bin empört, dass man ihn nicht eher entsandt hat, als Sie vielleicht noch Nutzen aus diesem Besuch hätten ziehen können, denn jetzt, so nehme ich an, wird es Sie inkommodieren, alle Reisekosten zu bezahlen. Im Übrigen verstehe ich gut, dass Sie Geschmack finden an einem beschaulicheren Leben und dass es Ihnen besser bekommt, als in den Strudel der großen Welt und der lauten Vergnügungen gezogen zu werden, deren man müde wird, je näher das Alter rückt, in dem all diese Amüsements, die der Jugend gefallen, eine Leere hinterlassen, die weder den Geist noch das Herz erquickt. Wenn ich die Wahl hätte, so würde ich immer Ihre Art zu leben vorziehen, aber da ich nicht im Zustand der Unabhängigkeit lebe, versuche ich, mich den Lebensgewohnheiten anderer anzupassen.

An Friedrich   24. Oktober 1763

Der Vergleich, den Sie geruhen zu ziehen und der mich auf eine Ebene mit Cornelia[641] stellt, gereicht mir zur Ehre, und wird noch ruhmvoller durch das Glück meiner Söhne, in Ihren Diensten zu stehen... Der Tod des Königs von Polen[642] hätte mir Sorgen bereitet, wenn ich nicht hoffen würde, dass er zur rechten Zeit eingetreten ist, bevor die beteiligten Mächte Zeit hatten, sich von den Kriegskosten zu erholen; und dieser Umstand wird verhindern, dass man bald daran denkt, einen neuen Bruch herbeizuführen. Wenn es von mir abhinge, so würde ich demjenigen unter den Kandidaten meine Stimme geben, der Ihnen am meisten genehm ist und Ihnen ein guter Verbündeter[643] wäre. Man sagt, dass der Kurfürst von Sachsen[644] verzichtet; der Hof in Wien hat einmal den jetzigen Landgrafen von Hessen[645] mit diesem Luftschloss geködert, um ihn auf seine Seite zu ziehen. Ich bezweifle nicht, dass er genügend Ehrgeiz besitzt, um Anspruch zu erheben, auf die Bewerberliste gesetzt zu werden, aber wenn er sich dort halten würde, so wäre das eine andere Sache.

---

639 Die beiden Prinzen waren am 2. Oktober in Potsdam angekommen. Am 5. Oktober schrieb der König an den Prinzen Heinrich: *„Ich habe meine beiden Neffen hier, von denen ich entzückt bin. Nein, man kann junge Menschen nicht besser erziehen als diese beiden Kinder."*
640 Die türkische Gesandtschaft kam Anfang November nach Berlin.
641 Der Mutter des Gracchen.
642 August III. starb am 5. Oktober.
643 Am 30. Oktober schrieb sie, sie würde dem ihre Stimme geben, *„der sich zu Ihrem Alliierten erklären würde, denn im Konzert mit Russland gäbe das ein gutes Trio, das Ihnen als Barriere dienen würde."*
644 Friedrich Christian, geb. 1722; er starb am 17. Dezember 1763.
645 Landgraf Friedrich.

An Friedrich 30. Oktober 1763

Die Prinzen von Strelitz[646] sind noch hier: um sie zu unterhalten, hat mein Sohn vor seiner Abreise mit ihnen und dem Prinzen Ferdinand die Tragödie Mithridates einstudiert, die sie mit Erfolg aufgeführt haben; da sie Anklang gefunden hat, wird sie wiederholt und ein anderer übernimmt die Rolle meines Sohnes. Ich bedaure Sie wegen der unangenehmen[647] Audienz, die sie dem türkischen Gesandten geben müssen, doch es schmeichelt mir sehr, denn es zeigt, welchen Respekt Sie sich bei allen Nationen erworben haben, selbst bei den Türken, die Ihnen Ehre erweisen, dies ist, glaube ich, seit der Begründung unseres Hauses nicht geschehen... Ich stelle mir die Menge von Menschen und Ausländern vor, von denen es in Berlin wimmeln wird, um diesen Neuankömmling zu sehen... Wenn der Landgraf von Hessen es wird (König von Polen) und wenn er einen zweiten Donop[648] bei sich hat, wäre das nicht schlecht für Sie. Ich weiß seit einiger Zeit, dass er seinen persönlichen Berater Frankenberg nach Wien gesandt hat; niemand hat den Grund dafür erraten, er ist noch dort und es kann gut sein, dass er etwas verhandelt und dass er jetzt die Einhaltung des Versprechens[649] beim Wiener Hof einfordert, ihn auf die Kandidatenliste zu setzen, sollte der Thron Polens vakant werden. Man spricht auch von einem Prinzen Chartorinsky. Schließlich glaube ich, dass Sie auch ein Wörtchen mitzureden haben und dass man keine Wahl ohne Ihre Zustimmung treffen wird. Die Kurfürstin von Sachsen[650] hat sich aller Kassen und Finanzen bemächtigt; man behauptet, dass sie die Lenkung der Geschäfte übernehmen wird und dass alles über sie läuft. Man beabsichtigt, die Armee gut auszurüsten und immer ein Korps von 40 bis 50 Tausend Mann zu unterhalten. Man hat begonnen, Arrangements zu treffen, um die ausstehenden Steuern zu zahlen, und es bestätigt sich, dass der Kurfürst auf den polnischen Thron verzichtet und dass er sich unter den Schutz dessen stellen wird, der es wird.

An Friedrich 27. November 1763

Ich bin sehr froh, dass Prinz Heinrich[651] die Pocken glücklich überstanden hat. Ich danke Ihnen tausend Mal, dass Sie geruht haben, mich bezüglich der Gesundheit meines Sohnes zu beruhigen und dass die Beschwerden durch seine Verwundung nur vorübergehend sind... Gott sei Dank ist mein Sohn[652] glücklich hier eingetroffen und seine Wunde verursachte ihm nur noch geringe Beschwerden; er musste sie verbinden lassen, aber es gibt keine bösen Folgen. Er ist entzückt über alle Beweise der Freundschaft und des Wohlwollens, die Sie ihm bezeugt haben. Da Sie geruhen, eine Lobrede auf meine Kinder anzustimmen, gestehe ich Ihnen, dass ich allen Grund habe, mich über die guten Eigenschaften, die sie besitzen, zu freuen, dies macht sie mir doppelt lieb und teuer, und die Wertschätzung, die Sie ihnen bezeugen, kann diese Gefühle nur verstärken... ich bin eine sehr glückliche Mutter... Mein

---

[646] Prinz Karl und sein jüngerer Bruder Ernst, geb. 1742, Oberst in hannoverschen Diensten.
[647] 21. November.
[648] General und Minister erst im Dienste Wilhelms VIII., dann Friedrichs II. von Hessen-Kassel, gest. Oktober 1762.
[649] Als es sich um seinen Übertritt zur katholischen Kirche handelte.
[650] Maria Antonie, geb. 1724, Gemahlin Friedrich Christians.
[651] Der Neffe des Königs (geb. 1747).
[652] Der Erbprinz war am 30. Oktober nach Potsdam gekommen. Am 21. Dezember ging er nach England, wo die Vermählung am 16. Januar 1764 stattfand.

Sohn ist entzückt, dass er Sie Flöte spielen gehört hat, er hat mir berichtet von der Audienz, die Sie dem Gesandten gegeben haben... nach dem, was man sagt, war der Empfang von Seiten der Türken nicht allzu glanzvoll, ich hatte mir eine prachtvollere Vorstellung von ihnen gemacht, mein Sohn hat mir keine hohe Meinung vermittelt weder von der Eloquenz noch von den Manieren dieser Exzellenz. Ich halte sie für wenig geistreich, sondern im Gegenteil für sehr sinnliche Menschen, die nur daran denken, ihre Gefühle zu befriedigen.

An Friedrich 13. November 1763

Man sagt, der Kurfürst von Sachsen habe seine ganze Kapelle entlassen; das ist ein Verlust, denn es gab unter ihnen eine Reihe sehr guter Musiker, unter anderem, so wie ich gehört habe, seit sechs Jahren zwei Besoutzi[653], die göttlich gut Oboe spielten, und die, so glaube ich, es verdienten, dass Sie sie in Ihren Dienst nähmen.

An Friedrich 3. Februar 1764

Sie kennen die Welt so wie sie ist, das heißt, dass man nicht immer einen Honigmond erwarten kann, der von Galle ist eher die Regel[654]. Die jungen Eheleute haben sich am 26. des vergangenen Monats auf die Reise gemacht, entsprechend der englischen Etikette, die es nicht gestattet, dass eine Prinzessin nach der Heirat noch länger im Elternhaus bleibt. Aber da der Wind ungünstig war, hat man sie sechs Meilen entfernt von London aufs Land zu einem Lord geschickt, dessen Namen ich vergessen habe, wo sie abwarten, bis der Wind günstig steht und eine Überfahrt erlaubt. Meine Söhne haben mir von ihrem Bohnenkönigtum[655] geschrieben und sind überglücklich, dass Sie ihnen ein Souper haben ausrichten lassen.
P.S. Ich habe vor kurzem zwei Italiener gehört, die hier auf der Durchreise waren und ein Instrument mit zwei Saiten spielen, von denen das eine Colliconchini und das andere Colliconchino heißt. Es hat die Form einer kleinen Gitarre, aber es ist überraschend, wie viele Töne sie damit hervorbringen; sie spielen sehr sauber und mit viel Geschmack. Der Klang ähnelt dem der Laute, er ist sehr lieblich. Sie spielen ganze Konzerte mit großer Fertigkeit und Sorgfalt.

An Friedrich 5. Februar 1764

Die letzten Briefe, die uns aus Den Haag erreicht haben, berichten, dass mein Sohn am Abend des 27. in Harwich eingetroffen ist, er hatte die Absicht, sich am 29. einzuschiffen, aber der Wind war widrig und das Meer zu aufgewühlt, als dass man eine Überfahrt hätte wagen können. So ist er dort geblieben und hat auf ruhigeres Wetter gewartet. Er reist mit seinem Gefolge voraus, die Prinzessin folgt ihm. Vor seiner Abreise aus London hat ihm die Nation in einem Überschwang von Zuneigung angeboten, ihn einzubürgern, was zunächst durch einen Akt des Parlaments vollzogen wurde. Der König selbst hat es übernommen, meinen Sohn in

---

653 Antonio Besozzi (geb. 1714) und sein Sohn Carl (geb. 1744).
654 Am 21. November 1763 hatte der König dem Prinzen Heinrich geschrieben: „*Mein Neffe geht nach England, um sich zu verheiraten. All das ist glänzender als solide, denn man weiß noch nicht, wo man ihn unterbringen wird (in Lüneburg oder Wolfenbüttel); aber worauf man sich auch einigen mag, es sieht keine große Annehmlichkeit vor.*"
655 Beim Bohnenfest am Hl. Dreikönigstag.

das Oberhaus zu geleiten, wo er später allen Herren und anderen gegenüber seinen Dank zu bezeugen hatte, so ist es dann auch geschehen. Ich gestehe Ihnen, dass ich nicht überrascht bin, dass meine Schwester in Schweden sich verändert hat; obwohl sie noch nicht in einem Alter ist, wo die Spuren sichtbar werden, doch ich glaube, dass der Kummer und viel geistige Unrast dazu beigetragen haben. Es ist wahr, dass sie sehr liebenswürdig war, als sie Berlin verlassen hat, in einigen Monaten werden es 19 Jahre her sein, dass sie fortgegangen[656] ist. Es ist ein Glück, wenn man sich nicht zu sehr an all die zerbrechlichen Dinge hängt, die Schönheit ist am vergänglichsten und die Erfahrung lehrt, dass alles dahinschwindet und vergeht und dass, wie Sie sagen, nach dem Tod nur das Verdienst und der gute Ruf bleiben. Es ist ein glücklicher Umstand für den Prinzen Ferdinand, dass er keine Leiden spürt, die ihn am Tanzen hindern. Es besteht kein Zweifel, dass er sich, gemessen an seinem Taillenumfang, dieser Übung sehr gut unterzieht; da er zeitig zur Messe kommt, wird er die Gelegenheit haben, seine Leichtfüßigkeit unter Beweis zu stellen; was meine Söhne betrifft, so weiß ich, wie viel Vergnügen ihnen das Tanzen bereitet; da es das unschuldigste Amüsement für die Jugend ist, kann man sie es genießen lassen, denn das jugendliche Ungestüm vergeht nur allzu schnell.

An die Schwägerin Elisabeth Christine 9. Februar 1764

Wir haben die frohe Nachricht erhalten, dass die Jungvermählten, Gott sei dafür gedankt, angekommen sind, in Helvetssluiz. Sie waren in großer Gefahr durch den heftigen Orkan auf dem Meer, wo sie drei volle Tage verbracht haben; der Sturm war so stark, dass ihre Yacht an die Küste Frieslands geworfen wurde und dass sie beinahe nach Texel getrieben wurden… Niemand konnte glauben, dass man ein so kostbares Paar der Gewalt des Meeres aussetzen würde und man hatte nicht damit gerechnet, dass die Überfahrt bei so schrecklichem Wind und Wetter erfolgen würde.

An Friedrich 16. Februar 1764

Mein Sohn hat das Meer erneut überquert, obwohl unter großer Gefahr, denn das Meer war so aufgewühlt, dass sie befürchteten unterzugehen. Aber dessen ungeachtet sind sie bei guter Gesundheit in Den Haag angekommen… Sie mussten dort einen Tag länger verbringen, denn die Prinzessin von Weilburg, die niedergekommen war[657], hatte meinen Sohn und die Prinzessin eingeladen, das Kind bei der Taufe zu halten, was die Weiterreise um einen Tag verzögert hat. Am 9. haben sie ihre Reise fortgesetzt und mein Sohn rechnet damit, am 18. oder 19. in Lüneburg zu sein. Dort werden sie einige Tage ausruhen und dann hierher kommen. Man sagt, der offene und sanfte Charakter der Prinzessin sei sehr lobenswert, was für mich ausreicht, denn ich hoffe, dass dies eine gute Voraussetzung dafür ist, dass sie den Frieden und Zusammenhalt in der Familie befördern wird. Ich finde, dass die Zarin von Russland als erfahrene Frau gehandelt hat, als sie Sie dazu erkoren hat, bei der Wahl eines Königs von Polen Geburtshilfe zu leisten; an ihrer Stelle hätte ich ebenso gehandelt… ich hoffe, dass die

---

656 Juli 1744.
657 Karoline von England, vermählt mit Karl Christian von Nassau-Weilburg, war am 7. Februar von einer Tochter entbunden worden.

Geburt glücklich verläuft und dass das Neugeborene ohne Lärm und ohne Ihnen zu viel Pein zu bereiten auf die Welt kommt. Ich werde gern die Patenschaft übernehmen… Ich erwarte die Nachricht von der glücklichen Niederkunft mit Ungeduld; obwohl ich befürchte, dass Frankreich dabei assistieren möchte, aber ich hoffe, es wird nur bloße Zuschauerin sein… Jedermann ist begierig, eine Kopie Ihres Porträts zu bekommen, was dem Maler[658], der die Ehre hatte, Sie hier zu malen hat, ein Vermögen einbringt und dieser glückliche Umstand beschert ihm so viel Ruhm, dass er immer von einem Hof umgeben ist, der dieses Porträt bewundert, so dass er nun die Ungehörigkeit besitzt und Schwierigkeiten macht, mir das Original zu schicken, das mir gehört und auf das ich mein Siegel gesetzt hatte, damit es nicht vertauscht wird. Jetzt hat er mir gesagt, dass der König von England ihm befohlen habe, es für ihn zu kopieren… Meine Mädchen und Leopold küssen Ihnen respektvoll die Hand … der Kleine sagt immer, dass er gut lernen will, um auch eines Tages in Ihren Dienst zu treten.

An Friedrich   19. Februar 1764

Mein Sohn und die Prinzessin sind am 17. in Lüneburg eingetroffen; ich erwarte sie in ein paar Tagen hier.
P.S. Mein Sohn ist soeben glücklich angekommen und bei guter Gesundheit; ich hatte noch nicht die Zeit, ihn zu umarmen. Die Prinzessin wird übermorgen erwartet.

An Friedrich   23. Februar 1764

Die Ankunft meiner Schwiegertochter erfolgte am 21. Ich bin ihr eine Viertelstunde vor der Stadt entgegengefahren, um sie zu empfangen und um ein öffentliches Kennenlernen zu vermeiden, was für uns beide unangenehm gewesen wäre. Der Herzog und die ganze Familie sind gefolgt; man hatte eine halbe Meile vor der Stadt Zelte aufgebaut, wo wir sie erwartet haben. Sie traf kurz nach ein Uhr mittags ein; sobald sie aus der Kutsche gestiegen war, haben wir uns umarmt; bei dieser Gelegenheit waren wir beide mehr bewegt als eloquent. Nach der ersten Begrüßung habe ich sie zu mir in die Kutsche genommen und wir sind gemeinsam in die Stadt gefahren, mit dem ganzen Gefolge, dort war eine große Menge Menschen, so wie ich in Anbetracht der Kürze der Zeit sehen konnte. Sie ist sehr liebenswürdig, hat Geist und kann gut Konversation führen; sie hat einen klaren Verstand und ich halte sie für gutherzig. Man kann nicht sagen, dass sie schön ist, aber sie ist eine Person, die andere für sich einnimmt. Ich nehme mir die Freiheit und übersende Ihnen einen Stich von ihr mit dem meines Sohnes, die in England angefertigt wurden und die sehr ähnlich sind. Sie hat mir gegenüber viel von Ihnen gesprochen, sie scheint sehr eingenommen für die richtige Sache… Sie ist sehr gut informiert über die Angelegenheiten Englands und kennt sich in der Politik aus wie ein versierter Minister. Ich glaube, das könnte von Nutzen sein und es ist ein Grund mehr, um sie an mich zu binden und sie mir zur Freundin zu machen. Sie erweist mir viel Aufmerksamkeit und Vertrauen… Mein Sohn ist zufrieden, denn sie macht in nichts Umstände und hat einen sehr guten Umgang mit ihm… Hier finden noch jeden Tag Feste statt; man bemüht sich, sie so gut wie möglich zu unterhalten.

---

658 Ziesenis, der hannoversche Hofmaler.

An Friedrich 27. Februar 1764

Ich gestehe Ihnen, dass sie[659] mich sehr beunruhigt, denn es scheint mir, als sei die Krankheit schon tief eingedrungen und ich fürchte, es wird schwierig sein, sie vollständig zu heilen. Ich war sehr berührt, als ich über all die misslichen Symptome las, die unsere würdige Schwester aufweist. Cothenius verdiente es, dass man ihm ein Denkmal errichtet, gelänge es ihm, unserer Schwester zu helfen… Ich kann nicht verhindern, dass der König von England Ihr Porträt haben möchte. Wenn Bute es als ein Medusenhaupt betrachtet, so wird er der einzige sein, denn die ganze Nation wird es bewundern wie das Original, welches man verehrt.

An Friedrich 5. März 1764

Ich habe der Erbprinzessin den Absatz mit dem Kompliment vorgelesen, das ich ihr in Ihrem Auftrag übermitteln sollte, sie war dafür sehr empfänglich und hat mich gebeten, Ihnen mitzuteilen, sie lege sich Ihnen zu Füßen und lässt Ihnen sagen, sie habe keinen anderen Wunsch, als Sie kennenzulernen, den großen Mann, dessen Ansehen von seiner Nation so bewundert wird; und das ist es, was auch mein Sohn sagt, dass man Ihnen Begeisterung entgegenbringt… Der Stich, den ich Ihnen von der Erbprinzessin geschickt habe, ist sehr ähnlich, außer, dass sie kräftiger ist; im Übrigen hat sie einen sehr schönen Teint, eine wohlgestaltete Nase, ihr Mund ist ein wenig groß, aber sie hat schöne Zähne, alles in allem hat sie ein angenehmes Äußeres, und eine ausgezeichnete Gesundheit, die allen Anstrengungen standhält. Sie haben die Güte, an allem Anteil zu nehmen, was mich betrifft. Sicherlich würde mir ein weniger bewegtes Leben besser bekommen, wenn man mein Alter bedenkt und die Strapazen, die ich durchgemacht habe, doch bei dieser Gelegenheit konnte ich nicht umhin, bei allem dabei zu sein und bis jetzt habe ich alles ganz gut durchgestanden; die Fastenzeit naht, und ich hoffe, dass dann alles beendet ist und ich ein wenig mehr Ruhe genießen kann. Ich beglückwünsche Sie, dass Sie ein Mittel gefunden haben, um die Zähne zu behalten; was mich betrifft, so bleiben mir nur Überreste, kaum erkennt man, dass ich welche gehabt habe, so dass alle Heilmittel mir nicht nützen und bald muss ich darauf verzichten, etwas zu kauen, was ein wenig hart ist; schließlich ist das der Tribut des Alters, dem ich mich unterwerfe, wie andere, die in derselben Lage sind… Da der Haushalt meines Sohnes bis jetzt noch nicht geregelt ist, dinieren und soupieren sie bei uns, bis sie sich eingerichtet haben.

---

659 Markgräfin Friederike von Ansbach litt an Gemütskrankheit. Der König hatte ihr seinen Leibarzt Cothenius geschickt, der bis Mitte April blieb. In den Briefen der Herzogin nehmen die Äußerungen der Sorge über die Krankheit dieser Schwester, über die der König ihr fortlaufend Mitteilung macht, einen großen Raum ein. Die beiden Schwestern, die nur zwei Jahre im Alter auseinander waren, hatten sich sehr nahe gestanden. Am 5. März schrieb sie: „Es ist sehr traurig, dass diese würdige und gute Schwester sich nun so eingeschränkt, in einer so misslichen Lage befindet, es ist wirklich demütigend, wenn man an all das Missgeschick denkt, das dem Menschen im Laufe des Lebens widerfahren kann, aber wenn der Geist betroffen ist, so ist das meiner Meinung nach, das Schlimmste."

An Friedrich 12. März 1764

Meine Schwiegertochter liebt es zu tanzen, es ist eine ihrer großen Leidenschaften, so gibt sie sich dem mit vollem Herzen hin, denn in London hatte sie kaum Gelegenheit dazu, denn sie wurde in strenger Zurückgezogenheit erzogen. Die Alte vom Grauhof[660] hat uns mit einem Mittagsmahl für die Prinzessin erfreut und dann begann ein Ball, der von ein Uhr mittags bis sechs Uhr abends dauerte, die Prinzessin hat durchgehalten, ohne müde zu werden... Der Bericht, den Friedrich Ihnen vom Tod seiner Großmutter[661] gegeben hat, ist zutreffend; um die Wahrheit zu sagen, es war nicht sehr erbaulich.

An Friedrich 16. April 1764

Meine Söhne sind begeistert über das Glück, Sie nach Schlesien[662] begleiten zu können, und sind entzückt über das schöne Land, das sie gesehen haben; dem Bericht Friedrichs zufolge muss die Lage dort sehr angenehm sein... Ich beglückwünsche Sie, dass Sie mit einem König der Römer niedergekommen sind, denn er ist es durch Ihren Willen und mit Ihrem Einverständnis geworden[663].

An Friedrich 1. Mai 1764

Ich beglückwünsche Sie, dass der Mamamouchi[664] aus Berlin abgereist ist und dass Sie von diesem teuren Besuch erlöst sind, der, nach allem was Sie mir schreiben, Sie sehr inkommodiert hat hinsichtlich der Kosten, die er Ihnen verursacht hat... Ich bin sehr froh, wenn der Tod der Pompadour[665] Ihren Interessen nützlich sein kann, aber Sie sagen, dass die, die ihren Platz einnehmen soll, die Schwester des Herzogs von Choiseul[666] ist, ich sehe daran, dass sie von derselben Partei ist wie ihre Vorgängerin. Gott sei Dank haben Sie zurzeit Frieden.

An Friedrich 20. Mai 1764

Was meinen ältesten Sohn betrifft, so bin ich überzeugt, dass er es vorzieht, ausgiebig zu exerzieren und sich allem Militärischen bei Ihnen zu widmen, so kann er gleichzeitig bei Ihnen sein[667] und das Beste auf diesem Gebiet bewundern.

---

660 Die Witwe Herzog August Wilhelms, Elisabeth Sophie Marie.
661 Die Herzoginmutter Antoinette Amalie.
662 Die Prinzen Friedrich und Wilhelm hatten den König auf seiner Reise nach Schlesien vom 21. März bis 5. April begleitet.
663 Am 27. März wurde Erzherzog Joseph in Frankfurt a./M. gewählt. In den Friedensbedingungen hatte der König dieser Wahl seine Stimme zugesichert.
664 Der Türkische Gesandte reiste „endlich" am 2. Mai aus Berlin ab. Mamamouchi nannte ihn der König nach Molières Bourgeois Gentilhomme.
665 15. April.
666 Die Herzogin von Gramont.
667 Der Erbprinz kam am 25. Mai nach Potsdam.

An Friedrich 5. Juni 1764

Ich bin Ihnen sehr verbunden, dass Sie dem Liebhaber[668] und meinen Söhnen gestatten, uns zu besuchen. Ich werde diese Erlaubnis nicht ausnutzen und werde sie nicht länger als zu dem von Ihnen gesetzten Termin hierbehalten. Ich bin entzückt, dass Sie sie[669] erholt angetroffen haben; ich hoffe, dass auch die Kräfte zurückkehren werden, es ist ein großer Trost zu wissen, dass es Hoffnung gibt und dass die Ärzte mit einer Verlängerung ihrer Tage rechnen.

An Friedrich 9. Juni 1764

Ich hatte soeben das Vergnügen, unsere Neffen zu empfangen und bin Ihnen zu tiefem Dank verpflichtet, dass Sie meinen Söhnen gestattet haben, sie zu begleiten[670]. Das Begleitschreiben, mit dem Sie sie versehen haben, in Form Ihres liebenswürdigen Briefes, hat mir ihre Anwesenheit noch angenehmer gemacht, obwohl ich immer noch den Grund bedaure, der verhindert hat, Sie hier[671] zu empfangen, was die Freude verdoppelt hätte… Unser Neffe hat sein Anliegen meiner Tochter gegenüber in angemessener Weise vorgebracht und hat seine Absicht ohne jegliche Befangenheit ausgesprochen. Ich glaube, dass diese Verbindung nur glücklich werden kann, wenn die Verlobungszeremonie in Ihrer Anwesenheit erfolgt. Wenn Sie nichts einzuwenden haben, werden der Herzog und ich Sie gegen Ende des Monats Juli aufsuchen, ich behalte es mir vor, Ihnen von unserer Reiseplanung zu berichten, sobald meine Söhne zurückgekehrt sind. Ich komme zurück auf Ihren kleinen Botschafter Friedrich, der mich mit Ihrem liebevollen Brief erfreut hat und ich habe den ganz heißen Kuss erhalten, den er mir von Ihnen überbracht hat. Weil dieser Junge mit ganzem Herzen bei allem ist, was Sie betrifft, muss ich ihm Gerechtigkeit widerfahren lassen, denn er hat nicht aufgehört von Ihnen zu sprechen und von der Freundschaft, die Sie für mich hegen, so dass ich zu Tränen gerührt war… Meine Söhne eifern einander darin nach, wer Ihnen am engsten verbunden sei, und ich tadle sie nicht und finde, dass sie guten Grund haben, einen so würdigen Meister zu verehren, auch mein ältester Sohn steht ihnen darin nicht nach; er ist noch ganz begeistert von der Zeit, die er bei Ihnen verbracht hat… Wir bemühen uns, die Neffen so gut wie möglich zu unterhalten. Sie haben die Tragödie Iphigenie gesehen, aufgeführt von französischen Schauspielern; heute waren sie bei der Parade und haben überall den Tanten Besuche abgestattet und der Erbprinzessin; nach dem Abendessen habe ich ein kleines Konzert gegeben, morgen wird der Herzog ihnen die Fortschritte seiner Truppen zeigen, abends gibt es eine Pantomime und einen Ball für die Jugend.

---

668 Der Prinz von Preußen und die beiden braunschweigischen Prinzen waren von der Pommerschen Revuereise Ende Mai zurückgekommen.
669 Ihre jüngere Schwester, die Markgräfin Sophie von Schwedt, die sehr kränklich war. Der König hatte sie auf der Rückreise aus Pommern besucht.
670 Nach der Magdeburger Revue; mit dem Prinzen Friedrich Wilhelm war dessen jüngerer Bruder, Prinz Heinrich, mitgekommen.
671 Der König ging von der Revue nach Potsdam zurück.

An Friedrich 13. [Juni] 1764

Ich bin froh, dass Sie eine Entscheidung für das Schicksal Elisabeths getroffen haben, denn ich fürchtete die Umtriebe des Wiener Hofes, da ich all seine Bemühungen kenne, die er unternommen hat, um seine Pläne[672] zu einem Erfolg zu bringen, ich werde Ihnen darüber berichten, wenn ich die Freude habe, Sie wiederzusehen... Der kleine Friedrich hat mich glauben gemacht, es würde Ihnen gefallen, wenn ich Ihnen eigene Kompositionen schicken würde, denn ich habe ihn gefragt, ob es etwas auf der Welt gäbe, mit dem ich Ihnen eine Freude bereiten könnte; obwohl ich es für eine Neckerei seinerseits halte, doch mit dem Gedanken, dass es Ihnen einen Moment der Heiterkeit bescheren könnte, betraue ich Wilhelm mit dem Auftrag, Ihnen meine klägliche Symphonie zu Füßen zu legen... sie ist im Übrigen so mittelmäßig, dass ich viel dabei riskiere, sie einem Meister vorzulegen[673].

An Friedrich 13. Juni 1764

Bislang habe ich von dem Besuch des Prinzen von Preußen noch nicht profitieren können, denn am Tag nach seiner Ankunft bekam er Halsschmerzen und wurde von einer fiebrigen Erkältung erfasst, die ihn im Bett hält und daran hindert hinauszugehen. Der Arzt versichert, es bestehe keine Gefahr, aber er benötige Ruhe, so dass er nicht zu sagen vermag, ob er am Sonntag (19. Juni) abreisen kann. Friedrich hat uns auch gesagt, dass ein Besuch der Erbprinzessin Ihnen ungelegen käme und es ist sogar schon einige Monate her, dass er uns davon berichtet hat. Aber da es sich um eine sehr delikate Angelegenheit handelt, und da wir sie nicht schockieren wollten, denn es ist für sie eine große Angelegenheit, Ihnen ihre Aufwartung zu machen, sehe ich keine Möglichkeit, sie davon abzubringen. Im Übrigen brauchen Sie sich in keiner Weise Zwang aufzuerlegen, denn sie ist eine Person, wegen der man keine Umstände machen muss... Sie können sicher sein, dass ich mich nur ungern verpflichtet fühle, etwas zu tun, das Ihnen missfällt, aber versetzen Sie sich in meine Lage, denn ich habe es mit Menschen zu tun, die es aufs Äußerste zu schonen gilt.

An Friedrich 25. Juni 1764

Die Güte, die Sie mir erwiesen haben, erkühnt mich, Ihnen die Symphonie zu schenken, die Wilhelm die Ehre hatte, Ihnen zu überbringen; doch ich befürchte, dass Ihre empfindsamen Ohren leiden werden, wenn Sie sie aufführen lassen. Aber gleichviel, ich unterwerfe mich jeglicher Kritik, die eine so schlichte Komposition verdienen kann, vorausgesetzt, es ist mir gelungen, Sie für einige Augenblicke zu erheitern... Ich beabsichtige derweil, mich Ihnen zu Füßen zu legen[674], ich und meine beiden Töchter am 8. des nächsten Monats, der Herzog wird meinen Sohn mit der Schwiegertochter mitbringen, die ganz erpicht darauf ist, Sie kennenzulernen; wenn es Ihnen schmeicheln würde, so kann ich Ihnen sagen, dass Sie bereits ihre Eroberung gemacht haben durch das hohe Ansehen, das Ihre Leistungen genießen... Das Phlegma, das unser Neffe (Kronprinz Friedrich Wilhelm) zeigt, scheint kein Erbteil unserer

---

672 Es hieß, sie solle mit dem Kaiser Joseph verlobt werden.
673 Der Königin schrieb sie wahrscheinlich an demselben Tag: *„Ich fand den Prinzen von Preußen charmant und sehr zu seinem Vorteil verändert und die Herzensgüte steht ihm ins Gesicht geschrieben."*
674 Am 19. Juni schrieb sie: *„Nach zwölf Jahren, in denen ich Sie nicht mehr besuchen konnte, wird meine Freude sehr groß sein."*

Familie zu sein; es ist auch möglich, dass er seine Gefühle aus großer Schüchternheit nicht zeigt, aber ich glaube, dass der einzige Weg, ihn zu beflügeln, darin besteht, dass er viel Zeit mit Ihnen verbringt; denn wenn ich Zoppe [? sic] wäre, so stelle ich mir vor, dass ich an Geist gewinnen würde.

An Friedrich 27. Juni 1764

Sie erweisen mir immer mehr Güte, Sie gehen soweit, sogar Ungelegenheiten auf sich zu nehmen wegen meiner Schwiegertochter, aber ich kann Ihnen nicht verhehlen, dass ich entzückt bin, dass Sie unsere Beweggründe verstanden haben, und ich behalte mir vor, Ihnen dies auch noch persönlich zu sagen. Im Augenblick genügt es, Ihnen zu sagen, dass Sie mich aus einer großen Verlegenheit befreien. Was die Gesundheit des Neffen betrifft, so bin ich überzeugt, dass er sich erholen wird; vielleicht wird ihm die Heirat gut bekommen und er braucht weder Zuckerstangen noch Ohrreiniger mehr, aber viele „saillies à la mirdondaine" [Bedeutung unklar – evtl. meint sie Tanzlieder] wegen der Schwellung seiner Beine. Ich war erstaunt, dass Sie noch dieses Lied kennen, das immer diese heitere und angenehme Stimmung hervorruft, die Sie bewahrt haben und die mich an unsere jungen Jahre erinnert, als ich das Vergnügen hatte, danach mit Ihnen[675] zu tanzen …Ich habe Briefe aus Erlangen erhalten, in denen Caroline schreibt, dass sie am 22. nach Ansbach fährt.

An Friedrich 4. Juli 1764

Der Herzog von York[676] ist hier eingetroffen und hat mich gefragt, wann ich nach Berlin fahren werde, er hege den Wunsch, Ihnen seine Aufwartung zu machen… er reise nur als Privatperson. Er hat Ähnlichkeit mit seiner Schwester, spricht viel, mag nichts, was Umstände bereiten könnte, er ist sehr fröhlich, liebt Vergnügungen und ist sehr galant.

---

675 In einem Brief aus späterer Zeit schrieb sie: *„ Es bleibt für mich immer eine Art geistiger Erquickung, wenn ich mich an früher erinnere, an die Zeiten, die ich das Vergnügen hatte mit Ihnen zu verbringen, auf so angenehme Art dank Ihrer Heiterkeit und Ihres charmanten Humors, die mich entzückt haben und dank der Nachsicht, die Sie meiner kindlichen Art entgegengebracht haben… Es ist das einzige Denkmal* (ihrer Liebe und Verehrung für den Bruder)*, das mir geblieben ist, seitdem die Zeit so viel Schlimmes über unsere arme Familie gebracht hat, von der nur noch einige Trümmer geblieben sind. Sie allein sind mein Trost und meine Stütze."*
676 Der jüngere Bruder der Erbprinzessin, Eduard August, geb. 1739.

An Friedrich Schöningen, 6. Juli 1764

Die Erbprinzessin bittet Sie, sie wie eine Nichte zu behandeln. Sie können ganz unbefangen mit ihr umgehen, denn sie mag weder Zeremonien noch Komplimente. Sie hasst jegliche Umstände und verschwendet keinen Gedanken daran, je weniger man macht umso angenehmer wird es ihr sein, denn sie liebt es, frei und ungezwungen zu sein und da sie schwanger ist, zieht sie ihre Bequemlichkeit vor. Sie ist in keiner Weise hochmütig, so werden Sie mit ihr[677] ganz ungezwungen sein.

An Friedrich 2. August 1764

Ich danke dem Himmel, dass Sie kein Fieber mehr haben und dass das Chinin die gewünschte Wirkung hatte; ich hoffe, dass Sie jetzt die Zeit nutzen, um sich auszuruhen und es sich bequem zu machen nach all den Unannehmlichkeiten, die wir Ihnen bereitet haben... Die einzige Sache, die mir Sorgen bereitet, ist, dass Sie sich von den guten Melonen verleiten lassen und erneut Ihrer Gesundheit schaden. Ich flehe Sie an, nicht mehr davon zu kosten und bete für Ihre Abstinenz... Ich hätte allen Anlass stolz zu sein, könnte ich mir schmeicheln, dass meine Meinung Gehör gefunden hat... Der Herzog ist sehr erfreut über den Aufenthalt bei Ihnen, ebenso wie die Erbprinzessin, die ihn vor jedermann lobend erwähnt. Ihren liebenswürdigen Brief habe ich der Versprochenen überreicht... Gestern wurde der Geburtstag des Herzogs mit einer Oper, „Äneas in Latium", gefeiert; die Dekorationen waren gelungen und eine neue Sängerin, die zum ersten Mal aufgetreten ist, hat großen Beifall bekommen, sie hat eine sehr angenehme Stimme.

An Friedrich 16. September 1764

Ich kann Ihnen berichten, dass ich die Freude hatte, dass mir meine Schwester Amalie unverhofft[678] die angenehme Überraschung ihres Besuchs gemacht hat, ohne dass ich damit gerechnet hatte. Ich war entzückt, sie zu umarmen, aber es hat mir großen Kummer bereitet, sie noch so krank und wenig erholt zu sehen... Ich befürchte, dass kaum Hoffnung auf Genesung besteht, nachdem die Bäderkur, so scheint mir, ihr nicht sehr geholfen hat. Ich genieße jeden Moment ihrer Anwesenheit, doch die Zeit geht zu schnell vorüber, sie will morgen wieder abreisen... Ich werde sie bis Helmstedt begleiten, ich habe sie überredet, sich dort eine Nacht auszuruhen und dass wir dann auseinandergehen... Sie haben mir kürzlich erneut Beweise (Ihrer Güte) gegeben, indem sie meinen Sohn Friedrich mit Wohltaten überhäuft haben. Er hat mich in Kenntnis gesetzt über die vorteilhafte Verbindung, die Sie für ihn arrangiert haben mit seiner künftigen Heirat mit der Prinzessin von Oels[679]... Nach dem Porträt, das mir Friedrich von seiner Zukünftigen gegeben hat, ist er sehr angetan von ihr und ist voll

---

677 Am 8. Juli kam die Herzogin in Brandenburg an, wo sie ihre Söhne und die beiden Neffen empfingen. Sie schrieb von hier an den König: „*Der große Neffe hat mir gesagt, dass es Ihnen angenehmer wäre, wenn ich morgen gegen Mittag kommen würde, ich werde so ohne Umstände kommen, wie Sie es wünschen.*" Die Erbprinzessin kam später. Am 18. war die Verlobung in Charlottenburg. Am 24. reiste die Herzogin zurück. Der Schwester in Schweden schrieb der König am 17. Juli: „*Unsere gute Schwester ist ein wenig gealtert, sie hat Zähne verloren, aber im Übrigen hat sie, obwohl sie weniger fröhlich ist als früher, noch einen Kern guten Humors bewahrt.*"

678 Sie kam aus Aachen und Spa zurück; am 23. war sie in Potsdam.

679 Am 10. September war die Verlobung des Prinzen Friedrich mit der Prinzessin Friederike in Breslau gewesen.

des Lobes darüber, wie sie diese Angelegenheit zu einem glücklichen Abschluss gebracht haben… Obwohl nicht anwesend, habe ich nicht vergessen, darüber nachzudenken, wie ich Ihnen nützlich sein könnte; ich habe nicht vergessen, dass es Ihnen an jungen Adeligen fehlt. Ich habe an meine Töchter geschrieben, an alle meine Freunde, um zu versuchen, welche zu gewinnen. Meine Tochter aus Bayreuth hat mir ein paar[680] versprochen; ich warte darauf, was die anderen tun werden, an die ich mich gewandt habe, ohne Sie zu erwähnen… Sollte der Erfolg ausbleiben, so geschieht es nicht aus Mangel an gutem Willen. Sie bewirken, dass ich bedaure, dass das Alter der Fruchtbarkeit hinter mir liegt und ich Ihnen keine neuen Produkte von meiner Art liefern kann, doch ich bin als Mutter überglücklich, dass die, die ich habe, nun in Ihren Händen sind.

An Friedrich 20. September 1764

(Dank für seine Mühe), dass Sie mir selbst von der Verlobung von Fritze und der Prinzessin von Oels Mitteilung machen. Ich stelle mir vor, dass der Junge als *cofta* (Bedeutung unklar) geboren wurde, denn er hat den Vorteil, dass er eine Frau gefunden hat, die gleichermaßen reich, liebenswürdig und wohl erzogen ist, das ist ein seltener Schatz… Ich beglückwünsche Sie, dass Ihre Partei gewonnen hat und dass die Wahl des Königs von Polen zu Gunsten des Grafen Poniatowski[681] ausgegangen ist, ohne dass dies neue Unruhen verursacht hätte. (Der Herzog dankt) für die Nachrichten, die Sie ihm Ihrerseits über Russland zugesandt haben. Es scheint mir, dass es eine schlechte Politik wäre, die unglückliche Familie nach Deutschland[682] zurückzuschicken und sie frei agieren zu lassen, um eine Interessenpartei zu bilden. Gott bewahre uns davor, sie hier zu haben… Ich habe es für meine Pflicht gehalten, Ihnen von den Sorgen meiner Schwester in Schweden zu berichten, die mir schreibt, dass sie befürchtet, Sie hätten sie vergessen und dass sie bei Ihnen in Ungnade gefallen sei … in ihrem Brief fügt sie hinzu, sie sei so alt geworden, dass ich sie nicht wiedererkennen würde. Sie habe über all den Kümmernissen ihre Heiterkeit verloren und wünsche sich nur noch, ein ruhiges und zurückgezogenes Leben zu führen.

An Friedrich 30. September 1764

Ich verstehe sehr gut, dass das Ereignis, das in Russland[683] geschehen konnte, eine zu delikate Angelegenheit ist, als dass Sie es ansprechen könnten; da man nun nicht mehr darüber spricht, hoffe ich, dass es keine weitere Erwähnung finden wird und dass man die Angelegenheit dabei bewenden lässt. Ich werde alles zur Sprache bringen, was meine Schwester in Schweden über ihren Irrtum aufklären kann bezüglich Ihrer Person; ich gestehe, dass ich selbst finde, dass ihre Ansprüche stark überzogen sind und ich bin erstaunt, dass sie nicht mehr an Ihre

---

680 Am 22. November 1764 schrieb die Markgräfin dem König: sie schicke ihm zunächst einen jungen von Ponikau, zwei andere junge Edelleute würden folgen.

681 Am 7. September war Fürst Poniatowski, der Kandidat der Zarin Katharina, für dessen Wahl der König sich verpflichtet hatte, gewählt worden.

682 Der Bruder des Herzogs, Anton Ulrich, war seit der Palastrevolution vom Dezember 1741 mit seiner Familie nach Cholmogory im Gouvernement Archangelsk verbannt. Die Prinzessin Anna war 1746 gestorben.

683 Der Versuch, den in der Festung Schlüsselburg festgehaltenen Zar Iwan zu befreien, war misslungen und hatte seine Ermordung (15. Juli) zur Folge gehabt.

Situation denkt und an die Rücksichtnahmen, die Sie in jeder Hinsicht zu nehmen haben nach dem Krieg, den Sie geführt haben[684]. Wenn sie vorsichtiger vorgegangen wäre, wäre sie nun ruhiger und glücklicher. Mein Bruder Heinrich wäre im Unrecht, wollte er eine so kostspielige und große Reise unternehmen, die zum Ergebnis vielleicht nichts anderes hätte als ein kurzes Zusammentreffen. Amalie war in keiner guten Verfassung, als sie hier war. Meine Schwester hat eine so große Aversion gegen alle Ärzte entwickelt, dass ich bezweifle, dass sie noch einmal einen zu Rate ziehen wird und ich hatte den Eindruck, dass sie kaum ihre Diät einhält… Ich wünschte nur, ich könnte Ihnen die jungen Edelleute vorstellen, von denen die Rede ist, bis jetzt wiegt man mich nur in guten Hoffnungen. Man sagt, die Heirat des Kronprinzen von Dänemark[685] mit der Prinzessin Caroline von England, der Schwester meiner Schwiegertochter, sei eine beschlossene Sache.

An Friedrich   1.November 1764

Man spricht von der Heirat des römischen Königs mit einer Prinzessin von Bayern[686]; die Prinzessin Kunigunde von Sachsen[687], die Frankreich und seine Mutter ihm zugedacht hatten, hat nicht seinen Beifall gefunden. Man behauptet, dass die Vermählung mit der ersteren im Dezember stattfinden wird. Wieder eine Gelegenheit für das Haus Österreich all seinen Prunk auszubreiten und Ausgaben zu machen, die dem Stolz und Hochmut dieses Hofes entsprechen. Ich gestehe ihnen zu, sich mit solchen Kindereien zu amüsieren, vorausgesetzt, dass sie niemals mehr die Ruhe meines Bruders stören, den ich verehre.

An Friedrich   8. November 1764

Ich sehe nicht, dass Ihr Brief der eines Schwätzers ist, wohl aber der eines Mannes, der der Welt überdrüssig ist. Es ist sicherlich unangenehm, sich mit dieser Denkungsweise als deplatziert auf dieser Welt zu fühlen… man kann wahrlich nicht behaupten, dass Sie dem Übermut der Jugend verfallen wären noch den Frivolitäten des Jahrhunderts, dennoch hoffe ich, dass Sie würdige Menschen finden, die Sie wieder mit dem menschlichen Geschlecht versöhnen, damit Sie sich nicht vollständig zusammen mit den Toten begraben… Was den Gesund-

---

684 Sie hatte gebeten, Prinz Heinrich möchte sie besuchen, was der König mit Berufung auf dessen Kränklichkeit, die Kostspieligkeit der Reise, die Rücksichten, die er auf Russland zu nehmen habe, ablehnte.
685 Christian VII. (geb. 1749) mit Caroline Mathilde von England (geb. 1751); die Verlobung erfolgte am 26. März 1765.
686 Die Vermählung mit Marie Josepha von Bayern (geb. 1739) fand im Januar 1765 statt.
687 Die Prinzessin Kunigunde von Sachsen (geb. 1740) hatte bei einer Zusammenkunft in Teplitz nicht den Beifall Josephs gefunden.

heitszustand meiner Schwester Amalie betrifft, so habe ich Befürchtungen, dass er ihr nicht erlaubt, sich in Gesellschaft zu begeben, denn ihre Gesundheit ist zu zerrüttet[688]. Ich habe mich wieder in der Öffentlichkeit gezeigt, aber meine Gesundheit erfordert noch Schonung, daher verbringe ich die meiste Zeit in Zurückgezogenheit[689].

An Friedrich 3. Dezember 1764

Ich habe das Vergnügen, meinen Bruder Heinrich hier zu haben, der am Abend des 30. eingetroffen ist; er sah im Gesicht besser aus, als ich erwartet hatte, und ich bin sehr froh, dass er bei besserer Gesundheit ist als vor 7 Jahren[690].

An Friedrich 9. Dezember 1764

Diesmal bin ich nur die Großmutter eines Mädchens[691] geworden. Ich gebe zu, dass es nicht der Mühe wert war, so lange auf sich warten zu lassen, denn es gibt genügend Prinzessinnen auf der Welt und wir sind oft sehr unnütze Wesen. Ich habe Ihren liebenswürdigen Antwortbrief erhalten, in dem Sie gütigerweise die Patenschaft für dieses neugeborene Würmchen annehmen... Mein Bruder Heinrich hat uns soeben verlassen. Er hat mir den Abschied ersparen wollen und ist ohne mein Wissen abgereist, zunächst nach Hamburg, von dort nach Berlin. Unserer Wöchnerin mit ihrem Kind geht es sehr gut.

An Friedrich 28. Januar 1765

Ich freue mich, dass Sie mit der Aufführung der Tragödie[692] zufrieden waren, die meine Söhne die Ehre hatten vor Ihnen aufzuführen. Sie haben mir anvertraut, dies muss ich erwähnen, dass sie Befürchtungen hatten, das Stück würde nicht gelingen, daher fühlten sie sich geschmeichelt, dass Sie die Liebenswürdigkeit hatten, die Aufführung anzusehen, ich glaube, dass sie dieses Stück als Überraschung für Ihren Geburtstag geplant hatten und ich

---

688 Am 12. November schrieb sie dem König: „Es ist sicher, dass drei unserer Schwestern ein Hospital aufmachen könnten, was bedrückend ist und keine heiteren Gedanken aufkommen lässt." Der Schwester in Schweden schrieb der König am 17. Juli: „Unsere arme Schwester in Ansbach ist sehr krank, die in Schwedt hat erneut einen Anfall von Wassersucht, meine Schwester Amalie ist noch in Aachen, sie erholt sich ein wenig, aber ihre Gesundheit ist noch stark schwankend. Unsere ganze Familie befindet sich fast vollständig im Hospital."
689 Am 18. Oktober hatte sie geschrieben: „*Meine Gesundheit ist Schritt für Schritt wieder hergestellt, es fehlen nur noch die Kräfte, damit ich das Bett wieder verlassen kann.*"
690 Da Prinz Heinrich an den Verlobungsfeierlichkeiten im Sommer wegen Kränklichkeit nicht teilgenommen hatte, hatten sich die Geschwister seit März 1758 nicht wiedergesehen.
691 Prinzessin Auguste, geb. am 3. Dezember.
692 Die Aufführung von Racines Iphigenie war am 19. Januar gewesen. Der König schreibt: „*Ich kann wahrhaftig sagen, dass es Passagen gab, die so gut dargeboten wurden, dass man seine Tränen nicht zurückhalten konnte.*"

denke, dass Ihre Gegenwart sie ermutigt und angespornt hat, und dass die Prinzessin Wilhelmine[693] mit aller Anmut gespielt hat, die sie besitzt. Friedrich hat mir mitgeteilt, dass Sie ihm erneut Ihre Gunst bezeugt haben, indem Sie ihn ebenfalls in den Lehnsbrief für den Prinzen von Oels aufgenommen haben[694].

An Friedrich 3. Februar 1765

[Auf der Messe] gibt es einen Löwen, der so gezähmt wurde, dass er sanft ist wie ein Hund, seinem Herrn gehorcht und alles tut, was er will. Dann ist ein Kompanie Affen eingetroffen, die die lustigste Sache auf der Welt ist. Sie tanzen auf dem Seil mit so viel Geschick wie wirkliche Seiltänzer, sie balancieren und vollführen gefährliche Sprünge mit ebensolcher Beweglichkeit. Es ist erstaunlich, dass man die Tiere zu so großer Aufmerksamkeit bringen konnte, die so präzise und erstaunlich ist, dass es sich lohnt, sie anzuschauen. Es gibt auch eine starke Frau, die für Geld auftritt. Man sagt, dass sie Samson übertrifft… denn an ihren Haaren hebt sie Menschen hoch. Wegen der Kälte bin ich nicht zu diesem Spektakel gegangen, aber ich beabsichtige, die Oper „Didon" anzusehen, die Musik ist ganz neu.

An Friedrich 17. Februar 1765

Nun erzähle ich Ihnen nichts mehr von Affen und Löwen, alle sind fort und die Messe ist zu Ende. Seitdem haben wir eine gute Neuerwerbung für das französische Theater gemacht, eine neue Schauspielerin, die mein Sohn aus Amsterdam hat kommen lassen. Sie heißt Mezières, brilliert in der Tragödie und spielt mit Herz und Feuer. Sie hat ihr Debüt mit Applaus bestanden und stellt den Rest der Truppe in den Schatten… Ich glaube, dass Sie mit dem Grafen Golofskin zufrieden sein werden, er ist galant und heiter und seine Konversation ist amüsant … ich habe keinen Zweifel, dass er mit allem erdenklichen Eifer den Platz ausfüllen wird, den Sie ihm in der Truppe des verstorbenen Schwertz[695] geben. Ich freue mich, dass der Abbé Bastiani[696] Ihnen Gesellschaft leistet, ich bin entzückt, dass Sie jemanden haben, der Ihnen für einige Zeit Zerstreuung bringt. Ich habe eine hohe Meinung von seinem Geist, nach dem, was Sie über ihn sagen… Der Prinz Ferdinand und mein Sohn studieren die Tragödie von Radamisto und Zenobia ein, die sie am ersten mit einer kleinen Truppe aufführen werden.

---

693 Die Tochter des verstorbenen Prinzen von Preußen, geb. 1751.
694 Am 20. Dezember hatte die feierliche Belehnung des Herzogs Karl Christian mit dem Fürstentum Oels stattgefunden.
695 Baron Sweerts, Direktor der Königlichen Schauspiele, war 1757 gestorben.
696 1714 geboren. Er war wegen seiner Bildung und Schlagfertigkeit beim König gut angeschrieben, der ihn häufig aus Breslau nach Potsdam einlud.

An Friedrich 21. Februar 1765

Ich hatte bereits an Caroline geschrieben, sie solle versuchen, ihren Aufenthalt in Ansbach zu verlängern, wenn sie feststellt, dass es meiner Schwester Freude macht, wenn nicht, so soll sie versuchen, sie häufiger zu besuchen. Ich werde noch einmal meiner Tochter gegenüber darauf bestehen, dass sie solange sie kann, meiner Schwester Gesellschaft leistet… Ich freue mich sehr, dass der Erbprinz von Kurland[697] genügend Geist besitzt, um Sie mit seinen Erzählungen zu amüsieren, auf diese Weise werden Sie entschädigt für die Zeremonie, die Sie anlässlich seiner Belehnung durchstehen mussten.

An Friedrich 3. März 1765

Ich verstehe gut, dass die Konversation des Prinzen von Kurland wenig unterhaltsam sein kann. Die Beschreibung von Sibirien kann kaum interessieren, nur Sibiriens Besonderheit, die oft Anlass für tragische Szenen war, er selbst wurde zum Opfer[698] einer dieser Szenen, aber ich stelle mir vor, dass das das einzige war, über das der Prinz unterrichtet war und worüber er etwas berichten konnte.

An Friedrich 19. März 1765

Ich glaube, dass Sie unmöglich Zweifel hegen können an der Freude, die ich empfunden habe, als ich Ihre göttlichen Verse[699] erhielt, die Sie mir dankenswerter Weise geschickt haben [die sie auswendig lernt]; bei dem Bemühen, Ihre weisen Gedanken nachzuempfinden, die mein Alter ebenfalls verlangt, spielen vier Jahre Altersunterschied zwischen uns keine große Rolle. Ungeachtet dessen wünsche ich mir von ganzem Herzen, dass ich Sie lange Zeit sagen hören werde, dass Sie alt werden, ohne jedoch dass ich oder andere Ihren Niedergang bemerken… Ich finde die Vermählung der Tochter des Markgrafen Heinrich[700] sehr passend; ich hoffe, dass sie sich beeilt, bald das heiratsfähige Alter zu erreichen, um ihren Versprochenen nicht allzu lange schmachten zu lassen.

An Friedrich 1. Mai 1765

Gerade habe ich drei junge Adlige aufgestöbert, die die Eltern mir überlassen wollen, damit sie ehrenvoll in Ihren Dienst können. Auf dem beigefügten Billet finden Sie ihre Namen und ihr Alter. Sie sind alle in Laubach. Ich erwarte Ihre Anweisungen, auf welche Weise sie zu Ihnen gelangen sollen, denn die Eltern sind nicht in der Lage, die Reisekosten zu zahlen… Ich hoffe, dass ich eine gute Quelle in Laubach gefunden habe, von wo vielleicht weitere

---

697 Am 13. Februar war der Erbprinz Peter Biron von Kurland (geb. 1724) in Potsdam, zur Belehnung mit der schlesischen Standesherrschaft Wartenberg.

698 Der Erbprinz war mit seinem Vater nach dem Tod der Zarin Anna im November 1740 nach Sibirien geschickt worden. 1762 hatte Peter III. sie zurückgerufen.

699 Die „*Epistel an meine Schwester in Braunschweig über die Freuden für jedes Alter*" vom 15. Februar 1765; es heißt darin: „*Bei Ihnen finde ich alles, Geist, Tugend, Zärtlichkeit und die Nachsicht, derer mein Alter bedarf.*"

700 Die Prinzessin Luise Henriette Wilhelmine, geb. 1750, Tochter des Markgrafen Heinrich von Schwedt. Die Verlobung mit dem Fürsten Leopold Friedrich Franz von Dessau erfolgte am 15. Juli 1765, die Vermählung im Juli 1767.

geschickt werden können, so wie mir die Grafen von Solms, die dort ansässig sind, es versprochen haben. Ich nehme mir die Freiheit, Ihnen einen Brief zu übermitteln, den der Graf von Armentières, Marschall von Frankreich, dem Herzog geschrieben hat, in welchem er sich für seinen Sohn, M. de Conflans, verwendet, der zurzeit in Petersburg ist; sein Sohn möchte Sie im kommenden Herbst aufsuchen, um Ihre Militärmanöver zu sehen[701]. Ich war erstaunt über die Offenheit, mit der er darum bittet.

An Friedrich　　　　　　　　　　　　　　　　　　　　　　　　　5. Mai 1765

Ich bin untröstlich über den Zustand meiner armen Schwester in Schwedt, man hatte mir Hoffnung gemacht, es ginge ihr besser. Ich befürchte, dass es nur Mittel waren, die Linderung gebracht haben und dass eine vollständige Genesung schwierig sein wird. Ich danke Ihnen für die besseren Nachrichten, die Sie mir aus Ansbach übermitteln. Caroline beabsichtigt, meine Schwester im Sommer zu besuchen. Sie will einige Zeit bei ihr bleiben, um ihr Gesellschaft zu leisten… Ich nehme eine Medizin, die mir sehr guttut; es ist ein Kräutertrank, den ich jeden Morgen zu mir nehme, mit der Milch von einer Ziege, die nur gute Kräuter frisst. Er ist sehr erfrischend und soll vor allem die Nerven stärken.

An Friedrich　　　　　　　　　　　　　　　　　　　　　　　Schwedt, 26. Juli 1765

Man hatte mich sehr gebeten, meine Contenance zu bewahren bei unserer ersten Zusammenkunft, um meine Schwester nicht allzu sehr aufzuregen[702]; mit den besten Vorsätzen der Welt gab ich dieses Ehrenwort, und bevor ich sie mit den zärtlichsten Empfindungen umarmte, versuchte ich den Schmerz zu unterdrücken, der mich beim Anblick ihres Zustandes erfasst hatte. Nach den ersten Augenblicken der Freude und Ergriffenheit tat ich mein Möglichstes, um sie zu erheitern. Wir haben alle vier zusammen soupiert, meine beiden Schwestern, die Prinzessin Philippine[703] und ich. Ich finde die Nichte hübsch und äußerst liebenswürdig und charmant. Man sagt, meine Schwester befinde sich zurzeit recht wohl, zumindest ist sie in der Lage zu gehen. Für mich, die ich sie seit zwanzig Jahren nicht mehr gesehen habe, hat sie sich sehr verändert; wenn ich nicht gewusst hätte, dass sie es war, ich würde Mühe gehabt haben, sie wiederzuerkennen.

An Friedrich　　　　　　　　　　　　　　　　　　　　　Braunschweig, 1. August 1765

Ich habe meine Schwester in Schwedt in einem leidlichen Zustand zurückgelassen; obwohl man mir einreden wollte, dass es ihr zurzeit besser gehe, so ist doch ihre Gesundheit äußerst zerbrechlich und sie benötigt viel Fürsorge und Schonung, vor allem muss man jeglichen Kummer und Ärger von ihr fernhalten, die ihr zusetzen könnten; zusätzliche Kälte und Feuchtigkeit könnten ihr den Tod bringen. Dennoch hat sie sich bemüht, es mir so angenehm

---

701 Er kam zu den Potsdamer Manövern im Mai 1766.
702 Die herzogliche Familie war am 10. Juni nach Potsdam gekommen. Am 14. hatte die Vermählung des Prinzen von Preußen mit der Prinzessin Elisabeth stattgefunden. Nach den Hochzeitsfeierlichkeiten in Berlin, die bis zum 22. dauerten, waren die Herzogin und die Prinzessin Amalie zu der kranken Schwester nach Schwedt gegangen. Der König war Ende Mai bei der Rückkehr aus Pommern in Schwedt gewesen.
703 Die Prinzessin Philippine, geb. 1745, die Tochter der Markgräfin.

wie möglich zu machen; sie hat mir Monplaisir gezeigt, das sie mit Geschmack ausgebaut und reizend möbliert hat; das Haus, obwohl es klein ist, ist angenehm gelegen und der Garten verschönt es, er ist groß und schön mit vielen Alleen, die oben zusammengewachsen sind und Schatten spenden. Wir haben zu Mittag und zu Abend immer en famille gegessen... Meine Schwester [Amalie] hat für uns ein kleines Konzert gegeben, bei dem die Prinzessin Philippine gesungen hat, sie hat eine sehr hübsche Stimme... Ich habe bemerkt, dass meine Schwester davor zurückscheut, den Arzt Mutzelius[704] aus Berlin kommen zu lassen, denn sie hat mir gesagt, dann könne er nicht praktizieren und das wäre für ihn von Schaden. Ich glaube, Sie würden meiner Schwester eine große Freude bereiten, wenn Sie die Güte hätten, Mutzelius eine kleine Pension zu gewähren, damit ihn nichts zurückhält, wenn man ihn kommen lassen möchte, wenn sie ihn braucht, denn er ist geschickt und man kann ihm vertrauen... Nachdem ich aus Schwedt abgereist war, bin ich am Abend in Ruppin eingetroffen, wo mich mein Bruder Ferdinand und die Prinzessin[705] mit aller erdenklichen Aufmerksamkeit empfangen haben; ich habe dort zu Abend gegessen und bin eine Nacht geblieben. Mein Bruder und die Prinzessin haben mich bis nach Fehrbellin begleitet und dort haben wir uns getrennt... Meine Schwester Amalie habe ich gut erholt angetroffen und im Vergleich zu der Verfassung, in der sie sich vor einem Jahr befand, war sie fröhlich und bei guter Laune. Sie hat mir versprochen hier vorbeizukommen, wenn sie aus Quedlinburg zurückkommt[706]... Dem Herzog von York gefällt es so sehr in Berlin[707], dass er nicht vor dem vierten oder fünften hierher zurückkehrt.

An Friedrich   21. August 1765

Er tut mir leid für Sie, dass Sie sich dieser mühevollen Kur unterziehen müssen und noch das Schwimmen[708] erlernen müssen, denn es steht fest, dass ein so sublimer Geist wie der Ihre sich im wässrigen Element nicht wohlfühlen kann, aber wenn Sie auf diese Weise den Gebrauch Ihrer Beine zurückerlangen, darf man vor keiner Unannehmlichkeit zurückweichen und man muss dem Bedürfnis des Körpers nachkommen, der gestärkt werden muss... Der Herzog von York hat nach seiner Rückkehr aus Berlin einige Tage hier verbracht... von hier ist er nach Hannover gegangen mit der Absicht, Hanau zu besuchen[709], aber da er nie feste Pläne fasst, wird diese Reise nicht stattfinden; er will in Hannover bleiben und auf die Ankunft seiner Schwester[710] warten. Meine Tochter hat mir sehr frohe Briefe aus Potsdam

---

704 Leibarzt des Königs.
705 Luise, geb. 1738, die Tochter der Markgräfin Sophie von Schwedt.
706 Anfang September ging die Prinzessin Amalie nach Quedlinburg, um die Prinzessin Charlotte von Braunschweig, die Schwägerin der Herzogin (geb. 1726), als Dekanin einzuführen.
707 Er war mit aus Braunschweig zu den Hochzeitsfeierlichkeiten gekommen.
708 Der König brauchte vom 4.–25. August eine Badekur in Landeck, die ihm sehr wenig behagte.
709 In Hanau wohnte seine Schwester, die Landgräfin Marie.
710 Seine Schwester Augusta, die nach England reiste.

geschrieben und berichtet, wie herzlich und freundlich Sie mit ihr vor ihrer Abreise[711] gesprochen haben... Die Erlaubnis für die Prinzessin Wilhelmine[712], sich einige Zeit in Potsdam aufzuhalten, freut meine Tochter sehr... Da ich gehört habe, dass der Graf von Hoditz[713] eine sehr amüsante Person ist, so wird das genügen für eine Jugend, die noch nicht auf dem Weg der Vernunft schreitet. Die jungen Edelleute, die ich Ihnen gegenüber erwähnt habe, sind auf dem Weg nach Potsdam... Man hat mir noch zwei weitere versprochen, so dass es fünf sein werden. Ich hoffe, noch von anderer Seite jemanden zu gewinnen; vor allem wenn es noch Plätze gibt, um in das Kadettencorps aufgenommen zu werden, werden sich sicherlich noch weitere finden.

An Friedrich   9. September 1765

Der Bericht von Cothenius über meine Schwester[714] betrübt mich und bereitet mir großen Kummer; welch traurige Situation für sie und welch ein Schmerz für alle, die sie lieben, ohne Hoffnung zu sein, dass ihr geholfen werden kann; ich gestehe, dass ich bei dem Gedanken zittere, dass ihre Anfälle so zunehmen, dass es notwendig wird, sie an einem sicheren Ort einzuschließen, um Schlimmeres zu verhüten. Was den Tod des Kaisers[715] betrifft, so hat er mich nicht weiter berührt, denn er wird wahrscheinlich keine neuen Unruhen in Europa auslösen und man ist Ihnen gegenüber verpflichtet, denn Sie haben vorbeugend gehandelt, indem Sie seinen Sohn zum Römischen König erklärt haben. Ich hoffe, dass er sich friedfertig verhalten wird und stets versuchen wird, mit Ihnen in Frieden zu leben. Nach dem, was Sie mir über die Trauer der Kaiserin berichten, so spielt sie die Matrone von Ephesus; man sagt, dass sie die Regentschaft an ihren Sohn abgetreten hat, aber da er das abgelehnt hat, wird er Mitregent sein. Die Hochzeit in Innsbruck[716] ist unter den düstersten Vorzeichen abgelaufen und man sagt, dass der Erzherzog selbst sich seit einiger Zeit in einem Zustand großer Schwäche befinde... Mein Sohn und die Prinzessin haben uns am 26. des vergangenen Monats verlassen; ich vermute, dass sie jetzt in London sind, denn die letzten Briefe aus Holland besagen, dass sie am 20. in Utrecht eingetroffen sind und beabsichtigen, sich am 3. dieses Monats einzuschiffen.

---

711 Die Herzogin schreibt dem König am 12. Dezember 1765 von ihrer Tochter Elisabeth: „*Sie hat ein gutes Herz, in ihrem Alter ist man sicherlich noch übervoll von Freude und Fröhlichkeit. Ich nehme an, dass Sie in dieser Hinsicht Ähnlichkeiten zwischen meiner Tochter und mir entdeckt haben, denn ich war in meiner Jugend leichtsinnig und unüberlegt.*" Im Jahre 1743 hatte der König an Voltaire über die Herzogin geschrieben: „*Ich habe wohl vermutet, dass Sie angenehm überrascht sein würden über meine Schwester in Braunschweig. Sie hat diese glückliche Gabe des Himmels, dieses Feuer des Geistes, diese Lebhaftigkeit, mit der sie Ihnen ähnlich ist*". Über die Prinzessin Elisabeth schrieb er an seine Schwester in Schweden am 27. März 1767: „*Meine Nichte von Preußen ist Ihnen zum Verwechseln ähnlich; dazu ist sie mindestens so lebhaft wie ihre Mutter früher*". Die Prinzessin Wilhelmine urteilt von der Prinzessin Elisabeth: „*Sie konnte charmant sein und hatte immer etwas Originelles und Schmeichelndes an sich*".
712 Sie trat zu der Prinzessin Elisabeth in freundschaftliche Beziehungen.
713 Graf Hoditz, geb. 1706. Seine Anlagen in Rosswalde und seine Feste waren berühmt. Die beiden Braunschweigischen Prinzen begleiteten den König sowohl nach Landeck, wie auch Ende August nach Rosswalde.
714 Die Markgräfin von Ansbach.
715 Kaiser Franz I. war am 18. August in Innsbruck gestorben.
716 Erzherzog Leopold mit Marie Louise von Spanien.

An Friedrich 26. September 1765

Ich habe das Porträt der Prinzessin Wilhelmine erhalten. Ich finde, dass es, ohne schmeicheln zu wollen, ihr sehr ähnlich ist; ich werde davon Gebrauch machen[717], wie Sie wissen, in der Hoffnung, dass sich meine Wünsche erfüllen werden. Ich habe die Freude, meine Schwester Amalie bei mir zu haben; auf mich macht sie einen besseren Eindruck als im vergangenen Jahr, dennoch ist ihre Situation beklagenswert, denn sie kann ihre Arme und Beine nicht gut bewegen und ihre angegriffene Gesundheit verlangt Schonung. Die Nachrichten aus England besagen, dass mein Sohn am 9. dieses Monats in London eingetroffen ist. Die Fahrt über das Meer verlief glücklicherweise ohne Sturm, doch da heftiger Seegang herrschte, haben sie für die Überfahrt 98 Stunden gebraucht. Die Prinzessin war unpässlich… Die Aufführung, die Sie für meinen Bruder Heinrich planen, wird etwas völlig Neues sein, denn ich bezweifle, dass man jemals eine solche Tragödie aufgeführt hat oder im Theater aufführen wird. Meine Tochter in Bayreuth und die Markgräfin von Kulmbach[718] werden im nächsten Monat hier eintreffen, ich nehme an, dass sie einige Wochen bei uns verbringen werden.

An Friedrich 3. Oktober 1765

Die Nachrichten über unsere gute Schwester in Schwedt haben mich sehr bekümmert in Anbetracht des bemitleidenswerten Zustandes, in dem sie sich befindet, der mich das Schlimmste für die Verlängerung ihres Lebens befürchten lässt; es erfüllt mich mit tiefer Trauer, da ich mich auf den tatsächlichen Verlust vorbereiten muss, der mir eine wahre Freundin nimmt, für die es auf dieser Welt so selten einen Ersatz gibt… Mein Bruder Ferdinand berichtet mir, Ihre Fürsorge sei der ganze Trost meiner Schwester.

An Friedrich 13. Oktober 1765

Herr Voltaire hat nichts ausgelassen, um die Tragödie von Saul zu einer Komödie zu machen[719], so kann ich mir vorstellen, dass die Aufführung sehr erheiternd war. Das Porträt der Prinzessin Wilhelmine ist glücklich in Den Haag eingetroffen; ich habe es an den Prinzen Ludwig geschickt. Es geht das Gerücht, die Schwester des Prinzen von Nassau-Saarbrücken[720] werde den Prinzen von Oranien heiraten, aber es gibt Zweifel, dass das geschehen wird. Die Erbprinzessin ist mit Gewissheit schwanger und will in London niederkommen[721]. Mein Sohn macht eine Rundreise durch alle Provinzen Englands.

---

717 Sie schickte es ihrem Schwager, Herzog Ludwig, dem Vormund des Erbstatthalters Wilhelms V. Der Plan, die Prinzessin Wilhelmine mit dem Erbstatthalter zu vermählen, stammte aus dem Juli 1762; Herzog Ludwig war ihm sehr geneigt, hatte aber gebeten, damit bis zur Mündigkeit des Prinzen 1766 zu warten. Die Verlobung erfolgte im Juli 1767.
718 Christine Sophie von Bevern (geb. 1717), seit 1762 Witwe.
719 Die Tragikomödie von Saul von 1763 wurde Anfang November in Potsdam aufgeführt.
720 Anna Karoline, geb. 1751, oder Wilhelmine Henriette, geb. 1752.
721 Prinz Karl wurde am 8. Februar in London geboren.

An Friedrich 27. Oktober 1765

Meine Söhne und meine Tochter haben mir berichtet, dass Sie ihnen freundlicherweise gestattet hatten, nach Magdeburg zu reisen, um meine Tochter aus Bayreuth zu treffen; auf beiden Seiten war die Freude über das Wiedersehen[722] groß. Ich fand meine Tochter bei guter Gesundheit seit den sechs Jahren, in denen wir uns nicht mehr gesehen hatten. Sie hatte sich gar nicht verändert, ihre Unterhaltung war heiter und amüsant und sie ist mir eine gute Gesellschaft, vor allem jetzt, da ich Ablenkung benötige von dem Schmerz, den mir der Zustand unserer armen Schwester in Schwedt bereitet... Ich habe Angst um sie, denn die Rückfälle sind zu häufig, dies kann am Ende nur die wenigen, ihr verbleibenden Kräfte aufzehren und sie wird ihren Leiden erliegen. Ich gestehe, dass wenn ich an die Krankheiten in unserer Familie denke, ich unaussprechlich traurig bin... Meine Schwester hat mir viel aus Ansbach berichtet über die Situation unserer guten Schwester, die sicherlich traurig und beklagenswert ist; doch ich glaube, dass sie zu retten wäre, würde sie dem Rat von Cothenius folgen, aber ich denke, dass auch Launenhaftigkeit im Spiel ist, die nur schwer zu korrigieren ist. Wir haben die Markgräfin von Kulmbach zu Besuch, die mit ihrem Bruder Karl[723] gekommen ist, sie ist eine liebenswürdige Prinzessin. Der Herzog von Bevern[724] wird bald folgen, zunächst ist er mit seinem Bruder Georg[725] für einige Tage nach Bevern gereist.

An Friedrich 3. November 1765

Ich habe einen Brief von der Erbprinzessin erhalten, der mit folgenden Worten beginnt: „*Alles hier steht zum Besten. Der König von Preußen ist in aller Munde; vom Ministerium wird man bald einen Minister schicken; ich hoffe, es wird der gute Mitchell sein.*"... An anderer Stelle habe ich erfahren, dass es eine sehr große Partei für Sie in London gibt, aber es gibt auch eine für Österreich, was sehr aufhorchen lässt; dies ist gesichert. Man hat meinen Sohn zum Bürger der Stadt erklärt und er gehört nun zum Kreis der Großhandelskaufleute. Er ist durch die ganze Provinz gereist und will noch die Universitäten von Oxford und Cambridge besuchen.

An Friedrich 10. November 1765

[Cothenius' Berichte] wecken kaum Hoffnung auf eine Genesung meiner armen Schwester [von Schwedt], alle Einzelheiten über ihre Leiden können nur traurig stimmen, denn sie zeigen, wie wenig Hoffnung besteht, sie noch zu retten[726]. Das ist eine schmerzhafte Aussicht für uns, die kaum zuversichtlich stimmt, wenn man sieht, dass wir dabei sind, unsere liebsten Verwandten zu verlieren. Ich gestehe, dass ein Brief der Erbprinzessin in mir neue Sorgen hervorruft; sie teilt mir darin mit, dass Sie Arzneien des Doktor Ward kommen lassen, mit denen, so sagt sie, nicht zu scherzen sei und die mit größter Vorsicht anzuwenden seien, und

---

722 Die Zusammenkunft der Geschwister in Magdeburg war am 10. Oktober.
723 Geb. 1729, seit 1759 in dänischen Diensten.
724 August Wilhelm.
725 Geb. 1732, seit 1759 in dänischen Diensten.
726 Am 14. November schrieb sie, trotz der besseren Nachrichten höre sie nicht auf, sich zu sorgen.

sie fügt hinzu, sie benachrichtige mich deshalb, weil ich Sie warnen soll... Der Herzog von Cumberland ist ganz unerwartet gestorben[727], noch am selben Morgen hatte er die Erbprinzessin aufgesucht und mit ihr über Politik gesprochen; das alles hat große Bestürzung hervorgerufen und er wird sehr betrauert.

An Friedrich 28. November 1765

Wie Sie zurecht bemerken, bewegen mich dieselben traurigen Gedanken, denn ich sehe, dass, je länger man lebt, die Zahl derer, die wir geliebt und verloren[728] haben, von Jahr zu Jahr anwächst; es will mir scheinen, als seien es tausend Tote, vor allem wenn Schicksalsschläge unsere arme Familie treffen; und doch muss man weiterleben im Angesicht von Verlust und Dahinschwinden. Ich glaube mich in einem fremden Land zu befinden, wo ich mich nur noch an den verbleibenden Zweigen festhalte, die alt sind.

An Friedrich 3. März 1766

Ich glaube, Sie haben bereits Kenntnis von der Vermählung des königlichen Prinzen von Schweden[729] mit einer Prinzessin von Dänemark, die nach der Beisetzung des Königs[730] bekannt gegeben werden soll, die in diesem Monat stattfindet. Ich befürchte, dass dies meiner Schwester keine Freude bereiten wird, denn man sagt, sie sei gegen diese Verbindung; aber die Prinzessin soll hübsch, von gutem Charakter und gut erzogen sein, so dass sie meiner Schwester keinen Kummer bereiten wird. Die Königingroßmutter von Dänemark[731] hat großen Einfluss auf den jungen König[732] und die Macht in Händen; und Herr von Reventlow[733], der Erzieher des Königs war, handelt ganz in ihrem Sinn. Das Ansehen des Marschalls von St. Germain[734] wird ein wenig sinken.

An Friedrich 18. März 1766

Der Prinz von Oranien[735] ist an dem Tag für volljährig erklärt worden, an dem er sein achtzehntes Lebensjahr vollendet hat. Die Staaten von Holland haben dem Prinzen Ludwig für die Wahrnehmung der Vormundschaft ein Präsent von 400.000 Florins gemacht und haben ihn gebeten, das Amt des Marschalls weiter auszuüben und dem Prinzen mit seinem Rat zur Seite zu stehen, das hat er akzeptiert, denn zurzeit beabsichtigt er nicht, in einen anderen Dienst einzutreten, nicht zuletzt weil in Wien[736] Lacy an die Stelle des Marschalls Daun getreten ist.

---

727 Am 31. Oktober.
728 Am 15. November war die Markgräfin von Schwedt gestorben.
729 Gustav III., geb. 1746, und Sophie Magdalene, die Tochter Friedrichs V., geb. 1746.
730 Friedrich V. gestorben am 14. Januar.
731 Sophie Magdalene, die Witwe des 1746 verstorbenen Christian VI.
732 Christian VII., geb 1749.
733 Kammerherr und Geheimrat des Conseils.
734 Generalfeldmarschall und Präses des Generalkriegskollegiums; er war seit 1762 in dänischen Diensten.
735 Wilhelm V., geb. am 8. März 1748.
736 Daun war am 5. Februar gestorben; an seine Stelle als Präsident des Hofkriegsrates war Generalfeldzeugmeister Graf Lacy getreten.

An Friedrich 25. März 1766

Durch die Briefe aus England haben wir Mitteilung erhalten, dass mein Sohn am 6. des kommenden Monats nach Frankreich reisen wird. Dem Herzog hat er geschrieben, er beabsichtige, auch nach Italien zu reisen und werde erst Ende des Jahres zurück in London sein.

An Friedrich 8. April 1766

Mein ältester Sohn hat dem Herzog geschrieben, er beabsichtige, im August wieder in England zu sein, aber ich bezweifle, dass ihm dies gelingen wird, wenn er nach einem Frankreichaufenthalt noch ganz Italien bereisen will, denn, wie Sie zu Recht sagen, genießt Italien den Vorrang vor allen anderen Ländern, wenn man an die Künste denkt, die diesem Land beinahe ihre Geburt verdanken.

An Friedrich Salzdahlum, 5. Juni[737] 1766

Mein Transport mit der Sänfte ist glücklich verlaufen, ohne die kleinste Unbequemlichkeit. Die Ärzte haben mir zu einer Luftveränderung geraten und es wäre mir unmöglich gewesen, Sie an dem Ort zu empfangen, wo all mein Gift verbreitet war[738]. Ich bereite Sie auf mein Gesicht vor, das nicht gerade appetitlich aussieht und dessen erster Anblick Sie überraschen könnte, denn es ist noch voller Krusten und hässlicher Pusteln, aber Sie werden mich antreffen mit demselben Ihnen vertrauten Herzen… Der Herzog hat mich hierher zu Pferde begleitet.

An Friedrich 19. Juni 1766

Mit meiner Gesundung kehren auch meine Kräfte zurück. Ich habe mit meinen Kindern einige Ausfahrten in der Kutsche unternommen, die mir gut getan haben. Nur meine Stirn widersetzt sich noch der Heilung und ist noch mit Hörnern versehen. Ihrer Empfehlung folgend habe ich mich an den Herzog gewandt, er hat mir mitgeteilt, dass er die Ehre hatte, Ihnen selbst seine Absichten in der besagten Sache zu unterbreiten, er hofft, dass Sie seiner Bitte entsprechen werden, er wäre Ihnen unendlich verbunden. Ich wünsche von ganzem Herzen, dass die Zusammenkunft mit dem Kaiser[739] glückliche Folgen zeitigen möge, dass er niemals mehr Ansprüche auf Schlesien erheben wird… Ich wäre entzückt, wenn der Gesandte aus Holland, den Sie erwarten[740], mit dem Auftrag versehen wäre, den ich erhoffe; ich denke, dass man ihn auch schickt, um die Prinzessin[741] zu sehen und vielleicht ein Porträt von ihr anfertigen zu lassen.

---

737 Der König kam am 7. Juni nach Salzdahlum.
738 Sie hatte seit einigen Wochen die Pocken.
739 Kaiser Joseph hatte den Wunsch geäußert, bei Gelegenheit einer Reise nach Sachsen, Ende Juni mit dem König in Torgau zusammenzutreffen.
740 Vielleicht der holländische Gesandte Verelst, der Mitte Juli von einer Reise nach Holland nach Berlin zurückkam.
741 Prinzessin Wilhelmine.

An Friedrich   3. Juli 1766

Der Herzog ist berührt von Ihrer Güte und Freundschaft, die Sie ihm so großzügig erweisen, indem Sie ihm das Kapital leihen, das er erbeten hat... Er billigt das Handeln seines Bruders[742] nicht und ist darüber verärgert. Obwohl ich überrascht bin, dass sich die erwartete Zusammenkunft in Rauch aufgelöst hat, so weiß man freilich nicht, ob es nicht besser ist, dass Sie Ihre Person nicht in die Hände dieser Leute gegeben haben... Für den Kaiser war es der größere Verlust, dass er nicht Ihre Bekanntschaft machen konnte. Ich nehme an, dass die Politik dieser Leute sie befürchten lässt, der Kaiser könne zu sehr von Ihnen eingenommen sein... Es ist noch nicht entschieden, ob der Prinz von Oranien nach Deutschland[743] kommen wird. Man sagt, er habe mehrfach seine Meinung geändert, in der Zwischenzeit führt man ihn durch seine Provinzen. Meine Gesundheit ist weiterhin gut, nur noch mein Teint ist unverändert und ich sehe, dass ich noch Geduld brauche, bis sich die garstigen Hörner auf meiner Stirn verflüchtigt haben.

---

742 Herzog Ferdinand hatte nach der Magdeburger Revue auf seine sämtlichen Chargen im preußischen Heer verzichtet. Am 6. Juni 1766 schreibt er aus Magdeburg an die Königin Elisabeth Christine von Preußen über seinen Austritt aus dem preußischen Dienst: *„Der König hat uns sehr getadelt; ich war darauf gefasst. Das Regiment von Anhalt-Bernburg und das von Nassau-Usingen sind die einzigen Infanterieregimenter, die vor ihm Gnade gefunden haben, und bei der Kavallerie hat nur das Regiment Manstein die Billigung des Meisters erhalten. Mein Entschluss steht fest, ich habe den König gebeten, mich gnädig aus seinen Diensten zu entlassen, denn ich finde mich überflüssig"* und am 19. aus Vechelde, wohin er am 18. übergesiedelt war: *„Sehr widerwillig habe ich mich zu dem Schritt entschlossen, den ich gerade gemacht habe, ... in Anbetracht der liebevollen und respektvollen Bindung an den König von Preußen und meiner Vorliebe für das preußische Militär. Aber in dem Augenblick, wo man sieht, dass man nutzlos wird, scheint es mir, dass es für jedes denkende Wesen ratsam ist, seine Entscheidung zu treffen. S. M. hat nicht geruht, mir zu antworten, sondern hat es vorgezogen, die Meinung des regierenden Herzogs, meines älteren Bruders, einzuholen, bevor er mir antwortet. Dieser ist vorgestern Abend bei mir hereingeplatzt und hat all das in einem unvorstellbaren Zornesausbruch zur Sprache gebracht. Ich habe die Ruhe bewahrt und mit Argumenten geantwortet. Meine gesundheitliche Beeinträchtigung war jedoch so groß, dass ich mich jetzt noch nicht wohl befinde. Ich sah nicht mehr einen Bruder, sondern einen Tyrannen, der mich zwingen wollte, so zu denken wie er; aber ich habe ihm zu verstehen gegeben, dass das niemals geschehen wird, weil man mich niemals auf diese Weise überzeugen würde, so wurde schließlich der Ton gemäßigt. Zum Schluss waren wir sehr angerührt und sind uns in die Arme gefallen... Ich hatte nicht damit gerechnet, welche Wendung die Angelegenheit nehmen würde und dass der Herzog hineingezogen würde. Das wäre zu verstehen gewesen, wenn ich sein Sohn oder sein Untertan wäre; doch ich bin sein Bruder und erkenne ihn nur als den Älteren an, dem die Herrschaft aufgrund des Rechts der Primogenitur zugefallen ist; es gibt keine Rechtfertigung für einen solchen Zornesausbruch und dieses schlechte Betragen."* Am 24.: *„Im Lager von Körbelitz schien der König zu versuchen, mich von Anfang an (2. Juni) zu demütigen; während des Aufenthalts im Lager (6. Juni) wurde es von Tag zu Tag schlimmer. Die Unverschämtheiten von Wilhelm von Anhalt nahmen immer mehr zu, ich habe klar gesehen, dass man mir in keiner Weise mehr freundschaftlich gesonnen war, daher beschloss ich am 10., dem König zu schreiben. Bis heute hat er nicht geruht, mir zu antworten."* Am 1. Juli schickte er der Königin des Königs Antwort und seinen Dank abschriftlich zu: *„Der Brief, den S. M. mir geschrieben hat, ist zunächst an den Herzog, unseren Bruder, geschickt worden, der einen Brief des Königs am vergangenen Donnerstag, dem 26. dieses Monats, erhalten hat, ich erhielt den meinen erst am 28. des Monats."* Am 19. Dezember 1767 schrieb er der Königin: *„Der Herzog hält mich von allen geldlichen und sonstigen Angelegenheiten fern; ich erfahre absolut nichts; ich bin ein Fremder in meinem Heimatland."*

743 Er hatte seinen Besuch für den Oktober angekündigt.

An Friedrich 15. Juli 1766

Die Badekur in Landeck hat Ihnen so gut getan, dass ich entzückt wäre, wenn Sie sie wiederholten[744]. Mademoiselle Auguste[745]... ist sehr geschmeichelt, dass Sie sie charmant nennen; sie sagt, Sie ermutigten sie dazu, es zu werden.

An Friedrich 18. Juli 1766

Der Herzog missbilligt das Verhalten seines Bruders im höchsten Maße und er ist sehr verärgert, dass er ihn nicht zur Vernunft bringen konnte. Ich glaube, dass Sie sich über den Prinzen Ferdinand nicht täuschen und dass er seit dem Jahr, das Sie benennen, diesen Plan bereits im Kopf hat. Er lebt nun wie ein Privatmann auf seinem Besitz[746] mit seiner Schwester[747] und hat Bedienstete entlassen. In der ganzen Zeit hat er weder den Herzog noch mich aufgesucht; ich vermute, er scheut davor zurück, bei mir vorzusprechen, denn er ahnt, dass der Empfang kühler ausfallen würde als gewöhnlich. Er beabsichtigt, im kommenden Monat nach Coburg zu reisen, um seine Schwester[748] zu besuchen. Doch auf lange Sicht, davon bin ich überzeugt, wird ihn diese Lebensweise langweilen und er wird den Schritt bereuen, den er getan hat. Der Prinz Ludwig hat ihm die Wahrheit geschrieben und ist sehr böse auf ihn. Ich weiß nicht, ob Sie über die Intrigen in Holland gegen die Heirat unserer Nichte unterrichtet sind... Sie wollen eine aus England und man versucht, den Prinzen dazu zu überreden, aber Prinz Ludwig hat dem Herzog geschrieben, dass das keinerlei Eindruck auf den Prinzen mache und er hoffe dennoch, dass er unsere Nichte nehmen werde, er selbst unternehme alle Anstrengungen, damit dies gelinge... Man sagt, die Kaiserinmutter sei der Grund dafür, dass der Kaiser das Zusammentreffen abgesagt habe, sie habe ihrem Sohn geschrieben, das Treffen sei gegen ihre Politik, er müsse es auf später verschieben. Mein Sohn ist zurzeit auf dem Weg nach Turin. Ich glaube, dass der Verlust der guten Camas[749] Sie schmerzt; auch mir bereitet er wirklich Kummer. Es ist ein Verlust für den Hof und alle ehrbaren Menschen.

An Friedrich 27. Juli 1766

Es ist gewiss so, dass man in dem Alter, in dem sich die Prinzessin Wilhelmine und meine Tochter[750] befinden, Vergnügungen über alles liebt. Ich bin höchst erfreut, dass sich der Statthalter endlich entschlossen hat, Sie aufzusuchen und jetzt hoffe ich, dass er Ihnen nicht entschlüpfen wird, trotz der üblen Absichten derer, die dagegen gearbeitet haben.

---

744 Der König wiederholte den Besuch nicht.
745 Sie war 15 Jahre alt.
746 In Vechelde.
747 Prinzessin Therese Natalie, geb. 1728.
748 Sophie Antoinette, geb. 1724.
749 Die Oberhofmeisterin der Königin war am 2. Juli gestorben. Sie hatte sich die Verehrung der ganzen königlichen Familie erworben.
750 Die Prinzessin Elisabeth kam am 16. August nach Braunschweig und blieb bis zum 9. September.

An Friedrich 30. Juli 1766

Ich bin nicht genügend in der großen Politik bewandert, um die der großen Mächte zu beurteilen, aber es scheint mir doch, dass die Kaiserin in diesem Fall falsch gehandelt hat, indem sie versucht hat, das Zusammentreffen mit dem Kaiser zum Scheitern zu bringen, denn sie hätte die Gelegenheit nutzen müssen, um das gute Einvernehmen mit Ihnen wiederherzustellen, das, so glaube ich, dem mit Frankreich[751], vorzuziehen ist… Zurzeit verbreitet man, dass der Kaiser so erpicht darauf sei, Sie kennenzulernen, dass er bis zu den Grenzen Schlesiens kommen würde, wo alle Schlachten stattgefunden haben, um sich mit Ihnen in dieser Umgebung zu treffen. Der Herzog hat einen Cousin von Bevern[752] verloren, weshalb wir in Trauer sind; im Übrigen ist der Verlust nicht groß, der arme Junge hat wie Don Quichote gehandelt, weil er sich keinen Rat mehr wusste, hat er sein Leben aufgegeben.

An Friedrich 10. August 1766

Ich bin verzweifelt, dass die Pocken nun auch bei Ihnen wüten; ich war in Sorge wegen unserer Schwägerin Ferdinand und bin sehr froh, dass sie nun außer Gefahr ist… Man sieht, dass diese üble Krankheit in der Luft liegt und Ursache ist für diese Epidemie, die sich fast überall ausbreitet. Die Ärzte sind hinsichtlich der Inokulation nicht einer Meinung, denn sie sagen, dass sie sich auf diese Weise weiter ausbreitet und man solle versuchen, sie gänzlich von der Welt zu tilgen. Sollte es ihnen gelingen, so wären sie sehr geschickt, aber ich befürchte, dass sie durch die Erprobung der neuen Behandlungsmethode viele Menschen in die andere Welt befördern werden. Das Grabmal, das Sie dem verstorbenen Prinzen von Bevern widmen, entspricht ihm und könnte nicht besser sein. Denn es geschieht immer wieder, dass Menschen von der Welt gehen, von denen man nie erfährt, dass sie gelebt haben; er hätte zur Zahl dieser Menschen gehören können… Ich bin einmal in der Oper erschienen, auch auf die Gefahr, als Quäkerin angesehen zu werden, da ich die Stirn mit einem großen Hut bedecken musste… Nun zu den Vermutungen, die angestellt werden, Sie könnten sich mit dem Kaiser an der schlesischen Grenze treffen. Es scheint, als habe die Mutter nicht viel Vertrauen in die Vorsicht ihres Sohnes, dass sie ihm diese Zusammenkunft untersagt, denn sie fürchtet ein Treffen und Kaunitz ist dagegen[753].

An Friedrich 3. September 1766

Das Loblied, das der Kaiser auf Sie anstimmt, gereicht ihm zur Ehre; ich hoffe, dass er diese guten Eigenschaften vor allem Ihnen gegenüber zum Ausdruck bringen wird und ich werde ihn mögen… Ich war entzückt, Ihrem Brief zu entnehmen, dass Sie guter Stimmung sind und Ihre Fröhlichkeit bewahrt haben; obwohl ich über das gelacht habe, was Sie über den Neffen[754] sagen, so kann ich doch nicht umhin, auch Kummer zu empfinden und wünsche mir umso inniger die Erhaltung Ihrer kostbaren Gesundheit… Ihr Bericht über die Art und Weise, mit

---

751 Der Vertrag von Versailles (1757) bestand noch.
752 Friedrich Georg, geb. 1723, Domherr zu Lübeck war am 18. Juli gestorben.
753 Am 18. September schrieb sie: „*Man sagt, dass der Kaiser in Mähren ein großes Lager hat aufschlagen lassen. Ich nehme an, dass er dort wie ein junger Schüler erscheinen wird, der die Schule verlassen hat und dem man noch das Alphabet beibringen muss.*"
754 Der Prinz von Preußen.

der sich die Familie von Oels auf ihren zukünftigen Schwiegersohn[755] freut, ist erheiternd... Ich wünschte, er[756] könnte tröstlichere Nachrichten von unserer armen Schwester überbringen; wenigstens kann er Sie über alles informieren, was sie betrifft... Hier ist das Rezept für die Zähne, wovon ich Ihnen berichtet hatte, und das sehr gut ist, um sie zu erhalten[757].

An Friedrich   6. Oktober 1766

[Dank] für Ihre Nachricht, dass der Markgraf von Ansbach hierher kommen wird; ich bin sehr froh, ihn zu sehen, obwohl ich im Voraus spüre, dass es mir sehr nahe gehen wird, denn er erinnert mich an seine Mutter, die mir eine der liebsten Schwestern war und die Erinnerung an sie macht mich so traurig, dass ich versuche mich abzulenken, um nicht daran zu denken. Ihre Gedanken sind zutreffend und offenbaren bei jeder Gelegenheit Ihr mitfühlendes Herz, mit dem Sie an dem Geschick Ihrer Verwandten Anteil nehmen. Die Prinzessin von Looz ist hier und will den Winter hier verbringen; da sie nicht mehr mit ihrem Gemahl zusammen lebt, langweilt sie sich in Maastricht, wo sie sich niedergelassen hat[758]. Sie werden von all dem Ärger in Dresden gehört haben und dass man Minister entlassen hat wegen der Einwände, die sie gegen die Abgaben erhoben haben, die der Administrator[759] dem Land auferlegen wollte nach der Wiederzulassung der Jesuiten[760]. All das verursacht viel Aufregung; einige sagen, die Kurfürstin habe das ausgeheckt, um den Administrator verhasst zu machen und um zu bewirken, dass man ihren Sohn für volljährig erklärt, damit sie regieren kann. Mein Sohn hat an den Herzog über Bologna geschrieben, dass es in dieser Stadt keine größeren Annehmlichkeiten gebe als die schönen Gemälde, die es dort zu sehen gibt, und die guten Musiker, die er gehört hat. Unter anderem muss es dort ein Gemälde von Guido geben, von dem er sagt, dass es in Frankreich und England nichts Vergleichbares gebe; die Engländer haben dafür 12.000 Taler unserer Währung geboten.

---

755 Ihr Sohn Friedrich, der mit dem König in Schlesien war.
756 Markgraf Karl Alexander von Ansbach, der am 18. September kam und bis zum 28. blieb.
757 Aus Mailand hatte der Erbprinz am 30. August bei der Nachricht von dem Ausscheiden des Herzogs Ferdinand aus dem preußischen Dienst an den König geschrieben, er würde sich glücklich schätzen, wenn dieser etwa durch Vermittlung des Prinzen Heinrich bei seinem Vater, dem Herzog, seinen Eintritt in preußische Dienste erreichen könnte. Der König schrieb am 11. Oktober dem Prinzen Heinrich: „*Ich vermutete bereits, dass diese Antwort nicht günstig ausfallen würde, denn ich hatte bereits vor zwei Jahren [Anfang 1764] eine Ablehnung erhalten.*"
758 Fürstin von Corswarem-Looz, geb. Gräfin Albertine von Kamecke. Sie kam späterhin öfter nach Braunschweig zu längerem Aufenthalt.
759 Prinz Xaver führte während der Minderjährigkeit seines Neffen Friedrich August (geb. 1750) die Regierung.
760 Als auf dem Landtag der Administrator eine sehr beträchtliche Summe für die Vermehrung des Heeres forderte, wurde ihm diese verweigert; der eine Minister legte sein Amt nieder, ein anderer wollte außer Landes gehen.

An Friedrich 9. Oktober 1766

Ich war zutiefst gerührt, all seine Gesichtszüge und sein liebenswürdiges Auftreten[761] haben mich an unsere arme Schwester erinnert. Sie haben ihn zu Recht gern, denn er hat einen liebenswerten Charakter, ein gutes Herz und ist einer Freundschaft fähig, auf die man bauen kann... Ich bedaure seinen Weggang... Ich habe davor zurückgescheut, mit ihm über meine Schwester zu sprechen, das Thema berührt mich so, dass es mich schmerzt, diese Saite anzuschlagen, und so habe ich nur vage Informationen über sie erhalten, die nicht so gut sind, um Freude hervorzurufen. Die respektvolle Art, mit der der Markgraf über seine Mutter spricht, zeigt seinen guten Charakter und wäre dies nur sein einziger Vorzug, so würde er ihn immer in den Augen derer wertvoll erscheinen lassen, die wohlmeinend sind.

An Friedrich [November] 1766

Ich habe gehört, dass der Herzog von Württemberg[762] nicht frohen Herzens seine Zustimmung gegeben hat zur Abreise der Herzogin nach Berlin wegen des Unterhalts, den er ihr zahlt, aber es heißt, er sei launenhaft; vielleicht hat er sich besonnen... Obwohl ich sie nie gesehen habe, es wird über sie gesagt, sie sei schön und sehr liebenswürdig. Wenn sie den Geist und all die guten Eigenschaften ihrer Mutter besitzt, verdient sie, dass man sie gern hat.

An Friedrich 23. November 1766

Ich wäre sehr froh, diese beiden Nichten[763] zu sehen, die ich noch nicht kennen gelernt habe. Es ist wahr, dass meine verstorbene Schwester aus Bayreuth Geist hatte und über hervorragende Talente verfügte für eine Person ihres Geschlechts und dass ihr nur wenige ebenbürtig sind.

An Friedrich 9. Dezember 1766

Ich habe die Folgen erahnt, die es haben würde, wenn unser Haus ohne weitere Erben[764] bliebe; oft war ich traurig und bekümmert, wenn ich an das Unglück gedacht habe, das dies unweigerlich über unser armes Vaterland gebracht hätte.

---

761 Der Markgraf von Ansbach war am 6. Oktober aus Potsdam kommend in Braunschweig eingetroffen und hatte einen Brief des Königs mitgebracht.

762 Die Herzogin Friederike von Württemberg, die Tochter der Markgräfin Wilhelmine von Bayreuth, geb. 1732, lebte seit 1758 von ihrem Gemahl, dem Herzog Karl, getrennt. Sie kam am 10. November nach Potsdam und blieb bis in den Juli 1767.

763 Außer der Herzogin von Württemberg war Mitte November Herzog Friedrich Eugen mit seiner Gemahlin Dorothea, geb. 1736, einer Tochter der Markgräfin von Schwedt, nach Potsdam gekommen, sie blieben bis Mitte Dezember.

764 Der König hatte ihr die Schwangerschaft der Prinzessin Elisabeth mitgeteilt. Die Ehe des Prinzen Heinrich war kinderlos; Prinz Ferdinand hatte nur eine Tochter. Außer dem Prinzen von Preußen gab es nur noch dessen 1747 geborenen und unverheirateten Bruder Prinz Heinrich. Am 7. Mai 1767 wurde die Prinzessin Friederike geboren.

An Friedrich 6. Februar 1767

In den letzten Briefen, die mein Sohn an den Herzog geschrieben hat, berichtet er, dass er den Karneval in Paris verbringen würde, und wenn er könnte, würde er Ende Februar nach London zurückkehren. Die Erbprinzessin hat mir geschrieben, dass sie hoffe, mich bald wiederzusehen ohne einen genauen Termin für ihre Rückkehr zu nennen. Die Politiker, die gern über alles räsonieren, befürchten, dass die Affäre mit den Dissidenten in Polen zu einem Bruch zwischen Ihnen und der Republik führen könnte[765]. Man befürchtet sogar, dass Sie von dieser Affäre profitieren könnten, ebenso wie die Zarin von Russland, indem Sie das polnische Preußen erwerben und die Zarin Litauen; andere sprechen Ihnen Danzig zu… Vorausgesetzt, dass sich der Kaiser nicht einmischt, bezweifle ich, dass andere Staaten Ihnen im Wege sein werden.

An Friedrich 15. Februar 1767

Der Herzog hat die letzten Briefe meines Sohnes erhalten, die er in Turin geschrieben hat, datiert vom 24. Januar; in diesen teilt er mit, dass ihm ein Unglück widerfahren ist, bei dem er sich den Hals hätte brechen können, denn als er von Mailand nach Turin reisen wollte, gab es so viel Schnee, dass die Kutscher die Wege nicht mehr erkennen konnten und als sie auf eine Brücke kamen, ist die ganze Kutsche in die Tiefe gestürzt. Dank einer glücklichen Vorsehung ist mein Sohn mit einer kleinen Quetschung am Kopf und an der Schulter davon gekommen, ohne weitere Verletzungen, und seine Reisebegleiter sind unversehrt geblieben. Er schreibt selbst, dass er zur Ader gelassen wurde und dass er für einige Tage das Zimmer hüten musste, aber er hatte die Absicht, am nächsten Tag wieder auszugehen, um sich an den Hof zu begeben… Seitdem haben wir noch nichts wieder von ihm gehört; ich nehme an, dass die ersten Nachrichten aus Paris kommen werden… Ich habe nicht daran gezweifelt, dass die Nachrichten vom Krieg, die man immer wieder im Zusammenhing mit Ihnen wiederholt, Sie einen Moment lang amüsieren würden.

An Friedrich 19. Februar 1767

Ich freue mich, dass Sie die Jesuiten genauso wenig mögen wie ich; daher werden Sie durch das Buch, das Vater Norbert gegen sie verfasst hat[766], alles über ihr unrechtes Vorgehen erfahren… Ich finde, es ist eine Pest für die Welt und die Prinzen, deren Untertanen sie sind, denn es sind intrigante, Unruhe stiftende Leute. Es ist erstaunlich, dass sich diese Sekte so lange halten konnte. Die Könige von Portugal und Frankreich haben sie mit einem Streich verjagt[767] und

---

[765] Der Reichstag hatte im November 1766 die Forderung der politischen und kirchlichen Gleichstellung der Andersgläubigen mit den Katholiken abgelehnt. In dem Vertrag von 1764 hatten sich Preußen und Russland zum Schutz der Dissidenten verpflichtet.

[766] Am 1. Februar hatte sie ihm geschrieben: „*Ich bin beauftragt von Seiten des Herrn Platel Parisot, den man auch Vater Norbert nennt, Ihnen 7 Bände im Quartformat zu senden, die er in Portugal gegen die Jesuiten verfasst hat, und er bittet mich, sie Ihnen in seinem Namen zu schicken. Da er ein großer Feind dieser Leute ist, können Sie davon ausgehen, dass er sie nicht schont. Im Übrigen glaube ich nicht, dass es eine Lektüre ist, die Sie erheitern wird, denn sie enthält nur sämtliche Irreführungen, die während der Missionen, die der Papst nach Indien entsandt hat, stattgefunden haben.*"

[767] Am 13. September 1759 waren sämtliche Jesuiten in Portugal ausgewiesen und zu Schiff nach dem Kirchenstaat geschafft worden. Im November 1764 waren die Jesuiten für immer aus Frankreich ausgewiesen worden.

alle hohen Herren sollten diesem Beispiel folgen. Ich bin ebenfalls Ihrer Meinung, dass die Macht des Papstes sehr ins Wanken geraten ist und nicht mehr so lange fortbestehen wird, wie sie existiert hat; das Jahrhundert wird immer aufgeklärter, die Irrtümer, der Missbrauch und aller Mummenschanz der katholischen Kirche können nur jedem vernünftigen Menschen ins Auge springen und ihm ihre Doppelzüngigkeit enthüllen, das ganze System ist aufgebaut auf den Interessen der Priester und menschlichen Lügengespinsten. Sie haben recht damit, dass es keine ewige Wahrheit gibt... Der Herzog hat einen Brief erhalten, den mein Sohn mit eigener Hand geschrieben hat, aus Turin, datiert auf den 4. dieses Monats, in diesem teilt er ihm mit, dass er weiterhin liegen musste wegen der Kopfschmerzen seit seiner Verwundung[768], die Chirurgen wussten noch nicht, ob die Breiumschläge die Entzündung zum Abklingen bringen würden oder ob es noch Knochensplitter gibt, im Übrigen ging es ihm gut und er hoffte, in einigen Tagen nach Genua aufbrechen zu können.

An Friedrich   26. Februar 1767

Mein Sohn hat dem Herzog geschrieben, noch aus Turin; sein Brief ist datiert auf den 7. dieses Monats, darin schreibt er, dass man seine alte Wunde wieder öffnen musste, die bereits viel Eiter enthielt, sonst gehe es ihm gut. Er erwähnt seinen Kopf nicht, was vermuten lässt, dass es nicht schwerwiegend ist, vielleicht aber hat sich seine Wunde verschlimmert, wenn der Körper erhitzt war, und bereitet ihm erneut Beschwerden.

An Friedrich   1. März 1767

Mein Sohn hat dem Herzog geschrieben, noch aus Turin, sein Brief ist datiert auf den 11. dieses Monats, darin erwähnt er nicht mehr seinen Kopf, aber spricht nur von der alten Verwundung an den Rippen, die sehr gut verheilt und ihn nicht mehr ans Bett fesselt... Es wäre zu wünschen, dass alle großen Prinzen ebenso vernünftig wie Sie über die Prinzipien einer gesunden Moral und die natürliche Religion denken, dann würden die Irrtümer der katholischen Kirche bekämpft und die internen Kriege und Unruhen, die sie verursacht hat, würden ein Ende finden. Es ist zu wünschen, dass die Welt in diesem Punkt weiser wird. Wenn der König von Spanien alle Jesuiten aus seinem Land[769] verjagt hat, werden sie, glaube ich, Schwierigkeiten haben, Asyl zu finden. Es wäre gut, sie aus Europa zu vertreiben und sie auf wenig bewohnte Inseln Asiens oder Afrikas zu verbannen, wo sie Unruhe stiften könnten, soviel sie wollen. Ich denke, zahlenmäßig wären sie eine schöne Armee.

An Friedrich   12. März 1767

Der Herzog hat Nachrichten von meinem Sohn erhalten, der glücklich in Genua eingetroffen ist, bei bester Gesundheit und die Wunde ist völlig verheilt. Glücklicherweise war er nicht bei dem Erbeben dort, das am Tag vor seiner Ankunft stattgefunden hat und das ähnlich wie das von Lissabon[770] war. Er hat noch alle Trümmer und Schäden gesehen, die es in dieser Stadt

---

768 Die Wunde, die er 1762 erhalten hatte.
769 Die Ausweisung erfolgte am 4. April 1767.
770 Am 1. November 1735.

angerichtet hat, und er beabsichtigt, auch in Marseille und Toulon Halt zu machen. Doch ich ziehe unser Land vor, das nicht von solchen Katastrophen heimgesucht wird, die sehr traurig und ärgerlich sind wegen der Verwüstungen, die sie verursachen; und wenn auch Deutschland Italien nicht gleichkommt an klimatischer und landschaftlicher Schönheit, so müssen wir im Gegenzug nicht befürchten, durch solche Unbill der Natur verschlungen zu werden.

An Friedrich 20. März 1767

Ich gestehe Ihnen, als ich in den Gazetten über den gewaltigen Hagel, der in Potsdam[771] niedergegangen ist, las, da glaubte ich, dass in Potsdam kein Haus mehr stehen würde und dass Potsdam davongetragen worden sei, wenn man das ungeheure Ausmaß bedenkt, von dem berichtet wurde. Es ist doch besser, dass dies ein Bericht ist, der erheitern und die Neugier der Nichtsnutze anregen soll, als dass es sich dabei um die Wahrheit handelt, und wenn es sich um die Wahrheit handelte, so könnte er den Gazetten von London[772] nutzen, die oft eine solche List anwenden, um das Publikum in Hab-Acht-Stellung zu versetzen[773].

An Friedrich 11. Juni 1767

Ich fühle das ganze Ausmaß des Kummers, den Sie über den Verlust empfinden, den unser Haus erlitten hat[774]... [Dank] dafür, dass Sie den Vermittlungsauftrag für mich übernommen haben, und dafür, dass Sie mir die Antwort der Herzogin von Gotha[775] übermitteln. Ich hätte gewünscht, sie wäre günstiger ausgefallen, aber ich glaube, es ist noch nicht alles verloren, da ich sicher weiß, dass es sich um die Prinzessin von Wales[776] handelt, die für die jüngste ihrer Töchter[777] verhandelt, welche der Prinz ablehnt, was die Mutter vielleicht in Verlegenheit versetzt, denn sie möchte bei der Prinzessin von Wales kein Missfallen erregen. Der Herzog von Strelitz will sich nicht vermählen, sein Bruder ist ein Fass ohne Boden, er hat nichts als Schulden[778], die der König von England nicht für ihn bezahlen will, und da der regierende

---

771 Die *Gazette de Berlin* hatte im März eine Schilderung eines furchtbaren Unwetters, das über Potsdam niedergegangen sein sollte, gebracht: noch nach zwei Stunden hätten in den Straßen Hagelklumpen von der Größe von Kürbissen gelegen. Der Artikel stammte vom König oder seinen Braunschweiger Neffen.

772 Englische Zeitungen hatten gemeldet, die Erde habe einen Stoß bekommen, infolge dessen die Sonne 16 Minuten früher auf und 16 Minuten später untergehen werde.

773 Am 10. April kam die Herzogin mit ihrer Tochter Caroline, der verwitweten Markgräfin von Bayreuth, nach Potsdam; sie gingen dann nach Berlin, wo sie bis zum 25. Mai blieben.

774 Prinz Heinrich der Jüngere, Neffe des Königs, auf den dieser große Hoffnungen setzte, war zwanzigjährig am 26. Mai gestorben.

775 In einem Brief an die Herzogin von Gotha vom 15. Mai hatte der König dieser vorgeschlagen, ihren Sohn, den Erbprinzen Ernst Ludwig, geb. 1745, mit der Prinzessin Auguste Dorothea von Braunschweig, geb. 1749, zu verloben.

776 Die verwitwete Prinzessin von Wales war die jüngere Schwester des Herzogs von Gotha.

777 Luise Anna, geb. 1751.

778 Adolf Friedrich IV., „Dorchläuchting", geb. 1738, und sein Bruder Karl, geb. 1749.

Herzog noch jung ist, besteht keine Hoffnung, dass er in der Lage sein wird, eine Frau zu unterhalten. Der Abgesandte des Prinzen von Oranien ist soeben hier eingetroffen. Er wird morgen aufbrechen, um Ihnen seine Aufwartung zu machen. Es ist Herr von Larrey, den Sie kennen[779].

An Friedrich   21. Juni 1767

Selbst wenn die Verhandlung mit Gotha gescheitert ist, so bin ich Ihnen nicht weniger zu Dank verpflichtet, da Sie sich der Sache angenommen haben, umso mehr als meine Tochter noch in dem Alter ist, wo man auf sein Schicksal warten kann, ohne unter Druck zu geraten. Ich habe mit dem Gesandten aus Dänemark gesprochen, der hier vorbeikam, nachdem er kürzlich in Wien gewesen war, er berichtete mir unter anderem, dass der Kaiser sich nicht wiederverheiraten[780] wolle und dies nicht für notwendig halte, da er drei Brüder[781] habe, dass jedoch die Kaiserinmutter nicht froh sei über diese Entscheidung und dass sie es gern sähe, wenn er eine Frau nähme… Derselbe hat mir gesagt, dass der Kaiser begeistert von Ihnen sei und versuche, Ihre Ordnung in den Geschäften und Finanzen einzuführen… Er (der Kaiser) sei in keiner Weise bigott, noch stehe er einem Orden seiner Kirche nahe, er stehe dem einen wie dem anderen gleichermaßen distanziert gegenüber[782]… Sie (die Österreicher) werden sich aus der Angelegenheit um Polen heraushalten. Derselbe versichert mir, dass er (der Kaiser) zurzeit eine sehr pazifistische Einstellung habe. Mein Sohn hat dem Herzog geschrieben, dass er seinen Sohn[783] in London hat impfen lassen, dass es erfolgreich war und wenn es ihm weiterhin gut gehe, würde er am 28. oder 29. dieses Monats aufbrechen, um hierher zurückzukehren, er beabsichtigt, sich von Dover bis Calais einzuschiffen und über Brüssel, Spa und Aachen zu reisen und seine Reise fortzusetzen, so dass er am Ende des nächsten Monats eintrifft. Sie tun sehr gut daran, zu versuchen zu vergessen und alles aus Ihren Gedanken zu entfernen, das traurige Überlegungen hervorruft; denn die, die wir verloren haben, können wir nicht wieder zurückholen.

An Friedrich   7. Juli 1767

Der Herzog hat Veränderungen vornehmen lassen auf der Seite, wo sich meine Zimmer befinden [in Salzdahlum], den Flügel für die Bediensteten hat er auf das Doppelte vergrößern lassen, was mir mehr Platz und Bequemlichkeit verschafft, und er lässt auch den Garten durch Terrassen verschönern, damit er ein heitereres Aussehen erhält… Er hat die Geschenke erhalten, die mein Sohn in Italien erhalten hat. Es sind, so hat er mir gesagt, ein Mosaikbild, das die Tugend darstellt, und eine Bronzebüste, die Cäsar darstellen soll. Sie sollen sehr schön

---

779 Geheimrat und Kammerherr von Larrey kam am 17. in Potsdam an.
780 Maria Josepha, die zweite Gemahlin Kaiser Josephs, war am 28. Mai gestorben.
781 Leopold, geb. 1747, Ferdinand, geb. 1754, und Maximilian, geb. 1756.
782 Es folgen Angaben über die Finanzen und das Heer.
783 Der am 8. August 1766 in London geborene Prinz Karl Georg August.

sein, aber ich habe sie noch nicht gesehen. Die Ansprüche, die Ferdinand erhoben hat im Hinblick auf die hunderttausend Taler, die die Engländer ihm schulden wegen der Zahlungen, die er ihnen während des Krieges vorgestreckt hat, sind in eine Pension umgewandelt worden, die sich auf jährlich zwölftausend Taler unserer Währung beläuft.

An Friedrich   16. Juli 1767

Die Herzogin von Württemberg ist abgereist, froh darüber, dass Sie sich für ihre Interessen eingesetzt haben, und sie ist Ihnen zu Dank verpflichtet, da Sie ihre Situation verbessert[784] haben... Im Austausch für Haus, Möbel und Garten in Sophienthal, die die alte Herzoginwitwe[785] mir vermacht hatte, hat der Herzog meine Einkünfte um 1500 Taler jährlich erhöht, was für mich eine größere Freude bedeutet, denn in der Situation, in der ich mich befinde, hätte ich diesen Ort nicht mehr nutzen können... Es bleibt Ihnen nur noch die Prinzessin Philippine unterzubringen[786], sie ist liebenswert und verdient ebenfalls ein glückliches Schicksal, aber der Mangel an Prinzen in Deutschland ist so groß, dass es sehr schwer ist für die Prinzessinnen, angemessene Partien zu finden. In der nächsten Woche werden wir nach Braunschweig[787] zurückkehren, mein Sohn wird dort am 27. eintreffen mit seiner liebenswürdigen Gemahlin[788] und seinem Sohn, vorausgesetzt, es kommt nichts Unvorhergesehenes dazwischen.

An Friedrich   26. Juli 1767

Ich habe das Vergnügen, seit dem 22. meinen Bruder Heinrich zu Besuch zu haben; ich würde mich noch mehr an seiner Gesellschaft erfreuen, wenn er bei besserer Gesundheit wäre, aber er leidet sehr oft an Magenkrämpfen, die mich befürchten lassen, dass, solange er nicht vollständig davon befreit ist, sein Gemüt darunter leidet, das mir im Übrigen nicht sehr robust zu sein scheint... Mein Sohn und die Prinzessin mit dem Kind sind glücklich von ihrer Reise zurückgekehrt. Meine Schwiegertochter ist unverändert, so wie Sie sie kennen[789]. Ich war überrascht, wie dick und rund der Knabe ist; er kann beinahe allein laufen, obwohl er erst 18 Monate alt ist. Er wird auf englische Weise erzogen und ähnelt einem kleinen Wilden... Mein Sohn unterhält uns mit Reiseberichten und insbesondere mit dem, was er in Italien an

---

784 Durch eine Konvention mit dem Herzog Karl hatte der König für die Herzogin das Recht der freien Wahl ihres Hofstaates und ihres Aufenthaltes, sowie pünktliche Zahlung ihrer Pension durchgesetzt.

785 Herzogin Elisabeth Sophie Marie, die Witwe des 1731 verstorbenen Herzogs August Wilhelm, war am 3. April in Sophienthal gestorben.

786 Nach der Vermählung der Prinzessin Luise Henriette Wilhelmine von Schwedt, geb. 1750, mit dem Fürsten Friedrich Franz von Anhalt-Dessau am 25. Juli, blieb nur noch die Markgräfin Philippine von Schwedt, geb. 1745, die nach dem Tod ihrer Mutter im Haus ihres Onkels und Schwagers, des Prinzen Ferdinand, lebte.

787 Aus Salzdahlum.

788 Schon im Februar hatte der König seiner Schwester in Schweden geschrieben: „*Der Dämon ist entfesselt im Haus Braunschweig, wenn die Engländerin zurückkehrt*", und über die Heimkehr des Erbprinzen schrieb er an den Prinzen Heinrich: „*Es wird immer zu früh sein für das Wohl seines Vaters und für das seine.*"

789 Am 6. August schrieb sie: „*Ich finde, dass die Prinzessin umsichtiger und zurückhaltender geworden ist. Sie ist im Übrigen sehr höflich mir gegenüber und lässt es nicht an Aufmerksamkeit fehlen. Mein Sohn und sie leben in Einvernehmen und Harmonie miteinander und sind ein Herz und eine Seele. Mein Sohn ist sehr froh über seine Reisen, besonders nach Italien; ich hoffe, dass ihn die Gedanken daran noch einige Zeit ablenken werden, damit er sich erholen kann.*"

Seltenem und Interessantem gesehen hat, so berichtet er von einer Statue von Agrippa, die sehr groß und echt ist, aber nicht teuer. Ich denke, dass sie etwas für Ihr Antikenkabinett sein könnte... Ich bin sehr froh, dass der Prinz von Oranien nach Berlin[790] kommt und dass Sie ihn kennenlernen werden.

An Friedrich   27. September 1767

Für einen jungen Mann, der zum ersten Mal von zu Hause fort ist, erweist sich der Prinz von Oranien[791] als so gewandt, wie man es nur wünschen kann, denn er ist geschickt in der Konversation und ist in allen Bereichen bewandert; er verfügt über Kenntnisse und ist gut ausgebildet, besonders was die Regierung der Republik betrifft. Er ist belesen und sein ausgezeichnetes Gedächtnis ermöglicht es ihm, sich an alles zu erinnern. Seine Äußerungen spiegeln seinen Geist, dem nichts entgeht, dabei ist er lebhaft und heiter; er mag Aufführungen und alle Zerstreuungen, die seinem Alter angemessen sind. Er ist voll des guten Willens und ist bemüht, Ihren Beifall zu finden und der Prinzessin zu gefallen, deren Porträt er immer bei sich trägt. Doch muss ich Sie in Kenntnis setzen über seinen Gang, der zunächst befremdlich ist, aber an den man sich gewöhnt, denn er wird aufgewogen durch seinen Geist... Ich finde, er hat die Physiognomie des englischen Hauses[792]. Ich bin überrascht, dass meine Schwester in Schweden Ihnen das Porträt ihrer Tochter als Vestalin[793] zugesandt hat; es scheint mir nicht das angemessene Attribut für eine Prinzessin zu sein, die etabliert werden soll und dem Land, in das sie verheiratet wird, Erben schenken soll. Ich glaube, meine Schwester wäre empört gewesen, hätte man sie dazu bestimmt, das heilige Feuer zu bewahren.

An Friedrich   18. Oktober 1767

Ich finde meine Nichte sehr liebenswürdig[794]; sie hat ein vornehmes Aussehen, das mir sehr gefällt. Sie ist sehr dankbar, dass Sie dem Prinzen von Preußen die Erlaubnis gegeben haben, sie hierher zu begleiten. Ich kann Ihnen versichern, dass mein Eindruck von ihm nun viel besser ist[795].

---

790 Er kam am 2. Oktober nach Potsdam.
791 Der Erbprinz war auf der Reise nach Potsdam am 25. September in Braunschweig gewesen.
792 Seine Mutter war eine Tochter Georgs II.
793 Albertine, geb. 1753. Vielleicht erinnert sich die Herzogin daran, dass ihre Schwester als Kind auch als Vestalin gemalt worden war.
794 Nach der Vermählung am 4. Oktober waren der Prinz und die Prinzessin von Oranien am 14. abgereist und hatten ihren Weg über Braunschweig genommen.
795 Am 22. Oktober schrieb sie: *„Ich stelle fest, dass man mit Sanftheit und Freundschaft, für die er sehr empfänglich ist, beim Prinzen von Preußen am weitesten kommt, und ich bin überzeugt, dass wenn Sie ihm dies entgegenbringen und mit Güte und Vertrauen zu ihm sprechen, dann tun Sie mehr als irgendeiner auf der Welt, denn er hat wirklich ein gutes Herz und ist erfüllt von guten Empfindungen"*, und später im August 1768: *„Ich bin entzückt, dass Sie mit dem Prinzen von Preußen zufrieden sind. Sie werden sehen, dass ich mich nicht über seinen Charakter und sein gutes Herz getäuscht habe."*

An Friedrich 29. Oktober 1767

Die Prinzessin von Oranien wird die glücklichste Person auf der Welt sein, da alles sie zu begünstigen scheint[796], und nun muss sie sich nur noch dem Volk gegenüber zugewandt und liebenswürdig zeigen und sanft und gefällig ihrem Gemahl gegenüber, der von guten Empfindungen geleitet ist. Doch Sie haben Recht, sich auf den Prinzen Ludwig zu verlassen, der um alles weiß und über dessen Aufrichtigkeit es keinen Zweifel gibt, er ist am besten in der Lage, die jungen Leute zu führen, die noch guten Rat benötigen. Sie werden zweifellos darüber unterrichtet sein, dass jede Provinz unserer Nichte eine vorübergehende Pension zahlt, so dass sie mit dem, was sie vom Prinzen erhält über Einkünfte von 50 tausend Talern verfügt, was sehr respektabel ist.

An Friedrich 11. November 1767

Auch ich trauere um die Herzogin von Gotha[797], die eine geachtete und geistreiche Frau war. Sie hatte das Verdienst, ihren Hof gut zu führen, dessen Zierde sie war. Der Herzog, obwohl geliebt von seinen Untertanen wegen der guten Ordnung, mit der er seine Geschäfte führt und wegen seiner Gerechtigkeit, mit der er sein Land verwaltet, wird zu alt[798], um den Glanz dieses Hofes zu bewahren, der wahrscheinlich niedergehen wird. Es ist, wie Sie sehr richtig sagen, das Schicksal der weltlichen Dinge, die tausend unbekannten Veränderungen unterworfen sind und es wird zerstört, was andere aufgebaut haben; aber da wir selbst dem Verfall unseres Körpers preisgegeben sind, sollten uns die anderen Dinge nicht fremd erscheinen, denn alles ist vergänglich und nur das Gegenwärtige existiert.

An Friedrich 22. November 1767

Sie müssen den Herzog von Gotha und seinen ganzen Hof besser kennen als ich und nach dem, was Sie mir darüber schreiben, ist es traurig für dieses ganze Land, in solche Hände zu fallen, umso mehr wird man um die Herzogin trauern. Der Herzog beabsichtigt, in der nächsten Woche seine Schwester Therese als Äbtissin in Gandersheim[799] einzuführen. Die gesamte Familie wird bei dieser spirituellen Vermählung anwesend sein, bei der es, glaube ich, keine große Vergnügung gibt. Der Ort ist sieben Meilen von hier entfernt, nicht weit von den Bergen des Blocksbergs[800]; übrigens ist es eine gute Versorgung und es ist die letzte, die der Herzog auszustatten[801] hatte.

---

796 Der Erbprinz und die Erbprinzessin waren Ende Oktober in Den Haag angekommen.
797 Die Herzogin Luise Dorothea, geb. 1710, war am 22. Oktober gestorben. Sie hatte mit Voltaire, d'Alembert und Grimm in Briefwechsel gestanden.
798 Friedrich III. war 1699 geboren.
799 Die Einführung war am 3. Dezember.
800 Den hinter Blocksberg stehenden Satz: *„So könnte ich die Bekanntschaft der Hexen dieses Landes machen"*, hat die Herzogin wieder gestrichen.
801 Die zweite unverheiratet gebliebene Schwester, Christine Luise Charlotte, geb. 1726, war 1766 gestorben.

An Friedrich 6. Dezember 1767

Die Abtei von Gandersheim liegt in einem sehr traurigen Talgrund und ist ganz von Bergen umgeben. Die Gesellschaft, die man dort hat, entschädigt nicht für die schlechte Lage des Ortes; er ist trostlos; es leben dort unter anderem zwei alte Schwestern, Prinzessinnen von Schwarzburg[802], von denen die eine, vierundsiebzigjährig, seit fünfzig Jahren Dekanin ist, die andere, sechzigjährig, ist Kanonisse. Sie sind beide nicht mehr an die Welt gewöhnt, da sie nie die Abtei verlassen haben und eingesperrt geblieben sind in ihrem Gelass, sie haben ihre Zimmer nur verlassen, um an der Einweihungszeremonie ihrer Äbtissin teilzunehmen. Doch ihre unbeholfenen Umgangsformen, gepaart mit sonderbaren Äußerungen, mit denen sie mich unterhalten haben, haben mich erheitert und ich konnte nicht umhin zu lachen. Der Prinz Ferdinand wird aus Freundschaft mit seiner Schwester für einige Zeit bei ihr bleiben.

An Friedrich 11. März 1768

Die Masern haben hier überall ebenso gewütet wie die Pocken und wenn junge Leute im Alter von Friedrich sie überstanden haben, geht es ihnen nachher umso besser; man muss sich nur schonen, was die Lunge betrifft, diese Krankheit hinterlässt immer Spuren… Der Kammerherr des Kaisers ist hier nur erschienen, um alles zu beobachten[803]; sonst ist nichts durchgesickert über den Anlass seines Aufenthaltes hier… Den Abschluss der Aufführungen bildete ein neues Stück, das zum ersten Mal aufgeführt wurde, es heißt: Der ehrliche Verbrecher[804]. Es ist berührend und voller Gefühle; da die Geschichte wahr ist, hat man es umso mehr bewundert. Man hat auch aufgeführt: Die Jagd Heinrichs IV., es ist interessant und amüsant.

An Friedrich 29. März 1768

Ich bin Ihrer Ansicht und glaube nicht, dass die Gesundheit meiner Schwester Amalie ihr eine Reise nach Schweden gestattet, dafür ist sie zu schwach und kränklich… Der Prinz Karl von Strelitz wurde mit einer Nichte der Prinzessin von Darmstadt[805] verlobt… Man sagt, dass es in Spanien eine neue Verschwörung gegen den König und die königliche Familie[806] gegeben hat und man nun die Urheber zu finden versucht. Ich vermute, es ist noch ein Rest vom Geist der Jesuiten, der irgendwo herrscht, um Rache zu nehmen für die Verbannung, denn es ist eine verabscheuungswürdige Spezies.

---

802 Sophie Juliane, geb. 1694, und Magdalena Sibylla, geb. 1707.
803 Am 25. Februar hatte sie geschrieben: *„Herr von Knebel, Kammerherr des Kaisers, ist vor kurzem abgereist; ich weiß nicht, warum er hier war. Er hat Briefe aus Wien erhalten, die seine Abreise bewirkt haben. Er ist nach Gandersheim gefahren. Die Kaiserin hat der Äbtissin ihr Porträt mit Diamanten geschenkt."* Nach seiner Rückkehr nach Wien hatte er eine sehr günstige Schilderung von der Prinzessin Auguste entworfen, so dass der König vermutete, sie sei vielleicht als Braut für Kaiser Joseph ausersehen.
804 *„La piété filiale ou l'honnête criminel"* von Fenouillôt de Falbaire.
805 Friederike von Darmstadt, geb. 1752.
806 Im Januar in Altkatalonien.

An Friedrich 8. Mai 1768

Um darauf zu antworten, was Sie mir zu meinem Sohn schreiben; ich glaube, es war notwendig, dass der Herzog ihm die Führung seiner Geschäfte[807] überträgt, und er hat keinerlei Zweifel, dass seine Geschäfte nun besser geführt werden als dies bislang geschah, zumal auch immer in seinem Interesse gehandelt wird.

An Friedrich 24. Juni 1768

Mein guter Bruder Ferdinand ist gestern hier eingetroffen; ich habe mich gefreut, dass er im Gesicht besser aussieht als ohnehin, und ich hoffe, dass die beabsichtigte Kur[808] dazu beitragen wird, seine Gesundheit zu stärken... Er will uns verlassen, was mir wieder ein Übermaß an Kummer bereitet, obwohl ich vernünftig sein sollte und zufrieden über mein Glück, dass ich in erreichbarer Nähe lebe und meine Familie viel häufiger sehen kann als andere, die diesen Vorteil nicht haben... Ich habe einen Brief erhalten, den der Prinz Ludwig an den Herzog geschrieben hat, in ihm singt er Ihr Loblied und äußert sich lobend über den liebenswürdigen und freundschaftlichen Empfang, den Sie ihm bereitet haben[809], und er sagt, dass jeder, der Sie gesehen habe, entzückt war über die liebenswürdige Art, mit der Sie ihn empfangen haben, und dass Sie die allgemeine Zustimmung und das Herz aller guten Holländer gewonnen haben, die Sie bewundern. Obwohl ich glaube, dass Sie nur wenig empfänglich sind für diese Eroberung, wollte ich es Ihnen dennoch mitteilen.

An Friedrich 3. Juli 1768

Ich nehme an, dass Sie von dem traurigen Tod des armen Abtes Winckelmann[810] gehört haben. Sein Schicksal ist mehr als beklagenswert, denn die Welt verliert einen weisen Mann, der ein großer Altertumssammler war. Man könnte über ihn sagen: Was hatte er auf dieser Galeere zu tun? Er hat ein sehr trauriges Schicksal erlitten.

An Friedrich 4. August 1768

Am 29. des vergangenen [Monats] hatte ich das Vergnügen, meinen Bruder Heinrich hier zu empfangen. Ich fand ihn bei besserer Gesundheit als im vergangenen Jahr und bei sehr guter Laune. Er ist gestern Abend abgereist und beabsichtigt, am 6. in Den Haag zu sein... Es gab Aufführungen von französischen Tragödien und zum ersten Mal hat man „Beverle oder der Spieler" aufgeführt; es ist ein Stück, das erschauern lässt und das mir nur Angst einflößt; gleichzeitig ist es eine gute Lehre für die, die von der Spielleidenschaft beherrscht werden. Die ganze Musik von Hasse ist so schön, dass ich überzeugt bin, dass das Oratorium der

---

807 Die Schulden, die auf dem Land lagen, waren bis auf 12 Millionen angewachsen. Um den Bankrott und das Eingreifen des Kaisers zu vermeiden, entschloss sich der Herzog, die Landstände einzuberufen; die Verhandlungen mit diesen sollte der Erbprinz führen.
808 Er ging nach Aachen ins Bad.
809 Der König hatte von Kleve aus dem Erbstatthalter einen Besuch in Loo gemacht. Auf der Hinreise nach Kleve war er am 5. und 6. Juni in Salzdahlum gewesen, ebenso auf der Rückreise.
810 Winckelmann hatte seine Reise nach Norddeutschland in Wien aufgegeben, um wieder nach Italien zurückzukehren; in Triest war er am 8. Juni ermordet worden.

Bekehrung des Hl. Augustinus[811], mit dem Sie meine Schwester erfreut haben, ein Meisterwerk sein wird und meiner Schwester, die Geschmack und Musikkenntnis besitzt, gefallen haben wird… Ich bin Ihrer Ansicht, dass die Metamorphose seiner ehelichen Bande[812] bald die beginnende Liebe verflüchtigen wird, die die Leidenschaft hervorruft; das ist für gewöhnlich das Schicksal dieses Liebesjochs, das einem aufgewühlten Meer voller Stürme gleicht, auf dem die Weisesten segeln müssen, um nicht darunter gezwungen zu werden.

An Friedrich 5. August 1768

Die Königin von Dänemark[813] befindet sich sehr wohl, sie hat Einfluss auf den Geist des Königs gewonnen; die Geschäfte gehen dadurch nicht besser, denn man sagt, sie sei eine leichtsinnige Frau. Nichts ist bislang entschieden hinsichtlich ihres Besuches hier; der Herzog und ich werden uns darüber hinwegtrösten, wenn sie nicht kommen.

An Friedrich 16. August 1768

Cothenius hat mir über die Krankheit meiner Tochter geschrieben; nach seinem Bericht scheint es sich um eine Art Hysterie zu handeln, doch es besteht keine Gefahr, aber sie bedarf der Schonung; ich verstehe gar nicht, woher sie das hat… Der Herzog von Braganza[814], ein sehr galanter Mann, hat einen unendlich heiteren Geist und einen charmanten Humor; er hat viele Kenntnisse und spricht viel. Er beabsichtigt, Sie in diesem Winter aufzusuchen, denn er steht in enger Verbindung mit dem Grafen Sinzendorf[815], der ihm ein Loblied auf Sie gesungen hat und ihm gesagt hat, dass Sie ihm gestatten, sich vorzustellen. Er ist ohne Dünkel… Von hier wird er in die Schweiz gehen, um die dortige Landwirtschaft zu studieren und die Literaten des Landes[816] kennenzulernen; dann wird er wieder hierher kommen, um anschließend nach Berlin zu gehen. Er wird begleitet von dem Sohn von van Swieten, dem Arzt der Kaiserin, ein gebildeter, sehr liebenswürdiger Mann, der viele Talente besitzt[817].

---

811 Am 19. Juli wurde im Neuen Palais bei Potsdam zu dessen Einweihung dies Hassesche Oratorium aufgeführt.
812 Ihres Sohnes Friedrich.
813 Karoline Mathilde, die Schwester der Erbprinzessin.
814 Johann Karl, geb. 1719; er kam im November nach Berlin.
815 Graf Sinzendorf, geb. 1726, seit Oktober Gesandter des Malteserordens in Berlin.
816 „*Er hat eine Rundreise durch die ganze Schweiz gemacht und hat Voltaire gesehen; nach dem, was er sagt, sei dieser gar nicht gealtert*", schrieb sie nach seinem zweiten Besuch in Braunschweig.
817 Der jüngere van Swieten, geb. 1734, kam später als Gesandter nach Berlin.

An Friedrich Salzdahlum, 13. September 1768

Sie vermögen nicht, sich den unendlichen Kummer vorzustellen, den mir Ihr Bericht über die unglückselige Situation bereitet, die meine Tochter[818] durch ihr schlechtes Benehmen herbeigeführt hat. Ich bin verzweifelt, dass sie sich soweit vergessen konnte bis hin zu so großen Schändlichkeiten und Würdelosigkeiten, die sie entehren und die ein ewiger Makel für ihre Familie sind. Ich verstehe überhaupt nicht, woher sie diese abscheulichen Neigungen hat, von denen sie nie ein Beispiel gesehen hat. Ich bin Ihnen zu Dank verpflichtet, dass Sie sie mit so viel Güte und Nachsicht behandelt haben, die sie in keiner Weise verdient, und ich bewundere den Prinzen, denn ich kann nicht glauben, dass er darauf hereingefallen ist… Ich muss Ihnen sagen, dass ich noch keinen Ihrer Briefe dem Herzog gezeigt habe, denn ich fürchte zu sehr seinen Zorn und sein Aufbrausen, aber es wäre dennoch gut, ihn über sie aufzuklären und ihn über ihr Verhalten in Kenntnis zu setzen, umso mehr, als diese kleine Kreatur seinen Geist so eingewickelt hat, dass er ihr gegenüber völlig blind ist. Doch ich werde ohne Ihre Zustimmung nichts unternehmen, aber wenn Sie es für gut befinden, bitte ich Sie, mir einen Brief zu schreiben, den ich ihm zeigen kann, der so klingt, als ob Sie mir noch nichts darüber gesagt hätten, und tragen Sie mir darin auf, ihn ihm zum Lesen zu geben. Im Übrigen flehe ich Sie an, mit einer heilsamen Strenge mit dieser Madame umzugehen, damit sie in sich geht und nachdenkt, denn ich habe keine Befürchtung, dass sie sich allzu sehr aus dem Gleichgewicht bringen lassen könnte… Die Hoffnung, die man Ihnen gemacht hat hinsichtlich der Gesundung meiner guten Schwester in Ansbach und die Nachricht, dass es ihr besser geht, macht mich natürlich sehr froh, da ich diese gute Schwester immer geliebt habe. Umso mehr bin ich betroffen, dass die, die ich mich schäme, meine Tochter zu nennen, sich so wenig für die Gnade und Güte erkenntlich zeigt, mit der Sie sie reichlich bedacht haben.

An Friedrich 18. September 1768

[Dank] für die Etablierung meines Sohnes Friedrich und dafür, dass Sie dafür gesorgt haben, dass er nun begütert ist… Dass Sie sich lobend über die Prinzessin[819] äußern, nimmt mich bereits jetzt für sie ein und da sie Ihren Beifall gefunden hat, habe ich eine sehr hohe Meinung von ihr.

---

818 Die Ehe des Prinzen von Preußen hatte einen sehr unglücklichen Verlauf genommen. Der König, der die Prinzessin sehr gern hatte, hatte versucht mit Güte und mit Strenge auf sie einzuwirken, bis sie die Dinge so weit getrieben hatte, dass sie allgemeines Aufsehen erregten und auch er sie aufgeben musste. Gegenüber dem Hofklatsch, der wie die Herzogin die ganze Schuld auf die Prinzessin warf, genügt es auf das Zeugnis des Königs hinzuweisen: „*Der Gemahl, jung und sittenlos, einem schändlichen Lebenswandel hingegeben, betrog seine Frau täglich; die Prinzessin, die in der Blüte ihrer Jahre und ihrer Schönheit stand, fühlte sich gedemütigt durch die geringe Wertschätzung ihrer Reize; ihre Lebhaftigkeit und die gute Meinung, die sie von sich selbst hatte, veranlassten sie dazu, sich für das Unrecht, das man ihr antat, zu rächen. Bald gab sie sich Ausschweifungen hin, die denen ihres Gemahls kaum nachstanden; die Unordnung nahm überhand und wurde bald öffentlich.*"

819 Am 6. September hatte die Vermählung des Prinzen Friedrich mit der Prinzessin Friederike von Oels in Breslau stattgefunden.

An Friedrich 18. November 1768

Alles hier ist jetzt auf Sparsamkeit eingestellt, die ganze Oper ist entlassen worden, ebenso die Kapelle; die Sänger und Sängerinnen sind abgereist, die Komödie bleibt noch bis zu einer neuen Anordnung, doch allem Anschein nach werden wir sie wohl nicht behalten; dennoch befürchte ich, dass all das nicht ausreichen wird, bis man endlich einen Weg gefunden hat, der dazu beitragen kann, die Zerrüttung zu beseitigen.

An Friedrich 27. November 1768

Die Geschäfte sind im Übrigen nicht völlig aussichtslos und Sie nehmen zu Recht an, dass es Wege gibt, um sich aus der Verlegenheit zu befreien, doch es wird Zeit brauchen, um sie vollständig wieder in Gang zu bringen, und viel Ordnung, um aus dieser Situation herauszukommen[820]. Ich vernehme mit großer Freude, dass Sie nicht gezwungen sein werden, an dem Krieg Russlands[821] teilzunehmen und dass Sie mit der Zahlung einer ansehnlichen Summe[822] davonkommen; aber da sich seitdem die Situation verändert hat und es bestätigt wird, dass der Wesir[823] abgesetzt wurde, hoffe ich, dass Sie sie nicht zahlen müssen… Um Sie zu erheitern, berichte ich Ihnen, was man über die Politik sagt; Frankreich soll der Grund für die Truppenbewegungen der Türken sein und es habe eine Million bezahlt, um den Wesir, der gerade abgesetzt wurde, dafür zu gewinnen. Es bleibt abzuwarten, ob sie weitere Summen einsetzen werden, um noch einmal dasselbe Ziel zu erreichen. Man zweifelt daran, da Frankreich nicht Geld im Überfluss besitzt und man klagt dort schon sehr über den Krieg, den man um Korsika[824] begonnen hat, daraus schließe ich, dass diese Pläne sich in Rauch auflösen werden.

An Friedrich 8. Dezember 1768

Hier sind die Landstände zusammengetreten[825]; seit hundert Jahren hat man sie nicht mehr einberufen… Die Sitzungen haben begonnen. Man wird sehen, was daraus wird. Seitdem haben uns Nachrichten aus Hamburg erreicht, dass der König von Dänemark seine Rückkehr um zwei Tage vorgezogen hat, so dass er am 31. des Monats hier eintrifft und bis zum 4. Januar bleiben wird. Ich wäre froh, wenn mir diese Unannehmlichkeit erspart bliebe, ich befinde mich kaum in der Stimmung, um bei einer solchen Gelegenheit zu erscheinen.

---

820 Am 30. Juli hatte sie geschrieben: *„Hier zieht man den Teufel so lange am Schwanz wie man kann, um die zerrütteten Finanzen wieder in Ordnung zu bringen, aber trotz allem besteht die Zwangslage weiterhin, was ziemlich traurig ist."*

821 Im Oktober hatten die Türken den Russen den Krieg erklärt.

822 Nach dem Vertrag von 1764 war der König verpflichtet, wenn Russland von der Türkei angegriffen wurde, Subsidien zu zahlen.

823 Muksin Sade war im September verhaftet worden: sein Nachfolger galt für kriegslustiger.

824 Französische Truppen waren nach Korsika geschickt worden, um die Insel, die Genua an den König von Frankreich abgetreten hatte, zu unterwerfen.

825 Sie waren am 2. Dezember zusammengetreten.

4 Genealogische Übersicht über die wichtigsten in den Briefen vorkommenden fürstlichen Familien (aus dem Manuskript von Hans Droysen ca. 1918)[826]

Braunschweig-Wolfenbüttel

August-Wilhelm (1662–1731), Herzog 1714–1731. Seine dritte Gemahlin: Elisabeth Sophie Marie zu Holstein-Norburg (1683 – 3. Apr 1767)

Ludwig Rudolf (1671 – 1. März 1735), Herzog 1731–1735, ⚭ mit Christine Luise von Oettingen (1671 – 12. Nov 1747)

Kinder:
Elisabeth Christine (1691 – 21. Dez 1750), ⚭ 1708 mit Kaiser Karl VI. *(siehe Österreich)*

Charlotte Christine Sophie (1694–1715), ⚭ mit Alexei Petrowitsch (Sohn Peters des Großen) von Rußland

Antoinette Amalie (22. Apr 1696 – 2. März 1762), ⚭ 17. Okt 1712 mit Ferdinand Albrecht von Bevern *(siehe Braunschweig-Bevern)*

Braunschweig-Wolfenbüttel-Bevern

Ferdinand Albrecht II. (19. Mai 1680 – 13. Sep 1735), Herzog von Braunschweig-Wolfenbüttel, ⚭ 1. März 1735 mit Antoinette Amalie von Wolfenbüttel

Kinder:
1. Karl (1. Aug 1713 – 26. März 1780), ⚭ 1733 mit Charlotte Philippine von Preußen *(siehe Preußen)*

   Kinder:
   – Karl Wilhelm Ferdinand, „Charles" (9. Okt 1735 – 10. Nov 1806), ⚭ 16. Jan 1764 mit Augusta von England *(siehe England)*

      Kinder:
      – Auguste (3. Dez 1764 – 27. Sep 1788), ⚭ 15. Okt 1780 mit Friedrich von Württemberg *(siehe Württemberg)*

      – Karl Georg August (8. Feb 1766 – 20. Sept 1806), ⚭ 17. Okt 1790 mit Friederike Luise von Oranien-Nassau

      – Karoline (17. Mai 1768 – 1821), ⚭ 8. Apr 1795 mit Georg (IV.) von England

      – Georg Wilhelm Christian (27. Jun 1769–1811)

      – August (18. Aug 1770–1820)

      – Friedrich Wilhelm, der „schwarze Herzog" (9. Okt 1771 – 16. Jun 1815)

---

826 Niedersächsisches Landesarchiv Braunschweig-Wolfenbüttel, Signatur 299 N Nr. 58, nach fol. 177 ff. Durchgesehen und teilweise ergänzt von der Bearbeiterin und Übersetzerin des vorliegenden Bandes. Aufgenommen wurden von Droysen vor allem die in den Briefen vorkommenden Personen; daher sind die Familien in der Übersicht nicht immer mit vollständigen Lebensdaten und allen Nachkommen aufgeführt.

- Georg Franz (26. Sep 1736 – 10. Dez 1737)
- Sophie Caroline (7. Okt 1737 – 1817), ∞ 20. Sep 1759 mit Friedrich von Bayreuth (1711 – 26. Feb 1763)
- Christian Ludwig (13. Nov 1738 – 12. Apr 1742)
- Anna Amalia (24. Okt 1739 – 10. Apr 1807), ∞ 16. März 1756 mit Ernst August Constantin von Weimar (1737 – 28. Mai 1758). Söhne Karl August (geb. 3. Sep 1757 – 1828) und Constantin (8. Sep 1758 – 6. Sep 1793)
- Friedrich (Fritze) (29. Okt 1740 -1805), ∞ 6. Sep 1768 mit Friedrike von Oels (1. Aug 1751 – 4. Nov 1789)
- Albrecht Heinrich (Albert Henri) (26. Feb 1742 – 8. Aug 1761)
- Luise Friederike (18. Dez 1743 – 22. Feb 1744)
- Wilhelm (18. Mai 1745 – 24. Aug 1770)
- Elisabeth (8. Nov 1746 – 1840), ∞ 14. Jul 1765 (1769 geschieden) mit Friedrich Wilhelm (II.) von Preußen *(siehe Preußen)*
- Friederike Wilhelmine (8. Apr 1748 – 15. Nov 1757)
- Auguste (2. Okt 1749 – 1810), 3. Aug 1778 Äbtissin zu Gandersheim
- Leopold (11. Okt 1752 – 25. Apr 1785)

2. Anton Ulrich (28. Aug 1714 – 4. Mai 1774), ∞ 14. Jun 1739 mit Elisabeth von Mecklenburg (Anna Leopoldowna) (1718 – 19. März 1746)

Kinder:
- Iwan (23. Aug 1740 – 5. Aug 1764)
- Katharina (26. Jul 1741 – 1807)
- Elisabeth (16. Nov 1743 – 20. Okt 1782)
- Peter (31. März 1745 – 1789)
- Alexej (8. März 1746 – 1787)

3. Elisabeth Christine (8. Nov 1715 – 13. Jan 1797), ∞ 12. Jun 1733 mit Friedrich II. von Preußen

4. Ludwig (25. Sep 1718 – 12. Mai 1788)

5. Ferdinand (12. Jan 1721 – 5. Jul 1792)

6. Luise Amalie (29. Jan 1722 – 13. Jan 1780), ∞ 6. Jan 1742 mit August Wilhelm von Preußen *(siehe Preußen)*

7. Sophie Antoinette (23. Jan 1724 – 1802), ∞ 23. Apr 1749 mit Ernst Friedrich von Coburg (1724 – 1800). Tochter: Karoline (1753–1802), Kanonissin Stift Gandersheim 1768

8. Albert (4. Mai 1725 – 30. Sep 1745)

9. Christine Charlotte (30. Nov 1726 – 20. Mai 1766)

10. Therese Natalie (4. Jun 1728 – 26. Jun 1778), Äbtissin von Gandersheim

11. Juliane (4. Sep 1729 – 10. Okt 1796), ∞ 8. Jul 1752 mit Friedrich V. von Dänemark *(siehe Dänemark)*

12. Friedrich Franz (8. Jun 1732 – 14. Okt 1758)

Ernst Ferdinand (1682 – 14. Apr 1746), ∞ 1714 mit Eleonore Charlotte von Kurland (1686 – 28. Juli 1748)

Kinder:

August Wilhelm (10. Okt 1715 – 2. Aug 1781)

Christine Sophie (22. Jan 1717 – 26. März 1779), ∞ 1731 mit Friedrich Ernst von Kulmbach (1703 – 1762), Statthalter von Schleswig und Holstein

Friederike Albertine (21. Aug 1719 – 5. Aug 1772), Äbtissin zu Steterburg

Georg Ludwig (1721 – 6. Apr 1747)

Friedrich Georg (24. März 1723 – 16. Jul 1766), Domherr zu Lübeck

Friedrich Karl (5. Apr 1729 – 1809), dänischer Feldmarschall, ∞ 27. Okt 1782 mit Anna Karoline von Nassau-Saarbrücken

Preußen

Friedrich Wilhelm I. (1688 – 31. Mai 1740), ∞ 28. Nov 1706 mit Sophie Dorothea von Hannover (27. März 1687 – 28. Jun 1757)

Kinder:

1. Wilhelmine (3. Jul 1709 – 14. Okt 1758), ∞ 1731 mit Friedrich von Bayreuth (1711 – 26. Feb 1763). Tochter: Elisabeth Friederike Sophie (1732 – 9. Apr 1780), ∞ 1748 mit Friedrich von Württemberg *(siehe Württemberg)*

2. Friedrich (II.) (24. Jan 1712 – 17. Aug 1786), ∞ 12. Jun 1733 mit Elisabeth Christine von Braunschweig-Bevern) *(siehe Braunschweig-Wolfenbüttel-Bevern)*

3. Friederike (28. Sep 1714 – 4. Feb 1784), ∞ 1729 mit Karl Wilhelm Friedrich von Ansbach (1712 – 3. Aug 1757). Sohn: Karl Alexander (24. Feb 1736 – 1806), seit 1769 Markgraf von Bayreuth

4. Charlotte Philippine (13. März 1716 – 16. Feb 1801), ∞ 1733 mit Karl von Braunschweig-Bevern *(siehe Braunschweig-Bevern)*

5. Sophie (25. Jan 1719 – 15. Nov 1765), ∞ 1734 mit Friedrich Wilhelm von Schwedt (1700 – 14. März 1771)

   Kinder:

   – Dorothea (18. Dez 1736 – 1798), ∞ 29. Nov 1753 mit Friedrich Eugen von Württemberg *(siehe Württemberg)*

   – Luise (22. Apr 1738 – 1820), ∞ 27. Sep 1755 mit Ferdinand von Preußen

   – Philippine (10. Okt 1745 – 1800), ∞ 10. Jan 1773 mit Friedrich von Hessen-Kassel *(siehe Hessen-Kassel)*

6. Ulrike (24. Jul 1720 – 16. Jul 1782), ∞ 17. Jul 1744 mit Adolf Friedrich von Schweden *(siehe Schweden)*

7. August Wilhelm (9. Aug 1722 – 12. Jun 1758), ∞ 6. Jan 1742 mit Luise von Braunschweig-Wolfenbüttel

Kinder:

– Friedrich Wilhelm (II.) (25. Sep 1744 – 16. Nov 1797), ∞ (1) 14. Jul 1765 mit Elisabeth von Braunschweig-Wolfenbüttel, ∞ (2) 14. Jul 1769 mit Friederike Luise von Hessen-Darmstadt (16. Okt 1751 – 1805)

Kinder 1. Ehe:

– Friederike (7. Mai 1767 – 1820), ∞ 29. Sep 1791 mit Friedrich Herzog von York

Kinder 2. Ehe:

– Friedrich Wilhelm (III.) (3. Aug 1770 – 7. Jun 1840), ∞ 24. Dez 1793 mit Luise von Mecklenburg-Strelitz (10. März 1776 – 19. Jul 1810). Sohn: Friedrich Wilhelm (IV.) (15. Okt 1795 – 2. Jan 1861)

– Ludwig (Louis) (5. Nov 1773 – 28. Dez 1796), ∞ 26. Dez 1793 mit Friederike von Mecklenburg-Strelitz (2. März 1778 – 29. Jun 1841). Söhne Friedrich Wilhelm Ludwig (30. Okt 1794 – 27. Jul 1863) und Karl (26. Sep 1795 – 6. Apr 1798)

– Wilhelmine (18. Nov 1774 – 12. Okt 1837), ∞ 1. Okt 1791 mit Wilhelm von Oranien *(siehe Oranien)*

– Auguste (1. Mai 1780 – 19. Feb 1841), ∞ 13. Feb 1797 mit Wilhelm von Hessen-Kassel *(siehe Hessen-Kassel)*

– Heinrich (30. Dez 1781 – 12. Jul 1846)

– Wilhelm (3. Jul 1783 – 28. Sep 1851)

– Heinrich (30. Dez 1747 – 26. Mai 1767)

– Wilhelmine (7. Aug 1751 – 1820), ∞ 4. Okt 1767 mit Wilhelm von Oranien *(siehe Oranien)*

– Karl Emil (30. Okt 1758 – 15. Feb 1759)

8. Amalie (9. Nov 1723 – 30. März 1787), Äbtissin von Quedlinburg

9. Heinrich (18. Jan 1726 – 1802), ∞ 25. Jun 1752 mit Wilhelmine von Hessen-Kassel

10. Ferdinand (23. Mai 1730 – 2. Mai 1813), ∞ 27. Sep 1755 mit Luise von Schwedt

Kinder:

– Friedrich Heinrich (20. Okt 1769 – 8. Dez 1773)

– Luise (20. Mai 1770 – 7. Dez 1836), ∞ 17. März 1796 mit Fürst Anton Radziwill (1755 – 1833)

– Heinrich (11. Nov 1771 – 8. Okt 1790)

– Louis Ferdinand (18. Nov 1772 – 10. Okt 1806)

– Paul (29. Nov – 2. Dez 1776)

– August (19. Sep 1779)

England

Georg (II.) (1683 – 25. Okt 1760), König 1727, ⚭ 1705 mit Karoline von Ansbach (1683 – 1. Dez 1737)

Kinder:

Friedrich Ludwig von Wales (31. März 1707 – 1751), ⚭ 1736 mit Auguste von Gotha (1719 – 8. Feb 1772)

Kinder:
- Augusta (11. Aug 1737 – 1813), ⚭ 1764 mit Karl Wilhelm Ferdinand von Braunschweig
- Georg (III.) (4. Jun 1738 – 1820), ⚭ 8. Sep 1761 mit Sophie Charlotte von Mecklenburg-Strelitz (1744 – 1818)

  Kinder:
  - Georg (IV.) (12. Aug 1762 – 26. Jun 1830), ⚭ 8. Apr 1795 mit Karoline von Braunschweig
  - Friedrich (16. Aug 1763 – 5. Jan 1827), Duke of York, Bischof von Osnabrück, ⚭ 29. Sep 1791 mit Friedrike von Preußen
  - Wilhelm (IV.) (21. Aug 1765 – 20. Jun 1837), Duke of Clarence
  - Charlotte (29. Sep 1766 – 1828), ⚭ 18. Mai 1797 mit Friedrich von Württemberg
  - Eduard (2. Nov 1767), Duke of Kent
  - Ernst August (5. Jun 1771 – 1851), Duke of Cumberland
- Eduard (25. März 1739 – 1767), Duke of York
- Wilhelm (1743 – 1805), Duke of Gloucester
- Heinrich (1745 – 1790), Duke of Cumberland, ⚭ 3. Nov 1771 mit Anne Luttrell
- Mathilde (21. Jul 1751 – 10. Mai 1775), ⚭ 8. Nov 1766 mit Christian VII. von Dänemark *(siehe Dänemark)*

Anne (1709 – 1759), ⚭ 1734 mit Wilhelm (IV.) Friso von Oranien *(siehe Oranien)*

Amalie (1711 – 31. Okt 1786)

Wilhelm August, Duke of Cumberland (1721 – 1765)

Maria (1723 – 14. Jan 1772), ⚭ 1740 mit Friedrich von Hessen-Kassel *(siehe Hessen-Kassel)*

Luise (1724 – 19. Dez 1751), ⚭ 1743 mit Friedrich von Dänemark *(siehe Dänemark)*

Sophie Dorothea (27. März 1687 – 28. Jun 1757), ⚭ 28. Nov 1706 mit Friedrich Wilhelm I. von Preußen *(siehe Preußen)*

Österreich

Karl VI. (1685 – 20. Okt 1740), römisch-deutscher Kaiser und Erzherzog von Österreich ⚭ 1708 mit Elisabeth Christine von Braunschweig-Wolfenbüttel (1691 – 1750)
(siehe Braunschweig-Wolfenbüttel)

> *Kinder:*
> Maria Theresia (13. Mai 1717 – 29. Nov 1780), ab 1740 Erzherzogin von Österreich, ⚭ 1736 mit Franz von Lothringen (1708 – 18. Aug 1765)
>
>> *Kinder:*
>> Maria Anna (1738 – 1789), Äbtissin von Prag und Klagenfurt
>>
>> Joseph II. (1741 – 20. Feb 1790), Kaiser 18. Aug 1765, ⚭ (1) 1760 mit Maria Isabella von Parma (gest. 1763), ⚭ (2) mit Maria Josepha von Bayern (gest. 1767)
>>
>> Leopold (II.) (1747 – 1. März 1792), ⚭ 1765 mit Maria Luisa von Spanien (1745 – 1792)
>>
>>> *Kinder:*
>>> Maria Theresia (geb 1767), ⚭ 1787 mit Anton von Sachsen
>>>
>>> Franz (II.), (geb. 12. Feb 1768), Kaiser 1792, ⚭ 1788 mit Elisabeth von Württemberg
>>
>> Maria Christina (1742 – 1798), ⚭ 1766 mit Albert von Sachsen-Teschen
>>
>> Maria Elisabeth (1743 – 1808), Äbtissin von Innsbruck
>>
>> Marie Antoinette (1744 – 16. Okt 1793), 1774 Königin von Frankreich
>>
>>> *Kinder:*
>>> Marie Thérèse („Madame Royale") (geb.19. Dez 1778 – 1851)
>>>
>>> Louis (1781 – 1789)
>>>
>>> Louis Charles (Ludwig (VII.) (1785 – 1795)
>>
>> Maria Anna (1718 – 1744), ⚭ 1744 mit Karl von Lothringen (1712 – 1780)

Schweden

Adolf Friedrich (1710 – 12. Feb 1771), König 5. Apr 1751 – 1771, ⚭ 1744 mit Ulrike von Preußen

> *Kinder:*
> Gustav (III.), (24. Jan 1746 - 29. März 1792), König 1771 – 1792, ⚭ 4. Nov 1766 mit Sophie Magdalene von Dänemark
>
>> *Kinder:*
>> Gustav (IV.) Adolf (1. Nov 1778 – 1837), König 1792 – 1809), ⚭ 31. Aug 1797 mit Friederike Dorothea von Baden
>> Karl Gustav (1782 – 1783)
>
> Karl (XIII.) Herzog von Södermanland (7. Okt 1748 – 1818), König von Schweden 1809 – 1818), ⚭ 1774 mit Hedwig von Holstein-Oldenburg
>
> Friedrich Adolf Herzog von Ostergötland (1750 – 1803)
>
> Sophie Albertine (1753 – 1829), Äbtissin von Quedlinburg (Nachfolgerin von Amalie von Preußen ab 1787)

Oranien

Wilhelm (IV.) Friso (1711 – 1751), ∞ 1734 mit Anna von England
Kinder:
Karoline (1743 – 1787), ∞ 1766 mit Karl von Nassau-Weilburg
Wilhelm (V.), (1748 – 1806), ∞ 1767 mit Wilhelmine von Preußen (1751 – 1820)
Kinder:
Friederike (28. Nov 1770 – 1819), ∞ 14. Okt 1790 mit Karl von Braunschweig
Wilhelm (I.) Friedrich (1772 – 1843), ∞ 1. Okt 1791 mit Wilhelmine von Preußen
Friedrich (15. Feb 1774 – 6. Jan 1799)

Hessen-Kassel

Wilhelm (VIII.) (1682 - 1760)
Kinder:
Friedrich (II.) (1720 – 31. Okt 1785), ∞ (1) 1740 mit Maria von England *(siehe England)* und ∞ (2) 1773 mit Philippine von Brandenburg-Schwedt *(siehe Preußen)*
Kinder:
Wilhelm I. (1743 – 1821), ∞ 1764 mit Wilhelmine von Dänemark (geb. 1747)
Sohn:
Wilhelm II. (28. Jul 1777), ∞ 13. Feb 1797 mit Auguste von Preußen (geb. 1780)
Karl (1744 – 1836), dänischer Statthalter in Schleswig und Holstein, ∞ 1766 mit Luise von Dänemark
Tochter:
Marie (1767 – 1852), ∞ 1790 mit Friedrich VI. von Dänemark
Maximilian (1689 – 1753)
Kinder:
Christine Charlotte (1725 – 1782), 1766 Coadjutorin des Stifts Herford
Wilhelmine (1726 – 1808), ∞ 1752 mit Heinrich von Preußen

Hessen-Darmstadt

Ludwig IX. (1719–1790), 1768 Landgraf, ∞ 1741 mit Karoline von Zweibrücken (1721–1774)
Kinder:
Karoline (1746–1821), ∞ 1768 mit Friedrich Ludwig von Hessen-Homburg

Friederike Luise (1751–1808), ∞ 1769 mit Friedrich Wilhelm (II.) von Preußen

Ludwig (1753–1730), ∞ 1777 mit Luise von Hessen-Darmstadt

Amalie (1754–1832), ∞ 1774 mit Karl Ludwig von Baden
  Kinder:
  Zwillinge Amalie und Karoline (1776)

  Luise Marie Auguste (1779–1826), ∞ 1793 als Elisabeth Alexejewna mit Alexander I. von Russland

  Friederike (1781–1826), ∞ 1797 mit Gustav IV. Adolf von Schweden

Wilhelmine (1755–1776), ∞ 1773 als Natalia Alexejewna mit Großfürst Paul (Zar Paul I.)

Luise (1757–1830), ∞ 1775 mit Karl August von Sachsen
  Tochter: Luise (1779–1784)

Georg Wilhelm (1722–1782), ∞ 1748 mit Luise Gräfin Leiningen
Kinder:
Friederike (1752–1782), ∞ 1768 mit Karl von Mecklenburg-Strelitz
  Kinder:
Therese (1773–1839), ∞ 1789 mit Karl Alexander von Thurn und Taxis

  Luise (1776–1810), ∞ 1793 mit Friedrich Wilhelm III. von Preußen

  Friederike (1778–1841), ∞ (1) 1793 mit Ludwig von Preußen

  Charlotte (1755–1785), ∞ 1784 mit Karl von Mecklenburg-Strelitz

Württemberg

Karl Alexander (1684–1737)

Kinder:

Karl Eugen (1728 – 24. Okt 1793), ∞ (1) 1748 mit Friederike von Bayreuth (1732–1780), und ∞ (2) 1785 mit Franziska von Hohenheim (geb. 1748)

Friedrich Eugen (1732 – 22. Dez 1797), ∞ 1753 mit Dorothea von Schwedt

Kinder:

Friedrich (6. Nov 1754–1816), ∞ (1) 15. Aug 1780 mit Auguste von Braunschweig, und ∞ (2) 1797 mit Charlotte von England (geb. 1766)

Kinder:
Wilhelm (27. Sep 1781)

Katharina (21. Feb 1783)

Paul (19. Feb 1785)

Ludwig (30. Aug 1756–1817), ∞ 1784 mit Maria Anna Czartoryska

Eugen (21. Nov 1758)

Sophie (1759–1828), ∞ 7. Okt 1776 als Maria Fjodorowna mit Großfürst Paul (Zar Paul I.)

Elisabeth (21. Apr 1767–1790), ∞ 6. Jan 1788 mit Erzherzog Franz

Dänemark

Christian VI. (1699-1746) ∞ 1721 mit Magdalene Sophie von Kulmbach (1700–1770)

Sohn:

Friedrich V. (1723–1766) ∞ (1) 1743 mit Luise von England (1724–1751), (2) 1752 mit Juliane von Braunschweig

Kinder:

Sophie Magdalene (1746–1813) ∞ 1766 mit Gustaf III. von Schweden

Wilhelmine (1747–1820) ∞ 1764 mit Wilhelm I. von Hessen-Kassel (siehe Hessen-Kassel)

Christian VII. (1749–1808) ∞ 1766 mit Mathilde von England Sohn: Friedrich VI. (1768–1839) ∞ 1790 mit Marie von Hessen-Kassel (1767–1852)

Luise (1750–1831) ∞ 1766 mit Karl von Hessen-Kassel (1744–1836)

Friedrich (1753–1805) ∞ 1774 mit Sophie von Mecklenburg-Schwerin (1758–1794)

5. Register

Die Register beziehen sich auf die deutsche Übersetzung S. 235–441. Die Ortsnamen wurden der deutschen Schreibweise angeglichen. Namen von Territorien werden in der Regel ausgespart, dazu sei auf das Register der Personennamen verwiesen. Der jeweilige Absenderort im Briefkopf wurde nicht in das Register der Ortsnamen aufgenommen.

Ortsnamen

Aachen 257, 316, 400, 412, 415, 433, 438
Aix 267
Aller (Fluss) 348, 354
Altkatalonien (Provinz Girona, Spanien) 437
Altona 348, 349
Amerika 343, 362, 381
Amsterdam 401, 416
Ansbach 242, 252, 278, 291, 328, 411, 417, 418, 422
Archangelsk (Russland) 413
Aschaffenburg 291
Aschersleben (Sachsen-Anhalt) 310
Bautzen (Sachsen) 365
Bayreuth 242, 274, 306, 309, 312, 318, 330, 333, 389, 398
Bergedorf (bei Hamburg) 352
Berlin 238, 244–246, 255–259, 261, 264, 266, 270–274, 277–282, 285–289, 291–293, 295–297, 299, 301–304, 306, 307, 309, 311, 312, 317–320, 322, 324, 326–330, 332, 336, 338–342, 345–348, 350, 361, 362, 374–378, 384, 387, 390, 392, 393, 395, 398, 401–403, 405, 408, 411, 415, 418, 419, 424, 429, 432, 435, 439
  – Charlottenburg 237, 303, 305, 376, 412
  – Monbijou 246, 296, 346
  – Opernhaus 293
Bevern 245, 422
Bielefeld 348
Blankenburg 242, 243, 248, 263, 264, 285, 288, 294, 309–311, 313, 340, 348–350, 352, 357
Blocksberg (Brocken, Harz) 436
Böhmen 297, 304, 341, 347, 348, 360, 365, 367, 394
Bologna 428
Brabant 263
Brandenburg 272, 412
Braunschweig 239, 243, 244, 251, 252, 255, 262, 263, 269, 277, 283, 289, 292, 302, 303, 305, 310, 320, 321, 325–327, 332, 334, 336, 348–351, 354–358, 360, 364, 373, 378, 383, 389, 397, 419, 426, 428, 429, 434, 435, 439
  – Dompropstei 239
  – Grauhof 255, 257, 360, 408
  – Messe 246, 307, 321, 323, 416
  – Opernhaus 238
  – Theaterbau 321
Bremen 360
Breslau 291, 295, 352–354, 357, 387, 388, 391, 412, 416, 440

Brüssel 292, 433
Burkersdorfer Höhen (Böhmen) 394
Calais 433
Cambridge 422
Carlshütte (Bergbau u. Hüttenbetrieb in Delligsen, Niedersachen) 313, 314
Cholmogory (Gouvernement Archangelsk, Russland) 413
Coburg 389, 426
Czaslau (Tschechien) 290
Dänemark 361, 433
Dahme (Fluss) 377
Danzig 430
Den Haag 404, 405, 421, 436, 438
Dettingen a. Main 293, 294, 320
Diemel (Fluss) 373, 375, 392
Dover 433
Dresden 290, 303, 307, 344, 350, 364, 367, 376, 428
  – Oper 331
Duderstadt 353
Düsseldorf 361
Eger 239
Einbeck (Niedersachsen) 383
Elbe (Fluss) 360, 365, 377, 396
Elsass 294
Emsdorf (bei Marburg, Hessen) 372
England 247, 248, 257, 261, 292, 293, 313, 337, 338, 342, 370, 381, 400, 401, 403, 419, 421, 424
Eisenach 247
Erfurt 350
Erlangen 398, 411
Erxleben (Sachsen-Anhalt) 390
Fehrbellin 365, 419
Flachstöckheim (bei Salzgitter) 357, 358
Flandern 304
Forbach (Hessen) 372
Frankfurt a. Main 289, 380
Frankreich 245, 254, 266, 339, 342, 343, 350, 362, 369, 424, 430
Frederiksborg 328
Freiberg (Sachsen) 369, 395
Friesland 405
Fritzlar (Hessen) 380, 392
Fulda 365, 368, 369, 392
Gandersheim 383, 436, 437
Genua 431
Glatz (Niederschlesien, Polen) 387, 388, 398
Göhrde (Niedersachsen) 329
Göttingen 313, 314, 373, 378, 380
  – Universität 315
Goslar 358
Gotha 247, 334, 366, 433, 436
Grünberg (Hessen, Landkreis Gießen) 381
Guben (a.d. Oder) 376

Halberstadt 244, 310, 325, 349–351, 353, 355, 356, 373, 376, 377, 383
Halle (a.d. Saale) 309, 310, 373
Hamburg 256, 266, 329, 332, 352, 360, 392, 396, 401, 415, 441
Hameln 364, 370
Hanau 419
Hannover 255, 257, 292, 304, 307, 309, 313, 314, 316, 322, 323, 334, 337, 338, 345, 364, 383, 385, 401, 419
– Herrenhausen 248, 263, 322, 334, 335
Harwich (England) 404
Harz 259, 373
– Bergwerk 267
Hastenbeck (bei Hameln) 348, 349
Hedwigsburg (Landkreis Wolfenbüttel) 247
Helvetssluiz (vermutlich Hellevoetsluis, Provinz Zuid-Holland) 405
Herstal 286
Heidelberg 250
Helmstedt 332, 373, 412
Hessen 294, 330, 361, 380, 381
Hildesheim 304, 307, 356, 358, 384, 385, 387
Hochkirch (bei Bautzen, Sachsen) 365, 399
Höchstädt (a.d. Donau) 348
Höxter 348
Hohenfriedberg (Fürstentum Schweidnitz, Schlesien) 298, 299
Holland 263, 326, 342, 352, 420, 424
Holstein 255, 318, 391, 392
Hoorn (Niederlande) 286
Hoya (a.d. Weser) 358
Hubertusburg (Sachsen) 398
Hundisburg (bei Haldensleben, Sachsen-Anhalt) 392
Iglau (Tschechien) 359
Indien 430
Innsbruck 420
Italien 333, 424, 433, 434, 438
Jeinsen (a.d. Leine) 383
Jülich 287
Kamp (auch: Camp, Kloster, Niederrhein) 377
Karlskrona (südschwedische Hafenstadt) 297
Kassel 327, 360, 368, 373, 375, 378, 380, 381, 392, 394, 395, 399
Kehl 241
Kesselsdorf (bei Dresden, Sachsen) 301
Kirchenstaat 430
Kleve 263, 324, 325, 361, 438
Kloster Klausen (Moseltal) 254
Köln 361
Königgrätz (Tschechien) 299, 360, 361
Königsberg 357
Köpenick (bei Berlin) 374
Körbelitz 425 (am Westrand des Fläming, Sachsen-Anhalt)
Kolberg (Polen) 325, 374
Kolin (Tschechien) 347

Konstantinopel 402
Kopenhagen 328, 361
Korsika 441
Kratzenberg (bei Kassel) 392
Krefeld 361
Küstrin (a. d. Oder, Polen) 362, 399
Kuttenberg (Tschechien) 297
Landeck, Bad (Niederschlesien, Polen) 419, 420, 426
Langeleben 388 (bei Königslutter, Niedersachsen)
Langensalza (Thüringen) 380
Laubach (Hessen) 417
Leipzig 305, 350, 353, 358, 367
Leitmeritz (Tschechien) 348
Leuthen (westlich von Breslau, Schlesien) 353
Liegnitz (Polen) 373, 374
Lippstadt 372
Lissabon 431
Litauen 430
Livland 344
London 303, 367, 373, 404, 408, 420–422, 424, 430, 432, 433
Loo (Niederlande) 263, 438
Louisbourg (Festung auf der kanadischen Kap-Breton-Insel) 362
Lübben (Brandenburg) 376, 377
Lüneburg 383, 401, 404–406
Lüttich 286
Maastricht 428
Mähren 341, 359, 427
Magdeburg 238, 274, 302, 324, 326, 327, 332, 350, 351, 365, 366, 373–376, 378, 379, 384, 387, 390, 393, 409, 422, 425
Mailand 428, 430
Mannheim 245
Marburg 360, 380
Marseille 432
Maxen (Sachsen) 369
Mecklenburg 378, 392
Meiningen (Thüringen) 373
Meißen 369, 396, 397
Memel 242
Meuselwitz, Gut (Thüringen) 318
Minden 348, 357, 361, 396
Mitau (Litauen, ehemals Herzogtum Kurland) 289
Mollwitz (bei Breslau) 288
Montpellier 276, 333
Mosel 254
Münster (Westfalen) 381, 387, 397
Naumburg 350, 353
Neiße 288, 302
Niederlande 263, 294, 298, 306, 312, 375, 397
Niederrhein 381, 394
Nordheim 361

Oberrhein 242, 394
Oberschlesien 391
Oder (Fluss) 375, 388
Oels (Fürstentum, Polen) 400, 416
Österreich 343, 362, 422
Oker (Fluss) 356
Olmütz (Tschechien) 359, 360
Oranienburg 360, 366
Ostfriesland 291, 296
Ostpreußen 387
Oxford 422
Paderborn 307, 381
Paris 257, 354, 381, 430
Peitz (Brandenburg) 329
Petersburg (Russland) 289, 290, 341, 394, 395, 418
Pilsen 239, 242
Podolien (in der südwestlichen Ukraine) 312
Polen 239, 241, 430, 433
Pommern 374, 392, 409, 418
Portugal 401, 430
Posen (Polen) 361
Potsdam 237, 245, 272, 283, 296, 299, 302, 316, 318, 320, 323, 326, 327, 329, 340, 344, 348, 376, 402, 403, 408, 409, 412, 416– 421, 429, 432, 433, 435
  – Sanssouci 306, 336, 376
  – Neues Palais 439
Prag 290, 347, 348
Preußen 253, 275, 357, 381, 395, 430
Pyrmont 296, 305, 308, 360
Quedlinburg 291, 295, 312, 336, 340, 350, 376, 419
Regensburg 378
Regenstein, Burg (bei Blankenburg) 355
Reichenau 374
Rhein (Fluss) 243, 245, 250, 292, 357, 361, 375, 377, 397
Rheinberg (Niederrhein, bei Wesel) 377
Rheinsberg 256, 258, 260, 266, 272, 273, 276, 282, 301
Riddagshausen (bei Braunschweig) 313
Riga 289
Rijswijk (Niederlande) 370
Rinteln 360, 396
Roermond (Niederlande) 361
Rossbach (Sachsen-Anhalt) 351
Rosswalde (Tschechien) 420
Ruppin (Neuruppin) 244, 419
Ruhne (Westfalen, Kreis Soest) 382
Russland 251, 273, 289, 306, 327, 342, 362, 365, 370, 392, 413, 441
Sachsen 343, 361, 363–365, 367, 370, 372, 373, 376, 377, 397, 424
Salder, Schloss (bei Salzgitter) 325
Salzdahlum (Schloss bei Braunschweig, nicht erhalten) 238, 243, 248, 250, 251, 277, 289, 305, 319, 324, 325, 335, 399, 424, 433, 434, 438
Sandershausen (bei Kassel) 361

Sazawa (Nebenfluss der Moldau in Tschechien) 297
Schladen (a. d. Oker, Landkreis Wolfenbüttel) 356
Schlesien 287, 290, 295, 316, 352, 354, 361, 375, 376,397, 408, 424, 427, 428
Schleswig 318, 332
Schlüsselburg (Festung am Ladogasee, Russland) 413
Schönhausen (bei Berlin) 289, 376
Schöningen (Landkreis Helmstedt) 238, 412
Schwaben 242
Schweden 297, 329, 342, 363, 365, 437
Schwedt 293, 418
– Monplaisir 419
Schweidnitz (Polen) 397
Schweinfurt 373
Schweiz 439
Seesen 313, 364
Sibirien 317
Siegen 318
Soest (Westfalen) 381
Sonderburg 349, 350
Soor (Tschechien) 300, 304, 305, 365
Sophienthal (Lustschloss, nicht erhalten, im Landkreis Peine, Niedersachsen) 434
Spa (Belgien) 412, 433
Spandau 331, 350
Spanien 245, 431, 437
Stade 348, 351, 352
Stargard (Pommern, Polen) 387
Stettin 311, 354, 391, 393
Stockholm 329
Stuttgart 291
Südfrankreich 333
Teplitz (Tschechien) 414
Texel (westfriesische Insel, Niederlande) 405
Thüringen 351
Torgau (Sachsen) 367, 373, 374, 377, 379, 424
Toulon 432
Travemünde 392
Treuenbrietzen (Brandenburg) 374, 375
Triest 438
Turin 426, 430, 431
Uckermark 351, 375
Uelzen 354
Ungarn 262, 363
Utrecht (Niederlande) 420
Vechelde (Landkreis Peine, Niedersachsen) 425, 426
Vellinghausen (Westfalen, Kreis Soest) 381, 399
Waren (Müritz, Mecklenburg-Vorpommern) 392
Wartenberg (Niederschlesien, Polen) 417
Warthe (Fluss) 375
Weimar 247, 363, 364, 366, 389
Wendhausen (Wasserschloss, nordöstlich von Braunschweig) 334

Werra (Fluss) 368
Wesel 335, 375, 377, 401
Weser (Fluss) 356, 357, 373
Westfalen 321, 375, 383
Westminster 338
Wien 256, 257, 268, 270, 283, 287, 294, 301, 304, 309, 312, 320, 341, 342, 359, 374, 403, 423, 433, 437, 438
Wilhelmsthal (Schloss, bei Kassel) 392
Wolfenbüttel 238, 239, 242, 243, 246, 249, 250, 253, 255, 257, 266, 294, 310, 324, 348, 354, 356, 357, 360, 378, 383, 390, 404
– Am Wall, Garten nächst der Windmühle 238
– Brauergildenstraße 238
– Kornmarkt, Haus am (Ecke Reichs- und Brauergildenstraße) 238
– Reichsstraße 238
– Schloss 253
Wusterhausen (Königswusterhausen) 241
Zeven, Kloster (Niedersachsen) 351
Zittau 365
Zorndorf (Polen) 362, 365

Personennamen

Die in Klammern angegebenen Jahreszahlen beziehen sich auf die Lebensdaten.

Agricola, Johann Friedrich, deutscher Komponist 293
d'Alembert, Jean Baptiste le Rond (1717–1783), französischer Philosoph der Aufklärung 399, 436
Anhalt, Moritz, Prinz von 272, 363
Anhalt, Wilhelm von 425
Anhalt–Dessau, Leopold, Fürst von (1676–1747) 308
Anhalt-Dessau, Leopold III. Friedrich Franz von Anhalt-Dessau (1740–1817), verm. mit Luise Henriette Wilhelmine von Brandenburg-Schwedt 417, 434
Anhalt-Dessau, Luise Henriette Wilhelmine von (1750–1811), Tochter des Markgrafen Friedrich Heinrich von Brandenburg-Schwedt 417, 434
Anhalt-Zerbst, Johanna Elisabeth, Fürstin von 293
Armentières, Graf von, Marschall von Frankreich 418
Assebourg, Kanoniker in Braunschweig 357
Bastiani, Abbé Giovanni Battista (1714–1786), Berater und Vertrauter Friedrichs II., katholischer Geistlicher 416
Beck, Philipp Levin, Freiherr von, österreichischer Generalfeldzeugmeister 374
Béguelin, Nikolaus von, Erzieher des späteren Königs Friedrich Wilhelm II. 390
Benedetta Molteni (nach ihrer Heirat: Benedetta Emilia Agricola), italienische Sängerin 293, 297
Berner, braunschweigischer Geheimrat und Hofmarschall 252
Besoutzi (Besozzi), Antonio, italienischer Oboist und Komponist 404
Besoutzi (Besozzi), Carl, italienischer Oboist und Komponist 404
Bonaparte, Napoléon 237
Borcke, von, preußischer Generaladjutant und Oberst 295, 388, 389
Borcke, Caspar Wilhelm von (1704–1747), preußischer Staatsminister 308
Braganza, Herzog von 439
Brandenburg-Ansbach, Friederike (Luise), Markgräfin von (1714–1784), geb. Prinzessin von Preußen 237, 245, 252, 253, 278, 291, 297, 329, 332, 333, 349, 359, 385, 407, 415, 417, 418, 420, 422, 428, 440
Brandenburg-Ansbach, Karl Alexander von (1736–1806), Sohn der Markgräfin Friederike 428, 429
Brandenburg-Ansbach, Karl Wilhelm Friedrich, Markgraf von (1712–1757) 245, 252, 278, 328, 349
Brandenburg-Bayreuth, (Sophie) Caroline, Markgräfin von (1737–1817), geb. Prinzessin von Braunschweig-Wolfenbüttel 259, 261, 262, 272, 302, 326, 327, 329, 334–337, 339, 341, 345, 346, 368, 382, 390, 398, 411, 413, 417, 418, 421, 422, 432
Brandenburg-Bayreuth, Friedrich, Markgraf von (1711–1763), 1. Ehe: Prinzessin Wilhelmine von Preußen, 2. Ehe: Caroline von Braunschweig-Wolfenbüttel 239, 309, 330, 365, 368, 382, 393
Brandenburg-Bayreuth, Wilhelmine, Markgräfin von (1709–1758), geb. Prinzessin von Preußen 237–239, 244, 245, 274, 276, 291, 305, 309, 310, 312, 315, 322, 330, 333, 334, 338, 359, 365, 429
Brandenburg-Kulmbach, Friedrich Christian von, seit 1763 auch Markgraf von Brandenburg-Bayreuth 398
Brandenburg-Kulmbach, Christine Sophie, Markgräfin von (1717–1779), geb. Prinzessin von Braunschweig-Bevern 330, 421, 422
Brandenburg-Kulmbach, Friedrich Ernst, Markgraf von (1703–1762), dänischer Generalfeldmarschall und Statthalter von Schleswig, verm. mit Prinzessin Christine Sophie von Bevern 317, 330
Brandenburg-Schwedt, Friedrich Wilhelm, Markgraf von (von Friedrich II. genannt „le brutal") (1700–1771), verm. mit Prinzessin Sophie von Preußen 293, 351
Brandenburg-Schwedt, Georg Philipp Wilhelm, Prinz von (1741–1742) 296
Brandenburg-Schwedt, Karl Friedrich Albrecht, Markgraf von (1705–1762) 363, 391

Brandenburg-Schwedt, Leopoldine, Markgräfin von (1716–1782), geb. Prinzessin von Anhalt-Dessau 325
Brandenburg-Schwedt, Philippine (1745–1800), Tochter der Markgräfin Sophie 418, 419, 434
Brandenburg-Schwedt, Sophie (Dorothea Marie, genannt „Tobise"), Markgräfin von (1719–1765), geb. Prinzessin von Preußen 237, 293, 296, 297, 351, 409, 415, 418, 421–423
Brandt, Frau von 266
Braunschweig-Bevern, August Wilhelm, Herzog von (1715–1781), Gouverneur von Stettin, Sohn des Herzogs Ernst Ferdinand von Braunschweig 300, 318, 352, 354, 391, 422
Braunschweig-Bevern, Eleonore Charlotte, Herzogin von (1686–1748), geb. Prinzessin von Kurland 300, 314
Braunschweig-Bevern, Friedrich Georg (1723–1766), Sohn des Herzogs Ernst Ferdinand, Domherr zu Lübeck 427
Braunschweig-Bevern, Friedrich Karl Ferdinand, Herzog von (1729–1809) 344, 370, 379
Braunschweig-Wolfenbüttel-Bevern, Ferdinand, Herzog von, preußischer Feldmarschall (1721–1792), Bruder der Königin Elisabeth Christine 258, 263, 264, 268, 283, 284, 286, 290, 298–300, 302–304, 305, 328, 329, 348, 351–354, 357, 360, 361, 363, 365, 367–375, 378, 380, 381, 384–387, 392–395, 397, 405, 425, 426, 428, 434, 437
Braunschweig-Wolfenbüttel-Bevern, Ferdinand Albrecht II., Herzog von („der lange Bevern") (1680–1735) 237–240, 243, 249–252
Braunschweig-Wolfenbüttel, Albert (Albrecht), Prinz von (1725–1745) 282, 289, 298–300, 311, 365
Braunschweig-Wolfenbüttel, Anton Ulrich, Prinz von (1714–1774), Gemahl der Regentin Anna Leopoldowna von Russland 238, 242, 251, 273, 289, 290, 393, 413
Braunschweig-Wolfenbüttel, Antoinette Amalie, Herzogin von (1696–1762), Gemahlin des Herzogs Ferdinand Albrecht II. 242, 248, 251–253, 257, 260, 264, 272–274, 276, 277, 289, 294, 295, 299, 301, 302, 305, 311, 324, 348–350, 361, 365, 372, 378, 380, 385, 386, 390, 408
Braunschweig-Wolfenbüttel, (Sophie) Antoinette, Prinzessin von (1724–1802), verm. mit Herzog Ernst Friedrich von Sachsen-Coburg-Saalfeld 313
Braunschweig-Wolfenbüttel, August Wilhelm, Herzog von (1662–1731) 243, 249, 255, 311
Braunschweig-Wolfenbüttel, Augusta, Herzogin von (1737–1813), Tochter des Prinzen Friedrich Ludwig von Wales, verm. mit Karl Wilhelm Ferdinand 399, 400, 404–408, 410–412, 419–423, 430, 434
Braunschweig-Wolfenbüttel, Auguste, Prinzessin von (1764–1788), Tochter von Karl Wilhelm Ferdinand 415
Braunschweig-Wolfenbüttel, Auguste (Dorothea), Prinzessin von (1749–1810), Äbtissin von Gandersheim 392, 426, 432
Braunschweig-Wolfenbüttel, Charlotte (Christine Luise), Prinzessin von (1726–1766) 263, 264, 282, 294, 386, 393
Braunschweig-Wolfenbüttel, Christian Ludwig (Louis), Prinz von (1738–1742) 269, 272, 290, 323
Braunschweig-Wolfenbüttel, Christine Luise Charlotte, Prinzessin von (1726–1766) 436
Braunschweig-Wolfenbüttel, Christine Luise, Herzogin von (1671–1747), geb. Prinzessin von Oettingen, Gemahlin des Herzogs Ludwig Rudolf 243, 248, 249, 251, 255, 288, 305, 309–311, 313
Braunschweig-Wolfenbüttel, Elisabeth (Christine Ulrike; genannt Lisbeth, „die schlimme Elisabeth"), Prinzessin von (1746–1840), 1. Gemahlin Friedrich Wilhelms II. 306, 384, 392, 393, 399, 409, 410, 418, 420, 426, 429, 439, 440
Braunschweig-Wolfenbüttel, Elisabeth Sophie Marie, Herzogin von (1683–1767), geb. Prinzessin von Holstein-Norburg, 3. Gemahlin des Herzogs August Wilhelm von Braunschweig-Wolfenbüttel 243, 249, 255, 257, 349, 368, 408, 434
Braunschweig-Wolfenbüttel-Oels, Friederike von (1751–1789), geb. Prinzessin von Württemberg-Oels, verm. mit Friedrich („Fritze") von Braunschweig-Wolfenbüttel 400, 412, 413, 440

Braunschweig-Wolfenbüttel, Friedrich (August) (genannt „Fritze"), Prinz von (1740–1805), durch Heirat Fürst von Oels 272, 280, 335, 380, 381, 383–387, 389, 392, 394, 399, 400, 402, 408–410, 412, 413, 416, 428, 440
Braunschweig-Wolfenbüttel, (Friedrich) Franz, Prinz von (1732–1758) 301, 311, 328, 334, 363, 365
Braunschweig-Wolfenbüttel, Georg Franz (genannt „Görge"), Prinz von (1736–1737) 256, 261, 262
Braunschweig-Wolfenbüttel, (Albrecht) Heinrich (Henri), Prinz von (1742–1761) 288, 316, 335, 380–382, 384, 389
Braunschweig-Wolfenbüttel, Karl I., Herzog von (1713–1780) 237, 239–243, 247–258, 260, 262, 272, 276, 277, 279, 284–290, 293, 294, 298, 299, 301, 305, 306, 309, 310, 312–315, 317, 320, 325, 326, 331, 332, 334, 339, 348, 349, 352–354, 360, 363, 364, 366, 368, 370, 372, 377, 378, 387, 389, 390, 392, 394, 396, 397, 399, 406, 409, 410, 412, 424–426, 433, 434, 436, 438
Braunschweig-Wolfenbüttel, Karl Georg August, Prinz von (1766–1806) 433, 434
Braunschweig-Wolfenbüttel, Karl Wilhelm Ferdinand, Erbprinz von („Charles") (1735–1806) 249, 253, 262, 272, 276, 277, 296, 302, 305, 308, 310, 322, 324, 326, 331, 332, 349, 352, 354, 358, 364, 368–370, 372, 373, 375, 377, 378, 380, 381, 384, 385, 387, 394, 396, 397, 399, 400, 403–410, 420–422, 424, 428, 430, 431, 433, 434, 438
Braunschweig-Wolfenbüttel, Leopold, Prinz von (1752–1785) 338, 406
Braunschweig-Wolfenbüttel, Ludwig, Prinz von (1718–1788) 260, 268, 283, 289, 294, 298, 304, 305, 314, 320, 370, 421, 423, 426, 436, 438
Braunschweig-Wolfenbüttel, Ludwig Rudolf, Herzog von (1671–1735) 238, 242, 243, 245, 249
Braunschweig-Wolfenbüttel, Luise Friederike, Prinzessin von (1743–1744) 293, 294
Braunschweig-Wolfenbüttel, Sophie Antoinette, Herzogin von (1724–1802), Gemahlin des Herzogs Ernst Friedrich von Sachsen-Coburg-Saalfeld 248, 294, 319
Braunschweig-Wolfenbüttel, Therese Natalie, Prinzessin von (1728–1778), seit 1768 Äbtissin von Gandersheim 294, 386, 426, 436, 437
Braunschweig-Wolfenbüttel, Wilhelm (Adolf), Prinz von (1745–1770) 335, 384, 392, 399, 402, 408
Braunschweig-Wolfenbüttel, (Friederike) Wilhelmine, Prinzessin von (1748–1757), Tochter des Herzogs Karl I. und der Herzogin Philippine Charlotte 312, 351
Bredow, Major von 310
Broglie, Victor François, Herzog von, französischer Generalfeldmarschall 380, 383
Brunet, (der kleine) 323
Buchholz, preußischer Geheimer Rat 398
Burchardi, Arzt am braunschweigischen Hof 247
Burghausen, Graf von, Hauptmann in Kaiserlichen Diensten 309
Burghausen, Gräfin von (siehe auch Wilhelmine von der Marwitz) 312
Bussi, Monsieur de, französischer Gesandter in England 381
Bute, Lord John Stuart, englischer Premierminister 401, 407
Camas, Sophie Charlotte von (1688–1766), seit 1742 Oberhofmeisterin der Königin Elisabeth Christine 321, 426
Chatorinsky, Prinz, Bewerber für den polnischen Thron 403
Choiseul, Herzog von 408
Cicero, Marcus Tullius, römischer Schriftsteller, Philosoph und Politiker, Verfasser der „Tusculanae disputationes" (Gespräche in Tusculum) 263, 264–267, 269
Clermont, Graf von, Louis de Bourbon, französischer General 356
Cocceji, Johann Heinrich Friedrich von, Hauptmann und Flügeladjutant des Königs 373
Conflans, Monsieur de, Sohn des Grafen von Armentières 418
Colloredo, Graf von, Gouverneur in den Diensten des Herzogs Karl Alexander von Lothringen 295
Condé, Louis V. Joseph de Bourbon, Prinz von, französischer General 394
Contades, Louis Georges Erasme de, Marschall von Frankreich 361
Corswarem-Looz, Albertine, Herzogin, von, geb. Gräfin von Kamecke 428

Cothenius, Christian Andreas Friedrich (1708–1789), Leibarzt am Berliner Hof 407, 420, 422, 439
Cramm, braunschweigischer Rat 357
Crica, Sänger (Bass) am preußischen Hof 329, 330
Czernitscheff siehe unter Tschernitschev
Dänemark, Christian VI., König von (1699–1746), verm. mit Sophie Magdalene von Brandenburg-Kulmbach 390
Dänemark, Christian VII., König von (1749–1808), verm. mit (Caroline) Mathilde von England 414, 423, 441
Dänemark, Friedrich V., König von (1723–1766), 1. Ehe: Luise von England, 2. Ehe: Juliane von Braunschweig-Wolfenbüttel 292, 326, 328, 335, 350, 393, 423
Dänemark, Juliane (Julie) Marie, Königin von (1729–1796), geb. Prinzessin von Braunschweig-Wolfenbüttel, 2. Gemahlin Friedrichs V. von Dänemark 294, 305, 326, 328, 392
Dänemark, Luise, Königin von (1724–1751), Tochter Georgs II. von England, 1. Gemahlin Friedrichs V. von Dänemark 292
Dänemark, (Caroline) Mathilde, Königin von (1751–1775), geb. Prinzessin von England, verm. mit Christian VII. 414, 439
Dänemark, Sophie Magdalene, Königin von (1700–1770), geb. Prinzessin von Brandenburg-Kulmbach, verm. mit Christian VI. von Dänemark 328, 390, 423
Damiens, Robert François, verübte Attentat auf Louis XV. 344
Dankelmann, Sophie von (Fique), Gouvernante, Nachfolgerin von Frl. von Redern 359
Daun, Leopold Joseph, Graf von (1705–1766), kaiserlicher und österreichischer Feldmarschall 347, 361–365, 367, 377, 394, 423
Demokrit, Philosoph 241
Dessau, Leopold von, Fürst 257
Diericke, Christian Friedrich von, General 369
Dohna, von, preußischer General 363
Donop, von, General und Minister in Hessen-Kassel 403
Dreißigmarck (Dreissigmark), Philipp Ludwig, Hofprediger in Braunschweig 269, 319
Duhan de Jandun, Jacques Égide, Erzieher Friedrichs des Großen 242, 261, 263, 264, 285
Duval, Leibkoch des Kronprinzen Friedrich 256
Eller, Leibarzt am preußischen Hof 278, 279, 346, 350
Enghien, Herzog von, französischer Feldherr 349
England, Auguste, Prinzessin von Wales (1719–1772), geb. Prinzessin von Gotha 334, 339, 342, 432
England, Caroline (Karoline), Königin von, Herzogin von Hannover (1683–1737), geb. Prinzessin von Ansbach 257, 261
England, (Sophie) Charlotte, Königin von (1744–1818), Gemahlin Georgs III., geb. Prinzessin von Mecklenburg-Strelitz 368
England, Friedrich Ludwig, Prinz von Wales (1707–1751), Sohn Georgs II., verm. mit Prinzessin Auguste von Gotha 261, 334, 335, 342
England, Georg II., König von (1683–1760), verm. mit Prinzessin Caroline von Ansbach 248, 255, 261, 263, 292, 293, 313, 315, 316, 322, 323, 329, 334–339, 351, 358, 363, 374, 378, 379
England, Georg III., König von (1738–1820), Sohn des Prinzen Friedrich Ludwig von Wales, verm. mit (Sophie) Charlotte von Mecklenburg-Strelitz 334, 368, 379, 399, 406, 407
England, Wilhelm August, Herzog von Cumberland (1721–1765), Sohn Georgs II. von England 292, 314, 348, 423
Ephraim, Veitel Heine, jüdischer Bankier in Berlin 299, 376
Epiktet, römischer Philosoph 269
d'Estrées, Marschall von Frankreich 356
Falbaire, Charles Georges Fenouillôt de, französischer Dramatiker 437

Falkenhausen, Reichsfreiherr von (Herr Falke) (1734–1796), natürlicher Sohn des Markgrafen Karl Wilhelm Friedrich von Brandenburg-Ansbach 328
Ferber, Johann Constantin von, Geheimer Rat und preußischer Resident in Danzig 306
Finck von Finckenstein, Karl Wilhelm, Graf, preußischer Minister 354, 387, 388, 391, 392
Fischer, Jean Chrétien de, Kommandant des Korps Fischer 355, 364
Fontenelle, Bernard Bovier de, französischer Schriftsteller und Aufklärer 267–269
Frankenberg, persönlicher Berater des Landgrafen von Hessen-Kassel 403
Frankreich, Louis XV., König von 344, 369
Frankreich, Louis Ferdinand de Bourbon, Dauphin von (1729–1765), verm. mit Prinzessin Maria Josepha von Sachsen, Vater Ludwigs XVI. 307
Fritsch, Thomas Freiherr von, kursächsischer Gesandter bei den Friedensverhandlungen in Hubertusburg 397
Gasparini, italienische Sängerin 289, 293, 297
Gautier, Bürger von Paris 354
Gellert, Christian Fürchtegott, deutscher Dichter 302
Gleim, Johann Wilhelm Ludwig, deutscher Dichter 310
Golofskin, Graf von 416
Gottsched, Luise Adelgunde Victorie (1713–1762), geb. Kulmus, deutsche Schriftstellerin, verm. mit Johann Christoph Gottsched 332
Gotter, Graf von, preußischer Oberhofmarschall 320, 321
Gotzkowsky, Johann Ernst, Berliner Unternehmer 401
Graben von Stein, genannt Astralicus, Vizepräsident der Preußischen Akademie der Wissenschaften 240
Gramont, Herzogin von 408
Granby, John Manners, Marquess of, englischer Generalleutnant, Oberbefehlshaber der englischen Armee im Siebenjährigen Krieg 392
Graun, Karl Heinrich, Opernsänger, Vizekapellmeister in Braunschweig 239, 242, 244, 256, 292, 293, 307, 309, 319, 322, 331, 334
Grimaldi, Marquis von, spanischer Gesandter in Stockholm 329
Grimm, Friedrich Melchior, Baron von (1723–1807), deutscher Schriftsteller, Journalist, Theater- und Musikkritiker und Diplomat in Paris 436
Grumbkow, Friedrich Wilhelm von (1678–1739) 242, 272, 275
Gudowitsch, Andrej Wassilijewitsch, russischer General, Adjutant Peters III. 387
Guido Reni, italienischer Maler aus Bologna 428
Gundling, Jacob Paul von, Präsident der Preußischen Akademie der Wissenschaften 240
Händel, Georg Friedrich, Komponist 244
Hartz (Hartzen), Kammerfrau der preußischen Königin Sophie Dorothea 270
Hasse, Johann Adolf, deutscher Komponist 302, 332, 438, 439
Heim, von, Kammerrat in Braunschweig 357
Hertzberg, Ewald Friedrich von, Geheimer Legationsrat 387
Hessen-Kassel, Charlotte, Prinzessin von (1725–1782), seit 1766 Koadjutorin des Stifts Herford 373
Hessen-Kassel, Friedrich II., Landgraf von (1720–1785), 1. Ehe mit Prinzessin Maria von England, Tochter Georgs II. von England, 2. Ehe mit Philippine von Brandenburg-Schwedt 292, 330, 341, 360, 363, 373, 375, 377, 378, 392, 396, 402, 403
Hessen-Kassel, Maria, Landgräfin von (1723–1772), Tochter Georgs II. von England 292, 335, 360
Hessen-Kassel, Wilhelm VIII., Landgraf von (1682–1760) 341, 360, 363, 373, 403
Hessen-Kassel, Wilhelmine von (1726–1808), 1752 verm. mit Prinz Heinrich von Preußen 327, 373
Hessen-Nassau, Wilhelm, Landgraf von 293
Hoditz, Graf von 420
Hohenlohe-Weickersheim, Karl Ludwig, Fürst von 249

Hohnstedt, Johann Georg von, Oberst 250, 266
Holstein-Beck, Herzog von 325
Hotham, Charles 338
Hülsen, Johann Dietrich von, preußischer Generalleutnant 373, 375
Hünicken, Madame 242
Imhof, braunschweigischer Kolonel 326
Isenburg, Johann Casimir, Graf von, Generalleutnant in Hessen-Kassel 360, 361, 364
Jean de Paris (oder Jean Perréal), französischer Renaissancekünstler 294
Jerusalem, Johann Friedrich Wilhelm (Abt Jerusalem) (1709–1789), Hofprediger und Lehrer der Kinder des Herzogs Karl I. und der Herzogin Philippine Charlotte von Braunschweig-Wolfenbüttel 328, 362, 385
Jordan, Charles Etienne (1700–1745), reformierter Prediger und Vertrauter Friedrichs II. 301
Justina, Sängerin 306
Kaiser (Kayser, genannt „die Kaiserin"), Margaretha Susanna, Opernsängerin aus Hamburg 256
Kameke, Albertine von, Tochter der Oberhofmeisterin Sophie von Kameke 267
Kameke, Sophie von, Oberhofmeisterin der preußischen Königin Sophie Dorothea 241, 267
Kannenberg, Frau von, Witwe des Oberhofmeisters Friedrich Wilhelm von Kannenberg 392
Karl VII., römisch-deutscher Kaiser (1697–1745) 289, 298
Kaunitz, Wenzel Anton, Graf von Kaunitz-Rietberg (1711–1794) 427
Keck, Arzt am braunschweigischen Hof 247, 278–280, 283
Keith, Frau von 378, 379
Keyserlingk, Dietrich von, Freiherr (1698–1745), Vertrauter Friedrichs II. 301
Klinggräfen, von, Geheimer Kriegsrat 278
Knebel, Herr von, Kammerherr des Kaisers 437
Knyphausen (Kniphausen), Dodo Heinrich, Freiherr von, preußischer Gesandter in Paris 354
Krosigk, braunschweigischer Hofmarschall 252
Kurland, Prinz Peter Biron von (1724–1800) 417
Lacy, Franz Moritz, Graf von, österreichischer General, Nachfolger von Daun 375, 377, 423
Larrey, von, Geheimrat und Kammerherr 433
Laudon, Ernst Gideon, Freiherr von, österreichischer Feldherr 376
Legge, Ritter, englischer Gesandter 313
Lehndorff, Ernst Ahasverus Heinrich, Graf von, Kammerherr der Königin Elisabeth Christine 387
Lehwaldt (Lewald), Johann von (1685–1768), preußischer Generalfeldmarschall 374
Leszcinski, Stanislaus, König von Polen 241
Lippe-Bückeburg, Albert Wolfgang, Graf von 320
Lippe-Bückeburg, Friedrich Wilhelm Ernst, Graf von 320
Lothringen, Karl Alexander, Prinz von (1712–1780), verm. mit der Erzherzogin Maria Anna von Österreich 294, 295
Lüttich, Fürstbischof von, Georg Ludwig von Berghes 286
„Mamamouchi" (Resmi Efendi), türkischer Gesandter am Berliner Hof 408
Manteuffel, Graf von, 256
Mariotti, Mattia (?), italienischer Sänger 289
Marwitz, Generalleutnant von der 286
Marwitz, Wilhelmine von der (1718–1787), Nichte der Oberhofmeisterin Frau von Sonsfeld am Bayreuther Hof, durch Heirat Gräfin Wilhelmine Dorothee von Burghausen 309, 312
Mecklenburg-Schwerin, Elisabeth (Katharina Christine), Prinzessin von (1718–1746), Gemahlin des Prinzen Anton Ulrich von Braunschweig-Wolfenbüttel, von 1740–1741 als Anna Leopoldowna Regentin in Russland 273, 289, 413
Mecklenburg-Schwerin, Friedrich, Herzog von (1717–1785) 378
Mecklenburg-Strelitz, Christian Ludwig, Herzog von 321

Mecklenburg-Strelitz, Ernst Gottlob Albrecht, Prinz von 403
Mecklenburg-Strelitz, Karl, Prinz von 401, 403, 437
Mecklenburg-Strelitz, Ludwig, Prinz von 321
Melitz, Hebamme 306
Mezières, Marie-Jeanne de, Schauspielerin am Braunschweiger Hof 416
Miltitz, braunschweigischer Hofmarschall 252
Mitchell, Sir Andrew (1708–1771), englischer Gesandter in Berlin 345, 422
Molière, (Jean Baptiste Poquelin), französischer Komödiendichter und Schauspieler 323
Montbail, Marthe de, Gouvernante Friedrichs II., durch Heirat Marthe de Roucoulle (Rocoulle) 299
Monsa, Opernsängerin 239
Motte-Fouqué, August Heinrich de la 272
Müller, Baron von, Kammerherr der Königin Elisabeth Christine 394
Münchhausen, Frau von, Gemahlin von Gerlach Adolph von Münchhausen 335
Münchhausen, Gerlach Adolph von, Minister des Kurfürstentums Hannover 285, 315, 334, 335
Münchhausen, Hieronymus von, braunschweigischer Premierminister 252, 257
Muksin Sade (?), türkischer Wesir 441
Mustapha, türkischer Gesandter in Berlin 381
Mutzelius, Leibarzt Friedrichs II. 419
Nassau-Weilburg, Karl August, Prinz von 359
Nassau-Weilburg, Karl Christian, Prinz von 359, 405
Nassau-Weilburg, Karoline von, Enkelin Georgs II. von England, verm. mit Karl Christian von Nassau-Weilburg 405
Nivernais (Nivernois), Herzog von, französischer Gesandter in Berlin 339
Norbert, Pierre Parisot (genannt Pater Norbert) (1703–1769), Bibliothekar der Prinzessin und des Prinzen von Wales 342, 430
Nossig, Johann, Freiherr von Rabenpreis, königlich preußischer Jagdrat 242
Odysseus, König von Ithaka, Held der griechischen Mythologie 265
Österreich, Elisabeth Christine, Erzherzogin von (1691–1750), Prinzessin von Braunschweig-Wolfenbüttel, verm. mit Kaiser Karl VI. 257, 264, 268, 273, 284, 304, 324
Österreich, Ferdinand, Erzherzog von (1754–1806), verm. mit Maria Beatrice d'Este 433
Österreich, Franz I. Stephan (1708–1765), seit 1745 Kaiser des Hl. Röm. Reiches, Mitregent in den Habsburgischen Erblanden, Großherzog der Toskana 363, 420
Österreich, Joseph II., Erzherzog von (1741–1790), seit 1765 Kaiser des Hl. Röm. Reiches, 1. Ehe: Isabella von Parma, 2. Ehe: Maria Josepha von Bayern 414, 420, 424–427, 430, 433, 438
Österreich, Karl, Erzherzog von, als Karl VI. römisch-deutscher Kaiser, verm. mit Prinzessin Elisabeth Christine von Braunschweig-Wolfenbüttel 242, 247, 254, 264, 268, 269, 273, 284, 287, 294, 304
Österreich, Leopold, Erzherzog von Österreich (1747–1792), Großherzog der Toskana, seit 1790 als Leopold II. Kaiser, verm. mit Maria Luisa von Spanien 420, 433
Österreich, Maria Anna, Erzherzogin von (1718–1744), verm. mit Prinz Karl Alexander von Lothringen 294, 295
Österreich, Maria Luisa, Erzherzogin von (1745–1792), verm. mit Großherzog Leopold von der Toskana 420
Österreich, Maria Josepha von (1739–1767), geb. Prinzessin von Bayern, Tochter Karls VII. 414, 433
Österreich, Maria Theresia, Erzherzogin von, Königin von Ungarn (1717–1780), verm. mit Franz Stephan, Herzog von Lothringen, später Großherzog der Toskana, als Franz I. Kaiser des Hl. Röm. Reiches 269, 287, 294, 320, 341–343, 381, 420, 426, 427, 437
Österreich, Maximilian Franz, Erzherzog von (1756–1801), Erzbischof von Köln 433
Oettingen, Albert Ernst, Fürst von 249

Oldekop, Johann Georg, Pastor in Braunschweig (1696–1758) 358
Oranien, Anne, Prinzessin von 263, 272
Oranien, Wilhelm IV. Friso, Prinz von, Erbstatthalter von Holland (1711–1751), verm. mit Prinzessin Anne von England 263, 272, 320
Oranien, Wilhelm V., Prinz von, Erbstatthalter von Holland (1748–1806), verm. mit Prinzessin Wilhelmine von Preußen 421, 423, 425, 426, 433, 435
Oranien, Wilhelmine von (1751–1820), Tochter des Prinzen August Wilhelm von Preußen, verm. mit Wilhelm V. von Oranien 416, 421, 424, 426, 435, 436
Ostfriesland, Karl Edzard, Fürst von (1716–1744) 291, 296
Ostfriesland, Sophie Wilhelmine, Prinzessin von (1714–1749), Schwester des Markgrafen Friedrich III. von Brandenburg-Bayreuth, verm. mit Fürst Karl Edzard von Ostfriesland 291
Pelham, Thomas, Herzog von Newcastle, Staatssekretär 313, 316
Pesne, Antoine, Hofmaler in Preußen, 257
Pfalz-Neuburg, Maria Anna von, Königin von Spanien 245
Pitt, William, der Ältere, englischer Minister 400, 401
Plön, Adolf August, Herzog von 249
Poellnitz (Pöllnitz), Karl Ludwig, Freiherr von (1692–1775), preußischer Kammerherr Friedrichs II. 299, 309
Polen, Stanislaus II. August Poniatowski, König von 413
Polentz, braunschweigischer Hofmarschall 252
Pompadour, Madame de, Mätresse Ludwigs XV. 408
Porpora, Nicola Antonio, italienischer Komponist 244
Porporino, italienischer Sänger 297
Preußen, Amalie, Prinzessin von (1723–1787), Äbtissin des Stifts Quedlinburg 261, 291, 312, 336, 340, 346, 347, 355, 384, 389, 397, 412, 414, 415, 418, 419, 421, 437
Preußen, August Wilhelm, Prinz von (Wilhelm, manchmal „der dicke Wilhelm") (1722–1758), verm. mit Prinzessin Luise Amalie von Braunschweig-Wolfenbüttel 238, 254, 263, 264, 276, 277, 285, 287–290, 297–299, 302, 311, 318, 325, 350, 360, 366, 367
Preußen, Elisabeth Christine von (1715–1797), 1733 Kronprinzessin, 1740 Königin von Preußen, geb. Prinzessin von Braunschweig-Wolfenbüttel-Bevern 237, 238, 251, 257, 277, 284, 285, 289, 298, 328, 347–358, 360–368, 370–395, 405, 425
Preußen, (Karl) Emil, Prinz von, (1758–1759), Sohn des verstorbenen August Wilhelm 366, 367
Preußen, Ferdinand, Prinz von (1730–1813), verm. mit Prinzessin Luise von Brandenburg-Schwedt 237, 319, 323–325, 328, 337, 353, 354, 356–358, 368, 388, 389, 400, 419, 421, 438
Preußen, Friederike, Prinzessin von (1767–1820), Tochter Friedrich Wilhelms II. aus 1. Ehe 429
Preußen, Friedrich Wilhelm, Herzog in, Kurfürst von Brandenburg (der Große Kurfürst) (1620–1688) 343
Preußen, Friedrich Wilhelm I., König in („Soldatenkönig"), Kurfürst von Brandenburg 237, 239–245, 247, 249, 250, 252–258, 260–265, 269, 270, 272–283
Preußen, Friedrich Wilhelm II., König von (1744–1797), 1.Ehe: Elisabeth von Braunschweig-Wolfenbüttel, 2. Ehe: Friederike Luise von Hessen-Darmstadt 295, 297, 299, 367, 388, 389, 399, 409, 410, 418, 427, 435, 440
Preußen, Heinrich, Prinz von (1747–1767), Sohn des Prinzen August Wilhelm 367, 403, 409, 432
Preußen, Heinrich, Prinz von (1726–1802) 238, 265, 267, 290, 298, 302, 325, 327, 347, 353, 355–358, 363, 364, 369, 371, 395, 396, 415, 434, 438
Preußen, (Anna Elisabeth) Luise, Prinzessin von, (1738–1820), geb. Prinzessin von Brandenburg-Schwedt, verm. mit Prinz Ferdinand von Preußen 337, 357, 358, 388, 389, 400, 419, 427
Preußen, Luise (Amalie), Prinzessin von (1722–1780), geb. Prinzessin von Braunschweig-Wolfenbüttel, Gemahlin des Prinzen August Wilhelm von Preußen 248, 253, 276, 277, 289, 296, 365–367

Preußen, Sophie Dorothea, Königin in (1687–1757), geb. Prinzessin von Hannover 237, 264, 270, 271, 277, 278, 280–282, 296, 297, 305, 322, 331, 336, 337, 339, 344–348, 355, 356, 359
Racine, Jean, französischer Tragödienautor 415
Redern, Fräulein von, Gouvernante der Prinzessin Wilhelmine, Tochter des Prinzen August Wilhelm von Preußen 359
Reinbeck, Johann Gustav, protestantischer Theologe, Verfasser philosophischer Schriften 280
Reventlow, von, Erzieher König Christians VII., Kammerherr und Geheimrat 423
Rhetz, von, Geheimer Kammerrat 238
Ribbeck (Rebek), von, Kammerpräsident von Halberstadt 244
Richelieu, Louis François Armand du Plessis, Herzog von (1696–1788), französischer Gesandter am Dresdener Hof, Marschall von Frankreich 307, 351, 356
Rusca, Francesco Carlo, Ritter von, im Tessin geborener Maler 257
Rochow, Hans Friedrich von, preußischer Generalleutnant, Kommandant von Berlin 374
Rohwedel, von, Oberhofmeisterin der Markgräfin Friederike von Ansbach 245
Romano, Sänger 296
Rosbeaf, Jacques 338
Rossin, Perückenmacher der preußischen Königin 299
Rothenburg, Friedrich Rudolf, Graf von (1710–1751) 326
Rousseau, Jean Jacques, französischer Schriftsteller und Komponist 401
Rudenschiold, schwedischer Gesandter 295
Russland, Elisabeth Petrowna, Zarin von (1709–1761) 289, 345, 384, 386
Russland, Iwan VI., (als Kind nominell) Zar von (1740–1764) 289, 413
Russland, Katharina II., Zarin von, geb. Prinzessin Sophie von Anhalt-Zerbst 293, 392, 394, 395, 413, 430
Russland, Peter III., Zar von (1728–1762) 384, 387, 388, 391–395, 417
Sachsen, Friedrich August I. (August der Starke), Kurfürst von (1670–1733), als August II. König von Polen 239
Sachsen, Friedrich August II., Kurfürst von (1696–1763), als August III. König von Polen 305, 402
Sachsen, Friedrich August III., Kurfürst von (1750–1827), Nachfolger Friedrich Augusts II. 404, 428
Sachsen, Friedrich Christian, Kurfürst von (1722–1763) 402, 403
Sachsen, Maria Antonia, geb. Prinzessin von Bayern, Gemahlin des Kurfürsten Friedrich Christian 403
Sachsen, Maria Josepha, Prinzessin von (1731–1767), und Prinzessin von Polen, Tochter Augusts III., durch Heirat Dauphine von Frankreich 307
Sachsen, Xaver, Prinz von (1730–1806), Generalleutnant 383, 428
Sachsen-Coburg, Ernst Friedrich, Herzog von (1724–1800), verm. mit Prinzessin (Sophie) Antoinette von Braunschweig-Wolfenbüttel 313, 319
Sachsen-Gotha, Friedrich III., Herzog von (1699–1772) 436
Sachsen-Gotha, Luise Dorothea, Herzogin von (1710–1767) 436
Sachsen-Weimar-Eisenach, Anna Amalia, Herzogin von (1739–1807), geb. Prinzessin von Braunschweig-Wolfenbüttel 334–336, 338–340, 350, 359, 362–366, 396, 397
Sachsen-Weimar-Eisenach, Carl August, Herzog von (1757–1828) 350, 363, 366
Sachsen-Weimar-Eisenach, Ernst August II. Constantin, Herzog von (1737–1758) 338–340, 360, 363
Sachsen-Weimar-Eisenach, (Friedrich Ferdinand) Constantin, Prinz von (1758–1793) 363
Sachsen-Weißenfels, Johann Adolf II., Herzog von (1685–1746) 305
Saint-Germain, Claude-Louis, Graf von (1707–1778), seit 1762 in dänischen Diensten, Generalfeldmarschall 423
Salimbeni, Felice, italienischer Opernsänger (Kastrat, Sopran) 296
Salichoff (Saltykov?), russischer General 395

Savoyen, Eugen, Prinz von 237, 239, 244
Schack, Madame, Gemahlin des Oberhofmarschalls 241
Schleinitz, von, Geheimrat 255
Schlieben, Gräfin von, verm. mit Georg Christoph von Schlieben, preußischer Oberjägermeister 299
Schmettau, Graf von, preußischer Generalleutnant 345
Schwarzburg, Magdalena Sibylla, Prinzessin von, Kanonisse in der Abtei Gandersheim 437
Schwarzburg, Sophia Juliane, Prinzessin von, Dekanin der Abtei Gandersheim 437
Schweden, Albertine, Prinzessin von (1753–1829) 435
Schweden, Adolf Friedrich, Erbprinz von (1710–1771), seit 1751 König, verm. mit Prinzessin Ulrike von Preußen 295, 297
Schweden, Gustav III., Kronprinz, später König von (1746–1792) 303, 316, 338, 423
Schweden, Karl von, Herzog von Södermanland (1748–1818), als Karl XIII. König von Schweden 312, 316
Schweden, Sophie Magdalene von (1746–1813), geb. Prinzessin von Dänemark, verm. mit Gustav III. 423
Schweden, (Luise) Ulrike, Königin von (1720–1782), geb. Prinzessin von Preußen 245, 261, 271, 274, 275, 285, 291, 295–297, 303, 306, 312, 316, 317, 322, 329, 342, 359, 405, 413, 435
Schwerin, Kurt Christoph von (1684–1757), preußischer Generalfeldmarschall 347
Schwertz, Direktor der königlichen Schauspiele zu Berlin 416
Seckendorff, Friedrich Heinrich, Reichsgraf von, Hofmarschall (1673–1763) 242, 254, 278, 318, 337
Seydlitz, Friedrich Wilhelm, Freiherr von, preußischer Generalleutnant 374
Sinzendorf, Graf von, Gesandter des Malteserordens in Berlin 439
Soissons, Eugen Franz Jean, Graf von 245
Solms, Grafen von 418
Sonsfeld, Frau von, Oberhofmeisterin der Markgräfin Wilhelmine von Bayreuth 306, 309
Spanien, Karl III., König von 437
Spörcke, braunschweigischer Geheimrat 252
Stahl, Georg Ernst, Leibarzt Friedrich Wilhelms I. 247
Stanhope, Ritter 338
Stanley, englischer Gesandter in Paris 381
Steinberg, von, persönlicher Rat in Hannover 335
Stengelin 401
Stille, Christoph Ludwig von, Generaladjutant des Königs 310
Soubise, Prinz von, Charles de Rohan (1715–1787), Marschall von Frankreich 353, 360, 361, 394
Stuven, Herr von 382
Superville, königlich preußischer Leibarzt 274, 326
Swieten, van, Sohn des Leibarztes der Kaiserin 439
Taylor, Jean, Leibokulist des Königs von England 327
Tessin, Carl Gustav, Graf von, schwedischer Gesandter 295, 338
Tottleben (Totleben), Gottlob Curt Heinrich, Graf von, russischer General 374, 375, 378
Truchs, Oberst und Adjutant des preußischen Königs 252
Truchsess-Waldburg („Trucks"), Graf von (1711–1777), Generalmajor, Oberhofmeister des Prinzen August Wilhelm 287
Tschernitschev, Zachar Grigorjewitsch, Graf von, russischer General 375, 388, 394
Valory, Marquis de, französischer Gesandter in Preußen 322
Venturini, italienische Sängerin 306
Verocai, Giovanni, italienischer Komponist am Braunschweiger Hof 292, 302
Villiers, englischer Gesandter in Dresden 303
Vinci, Leonardo, italienischer Komponist 247

Voltaire (François Marie Arouet), französischer Philosoph und Schriftsteller 257, 292, 333, 421, 436, 439
Waldeck, Karl August Friedrich von, kaiserlicher Feldmarschall 270
Waldeck, Marie Wilhelmine Henriette, Prinzessin von 270
Walmoden, Geheimer Etatsrat 382
Ward, Arzt 422
Wedel, Carl Heinrich von, preußischer Generalleutnant (1712–1782) 365
Werner, Johann Paul von, preußischer General 374, 378
Wied zu Neuwied, Franz Karl Ludwig von, preußischer Generalleutnant 396
Winckelmann, Johann Joachim (1717–1768) Altertumsgelehrter 438
Witmann, Kammerfourier 359
Wittgenstein, Graf von 318
Wolff, Christian, Freiherr von (1679–1754), Philosoph der Aufklärung 310
Württemberg, (Friederike) Dorothea (Sophia) Herzogin von (1736–1798), geb. Prinzessin von Brandenburg-Schwedt 297, 382, 429
Württemberg, (Elisabeth) Friederike (Sophie), Herzogin von (1732–1780), Tochter der Markgräfin Wilhelmine von Brandenburg-Bayreuth 315, 429, 434
Württemberg, Friedrich Eugen, Prinz von (1732–1797), Bruder von Karl Eugen, verm. mit Prinzessin (Friederike) Dorothea (Sophia) von Brandenburg-Schwedt 374, 429
Württemberg-Oels, Karl Christian Erdmann, Herzog von 400, 416
Württemberg, Karl Eugen, Herzog von (1728–1793), verm. mit Prinzessin Friederike von Brandenburg-Bayreuth 315, 369, 374, 429, 434
Yarmouth, Gräfin von, geb. Amalie Sophie von Walmoden, Mätresse Georgs II. von England 292, 334, 401
York, Edward August, Duke of (1739–1767), jüngerer Bruder Augustas, der Erbprinzessin von Braunschweig-Wolfenbüttel 411, 419
Zanthier, Madame de, Oberhofmeisterin in Wolfenbüttel, geb. von Rochow 254
Ziesenis, Johann Georg, d.J. (1716–1776), Porträtmaler 406